FRANÇAIS

Terre des Lettres 5e

Anne-Christine Denéchère
Certifiée de Lettres classiques
Collège Clément-Janequin (Montoire-sur-le-L

Catherine Hars
Certifiée de Lettres modernes
Collège Pilâtre-de-Rozier (Wimille)

Véronique Marchais
Agrégée de Lettres modernes
Collège du Val de l'Indre (Monts)

Claire-Hélène Pinon
Certifiée de Lettres modernes
Académie de Paris

Nathan

Couverture

Haut gauche : *Tristan et Iseult*, illustration de John Duncan, 1912 publiée dans The Studio Volume 70, London Offices of the Studio, London, 1917. Photo12/Heritage Images/The Print Collector

Haut droite : Sherlock Holmes, silhouette de détective, illustration. Shutterstock/Coolgraphic

Milieu gauche : Détail d'une illustration de Cana pour *Le Merveilleux Voyage de Nils Holgersson à travers la Suède*, Delagrave, 1958. Archives Charmet/Bridgeman Images

Milieu droite : « Dragon », (détail) planche extraite du *Monstrorum Historia*, traité d'Ulisse Aldrovandi, XVIe siècle, Biblioteca Alessandrina, Rome. Fototeca Gilardi / Bridgeman Images

Bas gauche : « Dragon majeur », enluminure extraite du *Liber Floridus* de Lambert de Saint-Omer, vers 1448. Musée Condé, Chantilly. Musée Condé, Chantilly/Bridgeman Images

Bas droite : *L'Avare*, de Molière, Élise (Laurence Pollet-Villard), Harpagon (Didier Lafaye) et Cléante (Antoine Guiraud) dans la mise en scène de Jean-Philippe Daguerre, Théâtre Michel, Paris, 2011. © Fabienne Rappeneau

Conception graphique : Élise Launay
Mise en page : Laure Gros
Couverture : Lauriane Tiberghien
Iconographie : Any-Claude Medioni
Fabrication : Kevin Magar
Illustrations et infographie : Renaud Scapin, Légendes Cartographie – Justine Bergeron
Édition : Aude Alric-Zweifel, Suzanne Pointu

Avant-propos

Pour cette nouvelle édition, notre souci d'**accompagner au plus près les élèves en difficulté face aux textes** nous a conduites à deux grands changements.

- Le **vocabulaire**, pierre angulaire de la compréhension, est désormais travaillé **en deux temps**. Une partie de son étude est menée **en amont de la lecture**, afin d'éviter que des mots importants ne fassent obstacle à la compréhension du texte. La seconde partie du travail est conduite **après la lecture** : on y travaille **les inférences**, en s'appuyant sur le contexte ou la formation des mots. Le but est de **développer chez les élèves des habitudes de réflexion** qui leur permettent de comprendre des mots inconnus, même sans dictionnaire, et les rendront plus autonomes.

- Nous proposons, pour la première approche des textes, **le débat de compréhension**. Il s'agit, avant tout questionnaire sur le texte, de laisser les élèves s'exprimer librement pendant cinq à dix minutes pour réagir, faire part de leurs émotions, de leurs interrogations, formuler ce qu'ils ont compris ou ce qui leur paraît obscur. Ce temps d'échange permet d'assurer la compréhension littérale du texte mais aussi d'en souligner les enjeux humains, ce qui en fait l'intérêt. Il peut prendre la forme d'une discussion à bride abattue, un peu désordonnée, mais souvent riche, qui correspond au plaisir de la lecture naïve, qui s'attache à l'histoire et à ses émotions. C'est non seulement très formateur pour l'élaboration des stratégies de compréhension (à cette fin, on veillera à toujours inciter les élèves à appuyer leurs affirmations sur le texte : ils apprennent ainsi à vérifier leurs hypothèses, les confronter, les corriger) mais c'est **ce qui donne à la lecture son sens et sa saveur**. Nous proposons régulièrement une question qui peut permettre, si nécessaire, de lancer le débat, mais cette approche peut s'appliquer à quasiment tous les textes.

Par ailleurs, *Terre des Lettres*, c'est toujours :

- Des textes choisis pour leur intérêt littéraire, pour ce qu'ils peuvent apporter à des jeunes gens en construction, et des approches variées, alternant **questionnaires classiques, démarche par tâche complexe et parcours différenciés**.

- Un travail solide et rigoureux en langue, reposant sur une **progression spiralaire**, c'est-à-dire qui assure régulièrement le réinvestissement et l'approfondissement des acquis, et **une terminologie grammaticale conforme aux Instructions Officielles de 2017**, qui ne cède pas aux modes, mais s'attache à employer un vocabulaire qui a du sens et à expliciter ce sens.

- **Un travail régulier de la rédaction**, proposant **de nombreux exercices courts** mais aussi un apprentissage de fond solide et progressif : **chaque chapitre permet d'exercer des compétences rédactionnelles précises**. Selon ses besoins, le professeur pourra utiliser les pages « Vers l'écriture » au fil des chapitres, comme préparation à la rédaction finale, ou **faire travailler à chaque élève les capacités précises dont il a besoin**.

Les autrices

À la découverte de votre manuel

1. Une double page d'ouverture posant une **problématique** claire et fixant des **objectifs** précis pour la séquence.

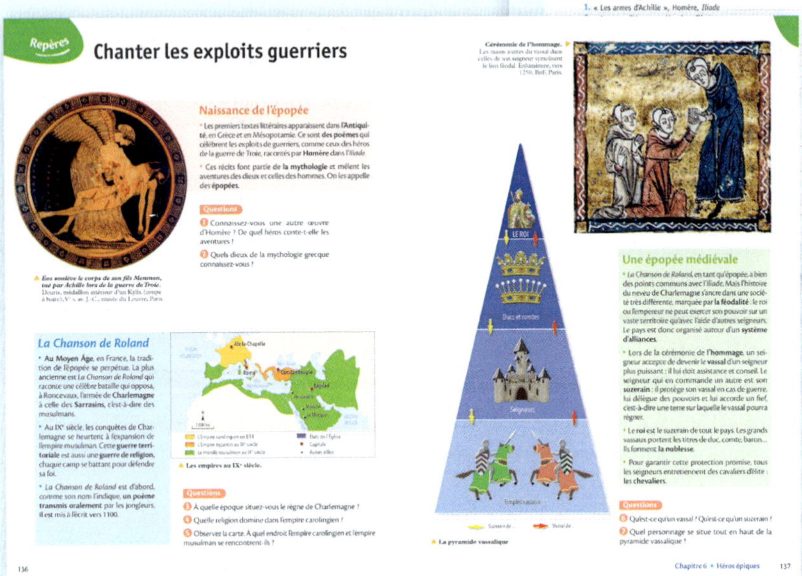

2. Une double page **Repères** visant, comme son nom l'indique, à donner des repères aux élèves en histoire littéraire.

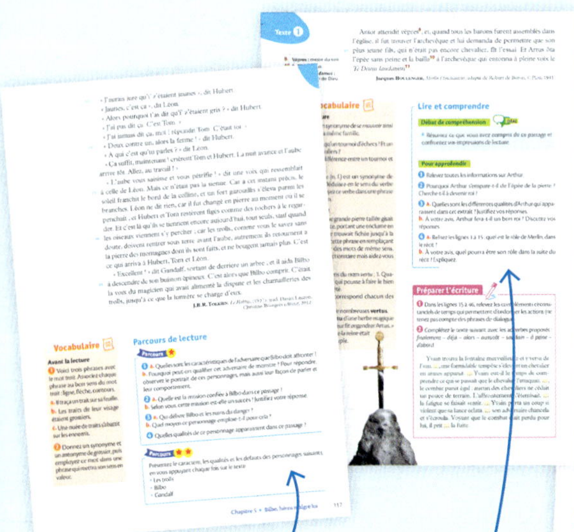

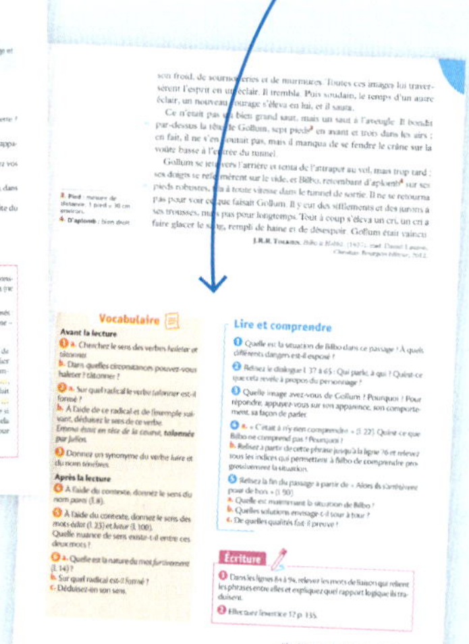

5. Des questionnaires classiques pour une **approche méthodique** ; un travail du **vocabulaire en deux temps** pour développer le raisonnement et de **nombreux exercices d'écriture courts**.

3. Des textes de référence avec des approches variées : des **questionnaires différenciés** pour s'adapter aux capacités des élèves.

4. Des amorces pour pratiquer le **débat de compréhension**, suivi d'un **approfondissement écrit**, pour une approche vivante des textes alternant temps d'oral et temps d'écrit.

6. De nombreuses études d'œuvres intégrales avec des **parcours de lecture** pour prendre en compte l'hétérogénéité des classes.

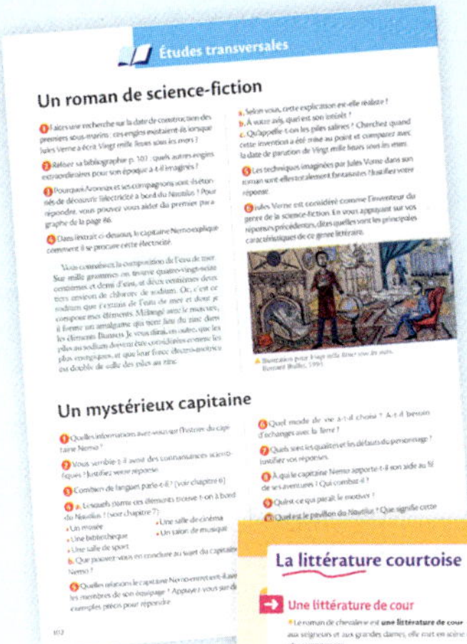

7. Des **études transversales** pour approfondir l'analyse des œuvres intégrales, outre les extraits proposés.

8. Des **synthèses** complètes, permettant de dégager des **connaissances** solides à la fin de chaque chapitre.

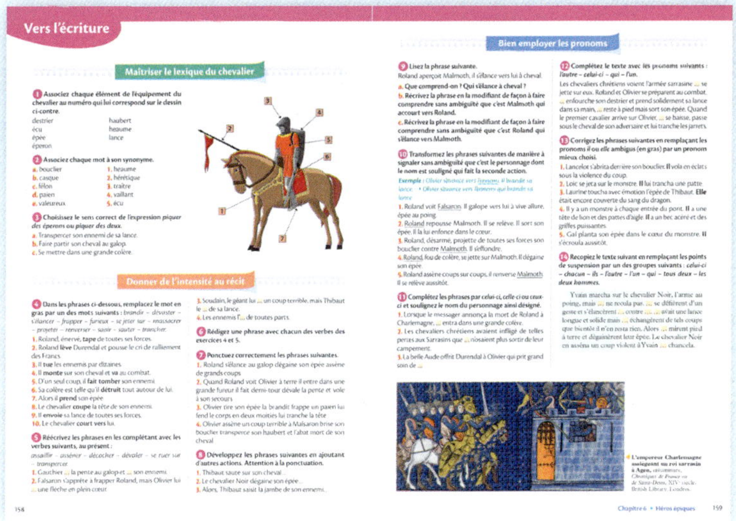

9. Un travail méthodique de la **rédaction**, visant l'acquisition de compétences précises et l'enrichissement du **vocabulaire**.

10. Une rédaction guidée à la fin de chaque chapitre, mettant en œuvre les points étudiés.

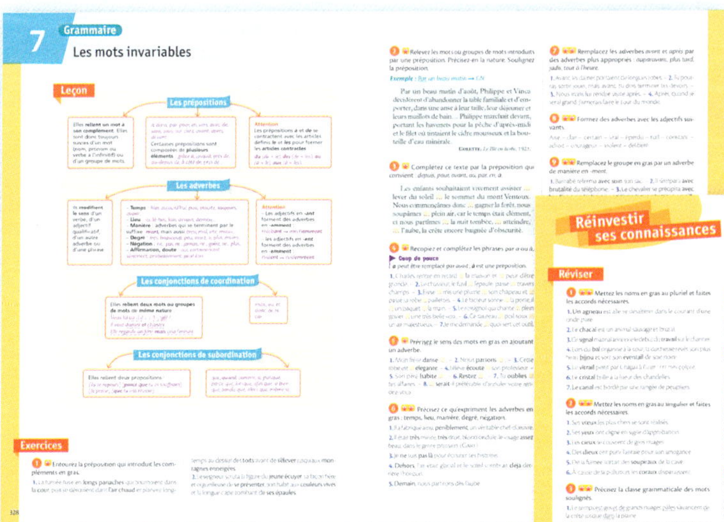

11. **En étude de la langue**, des **leçons claires** et **visuelles** et des **exercices variés et progressifs**, alliant régulièrement langue et écriture.

12. Des pages régulières consacrées aux **révisions** et au brassage des acquis.

Sommaire

Thème 1 – Avec autrui : amis, famille, réseaux

1 L'enfant et les autres

2 *L'Avare*, Molière

œuvre intégrale

Thème 2 – Le voyage et l'aventure : pourquoi aller vers l'inconnu ?

3 Le voyage, entre réel et imaginaire

4 À l'aventure avec le capitaine Nemo !

œuvre intégrale

***Vingt mille lieues sous les mers*, Jules Verne**

Sommaire

Thème 2 – Le voyage et l'aventure : pourquoi aller vers l'inconnu ?

5 Bilbo, héros malgré lui, *Bilbo le Hobbit*, J. R. R. Tolkien

œuvre intégrale

Thème 3 : Héros, héroïnes, héroïsmes

6 Héros épiques

7 Récits de la Table Ronde

8 Une enquête de Sherlock Holmes

Le Ruban moucheté, A. Conan Doyle

œuvre intégrale

Sommaire

Thème 4 : Imaginer des univers nouveaux

9 Un conte d'amour et de mort

œuvre intégrale

Le Roman de Tristan et Iseut

10 Rêver le monde en poésie

Thème complémentaire : L'être humain est-il maître de la nature ?

11 Un conte merveilleux contemporain

texte intégral

L'Enfant de la haute mer, Jules Supervielle

12 Un homme au service de la nature

texte intégral

L'homme qui plantait des arbres, Jean Giono

Étude de la langue

Vers l'écriture

Vocabulaire

Rédaction

Écriture

Les ressources numériques de votre manuel

Au fil des pages, vous rencontrerez les pictos suivants. Ils indiquent les ressources numériques que vous trouverez dans votre **manuel numérique**, sur le site compagnon **terredeslettres.nathan.fr** et sur **Nathan live!** (voir ci-contre)

- **Texte audio** Des textes lus par des comédiens, les dictées de la partie Étude de la langue
- **Dys** Des textes téléchargeables dans une police de caractère modifiable adaptée aux problèmes de dyslexie
- **Vidéo** Des liens vers des films ou des captations de pièces de théâtre

UN ACCÈS SIMPLE ET DIRECT AUX RESSOURCES

L'appli Nathan live! offre un **accès direct et gratuit** en toute **autonomie** aux ressources du manuel, via un environnement **sécurisé, sans inscription, sans publicité** et d'un **simple scan**.

L'appli garde en mémoire les ressources déjà scannées, permettant ainsi de les **consulter n'importe où et n'importe quand, même sans le manuel.**

Comment ça marche ?

1. Télécharger l'appli gratuitement

   Disponible sur Google Play — Disponible sur l'App Store

2. Lancer l'appli et scanner les pages du manuel pour faire apparaître les ressources en réalité virtuelle (audio, vidéo, liens...)

+ D'INFOS ET TUTOS sur nathan.fr/nathan-live ou en scannant cette page avec Nathan live!

1 L'enfant et les autres

› Quelles différentes formes peuvent prendre les récits d'enfance et comment font-ils naître l'émotion ?

Objectifs du chapitre

› Lecture

- Lire et comprendre des textes sur le thème de l'enfance
- Réviser des notions littéraires : auteur/narrateur/personnage – réel/fiction
- Repérer les genres littéraires

› Vocabulaire

- Repérer et éviter le langage familier
- Utiliser la négation

› Écriture

- Maîtriser la ponctuation
- Exprimer des émotions

Sommaire

▲ ***La Leçon de couture,*** Berthe Morisot, huile sur toile, 1884, collection privée.

Lire l'image

1 Décrivez la scène : qui sont les personnages (âge, costume, allure) ? À quoi sont-ils occupés ?

2 Les couleurs vous paraissent-elles vives ou douces ? Les formes sont-elles précises ou floues ? Quelle impression ces choix produisent-ils ?

3 Le sujet choisi pour ce tableau vous paraît-il habituel ? D'après vous, que veut montrer le peintre ?

4 Cherchez ce qu'est l'impressionnisme. Quelles caractéristiques du mouvement impressionniste retrouvez-vous dans ce tableau ?

Texte 1

Dys

Texte audio

René Goscinny
(1926-1977)

On connaît surtout René Goscinny pour ses talents de scénariste de bande dessinée (*Astérix*, *Iznogoud*, *Lucky Luke*). Il est également l'auteur des aventures du *Petit Nicolas*, illustrées avec humour par Jean-Jacques Sempé (né en 1932).

Les carnets

Cet après-midi, à l'école, on n'a pas rigolé, parce que le directeur est venu en classe nous distribuer les carnets. Il n'avait pas l'air content, le directeur, quand il est entré avec nos carnets sous le bras. « Je suis dans l'enseignement depuis des années, il a dit, le directeur, et je n'ai jamais vu une classe aussi dissipée. Les observations portées sur vos carnets par votre maîtresse en font foi. Je vais commencer à distribuer les carnets. » Et Clotaire s'est mis à pleurer. Clotaire c'est le dernier de la classe et tous les mois, dans son carnet, la maîtresse écrit des tas de choses et le papa et la maman de Clotaire ne sont pas contents et le privent de dessert et de télévision. Ils sont tellement habitués, m'a raconté Clotaire, qu'une fois par mois, sa maman ne fait pas de dessert et son papa va voir la télévision chez des voisins.

Sur mon carnet à moi, il y avait : « Élève turbulent, souvent distrait. Pourrait faire mieux. » Eudes avait : « Élève dissipé. Se bat avec ses camarades. Pourrait faire mieux. » Pour Rufus, c'était : « Persiste à jouer en classe avec un sifflet à roulette, maintes fois confisqué. Pourrait faire mieux. » Le seul qui ne pouvait pas faire mieux, c'était Agnan. Agnan, c'est le premier de la classe et le chouchou de la maîtresse. Le directeur nous a lu le carnet d'Agnan : « Élève appliqué, intelligent. Arrivera. » Le directeur nous a dit qu'on devait suivre l'exemple d'Agnan, que nous étions des petits vauriens, que nous finirions au bagne[1] et que ça ferait sûrement beaucoup de peine à nos papas et à nos mamans qui devaient avoir d'autres projets pour nous. Et il est parti.

Nous, on était bien embêtés parce que les carnets, nos papas doivent les signer et ça, ce n'est pas toujours très rigolo. Alors, quand la cloche a sonné la fin de la classe, au lieu de courir tous à la porte, de nous bousculer, de nous pousser et de nous jeter nos cartables à la tête comme nous le faisons d'habitude, nous sommes sortis doucement, sans rien dire. Même la maîtresse avait l'air triste. Nous, on ne lui en veut pas à la maîtresse. Il faut dire que ce mois-ci, on a un peu fait les guignols et puis Geoffroy n'aurait pas dû renverser son encrier par terre sur Joachim qui était tombé en faisant des tas de grimaces parce que Eudes lui avait donné un coup de poing sur le nez alors que c'était Rufus qui avait tiré les cheveux à Eudes.

Dans la rue, nous marchions pas vite, en traînant les pieds. Devant la pâtisserie on a attendu Alceste qui était entré acheter six petits pains au chocolat qu'il a commencé à manger tout de suite. « Il faut que je fasse

1. **Bagne** : lieu où l'on envoyait les prisonniers condamnés aux travaux forcés. Les conditions de vie y étaient épouvantables.

des provisions, il nous a dit Alceste, parce que ce soir, pour le dessert… » et puis il a poussé un gros soupir, tout en mâchant. Il faut dire que sur le carnet d'Alceste, il y avait : « Si cet élève mettait autant d'énergie au travail qu'à se nourrir, il serait le premier de la classe, car il pourrait faire mieux. »

Celui qui avait l'air le moins embêté, c'était Eudes. « Moi, il a dit, je n'ai pas peur. Mon papa, il ne me dit rien, je le regarde droit dans les yeux et puis lui, il signe le carnet et puis voilà ! » Il a de la veine, Eudes. Quand on est arrivés au coin, on s'est séparés. Clotaire est parti en pleurant, Alceste en mangeant et Rufus en sifflant tout bas dans son sifflet à roulette.

Moi, je suis resté tout seul avec Eudes. « Si tu as peur de rentrer chez toi, c'est facile, m'a dit Eudes. Tu viens chez moi et tu restes coucher à la maison. » C'est un copain, Eudes. Nous sommes partis ensemble et Eudes m'expliquait comment il regardait son papa dans les yeux. Mais, plus on approchait de la maison d'Eudes, moins Eudes parlait. Quand on s'est trouvés devant la porte de la maison, Eudes ne disait plus rien. On est restés là un moment et puis j'ai dit à Eudes : « Alors, on entre ? » Eudes s'est gratté la tête et puis il m'a dit : « Attends-moi un petit moment. Je reviendrai te chercher. » Et puis Eudes est entré chez lui. Il avait laissé la porte entrouverte, alors j'ai entendu une claque, une grosse voix qui disait : « Au lit sans dessert, petit bon à rien » et Eudes qui pleurait. Je crois que pour ce qui est des yeux de son papa, Eudes n'a pas dû bien regarder.

Ce qui était embêtant, c'est que maintenant, il fallait que je rentre chez moi. J'ai commencé à marcher en faisant attention de ne pas mettre les pieds sur les raies entre les pavés, c'était facile parce que je n'allais pas vite. Papa, je savais bien ce qu'il me dirait. Il me dirait que lui était toujours premier de sa classe et que son papa à lui était très fier de mon papa à moi et qu'il ramenait de l'école des tas de tableaux d'honneur et de croix[2]

2. Tableaux d'honneur et croix : récompenses scolaires.

et qu'il aimerait me les montrer, mais qu'il les a perdus dans le déménagement quand il s'est marié. Et puis, papa me dirait que je n'arriverais à rien, que je serais pauvre et que les gens diraient que c'est Nicolas, celui qui avait de mauvaises notes à l'école, et ils me montreraient du doigt et je les ferais rigoler. Après, papa me dirait qu'il se saignait aux quatre veines pour me donner une éducation soignée et pour que je sois armé pour la vie et que moi j'étais un ingrat et que je ne souffrais pas de la peine que je faisais à mes pauvres parents et que je n'aurais pas de dessert et pour ce qui est du cinéma, on attendrait le prochain carnet.

Il va me dire tout ça, mon papa, comme le mois dernier et le mois d'avant, mais moi, j'en ai assez. Je vais lui dire que je suis très malheureux, et puisque c'est comme ça, eh bien je vais quitter la maison et partir très loin et on me regrettera beaucoup et je ne reviendrai que dans des tas d'années et j'aurai beaucoup d'argent et papa aura honte de m'avoir dit que je n'arriverais à rien et les gens n'oseront pas me montrer du doigt pour rigoler et avec mon argent j'emmènerai papa et maman au cinéma et tout le monde dira : « Regardez, c'est Nicolas qui a des tas d'argent et le cinéma c'est lui qui le paie à son papa et à sa maman, même s'ils ne sont pas très gentils avec lui » et au cinéma, j'emmènerai aussi la maîtresse et le directeur de l'école, et je me suis trouvé devant chez moi.

En pensant à tout ça et me racontant des chouettes histoires, j'avais oublié mon carnet et j'avais marché très vite. J'ai eu une grosse boule dans la gorge et je me suis dit que peut-être il valait mieux partir tout de suite et ne revenir que dans des tas d'années, mais il commençait à faire nuit et maman n'aime pas que je sois dehors quand il est tard. Alors, je suis entré.

Dans le salon, papa était en train de parler avec maman. Il avait des tas de papiers sur la table devant lui et il n'avait pas l'air content. « C'est incroyable, disait papa, à voir ce que l'on dépense dans cette maison, on croirait que je suis un multimillionnaire ! Regarde-moi ces factures ! Cette facture du boucher ! Celle de l'épicier ! Oh, bien sûr, l'argent c'est moi qui dois le trouver ! » Maman n'était pas contente non plus et elle disait à papa qu'il n'avait aucune idée du coût de la vie et qu'un jour il devrait aller faire des courses avec elle et qu'elle retournerait chez sa mère et qu'il ne fallait pas discuter de cela devant l'enfant. Moi, alors, j'ai donné le carnet à papa. Papa, il a ouvert le carnet, il a signé et il me l'a rendu en disant : « L'enfant n'a rien à voir là-dedans. Tout ce que je demande, c'est que l'on m'explique pourquoi le gigot coûte ce prix-là ! » « Monte jouer dans ta chambre, Nicolas, m'a dit maman. » « C'est ça, c'est ça », a dit papa.

Je suis monté dans ma chambre, je me suis couché sur le lit et je me suis mis à pleurer.

C'est vrai ça, si mon papa et ma maman m'aimaient, ils s'occuperaient un peu de moi !

René Goscinny et Jean-Jacques Sempé, « Les carnets »,
Le Petit Nicolas, 1960 IMAV éditions, 2013.

Vocabulaire

Avant la lecture

Éducation aux médias

Aidez-vous du site **http://www.cnrtl.fr/definition/** pour vos exercices de vocabulaire. Si vous arrivez sur la page d'accueil du site, cliquer sur « Portail lexical », puis « Lexicographie ».

1 Qu'est-ce qu'un enfant turbulent ? une classe dissipée ? Expliquez puis trouvez des adjectifs antonymes.

2 Qu'est-ce qu'un enfant ingrat ? Expliquez puis trouvez un nom de même famille.

Après la lecture

3 Expliquez le sens des expressions suivantes : *faire foi* (l. 6) ; *avoir foi en quelqu'un* ; *être de bonne ou de mauvaise foi*.

4 Le papa de Nicolas va-t-il vraiment « se saigner aux quatre veines » ? Expliquez le sens de cette expression figurée.

Lire et comprendre

1 Qui est le personnage qui s'exprime ? Comment le savez-vous ? Pour répondre, repérez des détails du texte et observez la façon de s'exprimer du personnage.

2 Résumez cette histoire en quelques phrases. La fin était-elle celle que vous attendiez ?

3 « Ce mois-ci, on a **un peu** fait les guignols ». L'adverbe vous paraît-il bien choisi ? Expliquez.

4 Montrez l'évolution de l'attitude d'Eudes dans ce récit. Quel élément rend la scène comique ?

5 Pourquoi les phrases de Nicolas sont-elles parfois si longues ? (lignes 72 à 84).

6 Le personnage de Nicolas vous semble-t-il sympathique ? Pourquoi ?

7 Ce récit vous paraît-il plutôt dramatique ou humoristique ? Expliquez.

Écriture

Récrivez les phrases suivantes dans un style courant ou soutenu. Vous pouvez simplifier les phrases.

1. Cet après-midi, à l'école, on n'a pas rigolé.
2. Il n'avait pas l'air content, le directeur.
3. Nous, on était bien embêtés parce que les carnets, nos papas doivent les signer et ça, ce n'est pas toujours très rigolo.
4. La maîtresse écrit des tas de choses.
5. Dans la rue, nous marchions pas vite.
6. Il a de la veine, Eudes.
7. Regardez, c'est Nicolas qui a des tas d'argent.

Texte 2

Le jour de l'an

Poil de Carotte *est une suite de récits inspirés de l'enfance de l'auteur. Le personnage principal, Poil de Carotte, est surnommé ainsi en raison de sa chevelure rousse. Dans « Le jour de l'An », l'auteur évoque la tradition qui consistait à échanger des cadeaux le 1er janvier. À cette occasion, les enfants allaient de porte en porte pour obtenir quelques pièces ou des friandises.*

Jules Renard
(1864-1910)
Écrivain français proche d'Edmond Rostand, Sarah Bernhardt et Sacha Guitry, il connaît véritablement le succès avec *Poil de Carotte* et devient membre de l'académie Goncourt en 1907.

Il neige. Pour que le jour de l'an réussisse, il faut qu'il neige.

Madame Lepic a prudemment laissé la porte de la cour verrouillée. Déjà des gamins secouent le loquet[1], cognent au bas, discrets d'abord, puis hostiles[2], à coups de sabots, et, las d'espérer, s'éloignent à reculons, les yeux encore vers la fenêtre d'où madame Lepic les épie[3]. Le bruit de leurs pas s'étouffe dans la neige.

Poil de Carotte saute du lit, va se débarbouiller, sans savon, dans l'auge[4] du jardin. Elle est gelée. Il doit en casser la glace, et ce premier exercice répand par tout son corps une chaleur plus saine que celle des poêles. Mais il feint de se mouiller la figure, et, comme on le trouve toujours sale, même lorsqu'il a fait sa toilette à fond, il n'ôte[5] que le plus gros.

Dispos et frais pour la cérémonie, il se place derrière son grand frère Félix, qui se tient derrière sœur Ernestine, l'aînée. Tous trois entrent dans la cuisine. Monsieur et madame Lepic viennent de s'y réunir, sans en avoir l'air.

Sœur Ernestine les embrasse et dit :

— Bonjour, papa, bonjour, maman, je vous souhaite une bonne année, une bonne santé et le paradis à la fin de vos jours.

Grand frère Félix dit la même chose, très vite, courant au bout de la phrase, et embrasse pareillement.

Mais Poil de Carotte sort de sa casquette une lettre. On lit sur l'enveloppe fermée : « À mes Chers Parents. » Elle ne porte pas d'adresse. Un oiseau[6] d'espèce rare, riche en couleurs, file, d'un trait, dans un coin.

Poil de Carotte la tend à madame Lepic, qui la décachette[7]. Des fleurs écloses[8] ornent abondamment[9] la feuille de papier, et une telle dentelle en fait le tour que souvent la plume de Poil de Carotte est tombée dans les trous, éclaboussant le mot voisin.

Monsieur Lepic

Et moi, je n'ai rien !

Poil de Carotte

C'est pour vous deux ; maman te la prêtera.

Monsieur Lepic

Ainsi, tu aimes mieux ta mère que moi. Alors, fouille-toi, pour voir si cette pièce de dix sous neuve est dans ta poche !

1. **Loquet** : système de fermeture d'une porte.
2. **Hostiles** : qui manifestent de la mauvaise humeur ou de la malveillance.
3. **Épier** : surveiller, espionner.
4. **Auge** : grand récipient, habituellement destiné à nourrir des animaux.
5. **Ôter** : retirer.
6. Il s'agit du dessin d'un oiseau.
7. **Décacheter** : ouvrir.
8. **Écloses** : ouvertes.
9. **Abondamment** : en grande quantité.

Poil de Carotte

Patiente un peu, maman a fini.

Madame Lepic

Tu as du style, mais une si mauvaise écriture que je ne peux pas lire.

— Tiens papa, dit Poil de Carotte empressé, à toi, maintenant.

Tandis que Poil de Carotte, se tenant droit, attend la réponse, M. Lepic lit la lettre une fois, deux fois, l'examine longuement, selon son habitude, fait « Ah ! ah ! » et la dépose sur la table.

Elle ne sert plus à rien, son effet entièrement produit. Elle appartient à tout le monde. Chacun peut voir, toucher. Sœur Ernestine et grand frère Félix la prennent à leur tour et y cherchent des fautes d'orthographe. Ici Poil de Carotte a dû changer de plume, on lit mieux. Ensuite ils la lui rendent.

Il la tourne et la retourne, sourit laidement, et semble demander :

— Qui en veut ?

Enfin il la resserre dans sa casquette.

On distribue les étrennes[10]. Sœur Ernestine a une poupée aussi haute qu'elle, plus haute, et grand frère Félix une boîte de soldats en plomb prêts à se battre.

— Je t'ai réservé une surprise, dit madame Lepic à Poil de Carotte.

Poil de Carotte

Ah, oui !

Madame Lepic

Pourquoi cet : ah, oui ! Puisque tu la connais, il est inutile que je te la montre.

Poil de Carotte

Que jamais je ne voie Dieu[11], si je la connais.

10. Étrennes : cadeaux distribués le jour de l'an.

11. Que jamais je ne voie Dieu : que je n'aille pas au paradis.

« Le jour de l'An », illustration de Felix Vallotton pour *Poil de Carotte*, 1902.

Il lève la main en l'air, grave, sûr de lui. Madame Lepic ouvre le buffet. Poil de Carotte halète[12]. Elle enfonce son bras jusqu'à l'épaule, et, lente, mystérieuse, ramène sur un papier jaune une pipe en sucre rouge.

Poil de Carotte, sans hésitation, rayonne de joie. Il sait ce qu'il lui reste à faire. Bien vite, il veut fumer en présence de ses parents, sous les regards envieux (mais on ne peut pas tout avoir !) de grand frère Félix et de sœur Ernestine. Sa pipe de sucre rouge entre deux doigts seulement, il se cambre, incline la tête du côté gauche. Il arrondit la bouche, rentre les joues et aspire avec force et bruit.

Puis, quand il a lancé jusqu'au ciel une énorme bouffée :

— Elle est bonne, dit-il, elle tire bien.

Jules Renard, *Poil de Carotte*, 1902.

12. **Haleter** : respirer à un rythme court.

Vocabulaire

Avant la lecture

1 Cherchez ce qu'est de la dentelle, au sens propre puis au sens figuré.

2 Cherchez le sens de l'adjectif *las* puis complétez les phrases suivantes avec des mots de même famille : *lassitude ; lassé ; inlassablement ; délasser*. Repérez le radical.

1. C'en est trop ! Je suis ... de toutes tes bêtises !
2. Après une journée épuisante, je prends un bain dans l'espoir de me ....
3. Jour après jour, sans se décourager, ce travailleur reproduisait ... les mêmes gestes.
4. Le menu de la pension était chaque jour identique. Le pensionnaire finissait par éprouver un sentiment de ... devant son assiette.

3 « Il feint d'être malade pour ne pas aller à l'école ». Quel est l'infinitif de ce verbe ? Que signifie-t-il ? Trouvez un nom de même famille.

Après la lecture

4 Donnez des exemples de cérémonies. Pourquoi l'auteur emploie-t-il ce terme ici (l. 12) ?

5 Donnez des mots de la famille de *empressé* (l. 34) et *envieux* (l. 58) pour déduire le sens de ces adjectifs.

Parcours de lecture

Parcours ★

1 Présentez brièvement la scène : qui sont les personnages ? Que se passe-t-il ?

2 Quels indices nous montrent que le personnage principal est maltraité (lignes 7 à 11) ?

3 En quoi consiste la surprise préparée par Poil de Carotte ? L'oiseau est-il réel ? Comment cette surprise est-elle reçue par la famille Lepic ?

4 Qui fournit le plus d'efforts ? Qui reçoit les plus beaux cadeaux ? Qu'en pensez-vous ?

5 Qu'espèrent les « gamins » du deuxième paragraphe ? Sont-ils satisfaits ? Quelle impression est alors produite ?

6 Que pensez-vous du récit de ce jour de fête ? Que ressentez-vous à la lecture de ce texte ?

7 À quel genre littéraire le dialogue fait-il penser ?

Parcours ★★

Poil de Carotte est-il un enfant gâté en ce jour de l'an ? Débattez en prenant appui sur les différents éléments du texte.

Écriture

1 « Poil de Carotte halète » (l. 54). Quelles émotions Poil de Carotte ressent-il ? Quelles réactions physiques les mettent en valeur ?

2 En quelques lignes, imaginez la réaction de Poil de Carotte s'il avait éprouvé de la déception devant son cadeau. Insistez sur les réactions physiques du jeune garçon : le visage qui se chiffonne, la bouche qui se tord, le rouge qui monte aux joues, les larmes qui bordent les paupières, le sanglot retenu…

Texte 3

Dys

Victor Hugo
(1802-1885)

Hugo est l'un des écrivains les plus importants de la littérature française. Son œuvre est très variée, puisqu'il écrit aussi bien des romans (*Les Misérables*, *Notre-Dame de Paris*) que de la poésie ou des pièces de théâtre (*Hernani*, *Ruy Blas*).

Jeanne était au pain sec

Jeanne était au pain sec dans le cabinet noir[1],
Pour un crime quelconque, et, manquant au devoir,
J'allai voir la proscrite[2] en pleine forfaiture[3],
Et lui glissai dans l'ombre un pot de confiture
Contraire aux lois. Tous ceux sur qui, dans ma cité,
Repose le salut de la société[4],
S'indignèrent, et Jeanne a dit d'une voix douce :
– Je ne toucherai plus mon nez avec mon pouce ;
Je ne me ferai plus griffer par le minet.
Mais on s'est récrié : – Cette enfant vous connaît ;
Elle sait à quel point vous êtes faible et lâche.
Elle vous voit toujours rire quand on se fâche.
Pas de gouvernement possible. À chaque instant
L'ordre est troublé par vous ; le pouvoir se détend ;
Plus de règle. L'enfant n'a plus rien qui l'arrête.
Vous démolissez tout. – Et j'ai baissé la tête,
Et j'ai dit : – Je n'ai rien à répondre à cela,
J'ai tort. Oui, c'est avec ces indulgences-là
Qu'on a toujours conduit les peuples à leur perte.
Qu'on me mette au pain sec. – Vous le méritez, certe,
On vous y mettra. – Jeanne alors, dans son coin noir,
M'a dit tout bas, levant ses yeux si beaux à voir,
Pleins de l'autorité des douces créatures :
– Eh bien, moi, je t'irai porter des confitures.

Victor Hugo, *L'Art d'être grand-père*, 1877.

1. **Cabinet noir** : petite pièce où on enfermait un enfant puni.
2. **Proscrite** : personne très sévèrement punie, souvent bannie.
3. **Forfaiture** : faute.
4. Tous ceux grâce à qui la société peut être sauvée.

Vocabulaire

Avant la lecture

1. Que signifie le verbe *s'indigner* ? Trouvez un nom de même famille.

2. Qu'est-ce que l'indulgence ? Cherchez un adjectif de même famille.

Après la lecture

3. Relevez des mots appartenant au champ lexical du crime. Vous paraissent-ils adaptés à la situation ? Pourquoi ?

4. Relevez des mots appartenant au champ lexical de la politique. Est-il vraiment question de politique dans ce poème ? Expliquez.

Lire et comprendre

1. À quel genre littéraire ce texte appartient-il ? Justifiez votre réponse.

2. **a.** Qui est Jeanne ? Relevez un terme pour justifier votre réponse.
b. Que lui arrive-t-il ?

3. **a.** Que reproche-t-on au narrateur ?
b. Vers 10 : qui peut être désigné par le pronom *on* ?
c. Pour qui seriez-vous tenté de prendre parti ? Pourquoi ?

4. Relisez le poème puis résumez-le en donnant un titre à chacune des parties suivantes : vers 1 à 5 ; vers 5 à 16 ; vers 16 à 21 ; vers 21 à 24.

5. Quels sentiments semblent unir Jeanne et le narrateur dans le dernier vers ? Justifiez votre réponse. Pourquoi ce dernier vers peut-il amuser le lecteur ?

Texte 4

Pas de papa

Dys

Guy de Maupassant
(1850-1893)

Maupassant est élevé par sa mère, en Normandie. De son enfance, il conservera un goût pour la nature, mais aussi un grand pessimisme. Le succès de sa nouvelle *Boule de Suif* (1880) lui permet de se consacrer à l'écriture et de mener une vie insouciante. Mais, atteint de la syphilis, Maupassant achève sa vie en souffrant de troubles nerveux et mentaux.

Midi finissait de sonner. La porte de l'école s'ouvrit, et les gamins se précipitèrent en se bousculant pour sortir plus vite. Mais au lieu de se disperser rapidement et de rentrer dîner, comme ils le faisaient chaque jour, ils s'arrêtèrent à quelques pas, se réunirent par groupes et se mirent à chuchoter.

C'est que, ce matin-là, Simon, le fils de la Blanchotte, était venu à la classe pour la première fois.

Tous avaient entendu parler de la Blanchotte dans leurs familles ; et quoiqu'on lui fît bon accueil en public, les mères la traitaient entre elles avec une sorte de compassion[1] un peu méprisante qui avait gagné les enfants sans qu'ils sussent[2] du tout pourquoi.

Quant à Simon, ils ne le connaissaient pas, car il ne sortait jamais et il ne galopinait[3] point avec eux dans les rues du village ou sur les bords de la rivière. Aussi ne l'aimaient-ils guère ; et c'était avec une certaine joie, mêlée d'un étonnement considérable, qu'ils avaient accueilli et qu'ils s'étaient répété l'un à l'autre cette parole dite par un gars de quatorze ou quinze ans qui paraissait en savoir long tant il clignait finement des yeux :

« Vous savez… Simon… eh bien, il n'a pas de papa. »

Le fils de la Blanchotte parut à son tour sur le seuil de l'école.

Il avait sept ou huit ans. Il était un peu pâlot, très propre, avec l'air timide, presque gauche.

Il s'en retournait chez sa mère quand les groupes de ses camarades, chuchotant toujours et le regardant avec les yeux malins[4] et cruels des enfants qui méditent un mauvais coup, l'entourèrent peu à peu et finirent par l'enfermer tout à fait. Il restait là, planté au milieu d'eux, surpris et embarrassé, sans comprendre ce qu'on allait lui faire. Mais le gars qui avait apporté la nouvelle, enorgueilli[5] du succès obtenu déjà, lui demanda :

« Comment t'appelles-tu, toi ? »

Il répondit : « Simon.

— Simon quoi ? » reprit l'autre.

L'enfant répéta tout confus : « Simon. »

Le gars lui cria : « On s'appelle Simon quelque chose… c'est pas un nom ça… Simon. »

Et lui, prêt à pleurer, répondit pour la troisième fois :

« Je m'appelle Simon. »

Les galopins se mirent à rire. Le gars triomphant éleva la voix : « Vous voyez bien qu'il n'a pas de papa. »

Un grand silence se fit. Les enfants étaient stupéfaits par cette chose extraordinaire, impossible, monstrueuse, – un garçon qui n'a pas de papa ; – ils le regardaient comme un phénomène, un être hors de la nature, et ils sentaient grandir en eux ce mépris, inexpliqué jusque-là, de leurs mères pour la Blanchotte.

1. Compassion : sentiment qui porte à plaindre autrui et à partager ses souffrances.
2. Sussent : imparfait du subjonctif du verbe *savoir*.
3. Galopiner : se conduire comme un galopin, courir dans les rues.
4. Malin : mauvais, malveillant.
5. Enorgueilli : rempli d'orgueil.

▲ ***Après l'école*** (détail), Ferdinand Georg Waldmüller, 1841, Nationalgalerie, Berlin.

Quant à Simon, il s'était appuyé contre un arbre pour ne pas tomber ; et il restait comme atterré[6] par un désastre irréparable. Il cherchait à s'expliquer. Mais il ne pouvait rien trouver pour leur répondre, et démentir cette chose affreuse qu'il n'avait pas de papa. Enfin, livide[7], il leur cria à tout hasard : « Si, j'en ai un.

— Où est-il ? » demanda le gars.

Simon se tut ; il ne savait pas. Les enfants riaient, très excités [...].

L'un, tout à coup, qui se trouvait contre Simon, lui tira la langue d'un air narquois[8] et lui cria :

« Pas de papa ! pas de papa ! »

Simon le saisit à deux mains aux cheveux et se mit à lui cribler[9] les jambes de coups de pieds, pendant qu'il lui mordait la joue cruellement. Il se fit une bousculade énorme. Les deux combattants furent séparés, et Simon se trouva frappé, déchiré, meurtri, roulé par terre, au milieu du cercle des galopins qui applaudissaient. Comme il se relevait, en nettoyant machinalement avec sa main sa petite blouse toute sale de poussière, quelqu'un lui cria :

« Va le dire à ton papa. »

Alors il sentit dans son cœur un grand écroulement. Ils étaient plus forts que lui, ils l'avaient battu, et il ne pouvait point leur répondre, car il sentait bien que c'était vrai qu'il n'avait pas de papa. Plein d'orgueil, il essaya pendant quelques secondes de lutter contre les larmes qui l'étranglaient. Il eut une suffocation, puis, sans cris, il se mit à pleurer par grands sanglots qui le secouaient précipitamment.

6. Atterré : abattu, consterné.

7. Livide : très pâle et d'une pâleur terne.

8. Narquois : moqueur.

9. Cribler : accabler, couvrir.

Texte 4

Alors une joie féroce éclata chez ses ennemis, et naturellement, ainsi que les sauvages dans leurs gaietés terribles, ils se prirent par la main et se mirent à danser en rond autour de lui, en répétant comme un refrain : « Pas de papa ! Pas de papa ! »

Mais Simon tout à coup cessa de sangloter. Une rage l'affola[10]. Il y avait des pierres sous ses pieds ; il les ramassa et, de toutes ses forces, les lança contre ses bourreaux. Deux ou trois furent atteints et se sauvèrent en criant ; et il avait l'air tellement formidable qu'une panique eut lieu parmi les autres. Lâches, comme l'est toujours la foule devant un homme exaspéré, ils se débandèrent[11] et s'enfuirent.

Guy de Maupassant, « Le Papa de Simon », *Histoires douces-amères*, 1879.

10. L'affola : le rendit fou.

11. Se débander : se disperser.

Vocabulaire

Avant la lecture

1 Qu'est-ce qu'un galopin ?

2 Indiquez quelle définition du nom *bourreau* convient dans les phrases suivantes : homme dont le métier est d'exécuter les condamnés ; auteur de violences.
1. Le bourreau patientait près de la guillotine.
2. L'enfant harcelé redoutait de croiser ses bourreaux.

3 Trouvez l'antonyme de l'adjectif *gauche* dans les phrases suivantes :
1. Il tendit la main gauche.
2. Le débutant commença son ouvrage avec des gestes gauches.

4 Placez l'antonyme de l'adjectif *lâche* dans les phrases suivantes : serré ; courageux.
1. Lâche, il attaqua son ennemi dans le dos.
2. Il attacha sa cravate avec un nœud un peu lâche.

Après la lecture

5 Qu'est-ce que l'orgueil ? Trouvez un mot de même famille dans le texte.

6 Quels sont les deux sens possibles de l'adjectif *formidable* ? Quel sens convient dans le texte, ligne 74 ?

7 Décomposez l'adjectif *irréparable* (ligne 44) pour en déduire le sens.

8 **a.** Le nom *compassion* provient du verbe latin *patior* (je souffre). Indiquez le sens de ce nom en vous aidant de l'étymologie.
b. Formé sur la même racine, quel verbe signifie éprouver de la compassion ? Quel terme désigne le malade qui consulte un médecin ?

Lire et comprendre

1 Où et quand l'action se situe-t-elle ? Pourquoi ce jour est-il particulier pour Simon ?

2 Pourquoi les enfants n'aiment-ils pas Simon ?

3 Quelles sont les réactions successives de Simon face aux moqueries ?

4 Que nous apprend la description de Simon au début du texte ?

5 **a.** Comment le garçon qui interpelle Simon est-il désigné ? Que savons-nous de lui ?
b. Simon est-il de taille à se défendre ?

6 Comment la brutalité des enfants est-elle présentée ? Quel effet cela produit-il sur le lecteur ? *Tâche complexe*

COUP DE POUCE

- Observez les verbes de parole. Qui l'emporte dans le dialogue ?
- Relevez le champ lexical de la violence ; repérez une énumération montrant la violence des garçons. Quel sentiment domine chez ceux-ci ?
- Lignes 67 à 69, à quoi les garçons sont-ils comparés ?

Écriture

Une rage l'affola (ligne 71). En quelques phrases, développez ce sentiment.
- Vérifiez le sens exact du nom *rage*.
- Énumérez les manifestations physiques de cette émotion (le cœur qui bat, le souffle qui devient court…).
- Employez une image pour illustrer le sentiment de Simon, par exemple en le comparant au fauve traqué par les chasseurs.

Texte 5

Le harcèlement à l'école

Dys

Vidéo

Extrait 1 Harcèlement à l'école : « Ça reste gravé dans ma mémoire, je n'aurai jamais de bons souvenirs d'enfance »

C'était il y a six ans. Élève de quatrième d'un collège très calme de la banlieue de Rouen, Sébastien bégayait[1] un peu. Ce fut assez pour tout déclencher. Au début de l'année, alertés par des moqueries d'adolescents au téléphone, ses parents en parlent au professeur principal. Chacun croit l'affaire close. Par la suite, aucun incident n'est signalé. « *Sébastien ne disait rien* », rapporte sa mère, Monique Teriac. Mais un jour de mars, le collégien prend un appel sur la ligne fixe du domicile. La communication dure trois minutes, puis il remonte dans sa chambre… et se pend.

Ses parents n'ont alors aucune idée de ce qui a pu se passer, jusqu'à la découverte sur le blog de leur fils d'un message laissé après le drame par un élève. Ils comprennent que Sébastien était persécuté[2]. […]

Le harcèlement peut donc détruire. Le plus souvent, il ne fait « que » blesser profondément. Laurent, 25 ans, fleuriste, ne veut pas que soit publié son patronyme[3]. « Ça ferait trop plaisir à certaines personnes », dit-il en pensant à ceux qui, il y a bientôt douze ans, l'ont fait souffrir. Alors en quatrième dans un collège du Val-de-Marne, en zone résidentielle, il venait de prendre conscience de son homosexualité et ressentait une attirance envers un autre élève. Il se confie à une amie proche, connue à l'école primaire.

Celle-ci le trahit aussitôt. Quelques jours plus tard, commencent les agressions verbales et physiques. « *On fouillait mes affaires, on écrivait sur mes vêtements, on me frappait* », raconte-t-il. En s'excusant d'user de mots crus, il ajoute : « *Je me faisais choper les couilles dans un couloir au prétexte de voir si j'en avais, j'étais suivi dans la rue avec des phrases obscènes*[4] »… Plus que d'homophobie, il s'agissait surtout, selon lui, d'un « *rejet de toute différence* ». […]

Aurélie Piaud, 27 ans aujourd'hui, a été harcelée dès les petites classes. L'élément déclencheur est souvent dérisoire[5] : pour elle, c'était l'habillement. « *Ma famille n'avait pas beaucoup de moyens, on s'habillait au Secours catholique.* » À l'école primaire, elle était la cible d'attaques verbales. À son entrée en sixième, dans un collège public d'Eure-et-Loir, le phénomène passe au stade supérieur : elle prend des coups. […]

Elle témoigne d'une voix claire et énergique, comme une personne définitivement tirée d'affaire et surtout préoccupée d'éviter que « *ça continue* » pour des élèves d'aujourd'hui. Mais, dit-elle, « *ça reste gravé dans ma mémoire, je n'aurai jamais de bons souvenirs d'enfance* ».

Luc Cédelle, *Le Monde* pour *Le Monde.fr*, 02.05.2011.

1. Bégayer : avoir un défaut de langage.

2. Persécuté : martyrisé, maltraité sans cesse.

3. Patronyme : nom de famille.

4. Obscène : vulgaire, indécent.

5. Dérisoire : insignifiant, de faible importance.

Extrait 2 Gossip, l'application qui banalise le harcèlement

« L'appli qui démocratise les potins ». C'est la promesse faite « par une jeune Parisienne dotée d'une langue bien pendue » qui a lancé « une application qui lui ressemble », peut-on lire dans le communiqué de presse de Cindy Mouly, qui a lancé en mai dernier l'application Gossip. Inspirée de la série américaine *Gossip Girl*, l'application propose aux utilisateurs de « mettre en ligne des potins de façon totalement anonyme » sur leurs amis, les contacts inscrits sur leur répertoire téléphonique ou sur leur compte Facebook. Des « ragots éphémères » qui apparaissent dix secondes avant de disparaître définitivement. […]

Des voix se sont élevées sur les dérives de ce système, relançant le débat sur le harcèlement en milieu scolaire qui touche, selon le ministère de la Santé, un enfant sur dix. Docteur en psychopathologie clinique, Hélène Romano, auteur de *L'Enfant face au traumatisme*, nous éclaire sur ce phénomène.

Le Point.fr : Quelles sont les racines du harcèlement en milieu scolaire ?

Hélène Romano : Il est le fruit de stratégies d'isolement de l'élève ciblé. L'attaque est progressive avec une continuité dans le processus de harcèlement.

LP. Comment identifier l'élève harcelé ?

Les signes sont variables. L'enfant est souvent triste, fatigué, il décroche de la vie, de son environnement. […]

LP. Vous expliquez qu'il y a « des deux côtés des enfants blessés », pourquoi ?

Parce qu'un enfant qui harcèle ne se porte pas bien. Il y a plusieurs profils et, pour chacun, une prise en charge différente. D'abord, ceux qui harcèlent pour suivre le groupe et pour ne pas être eux-mêmes exclus. Ceux qui harcèlent parce qu'ils ont été dans le passé harcelés. Et une troisième catégorie d'enfants plus difficile à prendre en compte : des enfants harceleurs avec des profils « psychopathiques[6] », qui agissent avec le plaisir de détruire l'autre sans culpabilité.

LP. Qu'est-ce que les nouvelles technologies ont changé ?

Tout. Il n'y plus de limite dans le temps, un enfant harcelé au collège peut encore l'être au lycée parce que son nom est accolé[7] à des rumeurs sur la Toile[8]. L'anonymat facilite et protège. L'écran supprime l'empathie, l'altérité. L'enfant est seul face au monde extérieur et personne n'est là pour l'aider à gérer ses émotions. De plus en plus de jeunes commettent des actes graves sans accès à la loi, sans remise en cause. Pour eux, tout devient possible.

Jamila Aridj, *Le Point*, pour *LePoint.fr*, publié le 01/06/2015.

6. **Psychopathique** : qui relève du trouble mental.
7. **Accolé** : associé.
8. **La Toile** : Internet.

◀ ***Souvenir de solitude,***
Barbara Hoogeweegen, huile sur toile, 2021, collection particulière.

Lire et comprendre

1 À quel genre ces deux textes appartiennent-ils ? Quel en est le thème commun ?

2 Dans le premier texte, qui sont les différentes personnes qui parlent ? Et dans le second ? Comment les distingue-t-on ?

3 D'après l'extrait 1, en quoi le harcèlement consiste-t-il ? Quelles en sont les conséquences ?

4 D'après le second extrait, quelles sont les nouvelles formes de harcèlement ? Qu'est-ce qui les rend possible ? Développez votre réponse.

5 Quel est le point commun entre les différentes personnes harcelées dans l'extrait 1 ? Comment l'expliquez-vous ?

6 D'après l'extrait 2, qui sont les harceleurs ?

7 D'après l'extrait 2, pourquoi Internet facilite-t-il le harcèlement ? Qu'en pensez-vous ?

Vocabulaire

Avant la lecture

1 **a.** En latin, *alter* signifie « l'autre ». Déduisez-en le sens du nom *altérité*.
b. Complétez les phrases suivantes avec les mots de même famille : *altruisme, autrui, alter ego*.
1. Ne fais pas à ... ce que tu ne voudrais pas qu'on te fasse.
2. Jean considérait son meilleur ami comme un ....
3. Aïcha n'est pas égoïste : elle agit toujours avec ....

2 Cherchez le sens du nom *empathie* puis trouvez deux noms de même famille qui signifient : *répugnance envers quelqu'un / affinité, affection envers quelqu'un*.

3 Que signifie *avoir la langue bien pendue* ? Est-ce une qualité ?

Après la lecture

4 « Des mots crus » (extrait 1, ligne 46). En vous aidant du contexte, donnez un synonyme de l'adjectif *cru*.

5 Qu'est-ce qu'un « potin » (extrait 2, ligne 1) ? Trouvez un synonyme dans le texte et indiquez le niveau de langue de ces deux noms. Quelle est la connotation de ces termes ?

6 Le nom *culpabilité* provient du nom latin *culpa*, qui signifie « la faute ». Qu'est-ce que la culpabilité ?

ORAL — Éducation morale et civique

Pourquoi est-il si difficile de réagir face au harcèlement ou d'en parler ?
- Avez-vous déjà été témoin de harcèlement ? Comment avez-vous réagi ?
- Pour argumenter, appuyez-vous sur la lecture de ces textes. Renseignez-vous sur le site : https://www.education.gouv.fr/lutte-contre-le-harcelement-l-ecole-289530
- Vous pouvez aussi nourrir votre réflexion de votre expérience personnelle.

Étude de film

Sa Majesté des Mouches

Peter Brook, réalisateur et metteur en scène, adapte dans son film le roman de William Golding publié en 1954. À sa sortie en 1963, il obtient la palme d'Or à Cannes.

A Les personnages

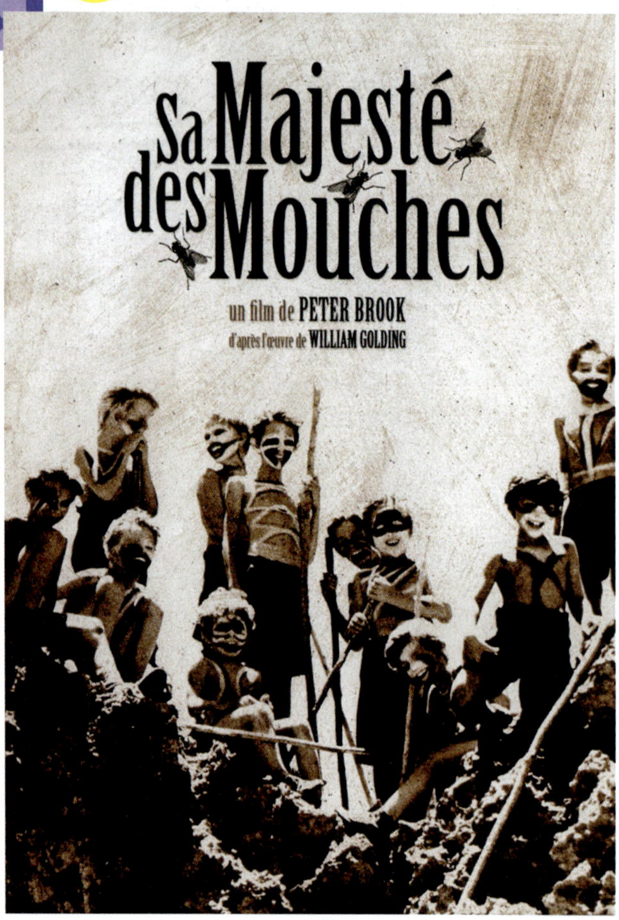

▲ **Affiche du film *Sa Majesté des Mouches*, Peter Brook**, 1963.

1 **a.** Résumez le début de l'histoire en quelques mots.
b. Connaissez-vous d'autres récits où des personnages doivent survivre seuls sur une île ?

2 Dans le groupe des enfants, des personnalités fortes émergent peu à peu et entrent en conflit. Identifiez chacun des personnages à partir de son rôle dans le récit :

A. Brutal, il veut commander. Il s'impose par la force, créant la peur chez les autres puis s'érigeant en seul protecteur possible.
B. Il ne cherche pas à imposer ses idées mais essaie d'organiser les choses au mieux dans l'intérêt de tous.
C. Mature et intelligent, il ne cherche jamais à se mettre en avant mais essaie de conseiller Ralph au mieux.
D. Observateur silencieux, il réfléchit par lui-même sans se laisser influencer par les menaces ou la peur. Quand on lui dit qu'il y a un monstre, il veut le vérifier par lui-même.

3 **a.** Associez chacun des personnages à l'objet qui le caractérise.

Ralph ●	● Les lunettes
Piggy ●	● Le couteau
Jack ●	● La conque

b. À votre avis, que représentent ces objets ?

4 À votre avis, qu'est-ce qui est important pour chacun des quatre personnages principaux ? Développez vos réponses en vous appuyant sur des scènes précises du film.

▲ **Document 1**

B La fragilité de la civilisation

Document 2

Alors que William Golding a participé au débarquement de Normandie en 1944, Peter Brook avait à peine 20 ans à la fin de la Seconde Guerre mondiale ; mais de part ses origines juives il en a également éprouvé le traumatisme. Au-delà d'une histoire d'enfants échoués sur une île déserte, *Sa Majesté des mouches* nous interroge sur le risque toujours présent du basculement de la civilisation dans la sauvagerie.

1 **a.** Observez le camp de Jack (document 2) et celui de Ralph (document 3). Où sont-ils respectivement situés dans l'île ?
b. Comment l'opposition entre ces deux camps est-elle soulignée (paysages, lumières....) ?

2 Observez les documents 1, 2, 3 et 4.
a. Pour chaque scène, repérez si elle se déroule au début ou à la fin du film. Quel indice vous guide ?
b. Que symbolise cette transformation progressive de l'aspect des enfants ?
c. Pourquoi Piggy reste-t-il habillé ?
d. Pourquoi Jack s'est-il choisi cette apparence ? Développez votre réponse.

3 **a.** Les règles de fonctionnement proposées par Ralph et Piggy vous semblent-elles bonnes ? Développez et justifiez votre réponse.
b. De quel régime politique ce fonctionnement se rapproche-t-il ?

4 **a.** Qu'est-ce qui motive Jack et sa tribu ?
b. Par quels moyens Jack renforce-t-il peu à peu son emprise sur le groupe ? Quel rôle « la bête » joue-t-elle dans cette prise de pouvoir ?
c. Qui est « Sa Majesté des Mouches » ? Que signifie ce titre ?
d. À quel régime politique comparer le fonctionnement de la tribu de Jack ? Argumentez vos réponses.

5 **a.** Du groupe de Jack ou de celui de Ralph, lequel l'emporte ? Pourquoi ?
b. Dans quel état les secours trouvent-ils l'île et les enfants à la fin du film ?
c. Pour vous, quelle est la leçon du film ? Développez votre réponse.

Étude de film

C Analyse d'une séquence

La fête barbare

▲ **Document 3**

1 Comment les conditions climatiques évoluent-elles ? Quelle impression cela crée-t-il ?

2 **a.** Pourquoi Ralph et Piggy s'inquiètent-ils pour le feu ? Que représente le feu pour eux ?
b. Quel usage Jack et sa bande font-ils du feu tout au long de la séquence ?

3 Par quels moyens Jack s'assure-t-il une autorité sur le groupe ?

4 **a.** Quel personnage reste à part ? En quoi est-il différent ?
b. Pourquoi ce personnage peut-il constituer une menace contre l'autorité de Jack ?

5 **a.** Quelle impression se dégage de la fête de nuit sur la plage ? Pour répondre observez les postures des enfants, leurs gestes, leurs regards.
b. Comment le cadrage et la bande-son renforcent-ils cette impression ?

6 **a.** Quelle phrase est répétée à la fin de la scène ? À quoi se réduit finalement cette phrase ?
b. Que révèle-t-elle de l'état d'esprit des enfants ?

7 Pourquoi cette scène est-elle importante dans le film ?

8 À votre avis, pourquoi Simon est-il tué ? Argumentez votre réponse.

▲ **Document 4**

L'enfant et les autres en littérature

Synthèse

Réel et fiction

- Dans un roman, il faut distinguer l'**auteur** et le **narrateur** : l'auteur est une **personne réelle**, celle qui a écrit le roman. Lorsqu'un auteur écrit un roman à la première personne, il peut se mettre dans la peau d'un **personnage fictif**. C'est ce personnage fictif qui raconte l'histoire, qu'on appelle **le narrateur**. Dans le texte 1 « Les carnets », René Goscinny, l'auteur du roman, se met dans la peau d'un jeune garçon, le petit Nicolas, qui est le narrateur de ses propres aventures.

Le roman

- Ce genre littéraire se développe tout particulièrement à partir du XIXe siècle. Écrit en **prose**, c'est-à-dire pas en vers, le roman est une fiction d'une certaine longueur racontant généralement les aventures ou la vie d'un ou plusieurs personnages. C'est cette longueur qui autorise le romancier à développer la **psychologie de ses personnages** à travers leurs actes ou leurs pensées. C'est donc un genre propice aux récits d'enfance, dans lesquels on s'intéresse aux **sentiments** et **émotions** du jeune personnage.
- Dans le genre de la **nouvelle**, proche de celui du roman, **l'intrigue est plus concentrée**. La **brièveté** de la nouvelle oblige l'écrivain à sélectionner des détails tout particulièrement significatifs. Dans « Le Papa de Simon », en quelques pages seulement, Maupassant parvient à transcrire la cruauté des enfants et la souffrance d'une victime de leurs moqueries.

La poésie

- La poésie est un **genre codifié** qui s'appuie sur des **règles de versification**. À travers la contrainte du **vers**, du **rythme**, de la **rime**, le poète produit une œuvre souvent brève mais musicale et puissante. Union de la littérature et de la musique, la poésie offre aussi une grande place aux **images**. Hugo s'amuse quant à lui de la solennité de l'alexandrin pour évoquer une scène tendre.

Le théâtre

- Destiné à être joué sur une scène, **devant un public**, le théâtre est une forme littéraire vivante qui propose une succession de **tirades** et de **répliques**. Les didascalies sont des indications aidant à la mise en scène. Dans *Poil de Carotte*, l'emprunt à ce genre permet de rendre le récit plus théâtral et dramatique.

La presse

- Les **articles de journaux**, les interviews appartiennent au domaine de la presse et ont pour fonction d'**informer**. Ils n'ont pas un objectif littéraire mais **analysent les événements** pour nous permettre de mieux les comprendre : ainsi, chacun à leur manière, ces écrits offrent une expérience du monde.

Éviter le langage familier

1 N'oubliez pas le *ne* de la négation ou de la restriction. Corrigez les phrases suivantes pour les rendre correctes.

1. Nicolas essaie de trouver une astuce pour pas se faire gronder.
2. Il paraît que Clotaire a jamais eu de bonnes notes : il a que des zéros.
3. On doit pas parler pendant le film.
4. Le contrôle portera que sur la dernière leçon.
5. Aucune preuve est apportée.
6. On a rien sans effort.
7. Tu manges que des légumes ou des fruits, tu manges que rarement de la viande.
8. Personne a répondu à ma lettre.

2 Mettez les phrases ci-dessous à la forme négative en utilisant les adverbes de négation suivants : *ne... point / ne... guère / ne... plus / ne... jamais.*

1. Je fréquente encore mes amis d'enfance.
2. J'ai beaucoup de chance dans la vie.
3. Cet enfant a toujours suivi son instinct.
4. Cet élève aime étudier.

3 Indiquez si l'emploi de *on* est correct ou non. S'il ne l'est pas, récrivez la phrase en remplaçant *on* par *nous*. Rappel : *on* désigne un sujet indéfini ou permet une généralité. Il ne doit pas remplacer *nous*.

1. Paul et moi, on part à la plage.
2. On n'attrape pas les mouches avec du vinaigre.
3. Venez les enfants, on va goûter.
4. Alors, on s'est tous battus avec Eudes, et moi j'ai reçu un gros coup de poing sur le nez, et le Bouillon, qui est notre surveillant, nous a tous mis au piquet. (GOSCINNY)
5. Ce que l'on conçoit bien s'énonce clairement, / Et les mots pour le dire arrivent aisément. (BOILEAU)
6. On a eu tort de vous accorder notre confiance, vous n'en êtes pas digne.
7. Nous étions à table lorsque soudain on frappa à la porte.

4 Ne confondez pas *trop* (qui indique un excès) et *très*. Choisissez le terme adapté à chacune des situations suivantes.

1. Il fait ... froid pour couper le chauffage.
2. Ce jeune chat est vraiment ... mignon !
3. Nous faisons ... de bruit, nous devons baisser le ton.
4. Ce pantalon est ... grand ; c'est dommage car il est aussi ... élégant.

5 Indiquez quel usage est correct et corrigez les phrases familières.

1. Il boit de la flotte. / L'amiral dirige la flotte.
2. Je déguste des huîtres normandes. / Je me suis brûlé et je déguste !
3. Il s'est pris pour un artiste. / Il s'est pris une baffe.
4. Le verre est plein. / J'ai versé plein d'eau dans le vase.
5. Alfred va crever si on ne le soigne pas ! / La roue va crever si tu roules sur un clou.
6. J'ai mis du lait dans la tasse de café. / Mon frère m'a mis une grosse baffe.
7. Le chien ouvre grand sa gueule. / Cet homme avait une drôle de gueule.

6 Dans les phrases suivantes, remplacez les termes familiers par des synonymes appartenant au langage courant ou soutenu.

1. Mes copains ont rigolé parce qu'ils trouvaient que mon pantalon était moche ; ce n'est pas très sympa.
2. Mes parents m'ont engueulé hier parce que mon portable était foutu.
3. Je me suis gouré en regardant l'heure et j'ai loupé le car.
4. M. Rogue est un super prof !
5. Je m'en fiche.
6. C'est trop marrant !
7. Ce soir, je vais au ciné voir un film rigolo.
8. J'en ai marre de bosser !

7 Corrigez les phrases suivantes en rétablissant correctement la négation, en inversant le sujet dans les questions, en supprimant le vocabulaire familier.

1. T'es qui ?
2. On va au ciné. Tu veux venir avec nous ?
3. Je peux pas m'exprimer ?
4. T'as raison.
5. J'ai pas pleuré.
6. C'est pas cool !
7. Touche-moi pas !

8 Il est familier de reprendre le sujet avec un pronom. Corrigez ce défaut dans les phrases suivantes. Corrigez aussi les autres tournures familières ou enfantines.

1. Mon papa, il m'a dit de venir.
2. Les garnements de l'école, pendant que Simon pleurait, ils ne cessaient de rigoler et de l'embêter.
3. Les confitures qu'on prépare l'été avec ma tatie, elles sont trop bonnes !

Astuce

N'hésitez pas à utiliser le site du CNRTL pour vous aider à trouver des synonymes.

9 Sans être familiers, certains termes sont trop ordinaires pour être intéressants. Remplacez les adjectifs par un synonyme plus riche.

1. Ce voisin qui garde mes chats en mon absence est vraiment très gentil.
2. Une gentille dame m'a répondu poliment.
3. Sophie veille sur sa grand-mère et se montre gentille envers elle.
4. Nestor bouscule ses camarades et ne cesse d'être méchant.
5. Ce méchant roi faisait souffrir son peuple.
6. La mère de Poil de Carotte est une bien méchante femme.

10 *Il y a* est une expression creuse. Corrigez les phrases suivantes en remplaçant *il y a* par un verbe expressif. Ne pas utiliser un synonyme comme *se trouver*.

Exemple : *Il y a un chien devant la maison. → Un chien garde la maison.*

1. Il y a des élèves qui bousculent le pauvre Simon.
2. Il y a un chat dans le fauteuil.
3. Il y a de la neige dans les jardins.
4. Il y a des flammes dans la cheminée.
5. Il y a un enfant caché derrière les buissons.

Maîtriser la ponctuation

11 Dans le texte suivant, rétablissez toutes les majuscules qui manquent.

jules renard naît le 22 février 1864 dans un village de mayenne, dernier enfant d'une mère qui ne lui manifeste guère d'affection. après une scolarité suivie à nevers et un baccalauréat obtenu au lycée charlemagne, à paris, jules renard entreprend une carrière littéraire. il fréquente alors des écrivains comme edmond rostand ou les frères goncourt. son œuvre la plus célèbre, poil de carotte, est inspirée de son enfance.

12 a. Lisez le texte suivant. Est-ce facile ? Pourquoi ?

b. Corrigez le texte en ajoutant les points et les majuscules qui manquent.

Sganarelle est un bûcheron alcoolique et violent qui bat sa femme celle-ci décide de se venger de son mari en faisant croire aux domestique d'un riche bourgeois que c'est un médecin qui n'accepte de travailler que quand on le frappe or ces domestiques sont justement à la recherche d'un médecin pour soigner Lucinde, la fille de leur maître, qui a subitement perdu la parole ils frappent donc Sganarelle jusqu'à ce que celui-ci accepte de les accompagner voilà notre homme obligé de se faire passer pour un médecin

13 Placez le signe de ponctuation qui convient aux endroits indiqués.

1. Repose immédiatement ce bocal, petit garnement _
2. L'épicière poussa un cri avant de s'évanouir _ une souris morte trônait sur son comptoir _
3. Que faisait-elle à cet endroit _
4. Nul ne le savait _
5. Quelle atroce vision c'était _
6. Combien c'était répugnant _
7. La pauvre femme pourrait-elle s'en remettre _

14 a. Lisez le texte suivant. Est-il facile à comprendre ? Pourquoi ?

b. Corrigez le texte en ajoutant les points et les majuscules qui manquent, en supprimant les répétitions et en corrigeant les imprécisions indiquées en gras.

Martin voulait donner un bain à son chat mais la pauvre bête n'aimait pas l'eau mais Martin décida **de le faire** quand même mais le chat se débattit et griffa son maître mais ce dernier ne fut pas fâché car il savait qu'il l'avait bien cherché car son animal ne faisait que se défendre.

15 Même exercice. Vous pouvez modifier l'ordre des mots pour supprimer les incorrections et lourdeurs de style.

En entrant dans la cuisine, Pierre aperçoit des pots de confiture qui refroidissent sur le bord de la fenêtre mais il est gourmand et il ne peut pas attendre alors il attrape une cuillère qui est sur la table et il la plonge dans un pot et il goûte la confiture mais il ne sait pas que la cuisinière a recouvert les pots de paraffine qui brûle le palais du pauvre Pierre car la paraffine brûlante est translucide donc Pierre ne l'avait pas vue.

Rédaction

Écrire une scène enfantine

SUJET

- Quelle bêtise la jeune Sophie va-t-elle inventer ? Observez l'image et racontez la scène au présent.

« **Sophie s'amusant avec un poisson rouge** », illustration de 1948 pour une édition illustrée des *Malheurs de Sophie* de la Comtesse de Ségur (1858).

Voici les étapes à suivre pour préparer votre rédaction :

1 Trouver des idées

- Observez bien l'image : qui est le personnage ? Où est-il ? Que fait-il ? Quel semble être son état d'esprit ?
- Que va-t-il se passer ? Comment vont réagir les personnages : la petite fille et ses proches ?
- Choisissez si vous souhaitez raconter la scène de façon dramatique ou humoristique.
- Reproduisez et complétez ce tableau pour écrire votre texte.

	Qui ?	Fait quoi ?	Où ? Comment ? Pourquoi ?
Exemple	*La jeune Sophie*	*pêche des poissons*	*pour jouer à la dînette.*
Phrase 1			
Phrase 2			
… Phrase 8			

2 Organiser le récit

- Faites le plan de ce que vous voulez raconter : dans quel ordre allez-vous raconter les détails de la scène ?
- Allez à la ligne et commencez un nouveau paragraphe à chaque nouvelle étape de votre récit (attention : une phrase seule ne constitue pas un paragraphe).
- N'oubliez pas d'expliquer les réactions des personnages et de préciser leurs émotions.
- Pensez à proposer une phrase de conclusion.

3 Travailler le style

- N'utilisez pas de langage familier. Employez un vocabulaire précis, expressif. Évitez les répétitions.
- Ne faites pas parler vos personnages. Utilisez des verbes comme : *gronder, s'expliquer, pousser des cris horrifiés…*
- Mettez en valeur les émotions des personnages, par des images ou des exclamations.
- Rendez votre récit intéressant pour le lecteur en racontant la scène d'une façon dramatique ou comique par exemple.

4 Vérifier la langue

- Vos phrases sont-elles complètes et correctement ponctuées ?
- Peut-on comprendre votre texte sans avoir besoin de deviner ce que vous voulez dire ?

À lire, à voir

Des livres

● ***Moi Boy,*** Roald Dahl, Folio junior, 1984.

Quand l'auteur était petit… Des bêtises, des joies, des drames et une éducation à la dure. Une enfance d'une autre époque à découvrir dans un récit plein d'humour.

● ***Le Petit Nicolas,*** René Goscinny, illustré par Jean-Jacques Sempé, Folio junior, 1960.

On ne présente plus ce jeune personnage ! Retrouvez-le ainsi que ses proches et ses camarades dans de nouvelles situations.

● ***Poil de Carotte,*** Jules Renard, 1894.

De courts récits évoquant l'enfance malheureuse d'un jeune garçon, surnommé Poil de Carotte pour sa chevelure rousse et maltraité par sa famille.

● ***La Gloire de mon père,*** Marcel Pagnol, Éditions de Fallois, 1957.

Fils d'un instituteur marseillais au début du XXe siècle, l'auteur évoque son enfance avec humour et tendresse, en particulier ses vacances heureuses en Provence.

Des films

● ***Au revoir les enfants,*** Louis Malle, 1987.

Librement inspiré d'un souvenir marquant du réalisateur, enfant durant la Seconde Guerre mondiale, ce film raconte la rencontre de deux jeunes pensionnaires et leur amitié qui se conclura d'une terrible manière.

● ***Les Quatre Cents Coups,*** François Truffaut, 1959.

Antoine Doinel, jeune adolescent qui peine à trouver sa place dans sa famille, va de bêtise en bêtise…

● ***Billy Elliot,*** Stephen Daldry, 2000.

Orphelin de mère, fils d'un mineur anglais en grève, Billy découvre qu'il ne veut pas apprendre à boxer, mais qu'il s'épanouit dans la danse. Pourra-t-il poursuivre dans cette voie ?

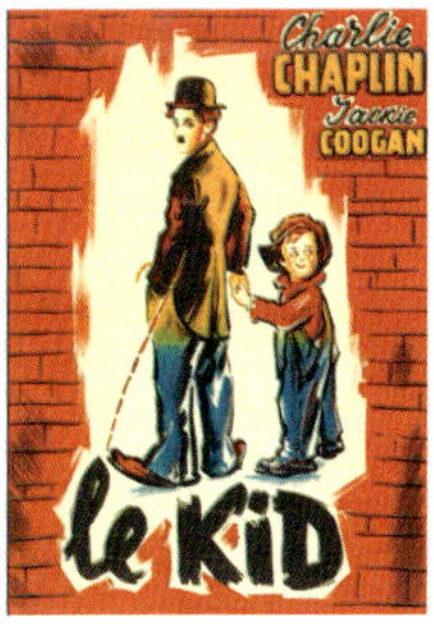

● ***The Kid,*** Charlie Chaplin, 1921.

Grand classique du cinéma américain muet, cette comédie en noir et blanc présente le célèbre Charlot, vitrier chargé, par hasard et malgré lui, de l'éducation d'un enfant abandonné.

2 L'Avare, de Molière

œuvre intégrale

> Quels sont les codes et les enjeux de la comédie classique ?

Vidéo

Objectifs du chapitre

Lecture
- Comprendre l'implicite
- Identifier les ressorts du comique
- Découvrir la langue classique

Écriture
- Maîtriser les codes de l'écriture théâtrale
- Donner de la vivacité au dialogue
- S'initier à l'argumentation

Oral
- Dire et jouer un texte théâtral

Sommaire

▲ ***L'Avare*** **de Molière,** Guy Pion dans le rôle d'Harpagon, mise en scène de Patrice Mincke, Théâtre royal du Parc, Bruxelles, 2016.

● Décrivez l'organisation de l'espace scénique. Quel est l'effet produit ?

Repères

Molière et la comédie

Le genre de la comédie

• Existant depuis l'Antiquité, la comédie est un genre théâtral qui utilise le **rire pour se moquer des défauts des hommes**. Elle était à l'origine un moyen de **critiquer le pouvoir** à travers ses représentants : les juges, les médecins, les riches pères de famille trop autoritaires...

• On la retrouve au Moyen Âge sous la forme de la **farce**. Jouée sur des tréteaux à l'occasion des foires, elle fait rire en mettant en scène des **trompeurs** et des **trompés**, dans un **langage grossier** et à grand renfort de coups de bâton.

▲ ***Fête de village avec théâtre de rue,*** Pieter le Jeune, 1632, Musée de l'Ermitage, Saint Petersbourg (Russie).

Questions

1 Qu'est-ce que la comédie ?

2 Où les farces médiévales étaient-elles jouées ?

Molière (1622-1673)

• Fils d'un marchand aisé, **Jean-Baptiste Poquelin** naît à Paris en 1622. Sa mère meurt quand il a 10 ans. Après des études de droit, il renonce au métier d'avocat auquel le destinait son père pour se consacrer au théâtre.

• C'est en 1643 qu'il prend le nom de **Molière** et crée sa propre troupe, **l'Illustre-Théâtre**. Il est à la fois **auteur**, **acteur** et **directeur**. Il part sur les routes de France avec sa compagne, Madeleine Béjart. Au bout de treize ans, la troupe revient à Paris où elle rencontre enfin le succès. En 1658, elle joue devant le roi Louis XIV qui, conquis, la fait installer dans son propre théâtre.

• Dès lors, le succès de Molière n'aura plus de fin... Mais cela lui vaudra également beaucoup d'ennemis, les uns se sentant visés par les moqueries de ses comédies, les autres l'accusant de ne respecter ni la religion ni la morale. Malgré de puissants protecteurs, l'intérêt du roi pour lui diminuant peu à peu, Molière est très attaqué. Épuisé, il tombe malade et meurt en sortant de scène, après une représentation du *Malade imaginaire*. Comme l'Église condamne les mœurs des comédiens, il est enterré de nuit, en cachette, dans une fausse commune.

Questions

3 Pourquoi Molière a-t-il été enterré en cachette ?

4 Cherchez des titres de pièces de Molière et précisez l'année de leur création.

La comédie classique

- Au XVIIe siècle, les Italiens mettent à la mode la **Commedia dell'arte** : sur un scénario très simple, les comédiens, spécialisés dans un rôle, improvisent. Il y a peu de paroles, le comique reposant sur les gesticulations (pantomime, poursuites, bastonnades) et un jeu caricatural.
- En 1680, Louis XIV, grand amateur de théâtre, fonde la **Comédie-Française**. Bien avant cette date, la comédie, genre divertissant par excellence, a les faveurs du roi, mais la Cour ne saurait se contenter des amusements grossiers de la farce. Sous l'influence du théâtre italien et du roman, l'intrigue devient plus étoffée, plus réaliste, plus structurée aussi ; on goûte les situations cocasses mais aussi l'expression de sentiments délicats : c'est la naissance de la **comédie classique**.

Questions

5 Qui fonde la Comédie-Française ?

6 Qu'est-ce qui distingue la comédie classique de la farce ?

▲ ***Représentation à la Comédie-Française,*** gravure anonyme, vers 1780, Bnf, Paris.

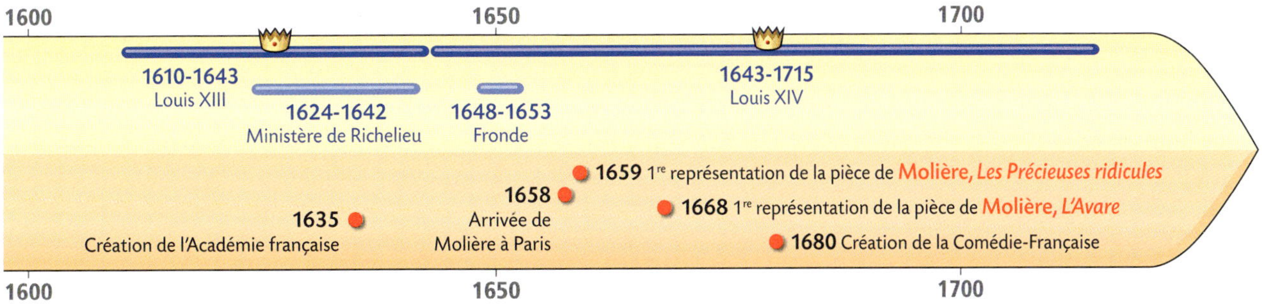

Texte 1

Dys

Maître et valet

Harpagon est un vieil avare qui a deux enfants adultes : Cléante et Élise. Cléante est amoureux de Mariane, une jeune fille dont le seul tort est d'être pauvre ; Élise s'est éprise de Valère, un jeune homme qui recherche sa famille, dont il a été séparé par de terribles aventures. Aucun des deux n'ose avouer son amour à un père redouté. Tandis que Cléante fait la cour à Mariane, Valère, pour pouvoir fréquenter Élise, se fait embaucher comme intendant par Harpagon, dont il tente de gagner les faveurs par la flatterie.

Dans cette scène, Harpagon tente de chasser La Flèche, le valet de son fils.

HARPAGON, LA FLÈCHE.

HARPAGON. – Hors d'ici tout à l'heure, et qu'on ne réplique pas. Allons, que l'on détale de chez moi, maître juré filou, vrai gibier de potence.

LA FLÈCHE. – Je n'ai jamais rien vu de si méchant que ce maudit vieillard ; et je pense, sauf correction[1], qu'il a le diable au corps.

HARPAGON. – Tu murmures entre tes dents.

LA FLÈCHE. – Pourquoi me chassez-vous ?

HARPAGON. – C'est bien à toi, pendard, à me demander des raisons : sors vite, que[2] je ne t'assomme.

LA FLÈCHE. – Qu'est-ce que je vous ai fait ?

HARPAGON. – Tu m'as fait que je veux que tu sortes.

LA FLÈCHE. – Mon maître, votre fils, m'a donné ordre de l'attendre.

HARPAGON. – Va-t'en l'attendre dans la rue, et ne sois point dans ma maison planté tout droit comme un piquet, à observer ce qui se passe, et faire ton profit de tout. Je ne veux point avoir sans cesse devant moi un espion de mes affaires ; un traître, dont les yeux maudits assiègent toutes mes actions, dévorent ce que je possède, et furètent de tous côtés pour voir s'il n'y a rien à voler.

LA FLÈCHE. – Comment diantre voulez-vous qu'on fasse pour vous voler ? Êtes-vous un homme volable, quand vous renfermez toutes choses et faites sentinelle[3] jour et nuit ?

HARPAGON. – Je veux renfermer ce que bon me semble et faire sentinelle comme il me plaît. Ne voilà pas de mes mouchards[4] qui prennent garde à ce qu'on fait ? (*À part.*) Je tremble qu'il n'ait soupçonné quelque chose de mon argent. (*Haut.*) Ne serais-tu point homme à aller faire courir le bruit que j'ai chez moi de l'argent caché ?

LA FLÈCHE. – Vous avez de l'argent caché ?

HARPAGON. – Non, coquin, je ne dis pas cela. (*À part.*) J'enrage. (*Haut.*) Je demande si malicieusement[5] tu n'irais point faire courir le bruit que j'en ai.

LA FLÈCHE. – Hé que nous importe que vous en ayez, ou que vous n'en ayez pas, si c'est pour nous la même chose ?

HARPAGON. – Tu fais le raisonneur ; je te baillerai[6] de ce raisonnement-ci

---

1. Sauf correction : sauf erreur.

2. Que : avant que.

3. Faire sentinelle : monter la garde.

4. Mouchard : espion.

5. Malicieusement : par malice, c'est-à-dire par méchanceté.

6. Bailler : donner.

par les oreilles. (*Il lève la main pour lui donner un soufflet.*) Sors d'ici encore une fois.

LA FLÈCHE. – Hé bien, je sors.

HARPAGON. – Attends. Ne m'emportes-tu rien ?

LA FLÈCHE. – Que vous emporterais-je ?

HARPAGON. – Viens çà, que je voie. Montre-moi tes mains.

LA FLÈCHE. – Les voilà.

HARPAGON. – Les autres.

LA FLÈCHE. – Les autres ?

HARPAGON. – Oui.

LA FLÈCHE. – Les voilà.

HARPAGON, *montrant les hauts-de-chausse*[7] *de La Flèche.* – N'as-tu rien mis ici dedans ?

LA FLÈCHE. – Voyez vous-même.

HARPAGON. *Il tâte le bas de ses chausses.* – Ces grands hauts-de-chausses sont propres à devenir les recéleurs[8] des choses qu'on dérobe et je voudrais qu'on en eût fait pendre quelqu'un.

LA FLÈCHE. – *À part.* Ah ! qu'un homme comme cela mériterait bien ce qu'il craint et que j'aurais de joie à le voler !

7. Chausses (ou hauts-de-chausses) : large culotte resserrée au genou.

8. Recéleurs : cachettes.

***L'Avare*, de Molière,** Emmanuel Dechartre (Harpagon) et Didier Lesour (La Flèche), mise en scène de Frédérique Lazarini, Théâtre 14, Paris, 2017.

Texte 1

HARPAGON. – Euh ?

LA FLÈCHE. – Quoi ?

HARPAGON. – Qu'est-ce que tu parles de voler ?

LA FLÈCHE. – Je vous dis que vous fouillez bien partout, pour voir si je vous ai volé.

HARPAGON. – C'est ce que je veux faire.

Il fouille dans les poches de La Flèche.

LA FLÈCHE. – La peste soit de l'avarice et des avaricieux !

HARPAGON. – Comment ? que dis-tu ?

LA FLÈCHE. – Ce que je dis ?

HARPAGON. – Oui ; qu'est-ce que tu dis d'avarice et d'avaricieux ?

LA FLÈCHE. – Je dis que la peste soit de l'avarice et des avaricieux.

HARPAGON. – De qui veux-tu parler ?

LA FLÈCHE. – Des avaricieux.

HARPAGON. – Et qui sont-ils, ces avaricieux ?

LA FLÈCHE. – Des vilains et des ladres[9].

HARPAGON. – Mais qui est-ce que tu entends par là ?

LA FLÈCHE. – De quoi vous mettez-vous en peine ?

HARPAGON. – Je me mets en peine de ce qu'il faut.

LA FLÈCHE. – Est-ce que vous croyez que je veux parler de vous ?

HARPAGON. – Je crois ce que je crois ; mais je veux que tu me dises à qui tu parles quand tu dis cela.

LA FLÈCHE. – Je parle… je parle à mon bonnet.

HARPAGON. – Et moi, je pourrais bien parler à ta barrette[10].

MOLIÈRE, *L'Avare*, 1668, Acte I, scène 3.

9. Ladre : avare.

10. Barrette : l'avant du bonnet. Parler à la barrette de quelqu'un signifie le gifler.

Vocabulaire

Avant la lecture

1 Cherchez le sens exact du mot *avare* et trouvez-lui deux synonymes et deux antonymes.

2 Cherchez les différents sens du mot *soufflet* (l. 32).

3 Donnez un synonyme de *dérober*.

Après la lecture

4 Relevez toutes les insultes adressées par Harpagon à La Flèche.

5 Un harpagon est un homme d'une grande avarice, qu'est-ce qu'un dom juan ? Un tartuffe ?

Écriture

Réalisez les exercices 10 et 11 p. 57.

Lire et comprendre

Débat de compréhension

ORAL

- Présentez les personnages de ce texte et ce que vous comprenez de leur situation et de leur caractère.

Pour approfondir

1 Relisez les lignes 21 à 28.

a. Quelle information Harpagnon donne-t-il malgré lui à La Flèche ?

b. À qui est destiné l'aparté ?

2 Quelle image avez-vous d'Harpagon à l'issue de cette scène ? Pour répondre, appuyez-vous sur son comportement et sur sa façon de parler.

3 Quelle est l'attitude de La Flèche vis-à-vis de son maître ? Quel est l'effet produit ?

4 À quoi le spectateur peut-il s'attendre pour la suite ?

Texte 2

Sans dot !

Dys

Harpagon annonce à ses enfants une grande nouvelle : il souhaite se remarier, et celle qu'il a choisie n'est autre que Mariane, la jeune femme dont Cléante est amoureux. Il forme aussi des projets de mariage pour ses enfants : il destine Élise à un riche vieillard nommé Anselme. La jeune fille s'opposant à ce projet, Valère est choisi comme arbitre des débats.

VALÈRE, HARPAGON, ÉLISE.

HARPAGON. – Ici, Valère. Nous t'avons élu pour nous dire qui a raison, de ma fille, ou de moi.

VALÈRE. – C'est vous, Monsieur, sans contredit.

HARPAGON. – Sais-tu bien de quoi nous parlons ?

VALÈRE. – Non. Mais vous ne sauriez avoir tort, et vous êtes toute raison.

HARPAGON. – Je veux ce soir lui donner pour époux un homme aussi riche que sage, et la coquine me dit au nez qu'elle se moque de le prendre. Que dis-tu de cela ?

VALÈRE. – Ce que j'en dis ?

HARPAGON. – Oui.

VALÈRE. – Eh ! eh !

HARPAGON. – Quoi ?

VALÈRE. – Je dis que dans le fond je suis de votre sentiment[1] ; et vous ne pouvez pas que vous n'ayez raison[2]. Mais aussi n'a-t-elle pas tort tout à fait, et…

HARPAGON. – Comment ? Le seigneur Anselme est un parti[3] considérable ; c'est un gentilhomme qui est noble, doux, posé, sage, et fort accommodé[4], et auquel il ne reste aucun enfant de son premier mariage. Saurait-elle mieux rencontrer ?

VALÈRE. – Cela est vrai. Mais elle pourrait vous dire que c'est un peu précipiter les choses, et qu'il faudrait au moins quelque temps pour voir si son inclination pourra s'accommoder avec…

HARPAGON. – C'est une occasion qu'il faut prendre vite aux cheveux[5]. Je trouve ici un avantage qu'ailleurs je ne trouverais pas ; et il s'engage à la prendre sans dot.

VALÈRE. – Sans dot ?

HARPAGON. – Oui.

VALÈRE. – Ah ! je ne dis plus rien. Voyez-vous, voilà une raison tout à fait convaincante ; il se faut rendre à cela.

HARPAGON. – C'est pour moi une épargne considérable.

VALÈRE. – Assurément, cela ne reçoit point de contradiction. Il est vrai que votre fille vous peut représenter[6] que le mariage est une plus grande affaire qu'on ne peut croire ; qu'il y va d'être heureux, ou malheureux,

1. De votre sentiment : de votre avis.

2. vous ne pouvez pas que vous n'ayez raison : Vous ne pouvez pas avoir tort.

3. Parti : personne à marier, envisagée du point de vue de sa situation sociale et financière.

4. Accommodé : riche.

5. Prendre une occasion aux cheveux : profiter d'une occasion dès qu'elle se présente, sans réfléchir.

6. Représenter : faire observer.

toute sa vie ; et qu'un engagement qui doit durer jusqu'à la mort ne se doit jamais faire qu'avec de grandes précautions.

HARPAGON. – Sans dot.

VALÈRE. – Vous avez raison. Voilà qui décide tout, cela s'entend[7]. Il y a des gens qui pourraient vous dire qu'en de telles occasions l'inclination d'une fille est une chose sans doute où l'on doit avoir de l'égard ; et que cette grande inégalité d'âge, d'humeur, et de sentiments, rend un mariage sujet à des accidents très fâcheux.

HARPAGON. – Sans dot.

VALÈRE. – Ah ! il n'y a pas de réplique à cela. On le sait bien. Qui diantre peut aller là contre ? Ce n'est pas qu'il n'y ait quantité de pères qui aimeraient mieux ménager la satisfaction de leurs filles que l'argent qu'ils pourraient donner ; qui ne les voudraient point sacrifier à l'intérêt, et chercheraient plus que toute autre chose, à mettre dans un mariage cette douce conformité qui sans cesse y maintient l'honneur, la tranquillité, et la joie ; et que…

7. **Cela s'entend** : cela est évident.

▲ ***L'Avare*, de Molière,** Denis Podalydès (Harpagon), Stéphane Varupenne (Valère), Marie-Sophie Ferdane (Mariane), mise en scène de Catherine Hiegel, Comédie-Française, Paris, 2010.

HARPAGON. – Sans dot.

VALÈRE. – Il est vrai. Cela ferme la bouche à tout, sans dot. Le moyen de résister à une raison comme celle-là ?

HARPAGON. *Il regarde vers le jardin.* – Ouais. Il me semble que j'entends un chien qui aboie. N'est-ce point qu'on en voudrait à mon argent ? Ne bougez, je reviens tout à l'heure.

MOLIÈRE, *L'Avare*, 1668, Acte I, scène 5.

▲ ***L'Avare*, de Molière,** Emmanuel Decharte (Harpagon) et Guillaume Bienvenu (Valère), mise en scène de Frédérique Lazarini, Théâtre 14, Paris, 2017.

Vocabulaire

Avant la lecture

1 Qu'est-ce qu'une dot ?

2 **a.** Cherchez dans le dictionnaire les différents sens du mot *inclination*.
b. Que signifie l'expression *avoir un penchant pour quelqu'un* ?
c. Quelle est l'image commune à ces deux expressions ?

Après la lecture

3 Expliquez le sens des expressions *tirer parti*, *faire un mauvais parti*, *prendre parti*, *prendre un parti* et employez-les dans des phrases faisant apparaître leur sens.

4 **a.** Donnez un synonyme de *fâcheux* (l. 41).
b. À quelle situation traditionnelle de la farce Valère fait-il ici allusion ?

Lire et comprendre

Débat de compréhension ORAL

• Dans quelle situation se trouve chacun des personnages ?

Pour approfondir

1 **a.** Expliquez la première réplique de Valère.
b. Pourquoi change-t-il ensuite d'attitude ?

2 **a.** Reformulez les arguments par lesquels Harpagon défend le choix qu'il a fait.
b. Au bout du compte, à quoi ces arguments se réduisent-ils ?

3 Qu'est-ce qui met fin à la discussion ? La situation a-t-elle évolué pour les personnages ?

4 **a.** Comment Valère s'y prend-il pour argumenter sans se trahir contre le mariage d'Élise et Anselme ?
b. Reformulez ses arguments. Pourquoi Harpagon est-il incapable de les entendre ?

5 Quels sont les différents éléments comiques de la scène ?

Écriture

1 Effectuez les exercices 15 et 16 p. 57.

2 Seule avec son père, Élise plaide sa cause. Écrivez la scène.
– Quels arguments lui opposera-t-elle ?
– Quels sont les arguments d'Harpagon ?
– Quels ressorts comiques allez-vous utiliser ?

Texte 3

Dys

Un compliment bien impertinent

Mariane, ne pouvant subvenir à ses besoins, se résout à rencontrer l'homme riche qui souhaite l'épouser. En arrivant, elle découvre que celui-ci n'est autre qu'Harpagon, le père de Cléante.

CLÉANTE, HARPAGON, ÉLISE, MARIANE, FROSINE.

CLÉANTE. – Madame, à vous dire le vrai, c'est ici une aventure où sans doute[1] je ne m'attendais pas, et mon père ne m'a pas peu surpris lorsqu'il m'a dit tantôt le dessein qu'il avait formé.

MARIANE. – Je puis dire la même chose. C'est une rencontre imprévue qui m'a surprise autant que vous ; et je n'étais point préparée à une pareille aventure.

CLÉANTE. – Il est vrai que mon père, madame, ne peut pas faire un plus beau choix, et que ce m'est une sensible joie que l'honneur de vous voir ; mais avec tout cela, je ne vous assurerai point que je me réjouis du dessein où vous pourriez être de devenir ma belle-mère. Le compliment, je vous l'avoue, est trop difficile pour moi ; et c'est un titre, s'il vous plaît, que je ne vous souhaite point. Ce discours paraîtra brutal aux yeux de quelques-uns ; mais je suis assuré que vous serez personne à le prendre comme il faudra. Que c'est un mariage, Madame, où vous vous imaginez bien que je dois avoir de la répugnance ; que vous n'ignorez pas, sachant ce que je suis, comme il choque mes intérêts ; et que vous voulez bien enfin que je vous dise, avec la permission de mon père, que si les choses dépendaient de moi, cet hymen[2] ne se ferait point.

HARPAGON. – Voilà un compliment[3] bien impertinent. Quelle belle confession à lui faire !

MARIANE. – Et moi, pour vous répondre, j'ai à vous dire que les choses sont fort égales[4] ; et que si vous auriez de la répugnance à me voir votre belle-mère, je n'en aurais pas moins sans doute à vous voir mon beau-fils. Ne croyez pas, je vous prie, que ce soit moi qui cherche à vous donner cette inquiétude. Je serais fort fâchée de vous causer du déplaisir ; et si je ne m'y vois forcée par une puissance absolue, je vous donne ma parole que je ne consentirai point au mariage qui vous chagrine.

HARPAGON. – Elle a raison. À sot compliment, il faut une réponse de même. Je vous demande pardon, ma belle, de l'impertinence de mon fils. C'est un jeune sot, qui ne sait pas encore la conséquence des paroles qu'il dit.

MARIANE. – Je vous promets que ce qu'il m'a dit ne m'a point du tout offensée ; au contraire, il m'a fait plaisir de m'expliquer ainsi ses véritables sentiments. J'aime de lui un aveu de la sorte ; et s'il avait parlé d'autre façon, je l'en estimerais bien moins.

---

1. Sans doute : assurément.

2. Hymen : mariage.

3. Compliment : petit discours que l'on adresse à une personne dans une circonstance solennelle.

4. Les choses sont fort égales : je pense comme vous.

HARPAGON. – C'est beaucoup de bonté à vous, de vouloir ainsi excuser ses fautes. Le temps le rendra plus sage, et vous verrez qu'il changera de sentiments.

CLÉANTE. – Non, mon père, je ne suis point capable d'en changer ; et je prie instamment Madame de le croire.

HARPAGON. – Mais voyez quelle extravagance ! Il continue encore plus fort.

CLÉANTE. – Voulez-vous que je trahisse mon cœur ?

HARPAGON. – Encore ? Avez-vous envie[5] de changer de discours ?

CLÉANTE. – Hé bien, puisque vous voulez que je parle d'autre façon ; souffrez, Madame, que je me mette ici à la place de mon père ; et que je vous avoue, que je n'ai rien vu dans le monde de si charmant que vous ; que je ne conçois rien d'égal au bonheur de vous plaire ; et que le titre de votre époux est une gloire, une félicité, que je préférerais aux destinées des plus grands princes de la terre. Oui, Madame, le bonheur de vous posséder est à mes regards la plus belle de toutes les fortunes ; c'est où j'attache toute mon ambition. Il n'y a rien que je ne sois capable de faire pour une conquête si précieuse ; et les obstacles les plus puissants…

HARPAGON. – Doucement, mon fils, s'il vous plaît.

CLÉANTE. – C'est un compliment que je fais pour vous à Madame.

HARPAGON. – Mon Dieu, j'ai une langue pour m'expliquer moi-même, et je n'ai pas besoin d'un procureur[6] comme vous. Allons, donnez des sièges.

MOLIÈRE, *L'Avare*, 1668, Acte III, scène 7.

5. Avez-vous envie : ne voulez-vous pas.
6. Un procureur : ici, un intermédiaire.

Vocabulaire

Avant la lecture

1 Cherchez le sens des mots *dessein*, *offenser* et *félicité*, et réemployez chacun d'eux dans une phrase de votre invention.

2 Donnez un antonyme de *répugnance*.

Après la lecture

3 Effectuez les exercices 6 et 7 p. 56.

ORAL À partir de « Hé bien puisque vous voulez que je parle d'une autre façon… » (l. 43), répartissez-vous les rôles et mettez en scène le passage. Réfléchissez bien aux gestes, déplacements, postures et expressions des personnages.

Lire et comprendre

1 Expliquez la situation délicate dans laquelle se trouve Cléante.

2 Dans les premières répliques, que cherchent à dire Cléante et Mariane ?

3 Relisez les lignes 31 à 34 : **a.** À qui ces propos de Mariane s'adressent-ils ? **b.** Que veut-elle dire en vérité ? À qui ?

4 À partir de la ligne 43, au nom de qui Cléante prétend-il parler ? Quel est son but véritable ?

5 Harpagon comprend-il cet échange ? Justifiez votre réponse par une citation précise du texte.

6 **a.** Analysez la manière dont Cléante exprime son amour : figures de style, champ lexical.
b. Comparez ce langage à celui d'Harpagon.

7 À quel couple va la sympathie du spectateur ? Pourquoi ?

8 Peut-on dire que, dans cette scène, Cléante prend sa revanche sur son père ? Développez votre réponse.

Écriture

Récrivez ensuite ces répliques en insérant les didascalies qui indiqueront vos choix et que vous soulignerez.

Texte 4

Ma cassette !

Dys

Par ruse, Harpagon parvient à faire avouer à Cléante son amour partagé pour Mariane. Mais rien ne peut le faire renoncer à ses projets. La situation semble donc bloquée quand La Flèche met la main sur le trésor caché d'Harpagon.

HARPAGON, *il crie au voleur dès le jardin, et vient sans chapeau.*

HARPAGON. – Au voleur ! Au voleur ! À l'assassin ! Au meurtrier ! Justice, juste ciel ! Je suis perdu, je suis assassiné, on m'a coupé la gorge, on m'a dérobé mon argent. Qui peut-ce être ? Qu'est-il devenu ? Où est-il ? Où se cache-t-il ? Que ferai-je pour le trouver ? Où courir ? Où ne pas courir ? N'est-il point là ? N'est-il point ici ? Qui est-ce ? Arrête. Rends-moi

***L'Avare*, de Molière,** Michel Boujenah (Harpagon), mise en scène Daniel Benoin, Théâtre des Variétés, Paris, 2022.

mon argent, coquin… (*Il se prend lui-même le bras.*) Ah ! C'est moi. Mon esprit est troublé, et j'ignore où je suis, qui je suis, et ce que je fais. Hélas ! mon pauvre argent, mon pauvre argent, mon cher ami, on m'a privé de toi ; et puisque tu m'es enlevé, j'ai perdu mon support, ma consolation, ma joie ; tout est fini pour moi, et je n'ai plus que faire au monde : sans toi, il m'est impossible de vivre. C'en est fait, je n'en puis plus ; je me meurs, je suis mort, je suis enterré. N'y a-t-il personne qui veuille me ressusciter, en me rendant mon cher argent, ou en m'apprenant qui l'a pris ? Euh ? Que dites-vous ? Ce n'est personne. Il faut, qui que ce soit qui ait fait le coup, qu'avec beaucoup de soin on ait épié l'heure ; et l'on a choisi justement le temps que je parlais à mon traître de fils. Sortons. Je veux aller quérir[1] la justice, et faire donner la question[2] à toute la maison : à servantes, à valets, à fils, à fille, et à moi aussi. Que de gens assemblés ! Je ne jette mes regards sur personne qui ne me donne des soupçons, et tout me semble mon voleur. Eh ! De quoi est-ce qu'on parle là ? De celui qui m'a dérobé ? Quel bruit fait-on là-haut ? Est-ce mon voleur qui y est ? De grâce, si l'on sait des nouvelles de mon voleur, je supplie que l'on m'en dise. N'est-il point caché là parmi vous ? Ils me regardent tous, et se mettent à rire. Vous verrez qu'ils ont part sans doute au vol que l'on m'a fait. Allons vite, des commissaires, des archers, des prévôts, des juges, des gênes[3], des potences et des bourreaux. Je veux faire pendre tout le monde ; et si je ne retrouve mon argent, je me pendrai moi-même après.

Molière, *L'Avare*, 1668, Acte IV, scène 7.

1. **Quérir** : chercher.
2. **Donner la question** : torturer.
3. **Gênes** : instruments de torture.

Lire et comprendre

1 **a.** Montrez, en analysant la formation du mot, que nous avons ici affaire à un monologue.
b. À qui Harpagon s'adresse-t-il :
- Lignes 1 à 5 ?
- Lignes 8 à 11 ?
- Lignes 18 à 23 ?

2 **a.** Quels différents sentiments Harpagon éprouve-t-il ?
b. Comment ces sentiments transparaissent-ils dans ses paroles ? Et dans ses gestes ?

3 Lignes 8 à 11. **a.** Que représente l'argent pour Harpagon ?
b. L'effet produit est-il comique ou pathétique ? Justifiez votre réponse.

4 « je me meurs, je suis mort, je suis enterré », dit Harpagon (l. 11-12) : quelle gradation observe-t-on entre les trois propositions ?

5 D'après vous, en quoi cette scène relève-t-elle de la comédie ? En quoi est-elle tragique ?

ORAL

Apprenez et jouez le monologue d'Harpagon. Attachez-vous à mettre en évidence son égarement et à faire sentir la variété de ton à l'œuvre dans cette scène.

COUP DE POUCE

- Repérez dans le texte les différents tons employés :
  - agressivité ;
  - expression du regret ;
  - désespoir et folie ;
  - supplication.
- Repérez les différents gestes et déplacements du personnage.

Texte 5

Dys

Le dénouement

Pour se venger de coups de bâton qu'il lui a fait donner, Maître Jacques, cuisinier d'Harpagon, accuse Valère du vol de la cassette. Alors qu'Harpagon l'accuse « du plus noir des crimes », Valère croit que son amour pour Élise est découvert, avoue ses sentiments et proclame l'honnêteté de ses intentions. Il révèle être le fils d'un seigneur italien, sauvé enfant du naufrage où disparut sa famille et qui, ayant appris que son père était encore en vie, est parti à sa recherche. Mariane reconnaît alors en lui son frère, et Anselme, son fils qu'il croyait perdu. La famille est enfin réunie. C'est alors qu'arrive Cléante, prêt à défier son père.

ANSELME, HARPAGON, ÉLISE, MARIANE, FROSINE, VALÈRE, MAÎTRE JACQUES, LE COMMISSAIRE, son Clerc.

CLÉANTE. – Ne vous tourmentez point, mon père, et n'accusez personne. J'ai découvert des nouvelles de votre affaire, et je viens ici pour vous dire, que si vous voulez vous résoudre à me laisser épouser Mariane, votre argent vous sera rendu.

HARPAGON. – Où est-il ?

CLÉANTE. – Ne vous en mettez point en peine. Il est en lieu dont je réponds[1] et tout ne dépend que de moi. C'est à vous de me dire à quoi vous vous déterminez, et vous pouvez choisir ou de me donner Mariane ou de perdre votre cassette.

HARPAGON. – N'en a-t-on rien ôté ?

CLÉANTE. – Rien du tout. Voyez si c'est votre dessein de souscrire[2] à ce mariage, et de joindre votre consentement à celui de sa mère, qui lui laisse la liberté de faire un choix entre nous deux.

MARIANE. – Mais vous ne savez pas que ce n'est pas assez que ce consentement, et que le Ciel, avec un frère que vous voyez, vient de me rendre un père dont vous avez à m'obtenir.

ANSELME. – Le Ciel, mes enfants, ne me redonne point à vous, pour être contraire à vos vœux. Seigneur Harpagon, vous jugez bien que le choix d'une jeune personne tombera sur le fils plutôt que sur le père. Allons, ne vous faites point dire ce qu'il n'est point nécessaire d'entendre, et consentez ainsi que moi à ce double hyménée[3].

HARPAGON. – Il faut, pour me donner conseil, que je voie ma cassette.

CLÉANTE. – Vous la verrez saine et entière.

HARPAGON. – Je n'ai point d'argent à donner en mariage à mes enfants.

ANSELME. – Hé bien ! j'en ai pour eux, que cela ne vous inquiète point.

HARPAGON. – Vous obligerez[4]-vous à faire tous les frais de ces deux mariages ?

ANSELME. – Oui, je m'y oblige ; êtes-vous satisfait ?

HARPAGON. – Oui, pourvu que pour les noces vous me fassiez faire un habit.

ANSELME. – D'accord. Allons jouir de l'allégresse[5] que cet heureux jour nous présente.

1. Un lieu dont je réponds : un lieu dont je garantis la sûreté.
2. Souscrire : donner votre accord.
3. Hyménée : mariage.
4. S'obliger : s'engager.
5. Allégresse : grande joie.

***L'Avare*, de Molière,** mise en scène de Jean-Louis Martinelli, théâtre Dejazet, Paris, 2015.

LE COMMISSAIRE – Holà ! Messieurs, holà ! tout doucement, s'il vous plaît : qui me payera mes écritures ?

HARPAGON. – Nous n'avons que faire de vos écritures.

LE COMMISSAIRE – Oui ! mais je ne prétends pas, moi, les avoir faites pour rien.

HARPAGON. – Pour votre payement, voilà un homme que je vous donne à pendre.

MAÎTRE JACQUES – Hélas ! comment faut-il donc faire ? On me donne des coups de bâton pour dire vrai, et on me veut pendre pour mentir.

ANSELME. – Seigneur Harpagon, il faut lui pardonner cette imposture.

HARPAGON. – Vous payerez donc le Commissaire ?

ANSELME. – Soit. Allons vite faire part de notre joie à votre mère.

HARPAGON. – Et moi, voir ma chère cassette.

MOLIÈRE, *L'Avare*, 1668, Acte V, scène 6.

Lire et comprendre

1 À quel moment essentiel de la pièce nous trouvons-nous ?

2 Quel nouveau personnage fait ici son apparition ? En quoi son rôle est-il déterminant ?

3 En vous aidant de l'introduction, faites la liste de toutes les révélations qui ont eu lieu : cette fin vous paraît-elle vraisemblable ?

4 Comment a évolué la situation de chaque personnage ?

5 En quoi Anselme diffère-t-il d'Harpagon ?

COUP DE POUCE

Pour répondre, comparez :
- l'attitude de chacun vis-à-vis du mariage, de l'argent, des autres ;
- le langage qu'ils emploient.

6 Relevez une réplique d'Anselme qui tente de faire entendre à Harpagon la voix de la raison. De quelle qualité fait-il preuve ?

7 **a.** Quels couples sont formés à la fin de la pièce ?
b. En quoi peut-on dire qu'ils sont bien assortis ?

8 Et Harpagon, quel couple forme-t-il ?

9 **a.** Jusque-là, par quel moyen Cléante s'était-il opposé à son père ? En quoi ce personnage a-t-il évolué ?
b. Harpagon a-t-il évolué au fil de la pièce ? Justifiez votre réponse.

Jouer une scène de théâtre

ASTUCE
Ayez chacun votre propre exemplaire du texte (photocopie) sur lequel vous pourrez noter au fur et à mesure les indications nécessaires : ce sera votre feuille de mise en scène.

› Par groupes, choisissez une scène de la pièce que vous allez mettre en scène et interpréter.

Le travail préparatoire

A La lecture du texte

Relisez bien l'ensemble de la scène que vous allez jouer et, à l'aide de couleurs différentes, faites apparaître tous les passages (didascalies ou paroles des personnages) qui donnent des informations sur :

- les éléments de décors (lieu, accessoires, costumes) ;
- les positions et les déplacements des personnages ;
- leurs attitudes et mimiques ;
- le ton qu'ils emploient.

B La répartition des rôles

1 Mettez-vous d'accord sur qui jouera quel personnage : vous n'êtes bien sûr pas obligés de choisir en fonction du physique (sexe, âge...).

2 Commencez chacun à apprendre vos répliques et entraînez-vous à les enchaîner à plusieurs.

La mise en espace

A Le choix du décor et des accessoires

1 Choisissez des éléments de décor : quels objets (un à trois) permettraient de suggérer le lieu ?

2 Choisissez des accessoires : y en a-t-il qui sont indispensables ? serait-il intéressant d'en ajouter ?

3 Choisissez des éléments de costume : lesquels (un à trois) permettraient de suggérer chaque personnage ? de les différencier les uns des autres ?

B Les déplacements

1 Cherchez quelles positions les personnages doivent occuper les uns par rapport aux autres, mais aussi par rapport aux spectateurs.

2 Demandez-vous quels sont les déplacements les mieux adaptés : pensez à tester plusieurs possibilités.

3 Cherchez les attitudes (positions de la tête, du corps), les gestes, mimiques ou grimaces qui pourraient accompagner et mettre en valeur les paroles des personnages.

La mise en voix

A La diction du texte

1 Entraînez-vous à dire le texte en tenant compte de son organisation : la ponctuation ; la longueur, la construction et le type des phrases ; les moments de pause.

2 Entraînez-vous à parler suffisamment fort et à bien articuler en vous aidant des exercices suivants :

- en ayant un stylo dans la bouche, parlez de manière à vous faire comprendre ;
- chacun à votre tour, en une minute, débitez le plus de mots possible (une histoire, même incohérente, ou tous les mots qui vous viennent à l'esprit) sans bouger, pendant que le reste du groupe vous dit d'aller plus vite ou de parler plus fort.

B Le ton

1 Variez la **puissance** de votre voix (cri, murmure...) en fonction de la situation de communication : ordre, question, confidence... adressé à une personne éloignée, toute proche, dit en aparté...

2 Variez votre **débit**, le rythme auquel vous parlez : ralentissez ou accélérez pour créer des effets de surprise, de colère, de tristesse...

3 Entraînez-vous à l'aide de l'exercice suivant :

Choisissez chacun une phrase et prononcez-la tour à tour en fonction des indications de ton proposées.

a. Viens ici.	1. Ton neutre
b. Vous en avez pour longtemps ?	2. Comme un vieillard
	3. Effrayé
c. Ce jeu est très compliqué.	4. Amoureux
	5. En bégayant
d. Tu ne veux pas ?	6. Sinistre
e. Je n'aurai jamais fini.	7. En colère
f. Je ne te parle pas.	8. En pleurant
g. Je vais me fâcher !	9. En riant

La comédie classique

Synthèse

« Corriger les vices des hommes »

- Dès l'Antiquité, la comédie se donne un but plus ambitieux que le simple divertissement : celui de **« corriger les vices des hommes »**. Il s'agit de détourner les hommes d'attitudes jugées négatives en en soulignant le ridicule. Molière s'inscrit résolument dans cette tradition en se moquant, par exemple, de l'avarice d'Harpagon. Le **rire vient dénoncer les travers** de ceux qui s'y abandonnent avec excès.

- Les « bonnes mœurs », au XVIIe siècle, ce sont celles de « **l'honnête homme** », un homme bien éduqué, capable de concilier les exigences de la morale et le goût naturel pour les plaisirs. Cet idéal de l'honnête homme, qui célèbre le plaisir autant que le bon goût et le respect d'un certain ordre social, parcourt l'œuvre de Molière et correspond aux attentes du public de la Cour.

Les règles du théâtre classique

- Dans les années 1630, l'engouement pour la comédie est tel que l'on veut hisser ce genre au rang des arts. Pour cela, on le soumet à des règles inspirées de l'Antiquité.
Ces règles concernent d'abord la **composition** : chaque comédie est divisée en cinq actes.
– Le premier acte est celui de **l'exposition** : il permet de présenter les personnages et leur situation.
– Le deuxième acte est celui de **l'action** : celle-ci se met en place.
– Le troisième acte est le **nœud** de la pièce : la situation atteint un point critique.
– Le quatrième acte est celui du **suspens** : le dramaturge habile retarde le dénouement pour faire durer la tension dramatique.
– Le dernier acte est celui du **dénouement**.

- Le théâtre classique est en outre régi par la **règle des trois unités**.
– **L'unité d'action** veut que l'histoire se limite à une seule intrigue.
– **L'unité de temps** veut que cette action se déroule en moins de vingt-quatre heures.
– **L'unité de lieu** impose un lieu unique pour la représentation de cette action.

- Enfin, la **bienséance** interdit toute parole, tout sentiment contraire aux bonnes mœurs tandis que la **vraisemblance** exige que l'action et la psychologie des personnages restent crédibles. Toutefois, certains auteurs n'hésitent pas à faire intervenir les dieux ou la Providence pour dénouer l'action : c'est le « ***deus ex machina*** ».

Ménandre au masque (Ménandre est un auteur comique grec du IVe s. avant J.-C.), marbre blanc, musée d'art de l'université de Princeton (États-Unis).

Écrire une scène de comédie

1 a. Cherchez, dans le TLF en ligne, les différents sens du mot *fortune*.

b. Dans ces phrases de Molière, remplacez *fortune* par un des mots suivants : *coup du sort – destinée – malheur*.

1. Oui, Madame, le bonheur de vous posséder est à mes regards la plus belle de toutes les fortunes ; c'est où j'attache toute mon ambition.
2. Apprenez que le capitaine de ce vaisseau, touché de ma fortune, prit amitié pour moi.
3. Après dix ans d'esclavage, une heureuse fortune nous rendit notre liberté.

c. Sur le radical *fortune*, formez un adjectif signifiant : *malheureux*.

2 Dans les phrases ci-dessous, remplacez le mot ou l'expression en gras par un des mots suivants : *bien éduqué – gentilhomme – pureté – vertueux*.

1. Voilà Monsieur, qui est un **honnête** commissaire qui n'oubliera rien à ce qu'il m'a dit de la fonction de son office. (MOLIÈRE)
2. Et ce lien sacré où ils aspirent n'est-il pas un témoignage de **l'honnêteté** de leurs intentions ? (MOLIÈRE)
3. Je te dis que le mariage est une chose sainte et sacrée, et que c'est faire en **honnêtes** gens que de débuter par là. (MOLIÈRE)
4. Molière s'adresse aux **honnêtes gens** du XVIIe siècle.

3 À l'aide du TLF en ligne, cherchez le sens qu'avaient les mots en gras au XVIIe siècle : est-il le même que le sens moderne ? Quelle remarque pouvez-vous faire sur l'évolution du sens des mots ?

1. Et du sein de la terre une voix **formidable** / Répond en gémissant à ce cri redoutable. (RACINE, *Phèdre*)
2. L'audace est **merveilleuse**. (MOLIÈRE, *L'Avare*)
3. Que son premier **tourment** soit de vous voir mourir. (CORNEILLE, *Médée*)
4. Ainsi donc mes bontés vous **fatiguent** peut-être ? (RACINE, *Bérénice*)

4 a. Cherchez le sens qu'avaient les mots suivants au XVIIe siècle : *domestique – amant – amoureux*.

b. Employez chacun d'eux dans une phrase mettant en scène les personnages de *L'Avare*.

5 Dans ces phrases de Molière, remplacez le mot en gras par un synonyme.

1. *Monsieur de Sotenville répond à son gendre qui se plaint de sa fille.*
Expliquez-vous, mon gendre, nous ne sommes point gens à la **supporter** dans de mauvaises actions, et nous serons les premiers, sa mère et moi, à vous en faire la justice.
2. Je n'**entends** point que vous ayez d'autres noms, que ceux qui vous ont été donnés par vos parrains et marraines.
3. Encore un coup, je n'**entends** rien à toutes ces balivernes.
4. Je veux aller **quérir** la justice.
5. MARIANE. – […] notre mère, que vous allez **ravir**, m'a mille fois entretenue des disgrâces de notre famille.
6. Quelques voisins m'ont dit qu'un jeune homme inconnu / Était en mon absence à la maison venu, / Que vous aviez **souffert** sa vue et ses harangues.

6 Associez chaque mot à son synonyme.

1. fortune	a. insolent
2. raisonneur	b. projet
3. engagement	c. bonheur
4. hymen	d. destinée
5. félicité	e. attirance
6. soufflet	f. promesse
7. inclination	g. gifle
8. résolution	h. mariage
9. dessein	i. décision

7 Complétez chacune des phrases avec un des mots suivants : *dessein – inclination – félicité – fortune – répugnance – résolution – transport*.

1. Harpagon a formé le … d'épouser une jeune fille pauvre.
2. Il a aussi pris la … de marier sa fille à un vieil homme, quoique celle-ci n'éprouve pour lui aucune ….
3. Mariane aurait de la … à épouser un vieillard.
4. Jusque-là, Valère a été victime d'une … malheureuse. Mais il laisse voir des … de joie lorsqu'il retrouve son père et sa sœur.
5. Les amants enfin réunis vivent dans la ….

8 Avec chacun des verbes suivants, faites une phrase qui mettra son sens en valeur : *offenser – quérir – déceler – languir – transporter (qqn) – résoudre (à)*.

Faire progresser l'action grâce au dialogue

9 Recopiez ce texte en rétablissant la présentation du dialogue de théâtre.

Colin, à la fenêtre. Monsieur. George Dandin. Allons, vite, ici-bas. Colin, en sautant par la fenêtre. M'y voilà. On ne peut pas plus vite. George Dandin. Tu es là ? Colin. Oui, Monsieur. George Dandin. (Pendant qu'il va lui parler d'un côté, Colin va de l'autre.) Doucement. Parle bas. Écoute. Va-t'en chez mon beau-père, et ma belle-mère, et dis que je les prie très instamment de venir tout à l'heure ici. Entends-tu ? Eh ? Colin, Colin. Colin, de l'autre côté. Monsieur. George Dandin. Où diable es-tu ? Colin. Ici. George Dandin. (Comme ils se vont tous deux chercher, l'un passe d'un côté, et l'autre de l'autre.) Peste soit du maroufle qui s'éloigne de moi.

MOLIÈRE, *George Dandin.*

10 Relisez l'acte I scène 3 de *L'Avare* (page 42) et repérez à quelles répliques correspondent les actions suivantes :

1. Harpagon fouille La Flèche.
2. Harpagon congédie La Flèche.
3. Harpagon chasse La Flèche et La Flèche se défend.
4. La Flèche se plaint d'Harpagon et Harpagon le menace.
5. Harpagon soupçonne La Flèche et l'interroge.
6. Harpagon essaie à nouveau de faire avouer La Flèche mais La Flèche nie.

11 Rédigez une courte scène entre Harpagon et un homme qui veut lui emprunter de l'argent. N'oubliez pas les didascalies. Vous suivrez le plan suivant :

1. Harpagon examine l'aspect de l'emprunteur et fait des commentaires en aparté ; l'emprunteur s'étonne et s'inquiète de cet examen ;
2. Harpagon interroge l'autre homme sur la somme qu'il veut emprunter et les garanties qu'il offre ; l'homme répond ;
3. Harpagon pose ses conditions ; l'homme se met en colère ;
4. Harpagon fait semblant de partir, l'homme le supplie de rester et d'accepter sa demande ;
5. Harpagon cède mais rend ses conditions encore plus dures ; l'homme accepte le marché ;
6. Harpagon s'en va et l'homme peste après lui.

12 La virgule peut marquer la place d'un verbe sous-entendu : transformez les phrases selon le modèle suivant.

Exemple : J'ai toujours raison et il a toujours tort.
→ J'ai toujours raison, lui toujours tort.

1. Sidonie aime lire et Jean aime se promener.
2. Je n'ai pas compris les explications du professeur et toi non plus tu n'as pas compris.
3. Lise préfèrerait partir demain et Christophe préférerait partir dans deux jours.
4. Mange ta soupe avant de manger ton dessert.
5. Parfois, il faut penser aux autres et ne pas penser à soi.
6. Vous devriez écouter votre raison et ne pas écouter votre cœur.

13 Transformez les phrases suivantes de manière à adresser l'ordre à la troisième personne du singulier à l'aide du subjonctif précédé de *que*.

Exemple : Sors d'ici à l'instant.
→ Qu'il sorte d'ici à l'instant.

1. Taisez-vous.
2. Prenez bien note de tout ceci.
3. Faites votre devoir.
4. N'ajoutez pas un mot.
5. Suivez-moi.

14 Transformez les phrases en employant le subjonctif, puis l'infinitif pour exprimer l'indignation.

Exemple : Je refuse de sortir.
→ Moi, que je sorte ! – Moi, sortir !

1. Jamais je ne pardonnerai à ce voleur.
2. Tu n'épouseras pas Mariane.
3. Il ne s'en sortira pas aussi facilement.
4. Nous refusons d'écouter ses explications.
5. Ils n'agiront pas de manière aussi indigne.

15 Complétez les phrases suivantes par une des conjonctions de subordination proposées : *de sorte que – étant donné que – parce que – puisque – si*.

1. ... vous ne voulez rien entendre, je me tais.
2. Vous l'épouserez ... je vous le commande.
3. ... le mariage engage toute notre vie, il faut veiller à ce que chaque personne y trouve satisfaction.
4. ... elle épouse un homme qu'elle n'aime pas, elle sera malheureuse toute sa vie.
5. Si vous continuez, vous la réduirez au désespoir, ... elle commettra quelque folie.

16 Avec chacune des phrases suivantes, faites trois phrases utilisant un des mots suivants, exprimant l'opposition.

a. *cependant – quoique – même si.*
b. *si – néanmoins – mais.*

1. Cet homme a de nombreuses qualités ; il est trop âgé pour elle.
2. Ce mariage la rendra riche, il ne la rendra pas heureuse.
3. Harpagon est très riche : il ne fait rien de son argent.

Rédaction

Rédiger une scène fondée sur le comique de caractère

SUJET

- Orgon veut obliger sa fille à signer un contrat de mariage avec un homme qui ne lui convient guère. C'est qu'Orgon a un vice qui gouverne toute son existence, comme l'avarice gouverne l'existence d'Harpagon. La jeune fille se défend, éventuellement aidée par un frère ou un amant secret, mais Orgon ne veut rien entendre.
- Rédigez cette scène à deux ou trois personnages en deux pages environ, en mettant en évidence les défauts et les obsessions d'Orgon.

Construire un personnage ridicule

Toute la scène est construite autour d'un **défaut** d'Orgon :

– **Quel défaut allez-vous choisir ?** Voici quelques suggestions : l'envie (d'appartenir à la noblesse, par exemple, ou de vivre dans le luxe) ; la crainte du pouvoir ; la gourmandise ; la paresse ; la vanité ; l'autorité excessive…

– **Comment se traduit ce défaut dans l'attitude du personnage ?** Cherchez des gestes, des mimiques, des exclamations révélateurs de ce défaut, qui seront visibles sur scène et pourront avoir un effet comique, surtout s'ils sont répétés ou exagérés.

– **Quels mots**, quelles phrases répétés vont trahir l'obsession du personnage ?

Jacques Charon dans le rôle de Monsieur de Pourceaugnac, dessin d'Yvonne Sassinot de Nesle, 1970, musée de la Comédie-Française, Paris.

Créer un conflit comique

Cette scène repose sur un **conflit**. Celui-ci doit apparaître clairement et être source de comique.

– **Quel avantage Orgon tirera-t-il de ce mariage ?** Pourquoi sa fille s'y oppose-t-elle ? Faites la liste des arguments que chacun donnera à l'autre et ordonnez cette liste.

– **Quel profit pouvez-vous tirer de ce conflit pour faire rire ?** Pensez aux répliques reprises mot à mot mais à la forme négative ; aux apartés montrant la colère d'un personnage ; aux accumulations et autres jeux de mots ; aux jeux de scène…

Rédiger pas à pas

Faire le plan et rédiger

- Orgon veut que sa fille signe le contrat de mariage ; sa fille ne veut pas signer ce contrat. Pour établir un plan efficace, faites la liste de toutes les actions (voir exercice 11 p. 57) qui découleront de cette situation à partir du moment où la jeune fille entre en scène jusqu'au moment où un des personnages en ressort, sans oublier la décision finale prise par Orgon. ☐
- Traduisez chacun de ces actes en répliques, en veillant à ne pas vous répéter et à éliminer toutes les répliques inutiles. ☐
- Insérez des didascalies partout où elles sont nécessaires pour donner des précisions sur les gestes et expressions des personnages, et créer des effets comiques. ☐

À lire, à voir

Des livres

● ***Les Contes de Shakespeare***, C. et M. Lamb, 1809, éditions Naïves.

Les plus célèbres pièces de Shakespeare racontées. On y retrouve les amants éternels Roméo et Juliette, le désarroi d'un paysan se réveillant avec une tête d'âne, la belle Rosalinde déguisée en homme, apprenant à celui qu'elle aime comment lui faire la cour…

● ***La Paix chez soi et autres pièces***, Georges Courteline, 1903, Petits classiques Larousse.

Un couple parisien en pleine scène de ménage. Courteline scrute à la loupe la société du début du XXe siècle, dans des farces grinçantes et décapantes.

● ***George Dandin ou le Mari confondu***, 1668, Molière.

George Dandin, un riche paysan, épouse la fille d'une famille aristocrate, Angélique. Insatisfaite de ce mariage, la jeune femme ne cesse de se moquer de son mari et de lui rappeler ses origines. Utilisant les ressorts de la farce, Molière fait une peinture humoristique du mariage et de la société du XVIIe siècle.

Des films

● ***L'Avare***, Jean Girault, 1980.

Une mise en scène burlesque de la pièce, avec le comédien comique Louis de Funès en grande forme dans le rôle d'Harpagon.

● ***La Folie des grandeurs***, Gérard Oury, 1971.

Don Salluste, ministre du roi d'Espagne, est un être fourbe, hypocrite et cupide. Pour se venger d'une accusation, il oblige son valet, Blaze, déguisé en grand seigneur, à séduire la reine.

● ***Molière***, Laurent Tirard, 2006.

Le réalisateur brode sur une partie inconnue de la vie de Molière, en convoquant toutes sortes de scène et de personnages célèbres créés par le grand dramaturge.

3 Le voyage, entre réel et imaginaire

> Comment le voyage permet-il d'explorer le monde et soi-même ?

Objectifs du chapitre

Lecture
- Lire et étudier des récits de voyage de grands explorateurs
- Lire et étudier un récit de voyage imaginaire
- Comprendre les sources mythologiques de ces récits

Écriture
- Écrire un carnet de voyage
- Décrire des lieux
- Éviter les répétitions dans la description

Vocabulaire
- Décrire un habitat
- Expliquer des coutumes

Sommaire

▲ ***Les Voyages de Gulliver,*** de Jonathan Swift, lithographie de R.G. Mossa, vers 1916.

● Quels éléments de cette image pourraient représenter un voyage réel ? Lesquels évoquent un voyage imaginaire ?

Repères

À la découverte du monde

▲ **« Le roi Alexandre le Grand mis à la mer dans un tonneau de verre pour explorer les fonds sous-marins »,** miniature tirée de *La Vraie Histoire du bon roi Alexandre* par Callisthènes, XIVe siècle, musée Staatliche, Berlin (Allemagne).

À la découverte du monde

• Depuis l'Antiquité, les hommes n'ont de cesse de **découvrir de nouveaux territoires**, motivés aussi bien par la curiosité que par des motifs économiques et militaires. **Alexandre le Grand**, nommé roi de Macédoine en 336 av. J.-C., conquiert l'Empire perse et ambitionne de se rendre jusqu'en Inde. Découvrant ainsi une multitude de peuples et de cultures, il devient le plus grand conquérant de l'Antiquité et une véritable légende se tisse autour de lui.

• Au XIIIe siècle, **Marco Polo** ouvre de nouveau les routes de l'Orient en se rendant en **Chine** par le continent. Il en fait un récit qui émerveille les Européens et donne envie à d'autres de partir à la découverte de terres inconnues.

• Durant la **Renaissance**, alors que de nouvelles techniques de navigation apparaissent (invention de la boussole, construction de caravelles), les explorateurs mènent toujours plus loin leurs expéditions et consignent dans des carnets toutes leurs découvertes. Ces récits de voyage fascinent l'Occident.

Question

1 Nommez les grands explorateurs depuis l'Antiquité. Qu'ont-ils découvert ?

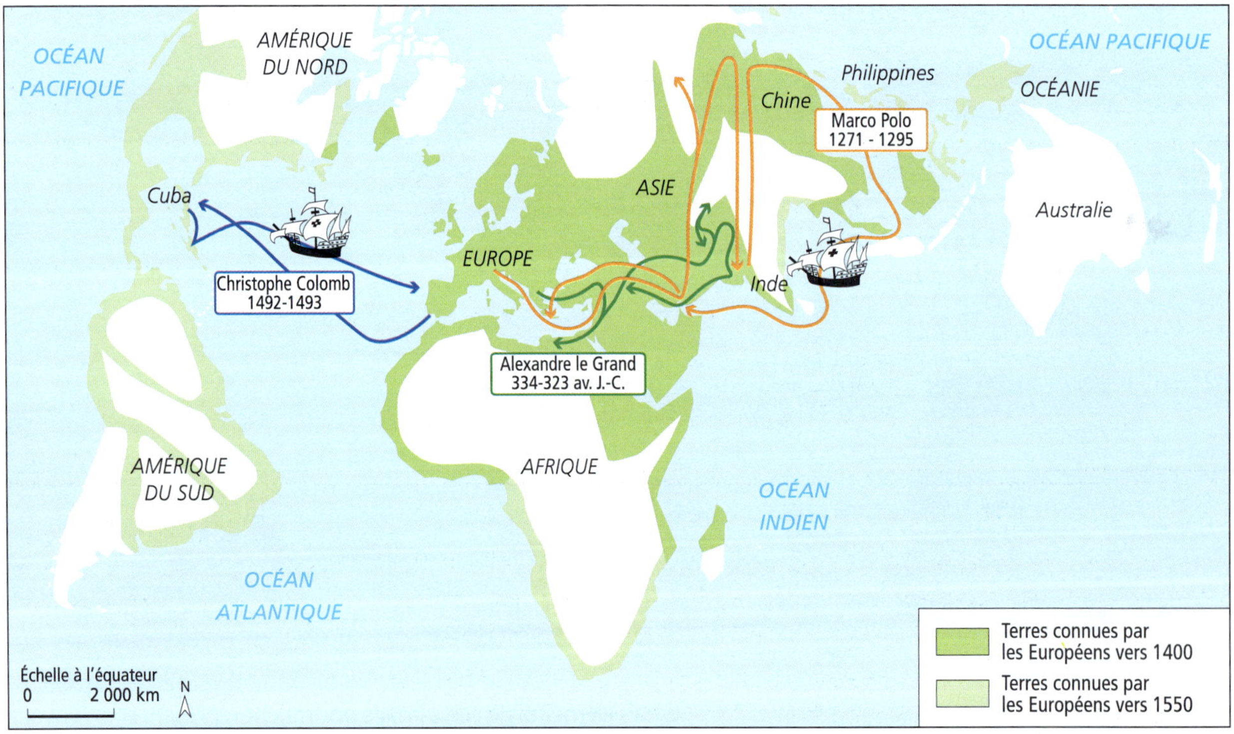

▲ **Les grandes découvertes aux XVe et XVIe siècles.**

Voyages et merveilles

- Ces premiers **explorateurs** mêlent, dans leurs **récits**, descriptions géographiques, portraits de peuples inconnus et récits d'anecdotes concernant les manières de vivre de ces peuples. Si certains récits sont réalistes, d'autres paraissent plus fantasques.
- En effet, les auteurs du Moyen Âge et de la Renaissance sont encore très influencés par la religion chrétienne et l'héritage de la **mythologie** et s'attendent à découvrir des choses aussi extraordinaires que le paradis terrestre ou le pays des cyclopes.
- Mais au fur et à mesure que les découvertes progressent, les récits se font plus réalistes et les explorateurs apportent des **données scientifiques** essentielles à la **connaissance du monde**.

▲ ***La Boussole et l'Astrolabe*** (détail), Jacques Liozu, peinture, XXe siècle.

Questions

2 Quels différents types de récits les explorateurs produisent-ils ?

3 Quels éléments modifient la teneur de ces récits ?

◀ **Préparation d'un breuvage de blé et de froment,** gravure tirée de *Voyage au Brésil*, Théodore de Bry, XVIe siècle.

Une source d'inspiration pour les auteurs

- La découverte de nouvelles civilisations ou de peuples aux cultures très différentes enrichit beaucoup la **vision du monde des Européens** qui s'interrogent alors sur leurs propres modes de vie et leurs propres représentations.
- Certains auteurs de romans y trouvent matière à imaginer des **récits de voyage fictifs** où le héros rencontre des peuples légendaires. C'est ce que vous découvrirez en lisant l'une des histoires de l'*Atlas imaginaire* de François Place.

Question

4 Que modifient les découvertes de nouvelles cultures dans le regard des Européens ?

Texte 1

Les grandes explorations

Texte documentaire

Contrairement aux idées reçues, l'homme du Moyen Âge se montre curieux du monde, et il commence à l'explorer vraiment dès le XIIIe siècle (et même un peu avant pour les voyageurs musulmans). Cependant, il a déjà en tête une imagerie inspirée non seulement des récits des Anciens, mais aussi de la littérature où les merveilles sont très présentes. Ainsi, quand l'homme médiéval part en voyage dans des contrées inconnues, sur qui ou quoi s'attend-il à tomber ? Et comment sa vision du monde change-t-elle grâce à ses voyages ?

L'Inde, pays merveilleux ?

Donnons avant tout une brève définition des merveilles : elles désignent ce qui étonne, ce qui semble étrange voire contraire à la nature. Il faut ajouter aussi l'élément exotique et fantastique, et un mélange de beauté et d'horreur. Les merveilles peuvent donc être autant sublimes que terrifiantes. [...]

L'Inde apparaît très tôt dans l'imaginaire médiéval en Occident puisqu'elle est associée à Alexandre le Grand, figure antique qui reste centrale au Moyen Âge. L'Inde est surtout vue par l'homme médiéval (Christophe Colomb compris) comme le lieu du Paradis terrestre, car elle est jusqu'à tardivement l'endroit connu le plus lointain. C'est là aussi que se trouveraient Gog et Magog[1], censés empêcher les hommes d'atteindre le Paradis. Paradoxalement, l'Inde est aussi le pays des monstres, dès les IXe et Xe siècles, dans des manuscrits, des miniatures ou des sculptures c'est là que seraient, par exemple, les hommes à tête de chien ou les cyclopes. Parmi les autres merveilles que cacherait l'Inde, on peut aussi citer la fontaine de Jouvence, le Phénix, la Licorne, ou encore l'arbre Soleil et l'arbre Lune rendant les oracles. Cela n'empêche pas ce pays merveilleux d'être peuplé : les villes sont nombreuses et immenses, riches en matériaux précieux et en nourriture. Quant aux habitants, ils sont divisés en deux catégories : les brahmanes, qui seraient pieux et vus comme des primitifs aux vertus naturelles (le futur « bon sauvage ») ; les autres seraient bien plus intimidants, de vrais sauvages, sans bouche, mangeant des excréments et étant cannibales, se promenant nus et ayant des tendances incestueuses ! L'Inde est donc pour l'homme du Moyen Âge le lieu de tous les rêves et de tous les fantasmes. [...]

Christophe Colomb, inspiré par les Merveilles ?

On doit cependant se poser la question de l'importance des merveilles dans les Grandes découvertes, et comprendre jusqu'où les explorateurs y croyaient, pour certains en tout cas. Quand Christophe Colomb évoque la préparation de son voyage vers les Indes, il déclare : « la raison, les mathématiques et la mappemonde ne me furent d'aucune utilité ». Inspiré justement par Marco Polo, il s'attend à tomber sur son chemin sur Cipango (le Japon, qu'il confond avec Cuba), aux palais recouverts d'or selon le Vénitien, et à rencontrer les merveilles qu'il a lues dans différents ouvrages mêlant voyages et merveilles, comme *Le Livre des merveilles du monde* de Jean de Mandeville (1356). Colomb va jusqu'à interpréter les paroles des indigènes qu'il rencontre en novembre 1492, croyant qu'ils lui parlent du pays des cyclopes et du royaume des Amazones. Son espoir est à terme de découvrir le Paradis terrestre, et il pense s'en être approché en découvrant les eaux douces de l'Orénoque[2] pénétrant loin dans la mer…

Christophe Naudin, *Voyages et merveilles au Moyen Âge*, site Internet « Histoire pour tous ».

1. Gog et Magog : dans la Bible, peuple païen représentant les forces du mal.

2. Orénoque : fleuve d'Amérique du Sud qui traverse le Venezuela et la Colombie.

La Fontaine de Jouvence, Lucas Cranach l'Ancien, huile sur bois, 1546, Galerie Gemälde, Berlin (Allemagne).

• Observez l'image. Quels effets semble avoir la Fontaine de Jouvence ?

Vocabulaire

Avant la lecture

1 Cherchez la définition de l'adjectif *exotique*. Donnez un nom de la même famille.

2 Dans la phrase : « Les merveilles peuvent donc être autant sublimes que terrifiantes. », remplacez les adjectifs soulignés par des synonymes.

3 *Pieux* signifie : qui fait preuve de piété. Cherchez la définition de *piété*.

4 La vertu désigne la bonne conduite morale d'une personne : donnez un adjectif de la même famille.

Après la lecture

5 Complétez les phrases par les mots suivants : *indigène, natal, autochtone, originaire.*

1. Le footballeur Frank Ribery est ... de Boulogne-sur-mer.
2. Je vis bien loin de mon pays ....
3. Les ... de cette tribu africaine vivent dans des huttes de terre sèche.
4. Les peuples ... souffrent de la déforestation qui les prive de leurs principales ressources.

Lire et comprendre

1 Quel est le thème de ce texte documentaire ?

2 **a.** Quelle est la période historique ici étudiée ?
b. L'auteur rejette une idée reçue sur cette période : laquelle ?

3 Parmi les merveilles que les explorateurs s'attendent à découvrir en Inde, relevez toutes celles qui font référence à des textes mythiques ou légendaires.

4 Relisez les lignes 24 à 29 : quels différents sentiments les habitants de l'Inde inspirent-ils aux explorateurs ? Développez votre réponse en vous appuyant sur le texte.

5 **a.** De quel auteur Christophe Colomb s'inspire-t-il lorsqu'il prépare son voyage ?
b. Qu'espère-t-il trouver à l'issue de son voyage ?

6 Faites une recherche biographique au choix sur Alexandre le Grand, Marco Polo, ou Christophe Colomb et présentez-la à la classe. Pour cela, munissez-vous uniquement d'une feuille sur laquelle ne sont écrits que cinq mots essentiels.

Texte 2

D'étranges coutumes

Dys

Texte audio

Marco Polo (1254-1324), fils d'un riche marchand vénitien, part jusqu'en Mongolie et se met au service du grand khan, Khan Koubilaï, empereur mongol qui l'envoie en mission sur un vaste territoire (Chine, Inde, Tibet, Vietnam…). Dans un récit, intitulé Le livre des Merveilles, *Marco Polo relate son voyage et ses multiples découvertes.*

Il y a trois journées en avançant vers le septentrion[1] de la ville de Cianiganiorum jusqu'à celle de Ciandu, qui fut bâtie par le grand khan Koubilaï, lequel y fit construire un superbe palais de marbre enrichi d'or. Près de ce palais il y a un parc royal fermé de murailles de toute part, et qui a quinze milles de tour. Dans ce parc il y a des fontaines et des rivières, des prairies et diverses sortes de bêtes, comme cerfs, daims, chevreaux, et des faucons, que l'on entretient pour le plaisir et pour la table du roi, lorsqu'il vient dans la ville. Car il y vient souvent pour prendre le divertissement de la chasse ; il monte à cheval et mène avec lui un léopard apprivoisé, qu'il lance sur les daims, et qui, après avoir pris la bête, la porte aux gerfauts[2], à quoi le roi trouve un fort grand plaisir. […]

Le roi part de la ville de Ciandu le 28 d'août, et va à un autre endroit pour faire un sacrifice solennel à ses dieux, et leur demander la continuation de la vie et de la santé, pour lui, pour ses femmes, ses enfants et ses bestiaux. Car il a une grande quantité de chevaux blancs et de cavales[3] blanches. On en fait monter le nombre jusqu'à dix mille et plus. Or pendant cette fête on prépare du lait de cavale, dans de beaux vases ; et le roi, de ses propres mains, le verse par terre çà et là, s'imaginant, instruit à cela par ses magiciens, que les dieux boivent ce lait répandu, et que cela les engage à prendre soin de tous ses biens. Après ce sacrifice le roi boit lui-même de ce lait de cavales blanches, et il n'est permis à personne d'en boire ce jour-là, à moins qu'il ne soit de la maison royale, excepté un certain peuple de ces cantons-là, nommé Horiach, qui a aussi ce privilège, à cause d'une grande victoire qu'il remporta pour le service du grand khan Chinchis. Cette coutume est observée des Tartares[4] depuis un temps immémorial, le 28e jour d'août ; et de là vient aussi que les chevaux blancs et les cavales blanches sont en grande vénération parmi le peuple. On mange aussi dans cette province de la chair humaine, prise sur ceux qui ont été exécutés à mort pour leurs crimes : car pour ceux qui meurent de maladie on ne les mange point. Le Grand Khan a des magiciens, qui, par leur art diabolique, obscurcissent l'air et y excitent des tempêtes, ne laissant la clarté de la lumière que sur le palais royal. Ces magiciens par le même art font, lorsque le roi est à table, que les vases d'or où il boit se transportent d'eux-mêmes sur la table où il est, d'une autre table qui est au milieu d'une cour et qui sert de buffet ; et ils disent qu'ils font tout cela par une vertu secrète. Et cela peut

1. Septentrion : point qui indique le nord.
2. Gerfaut : grand faucon.
3. Cavale : jument.
4. Tartares : le peuple du Grand Khan.

être vu des milliers de personnes présentes. N'y a-t-il pas d'ailleurs en nos pays ces savants nécromanciens[5] qui vous diront que ces choses sont très faisables ? Quand ils célèbrent les fêtes de leurs idoles, le roi leur donne des béliers, qu'ils offrent à leurs dieux, brûlant plusieurs bois d'aloès et d'encens en sacrifice de bonne odeur. Après quoi ils font cuire la chair du bélier, et la présentent à manger à leurs idoles avec des cris de réjouissance ; et en répandent le jus par terre devant eux, assurant que par là ils obtiennent de la clémence de leurs dieux la fertilité de la terre.

Voyage de Marco Polo – Le Devisement du monde, Livre LXV,
texte établi par Eugène Müller, Delagrave, 1888.

5. Nécromancien : personne qui pratique la magie, interroge les morts pour connaître l'avenir.

Vocabulaire

Avant la lecture

1 À l'aide d'un dictionnaire, cherchez le sens des mots suivants : *solennel, idole, clémence, vénération.*

2 Complétez les phrases suivantes avec l'un des mots précédents.
1. Les Égyptiens sculptaient de grandes statues qui représentaient leurs ....
2. Le maire fit un discours ... en hommage aux soldats morts sur le front.
3. Le roi fit preuve de ... et épargna ses ennemis.
4. La ... des idoles était très répandue pendant l'Antiquité.

3 Réécrivez la phrase suivante en remplaçant le mot souligné par un synonyme.
Le temps est clément.

Après la lecture

4 *Immémorial* signifie : dont l'origine est trop lointaine pour qu'on en ait gardé le souvenir ; très ancien.
a. Donnez un nom de la même famille.
b. Expliquez la formation de ce mot.

5 **a.** Réécrivez la phrase ci-dessous en remplaçant *un temps* par *des temps*.
b. Réécrivez cette phrase en remplaçant le verbe en gras par un verbe de même sens.
« Cette coutume **est observée** des Tartares depuis un temps immémorial. »

Lire et comprendre

Débat de compréhension ORAL

• Qu'est-ce qui vous surprend dans cette description des coutumes tartares ?

Pour approfondir

1 **a.** Que décrit l'auteur dans le premier paragraphe ?
b. Quels procédés utilise-t-il pour susciter le sentiment d'admiration ?

2 Expliquez en quoi consiste la cérémonie du 28 août.
– Quel est l'effet recherché par le roi ?
– Quel animal est offert en sacrifice lors des autres fêtes ?
– Qui se charge de ce sacrifice ?

3 **a.** Quels prodiges les magiciens du grand Khan réalisent-ils ?
b. Relevez deux remarques du narrateur qui servent à rendre plus crédible le récit de ces prodiges.

4 Quelle autre coutume relatée ici suscite l'effroi du lecteur ?

5 Relisez la définition des « Merveilles » donnée dans le paragraphe 2 du texte 1 et expliquez en quoi ce texte vient illustrer cette définition.

Écriture

Racontez en quelques lignes ce que font les Français le jour du 14 juillet. Employez les mots ou expressions suivantes que vous soulignerez : *célébrer, cérémonie, solennel, observer la coutume.*

Texte 3

Un paradis terrestre

Dys

Voici un extrait du récit de voyage de Christophe Colomb.

Cette île est, ainsi que toutes les autres, fertile au suprême degré, mais celle-ci plus encore que les autres. Elle a sur la rive de la mer nombre de ports auxquels ceux de la Chrétienté que je connais ne sauraient être comparés, et à foison des fleuves si beaux et si grands que c'est merveille. Les terres de ces îles sont élevées, et on y rencontre beaucoup de sierras[1] et d'immenses montagnes, incomparablement plus hautes que l'île de Ténériffe[2], toutes magnifiques, de mille formes, toutes accessibles et pleines d'arbres de mille essences, si hauts qu'ils semblent atteindre au ciel, et dont je me suis persuadé qu'ils ne perdent jamais leurs feuilles, selon ce que j'ai pu comprendre, les voyant aussi verts et aussi beaux qu'ils le sont au mois de mai en Espagne. Certains étaient en fleur, d'autres avaient leurs fruits, les autres se trouvaient en un état différent selon leur espèce. Et le rossignol et mille autres sortes d'oiseaux chantaient en ce mois de novembre partout où je suis passé.

Il y a des palmiers de six ou huit essences dont la belle diversité ravit les yeux d'admiration, mais aussi celle des autres arbres, des fruits et des

1. Sierra : chaîne de montagnes.

2. Ténériffe (Tenerife) : île de l'archipel espagnol des Canaries.

▲ ***Jungle haïtienne,*** Henri Robert Brésil (1952-1999), huile sur toile, sans date, coll. particulière.

herbes. Il y a là encore des pinèdes en quantité, des campagnes magnifiques et du miel, toutes sortes de volatiles et des fruits fort divers. À l'intérieur des terres, il y a maintes mines de métaux et d'innombrables habitants.

L'Hispaniola[3] est une merveille : les sierras et les montagnes, les plaines et les vallées, les terres si belles et grasses, bonnes pour planter et semer, pour l'élevage des troupeaux de toutes sortes, pour édifier des villes et des villages. On ne croira pas sans les avoir vus ce que sont ses ports de mer et ses fleuves nombreux, grands, aux bonnes eaux, et dont la plupart charrient de l'or. Pour ce qui est des arbres, des fruits et des plantes, il y a de grandes différences entre eux et ceux de la Juana. Dans l'Hispaniola, on trouve beaucoup d'épices, de grandes mines d'or et d'autres métaux.

Christophe Colomb, *La Découverte de l'Amérique*, La Découverte, 1979.

3. Hispaniola : ancien nom donné à Haïti et à la République dominicaine.

Vocabulaire

Avant la lecture

1 Réécrivez les phrases suivantes en remplaçant les expressions en gras par l'une des expressions suivantes : *riche, en grand nombre, beaucoup de, diversifiés*.

1. Cette île est parcourue de fleuves **à foison**.
2. Cette terre est **fertile** et l'on peut y cultiver toutes sortes de légumes.
3. À l'intérieur des terres, il y a **maintes** mines de métaux.
4. Des arbres **très variés** poussent sur ce rivage.

Après la lecture

2 Que signifie le nom *essence*, l. 15 ? Citez quelques essences d'arbres.

3 Examinez le radical des noms suivants et déduisez-en quelle espèce d'arbres on trouve dans une pinède, une châtaigneraie, une cerisaie, une pommeraie.

Écriture

Décrivez un paysage qui vous enchante par sa variété et sa richesse. Employez les expressions suivantes : *une multitude de, une grande variété de, divers(es)*.

Parcours de lecture

Parcours ★

1 À propos de l'île décrite par Christophe Colomb, dites ce vous comprenez de la géographie, de la flore et de la faune, de la richesse du sol et du sous-sol.

2 Relevez toutes les expressions qui expriment l'abondance. Que remarquez-vous ?

3 Relevez les termes qui insistent sur la beauté du lieu.

4 **a.** Lisez cette description du jardin des délices.

> Adam et Ève auraient vécu quelques jours dans le pays d'Éden au sein du « jardin des délices », source de quatre fleuves nommés Pishôn et Gihôn (longtemps pris pour le Gange et le Nil), Tigre et Euphrate. Ce verger toujours verdoyant sous un éternel printemps, agité d'une douce brise et bruissant de chants d'oiseaux, abondait en fleurs et fruits multicolores et parfumés ; là vivaient des animaux pacifiques et se trouvaient à profusion or et pierres précieuses.
>
> Source : http://expositions.bnf.fr/ciel/arretsur/monde/paradis/index.htm

b. Que constatez-vous ?

Parcours ★★

Quel sentiment l'auteur éprouve-t-il en arrivant sur cette île ? Développez votre réponse en vous appuyant sur le texte.

Texte 4

Les Tahitiens

Dys

Louis Antoine de Bougainville (1729-1811), officier et explorateur français, se lance en 1667 dans un voyage autour du monde. Il embarque parmi son équipage des cartographes, des naturalistes et des astronomes, afin d'étudier les différents points du globe. Il rapporte des informations sur la géographie de l'Océanie, ainsi que des renseignements intéressants concernant les mœurs des Indigènes.

On voit souvent les Tahitiens nus, sans autre vêtement qu'une ceinture qui leur couvre les parties naturelles. Cependant les principaux s'enveloppent ordinairement dans une grande pièce d'étoffe qu'ils laissent tomber jusqu'aux genoux. C'est aussi là le seul habillement des femmes, et elles savent l'arranger avec assez d'art pour rendre ce simple ajustement susceptible de coquetterie. Comme les Tahitiennes ne vont jamais au soleil sans être couvertes, et qu'un petit chapeau de cannes, garni de fleurs, défend leur visage de ses rayons, elles sont beaucoup plus blanches que les hommes. Elles ont les traits assez délicats ; mais ce qui les distingue, c'est la beauté de leurs corps dont les contours n'ont point été défigurés par quinze ans de torture[1].

Au reste, tandis qu'en Europe les femmes se peignent en rouge les joues, celles de Tahiti se peignent d'un bleu foncé les reins et les fesses ; c'est une parure et en même temps une marque de distinction. Les hommes sont soumis à la même mode. [...] L'usage de se peindre y est donc une mode comme à Paris. Un autre usage de Tahiti, commun aux hommes et aux femmes, c'est de se percer les oreilles et d'y porter des perles ou des fleurs de toute espèce. La plus grande propreté embellit encore ce peuple aimable. Ils se baignent sans cesse et jamais ils ne mangent ni ne boivent sans se laver avant et après.

Le caractère de la nation nous a paru être doux et bienfaisant. Il ne semble pas qu'il y ait dans l'île aucune guerre civile, aucune haine particulière, quoique le pays soit divisé en petits cantons qui ont chacun leur seigneur indépendant. Il est probable que les Tahitiens pratiquent entre eux une bonne foi dont ils ne doutent point. Qu'ils soient chez eux ou non, jour ou nuit, les maisons sont ouvertes. Chacun cueille les fruits sur le premier arbre qu'il rencontre, en prend dans la maison où il entre. Il paraîtrait que, pour les choses absolument nécessaires à la vie, il n'y a point de propriété et que tout est à tous.

Louis-Antoine de Bougainville, *Voyage autour du monde*, 1771.

1. Allusion aux corsets qui étranglent le corps des Européennes.

***Arearea* ou *Le Chien rouge*,** Paul Gauguin, 1892, musée d'Orsay, Paris.

Du texte à l'image

1 Qui sont les personnages ? Que font-ils ? Où se trouvent-ils ?

2 Observez les couleurs et les formes : quels points communs unissent les personnages au paysage ?

3 **a.** Quelle impression se dégage de ce tableau ?
b. Comparez-les avec les impressions évoquées par Bougainville dans son texte. Que remarquez-vous ?

Vocabulaire

Avant la lecture

1 Associez chaque nom à sa définition.

a. étoffe	**1.** façon d'ajuster un tissu
b. ajustement	**2.** élégance
d. parure	**3.** tissu
e. distinction	**4.** décoration

2 Donnez un verbe de la famille de chaque nom suivant : *ajustement, parure, distinction.*

3 Complétez les phrases suivantes par l'un des verbes trouvés pour l'exercice 2.
1. Tu veux ... la vitrine de guirlandes lumineuses.
2. Nous ne ... pas la colline à cause du brouillard.
3. Je dois ... cette robe à la taille de Justine.

Après la lecture

4 Complétez les phrases avec les noms suivants : *pratique, coutume, usage.*
1. La ... d'un instrument de musique nécessite beaucoup de travail.
2. Nous avons pour ... de nous offrir des cadeaux à Noël.
3. L'... de l'outil informatique s'est développé dans les écoles.

Lire et comprendre

1 **a.** Quel peuple est décrit dans ce texte ?
b. Comment l'auteur organise-t-il sa description ?

2 Comment la nudité est-elle perçue en Europe au XVIIe siècle ? Quelle vision Bougainville en donne-t-il dans son texte ? Justifiez votre réponse.

3 **a.** Relevez, l. 12, le mot de liaison qui permet d'établir une comparaison. À votre avis, pourquoi l'auteur commence-t-il ainsi son paragraphe ?
b. « L'usage de se peindre y est donc une mode comme à Paris » (l. 15) : à quelle conclusion l'auteur souhaite-t-il amener son lecteur ?
c. Relevez dans ce même paragraphe les termes mélioratifs : quelle vision l'auteur nous donne-t-il de ce peuple ?

4 Qu'est-ce qui caractérise les mœurs décrites dans le dernier paragraphe ? Que pensez-vous de ce mode de vie ?

Texte 5

Dys

Texte audio

Le pays du Roi des Rois

Joao est trafiquant d'esclaves. Il a maintes fois entendu parler, chez les hommes qu'il vend sans scrupule, du Roi des Rois, un personnage de légende, « immensément riche et puissant, invincible, descendant d'une lignée de princes capables de se transformer en lion, possédant des livres remontant à la création du monde, entouré d'un collège de savants capables de parler des langues disparues. »

Un jour, des guerriers envoyés par ce fameux Roi achètent à Joao sa caravane d'esclaves pour les libérer immédiatement. Les guerriers invitent alors Joao à les suivre jusqu'au pays du Roi, il accepte leur invitation et, pris de fièvre, il entreprend un voyage long et épuisant.

François Place
(Né en 1957)
Auteur et illustrateur, François Place rédige et illustre des œuvres destinées à la jeunesse. Il remporte de nombreux prix, notamment pour son album *Les Derniers Géants*.

Il se réveilla dans une case très propre, meublée simplement de la natte sur laquelle il était allongé et d'une jarre d'eau fraîche. Il sortit dans la cour, rencontra une vieille femme pilant le mil[1] et un tout petit enfant qui jouait à côté d'elle. La palissade menait à une autre case, puis à une autre cour, elle-même reliée à d'autres cours habilement disposées, de plus en plus vastes, en fait, comme il finit par le découvrir en se hasardant sur ses jambes encore flageolantes, une véritable ville de chaumes[2], de treillages et de nattes, à la fois ordonnée, provisoire et solide, où s'animaient une multitude d'hommes, de femmes, d'enfants, au moins autant d'animaux divers à l'abri de leurs enclos, tout cela pouvant se mettre en marche du jour au lendemain au milieu des cris, des rires, du braiment des ânes et du chant des coqs : le camp du Roi des Rois.

La vieille femme le nourrit, il reprit des forces. Un homme paré d'une haute coiffure de plumes vint le chercher un matin. Joao le suivit dans les allées du campement.

Dans l'ombre d'un arbre à palabre[3] trônait le Roi des Rois, entouré de ses femmes et de sa nombreuse suite : ministres et dignitaires, griots[4], envoûteurs, sorciers et gardiens des fétiches[5], frappeurs de tambours, musiciens et danseurs. Une foule de bergers armés d'arcs et de lances dessinait un large cercle autour d'eux. Le grand roi siégeait, immobile et hiératique[6], les lèvres mi-closes. Il était vêtu de pourpre, et coiffé d'or et de plumes. De chaque côté de l'esplanade étaient dressées deux cases fermées. Au couchant, la maison des tambours-boit-le-sang, abreuvés chaque jour du sang d'un buffle égorgé, ombrageux gardiens de la colère du roi et messagers de la guerre, et au levant, la maison des tambours-boit-le-lait, qui ne donnaient de la voix que pour annoncer les naissances royales, et que, pour cette raison, on nourrissait chaque matin de lait de brebis.

Aux côtés du grand roi se tenait un petit homme maigre, avec une poitrine en bréchet[7] de poulet et un cou tout en tendons supportant une énorme tête ravinée par les rides et creusée sous les pommettes de profonds sillons qui venaient se perdre dans les poils effilochés d'une courte

1. Mil : céréale qui est la base de l'alimentation en Afrique.
2. Chaume : paille qu'on utilise pour couvrir le toit des maisons.
3. Arbre à palabre : en Afrique, lieu où se discutent des sujets concernant la communauté.
4. Griot : en Afrique, conteur à la fois poète et musicien.
5. Fétiche : objet auquel on attribue un pouvoir magique.
6. Hiératique : immobile, figé, solennel.
7. Bréchet : os qui fait partie de la cage thoracique.

▲ **Joao rencontre le Roi des Rois,** François Place, illustration pour *L'Atlas des Géographes d'Orbae*, tome 3, *De la Rivière Rouge au pays des Zizotls*, © Casterman, 2011.

barbiche. Il se nommait Abohey-Bâ. Il était ministre de la Parole. Un magnifique papillon voltigeait au-dessus de lui, et les arabesques tracées par cet insecte s'ajustaient si bien aux inflexions de son discours qu'elles semblaient à l'origine des mots prononcés par sa voix – une voix remarquablement grave et puissante pour un être pareillement rabougri, pensa aussitôt Joao. Cet Abohey-Bâ avait un esprit aussi vif que pénétrant. Il ne lui fallut pas une heure pour retourner celui de l'homme blanc comme un sac et en examiner pièce après pièce le contenu dispersé par ses soins.

Au terme de l'entretien, Joao se vit signifier qu'il bénéficierait, en tant qu'hôte du Roi des Rois, de sa protection et de ses largesses, aussi longtemps qu'il vivrait parmi ses sujets. Rien, cependant, de ce que Joao avait entendu dire sur ce pays ne l'avait préparé aux merveilles dont il serait le témoin par la suite. Le territoire sur lequel régnait ce souverain était immense. Il touchait, par-delà les Monts de la Lune, au royaume de Korakâr. Au nord, il comprenait de riches cités marchandes jointes par des caravanes régulières aux ports de la côte est, où les vaisseaux de la lointaine ville de Candaâ venaient deux fois par an faire relâche. Tout cela, et la généalogie séculaire du Roi des Rois, et le grand pouvoir de ses sorciers, et les innombrables peuples qui vivaient sous sa loi, Abohey-Bâ l'expliqua patiemment et méthodiquement à l'homme blanc qui devint peu à peu son ami. Il lui parla des sept Bras de la Guerre, les sept capitaines « nourris à la bouillie de fer », des chevaliers-jumeaux, alliés de Korakâr, et des porteurs de mousquet dont les balles atteignaient toujours leur cible, parce que les sorciers forgerons les avaient dotées d'un charme puissant en les plongeant dans le sang de foie de panthère. Joao écoutait, regardait, apprenait en suivant partout le drôle de petit homme avec son papillon.

Parfois un brouillard de fièvres le reprenait, avec le même cortège de cauchemars hantés par des esclaves couverts de plaies le poursuivant nuit après nuit de leurs plaintes. Il passait ainsi constamment du rêve à la réalité.

François PLACE, *Atlas des géographes d'Orbae*, tome 3, *De la rivière rouge au pays des Zizotls*, © Casterman, 2000.

Vocabulaire

Avant la lecture

1 Reliez chaque mot à sa définition.

a. case	**1.** clôture faite de planches
b. jarre	**2.** terrain fermé par une clôture
c. natte	**3.** habitation des pays du sud, généralement en bois
d. chaume	**4.** grand vase en terre cuite
e. palissade	**5.** paille qu'on utilise pour couvrir le toit des maisons
f. enclos	**6.** tissu tressé de paille servant de couchette

Après la lecture

2 Le mot *hôte* désigne à la fois celui qui accueille et celui qui est accueilli. Cherchez des mots de la même famille qui correspondent à la définition suivante :

1. lieu qui accueille les malades (sur la racine *hosp-*)
2. qui est accueillant/ qui n'est pas accueillant.
3. établissement où l'on peut se loger pour la nuit

3 **a.** Cherchez la définition de l'adjectif *séculaire*.
b. À partir des noms suivants, formez un adjectif synonyme de *séculaire* : *ancêtre, mémoire.*

Lire et comprendre

1 Qui est le Roi des Rois ? Comment Joao a-t-il entendu parler de lui ?

2 De qui est constituée la cour du Roi des Rois ?

3 Qui est Abohey-Bâ ?

4 Dans les lignes 7 à 12, relevez les expansions du nom *ville*. Qu'est-ce qui caractérise cet endroit ?

5 Qu'est-ce qui fait du Roi des Rois un être de légende ? Tâche complexe

COUP DE POUCE

- Intéressez-vous au portrait de ce personnage et à ses caractéristiques principales.
- Relevez les expressions qui évoquent l'étendue de son pouvoir.
- Prêtez attention aux noms propres et à l'évocation des éléments surnaturels.

6 Quelle phrase remet en question la réalité de ce que vit Joao ?

Écriture

Lisez cette phrase : « Le grand roi siégeait, immobile et hiératique, les lèvres mi-closes. »

Sur le même modèle, décrivez l'attitude d'une jeune fille, d'une vieille femme, d'un petit garçon.

a. La jeune fille lisait, ... et ..., ...
b. La vieille femme contemplait les flammes, ... et ..., ...
c. Le petit garçon pédalait, ... et ..., ...

Texte 6

Dys

Texte audio

N'était-ce qu'un rêve ?

Joao assiste à la cérémonie du discours aux animaux durant laquelle le Roi des Rois rencontre chaque été, pendant douze années successives, un représentant d'une espèce animale avec qui il converse, avant d'entamer la saison de la chasse. Il est ensuite invité par Abohey-Bâ à la capitale du pays de la Rivière Rouge qu'aucun homme blanc n'avait encore approchée.

C'était une grande ville couleur de miel, aux rues odorantes et chaudes, avec la pénombre cuivrée de ses échoppes abritant le tintement des outils, et ses grappes d'enfants poursuivant le piétinement grêle des troupeaux de chèvres. Pas de murailles, ni de centre mais des habitations imbriquées, reliées par des cours et des venelles, des volées de marches dans les raidillons, qui, parfois, conduisaient sans prévenir aux portes du palais du Roi des Rois. En peu de temps, Joao fut assez familier des lieux pour se promener à sa guise. Ami du « ministre de la Parole », il était toujours bien reçu ; sa curiosité, un certain don pour le mime, une propension à rire de tout et de lui-même suppléaient aux difficultés à se faire comprendre.

La capitale du pays de la Rivière Rouge, François Place, illustration pour *L'Atlas des Géographes d'Orbae*, tome 3, *De la Rivière Rouge au pays des Zizotls*, © Casterman, 2011.

Texte 6

Peu d'endroits lui étaient interdits, mais celui qui l'intriguait le plus était sans conteste une haute demeure à la porte lourdement ouvragée, dont seul Abohey-Bâ[1] détenait les clefs. Cette demeure abritait le Très Saint Livre, le Vénérable, un livre choyé entre tous qui remontait, c'est du moins ce qu'affirmaient les chroniqueurs, aux premiers temps de la création du monde. Le Roi des Rois venait parfois s'entretenir avec lui dans le secret de la nuit. Le Très Saint Livre ne sortait de sa demeure que tous les douze ans, à la fin du cycle des discours aux animaux[2]. Un cortège l'emportait de la ville, en grande pompe, jusqu'aux bords de la Rivière Rouge. [...]

Joao n'eut pas l'occasion d'assister à cette cérémonie. Le Vénérable resta pour lui ce livre enfoui sous des voiles et caché derrière une porte dont il caressa longuement le poli des serrures. Il ne put que rêver aux fastes que lui décrivit Abohey-Bâ, aux trompettes, aux tambours, aux chevaux caparaçonnés, au cortège somptueux des dignitaires serpentant le long de la rivière, aux cent huit lecteurs accordant leurs voix disparates pour faire resurgir pendant tout un mois la parole des ancêtres. [...]

Abohey-Bâ déposait chaque matin devant le Vénérable une coupe de vin de dattes. Le rôle d'Abohey-Bâ ne se bornait pas à l'entretien du Vénérable. Il devait aussi veiller à l'approvisionner. Il partait récolter, dans les provinces, la parole des griots[3], et revenait ensuite la murmurer au grand livre, afin de renouveler sa mémoire et de garder son texte toujours en éveil. Lorsqu'il proposa à son ami de l'accompagner dans une de ces tournées, Joao accepta avec joie. C'était l'occasion, pour lui, de visiter des régions qu'il n'aurait jamais pu atteindre seul. Il y goûta aux mets les plus inattendus, sauterelles confites, lanières de melon séchées, fruits de l'arbre-moqueur ou du bois-fleur-de-lait. Il entendit les griots chanter les grandes épopées au bruit de balafon[4] dont la phrase sonore caracolait, pendant des nuits entières, devant un parterre d'auditeurs qui ouvraient des yeux plus écarquillés que ceux des hiboux. [...]

Les fièvres de Joao s'espaçaient, et, à la fin de ce long périple, quand ils furent enfin revenus à la capitale, il s'ouvrit à son vieux compagnon du projet qu'il avait de retourner au pays. Le papillon qui voltigeait au-dessus d'Abohey-Bâ se mit à danser une folle sarabande tandis que son maître cherchait les mots d'une réponse.

— Joao, mon ami, dit-il enfin, tu ne peux pas retourner chez toi.

— Le Roi des Rois s'y oppose ?

— Non, je ne lui en ai pas fait la demande, mais tu dois savoir que, s'il accepte, tout ce que tu as connu du pays de la Rivière Rouge disparaîtra de ta mémoire, jusqu'à notre amitié… J'espérais que tu resterais sous mon toit, que tu fonderais une famille, que, peut-être, puisque le Roi des Rois t'apprécie, tu pourrais prendre ma charge auprès de lui… Réfléchis-y…

Mais Joao, au fil des jours et des semaines, se laissa gagner par la nostalgie de sa terre natale. Il en était au point où l'étrange, le merveilleux ne sont rien d'autre que l'ordinaire de l'endroit banal où l'on est né : le vin de la vigne, la blancheur de la neige, le jambon au-dessus de l'âtre et l'odeur du pain au levain… [...]

---

1. Abohey-Bâ : ministre de la parole.

2. Pendant douze années successives, le Roi des Rois rencontre chaque été un représentant d'une espèce animale avec qui il converse, avant d'entamer la saison de la chasse.

3. Griot : en Afrique, poète-musicien qui raconte les histoires traditionnelles.

4. Balafon : instrument à percussion d'Afrique, formé de lames comme le xylophone.

▲ **La cérémonie de l'oubli dans le bois de fromagers,** François Place, illustration pour *L'Atlas des Géographes d'Orbae*, tome 3, *De la Rivière Rouge au pays des Zizotls*, © Casterman, 2011.

Le lendemain de cette fatale entrevue, des hommes du Roi des Rois vinrent saisir Joao au domicile de son ami. Le jour n'était pas encore levé. Ils sortirent de la ville, en le tenant par les bras et en courant, sans d'autres bruits que leurs pas et leur souffle régulier, et l'emmenèrent jusque dans un bois de fromagers[5] où régnait la plus profonde des obscurités. De grands triangles de toile, très étroits et très pointus, y délimitaient un espace au milieu duquel on avait creusé une fosse. Un homme masqué, qui portait avec d'incroyables efforts un tout petit tambour fait de deux moitiés de crâne accolées, vint se placer à côté de Joao. En face de lui se tenait le maître de cérémonie, un masque perché tout en haut d'une longue tunique. Tous ces détails semblaient sortir des profondeurs de l'ombre, au fur et à mesure que le regard de Joao s'accoutumait à la faible clarté que laissait passer la haute voûte de feuillages. C'est ainsi qu'il remarqua un papillon qui s'agitait au-dessus du masque, mais ce n'était pas le papillon d'Abohey-Bâ, car celui-ci était noir. Le masque interpella durement Joao et lui ordonna de répondre au-dessus d'une sorte d'urne que l'on avait déposée à ses pieds. Les questions se succédaient, brèves, précises. À chaque réponse que faisait Joao, le petit tambour rentrait en résonance. Peu à peu, Joao se rendit compte qu'il décrivait tout son séjour dans le pays de la Rivière Rouge. [...] Alors un officiant ferma d'un couvercle la calebasse emplie des échos de sa voix, l'entoura de chiffons et la jeta au fond de la fosse. Puis il la couvrit de terre et avec cet enterrement disparurent les dernières paroles sensées de Joao.

5. Fromagers : arbres répandus en Afrique.

Joao fut à nouveau la proie des démons de sa maladie. Il ne sut ni comment ni pourquoi il se retrouva un beau jour à bord d'un navire négrier qui cinglait vers son pays. Il revint à sa ville natale, étranger, inconnu, vêtu de guenilles et de misère, mendiant sa vie et à moitié fou. Il restait de longues heures, assis contre le mur blanc de l'église à baragouiner des phrases sans queue ni tête sur le prétendu pays de la Rivière Rouge, en triturant un vieux livre aux pages décomposées. Il appelait les esclaves ses frères, et pleurait après le Roi des Rois, le roi noir d'or et de plumes, le fils du lion et le maître du discours aux animaux, et tout le monde riait de lui.

Mais les enfants aimaient sa compagnie, car, au-dessus de sa tête, voltigeait toujours un papillon.

François PLACE, *Atlas des géographes d'Orbae*, tome 3,
De la rivière rouge au pays des Zizotls, © Casterman, 2000.

Vocabulaire

Avant la lecture

1 Dans les phrases suivantes, remplacez les mots en gras par l'un de ces synonymes : *petite boutique, petite rue étroite, petit chemin raide.*

1. Le garçon grimpa jusqu'à la bergerie en empruntant un **raidillon** de terre battue.

2. Il s'arrêta devant une **échoppe** où l'on vendait des fruits secs.

3. Samia arriva au port en empruntant une **venelle** bordée de murs couverts de lierre.

Après la lecture

2 « Cette cérémonie se déroula avec faste. » « Cette cérémonie se déroula en grande pompe. » Ces expressions sont synonymes : que signifient-elles ?

3 **a.** Donnez un adjectif et un nom de la famille du verbe *vénérer*. Soulignez leur suffixe.

b. Complétez les phrases suivantes avec cette famille de mots :

1. Les Égyptiens ... la déesse Isis.

2. Caroline regardait le chanteur avec une sorte de ....

3. Tous se turent quand le ... vieillard prit place et commença son discours.

Lire et comprendre

1 Relevez dans l'ensemble du texte les nouvelles informations qui vous sont données concernant les traditions de ce peuple. Aidez-vous de ce tableau :

habitat	
croyances	
rituels	

2 Qu'éprouve Joao face à toutes ces découvertes ?

3 À quelle condition Joao est-il autorisé à rentrer chez lui ? À votre avis pourquoi ?

4 Qu'est-ce que le peuple de la Rivière Rouge cherche à sauvegarder ? Comment s'y prend-il ?

5 **a.** Relevez dans le dernier paragraphe les expressions qui décrivent Joao : que laissent-elles supposer ?

b. En quoi a-t-il changé entre le début et la fin de ce récit ?

Écriture

Relisez les deux premières phrases du texte et, sur le même modèle syntaxique, décrivez une ville de votre choix.

C'était une ... ville ..., aux ..., avec ..., et ... Pas de ..., ni de ... mais des ... qui ....

Synthèse

Le récit de voyage, entre mythe et réalité

La découverte d'autres univers

- Le récit de voyage est devenu un **genre littéraire** à part entière. Il rend compte des paysages explorés, des peuples rencontrés, des émotions ressenties. Il est parfois difficile dans ces récits de faire la part des choses entre ce qui relève du **mythe** ou du **rêve** et ce qui est de l'ordre de l'observation du **réel**.
- Dans son *Livre des Merveilles*, Marco Polo n'hésite pas à donner des descriptions invraisemblables et merveilleuses, notamment concernant les pouvoirs attribués aux magiciens du Grand Khan. En effet, les explorateurs du Moyen Âge et de la Renaissance sont encore fortement inspirés par la matière **mythologique** qui est même parfois le moteur de leurs expéditions. Ainsi part-on en quête de lieux extraordinaires, qu'il s'agisse du Paradis terrestre, des îles Fortunées ou de l'Eldorado.

Une aventure enrichissante

- Aujourd'hui encore, les romanciers utilisent la forme du récit de voyage pour composer des **romans d'aventures** où il est souvent question de territoires inexplorés, réels ou imaginaires. C'est là que le **héros se confronte à l'inconnu** et à l'imprévisible, à travers des rencontres étonnantes.
- Le héros du récit de François Place découvre ainsi une civilisation dont il ignorait tout et qui vient remettre en cause tous ses **préjugés** sur les Africains.

Une exploration de soi et des autres

- Les auteurs s'emparent ainsi des fables et des mythes pour amorcer un **questionnement sur notre perception de l'autre** et la manière dont on aborde ce qui nous est étranger.
- Dans la nouvelle de François Place, le héros Joao, indifférent au sort des esclaves qu'il vend sans scrupules, découvre, à travers le peuple légendaire du Roi des Rois, la richesse des peuples noirs et de leur culture.

▲ ***Paysage fantastique,*** Nicolas Roerich, tempera sur toile, vers 1930, Regional Art Gallery, Tver (Russie).

Vers l'écriture

Décrire un habitat

1 Associez chaque habitat au peuple qui l'habite.

a. une yourte	**1.** les Gaulois
b. un tipi	**2.** les paysans d'autrefois
c. une case	**3.** Les nomades des steppes de Mongolie
d. une hutte	**4.** les Indiens d'Amérique
e. une chaumière	**5.** les tribus d'Afrique

2 Classez ces termes suivant qu'ils désignent une pauvre maison ou une maison bourgeoise.

un abri – un taudis – une demeure – une bicoque – un pavillon – une villa – une masure.

3 Qu'est-ce qu'une maison troglodyte ? Une maison sur pilotis ?

4 Complétez ces phrases avec les mots suivants : *palissade, terrasse, balcon, corridor, niche, seuil.*

1. J'ai lancé le ballon dans le jardin du voisin, juste derrière la ....

2. Nous déjeunerons sur la ..., à l'ombre du tilleul.

3. Juliette, du haut de son ..., écoute Roméo lui déclarer son amour.

4. Le vieil homme avait posé sa bougie dans une petite ... creusée à cet effet au-dessus du lit.

5. Le facteur attendait sur le ... que quelqu'un vienne lui ouvrir.

6. La chambre de mon ami se trouvait à droite au fond du ....

5 Dans quel genre de bâtiments trouve-t-on :

a. un dallage ?	**1.** dans une église
b. un sol de terre battue ?	**2.** dans la rue
c. des pavés ?	**3.** dans un riche palais
d. un parterre de marbre ?	**4.** dans une case

6 Légendez le dessin ci-dessous avec les termes suivants : *coupole, arcade, voûte, colonne.*

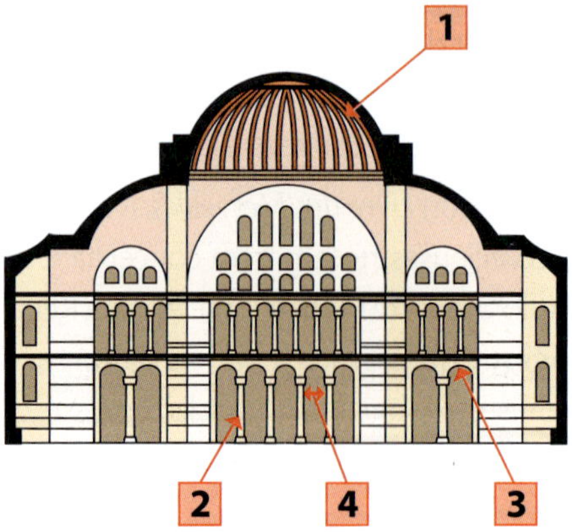

7 a. Lisez la phrase suivante et relevez les compléments du nom *maison*.

C'est une petite maison de pêcheurs, aux murs d'argile, au toit de chaume et aux volets bleus.

b. Sur le même modèle, présentez : un manoir, un temple, un village, une église.

8 Classez ces termes du plus petit au plus grand : *boulevard, rue, route, sentier, ruelle.*

9 Remplacez les termes en gras par l'un de ces synonymes : *impasse, sentier, échoppe, taverne, citadelle.*

1. La rue était bordée de **petites boutiques**.

2. Le pirate entra dans **une auberge** et s'assit à une table.

3. Ils rattrapèrent facilement le voleur qui s'était engagé dans **un cul-de-sac**.

4. Cette forteresse semblait imprenable.

5. Un chemin étroit menait à la tour de guet.

Éviter les répétitions dans la description

10 Évitez l'expression *il y a* en employant l'un des verbes suivants que vous conjuguerez au présent : *s'amonceler, se dessiner, régner, se dresser, s'aligner, s'entasser.*

1. Il y a des déchets sur le trottoir.

2. Il y a des nuages au-dessus de la mer

3. Il y a un temple inca au milieu de la jungle.

4. Il y a la silhouette d'un Indien dans la brume.

5. Il y a un grand silence dans cette assemblée.

6. Il y a des petits étals le long des rues.

11 Supprimez le verbe pour décrire des lieux avec efficacité, comme dans l'exemple ci-dessous.

Exemple : *En bas, les étables, la remise, les loges à porcs, la grange ; à l'étage, les greniers, le logis.*

Décrivez sur le même modèle :
1. Dans la ville basse … ; dans la ville haute ….
2. Sur les étagères … ; dans les coffres ….
3. Aux murs … ; au sol ….

12 Réécrivez les phrases en employant le pronom relatif *dont* pour éviter les répétitions.

Exemple : Le coin de la cuisine est meublé par une haute pendule. Le cadran de cette haute pendule est orné de roses. → Le coin de la cuisine est meublé par une haute pendule dont le cadran est orné de roses.

1. La vaste salle était ornée de gros tonneaux. Les cercles de cuivre de ces tonneaux luisaient.
2. C'est une corbeille en osier tressé. La doublure de cette corbeille, en velours, est couverte de pétales fanés.
3. Au fond de la cabine était suspendu un hamac. Le cordage usé de ce hamac s'effilochait.
4. Une statue de marbre se dresse au milieu du jardin. Les bras de cette statue soutiennent une vasque.

13 Associez les synonymes.

1. une jarre	a. un coffre
2. une fiole	b. des tissus
3. une malle	c. un bassin
4. des étoffes	d. des rideaux
5. des tentures	e. un grand pot
6. une vasque	f. un flacon

14 Lisez la phrase suivante.

Dans un coin du grenier, sont entassés, pêle-mêle, des sacs troués, de vieux tapis poussiéreux et une couverture à moitié rongée par les souris.

a. Recopiez cette phrase, entourez le verbe et soulignez en rouge son sujet. Faites une croix sous chaque adjectif.

b. Sur le même modèle, décrivez ce que vous pouvez trouver dans la hutte d'un chasseur, dans une grange, dans la malle d'un navigateur.

Connaître des métiers et des coutumes

15 Associez chaque métier à sa fonction.

1. Le tisserand	a. Il fabrique des objets en métaux précieux.
2. le potier	b. Il fabrique des tissus.
3. le menuisier	c. Il crée des récipients en terre cuite.
4. l'orfèvre	d. Il tresse l'osier pour confectionner des paniers.
5. le vannier	e. Il construit les routes.
6. le cantonnier	f. Il travaille le bois.

16 Complétez ces phrases avec les mots suivants : *rite, coutume, tradition, cérémonie.*

1. Il est de … dans le Nord de la France d'offrir des cadeaux aux enfants pour la Saint-Nicolas.
2. J'ai assisté avec mon grand-père à la … du 11 novembre.
3. Les … funéraires diffèrent selon les pays et les religions.
4. En France, nous avons pour … de manger une dinde aux marrons au repas de Noël.

17 a. De qui parle-t-on dans chacune des phrases ?

Le repas du soir réunissait tout le monde. Chacun se plaçait à sa guise le long de la table et la fermière remplissait les assiettes jusqu'au bord. Les jeunes mordaient à pleines dents dans leur pain tandis que les vieux coupaient, précieusement, chaque bouchée. Tous mangeaient en silence et le pain paraissait plus blanc dans leurs mains noires.

M. Audoux, M.-C. de Borée, *Terre de poche.*

b. Quel mot de liaison permet de présenter en même temps deux groupes de personnes, avec une idée d'opposition ?

c. Décrivez une scène de repas dans une tribu africaine : utilisez le même plan que le texte, employez les sujets *chacun, tous*, et le mot de liaison repéré en b.

18 Pour retrouver le texte original, remplacez les mots en gras par l'un de ces synonymes : *sacrés, festin, parures, esprits, salves, triomphal, conviant.*

Le retour au village fut **éclatant**, annoncé par des **détonations** et des chants de victoire. Un grand feu annonçait le **repas** qui suivrait.

Le troisième soir après le retour de la chasse, des tambours résonnèrent, **invitant** la communauté à se rendre à la grande maison. Les costumes de fête, les **ornements** de griffes et de coquillages sortirent des coffres… Un à un, les masques franchirent le seuil des cérémonies, sautant d'un pied sur l'autre au son des tambours et des chants **religieux**. Certains avaient figures humaines, et portaient barbes et sourcils de fourrure, d'autres convoquaient les **âmes** du renard, de l'aigle, de l'ours..

François Place, *Le pays des Yaléoutes, Atlas des géographes d'Orbae.*

Vers l'écriture

Rédaction

Écrire et illustrer un carnet de voyage

Vous êtes un explorateur et vous découvrez une civilisation jusqu'alors inconnue. Rédigez votre carnet de voyage.

1 ÉTAPES POUR LE BROUILLON

- **Quel genre d'explorateur êtes-vous ?** Un scientifique ? Un aventurier ? Un navigateur ?
- À quelle époque situez-vous votre récit ? À l'époque des Grandes Découvertes ? Au XIXe siècle ? Aujourd'hui ? Dans le futur ?
- **Quel genre d'expédition organisez-vous ?** Un voyage en mer vers une île inconnue ? Un voyage au centre de la terre ? Une expédition spatiale ? Un voyage dans le temps ?
- **Qu'allez-vous découvrir ?** Une cité ? Un village ? Une tribu ?
- **Comment entrez-vous en contact avec cette civilisation ?**

2 DÉCRIRE LES MODES DE VIE

- **Imaginez une géographie des lieux :** décrivez les paysages, dessinez une carte.
- **Donnez des précisions** sur l'habitat, les monuments.
- **Décrivez les tenues vestimentaires :** précisez les costumes en fonction des personnes, imaginez des costumes de cérémonies.
- **Décrivez une scène de repas** et donnez des précisions sur les habitudes alimentaires.
- **Précisez quelles sont leurs croyances**, rites, fêtes, cérémonies.
- **Expliquez comment cette société s'organise.** Y a-t-il un chef, une assemblée ? Qu'est-ce qui légitime son pouvoir ? Les habitants prennent-ils les décisions de manière collective ?

▲ **Illustrations de François Place** pour pour *L'Atlas des Géographes d'Orbae*, tome 3, *De la Rivière Rouge au pays des Zizotls*, © Casterman, 2011.

Rédiger pas à pas

Pour organiser votre récit

- Donnez à votre récit la forme d'un journal de bord. ☐
- Décrivez les modes de vie de ce peuple au fur et à mesure de vos découvertes. ☐
- N'oubliez pas d'exprimer vos sensations et vos sentiments. ☐
- Vous pouvez illustrer votre récit à la manière de François Place, en annotant vos dessins. ☐

À lire, à voir

Des livres

- ***Vendredi ou la Vie sauvage***, Michel Tournier, 1971.

Une réécriture moderne de l'histoire de Robinson Crusoé. Une belle rencontre entre un naufragé dit « civilisé » et un « sauvage ».

- ***Le Monde perdu***, Conan Doyle, 1912.

Une équipe de scientifiques explore une terre perdue au cœur de l'Amazonie. Ils constatent que cet endroit n'a pas suivi la même évolution que le reste de la planète et découvrent toute une faune préhistorique.

- ***Les Derniers Géants***, François Place, 1992.

Un explorateur découvre un pays peuplé de géants qui portent toute leur histoire gravée sur la peau.

Des films

- ***La Forêt d'émeraude***, John Boorman, 1985.

Alors qu'il construit un immense barrage, un ingénieur perd son fils en pleine jungle amazonienne. Après dix ans de recherches, il apprend qu'un jeune Blanc vit au milieu d'une tribu d'Indiens, les « Invisibles ». Il part à sa rencontre.

- ***1492***, Ridley Scott, 2002.

Ce film retrace les péripéties du voyage de Christophe Colomb et son arrivée aux Amériques.

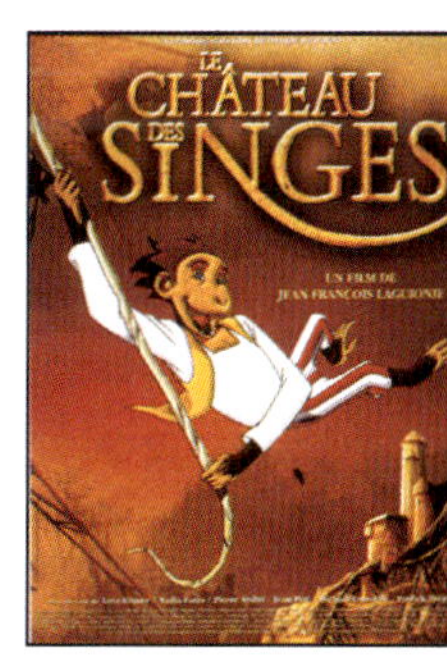

- ***Le Château des singes***, Jean-François Laguioni, 2002.

Kom est un jeune Woonkos, membre d'une tribu de singes qui vit sur la canopée et dont la hantise est de tomber dans le « monde d'en bas », qu'on dit peuplé de monstres maléfiques. Un beau film d'animation sur les superstitions et la peur de l'autre.

4 À l'aventure avec le capitaine Nemo !

œuvre intégrale

Vingt mille lieues sous les mers, Jules Verne

› Qu'est-ce qu'un roman de science-fiction ?

Objectifs du chapitre

Lecture
- Découvrir un roman fondateur du genre de la science-fiction
- Lire un récit d'aventures et en saisir la portée critique
- Découvrir un héros mythique de la littérature et ses valeurs

Écriture
- Écrire un récit complexe
- Rédiger une description en mouvement
- Décrire pour créer des impressions
- Utiliser la ponctuation pour mettre en valeur les émotions

Vocabulaire
- La nature et ses éléments

Sommaire

Illustration de Didier Graffet, ***Effluvium***, 1990, éditions Bragelonne.

Aide personnalisée

Je choisis mon édition en fonction de mon niveau de lecture :

- Je suis un bon lecteur → Je relève le défi du **texte intégral**.
- Je suis un lecteur moyen → Je choisis une édition **légèrement abrégée et annotée** (Folio Junior).
- Je suis un petit lecteur → Je choisis une édition **très abrégée** (L'École des loisirs).

Repères

Le siècle de Jules Verne

Célébrer le progrès

• Au XIXe siècle, les **progrès techniques** transforment considérablement la vie quotidienne. L'exploitation de la **machine à vapeur** permet le développement des chemins de fer et des **transports** maritimes, ainsi que l'essor de l'industrie et du commerce. On découvre l'**électricité** et ses premières applications.

• L'étude des espèces animales et végétales, développée au XVIIIe siècle, s'accélère. **Darwin** publie ses travaux sur l'évolution des espèces. On assiste aussi à de grandes avancées dans le domaine de la **médecine**, avec la mise au point des vaccins par **Pasteur**.

• Pour l'homme du XIXe siècle, *science* est synonyme de *progrès*. On veut donc diffuser les connaissances. La plupart des romans de **Jules Verne** (1828-1905) sont publiés en feuilletons dans la revue *Le Magasin d'éducation et de récréation*, destinée à transmettre aux enfants, sous une forme amusante, toutes sortes de connaissances.

▲ Jules Verne, 1828-1905.

Questions

1. À quelle époque Jules Verne a-t-il vécu ?
2. Qu'est-ce qui caractérise cette époque ?
3. Quels buts cet auteur vise-t-il avec ses romans ?

▲ **Le paquebot à vapeur *Canada* lors d'une traversée de l'Atlantique**, P. Greenwood, huile sur toile, 1896.

Expédition de l'explorateur Roald Admunsen à la découverte du pôle Nord, gravure, fin du XIXe siècle.

Explorer le monde

- Les nouveaux moyens de transport et les outils modernes favorisent la découverte du monde. C'est le temps des nouveaux **grands explorateurs** : Livingstone remonte le fleuve Congo, Burton part à la recherche des sources du Nil, Howard Carter fouille les tombeaux des pharaons ; des équipes scientifiques se lancent à l'assaut des régions polaires ou désertiques : la Terre donne le sentiment d'être bientôt connue, maîtrisée.
- Jules Verne s'inspire de ces **figures de savants et d'aventuriers** pour raconter, dans ses romans, toutes sortes de voyages dans des mondes connus ou inconnus.

Questions

4 Lisez, p. 107, les titres de romans de Jules Verne : quels sont les lieux explorés dans ces romans ?

5 Lesquels sont peu ou pas du tout connus au XIXe siècle ?

Civiliser le monde ?

- Au XIXe siècle, l'homme blanc découvre ainsi de nouveaux territoires et de nouveaux peuples. Il croit volontiers que sa maîtrise scientifique lui confère une supériorité sur ces peuples d'Afrique, d'Asie, d'Océanie, et qu'il a pour mission de leur apporter ses connaissances, et même d'en diriger le développement.
- Un peu partout dans le monde, les Occidentaux prennent le pouvoir, ouvrent des comptoirs commerciaux, exploitent les habitants et s'approprient leurs terres et leurs richesses. C'est le début de **la colonisation** : la France conquiert une grande partie de l'Afrique, l'Angleterre l'Inde… Partout, ces missions « civilisatrices » s'accompagnent de guerres meurtrières et de répressions sanglantes des mouvements de révoltes des habitants.

La délimitation des frontières franco-allemandes au Congo, caricature parue dans le *Petit journal*, novembre 1911.

Question

6 Quelles sont les conséquences de la colonisation pour les peuples colonisés ?

Texte 1

Dys

Texte audio

Le capitaine Nemo

Le professeur Aronnax embarque à bord du navire Abraham-Lincoln *à la poursuite d'un mystérieux monstre marin qui coule de nombreux navires. Alors qu'on pense avoir repéré ce monstre et qu'on s'apprête à le harponner, la chose heurte violemment le navire. Le professeur et deux de ses compagnons tombent à la mer. Ils sont sauvés de la noyade par le capitaine du sous-marin – car c'est en fait de cela qu'il s'agit – qui les a attaqués.*

Des pas résonnèrent sur la dalle de métal. Les serrures furent fouillées, la porte s'ouvrit, l'homme au regard calme entra, et je fus cloué à ma place en l'entendant s'adresser à nous en français.

« Messieurs, dit-il d'une voix pénétrante, les plus fâcheuses circonstances vous ont mis en présence d'un homme qui a rompu avec l'humanité. Vous êtes venus troubler mon existence. J'ai longtemps hésité. Rien ne m'obligeait à vous donner l'hospitalité. Je vous remettais sur la plateforme de ce navire qui vous avait servi de refuge. Je m'enfonçais sous les mers, et j'oubliais que vous aviez jamais existé. N'était-ce pas mon droit ?

— C'était peut-être le droit d'un sauvage, répondis-je, ce n'était pas celui d'un homme civilisé.

— Monsieur le professeur, répliqua vivement le commandant, je ne suis pas ce que vous appelez un homme civilisé ! J'ai rompu avec la société tout entière pour des raisons que moi seul j'ai le droit d'apprécier. Je n'obéis donc point à ses règles, et je vous engage à ne jamais les invoquer devant moi ! »

Après un assez long silence, le commandant reprit la parole.

« J'ai donc hésité, dit-il, mais j'ai pensé que mon intérêt pouvait s'accorder avec cette pitié naturelle à laquelle tout être humain a droit. Vous resterez à mon bord, puisque la fatalité vous y a jetés. Vous y serez libres.

— Je vous demanderai donc ce que vous entendez par cette liberté.

— Mais la liberté d'aller, de venir, de voir, d'observer même tout ce qui se passe.

— Pardon, monsieur, repris-je, mais cette liberté, ce n'est que celle que tout prisonnier a de parcourir sa prison. Elle ne peut nous suffire.

— Il faudra, cependant, qu'elle vous suffise !

— Quoi ! nous devons renoncer à jamais de revoir notre patrie, nos amis, nos parents ! C'est de la cruauté !

— Non, monsieur, c'est de la clémence ! Vous êtes mes prisonniers après combat ! Je vous garde, quand je pourrais d'un mot vous replonger dans les abîmes[1] de l'océan ! Vous m'avez attaqué ! Vous êtes venus surprendre un secret que nul homme au monde ne doit pénétrer, le secret de toute mon existence ! Et vous croyez que je vais vous renvoyer sur cette terre qui ne doit plus me connaître ! Jamais ! En vous retenant, ce n'est pas vous que je garde[2], c'est moi-même ! »

1. Abîmes : profondeurs.
2. Garder : ici, protéger.

▲ **Le capitaine Nemo,** joué par James Mason dans le film *Vingt mille lieues sous les mers*, de Richard Fleischer, 1954.

Puis, d'une voix plus douce, il reprit : « Maintenant, permettez-moi d'achever ce que j'ai à vous dire. Je vous connais, monsieur Aronnax. Vous, sinon vos compagnons, vous n'aurez peut-être pas tant à vous plaindre du hasard qui vous lie à mon sort. Vous trouverez parmi les livres qui servent à mes études favorites cet ouvrage que vous avez publié sur les grands fonds de la mer. Je l'ai souvent lu. Vous avez poussé votre œuvre aussi loin que vous le permettait la science terrestre. Mais vous ne savez pas tout, vous n'avez pas tout vu. Laissez-moi donc vous dire, monsieur le professeur, que vous ne regretterez pas le temps passé à mon bord. Vous allez voyager dans le pays des merveilles.

« Une dernière question, dis-je, au moment où cet être inexplicable semblait vouloir se retirer.

— Parlez, monsieur le professeur.

— De quel nom dois-je vous appeler ?

— Monsieur, répondit le commandant, je ne suis pour vous que le capitaine Nemo, et vos compagnons et vous, n'êtes pour moi que les passagers du *Nautilus*. Et maintenant, monsieur Aronnax, notre déjeuner est prêt. Permettez-moi de vous précéder.

— À vos ordres, capitaine. »

Je suivis le capitaine Nemo, et dès que j'eus franchi la porte, je pris une sorte de couloir électriquement éclairé, semblable aux coursives[3] d'un navire. Après un parcours d'une dizaine de mètres, une seconde porte s'ouvrit devant moi. J'entrai alors dans une salle à manger, ornée et meublée avec un goût sévère. Au centre de la salle était une table richement servie. Le capitaine Nemo m'indiqua la place que je devais occuper. « Asseyez-vous, me dit-il, et mangez comme un homme qui doit mourir de faim. »

Le déjeuner se composait d'un certain nombre de plats dont la mer seule avait fourni le contenu, et de quelques mets dont j'ignorais la nature et la provenance. Je goûtais, plutôt en curieux qu'en gourmet, tandis que le capitaine Nemo m'enchantait par ses invraisemblables récits.

« Mais cette mer, monsieur Aronnax, me dit-il, cette nourrice prodigieuse, inépuisable, elle ne me nourrit pas seulement ; elle me vêt encore. Ces étoffes qui vous couvrent sont tissées avec le byssus[4] de certains coquillages ; elles sont teintes avec la pourpre[5] des anciens. Les parfums que vous trouverez sur la toilette de votre cabine sont le produit de la distillation des plantes marines. Votre lit est fait du plus doux zostère[6] de l'Océan. Votre plume sera un fanon de baleine, votre encre la liqueur sécrétée par la seiche ou l'encornet. Tout me vient maintenant de la mer comme tout lui retournera un jour !

— Vous aimez la mer, capitaine.

---

3. Coursive : couloir d'un navire.

4. Byssus : filaments fabriqués par certains coquillages, et utilisés pour fabriquer des tissus.

5. Pourpre : teinture rouge fabriquée à l'aide de coquillages.

6. Zostère : herbe sous-marine.

Texte 1

— Oui ! je l'aime ! La mer est tout ! Elle couvre les sept dixièmes du globe terrestre. Son souffle est pur et sain. C'est l'immense désert où l'homme n'est jamais seul, car il sent frémir la vie à ses côtés. La mer est le vaste réservoir de la nature. C'est par la mer que le globe a pour ainsi dire commencé, et qui sait s'il ne finira pas par elle ! Là est la suprême tranquillité. La mer n'appartient pas aux despotes[7]. À sa surface, ils peuvent encore exercer des droits iniques[8], s'y battre, s'y dévorer, y transporter toutes les horreurs terrestres. Mais à trente pieds[9] au-dessous de son niveau, leur pouvoir cesse, leur influence s'éteint, leur puissance disparaît ! Ah ! monsieur, vivez, vivez au sein des mers ! Là seulement est l'indépendance ! Là je ne reconnais pas de maîtres ! Là je suis libre ! »

Jules Verne, *Vingt mille lieues sous les mers*, première partie, chapitre X, 1870.

7. **Despote** : tyran, chef excessif, qui ne partage pas le pouvoir.
8. **Inique** : injuste.
9. Un pied mesure 30 cm environ.

Vocabulaire

Avant la lecture

1 Qu'est-ce que l'hospitalité ? Donnez deux mots de la même famille.

2 Qu'appelle-t-on la fatalité ?

3 Qu'est-ce que la clémence ? Donnez un antonyme de ce mot.

4 Quel est le sens du verbe *apprécier* dans la phrase suivante ?
Votre professeur appréciera si ce retard est excusable ou non.

5 Recopiez la phrase suivante en remplaçant l'adjectif *fâcheux* par un synonyme.
Nous avons été retardés par un fâcheux incident.

Après la lecture

6 Donnez l'infinitif des verbes *lie* (l. 40) et *vêt* (l. 71) ainsi que des mots de la même famille.

7 Les verbes formés sur le radical *-voquer* viennent du latin *vocare*, qui signifie *appeler*. Associez chacun de ces verbes à sa définition.

a. évoquer	**1.** défier, exciter
b. invoquer	**2.** parler de, faire penser à
c. provoquer	**3.** appeler à son aide (par des prières)

8 Complétez les phrases suivantes par un des verbes de l'exercice précédent.
1. Ce vieil ami et moi avons passé la soirée à ... nos souvenirs communs.
2. Le vieux soldat n'hésita pas à ... l'insolent en duel.
3. Le poète commence par ... la muse, divinité qui doit lui apporter l'inspiration.

9 **a.** Analysez la formation du verbe *précéder* (l. 57) et donnez son sens.
b. Formez un antonyme de ce verbe en modifiant son préfixe.

Lire et comprendre

Débat de compréhension

ORAL

- Qui sont les personnages de ce texte ? Quelle est leur situation ?

Pour approfondir

- Quelle image avez-vous du capitaine Nemo à l'issue de ce texte ?

Tâche complexe

COUP DE POUCE

- Relevez toutes les informations sur son regard, sa voix : quelle impression donnent-elles ?
- Expliquez l'expression : « un homme qui a rompu avec l'humanité ».
- Relisez la réplique qui commence par « Non, monsieur, c'est de la clémence » : que vous apprend-elle au sujet du capitaine Nemo ?
- Que vous apprend sa dernière réplique sur son caractère, ses valeurs ?
- Qu'est-ce qui, dans l'attitude ou les paroles de Nemo, vous semble aimable ? Qu'est-ce qui vous semble menaçant ?
- Quelles questions vous posez-vous sur ce personnage à la fin de ce texte ?

Écriture

Dans son journal de bord, le professeur Aronnax fait le portrait du capitaine Nemo. Rédigez ce portrait en 8 à 10 lignes. Vous pouvez terminer par des phrases interrogatives pour souligner le mystère qui entoure ce personnage.

Texte 2

Dys

Le pêcheur de perles

Le capitaine Nemo entraîne le narrateur et ses compagnons, munis de scaphandres et marchant à pied, dans l'exploration des fonds de l'océan Indien. Il leur fait découvrir des huîtres perlières gigantesques dont lui seul connaît l'existence.

Nous marchions isolément, en véritables flâneurs, chacun s'arrêtant ou s'éloignant au gré de sa fantaisie. Le capitaine Nemo s'arrêtait soudain. D'un geste, il nous ordonna de nous blottir près de lui au fond d'une large anfractuosité[1]. Sa main se dirigea vers un point de la masse liquide, et je regardai attentivement. À cinq mètres de moi, une ombre apparut et s'abaissa jusqu'au sol. L'inquiétante idée des requins[2] traversa mon esprit. Mais je me trompais. C'était un homme, un homme vivant, un Indien, un pêcheur, un pauvre diable, qui venait glaner[3] avant la récolte.

J'apercevais le fond de son canot mouillé[4] à quelques pieds au-dessus de sa tête. Il plongeait, et remontait successivement. Une pierre taillée en pain de sucre[5] et qu'il serrait du pied, tandis qu'une corde la rattachait à son bateau, lui servait à descendre plus rapidement au fond de la mer. C'était là tout son outillage. Arrivé au sol, par cinq mètres de profondeur environ, il se précipitait à genoux et remplissait son sac de pintadines[6] ramassées au hasard. Puis, il remontait, vidait son sac, ramenait sa pierre, et recommençait son opération qui ne durait que trente secondes. Il ne rapportait pas plus d'une dizaine de pintadines à chaque plongée, car il fallait les arracher du banc auquel elles s'accrochaient par leur robuste byssus[7]. Et combien de ces huîtres étaient privées de ces perles pour lesquelles il risquait sa vie !

Je me familiarisais donc avec le spectacle de cette pêche intéressante, quand, tout d'un coup, à un moment où l'Indien était agenouillé sur le sol, je lui vis faire un geste d'effroi, se relever et prendre son élan pour remonter à la surface des flots. Je compris son épouvante. Une ombre gigantesque apparaissait au-dessus du malheureux plongeur. C'était un requin de grande taille qui s'avançait diagonalement, l'œil en feu, les mâchoires ouvertes ! J'étais muet d'horreur, incapable de faire un mouvement. Le vorace animal, d'un vigoureux coup de nageoire, s'élança vers l'Indien, qui se jeta de côté et évita la morsure du requin, mais non le battement de sa queue, car cette queue, le frappant à la poitrine, l'étendit sur le sol. Cette scène avait duré quelques secondes à peine. Le requin revint, et, se retournant sur le dos, il s'apprêtait à couper l'Indien en deux, quand je sentis le capitaine Nemo, posté près de moi, se lever subitement. Puis, son poignard à la main, il marcha droit au monstre, prêt à lutter corps à corps avec lui. Le squale[8], au moment où il allait happer[9] le malheureux pêcheur, aperçut son nouvel adversaire, et se replaçant sur le ventre, il se dirigea rapidement vers lui. Je vois encore la pose du capitaine Nemo.

1. **Anfractuosité** : creux.
2. L'océan Indien est peuplé de requins.
3. **Glaner** : ramasser une maigre partie de la récolte.
4. **Mouiller** : pour un bateau, s'arrêter et jeter l'ancre pour se fixer.
5. **En pain de sucre** : en forme de cône.
6. **Pintadine** : huître perlière.
7. **Byssus** : filament fabriqué par certains coquillages, qui leur permet de s'accrocher aux rochers.
8. **Squale** : requin.
9. **Happer** : avaler d'un seul coup.

Texte 2

Replié sur lui-même, il attendait avec un admirable sang-froid le formidable squale, et lorsque celui-ci se précipita sur lui, le capitaine, se jetant de côté avec une prestesse[10] prodigieuse, évita le choc et lui enfonça son poignard dans le ventre. Mais tout n'était pas dit. Un combat terrible s'engagea. Le requin avait rugi, pour ainsi dire. Le sang sortait à flots de ses blessures. La mer se teignit de rouge, et, à travers ce liquide opaque, je ne vis plus rien. Plus rien, jusqu'au moment où, dans une éclaircie, j'aperçus l'audacieux capitaine, cramponné à l'une des nageoires de l'animal, luttant corps à corps avec le monstre, labourant de coups de poignard le ventre de son ennemi, sans pouvoir toutefois porter le coup définitif, c'est-à-dire l'atteindre en plein cœur. Le squale, se débattant, agitait la masse des eaux avec furie, et leur remous menaçait de me renverser. J'aurais voulu courir au secours du capitaine. Mais, cloué par l'horreur, je ne pouvais remuer. Le capitaine tomba sur le sol, renversé par la masse énorme qui pesait sur lui. Puis, les mâchoires du requin s'ouvrirent démesurément comme une cisaille d'usine, et c'en était fait du capitaine si, prompt comme la pensée, son harpon à la main, Ned Land[11], se précipitant vers le requin, ne l'eût frappé de sa terrible pointe. Les flots s'imprégnèrent d'une masse de sang. Ned Land n'avait pas manqué son but.

Le capitaine, relevé sans blessures, alla droit à l'Indien, coupa vivement la corde qui le liait à sa pierre, le prit dans ses bras et, d'un vigoureux coup de talon, il remonta à la surface de la mer. Nous le suivîmes tous trois, et, en quelques instants, miraculeusement sauvés, nous atteignions l'embarcation du pêcheur. Le premier soin du capitaine Nemo fut de rappeler ce malheureux à la vie. Il ouvrit les yeux. Quelle dut être sa surprise, son épouvante même, à voir les quatre grosses têtes de cuivre qui se penchaient sur lui ! Et surtout, que dut-il penser, quand le capitaine Nemo, tirant d'une poche de son vêtement un sachet de perles, le lui eut mis dans la main ? Cette magnifique aumône de l'homme des eaux au

10. Prestesse : agilité, vivacité.

11. Ned Land : Marin canadien appartenant à l'équipage de l'*Abraham Lincoln*, et très agile au maniement du harpon.

Le requin attaque les plongeurs, illustration colorée de Henry Austin, pour *Vingt mille lieues sous les mers*, 1870.

pauvre Indien de Ceylan fut acceptée par celui-ci d'une main tremblante. Ses yeux effarés indiquaient du reste qu'il ne savait à quels êtres surhumains il devait à la fois la fortune et la vie.

Quoi qu'il en dît, le capitaine Nemo n'était pas parvenu encore à tuer son cœur tout entier.

Lorsque je lui fis cette observation, il me répondit d'un ton légèrement ému :

— Cet Indien, monsieur le professeur, c'est un habitant des pays opprimés, et je suis encore, et jusqu'à mon dernier souffle je serai de ce pays-là.

Jules Verne, *Vingt mille lieues sous les mers*, deuxième partie, chapitre III, 1870.

Vocabulaire

Avant la lecture

1 Rappelez le sens du verbe *lier* et employez-le dans une phrase de votre invention.

2 **a.** Cherchez le sens des adjectifs suivants : *prompt, vigoureux, vorace.*
b. Pour chacun de ces adjectifs, donnez un mot de la même famille.
c. Faites une phrase avec chacun de ces adjectifs.

3 Que signifie l'expression *faire l'aumône* ? À qui peut-on faire l'aumône ?

Lire et comprendre

1 Où le capitaine, le professeur et Ned Land se promènent-ils au début du texte ?

2 **a.** Qui rencontrent-ils ?
b. Que comprenez-vous de la situation de cet homme ?

3 **a.** Comment le capitaine Nemo vient-il au secours de cet homme ? Donnez deux éléments de réponse.
b. Comment le capitaine Nemo explique-t-il son geste ?
c. Pourquoi considère-t-il que l'Indien est « un habitant des pays opprimés » ? Pour répondre, relisez le dernier paragraphe de la page 87.

4 Dans les lignes 21 à 58, comment l'auteur ménage-t-il du suspense ? Tâche complexe

COUP DE POUCE

- À travers les yeux de quel personnage voit-on la scène ? Quel est l'intérêt de ce procédé ?
- Observez comment l'arrivée du requin est racontée de façon progressive.
- Quel sentiment la phrase exclamative de la ligne 25 à 27 traduit-elle ?
- Dans les lignes 50 à 56, relevez une comparaison : quel effet produit-elle ?
- Dans le récit du combat, observez la longueur des phrases, le nombre de verbes : quel est l'effet recherché ?

5 Quels nouveaux traits de caractère du capitaine Nemo apparaissent dans ce texte ?

Écriture

Dans la jungle, deux explorateurs sont attaqués par un terrible adversaire : un énorme serpent, un gorille, un dinosaure qui a survécu dans ces contrées reculées…

Racontez la scène en 8 à 10 phrases.

Pour réussir

- Commencez par : *Soudain…*
- Ménagez l'entrée en scène du monstre : que voit-on, ou qu'entend-on, qui annonce son arrivée ?
- Décrivez l'animal en une phrase.
- Utilisez au moins une phrase exclamative pour traduire le sentiment du narrateur.
- Racontez l'affrontement en 4 à 5 phrases complexes, en soignant la ponctuation et le choix des verbes.
- Utilisez au moins une comparaison dans le récit de ce combat.

Texte 3

Dys

Texte audio

Une fabuleuse découverte

Une nuit, le capitaine Nemo propose au narrateur une nouvelle sortie sous la mer. Revêtus de leurs scaphandres, les deux hommes partent en exploration en direction d'une étrange lueur qui brille à l'horizon.

Le capitaine Nemo et moi, nous marchions l'un près de l'autre, directement sur le feu signalé. Après une demi-heure de marche, le sol devint rocailleux. Les méduses, les crustacés microscopiques, les pennatules[1] l'éclairaient légèrement de lueurs phosphorescentes. J'entrevoyais des monceaux[2] de pierres disposés sur le fond océanique suivant une certaine régularité que je ne m'expliquais pas. Cependant, la clarté rougeâtre qui nous guidait, s'accroissait et enflammait l'horizon. La présence de ce foyer sous les eaux m'intriguait au plus haut degré. Notre route s'éclairait de plus en plus. Le capitaine Nemo s'avançait sans hésitation. Il connaissait cette sombre route. Il l'avait souvent parcourue, sans doute, et ne pouvait s'y perdre. Je le suivais avec une confiance inébranlable. Il m'apparaissait comme un des génies de la mer, et quand il marchait devant moi, j'admirais sa haute stature qui se découpait en noir sur le fond lumineux de l'horizon. Il était une heure du matin. Nous étions arrivés aux premières rampes de la montagne. Mais pour les aborder, il fallut s'aventurer par les sentiers difficiles d'un vaste taillis. Oui ! un taillis d'arbres morts, sans feuilles, sans sève, arbres minéralisés sous l'action des eaux, et que dominaient çà et là des pins gigantesques. Les sentiers étaient encombrés d'algues et de fucus[3], entre lesquels grouillait un monde de crustacés. J'allais, gravissant les rocs, enjambant les troncs étendus, brisant les lianes de mer qui se balançaient d'un arbre à l'autre, effarouchant les poissons qui volaient de branche en branche. Entraîné, je ne sentais plus la fatigue. Je suivais mon guide qui ne se fatiguait pas. Quel spectacle ! Comment le rendre ? Comment peindre l'aspect de ces bois et de ces rochers dans ce milieu liquide, leurs dessous sombres et farouches, leurs dessus colorés de tons rouges sous cette clarté que doublait la puissance réverbérante des eaux ?

Deux heures après avoir quitté le *Nautilus*, nous avions franchi la ligne des arbres, et à cent pieds au-dessus de nos têtes se dressait le pic de la montagne dont la projection faisait ombre sur l'éclatante irradiation[4] du versant opposé. Quelques arbrisseaux pétrifiés couraient çà et là en zigzags grimaçants. Les poissons se levaient en masse sous nos pas comme des oiseaux surpris dans les hautes herbes. La masse rocheuse était creusée d'impénétrables anfractuosités[5], de grottes profondes, d'insondables trous, au fond desquels j'entendais remuer des choses formidables[6]. Le sang me refluait jusqu'au cœur, quand j'apercevais une antenne énorme qui me barrait la route, ou quelque pince effrayante se refermant avec bruit dans l'ombre des cavités ! Des milliers de points lumineux brillaient au milieu des

1. Pennatule : animal marin de la famille de l'anémone de mer.

2. Des monceaux : des tas.

3. Fucus : sorte d'algue.

4. Irradiation : rayonnement éclatant.

5. Anfractuosité : creux.

6. Formidables : ici, effrayantes.

▲ **La découverte de l'Atlantide,** A. de Neuville, dessin et gravure sur bois, pour la première édition de *Vingt mille lieues sous les mers*, 1870.

ténèbres. C'étaient les yeux de crustacés gigantesques, tapis dans leur tanière, des homards géants se redressant comme des hallebardiers[7] et remuant leurs pattes avec un cliquetis de ferraille, des crabes titanesques, braqués comme des canons sur leurs affûts, et des poulpes effroyables entrelaçant leurs tentacules comme une broussaille vivante de serpents. Quel était ce monde exorbitant[8] que je ne connaissais pas encore ? Le capitaine Nemo, familiarisé avec ces terribles animaux, n'y prenait plus garde. Mais qu'était donc cette portion du globe engloutie par les cataclysmes ? Où étais-je, où m'avait entraîné la fantaisie du capitaine Nemo ? J'aurais voulu l'interroger. Ne le pouvant, je l'arrêtai. Je saisis son bras. Mais lui, secouant la tête, et me montrant le dernier sommet de la montagne, sembla me dire : « Viens ! viens encore ! viens toujours ! »

Je le suivis dans un dernier élan, et en quelques minutes, j'eus gravi le pic qui dominait d'une dizaine de mètres toute cette masse rocheuse. Mes regards s'étendaient au loin et embrassaient un vaste espace éclairé par une fulguration[9] violente. En effet, c'était un volcan que cette montagne. À cinquante pieds au-dessous du pic, au milieu d'une pluie de pierres et de scories[10], un large cratère vomissait des torrents de lave, qui se dispersaient en cascade de feu au sein de la masse liquide. Ainsi posé, ce volcan, comme un immense flambeau, éclairait la plaine inférieure jusqu'aux dernières limites de l'horizon. Et là, sous mes yeux, ruinée, abîmée, apparaissait une ville détruite, ses toits effondrés, ses temples abattus, ses arcs disloqués, ses colonnes gisant à terre ; plus loin, quelques restes d'un gigantesque aqueduc ; ici l'exhaussement[11] empâté d'une acropole[12], avec les formes flottantes d'un Parthénon ; là, des vestiges de quai, comme si quelque antique port eût abrité jadis sur les bords d'un océan disparu les vaisseaux marchands et les trirèmes[13] de guerre ; plus loin encore, de longues lignes de murailles écroulées, de larges rues désertes, toute une Pompéi[14] enfouie sous les eaux, que le capitaine Nemo ressuscitait à mes regards ! Où étais-je ? Où étais-je ?

Le capitaine Nemo vint à moi et m'arrêta d'un geste. Puis, ramassant un morceau de pierre crayeuse, il s'avança vers un roc de basalte noir et traça ce seul mot :

ATLANTIDE

---

7. Hallebardier : soldat muni d'une hallebarde, sorte de lance.

8. Exorbitant : extraordinaire.

9. Fulguration : lumière forte.

10. Scorie : poussière résultant d'une combustion.

11. Exhaussement : élévation.

12. Acropole : temple.

13. Trirème : navire de guerre romain.

14. Pompéi : ville de la Rome antique ensevelie sous la cendre de l'éruption du Vésuve en 79 et retrouvée, quasiment intacte, au XIXe siècle.

Texte 3

Quel éclair traversa mon esprit ! L'Atlantide ! C'était donc cette région engloutie qui existait au-delà des colonnes d'Hercule, où vivait ce peuple puissant des Atlantes, contre lequel se firent les premières guerres de l'ancienne Grèce. Ainsi donc, conduit par la plus étrange destinée, je foulais du pied l'une des montagnes de ce continent ! Je touchais de la main ces ruines mille fois séculaires ! J'écrasais sous mes lourdes semelles ces squelettes d'animaux des temps fabuleux, que ces arbres, maintenant minéralisés, couvraient autrefois de leur ombre ! Ah ! pourquoi le temps me manquait-il ! J'aurais voulu descendre les pentes abruptes de cette montagne, parcourir en entier ce continent immense qui sans doute reliait l'Afrique à l'Amérique, et visiter ces grandes cités antédiluviennes[15].

Pendant que je rêvais ainsi, tandis que je cherchais à fixer dans mon souvenir tous les détails de ce paysage grandiose, le capitaine Nemo, accoudé sur une stèle[16] moussue, demeurait immobile et comme pétrifié dans une muette extase.

Jules VERNE, *Vingt mille lieues sous les mers*, deuxième partie, chapitre IX, 1870.

15. Antédiluvien : qui date d'avant le déluge.
16. Stèle : pierre verticale, généralement ornée de sculptures.

Vocabulaire

Avant la lecture

1 Donnez un nom et un adjectif de la famille de *roc* et déduisez-en le sens de ce mot.

2 Associez chaque mot à sa définition.

a. cavité	**1.** joie mêlée d'émerveillement, ravissement
b. extase	**2.** ruines
c. pic	**3.** creux, trou
d. ténèbres	**4.** montagne pointue
e. vestiges	**5.** obscurité profonde

3 Complétez les phrases avec un des mots de l'exercice précédent.
1. La lumière s'éteignit brusquement et nous fûmes plongés dans les ….
2. Julien trouva la clé cachée dans une … du mur.
3. En creusant dans son jardin, cet homme a découvert, enfouis sous la terre, les … d'un très ancien temple.
4. Devant elle se dressait le … du midi, le célèbre sommet des Pyrenées.
5. Farid admire sa grande sœur et l'adore : il est en … devant elle.

4 **a.** Qui étaient les Titans, dans la mythologie ?
b. Déduisez-en le sens de l'adjectif *titanesque*, et employez ce mot dans une phrase.

5 **a.** Cherchez le sens premier du verbe *pétrifier*.
b. Quelle créature de la mythologie avait le pouvoir de pétrifier ses victimes ?

6 Cherchez l'étymologie et le sens premier de l'adjectif *fabuleux* et employez cet adjectif dans une phrase qui parlera de la Chimère.

Lire et comprendre

1 En quoi le paysage décrit dans les deux premiers paragraphes est-il surprenant ? Tâche complexe

COUP DE POUCE
Pour répondre, appuyez-vous sur :
- les éléments décrits ;
- le champ lexical du feu, que vous relèverez ;
- les comparaisons ;
- les adjectifs employés dans les lignes 27 à 47.

2 Quels éléments du deuxième paragraphe évoquent des créatures mythologiques ? Quel est l'effet produit ?

3 Que découvre le professeur Aronnax au pied du volcan ? Que savez-vous sur ce continent ?

4 Quelles sont les différentes émotions ressenties par le narrateur des lignes 34 à 55, puis des lignes 83 à 91 ? Comment le voyez-vous ?

5 Quels sentiments le narrateur éprouve-t-il pour le capitaine Nemo ? Justifiez votre réponse en citant le texte.

Écriture

Effectuez l'exercice 13 p. 105.

Texte 4

Dys

L'attaque des calamars géants

Le Nautilus *est attaqué par un groupe de calamars géants. Le narrateur et ses compagnons se précipitent vers l'escalier central du sous-marin, pour venir en aide à l'équipage qui doit affronter ces monstres.*

Là, une dizaine d'hommes, armés de haches d'abordage, se tenaient prêts à l'attaque. Conseil[1] et moi, nous prîmes deux haches. Ned Land saisit un harpon.

Le *Nautilus* était alors revenu à la surface des flots. Un des marins, placé sur les derniers échelons, dévissait les boulons du panneau[2]. Mais les écrous étaient à peine dégagés, que le panneau se releva avec une violence extrême, évidemment tiré par la ventouse d'un bras de poulpe.

Aussitôt un de ces longs bras se glissa comme un serpent par l'ouverture, et vingt autres s'agitèrent au-dessus. D'un coup de hache, le capitaine Nemo coupa ce formidable tentacule, qui glissa sur les échelons en se tordant.

Au moment où nous nous pressions les uns sur les autres pour atteindre la plate-forme, deux autres bras, cinglant l'air, s'abattirent sur le marin placé devant le capitaine Nemo et l'enlevèrent avec une violence irrésistible.

Le capitaine Nemo poussa un cri et s'élança au-dehors. Nous nous étions précipités à sa suite.

Quelle scène ! Le malheureux, saisi par le tentacule et collé à ses ventouses, était balancé dans l'air au caprice de cette énorme trompe. Il râlait, il étouffait, il criait : À moi ! à moi ! Ces mots, prononcés en français, me causèrent une profonde stupeur ! J'avais donc un compatriote à bord, plusieurs, peut-être ! Cet appel déchirant, je l'entendrai toute ma vie !

L'infortuné était perdu. Qui pouvait l'arracher à cette puissante étreinte ? Cependant le capitaine Nemo s'était précipité sur le poulpe, et, d'un coup de hache, il lui avait encore abattu un bras. Son second[3] luttait avec rage contre d'autres monstres qui rampaient sur les flancs du *Nautilus*. L'équipage se battait à coups de hache. Le Canadien, Conseil et moi, nous enfoncions nos armes dans ces masses charnues[4]. Une violente odeur de musc[5] pénétrait l'atmosphère. C'était horrible !

Un instant, je crus que le malheureux, enlacé par le poulpe, serait arraché à sa puissante succion. Sept bras sur huit avaient été coupés. Un seul, brandissant la victime comme une plume, se tordait dans l'air. Mais au moment où le capitaine Nemo et son second se précipitaient sur lui, l'animal lança une colonne d'un liquide noirâtre, sécrété par une bourse située dans son abdomen. Nous en fûmes aveuglés. Quand ce nuage se fut dissipé, le calmar avait disparu, et avec lui mon infortuné compatriote !

1. Conseil est le serviteur du professeur Aronnax.
2. Le panneau qui sert de porte au sous-marin.
3. **Le second** : l'adjoint, l'assistant du capitaine, celui qui a le plus haut grade après lui.
4. **Charnu** : épais.
5. **Musc** : substance brune et épaisse très odorante.

Texte 4

Quelle rage nous poussa alors contre ces monstres ! On ne se possédait[6] plus. Dix ou douze poulpes avaient envahi la plateforme et les flancs du *Nautilus*. Nous roulions pêle-mêle au milieu de ces tronçons de serpents qui tressautaient sur la plateforme dans des flots de sang et d'encre noire. Il semblait que ces visqueux tentacules renaissaient comme les têtes de l'hydre[7]. Le harpon de Ned Land, à chaque coup, se plongeait dans les yeux glauques des calmars et les crevait. Mais mon audacieux compagnon fut soudain renversé par les tentacules d'un monstre qu'il n'avait pu éviter.

Ah ! comment mon cœur ne s'est-il pas brisé d'émotion et d'horreur ! Le formidable bec du calmar s'était ouvert sur Ned Land. Ce malheureux allait être coupé en deux. Je me précipitai à son secours. Mais le capitaine Nemo m'avait devancé. Sa hache disparut entre les deux énormes mandibules, et miraculeusement sauvé, le Canadien, se relevant, plongea son harpon tout entier jusqu'au triple cœur du poulpe.

Ce combat avait duré un quart d'heure. Les monstres vaincus, mutilés, frappés à mort, nous laissèrent enfin la place et disparurent sous les flots.

Le capitaine Nemo, rouge de sang, immobile près du fanal[8], regardait la mer qui avait englouti l'un de ses compagnons, et de grosses larmes coulaient de ses yeux.

Jules Verne, *Vingt mille lieues sous les mers*, deuxième partie, chapitre XVIII, 1870.

6. On ne se possédait plus : on ne se maîtrisait plus.

7. Hydre : l'Hydre de Lerne est un monstre qu'affronte Hercule lors de ses douze travaux. Ce monstre est pourvu de plusieurs têtes, qui repoussent dès qu'on les tranche.

8. Fanal : lanterne à l'avant d'un navire, qui sert de phare.

▲ **L'attaque du monstre,** gravure d'après un dessin de Neuville et Riou, *Vingt Mille Lieues sous les mers,* 1870, BnF, Paris.

Vocabulaire

Avant la lecture

1 Analysez la formation du mot *compatriote* et donnez son sens.

2 Que signifie l'adjectif *infortuné* ? Sur quel radical est-il formé ? Quel est le sens de ce radical ?

3 **a.** Cherchez le sens du verbe *étreindre*.
b. Déduisez-en le sens du nom *étreinte* dans la phrase : « Le serpent resserra son étreinte autour de sa proie. »

Lire et comprendre

1 Résumez l'action en quelques phrases.

2 **a.** Dans les lignes 36 à 43, relevez une comparaison et une hyperbole : quel est leur rôle ?
b. Quel est le style employé dans ce paragraphe ?

3 **a.** Dans ce même paragraphe, quel est le temps verbal dominant ?
b. À votre avis, quel est l'intérêt de ce choix ?

4 Quel est le rôle de la ponctuation dans cet extrait ?

5 Quelles qualités du capitaine Nemo apparaissent dans ce passage ?

Dys

Je suis le droit ! Je suis la justice !

*Pendant que nos héros partageaient leurs aventures avec le capitaine Nemo, les dirigeants des grandes nations occidentales ont repris la chasse au « monstre marin » dont ils ont bien deviné, après l'attaque de l'*Abraham Lincoln, *qu'il s'agissait d'un engin sous-marin. Un navire de guerre retrouve la trace du* Nautilus *et l'attaque au canon.*

Le capitaine Nemo, terrible à entendre, était plus terrible encore à voir. Sa face avait pâli sous les spasmes de son cœur, qui avait dû cesser de battre un instant. Ses pupilles s'étaient contractées effroyablement. Sa voix ne parlait plus, elle rugissait. Le corps penché en avant, il tordait sous sa main les épaules du Canadien. Puis, l'abandonnant et se retournant vers le vaisseau de guerre dont les boulets pleuvaient autour de lui :

« Ah ! tu sais qui je suis, navire d'une nation maudite ! s'écria-t-il de sa voix puissante. Moi, je n'ai pas eu besoin de tes couleurs[1] pour te reconnaître ! Regarde ! Je vais te montrer les miennes ! »

Et le capitaine Nemo déploya à l'avant de la plate-forme un pavillon noir, semblable à celui qu'il avait déjà planté au pôle Sud. À ce moment, un boulet frappant obliquement la coque du *Nautilus*, sans l'entamer, et passant par ricochet près du capitaine, alla se perdre en mer. Le capitaine Nemo haussa les épaules. Puis, s'adressant à moi :

« Descendez, me dit-il d'un ton bref, descendez, vous et vos compagnons.

— Monsieur, m'écriai-je, allez-vous donc attaquer ce navire ?

— Monsieur, je vais le couler.

— Vous ne ferez pas cela !

— Je suis le droit, je suis la justice ! me dit-il. Je suis l'opprimé, et voilà l'oppresseur ! C'est par lui que tout ce que j'ai aimé, chéri, vénéré, patrie, femme, enfants, mon père, ma mère, j'ai vu tout périr ! Tout ce que je hais est là ! Taisez-vous ! »

À trois heures du matin, inquiet, je montai sur la plateforme. Le capitaine Nemo ne l'avait pas quittée. Il était debout, à l'avant, près de son pavillon, qu'une légère brise déployait au-dessus de sa tête. Il ne quittait pas le vaisseau des yeux. Son regard, d'une extraordinaire intensité, semblait l'attirer, le fasciner, l'entraîner plus sûrement que s'il lui eût donné la remorque !

La lune passait alors au méridien. Jupiter se levait dans l'Est. Au milieu de cette paisible nature, le ciel et l'Océan rivalisaient de tranquillité, et la mer offrait à l'astre des nuits le plus beau miroir qui eût jamais reflété son image. Et quand je pensais à ce calme profond des éléments, comparé à toutes ces colères qui couvaient dans les flancs de l'imperceptible *Nautilus*, je sentais frissonner tout mon être.

1. Tes couleurs : ton drapeau.

Texte 5

Ce terrible jour du 2 juin se levait.

À cinq heures, le loch[2] m'apprit que la vitesse du *Nautilus* se modérait. Je compris qu'il se laissait approcher. Au moment où je poussais la porte qui s'ouvrait sur la cage de l'escalier central, j'entendis le panneau supérieur se fermer brusquement.

Le Canadien s'élança sur les marches, mais je l'arrêtai. Un sifflement bien connu m'apprenait que l'eau pénétrait dans les réservoirs du bord. En effet, en peu d'instants, le *Nautilus* s'immergea à quelques mètres au-dessous de la surface des flots.

Je compris sa manœuvre. Il était trop tard pour agir.

Le *Nautilus* ne songeait pas à frapper le deux-ponts[3] dans son impénétrable cuirasse, mais au-dessous de sa ligne de flottaison, là où la carapace métallique ne protège plus le bordé[4].

Nous étions emprisonnés de nouveau, témoins obligés du sinistre drame qui se préparait. D'ailleurs, nous eûmes à peine le temps de réfléchir. Réfugiés dans ma chambre, nous nous regardions sans prononcer une parole. Une stupeur profonde s'était emparée de mon esprit. Le mouvement de la pensée s'arrêtait en moi. Je me trouvais dans cet état pénible qui précède l'attente d'une détonation épouvantable. J'attendais, j'écoutais, je ne vivais que par le sens de l'ouïe !

Cependant, la vitesse du *Nautilus* s'accrut sensiblement. C'était son élan qu'il prenait ainsi. Toute sa coque frémissait.

Soudain, je poussai un cri. Un choc eut lieu, mais relativement léger. Je sentis la force pénétrante de l'éperon[5] d'acier. J'entendis des éraillements, des raclements. Mais le *Nautilus*, emporté par sa puissance de propulsion, passait au travers de la masse du vaisseau comme l'aiguille du voilier à travers la toile !

Je ne pus y tenir. Fou, éperdu, je m'élançai hors de ma chambre et me précipitai dans le salon.

Le capitaine Nemo était là. Muet, sombre, implacable, il regardait par le panneau de bâbord[6].

Une masse énorme sombrait sous les eaux, et pour ne rien perdre de son agonie, le *Nautilus* descendait dans l'abîme avec elle. À dix mètres de moi, je vis cette coque entr'ouverte, où l'eau s'enfonçait avec un bruit de tonnerre, puis la double ligne des canons et les bastingages. Le pont était couvert d'ombres noires qui s'agitaient.

L'eau montait. Les malheureux s'élançaient dans les haubans[7], s'accrochaient aux mâts, se tordaient sous les eaux. C'était une fourmilière humaine surprise par l'envahissement d'une mer !

Paralysé, raidi par l'angoisse, les cheveux hérissés, l'œil démesurément ouvert, la respiration incomplète, sans souffle, sans voix, je regardais, moi aussi ! Une irrésistible attraction me collait à la vitre !

L'énorme vaisseau s'enfonçait lentement. Le *Nautilus*, le suivant, épiait tous ses mouvements. Tout à coup, une explosion se produisit. L'air comprimé fit voler les ponts du bâtiment comme si le feu eût pris aux soutes.

2. Loch : appareil qui sert à mesurer la vitesse d'un navire.

3. Le deux-ponts : le navire.

4. Le bordé : la coque.

5. Éperon : pointe métallique fixée à l'avant d'un navire, qui lui sert à perforer les autres bateaux.

6. Bâbord : côté gauche d'un navire.

7. Haubans : cordages d'un navire.

▲ **Le *Nautilus*,** *Vingt mille lieues sous les mers*, film de Richard Fleischer, 1954.

La poussée des eaux fut telle que le *Nautilus* dévia.

Alors le malheureux navire s'enfonça plus rapidement. Ses hunes[8], chargées de victimes, apparurent, ensuite des barres, pliant sous des grappes d'hommes, enfin le sommet de son grand mât. Puis, la masse sombre disparut, et avec elle cet équipage de cadavres entraînés par un formidable remous…

Je me retournai vers le capitaine Nemo. Ce terrible justicier, véritable archange de la haine, regardait toujours.

Jules Verne, *Vingt mille lieues sous les mers*, deuxième partie, chapitre XXI, 1870.

8. Hune : plateforme circulaire fixée à mi-hauteur du mât d'un navire.

Vocabulaire

Avant la lecture

1 Donnez un synonyme de *périr* et d'*agoniser*.

2 Qu'est-ce que le pavillon d'un navire ?

3 Qu'est-ce qu'un abîme ?

4 **a.** Que signifie *opprimer quelqu'un* ? **b.** Quel nom de la même famille désigne une personne qui en opprime une autre ?

5 Analysez la formation des verbes *immerger* et *émerger* et déduisez-en leur sens.

Après la lecture

6 À l'aide du contexte, déduisez le sens des adjectifs *éperdu*, *sombre* et *implacable* (l. 61 et 63).

Lire et comprendre

Débat de compréhension

ORAL

- Que fait le capitaine Nemo, dans ce texte ? Pourquoi ?

Pour approfondir

1 Relisez le portrait du capitaine Nemo, dans le premier paragraphe : quelle impression produit-il ?

2 Qu'est-ce qui, dans son comportement, confirme cette image ?

3 Dans les lignes 70 à 84, relevez tous les groupes nominaux qui désignent les marins du navire coulé : quel sentiment traduisent-ils ?

4 Pourquoi le narrateur contemple-t-il le navire qui s'enfonce dans la mer ? Et le capitaine ? Justifiez vos réponses par des citations du texte.

5 **a.** Comment le capitaine Nemo justifie-t-il ses actes ? **b.** Qu'en pensez-vous ?

Un roman de science-fiction

1 Faites une recherche sur la date de construction des premiers sous-marins : ces engins existaient-ils lorsque Jules Verne a écrit *Vingt mille lieues sous les mers* ?

2 Relisez sa bibliographie p. 107 : quels autres engins extraordinaires pour son époque a-t-il imaginés ?

3 Pourquoi Aronnax et ses compagnons sont-ils étonnés de découvrir l'électricité à bord du *Nautilus* ? Pour répondre, vous pouvez vous aider du premier paragraphe de la page 86.

4 Dans l'extrait ci-dessous, le capitaine Nemo explique comment il se procure cette électricité.

> Vous connaissez la composition de l'eau de mer. Sur mille grammes on trouve quatre-vingt-seize centièmes et demi d'eau, et deux centièmes deux tiers environ de chlorure de sodium. Or, c'est ce sodium que j'extrais de l'eau de mer et dont je compose mes éléments. Mélangé avec le mercure, il forme un amalgame qui tient lieu du zinc dans les éléments Bunzen. Je vous dirai, en outre, que les piles au sodium doivent être considérées comme les plus énergiques, et que leur force électro-motrice est double de celle des piles au zinc.

a. Selon vous, cette explication est-elle réaliste ?
b. À votre avis, quel est son intérêt ?
c. Qu'appelle-t-on les piles salines ? Cherchez quand cette invention a été mise au point et comparez avec la date de parution de *Vingt mille lieues sous les mers*.

5 Les techniques imaginées par Jules Verne dans son roman sont-elles totalement fantaisistes ? Justifiez votre réponse.

6 Jules Verne est considéré comme l'inventeur du genre de la science-fiction. En vous appuyant sur vos réponses précédentes, dites quelles sont les principales caractéristiques de ce genre littéraire.

▲ Illustration pour *Vingt mille lieues sous les mers*, Bernard Buffet, 1990.

Un mystérieux capitaine

1 Quelles informations avez-vous sur l'histoire du capitaine Nemo ?

2 Vous semble-t-il avoir des connaissances scientifiques ? Justifiez votre réponse.

3 Combien de langues parle-t-il ? (voir chapitre IX)

4 **a.** Lesquels parmi ces éléments trouve-t-on à bord du *Nautilus* ? (voir chapitre X)
- Un musée
- Une salle de cinéma
- Une bibliothèque
- Un salon de musique
- Une salle de sport

b. Que pouvez-vous en conclure au sujet du capitaine Nemo ?

5 Quelles relations le capitaine Nemo entretient-il avec les membres de son équipage ? Appuyez-vous sur des exemples précis pour répondre.

6 Quel mode de vie a-t-il choisi ? A-t-il besoin d'échanges avec la Terre ?

7 Quels sont les qualités et les défauts du personnage ? Justifiez vos réponses.

8 À qui le capitaine Nemo apporte-t-il son aide au fil de ses aventures ? Qui combat-il ?

9 Qu'est-ce qui paraît le motiver ?

10 Quel est le pavillon du *Nautilus* ? Que signifie cette couleur ?

11 Cherchez la signification de *Nemo* : qu'apporte ce nom au personnage ?

12 À travers ce personnage, quelles critiques Jules Verne adresse-t-il à son époque ?

La science-fiction et ses enjeux

Un roman de science-fiction

- Ingénieur de formation, Jules Verne s'intéresse de près aux inventions de son temps. Dans ses romans, il imagine de façon très réaliste la façon dont les hommes peuvent se servir de ces inventions : les véhicules sous-marins, les technologies utilisées à bord du *Nautilus* (comme l'alimentation électrique ou les projecteurs) ne seront inventés qu'après la parution de *Vingt mille lieues sous les mers*. Aussi Jules Verne est-il considéré comme le père de la science-fiction.
- **La science-fiction** est un genre littéraire qui imagine les développements de la société à partir des avancées scientifiques et technologiques possibles.

La découverte de mondes fabuleux

- Le roman entraîne le lecteur dans des mondes encore mal connus au XIXe siècles. Sur le **modèle des récits de grands explorateurs** (voir p. 60 à 83), l'auteur s'attache à décrire les régions traversées par le *Nautilus*, des trésors de l'océan Indien aux glaces de l'Antarctique, suscitant tour à tour **la curiosité, l'émerveillement** ou **l'horreur**.
- Grand amoureux des océans, Verne écrit dans le but de faire connaître les richesses de cet univers : **ses descriptions sont précises et documentées**. Mais il n'hésite pas à puiser dans les légendes, comme celle de l'Atlantide, pour fournir de nouvelles émotions à son lecteur.

Nemo, l'homme révolté

- Le capitaine Nemo est sans doute le héros le plus sombre de Jules Verne. Il se définit lui-même comme un révolté, qui a rompu avec l'humanité, et le *Nautilus* est un monde à part, en marge des sociétés humaines. On le voit sensible à la misère, portant secours à l'opprimé, n'hésitant pas à faire justice lui-même contre l'oppresseur.
- À travers ce personnage, Jules Verne porte **un regard critique sur la société** de son époque, en particulier sur la colonisation et les cruautés qui l'accompagnent.

Un groupe de scaphandriers explore le fond de la mer, environné de plantes aquatiques et de méduses, gravure pour *Vingt mille lieues sous les mers*, 1870.

Vers l'écriture

Décrire la nature

1 Dessinez une ligne de relief sur laquelle figureront : *la mer, la plaine, des montagnes, un plateau, une vallée.*

2 Classez les noms suivants selon qu'ils évoquent un paysage maritime, champêtre ou montagneux : *pâturage – précipice – grève – verger – glacier – écueil – plateau – falaise – récif – haie – coteau.*

3 Associez chacun des mots de la liste A à son synonyme de la liste B.
A. pâturage – taillis – cime – abîme – pic – écueil – falaise – grève – berge – torrent – versant – sentier – hameau.
B. pointe – à-pic – chemin – flanc – fourrés – gouffre – pré – rivage – rive – sommet – village – rivière – rocher.

4 Légendez le dessin avec les mots suivants.
Le col – le versant – le glacier – le pied – la cime – une ligne de crête – la vallée.

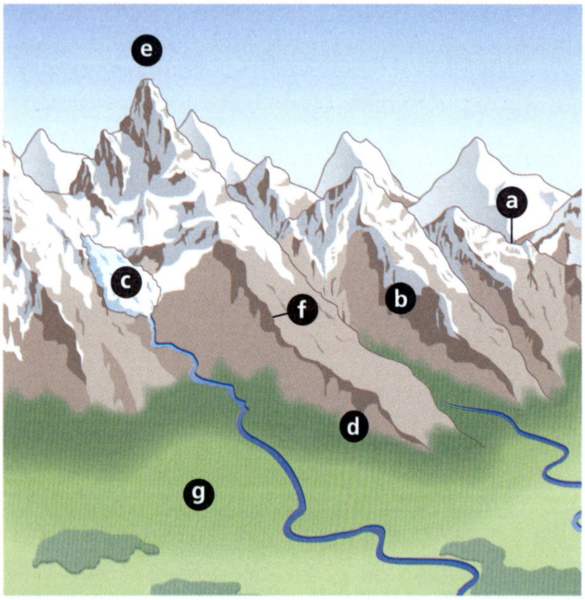

5 Complétez les phrases avec un mot choisi parmi les suivants : ***buissons – coteaux – gouffre – grève – haies – orée – plateau – ravins – versant.***
1. Le champ était clôturé de ... et de ... de ronces.
2. Ce n'était pas une mince affaire que la traversée de ce haut ... balayé par le vent.
3. Sur les ... s'étageaient des vignes.
4. Un simple pont de corde enjambait le ....
5. La neige avait couvert le sol d'une mince couche poudreuse, jusqu'à l'... du bois.
6. Les poissons morts venaient s'échouer sur la ....
7. Sur ce ... de la montagne, les pluies torrentielles avaient creusé de dangereux ....

6 a. Associez chaque adjectif au nom qu'il peut qualifier. Aidez-vous des accords.
b. Illustrez, par un dessin ou une image, chaque groupe nominal ainsi formé.
A. désolé – encaissée – aride – escarpée – impétueux – labouré – luxuriante – noueuses – pourrie – sinueux – touffus – tumultueux.
B. des branches – des buissons – un champ – un torrent – un paysage – une pente – un sentier – une souche – un torrent – une vallée – une végétation – une plaine.

7 a. Classez les noms suivants selon qu'ils désignent des animaux, des végétaux ou des minéraux.
b. Illustrez chacun de ces mots d'un dessin ou d'une image.
ardoise – bouleau – bruyère – calcaire – chamois – chêne – chaume – cigale – écrevisse – joncs – galets – genêts – granit – glaise – grillon – héron – hêtre – hirondelle – liane – libellule – lichen – marbre – mésange – roc – roseaux – truite – vipère.

8 a. Complétez les phrases par un des verbes suivants, que vous conjuguerez comme il convient, à l'imparfait de l'indicatif : ***s'élancer – dominer – longer – serpenter – surplomber.***
1. Édifié au sommet de la colline, le château ... le village.
2. La source ... entre les rochers et ... la pente abrupte.
3. La falaise ... la mer.
4. Le chemin ... un moment entre les rochers puis ... enfin à l'assaut des premiers contreforts de la montagne.
5. La piste ... la rivière.

b. À votre tour, employez chacun de ces verbes dans une phrase de votre invention.

9 Récrivez les phrases pour supprimer *il y a*, en utilisant un des verbes suivants : ***couler – se dresser – s'étendre – enjamber – escalader.***
Exemple : *Il y a des nuages noirs dans le ciel.*
→ Des nuages noirs roulent dans le ciel.
1. Il y a un pont de corde au-dessus du précipice.
2. Il y a un petit chemin de chèvres dans la montagne.
3. Il y a une forêt inextricable entre les deux villages.
4. Dans cette région, il y a des marécages infestés de vermine.
5. Il y a une rivière impétueuse au fond du ravin.

Décrire en mouvement

10 **a. Dans le premier paragraphe du texte p. 94, relevez les verbes qui permettent de raconter l'avancée des personnages. Si nécessaire, vérifiez leur sens.**
b. Réemployez chacun d'eux dans une phrase.

11 **Formez une phrase avec chaque verbe de la liste A et un complément de la liste B. Essayez de développer vos phrases.**
A. parcourir – marcher – avancer – atteindre – falloir.
B. des montagnes et des plaines – le troisième jour – nuit et jour – au fur et à mesure – trois jours.

12 **Complétez le texte suivant par des éléments descriptifs. Variez les verbes employés.**
Nous pénétrâmes enfin dans la forêt. Devant nous … Au-dessus de nos têtes … Nous suivîmes le sentier sur plusieurs kilomètres, trébuchant sur les racines, nous prenant dans les lianes. Autour de nous … Plus nous avancions, plus la forêt se faisait sombre. Nous n'y voyions plus à cinq mètres. Par terre, dans les feuilles … À ma gauche, dans les fourrés … Soudain, une clairière s'ouvrir devant nous. Sous nos yeux médusés ….

13 « Ici l'exhaussement empâté d'une acropole, avec les formes flottantes d'un Parthénon ; là, des vestiges de quai ; plus loin encore, de longues lignes de murailles écroulées, de larges rues désertes. »
a. Quelle remarque pouvez-vous faire sur cette phrase ?
b. Quels mots organisent la description ?
c. Utilisez la même construction pour décrire les ruines d'un très vieux temple que deux explorateurs découvrent en pleine jungle.
d. Transformez les phrases suivantes selon le modèle pour souligner l'émotion du personnage.
Exemple : *Ce lieu était extraordinaire.*
→ *Quel était ce lieu extraordinaire ?*
1. Ces constructions étaient étranges.
2. Nous nous demandions qui avait pu bâtir un tel édifice.
3. Nous ne savions pas où nous étions arrivés.

14 **a. Dans le texte ci-dessous, relevez les expressions qui permettent de situer les choses dans l'espace.**

En face de nous, la végétation était si épaisse que nous devions nous tailler notre chemin avec des machettes. Nous ne pouvions pas voir à plus de dix ou douze mètres devant nous. Une muraille jaune m'étouffait à ma droite comme à ma gauche. Du ciel nous venait un rayon de soleil mince comme une lame de couteau ; les roseaux s'élançaient vers la lumière à plus de six mètres au-dessus de nos têtes. J'ignore quelles créatures ont choisi ces fourrés pour habitat, mais à plusieurs reprises nous avons entendu plonger de grosses bêtes lourdes tout près de nous. (D'après A. C. Doyle, *Le Monde perdu*)

b. Imaginez la suite de ce texte : les explorateurs parviennent à une rivière et décident de la suivre. Décrivez le paysage en utilisant : *devant nous – sur l'autre rive – vers l'est – quelques mètres plus loin – à mesure que nous avancions – à l'horizon.*

Créer des effets

15 **a. Dans le texte ci-dessous, quels sont les éléments qui donnent l'impression d'une île paradisiaque ?**
Devant nous s'étendait une vaste étendue de sable blanc, lisse et brillante comme la soie. Au loin, des cocotiers, des manguiers, des frangipaniers, chargés de fruits multicolores, formaient un bois touffu. Un ruisseau à l'eau pure chantait entre les roches brillantes. Dans le ciel bleu planaient des mouettes rieuses.
b. Récrivez le texte en modifiant ces éléments de façon à transformer cette île en paysage lugubre.

16 **Dans les phrases ci-dessous, relevez les comparaisons : quel effet produisent-elles ?**
1. Les temples abandonnés gisaient dans la forêt pourrissante comme des squelettes.
2. Avec ses tentes effondrées, arrachées, ses objets dispersés par la tempête, ses feux mourants et ses blessés hagards, le camp ressemblait à un champ de bataille.
3. La cascade, blanche et scintillante comme un voile de mariée, répandait des éclats cristallins semblables à un rire de jeune fille.
4. La vallée d'Our se déroulait devant nous, riche et verdoyante tels les jardins de lait et de miel de la Genèse.

17 **Complétez les phrases suivantes avec une comparaison qui cherchera à créer l'effet précisé entre parenthèses. Variez les constructions employées.**
1. Sous le navire s'accumulait une eau froide et noire comme … (*angoisse*)
2. Devant nous, illuminées par le soleil, les falaises étincelaient comme… (*émerveillement*)
3. Les branches des arbres, tel(le)s …, se tordaient au-dessus de nos têtes. (*mort*)

Rédaction

Écrire une scène d'aventure

SUJET

- Tom et Arthur, deux explorateurs, progressent à travers la jungle. Ils découvrent un site extraordinaire et font face à l'attaque d'un animal. Racontez au passé, en suivant le plan ci-dessous.

PARAGRAPHE N°1

Décrivez en huit à dix phrases ce que voient les deux explorateurs qui traversent la jungle. Efforcez-vous de créer une impression précise : un paysage effrayant, paradisiaque, étonnant…

- Vous commencerez en recopiant les phrases suivantes : *Le sentier était de plus en plus étroit. Les deux hommes ne ménageaient pas leurs efforts, espérant atteindre la rivière avant la nuit.*
- Dressez d'abord au **brouillon** la liste des éléments que vous voulez décrire : la végétation, les animaux, la lumière… et qualifiez-les de façon précise, en ayant en tête l'impression que vous voulez créer.
- Alternez des **phrases de récit**, qui racontent l'avancée des explorateurs, et des **phrases descriptives**, comme dans l'exercice 12 de la page précédente.
- Utilisez des **indices de lieu** précis (voir ex. 13 et 14 p. 105).
- Ajoutez au moins une **comparaison**.
- Vous pouvez utiliser une **phrase non verbale**, comme dans l'exercice 13 p. 105.

PARAGRAPHE N°2

Les deux hommes découvrent un site inattendu : les ruines d'un temple, de très vieilles sépultures, le cimetière des éléphants… Racontez en huit à dix phrases.

- Vous commencerez par les phrases suivantes : *Le sentier s'élargissait à nouveau et s'ouvrit bientôt sur une vaste clairière. Un spectacle saisissant s'offrit alors aux yeux des deux hommes.*
- Utilisez des **verbes expressifs** plutôt que « il y avait » (voir ex. 8 et 9 p. 104).
- Soyez attentif à l'emploi des **temps du passé** (voir p. 131).
- Insérez dans votre récit des **phrases interrogatives** et **exclamatives** pour traduire l'émotion des personnages.

PARAGRAPHE N°3

Une créature attaque les deux hommes : un énorme serpent, une troupe de singes, un gorille, un dinosaure qui a survécu dans ces contrées reculées… Racontez l'affrontement en 8 à 10 phrases, jusqu'à la victoire des explorateurs.

Pour réussir, suivez les consignes données p. 93.

Défi Lecture

Voici une série des plus célèbres romans de Jules Verne. Choisissez-en un et présentez-le à la classe, sous forme d'exposé oral ou de booktube.

Un Capitaine de quinze ans

Après une catastrophe qui a décimé l'équipage, le jeune orphelin Dick doit prendre en main la conduite du *Pilgrim* et le ramener à bon port. Mais il devra avant cela affronter les dangers de la mer, la trahison, les trafiquants d'esclaves…

Le Tour du monde en quatre-vingts jours

À la fin du XIXe siècle Philéas Fogg a parié toute sa fortune qu'il réussirait à faire le tour du monde en quatre-vingts jours. Gagnera-t-il son pari, malgré les nombreux dangers qui se dressent sur son chemin ?

Deux ans de vacances

Un groupe de collégiens part en vacances en voilier avec des adultes de l'école. Mais après un naufrage, les enfants sont les seuls survivants, échoués sur une île perdue. Comment s'en sortir ? Que faire lorsque des pirates débarquent sur cette île ?

Les Enfants du capitaine Grant

Un jour, grâce à un message enfermé dans une bouteille, les enfants du capitaine Grant découvrent que celui-ci n'est pas mort comme ils le pensaient. Ils se lancent alors à la recherche de leur père, dans un voyage qui leur fera vivre des aventures tout autour de la Terre.

Un Hivernage dans les glaces

Lorsque John Corbutte apprend que son fils a disparu dans les régions polaires au cours d'une mission, il n'hésite pas et, accompagné de la fiancée du jeune homme, se lance à sa recherche. Il devra affronter le froid, les tempêtes et de multiples dangers, sans certitude de retrouver son fils.

Voyage au Centre de la Terre

Lorsque Axel et son oncle, le professeur Lidebrock, découvrent le message crypté d'un chercheur disparu en voulant explorer le centre de la Terre, ils se lancent sur ses traces. Ce voyage les mènera à la rencontre de toutes sortes de dangers, des volcans aux dinosaures.

L'Île mystérieuse

Cinq hommes doivent survivre sur une île déserte après un naufrage. Alors qu'ils affrontent toutes sortes de difficultés, ils comprennent qu'une mystérieuse présence rôde dans l'île.

Autour de la Lune

Un groupe d'hommes s'est porté volontaire pour faire partie du premier équipage d'une fusée, envoyée en orbite autour de la lune grâce à un canon. Mais comment revenir sur Terre ? C'est le problème qu'il leur faudra résoudre pour survivre.

5 Bilbo, héros malgré lui

Bilbo le Hobbit, J.R.R Tolkien

œuvre intégrale

› Comment le voyage et l'aventure font-ils évoluer les personnages ?

Objectifs du chapitre

› Lecture

- Lire et étudier un classique du roman d'aventures
- Réfléchir sur les caractéristiques et les valeurs du héros

› Écriture

- Savoir traduire les émotions d'un personnage
- Bien employer les temps du récit
- Utiliser des mots de liaison
- Faire le récit de l'exploit d'un héros

› Vocabulaire

- Décrire et nuancer les émotions

Sommaire

▲ Illustration de John Howe, 2002.

Repères

Un auteur de *fantasy*

▲ John Ronald Reuer Tolkien dans les années 1960.

Un écrivain à l'imagination fertile

• J. R. R. Tolkien est un écrivain britannique né en 1892 et mort en 1973. Sa vie serait sans histoire s'il n'était pas mobilisé pendant la **Première Guerre mondiale**. La violence de la guerre des tranchées est une expérience traumatisante pour lui.

• Après la guerre, Tolkien devient professeur. Spécialisé dans l'étude des langues et **passionné par la mythologie**, en particulier la mythologie nordique, il met en scène dans ses romans des personnages tirés de ce folklore et de celui des contes : magiciens, nains, elfes..., allant jusqu'à imaginer leurs langues, leurs cultures. Il invente ainsi un univers complet dans lequel se déploient les aventures de ses héros. Il devient célèbre avec ***Bilbo le Hobbit*** (1937) et ***Le Seigneur des Anneaux*** (1954).

Questions

1. Quel est l'événement historique marquant de la vie de Tolkien ?
2. Quels types de personnages rencontre-t-on dans ses romans ?
3. De quelles sortes de récits sont-ils tirés ?

La *fantasy*

• Avec *Bilbo le Hobbit*, Tolkien donne ses lettres de noblesse à un genre nouveau : **la *fantasy***. Ce terme regroupe des récits d'aventures situés dans **un lointain passé, souvent inspiré du Moyen Âge** : comme dans les récits de cette époque, le **merveilleux** y occupe une grande place, avec des figures de sorciers, de magiciens, des créatures surnaturelles et des objets magiques, issus des **mythologies grecques et nordiques**, ainsi que des **contes traditionnels**.

• Ces aventures d'un genre nouveau deviennent très populaires et Tolkien aura par la suite beaucoup d'imitateurs.

Questions

4. D'après ce paragraphe, quelles sont les principales caractéristiques de la fantasy ?
5. Connaissez-vous d'autres œuvres appartenant à ce genre littéraire ?

Bien sûr, l'idéal est de lire le roman en entier. Mais, si vous avez du mal, vous pouvez vous limiter aux passages ci-dessous.

N.B. La pagination indiquée ci-dessous et dans la suite de ce chapitre renvoie à l'édition : *Bilbo le Hobbit*, Le Livre de Poche, traduction de Daniel Lauzon, 2012.

Plan de lecture

- **Chapitres I et II** – En entier.
- **Chapitre IV et V** – En entier.
- **Chapitre VI** – Seulement jusqu'à la page 134 : « … qu'il avait gardés pour lui. »
- **Chapitre VII** – Seulement la fin, à partir de la page 186 : « L'aube se leva. »
- **Chapitre VIII** – En entier
- **Chapitre XI** – À partir de la page 277 : « Bilbo s'ennuyait… »
- **Chapitre XII** – En entier.
- **Chapitre XIII** – Jusqu'à la page 320 : « … de convoitise et de regrets. »
- **Chapitres XIV à XVIII** – En entier.
- **Chapitre XIX** – À partir de la page. 400 : « Un soir d'automne… »

Résumés

• Résumé du chapitre III
Bilbo, Gandalf et les nains sont accueillis par les elfes. Leur roi fait remarquer à ses hôtes que sur la carte de Thorin figurent des runes lunaires, c'est-à-dire des inscriptions qu'on ne peut lire qu'à la lueur de la lune, qui disent : « Tenez-vous près de la pierre grise quand frappera la grive, et le soleil couchant, aux dernières lueurs du Jour de Durin brillera sur la serrure. »

• Résumé des chapitres VI et VII
Bilbo et les nains échappent aux gobelins et les compagnons se remettent en route. Ils sont hébergés en chemin chez un étrange personnage, Béorn, qui leur donne des conseils pour traverser la terrible forêt de Grandpeur : les voyageurs ne doivent ni quitter le sentier, ni toucher l'eau de la rivière, qui fait perdre la mémoire.

• Résumé des chapitres IX et X et début du chapitre XI
Les nains sont faits prisonniers par les elfes sylvains. Heureusement, grâce à son anneau magique, Bilbo parvient à les faire s'échapper et la compagnie arrive dans la ville des hommes, bâtie sur le Long Lac, au pied de la Montagne Solitaire. En gravissant cette dernière, Bilbo et les nains voient les traces des ravages causés par le dragon et ils n'osent entrer par la porte principale. Après plusieurs jours de recherches, ils trouvent la porte secrète mais ne savent comment l'ouvrir.

Martin Freeman (Bilbo), *Le Hobbit, un voyage inattendu*, film de Peter Jackson, 2012.

Texte 1

Dys

Texte audio

Un hobbit

Au fond d'un trou vivait un hobbit. Non pas un trou immonde, sale et humide, rempli de bouts de vers et de moisissures, ni encore un trou sec, dénudé, sablonneux, sans rien pour s'asseoir ni pour se nourrir : c'était un trou de hobbit, d'où un certain confort.

Sa porte, peinte en vert, était parfaitement ronde comme un hublot, avec un étincelant bouton de cuivre jaune placé exactement au centre. Elle s'ouvrait sur un hall en forme de tube, comme un tunnel ; un tunnel très confortable et sans fumée, avec des murs recouverts de lambris[1], un sol carrelé et garni de tapis, pourvu de chaises bien astiquées et de nombreuses patères pour accrocher chapeaux et manteaux : ce hobbit aimait la visite. Le tunnel s'enfonçait profondément, presque en ligne droite mais pas tout à fait, dans le flanc de la colline – La Colline, comme tout le monde l'appelait à des lieues à la ronde[2] – et de nombreuses petites portes rondes s'ouvraient de chaque côté, une à gauche, puis l'autre à droite. Le hobbit ne montait jamais d'escaliers : chambres, salles de bains, caves, garde-manger (nombreux), penderies (il y avait des pièces entières consacrées aux vêtements), cuisines, salles à manger – tout était au même étage et le long d'un même corridor. Les plus belles pièces se trouvaient toutes à gauche (en entrant), car c'étaient les seules à avoir des fenêtres, des fenêtres rondes, dans de belles niches[3], qui donnaient sur son jardin et sur les prés au-delà, descendant vers la rivière.

Ce hobbit était un hobbit fort bien nanti[4], et il s'appelait Bessac. Les Bessac habitaient les environs de La Colline de temps immémorial, et ils étaient vus comme des gens très respectables, non seulement parce que

1. **Lambris** : panneaux de bois.
2. **À des lieues à la ronde** : à des kilomètres alentour.
3. **Niche, ici** : renfoncement.
4. **Bien nanti** : vivant dans le confort.

« Un matin, il y a bien longtemps », gouache sur carton à dessin, Ted Nasmith, 1992.

la plupart d'entre eux étaient riches, mais aussi parce qu'ils ne partaient jamais à l'aventure et ne faisaient jamais rien d'inattendu : on savait ce qu'un Bessac dirait de telle ou telle chose sans être obligé de lui poser la question. Cette histoire raconte comment un Bessac se trouva mêlé à une aventure, à faire et à dire des choses tout à fait inattendues. Il a peut-être perdu le respect de ses voisins, mais il a gagné… enfin, vous verrez s'il a gagné quelque chose à la fin du compte.

[…] Mais qu'est-ce qu'un hobbit ? Je suppose qu'il faut, de nos jours, en faire une description, puisqu'ils sont désormais rares et craintifs envers les Grandes Gens, comme ils nous appellent. Ce sont (ou c'étaient) des gens de petite stature, environ la moitié de notre taille, plus petits que les nains barbus. Les hobbits, eux, n'ont pas de barbe. Ils n'ont à peu près rien de magique, sauf cette magie de tous les jours qui leur permet de disparaître rapidement et sans bruit quand de gros balourds comme vous et moi arrivent avec fracas, en faisant un bruit d'éléphant qu'ils peuvent entendre à des centaines de pieds. Ils ont tendance à prendre du ventre.

[…] Par un curieux hasard, un matin, il y a bien longtemps dans la quiétude du monde, alors qu'il y avait moins de bruit et plus de verdure, et que les hobbits étaient encore nombreux et prospères, Bilbo Bessac se tenait debout à sa porte après le petit déjeuner, en train de fumer une longue pipe en bois dont l'énorme fourneau touchait presque ses orteils (soigneusement brossés) – quand Gandalf apparut. Gandalf ! Si vous aviez entendu ne serait-ce que le quart de ce que j'ai entendu dire à son sujet, et je n'ai entendu qu'une très petite partie de ce qu'il y a à entendre, vous vous diriez que quelque chose de remarquable était sur le point d'arriver. Les histoires et les aventures surgissaient partout où il allait, d'une manière tout à fait extraordinaire. Il n'était pas passé sous La Colline depuis des lustres, pas depuis la mort de son ami le Vieux Touc, en fait, et les hobbits avaient presque oublié à quoi il ressemblait. Ses affaires l'avaient retenu par-delà La Colline et de l'autre côté de L'Eau depuis qu'ils étaient de tout petits hobbits et de toutes petites hobbites.

Bilbo, qui ne se méfiait pas, ne vit ce matin-là qu'un vieillard avec un bâton. Il portait un grand chapeau bleu et pointu, une longue cape grise et une écharpe argent, surmontée d'une barbe blanche qui descendait jusque sous la ceinture, ainsi que d'énormes bottes noires.

« Bonne journée ! » dit Bilbo, et il le pensait. Le soleil brillait, et l'herbe était très verte. Mais Gandalf le regarda sous de longs sourcils broussailleux qui dépassaient en bordure de son large chapeau.

« Que voulez-vous dire ? répondit-il. Me souhaitez-vous une bonne journée, ou êtes-vous en train de dire que c'est une bonne journée que je le veuille ou non, que vous êtes en bonne forme aujourd'hui, ou que c'est une journée où l'on doit être bon ? »

« Tout cela en même temps, dit Bilbo. Et c'est une bien belle journée pour fumer une pipe en plein air, qui plus est. Si vous en avez une, asseyez-vous et prenez un peu de mon tabac ! Rien ne presse, nous avons toute la journée devant nous ! » Bilbo s'assit donc sur un banc près de sa porte, croisa les jambes, et produisit un beau rond de fumée grise qui monta dans l'air sans se dissiper et alla flotter au-dessus de La Colline.

« Très joli ! dit Gandalf. Mais je n'ai pas le temps pour les ronds de fumée ce matin. Je cherche quelqu'un qui participerait à une aventure que j'organise en ce moment, et j'ai peine à trouver un volontaire. »

« Pas étonnant, dans ce voisinage ! Nous sommes des gens simples et tranquilles et les aventures ne nous intéressent, pas. Quel tracas, quel inconfort, quelle horreur ! De quoi vous mettre en retard pour le dîner ! Je ne vois pas ce qu'elles ont d'attirant », dit notre M. Bessac, glissant un pouce derrière ses bretelles ; et il lança un nouveau rond de fumée encore plus grand que l'autre. Puis il sortit son courrier du matin et se mit à lire, faisant mine de ne plus se préoccuper du vieillard. Décidément, celui-ci ne lui plaisait pas trop, et il voulait qu'il disparaisse. Mais le vieillard ne bougeait pas. Appuyé sur son bâton, il se contenta de fixer Bilbo sans rien dire, jusqu'à ce que Bilbo soit tout à fait mal à l'aise et même un peu fâché.

« Bonne journée ! dit-il enfin. Nous ne voulons pas d'aventures par ici, merci bien ! Vous pourriez essayer par-delà La Colline ou de l'autre côté de L'Eau. » Ce qui voulait dire que la conversation était terminée.

J.R.R. Tolkien, *Bilbo le Hobbit*, (1937), trad. Daniel Lauzon, Christian Bourgois éditeur, 2012.

Vocabulaire

Avant la lecture

1. Cherchez deux synonymes de *prospérité*, ainsi qu'un adjectif de la même famille.

Après la lecture

2. D'après le contexte, déduisez le sens des mots *patère* (l. 10) et *corridor* (l. 18).

3. **a.** Formez un antonyme du mot *quiétude* en lui ajoutant un simple préfixe.
b. Déduisez-en le sens du mot *quiétude* (l. 42).

4. Analysez la formation du mot *immémorial* (l. 23) et déduisez-en son sens.

5. Expliquez la différence d'orthographe entre les deux formes du mot *colline* à la ligne 12.

Lire et comprendre

1. Où et quand situez-vous cette histoire ? Pour répondre, appuyez-vous sur un indice de temps précis des lignes 22 à 28 : à quel genre littéraire cette formule vous fait-elle penser ?

2. Qui est le personnage principal ? Où vit-il ?

3. Qui dit « je », à la ligne 47 ? À qui cette personne s'adresse-t-elle ? Quel est l'effet produit ?

4. Quel événement déclenche l'action ?

5. Dans les lignes 36 à 40, relevez tous les détails sur l'apparence physique de ce personnage : que vous évoquent-ils ?

6. Tâche complexe — Bilbo vous apparaît-il, au début de cette histoire, comme un personnage héroïque ? Pour répondre, appuyez-vous sur son portrait physique, ses habitudes, et ce que vous devinez de son caractère. Justifiez toutes vos affirmations.

Écriture

Rédigez un paragraphe de 8 à 10 lignes pour expliquer ce que sont les hobbits. Vous présenterez leur apparence physique, leur mode de vie et leur caractère.

Texte 2

Dys

La première mission de Bilbo

Bilbo se laisse finalement entraîner à l'aventure avec Gandalf et un groupe de nains. Après un long voyage, ils sont dans la forêt, en pleine nuit, affamés, quand ils aperçoivent la lueur d'un feu. Bilbo, envoyé en éclaireur, est aussitôt capturé.

Trois individus corpulents [étaient] assis autour d'un très grand feu de hêtre. Ils faisaient rôtir du mouton sur de longues tiges de bois et léchaient le jus de la viande qui leur coulait entre les doigts. Une odeur appétissante flottait dans l'air. Il y avait aussi à leurs côtés un tonneau de boisson, qu'ils buvaient dans des pichets. Mais c'étaient des trolls. Assurément des trolls. Même Bilbo, si peu aventureux, s'en rendit compte : par leurs traits épais et mal dégrossis, leur taille, la forme de leurs jambes, sans parler de leur langage, qui n'était pas celui des conversations mondaines, mais alors pas du tout. [...]

« Dis donc, Hubert, r'garde c'que j'viens d'attraper ! » fit Léon.

« C'est quoi ? » demandèrent les autres en se rapprochant.

« Ma foi, est-ce que j'sais ? Vous êtes quoi ? »

« Bilbo Bessac, un camb... un hobbit », dit le pauvre Bilbo, tremblant comme une feuille, et se demandant comment faire pour hululer[1] avant d'être étranglé.

« Un cambobbit ? » firent-ils un peu surpris. Les trolls n'ont pas la comprenette facile et se méfient de tout ce qu'ils ne connaissent pas.

« Et qu'est-ce qu'un cambobbit fait dans ma poche, hein ? » dit Léon.

« Et pis, est-ce que ça se mange ? » dit Tom.

« On peut essayer », dit Hubert, ramassant une broche.

« Ça ferait pas plus qu'une bouchée », assura Léon, qui avait déjà mangé à sa faim, « une fois écorché et désossé. »

1. Bilbo est convenu avec les nains de pousser un cri de hibou en cas de problème.

▲ **Les trolls**, *Le Hobbit, un voyage inattendu*, film de Peter Jackson, 2012.

« P'têt' ben qu'y en a plusieurs dans l'coin et qu'on pourrait faire un pâté, dit Hubert. Eh, toi ! Est-ce qu'y en a d'aut' comme toi qui s'promènent par ici, essspèce de p'tit lapin sur deux pattes ? » s'écria-t-il en regardant les pieds poilus du hobbit ; et il le ramassa par les orteils et le secoua.

« Oui, plein d'autres », dit Bilbo, avant de se rappeler qu'il ne devait pas trahir ses amis. « Non, aucun, pas un seul », ajouta-t-il du même souffle.

« Qu'ess' tu veux dire par là ? » fit Hubert, qui le saisit du bon côté, par les cheveux cette fois.

Les nains, inquiets pour Bilbo, viennent à son secours et sont faits prisonniers à leur tour.

Ils étaient dans de beaux draps : tous prisonniers dans des sacs bien ficelés, avec pour seule compagnie trois trolls en colère qui se disputaient pour savoir s'il fallait les faire rôtir à petit feu, les hacher finement et les faire mijoter, ou encore s'asseoir dessus pour les réduire en bouillie. [...] C'est alors que Gandalf revint. Mais personne ne le vit. Les trolls venaient de décider de rôtir les nains sur-le-champ pour les manger plus tard – c'était l'idée d'Hubert, et après bien des chamailleries, ils s'étaient tous mis d'accord.

« On peut pas les rôtir maintenant, ça va prendre toute la nuit », dit une voix. Hubert crut que c'était Léon.

« Si tu r'commences, Léon, dit-il, ça va *vraiment* prendre toute la nuit. »

« Qui ça, moi ? » dit Léon, qui croyait que la voix était celle d'Hubert.

« Oui, toi », dit Hubert.

« T'es qu'un menteur », dit Léon ; et la dispute reprit de plus belle. Enfin ils décidèrent de les hacher finement et de les faire mijoter. Ils prirent donc une grande marmite noire et sortirent leurs couteaux.

« On peut pas les faire bouillir ! On n'a pas d'eau, et le puits est bien trop loin », dit une voix. Hubert et Léon crurent que c'était Tom.

« Tais-toi ! dirent-ils, ou on n'en finira jamais ! Et t'iras chercher l'eau toi-même si tu continues à rouspéter. »

« Tais-toi toi-même ! » répondit Tom, qui croyait que c'était la voix de Léon. « Y a qu'toi qui rouspètes. »

« T'es qu'un nigaud ! » dit Léon.

« Nigaud toi-même ! » dit Tom.

Et la dispute reprit de plus belle, et les esprits s'échauffèrent comme jamais, jusqu'à ce qu'ils décident de s'asseoir sur les sacs pour les réduire en bouillie, et d'en faire un pot-au-feu la prochaine fois.

« Qui on écrase en premier ? » dit la voix.

« Vaut mieux commencer par l'dernier », dit Hubert, que Thorin[2] avait blessé à l'œil. Il croyait que c'était Tom qui parlait.

« Arrête de parler tout seul ! dit Tom. Mais si tu veux écraser l'dernier, écrase-le. C'est lequel ? »

« Celui avec les bas jaunes », dit Hubert.

« Mais non, celui avec les bas gris », dit une voix qui ressemblait à celle de Léon.

2. Thorin est le chef des nains.

« J'aurais juré qu'i' z'étaient jaunes », dit Hubert.

« Jaunes, c'est ça », dit Léon.

« Alors pourquoi t'as dit qu'i' z'étaient gris ? » dit Hubert.

« J'ai pas dit ça. C'est Tom. »

« J'ai jamais dit ça, moi ! répondit Tom. C'était toi. »

« Deux contre un, alors la ferme ! » dit Hubert.

« À qui c'est qu'tu parles ? » dit Léon.

« Ça suffit, maintenant ! crièrent Tom et Hubert. La nuit avance et l'aube arrive tôt. Allez, au travail ! »

« L'aube vous saisisse et vous pétrifie ! » dit une voix qui ressemblait à celle de Léon. Mais ce n'était pas la sienne. Car à cet instant précis, le soleil franchit le bord de la colline, et un fort gazouillis s'éleva parmi les branches. Léon ne dit rien, car il fut changé en pierre au moment où il se penchait ; et Hubert et Tom restèrent figés comme des rochers à le regarder. Et c'est là qu'ils se tiennent encore aujourd'hui, tout seuls, sauf quand les oiseaux viennent s'y percher ; car les trolls, comme vous le savez sans doute, doivent rentrer sous terre avant l'aube, autrement ils retournent à la pierre des montagnes dont ils sont faits, et ne bougent jamais plus. C'est ce qui arriva à Hubert, Tom et Léon.

« Excellent ! » dit Gandalf, sortant de derrière un arbre ; et il aida Bilbo à descendre de son buisson épineux. C'est alors que Bilbo comprit. C'était la voix du magicien qui avait alimenté la dispute et les chamailleries des trolls, jusqu'à ce que la lumière se charge d'eux.

J.R.R. Tolkien, *Le Hobbit*, (1937), trad. Daniel Lauzon, Christian Bourgois éditeur, 2012.

Vocabulaire

Avant la lecture

1 Voici trois phrases avec le mot *trait*. Associez chaque phrase au bon sens du mot *trait* : ligne, flèche, contours.

a. Il traça un trait sur sa feuille.

b. Les traits de leur visage étaient grossiers.

c. Une nuée de traits s'abattit sur les ennemis.

2 Donnez un synonyme et un antonyme de *grossier*, puis employez ce mot dans une phrase qui mettra son sens en valeur.

Parcours de lecture

Parcours ★

1 **a.** Quelles sont les caractéristiques de l'adversaire que Bilbo doit affronter ?
b. Pourquoi peut-on qualifier cet adversaire de monstre ? Pour répondre, observez le portrait de ces personnages, mais aussi leur façon de parler et leur comportement.

2 **a.** Quelle est la mission confiée à Bilbo dans ce passage ?
b. Selon vous, cette mission est-elle un succès ? Justifiez votre réponse.

3 **a.** Qui délivre Bilbo et les nains du danger ?
b. Quel moyen ce personnage emploie-t-il pour cela ?

4 Quelles qualités de ce personnage apparaissent dans ce passage ?

Parcours ★★

Présentez le caractère, les qualités et les défauts des personnages suivants, en vous appuyant chaque fois sur le texte.
- Les trolls
- Bilbo
- Gandalf

Texte 3

Dys

Texte audio

Face à Gollum

La compagnie poursuit son voyage. Mais une nuit, les nains sont capturés par des gobelins. Bilbo, seul rescapé, se retrouve perdu dans leurs galeries sous la montagne. Il y rencontre une répugnante créature, qui vit près d'un lac souterrain. Sur sa route, Bilbo a trouvé par hasard un anneau. La créature semble avoir perdu quelque chose et est obsédée par ce que Bilbo pourrait cacher dans ses poches.

Les yeux de Gollum brûlaient maintenant d'un feu verdâtre, et il s'approchait rapidement. Il avait regagné sa barque, pagayant de toutes ses forces jusqu'à la rive sombre ; et le soupçon et la perte cuisante qui lui étreignaient le cœur étaient tels qu'aucune épée ne l'effrayait plus.

Bilbo ne pouvait deviner ce qui l'avait rendu fou, mais il savait que c'en était fait : cette misérable créature était bien décidée à le tuer. Au dernier moment, il tourna les talons et se précipita à l'aveuglette dans le tunnel sombre par où il était descendu, longeant la paroi en s'aidant de sa main gauche.

« Qu'est-ce qu'il a dans ses poches ? » Le sifflement s'était rapproché, et il y eut un éclaboussement tandis que Gollum sautait de sa barque. « Qu'ai-je donc, en effet ? » se demanda Bilbo, haletant et trébuchant sur la pierre. Il mit la main gauche dans sa poche et tâtonna à l'intérieur. L'anneau lui parut très froid lorsqu'il se glissa furtivement à son index.

Le sifflement le talonnait. Il se retourna et aperçut les yeux de Gollum montant vers lui comme deux petites lampes vertes. Terrifié, il se mit à courir plus vite, mais soudain il se cogna les orteils contre une saillie[1] du sol et s'étala de tout son long sur sa petite épée.

Gollum fut sur lui en un éclair. Mais avant que Bilbo n'ait pu réagir, retrouver son souffle, se relever ou brandir son épée, Gollum fila tout droit sans le remarquer, poussant des jurons et des murmures.

C'était à n'y rien comprendre. Gollum voyait parfaitement bien dans le noir. Bilbo pouvait distinguer le faible éclat de ses yeux, même de dos. Il se releva péniblement et rangea son épée, qui luisait de nouveau faiblement ; puis, avec une extrême prudence, il le suivit. Il ne semblait y avoir rien d'autre à faire. Il eût été inutile de rebrousser chemin jusqu'au lac. Mais si Bilbo le suivait, peut-être Gollum lui montrerait-il une porte de sortie sans le vouloir.

« Qu'on le maudisse ! Qu'on le maudisse ! siffla Gollum. Maudit soit le Bessac ! Il est parti ! Qu'est-ce qu'il a dans ses poches ? Oh ! on le sait, on le devine, mon trésor. Il l'a trouvé, oui, ça doit. Mon cadeau d'anniversaire. » [...]

Tout à coup, Gollum se laissa tomber sur le sol et se mit à pleurer, d'un son sifflant et glougloutant, horrible à entendre. Bilbo s'arrêta et s'aplatit

1. Saillie : un relief, une bosse.

contre la paroi. Au bout d'un moment, Gollum cessa de pleurer et se mit à parler. Il semblait en dispute avec lui-même.

« Inutile de retourner là-bas, non, pas utile de chercher. On ne se souvient pas de tous ces endroits qu'on a visités. Et ça ne sert à rien. Le Bessac l'a dans ses poches ; le ssale petit fouineur l'a trouvé, qu'on dit. »

« On devine, mon trésor, on ne fait que deviner. On ne sait pas tant qu'on n'a pas trouvé cette ssale créature et qu'on lui tord le cou. Mais il ne sait pas ce que le cadeau peut faire, n'est-ce pas ? Il va juste le garder dans ses poches. Il ne sait pas, et il ne peut pas aller loin. Il est perdu – ssale petite fouine. Il ne sait pas comment sortir. Il l'a dit. »

« Il l'a dit, oui ; mais c'est un tricheur. Il ne dit pas ce qu'il pense dans sa tête. Il ne veut pas dire ce qu'il a dans ses poches. Il sait. Il sait comment entrer, alors il doit savoir comment sortir, oui. Il est parti par la porte de derrière. La porte de derrière, c'est ça. »

« Les gobelins vont l'attraper, alors. Il ne peut pas sortir par là, trésor. »

« Ssss, sss, gollum ! Les gobelins ! Oui, mais s'il a le cadeau, notre précieux cadeau, alors les gobelins vont s'en emparer, gollum ! Ils vont le trouver, ils vont découvrir ce qu'il peut faire, On ne va plus jamais être en sécurité, jamais, gollum ! L'un des gobelins va le mettre, et personne ne le verra. Il sera là, mais invisible. Même nos yeux si futés ne le verront pas ; et il va s'approcher en catimini[2] et nous attraper comme un tricheur, gollum, gollum ! »

« Alors on arrête de discuter, trésor, et on se dépêche. Si le Bessac est parti par là, il faut y aller vite, pour voir. On y va ! Pas loin d'ici. Mais vite ! »

2. En catimini : sans se faire remarquer.

Gollum,
Le Hobbit, un voyage inattendu,
film de Peter Jackson, 2012.

Texte 3

Gollum s'élança en avant et s'en fut à grandes enjambées. Bilbo le suivit, toujours avec prudence, même s'il craignait surtout à présent de faire du bruit en trébuchant sur une autre saillie. Ses pensées s'agitaient dans un tourbillon d'espoir et de questionnements. L'anneau qu'il avait trouvé semblait être un anneau magique : il vous rendait invisible ! Il avait entendu parler de tels objets, bien sûr, dans de très vieux contes, mais ne pouvait croire qu'il en avait réellement trouvé un, et ce, tout à fait par hasard. Néanmoins, il fallait se rendre à l'évidence : Gollum, avec ses yeux brillants, était passé tout près de lui sans le remarquer.

Ils poursuivirent, Gollum en tête, claquant des pieds, jurant et sifflant, Bilbo derrière, marchant aussi silencieusement que le peut un hobbit. Bientôt ils atteignirent l'endroit où des passages s'ouvraient des deux côtés de la galerie, comme Bilbo l'avait remarqué en descendant. Gollum se mit immédiatement à les compter.

« Un à gauche, oui. Un à droite, oui. Deux à droite, oui, oui. Deux à gauche, oui, oui. » Et ainsi de suite.

[...] Alors ils s'arrêtèrent pour de bon. Gollum avait fini par amener Bilbo jusqu'à la sortie, mais il lui barrait la route ! Gollum s'était assis en boule tout juste devant l'ouverture, et ses yeux brillaient froidement dans son visage tandis qu'il tournait la tête de chaque côté, visible entre ses genoux.

Bilbo s'éloigna du mur plus silencieusement qu'une souris ; mais Gollum se raidit à l'instant et renifla, et ses yeux prirent une teinte verdâtre. Il siffla doucement, mais avec malveillance. Il ne pouvait voir le hobbit, mais était désormais sur ses gardes ; et il avait deux autres sens que les ténèbres avaient aiguisés : l'ouïe et l'odorat. Il semblait s'être accroupi tout contre terre, les mains posées sur la pierre et la tête relevée, presque au ras du sol. Ce n'était qu'une ombre noire à la lueur de ses propres yeux, mais Bilbo sentait qu'il était tendu comme un arc, prêt à bondir.

Bilbo arrêta presque de respirer et se raidit à son tour. Il n'avait plus le choix. Il devait fuir, quitter cette terrible obscurité pendant qu'il en avait encore la force. Il devait se battre, poignarder cette horrible chose, lui crever les yeux, la tuer… car elle voulait le tuer, lui. Et puis non : ils n'étaient pas à armes égales. Il était invisible, à présent. Gollum n'avait pas d'épée. Gollum n'avait pas vraiment menacé de le tuer, ni encore essayé. Et il était misérable, esseulé, perdu. Une soudaine empathie, de la pitié mêlée d'horreur, surgit dans le cœur de Bilbo : un aperçu des jours interminables et indifférenciables, sans lumière et sans espoir, faits de pierre dure, de poisson froid, de sournoiseries et de murmures. Toutes ces images lui traversèrent l'esprit en un éclair. Il trembla. Puis soudain, le temps d'un autre éclair, un nouveau courage s'éleva en lui, et il sauta.

Ce n'était pas un bien grand saut, mais un saut à l'aveugle. Il bondit par-dessus la tête de Gollum, sept pieds[3] en avant et trois dans les airs ; en fait, il ne s'en doutait pas, mais il manqua de se fendre le crâne sur la voûte basse à l'entrée du tunnel.

Gollum se jeta vers l'arrière et tenta de l'attraper au vol, mais trop tard : ses doigts se refermèrent sur le vide, et Bilbo, retombant d'aplomb[4] sur ses pieds robustes, fila à toute vitesse dans le tunnel de sortie. Il ne se retourna pas pour voir ce que faisait Gollum. Il y eut des sifflements et des jurons à ses trousses, mais pas pour longtemps. Tout à coup s'éleva un cri, un cri à faire glacer le sang, rempli de haine et de désespoir. Gollum était vaincu.

J.R.R. Tolkien, *Bilbo le Hobbit*, (1937), trad. Daniel Lauzon, Christian Bourgois éditeur, 2012.

3. Pied : mesure de distance. 1 pied = 30 cm environ.

4. D'aplomb : bien droit.

Vocabulaire

Avant la lecture

1 a. Cherchez le sens des verbes *haleter* et *tâtonner*.
b. Dans quelles circonstances pouvez-vous haleter ? tâtonner ?

2 a. Sur quel radical le verbe *talonner* est-il formé ?
b. À l'aide de ce radical et de l'exemple suivant, déduisez le sens de ce verbe.
Emma était en tête de la course, ***talonnée*** *par Julien.*

3 Donnez un synonyme du verbe *luire* et du nom *ténèbres*.

Après la lecture

4 À l'aide du contexte, donnez le sens du nom *paroi* (l. 8).

5 À l'aide du contexte, donnez le sens des mots *éclat* (l. 23) et *lueur* (l. 100).
Quelle nuance de sens existe-t-il entre ces deux mots ?

6 a. Quelle est la nature du mot *furtivement* (l. 14) ?
b. Sur quel radical est-il formé ?
c. Déduisez-en son sens.

Lire et comprendre

1 Quelle est la situation de Bilbo dans ce passage ? À quels différents dangers est-il exposé ?

2 Relisez le dialogue l. 37 à 65 : Qui parle, à qui ? Qu'est-ce que cela révèle à propos du personnage ?

3 Quelle image avez-vous de Gollum ? Pourquoi ? Pour répondre, appuyez-vous sur son apparence, son comportement, sa façon de parler.

4 a. « C'était à n'y rien comprendre. » (l. 22). Qu'est-ce que Bilbo ne comprend pas ? Pourquoi ?
b. Relisez à partir de cette phrase jusqu'à la ligne 76 et relevez tous les indices qui permettent à Bilbo de comprendre progressivement la situation.

5 Relisez la fin du passage à partir de « Alors ils s'arrêtèrent pour de bon. » (l. 90).
a. Quelle est maintenant la situation de Bilbo ?
b. Quelles solutions envisage-t-il tour à tour ?
c. De quelles qualités fait-il preuve ?

Écriture

1 Dans les lignes 84 à 94, relevez les mots de liaison qui relient les phrases entre elles et expliquez quel rapport logique ils traduisent.

2 Effectuez l'exercice 12 p. 135.

Texte 4

Bilbo au combat

Dys

Ayant échappé à Gollum, Bilbo retrouve ses amis, délivrés par Gandalf. Ensemble, ils poursuivent leur voyage à travers la forêt de Grandpeur. Mais ils se perdent et, à nouveau, Bilbo se trouve séparé des autres. La nuit arrive.

Il s'était rarement senti aussi désemparé. Mais il ne tarda pas à se rendre compte qu'il était inutile de tenter quoi que ce soit avant que le jour lui apporte un peu de lumière, et tout à fait insensé de partir à tâtons et de se fatiguer, sans l'espoir d'un petit déjeuner pour lui redonner des forces. Alors il s'assit par terre, adossé contre un arbre, et se mit à songer encore une fois (ce ne serait pas la dernière) à son trou de hobbit, désormais loin derrière, et à ses garde-manger mirobolants[1]. Il était loin dans ses rêveries d'œufs, de bacon, de beurre et de toasts, quand il sentit quelque chose le frôler. On eût dit une grosse ficelle collante qui se frottait à sa main gauche ; et lorsqu'il tenta de remuer, il s'aperçut que ses jambes étaient déjà entortillées dans cette substance, si bien qu'en se relevant, il tomba à la renverse.

Puis la grosse araignée, qui s'était affairée à le ligoter pendant qu'il sommeillait, s'avança par-derrière le hobbit et se jeta sur lui. Seuls les yeux de la créature étaient visibles, mais il pouvait sentir ses pattes velues, alors qu'elle s'employait à tisser son abominable toile tout autour de ses membres. Heureusement qu'il avait retrouvé ses esprits à temps.

1. **Mirobolants** : fantastiques.

▲ **Bilbo (Martin Freeman),** *Le Hobbit Un voyage inattendu*, film de Peter Jackson, 2012.

Quelques secondes de plus et il eût été incapable de bouger. Même alors, il dut lutter contre elle de toutes ses forces pour se libérer. Il repoussa sa hideuse forme à mains nues – elle essayait de l'empoisonner pour l'engourdir, comme le font les petites araignées avec les mouches –, puis il se souvint de son épée et la tira du fourreau. Alors l'araignée fit un bond en arrière, et il put couper les liens qui lui retenaient les jambes. Ensuite, ce fut son tour d'attaquer. L'araignée n'était manifestement pas habituée à voir sa proie brandir un tel dard ; sinon, elle se serait sauvée plus vite. Bilbo se rua sur elle avant qu'elle ne déguerpisse et lui asséna un coup d'épée en plein dans les yeux. Devenue folle, elle se mit à danser et à sautiller, remuant les pattes en d'horribles spasmes[2]. Bilbo l'acheva d'un deuxième coup, puis il s'écroula et perdit connaissance pendant un long moment.

La forêt était baignée de son habituel demi-jour grisâtre quand il revint à lui. L'araignée gisait sans vie à ses côtés, et la lame de son épée était tachée de noir. Il ne sut dire pourquoi, mais le fait d'avoir tué l'araignée géante, tout seul, en pleine nuit, et sans l'aide du magicien ou des nains ou de quiconque, eut un drôle d'effet sur lui. M. Bessac se sentait différent, plus féroce et plus courageux malgré son ventre vide, tandis qu'il essuyait son épée dans l'herbe et la remettait au fourreau.

« Je vais te donner un nom, lui dit-il : je t'appellerai *Dard.* »

J.R.R. Tolkien, *Bilbo le Hobbit*, (1937), trad. Daniel Lauzon, Christian Bourgois éditeur, 2012.

2. Spasmes : secousses, soubresauts.

Vocabulaire

Avant la lecture

1 **a.** Qu'appelle-t-on le dard d'un insecte ?
b. Déduisez-en le sens du verbe *darder*.

2 Recopiez ces deux phrases en remplaçant le mot en gras par un synonyme.
1. *Il s'était rarement senti aussi* ***désemparé****.*
2. *Le loup fut vraiment* ***dépité*** *de voir sa proie lui échapper.*

Après la lecture

3 **a.** Rappelez le sens de *tâtonner*.
b. Déduisez-en le sens de l'expression *à tâtons* (l. 3).

4 À l'aide du contexte, trouvez le sens des adjectifs *velu* (l. 14) et *hideux* (l. 19).

Lire et comprendre

1 À quel nouvel ennemi Bilbo est-il confronté ? Quel danger court-il ?

2 Comment est-il délivré de cet ennemi ?

3 **a.** Quel nom Bilbo donne-t-il à son épée à la suite de cette aventure ?
b. Connaissez-vous d'autres personnages dont l'épée a un nom ?
c. Qu'est-ce que cela vous indique à propos de Bilbo ?

4 Relevez une phrase de ce passage qui prouve que Bilbo a changé et expliquez en quoi il a changé.

Écriture

En cinq à huit phrases, écrivez le combat de Bilbo contre une autre araignée. Vous serez attentif au choix des verbes et à la ponctuation des phrases. Utilisez au moins une comparaison et une hyperbole.

Texte 5

Dys

Le cambrioleur en action

Enfin, la compagnie parvient à la Montagne Solitaire. Après bien des péripéties, les nains reprennent possession de leur domaine et de leur trésor. Mais Smaug le dragon, dans sa fureur, a ravagé le village voisin. Ses habitants, menés par Bard, leur chef, réclament réparation aux nains. Or, comme Thorin refuse de partager son trésor avec les hommes, une guerre se prépare : Bard et ses hommes, assistés du roi des elfes et de son armée, assiègent les nains. Bilbo, consterné à l'idée du massacre qui se prépare, se rend en secret dans le camp ennemi.

Ainsi donc, quelque deux heures après avoir faussé compagnie aux nains, Bilbo fut installé devant une grande tente à la chaleur du feu, et deux autres étaient assis là qui l'observaient avec curiosité : le Roi elfe et Bard. Un hobbit vêtu d'une cotte de mailles elfique, en partie enveloppé dans une vieille couverture, c'était pour eux une nouveauté.

« Enfin, vous savez bien, expliquait Bilbo en prenant sa contenance[1] la plus sérieuse, cette situation me désespère. Personnellement, j'en ai assez de toute cette histoire. J'aimerais bien être de retour dans l'Ouest, chez moi, où les gens sont plus raisonnables. Mais j'ai des intérêts dans cette affaire – une part d'un quatorzième, pour être précis, d'après une lettre que je crois avoir conservée, fort heureusement d'ailleurs. » Il retira d'une poche de sa vieille veste (qu'il portait encore par-dessus son armure) un bout de papier froissé et plié de nombreuses fois. C'était la lettre de Thorin, qu'il avait trouvée en mai sous la pendule de sa cheminée !

« Une part des *profits*, remarquez, poursuivit-il. J'en suis bien conscient. Pour ma part, je ne demande qu'à examiner soigneusement chacune de vos revendications, et à déduire la somme qui s'impose avant de réclamer ma part. Toutefois, vous ne connaissez pas Thorin Lécudechesne comme j'en suis venu à le connaître. Je vous assure qu'il est tout à fait prêt à rester assis sur son or et à se laisser mourir de faim, tant et aussi longtemps que vous resterez ici. »

« Eh bien, tant pis pour lui ! répondit Bard. Quelqu'un d'aussi borné mérite de mourir de faim. »

1. **Sa contenance** : son air.

« Tout à fait, dit Bilbo. Je comprends votre point de vue. D'un autre côté, l'hiver approche à grands pas. Bientôt, vous serez ensevelis sous la neige et tout, et l'approvisionnement sera difficile – même pour des elfes, j'imagine. Et il y aura d'autres difficultés. Avez-vous entendu parler de Dain et des nains des Collines de Fer ? »

« Certes, il y a longtemps ; mais que vient-il faire dans cette histoire ? » demanda le roi.

« C'est bien ce que je croyais. Je vois que je possède des renseignements que vous n'avez pas. Dain, je peux vous l'assurer, se trouve en ce moment à moins de deux jours de marche, avec au moins cinq cents nains prêts à se battre – bon nombre d'entre eux ont combattu dans les horribles guerres entre nains et gobelins, dont vous avez sans doute entendu parler. Les choses risquent de s'envenimer quand ils arriveront. »

« Pourquoi nous dites-vous cela ? Êtes-vous en train de trahir vos amis, ou est-ce votre façon de nous menacer ? » demanda Bard avec sévérité.

« Mon cher Bard ! s'écria Bilbo d'une voix aiguë. Pas si vite ! A-t-on jamais vu des gens aussi méfiants ! J'essaie seulement d'éviter des ennuis à toutes les parties concernées. Maintenant, laissez-moi vous faire une offre ! »

« Nous sommes tout ouïe ! » dirent-ils.

Gandalf (Ian McKellen), le roi elfe (Lee Pace), Bard (Luke Evans) et Bilbo (Martin Freeman),
Le Hobbit, un voyage inattendu, film de Peter Jackson, 2012.

Texte 5

« Regardez, plutôt ! répondit-il. La voici ! » Et il sortit la Pierre Arcane et la débarrassa de son voile.

Le Roi elfe lui-même, dont le regard avait l'habitude des choses merveilleuses et belles, se leva avec stupéfaction. Même Bard, envoûté, la regarda en silence. C'était comme si une sphère avait été remplie du clair de lune, puis suspendue devant eux dans un scintillant réseau d'étoiles givrées.

« Voici la Pierre Arcane de Thrain, dit Bilbo, le Cœur de la Montagne ; et c'est aussi le cœur de Thorin. Elle vaut plus à ses yeux qu'une rivière d'or. Je vous la donne. Elle vous aidera dans vos négociations. » Alors Bilbo, non sans un frisson, non sans une pointe de regret, baissa les yeux vers la fabuleuse pierre et la tendit à Bard, et ce dernier la tint dans sa main, médusé.

▲ **L'aigle de Gwaihir,** illustration de John Howe, 2012.

« Mais comment se fait-il qu'elle soit vôtre ? » demanda-t-il enfin avec un effort.

« Eh bien… », balbutia le hobbit, mal à l'aise. « Elle n'est pas exactement à moi… Mais, voilà, je suis prêt à concéder tous mes droits en échange, voyez-vous. Je suis peut-être un cambrioleur – à ce qu'on dit ; personnellement, je n'en ai jamais été réellement convaincu –, mais un cambrioleur honnête, j'espère, plus ou moins. De toute manière, il faut que je rentre, et les nains feront bien ce qu'ils veulent de moi. J'espère qu'elle vous sera utile. »

Le Roi elfe le considéra avec un étonnement tout nouveau. « Bilbo Bessac ! dit-il. Vous êtes plus digne de porter l'armure de nos princes que bien d'autres qui y faisaient meilleure figure. Mais je me demande si Thorin Lécudechesne le verra de cet œil. J'en sais plus long que vous, peut-être, sur les nains en général. Je vous conseille de demeurer avec nous, car ici vous serez honoré et trois fois bienvenu. »

« C'est certainement très aimable à vous, dit Bilbo en s'inclinant. Mais je ne crois pas que je devrais abandonner mes amis de cette façon, après tout ce que nous avons traversé ensemble. Et j'ai promis de réveiller ce vieux Bombur à minuit, en plus ! Vraiment, je dois y aller, et vite. »

Ils ne purent lui faire changer d'avis ; alors on lui fournit une escorte, et à son départ, Bard et le roi le saluèrent avec honneur.

J.R.R. Tolkien, *Bilbo le Hobbit*, (1937), trad. Daniel Lauzon, Christian Bourgois éditeur, 2012.

Vocabulaire

Avant la lecture

1 **a.** Les mots *surpris*, *médusé* et *stupéfait* appartiennent au même champ lexical : lequel ?
b. Quelle nuance existe-t-il entre ces différents adjectifs ?
c. Donnez un nom de la famille de *stupéfait*.
d. *Médusé* vient du nom de Méduse, un personnage de la mythologie. Cherchez qui était ce personnage et expliquez le lien entre les deux mots.

2 **a.** Quel est le sens du mot *revendications* dans la phrase suivante ?
Le premier ministre est prêt à écouter les revendications des manifestants.
b. Trouvez un verbe de la même famille et employez-le dans une phrase qui mettra son sens en valeur.

Lire et comprendre

Pour lancer le débat — ORAL

- Que fait Bilbo dans ce passage ? Quel est son but ?

Pour aller plus loin

1 Quels sont, d'après Bilbo, les défauts de Thorin ? Pour répondre, appuyez-vous sur les lignes 15 à 21 et sur l'expression « c'est aussi le cœur de Thorin » (l. 60).

2 Citez quatre qualités de Bilbo qui apparaissent dans ce passage et justifiez vos propositions.

3 Que pense le roi des elfes de Bilbo ? Justifiez votre réponse par des citations du texte.

4 « Personnellement, j'en ai assez de toute cette aventure. J'aimerais bien être de retour dans l'Ouest, chez moi, où les gens sont plus raisonnables » (l. 7 à 9).
a. Comment comprenez-vous cette phrase ? À quoi Bilbo aspire-t-il ? Cela vous paraît-il ridicule ?
b. Pour Bilbo, qu'est-ce qui paraît important, digne d'être défendu ?

La naissance d'un héros

N.B. Les numéros de page renvoient à l'édition du Livre de Poche.

Un personnage peu aventureux

1 Au début du récit, Bilbo apparaît-il comme un héros ? Justifiez votre réponse.

2 **a.** Bilbo était-il volontaire pour participer à l'aventure des nains ?
b. Pourquoi se joint-il à eux ?
c. Qu'est-ce que cela révèle du personnage ?

3 Remémorez-vous les deux premières péripéties du roman : la rencontre avec les trolls et la capture par les gobelins.
a. Quel est le rôle de Bilbo dans ces deux péripéties ? Est-il une aide pour les nains ?
b. Quel sentiment domine chez Bilbo durant ces épisodes ? Justifiez votre réponse par des citations du texte.

4 **a.** Quelle phrase Bilbo répète-t-il tout au long du roman ?
b. Que révèle cette phrase à propos du personnage ?

5 **a.** Quel sentiment les nains éprouvent-ils pour Bilbo au début de leurs aventures ? Pour quelle raison ? Pour répondre, vous pouvez vous appuyer sur les pages 34 et 131.
b. Quels événements modifient l'opinion qu'ils ont de Bilbo ?

Des qualités insoupçonnées

6 **a.** Qui est le seul personnage qui fait confiance à Bilbo depuis le début ?
b. « Si je dis que c'est un Cambrioleur, c'est que c'est un Cambrioleur, ou du moins il le deviendra en temps utile. Il a beaucoup plus de qualités que vous ne le pensez, bien plus qu'il ne le croit lui-même. » (p. 36) Comment comprenez-vous ces deux phrases ?

7 « J'ai choisi M. Bessac. » (p. 36)
a. Pourquoi le fait d'être choisi par Gandalf est-il important ?
b. Connaissez-vous d'autres héros de la littérature qui sont choisis, élus par un personnage ou une force supérieure ?

8 Quelles sont les qualités que Bilbo développe au fil de ses aventures ? Donnez-en des exemples précis.

9 Voici la dernière phrase prononcée par Bilbo avant de quitter la Montagne Solitaire : « Je ne souhaite plus que retrouver mon propre fauteuil. » (p. 390). Trouvez-vous cette phrase comique ? Expliquez pourquoi.

10 **a.** En quoi Bilbo a-t-il changé entre le début et la fin du récit ?
b. Ressemble-t-il aux héros que vous connaissez ? Discutez vos réponses.

▲ ***Le Hobbit, La désolation de Smaug,*** film de Peter Jackson, 2013.

L'aventure comme initiation

Synthèse

Un roman d'aventures

- Bilbo, malgré ses réticences, est bel et bien précipité dans une aventure : une série de **péripéties extraordinaires**, souvent spectaculaires, avec intervention du **merveilleux**.
- Ces épreuves s'enchaînent à un **rythme soutenu**, et confrontent les personnages à toutes sortes de **dangers** : rencontre avec les trolls, les araignées géantes, emprisonnement par les gobelins, attaque des Wargs, guerre…

Naissance d'un héros

- Face à ces dangers, Bilbo n'a d'autres choix que de **développer ses propres ressources**. Le début du roman dresse le portrait d'un personnage bien peu héroïque, paisible et casanier, attaché à son confort. Les premières épreuves auxquels il est soumis (comme la mission auprès des trolls) sont un échec.
- Mais peu à peu, Bilbo développe un réel **courage**, une certaine **habileté au combat**, et surtout la capacité à se tirer, ainsi que ses amis, de toutes sortes de situations, grâce à sa **réflexion** et sa **débrouillardise**.
- **L'aventure a un rôle d'initiation** : le personnage se transforme peu à peu et acquiert les qualités qui font de lui un héros.

Aller vers l'inconnu pour se connaître

- Mais Bilbo n'est décidément **pas un héros ordinaire**. Il ne se laisse impressionner ni par les prouesses, ni par la richesse. Il sait faire preuve de **compassion** envers ses adversaires et son horreur de la guerre le pousse à des actions inattendues.
- Ses aventures sont pour lui – et pour le lecteur – l'occasion de méditer sur les **défauts des hommes** (en particulier l'orgueil et la cupidité de Thorin).
- Ses perpétuelles allusions à son regretté trou de hobbit n'ont pas seulement une fonction comique : à travers la confrontation à d'autres peuples, d'autres façons de vivre, Bilbo découvre aussi la **valeur** de la vie tranquille qu'il mène parmi les siens et œuvre à la préservation de cette vie paisible et joyeuse.

Vers l'écriture

Traduire les émotions d'un personnage

1 Complétez les phrases avec les mots suivants : *affolé, dépité, désemparé, médusé.*

1. Bilbo s'assit à la croisée des chemins, ... : que faire ? Quelle direction prendre ? Comment retrouver ses amis ?
2. Bilbo, ..., courait à travers les galeries sans plus savoir où il allait.
3. Bilbo, ..., vit les gardes qui fuyaient soudain de toutes parts.
4. Le roi des elfes, qui s'attendait sans doute à un terrible guerrier, observait le petit hobbit d'un air ....

2 Reproduisez le tableau ci-dessous et classez-y les mots suivants : *affolement, agacement, appréhension, étonnement, frayeur, fureur, inquiétude, irritation, rage, stupéfaction, terreur.*

	légère	forte
peur		
surprise		
colère		

3 Associez chaque expression à l'expression de sens contraire, puis employez chacune d'elle dans une phrase suffisamment développée pour mettre son sens en valeur.

Exemple : *Lorsqu'il aperçut le dragon endormi, Bilbo* ***céda*** *à la panique et s'enfuit en courant.*

a. Céder à la panique
b. Entrer dans une violente fureur
c. Éprouver du désarroi
d. Être bouleversé

1. Rester impassible
2. Être plein d'assurance
3. Garder son calme
4. Conserver son sang-froid

4 a. À quel champ lexical les mots suivants appartiennent-ils ? *clarté, éclat, lueur, obscurité, pénombre, ténèbres.*

b. Complétez les phrases suivantes avec ces mots.

1. Bilbo aperçut une ... qui filtrait sous la porte.
2. La salle était plongée dans les ... et Bilbo n'y voyait pas à deux pas.
3. La torche fumante ne répandait dans les couloirs qu'une ... diffuse.
4. Les rayons du soleil ne perçaient que difficilement la masse sombre des arbres et ce n'est pas sans une certaine appréhension que Bilbo pénétra dans la ... de la forêt.
5. Les yeux de Bilbo s'habituaient peu à peu à l'... et il commençait à distinguer les formes autour de lui. Soudain, une porte s'ouvrit et il fut aveuglé par l'... d'une vive lumière.

5 Lisez le texte ci-dessous : quelle émotion Bilbo ressent-il ? Relevez les expressions qui vous permettent de le comprendre.

Bilbo s'arrêta net dans sa course en découvrant la gigantesque salle qui s'ouvrait soudain devant lui. Son cœur sembla marquer un temps d'arrêt. Bouche bée, il contempla les immenses voûtes ornées de pierreries qui se dressaient plusieurs dizaines de mètres au-dessus de sa tête. Ses yeux agrandis de stupeur suivaient les colonnes magnifiquement ouvragées qui rejoignaient le sol. Il s'immobilisa encore davantage en remarquant le fabuleux animal tapi sur les dalles.

6 Récrivez le texte ci-dessus de manière à faire comprendre au lecteur que Bilbo éprouve une peur et une horreur croissantes. Pour cela, ne nommez pas directement ces émotions, mais modifiez les réactions du personnage. Vous pouvez aussi apporter des changements à la description.

7 Dans le texte ci-dessous, relevez d'une part les phrases interrogatives, d'autre part les phrases exclamatives : quels sentiments traduisent-elles ?

Bilbo retint son souffle en découvrant le monstre qui fermait le passage. Quelle affreuse créature ! Ces traînées rouges, le long de sa gueule hérissée de crocs, c'était du sang ! Que faire ? Jamais un simple hobbit ne pourrait affronter seul un géant pareil. Quel parti prendre ? Fallait-il chercher de l'aide ? Essayer de passer coûte que coûte ? Notre héros, rassemblant tout son courage, avança encore de quelques pas afin de mieux évaluer la situation.

8 Alors qu'il erre au hasard dans la forêt, Bilbo tombe nez à nez avec un ennemi. Décrivez sa réaction en 5 ou 6 phrases, en insistant sur ce qu'il ressent. Vous utiliserez au moins deux phrases interrogatives et deux phrases exclamatives. Vous commencerez par les mots suivants : *Soudain, Bilbo aperçut devant lui ... qui ...*

Employer les temps du passé

9 Recopiez le texte en conjuguant les verbes entre crochets au passé simple.

Le lendemain de la bataille contre les araignées, Bilbo et les nains [*faire*] un effort désespéré pour trouver une issue avant de mourir de faim et de soif. Ils [*se lever*] et [*partir*] d'un pas chancelant. Mais des elfes de la Forêt [*bondir*], armés d'arcs et de javelots, et [*crier*] aux nains de faire halte. Personne ne [*penser*] à se battre. Les nains [*s'arrêter*] donc et [*s'asseoir*] pour attendre – tous hormis Bilbo qui [*enfiler*] son anneau et [*s'écarter*] vivement. C'est pourquoi, lorsque les elfes [*lier*] les nains en une longue file à la queue leu leu, ils ne [*trouver*] ni ne [*compter*] jamais le hobbit. Ils ne l'[*entendre*] ni ne le [*sentir*] trotter à bonne distance, tandis qu'ils emmenaient les prisonniers dans la forêt. (D'après TOLKIEN, *Bilbo le Hobbit*)

10 Complétez chaque phrase par d'autres actions au passé simple. Attention à la ponctuation.

Exemple : *Bilbo prit une profonde inspiration. → Bilbo prit une profonde inspiration, rassembla son courage et plongea.*

1. Bilbo se faufila entre deux rochers.
2. Le sorcier brandit sa baguette.
3. Bilbo dégaina sa petite épée.
4. Le dragon redressa la tête.

11 Transposez les phrases suivantes au passé. Attention aux temps que vous employez.

1. Bilbo se demande s'il sortira jamais de ce labyrinthe.
2. Bilbo comprend alors qu'il a commis une erreur.
3. Bilbo promet aux nains qu'il reviendra.
4. Le garde prétend que Bilbo l'a attaqué.

12 Conjuguez les verbes entre crochets au passé simple ou à l'imparfait. À l'oral, justifiez votre choix.

1. À ce moment-là, les nains [*entendre*] un bruit et [*se jeter*] dans les buissons.
2. Les hobbit [*être*] des créatures paisibles et joyeuses ; ils [*vivre*] dans des trous confortables et [*faire*] plusieurs repas copieux par jour.
3. Soudain, Bilbo [*apercevoir*] Thorin qui [*se glisser*] vers la salle du trésor.
4. Bilbo [*accourir*] au chevet de son ami et [*éprouver*] un vif chagrin quand il [*découvrir*] dans quel état [*se trouver*] celui-ci.

13 Recopiez le texte en conjuguant les verbes entre crochets au temps qui convient.

Frodon [*se sentir*] soudain accablé par le sommeil. La tête lui [*tourner*]. L'air [*être*] presque entièrement silencieux. Les mouches [*cesser*] de bourdonner. Il [*lever*] les yeux et [*voir*], penché sur lui, un énorme saule, vieux et chenu. L'arbre [*paraître*] immense ; ses branches étalées [*s'élever*] comme des bras tendus. Les feuilles qui [*s'agiter*] devant le ciel brillant [*éblouir*] Frodon ; il [*s'écrouler*], et il [*rester*] étendu là où il [*tomber*] dans l'herbe. (D'après TOLKIEN, *Le Seigneur des Anneaux*)

Relier ses phrases par des mots de liaison

14 Complétez le texte par les mots de liaison suivants : *alors* (deux fois), *à présent*, *bientôt*, *car*, *et* (deux fois), *mais*, *soudain*.

Les tonneaux dégringolèrent l'un après l'autre avec quantité de chocs et de secousses, emportés par le courant. C'est … que Bilbo découvrit … une faille dans son plan. Bilbo n'avait pas de tonneau, naturellement, … personne n'aurait pu l'y enfermer, même si on lui avait laissé le temps. Le dernier tonneau se dirigeait … vers la trappe ! Désespéré et ne sachant que faire d'autre, le pauvre petit Bilbo s'y accrocha … fut précipité dans le trou avec lui. Il tomba, plouf ! dans les eaux sombres et froides, écrasé sous le tonneau. … la chance tourna rapidement, … … les remous de la rivière entraînèrent plusieurs tonneaux vers la rive où ils restèrent coincés. Bilbo en profita … pour se hisser sur un tonneau. (D'après Tolkien, *Bilbo le Hobbit*)

15 Ajoutez, dans le texte suivant, des mots de liaison qui conviennent.

Le sorcier brandit sa baguette, prêt à tuer Bilbo. … avant qu'il ait pu faire un geste, celui-ci glissa discrètement son anneau à son doigt … disparut …, sous les yeux médusés du magicien. … celui-ci laissa éclater sa fureur. …, Bilbo resta terré dans son coin, n'osant faire un geste. … il rassembla son courage et se faufila le plus silencieusement possible dans la direction du sorcier.

Rédaction

Mettre en scène un héros

Voici deux nouvelles situations pour Bilbo.

SITUATION N°1

- Alors qu'il est perdu, en pleine nuit, dans la forêt de Grandpeur, Bilbo tombe nez à nez avec le Sorcier Noir. Le sorcier lui déclare qu'il est entré sur son territoire et que cela mérite la mort.

SITUATION N°2

- Bilbo essaie de s'introduire en cachette dans le palais du Roi des elfes en passant par un souterrain, mais il se retrouve perdu dans un véritable labyrinthe. Comme si cela ne suffisait pas, deux gardes débouchent à l'entrée du couloir où il se trouve et, épée au poing, lui intiment l'ordre de se rendre.

▲ **Éléments de mythologie celtique,** John Howe, 1996.

▶ Choisissez l'une de ces deux situations et rédigez, en une trentaine de lignes, le récit de la façon dont Bilbo s'en sortira. Le hobbit doit réussir par ses propres moyens et utiliser pour cela au moins deux des ressources suivantes : la ruse, son anneau magique, son épée elfique. Racontez cet épisode au passé.

Vous pouvez commencer par la phrase suivante :

Bilbo resta un instant interdit devant cette nouvelle menace.

Méthode

Pour réussir

- Soyez très attentif à l'emploi des temps du récit. Vérifiez vos conjugaisons du passé simple. ☐
- Marquez l'enchaînement des actions par l'emploi de mots de liaison bien choisis. ☐
- Veillez toujours à l'emploi des pronoms pour éviter les ambiguïtés dans la désignation des personnages. ☐
- N'oubliez pas de mettre en avant les émotions du personnage. ☐

À lire, à voir

Des livres

● ***La Quête d'Ewilan,***
Pierre Bottero, Rageot Éditeur, 2003.

Une jeune collégienne qui se croit orpheline bascule un jour dans un monde parallèle. Elle découvre alors qu'elle est dotée de pouvoirs extraordinaires et qu'elle a été envoyée sur Terre pour être mise à l'abri des redoutables Ts'liches. Aidée de son meilleur ami, elle se lance alors à l'aventure pour retrouver ses parents. Un roman palpitant, plein de créatures fabuleuses, d'affrontements, de magie, et de personnages attachants.

● ***Le Monde de Narnia,***
Clive Staples Lewis,
Gallimard jeunesse, 2001.

Quatre enfants sont envoyés chez un vieil oncle un peu bizarre. Au cours d'une partie de cache-cache, Lucie, la plus jeune, découvre une armoire qui débouche sur un monde merveilleux, plongé dans un hiver éternel, sous l'emprise de la terrible Sorcière Blanche. Avec ses frères et sœur, elle explore ce monde, rencontre le magnifique et sage Aslan, et décide de libérer Narnia de la Sorcière.

● ***À la croisée des mondes,***
PH. Pullman, Gallimard Folio, 2007.

Lyra est une jeune orpheline qui vit dans les Royaumes du Nord, un monde glacé où s'affrontent ours guerriers, sorciers, gitans… Dans ce monde de tous les complots, des enfants disparaissent mystérieusement. Quand son meilleur ami disparaît, Lyra se lance dans une quête qui la conduira à des révélations troublantes sur ses origines. Une œuvre de référence dans le monde de la *fantasy*.

Des films

● ***Le Seigneur des anneaux,***
Peter Jackson, 2001.

Retrouvez Gandalf, les hobbits, Gollum et les elfes dans cette célèbre aventure, la suite du *Hobbit*, portée à l'écran par Peter Jackson, avec un extraordinaire souffle épique, des acteurs et des paysages époustouflants.

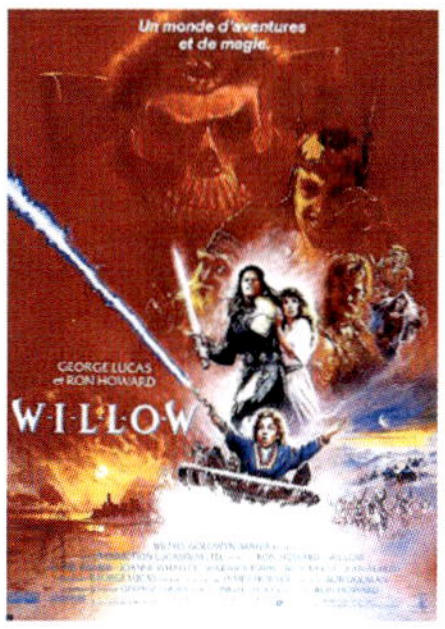

● ***Willow,* Ron Howard,** 1988.

Les Nelwyns, peuple paisible pratiquant la magie, sont réduits en esclavage par Bavmorda, reine des Daikinis. Lorsque celle-ci apprend la prophétie qui annonce la naissance d'une princesse destinée à mettre fin à son règne, elle décide de faire mettre à mort tous les nouveaux-nés…

● ***Princesse Mononoké,***
Hayao Miyazaki, 1997

Ashitaka est un jeune prince qui, pour avoir tué le dieu-sanglier, est frappé d'une terrible malédiction : il acquiert un pouvoir surnaturel, mais qui ronge sa vie. Chassé de son village, il va vivre d'incroyables aventures.

6 Héros épiques

› Comment l'épopée façonne-t-elle ses héros ?

Objectifs du chapitre

Lecture
- Découvrir le genre de l'épopée et son évolution de l'Antiquité à nos jours
- Découvrir les caractéristiques du style épique
- Découvrir deux héros épiques légendaires

Écriture
- Employer les pronoms en évitant les ambiguïtés
- Donner de la force à son texte en employant un vocabulaire précis et des figures de style

Vocabulaire
- Le chevalier et son équipement
- Des mots forts pour raconter un combat

Sommaire

▲ ***Le Monde de saint Georges***,
Riccardo Mantovani, huile sur toile,
1986, coll. particulière.

● **Pour entrer dans la séquence**

Selon vous, qu'est-ce qu'un héros ?

Chanter les exploits guerriers

▲ ***Éos soulève le corps de son fils Memnon, tué par Achille lors de la guerre de Troie***, Douris, médaillon intérieur d'un Kylix (coupe à boire), Ve s. av. J.-C., musée du Louvre, Paris.

Naissance de l'épopée

• Les premiers textes littéraires apparaissent dans **l'Antiquité**, en Grèce et en Mésopotamie. Ce sont **des poèmes** qui célèbrent les exploits de guerriers, comme ceux des héros de la guerre de Troie, racontés par **Homère** dans l'*Iliade*.

• Ces récits font partie de **la mythologie** et mêlent les aventures des dieux et celles des hommes. On les appelle des **épopées**.

Questions

1 Connaissez-vous une autre œuvre d'Homère ? De quel héros conte-t-elle les aventures ?

2 Quels dieux de la mythologie grecque connaissez-vous ?

La Chanson de Roland

• **Au Moyen Âge**, en France, la tradition de l'épopée se perpétue. La plus ancienne est *La Chanson de Roland* qui raconte une célèbre bataille qui opposa, à Roncevaux, l'armée de **Charlemagne** à celle des **Sarrasins**, c'est-à-dire des musulmans.

• Au IXe siècle, les conquêtes de Charlemagne se heurtent à l'expansion de l'empire musulman. Cette **guerre territoriale** est aussi une **guerre de religion**, chaque camp se battant pour défendre sa foi.

• *La Chanson de Roland* est d'abord, comme son nom l'indique, **un poème transmis oralement** par les jongleurs. Il est mis à l'écrit vers 1100.

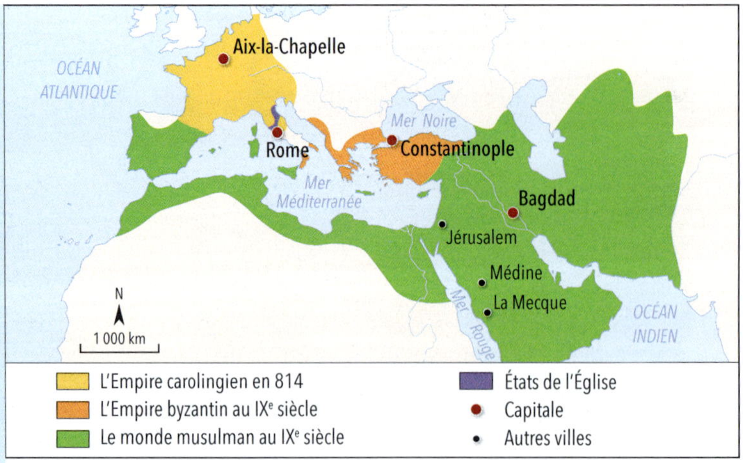

▲ **Les empires au IXe siècle.**

Questions

3 À quelle époque situez-vous le règne de Charlemagne ?

4 Quelle religion domine dans l'empire carolingien ?

5 Observez la carte. À quel endroit l'empire carolingien et l'empire musulman se rencontrent-ils ?

Cérémonie de l'hommage. Les mains jointes du vassal dans celles de son seigneur symolisent le lien féodal. Enluminure, vers 1250, BnF, Paris.

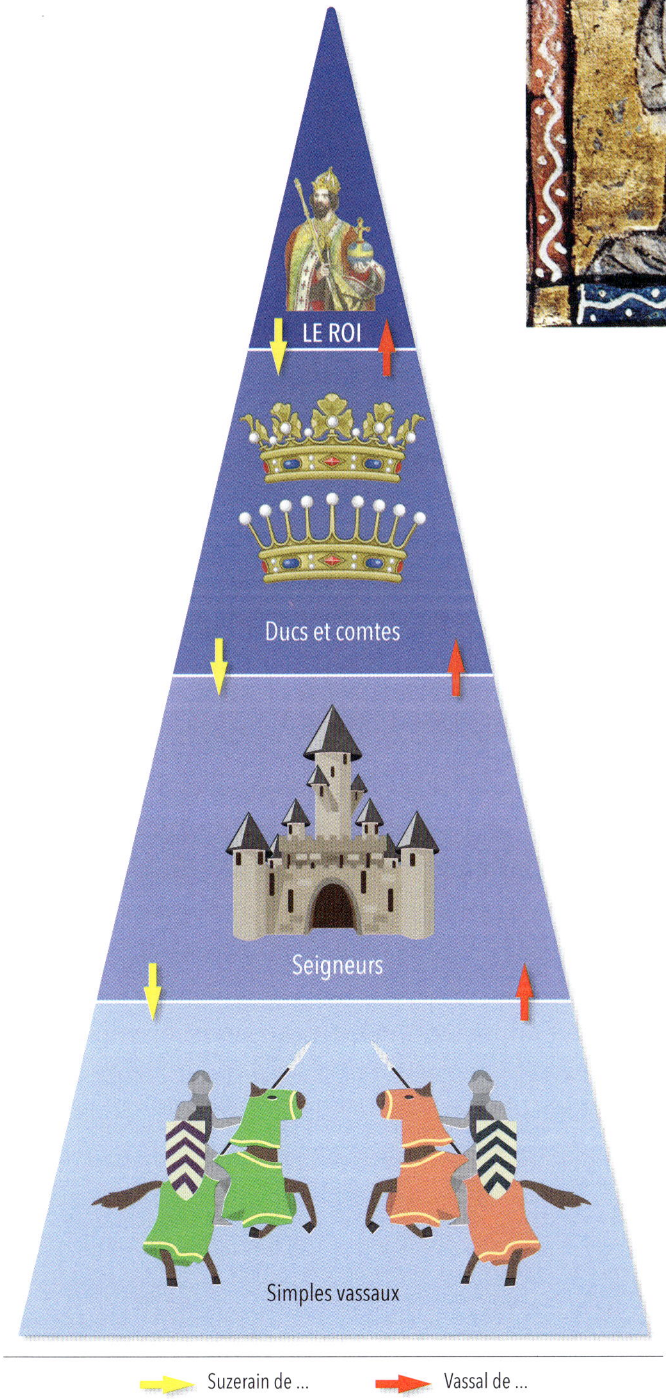

La pyramide vassalique

Une épopée médiévale

- *La Chanson de Roland*, en tant qu'épopée, a bien des points communs avec l'*Iliade*. Mais l'histoire du neveu de Charlemagne s'ancre dans une société très différente, marquée par **la féodalité** : le roi ou l'empereur ne peut exercer son pouvoir sur un vaste territoire qu'avec l'aide d'autres seigneurs. Le pays est donc organisé autour d'un **système d'alliances**.
- Lors de la cérémonie de **l'hommage**, un seigneur accepte de devenir le **vassal** d'un seigneur plus puissant : il lui doit assistance et conseil. Le seigneur qui en commande un autre est son **suzerain** : il protège son vassal en cas de guerre, lui délègue des pouvoirs et lui accorde un fief, c'est-à-dire une terre sur laquelle le vassal pourra régner.
- Le **roi** est le suzerain de tout le pays. Les grands vassaux portent les titres de duc, comte, baron... Ils forment **la noblesse**.
- Pour garantir cette protection promise, tous les seigneurs entretiennent des cavaliers d'élite : **les chevaliers**.

Questions

6 Qu'est-ce qu'un vassal ? Qu'est-ce qu'un suzerain ?

7 Quel personnage se situe tout en haut de la pyramide vassalique ?

Texte 1

Les armes d'Achille

Dys

Fils du roi Pélée et de la déesse Téthis, Achille est un guerrier quasi invincible : quand il était bébé, sa mère l'a plongé dans le Styx[1] *qui rend immortel. Depuis des années déjà, les Grecs et les Troyens se livrent une guerre sans merci. Patrocle, l'ami intime d'Achille, a été tué par Hector, prince troyen. Achille décide alors de se joindre aux armées grecques afin de venger son ami. Sa mère lui apporte ses armes.*

Homère
(VIIIe s. av. J.-C.)
Ce poète grec a-t-il vraiment existé ? La tradition lui attribue deux longs poèmes épiques : l'*Iliade*, qui fait le récit de la guerre de Troie, et l'*Odyssée*, qui raconte le retour du héros Ulysse dans son île natale.

La Déesse dit :

— Mon enfant, reçois d'Héphaïstos[2] ces armes illustres et belles, telles que jamais aucun homme n'en a porté sur ses épaules.

Ayant ainsi parlé, la Déesse les déposa devant Achille, et les armes merveilleuses résonnèrent. La terreur saisit les Myrmidons[3], et nul d'entre eux ne put en soutenir l'éclat, et ils tremblèrent ; mais Achille, dès qu'il les vit, se sentit plus furieux, et, sous ses paupières, ses yeux brûlaient, terribles, et pareils à la flamme. [...] Ses dents grinçaient, et ses yeux flambaient comme le feu, et une affreuse douleur emplissait son cœur ; et, furieux contre les Troyens, il se couvrit des armes que le Dieu Héphaïstos lui avait faites. D'abord, il attacha autour de ses jambes, par des agrafes d'argent, les belles cnémides[4]. Puis, il couvrit sa poitrine de la cuirasse. Il suspendit l'épée d'airain aux clous d'argent à ses épaules, et il saisit le bouclier immense et solide d'où sortait une longue clarté, comme de Séléné[5]. De même que la splendeur d'un ardent incendie apparaît de loin, sur la mer, aux matelots, de même l'éclat du beau et solide bouclier d'Achille montait dans l'air. Et il mit sur sa tête le casque lourd. Et le casque à crinière luisait comme un astre, et les crins d'or qu'Héphaïstos avait posés autour se mouvaient par masses. Et le divin Achille essaya ses armes, présents illustres, afin de voir si elles convenaient à ses membres. Et elles étaient comme des ailes qui enlevaient le prince des peuples. Et il retira de l'étui la lance paternelle, lourde, immense et solide, que ne pouvait soulever aucun des Achéens[6], et que seul Achille savait manier ; la lance que, du faîte[7] du mont Pélios, Chiron[8] avait apportée à Pélée, pour massacrer les héros.

HOMÈRE, *Iliade*, chant XIX,
traduction de Leconte Delisle adaptée.

1. **Styx** : fleuve des Enfers.
2. **Héphaïstos** : le dieu forgeron.
3. **Myrmidons** : le peuple d'Achille.
4. **Cnémides** : protège-tibias.
5. **Séléné** : déesse de la Lune.
6. **Achéens** : les Grecs.
7. **Faîte** : cime, sommet.
8. **Chiron** : centaure qui a éduqué Achille.

Vocabulaire

Avant la lecture

1 Donnez les noms correspondant aux adjectifs suivants : *clair, splendide, éclatant.*

2 Remplacez chaque mot en gras par un synonyme.
1. Nous lui offrirons un **présent** avant son départ.
2. Il a rencontré des personnages **illustres**.
3. Il faisait une chaleur **ardente**.

3 Transformez les groupes nominaux selon le modèle suivant : *Sa voix douce → La douceur de sa voix.*
1. Le ciel clair → La ...
2. Le paysage splendide → La ...
3. La lumière éclatante → ...
4. Le soleil ardent → ...

Après la lecture

4 « les crins d'or qu'Héphaïstos avait posés autour **se mouvaient** par masses. » (l. 18)
a. Quel est le radical du verbe en gras ?
b. À l'aide de ce radical et du contexte, déduisez le sens de ce verbe.

Lire et comprendre

1 À l'aide de l'introduction, présentez Achille.

2 Qui a fabriqué ses armes ?

3 Que fait Achille des lignes 11 à 22 ?

4 D'après ce texte, comment imaginez-vous Achille ? Beau ? Fort ? Effrayant ? Justifiez votre réponse en vous appuyant sur le texte.

Du texte à l'image

Tâche complexe

1 Comment le texte, d'une part, et le bas-relief, d'autre part, montrent-ils qu'Achille est un demi-dieu ?

2 Quels éléments permettent d'affirmer qu'Achille est un héros ?

COUP DE POUCE

- Relevez tous les mots du texte qui soulignent l'éclat du guerrier.
- Hormis la vue, à quel autre sens l'auteur fait-il appel pour dresser un portrait terrible du héros ?
- Relevez toutes les comparaisons : qu'apportent-elles au texte ?
- Observez le bas-relief : quels détails sont mis en avant ?
- Dans quelle tenue Achille est-il représenté ? Pourquoi ?
- Quels sont les objets représentés ?
- L'image vous semble-t-elle fidèle au texte ?

▲ **Sarcophage de marbre : détail représentant Achille**, 240 ap. J.-C., musée du Louvre, Paris.

Texte 2

Dys

La mort d'Hector

Achille, bien décidé à venger son ami Patrocle, affronte Hector sous les murs de Troie.

Les héros s'avancèrent, et quand ils furent l'un près de l'autre, Hector au casque étincelant, le premier, dit :

— Je ne te fuirai pas plus longtemps, fils de Pélée. Je tuerai ou serai tué. Que les dieux soient témoins de notre accord : je ne t'outragerai pas cruellement, si Zeus m'accorde la victoire. Quand je t'aurai dépouillé de tes armes, Achille, je rendrai ton corps aux Achéens[1]. Toi, fais de même.

Achille aux pieds rapides, le regard noir, lui répondit :

— Hector, ne viens pas, maudit, me parler d'accord. Comme il n'y a pas de pacte loyal entre les hommes et les lions, comme les loups et les agneaux ne sont pas faits pour s'entendre mais ne pensent qu'à se nuire, de même il ne peut y avoir entre nous d'amitié ou de pacte. Va ! Rappelle toute ta valeur[2] ! C'est maintenant qu'il faut te montrer hardi combattant !

Il dit et, brandissant sa longue pique, il la lança. Mais l'illustre Hector la vit ; il se baissa. La pique de bronze passa au-dessus de lui et se planta en terre. Pallas Athéna[3] l'arracha et la rendit à Achille, sans être vue d'Hector, pasteur d'hommes, qui dit à l'irréprochable fils de Pélée :

— Tu m'as manqué ! À toi maintenant d'éviter ma lance de bronze ! Puisse-t-elle t'entrer tout entière dans la chair. La guerre serait plus facile aux Troyens si tu étais mort : tu es leur pire fléau.

Il dit et, brandissant sa longue pique, la lança. Il atteignit le milieu du bouclier, sans faute, mais la lance fut rejetée au loin. Hector s'irrita qu'un trait[4] fût parti en vain de sa main. Il s'arrêta, confus : il n'avait pas d'autre pique de frêne. Alors Hector dans son cœur comprit :

— Hélas ! les dieux m'appellent à la mort. Mais je ne mourrai pas sans lutte ni sans gloire ; j'accomplirai un exploit qu'apprendront les hommes futurs.

Il dit et tira l'épée aiguë, grande et forte, suspendue à son flanc. Puis, se ramassant, il s'élança. Achille aussi se rua, le cœur plein d'une ardeur sauvage. Il couvrait sa poitrine de son beau bouclier et secouait son casque éclatant à quatre cimiers[5] ; la splendide crinière d'or qu'Héphaïstos avait fixée au sommet s'agitait en tous sens. Comme l'étoile qui se lève au milieu des autres dans la nuit – l'étoile du soir, la plus belle –, ainsi brillait la pointe de la pique que brandissait le fils de Pélée pour la perte d'Hector. Des yeux, il cherchait l'endroit où il allait frapper. Un point restait découvert, celui où la clavicule sépare l'épaule de la gorge : le divin Achille y enfonça sa lance. Hector s'effondra dans la poussière ; le divin Achille triomphait :

— Hector, tu croyais peut-être, en dépouillant[6] Patrocle, qu'il ne t'arriverait rien. Tu ne pensais plus à moi ; j'étais absent, pauvre fou ! Toi,

---

1. Le respect dû aux morts était sacré chez les Grecs.

2. Rappelle toute ta valeur : rassemble ton courage.

3. Athéna : déesse, fille de Zeus.

4. Un trait : une lance.

5. Cimier : ornement de poils ou de plumes au sommet d'un casque.

6. En dépouillant : en lui prenant ses armes.

▲ **Achille combat Hector**, cratère à volutes, Ve s. av. J.-C., British Museum, Londres (Royaume-Uni).

les chiens et les oiseaux vont te déchiqueter lamentablement, mais lui, les Achéens lui rendront les honneurs funèbres !

Hector au casque étincelant lui répondit d'une voix défaillante[7] :

— Je t'en supplie, par ton âme, par tes genoux, par tes parents, ne laisse pas les chiens me dévorer près des navires achéens ! Accepte le bronze et l'or en masse, accepte les présents que t'offriront mon père et ma vénérable mère. Rends-leur mon corps pour que les Troyens et les femmes des Troyens donnent au mort que je serai le feu du bûcher.

Achille aux pieds rapides, le regard noir, lui dit :

— Non, ce n'est pas moi, chien, qu'il faut supplier ! Que ma fureur et mon cœur m'incitent plutôt à découper ta chair, à la manger toute crue. Jamais ta vénérable mère ne te mettra sur un lit pour te pleurer. Les chiens, les oiseaux te dévoreront tout entier.

Hector, en mourant, lui répondit

— Je te connais, il me suffit de te voir. Je ne pouvais te fléchir[8] : c'est un cœur de fer qui est en toi !

Il dit ; la mort l'enveloppa. Son âme quitta ses membres et s'envola chez Hadès, pleurant son destin, abandonnant sa force, sa jeunesse.

Achille retira du cadavre sa lance de bronze, et, la posant à l'écart, il détacha des épaules les armes sanglantes. Les fils des Achéens accoururent. Ils admiraient la taille, la beauté d'Hector.

7. Défaillante : qui perd sa force, qui s'évanouit.
8. Te fléchir : te faire changer d'avis.

Alors le divin Achille conçut pour Hector un traitement outrageux. Il lui perça les tendons, derrière les deux pieds, entre le talon et la cheville. Il y passa des courroies qu'il attacha à son char, en laissant traîner la tête. Puis, y ayant déposé les armes illustres, il monta sur le char et fouetta les chevaux qui s'envolèrent, pleins d'ardeur. Le corps ainsi traîné soulevait un nuage de poussière ; ses cheveux noirs se déployaient et toute sa tête gisait dans la poussière, elle autrefois si gracieuse ! Zeus la livrait maintenant à ses ennemis pour qu'ils l'outragent sur la terre de sa patrie.

Homère, *Iliade*, chant XXII, traduction de Leconte Delisle adaptée.

Le char d'Achille trainant le corps d'Hector, cratère à volutes, IVe siècle av. J.-C., musée archéologique de Naples.

Vocabulaire

Avant la lecture

1 a. *Hardi, brave, valeureux, vaillant* : de quel autre adjectif ces mots sont-ils synonymes ?
b. Pour chacun de ces adjectifs, trouvez le nom de la même famille.

2 Cherchez deux synonymes du mot *outrage* ainsi qu'un adjectif de la même famille.

3 a. Cherchez le sens du mot *funèbre*.
b. Qu'est-ce qu'une musique funèbre ? Une cérémonie funèbre ?

Après la lecture

4 a. Où porte-t-on habituellement son épée ?
b. Déduisez-en le sens du mot *flanc* (l. 27).
c. Qu'est-ce que le flanc d'un animal ? le flanc de la montagne ?

5 a. Rappelez le sens premier du mot *ardeur*.
b. Relisez la ligne 28 : quel est ici le sens de ce mot ?

Lire et comprendre

1 Qui sont les combattants qui s'affrontent dans ce passage ? Avec quelles armes ?

2 À quel moment le combat bascule-t-il ? Pourquoi ?

3 Dans les lignes 27 à 33, relevez tous les éléments qui montrent la puissance d'Achille.

4 Pour chacun des adversaires, dites s'il est habile, vaillant, respectueux de son adversaire. Justifiez chacune de vos réponses par des références précises au texte.

5 Qu'est-ce qui, dans la vengeance d'Achille, est démesuré ?

6 D'après la légende, une prophétie liait le destin d'Achille à celui d'Hector, prédisant que le héros grec mourrait peu de temps après le héros troyen. Pourquoi la mort d'Achille est-elle désormais inévitable ?

7 Achille vous paraît-il un personnage bon ou mauvais ? Discutez vos réponses.

Texte 3

Le messager

Dys

Texte audio

Depuis plusieurs années, Charlemagne se bat dans les Pyrénées contre les Sarrasins, commandés par Marsile. Chacun a hâte que la guerre finisse. Charlemagne décide donc d'envoyer un messager à son ennemi afin de négocier la paix. Mais le choix de ce messager n'est pas une chose aisée : en effet, tous les précédents émissaires ont été mis à mort par Marsile. Roland, le neveu de Charlemagne, se propose, mais Olivier un autre chevalier, rejette cette proposition : Roland est trop impulsif et risquerait de faire échouer les négociations.

Texte original

« Francs chevalers, » dist li emperere Carles,
« Car m'eslisez un barun de ma marche,
Qu'a Marsiliun me portast mun message. »

20

Nobles chevaliers, dit l'empereur Charles,
choisissez-moi un baron de ma terre
qui pour moi porte à Marsile mon message. »
Et Roland dit : « Ce sera Ganelon, mon parâtre. »
Les Français disent : « Certes, il peut bien le faire.
Lui récusé[1], vous n'en enverrez pas de plus sage. »
Le comte Ganelon en fut tout angoissé :
de son cou il rejeta ses grandes peaux de martre[2],
il est resté en sa tunique de soie.
Il avait les yeux vifs et le visage farouche,
le corps bien fait et la poitrine large :
il était si beau que tous ses pairs[3] le regardent.
Il dit à Roland : « Insensé, pourquoi cette rage ?
L'on sait bien que je suis ton parâtre,
et tu as décidé que j'aille vers Marsile !
Si Dieu m'accorde que je revienne de là-bas,
je te causerai un si grand dommage[4]
qu'il durera pendant toute ta vie. »
Roland répond : « Quel orgueil insensé !
On le sait bien : je me moque des menaces,
mais c'est au sage de porter le message.
Si le roi veut, je suis prêt à prendre votre place. »

21

Ganelon répond : « Tu n'iras pas à ma place.
Tu n'es pas mon homme[5], je ne suis pas ton seigneur.
Charles ordonne que je fasse son service :
à Saragosse j'irai vers Marsile,
mais je m'amuserai un peu
avant que je ne dissipe cette grande colère. »

1. Lui récusé : si ce n'est pas lui.

2. Peaux de martre : fourrures.

3. Les pairs : les chevaliers de Charlemagne.

4. Un si grand dommage : un si grand tort.

5. Mon homme : mon vassal, celui qui me doit obéissance.

25

L'empereur lui tend son gant[6] droit ;
mais le comte Ganelon aurait bien voulu être ailleurs.
Quand il fut pour le prendre, le gant tomba par terre.
Les Français disent : « Dieu ! Que va-t-il se passer ?
De cette ambassade nous viendra grande perte. »

La Chanson de Roland, adaptation en français moderne de Jean Dufournet, Flammarion, 1993.

6. Le gant de Charlemagne doit prouver que Ganelon est bien envoyé par l'empereur.

▲ **Charlemagne envoie Ganelon à Saragosse pour rencontrer le roi Marsile**, enluminure tirée des Chroniques de saint Denis, vers 1275, bibliothèque Sainte-Geneviève, Paris.

Vocabulaire

Avant la lecture

1 Qu'est-ce que l'orgueil ? Comment se comporte une personne orgueilleuse ?

Après la lecture

2 **a.** Qu'appelle-t-on une marâtre, dans les contes ?
b. Analysez la formation du mot *parâtre* (v. 4) et déduisez-en son sens.

3 À l'aide du même suffixe, trouvez des mots correspondant aux définitions suivantes :
1. D'un blanc sale.
2. D'un vilain vert.
3. D'une douceur écœurante.

Lire et comprendre

1 **a.** Quelle remarque pouvez-vous faire sur la présentation du texte ?
b. Comparez avec le texte original : comment expliquez-vous cette présentation ?
c. Quelles autres remarques pouvez-vous faire sur le texte original ?

2 Pour quelle raison Roland désigne-t-il Ganelon comme messager ? Citez le texte pour justifier votre réponse.

3 **a.** Quel sentiment Ganelon ressent-il alors ? Pourquoi ?
b. Pourquoi accepte-t-il finalement d'aller à Sargosse ?

4 **a.** Quels vers font le portrait de Ganelon ?
b. Quelle image ce portrait donne-t-il du personnage ?

5 Quels sont, d'après vous, les défauts et les qualités de Ganelon ?

6 **a.** Quel incident se produit quand Charlemagne remet son gant à Ganelon ?
b. À votre avis, que ressent Ganelon, à ce moment-là ? Pourquoi ?

7 Relisez les dernières paroles de Ganelon : à quoi peut-on s'attendre pour la suite ?

Texte 4

L'arrière-garde

Dys

Texte audio

Ganelon se rend donc auprès de Marsile. Mais son désir de se venger de l'humiliation subie le conduit à trahir son propre camp. Ganelon suggère alors un stratagème à Marsile : qu'il fasse semblant de se rendre et de se convertir. Charlemagne sera content et partira avec son armée, ne laissant derrière lui qu'une petite arrière-garde que les Sarrasins pourront vaincre sans difficulté. Marsile accepte, et tout se passe comme Ganelon l'a prévu : Charlemagne s'apprête à partir avec le gros de son armée. Il n'a plus qu'à décider qui prendra la tête de son arrière-garde.

58

« Seigneurs barons, dit l'empereur Charles,
Désignez-moi qui sera à l'arrière-garde. »
Ganelon répond : « Roland, mon beau-fils :
vous n'avez pas de baron qui soit si bon vassal. »

60

Quand Roland entend qu'il sera à l'arrière-garde,
Il se déchaîne contre son beau-père :
« Ah ! crapule, misérable canaille,
tu as cru que le gant me tomberait des mains
comme à toi le bâton devant Charles ? »

63

L'empereur s'adresse à son neveu Roland :
« Seigneur, cher neveu, vous le savez bien :
je vous laisserai la moitié de mes troupes ;
gardez-les : c'est votre salut. »
Le comte répond : « Je n'en ferai rien.
Dieu me détruise si je trahis ma race !
Je garderai vingt mille français bien vaillants.
Passez les cols en toute sécurité :
Vous aurez tort de craindre aucun homme, moi vivant. »

La Chanson de Roland, adaptation en français moderne de Jean Dufournet, Flammarion, 1999.

Vocabulaire

Avant la lecture

1 **a.** Que signifie le mot *salut* quand il ne désigne pas l'action de saluer ?
b. Trouvez un verbe de la même famille.

Lire et comprendre

1 À votre avis, pourquoi Ganelon désigne-t-il Roland pour prendre la tête de l'arrière-garde ? Pourquoi Roland accepte-t-il ?

2 Comparez ce texte au précédent : quels sont les points communs ?

3 Que révèle ce texte du caractère de Roland ?

Texte 5

Dys

Texte audio

Roland refuse de sonner du cor

Une fois l'armée de Charlemagne partie, les Sarrasins se préparent à passer à l'attaque. Heureusement, Olivier voit leurs armures briller au sommet des montagnes et les repère.

Roland est nommé chevalier par le roi en présence des évêques et des intendants, manuscrit de *La chanson de Roland*, XIIIe s.

83

Olivier dit : « Les païens viennent en force,
et nos Français, il me semble qu'ils sont bien peu.
Roland, mon compagnon, sonnez donc votre cor :
Charles l'entendra et l'armée reviendra. »
Roland répond : « Ce serait une folie !
En douce France j'en perdrais ma gloire.
Aussitôt, de Durendal[1], je frapperai de grands coups ;
sa lame en saignera jusqu'à la garde[2] d'or.
Les païens félons ont eu tort de venir aux cols[3] :
je vous le jure, tous sont condamnés à mort. »

84

« Roland mon compagnon, l'olifant[4], sonnez-le donc !
Charles l'entendra, il fera retourner l'armée,
le roi nous secourra avec tous ses barons. »
Roland répond : « Ne plaise à Notre Seigneur
que mes parents, par ma faute, soient blâmés[5]
et que la douce France soit déshonorée !

1. **Durendal** : nom de l'épée de Roland.
2. **Garde** : partie de l'épée qui protège la main, au-dessus de la poignée.
3. **Col** : passage à travers la montagne.
4. **Olifant** : autre nom du cor.
5. **Soient blâmés** : qu'on leur fasse des reproches.

Mais je frapperai tant et plus de Durendal,
ma bonne épée que j'ai ceinte au côté.
Vous en verrez la lame tout ensanglantée.
Les païens félons ont eu tort de se rassembler :
je vous le jure, tous sont livrés à la mort.

86

Olivier dit : « À cela je ne vois aucun blâme.
Moi, j'ai vu les Sarrasins d'Espagne :
les vallées et les montagnes en sont couvertes,
et les collines et toutes les plaines.
Grandes sont les armées de ce peuple étranger,
et nous n'avons qu'une bien petite troupe. »
Roland répond : « Mon ardeur en redouble.
Ne plaise à Dieu ni à ses anges
que jamais, par ma faute, la France perde son honneur !
Je préfère mourir que subir la honte.
C'est pour nos coups que l'empereur nous aime. »

▲ **Charlemagne reçoit du traître Ganelon les offrandes des rois Sarrasins**, enluminure, milieu du XVe siècle, Bibliothèque nationale russe, Saint-Pétersbourg (Russie).

88

Quand Roland voit qu'il y aura bataille,
il devient plus féroce que lion ou léopard.
Il appelle les Français et dit à Olivier :
« Seigneur, mon compagnon, mon ami, ne parlez plus ainsi !
L'empereur, qui nous a laissé les Français,
en a choisi vingt mille qui sont tels
à son avis que pas un n'est un lâche.
Pour son seigneur on doit subir de grands maux,
endurer de grands froids et de fortes chaleurs,
on doit perdre de son sang et de sa chair.
Frappe de ta lance et moi de Durendal,
ma bonne épée que le roi me donna.
Si je meurs, celui qui l'aura pourra dire
que ce fut l'épée d'un noble vassal. »

La Chanson de Roland, adaptation en français moderne de Jean Dufournet, Flammarion, 1993.

Vocabulaire

Avant la lecture

1 Cherchez le sens des mots en gras :
1. L'armée de Charlemagne combat les **païens**.
2. Ganelon s'est conduit en **félon**.

2 Associez les mots suivants par couples d'antonymes : *chrétien, suzerain, félon, fidèle, païen, vassal.*

3 À votre tour, employez *félon* et *païen* dans deux phrases de votre invention.

Après la lecture

4 **a.** À l'aide du contexte, expliquez quel est ici le sens du nom *ardeur* (v. 28).
b. Donnez un adjectif et un adverbe de la même famille.

5 **a.** Qu'est-ce qu'un soleil ardent ? Un amour ardent ?
b. Que signifie désirer ardemment quelque chose ?

Lire et comprendre

1 Qui sont les personnages qui s'affrontent ? Pour quelle raison ?

2 Relisez les vers 23 à 27 : comment Olivier souligne-t-il le danger que constitue le nombre de Sarrasins ? Pour répondre, cherchez le sujet de « sont couvertes » et observez la place des mots.

3 Dans les strophes 83 à 86, relevez le champ lexical de la honte : pourquoi Roland refuse-t-il d'appeler Charlemagne à l'aide ?

4 Dans la strophe 88, relevez une comparaison : quelle image donne-t-elle de Roland ?

5 Quels sont, d'après ce texte, les qualités et les défauts de ce personnage ?

6 Olivier vous semble-t-il moins courageux que Roland ? Discutez vos réponses.

Préparer l'écriture

Mettez en valeur les adjectifs en les plaçant en tête de phrase.

Exemple : *Les armées de ce peuple étranger sont grandes. → Grandes sont les armées de ce peuple étranger.*

1. La vengeance de Ganelon fut terrible.
2. Le conseil d'Olivier était sage.
3. Les ennemis étaient innombrables.
4. La colère de Charlemagne fut grande.

Olifant du XIe siècle, ivoire, BnF, Paris.

Texte 6

Dys

Texte audio

La bataille de Roncevaux

93

Le neveu de Marsile, qui se nomme Aelroth,
chevauche le tout premier devant l'armée.
À nos Français il lance des injures :
« Félons de Français, aujourd'hui vous vous battrez avec les nôtres.
Il vous a trahis, celui qui devait vous garder[1].
Fou est le roi qui vous laissa aux cols.
En ce jour, la douce France perdra sa gloire
et Charlemagne le bras droit de son corps. »
Quand Roland l'entend, Dieu ! quelle est sa douleur !
Il éperonne son cheval, le laisse courir à toute bride,
et le comte va frapper l'autre de toutes ses forces.
Il brise son bouclier, déchire sa cuirasse,
il lui ouvre la poitrine, lui rompt les os
et lui fend en deux toute l'échine[2] ;
de son épieu[3] il lui arrache l'âme ;
il enfonce le fer et fait chanceler son corps ;
de la longueur de sa lance il l'abat mort de son cheval ;
en deux moitiés il lui a brisé le cou.
Il ne manquera pas, dit-il, de lui parler :
« Fieffé coquin, Charles[4] n'est pas fou,
et jamais il n'a toléré la trahison.
Il agit en brave en nous laissant aux cols.
Aujourd'hui, la douce France ne perdra pas sa gloire.
Frappez, Français ; le premier coup est pour nous !
Nous avons pour nous le droit, et ces canailles ont tort. »

104

La bataille fait rage et devient générale.
Le comte Roland ne fuit pas le danger.
Il frappe de l'épieu tant que résiste la hampe[5] ;
Après quinze coups, il l'a brisée et détruite.
Il dégaine Durendal, sa bonne épée,
il éperonne son cheval et va frapper Chernuble,
il lui brise le casque où brillent les escarboucles[6],
lui tranche la tête et la chevelure,
et la cuirasse blanche aux fines mailles,
et tout le corps jusqu'à l'enfourchure.
À travers la selle plaquée d'or,
l'épée atteint le corps du cheval,
lui tranche l'échine sans chercher la jointure,

1. **Vous garder** : vous protéger.
2. **Échine** : dos.
3. **Épieu** : lance.
4. **Charles** : Charlemagne.
5. **Hampe** : long manche de la lance.
6. **Escarboucle** : pierre précieuse.

Texte 6

▲ **La bataille de Ronceveaux.** Roland tranche le bras droit de Marsile, enluminure des *Grandes Chroniques de France ou Chroniques de Saint-Denis*, XIVᵉ s., BnF, Paris.

et il l'abat raide mort dans le pré sur l'herbe drue.
Puis il lui dit : « Canaille, pour votre malheur vous êtes venu ici !
De Mahomet vous n'aurez jamais d'aide.
Un truand comme vous ne gagnera pas aujourd'hui la bataille. »

La bataille se poursuit. Mais Marsile envoie sans cesse de nouvelles troupes alors que l'arrière-garde est seule : la défaite semble inévitable.

110

En France se déchaîne une prodigieuse tourmente[7],
des orages de tonnerre et de vent,
de pluie et de grêle, hors de toute mesure ;
la foudre tombe à coups redoublés
dans le fracas d'un tremblement de terre :
de Saint-Michel-du-Péril[8] jusqu'à Xanten,
de Besançon jusqu'au port de Wissant,
il n'est pas de maison dont un mur ne se fende.
En plein midi règnent de sombres ténèbres[9] :
il n'y a de clarté que si le ciel se fend.

---

7. **Tourmente :** tempête.
8. Saint-Michel-du-Péril, Xanten, Besançon et Wissant sont quatre villes de France situées aux quatre extrémités du pays.
9. **Allusion à la mort de Jésus :** les Évangiles racontent que Jésus mourut à midi et qu'il y eut alors des ténèbres en plein jour.

Personne ne le voit sans être épouvanté.
Plusieurs disent : « C'est la consommation des siècles[10],
la fin du monde à quoi nous assistons. »
Ils ne savent pas, ils ne disent rien de vrai :
c'est le grand deuil pour la mort de Roland.

10. La consommation des siècles : la fin du monde.

La Chanson de Roland, adaptation en français moderne de Jean Dufournet, Flammarion, 1999.

Vocabulaire

Avant la lecture

Faites l'exercice 1 p. 158 puis complétez les phrases ci-dessous avec les mots suivants : *destrier – écu – éperons – haubert – heaume.*

1. Falsaron donne de grands coups d'épée, mais Olivier les arrête avec son … .

2. Aelroth a reçu tant de coups sur la tête que son … est tout cabossé.

3. Malmoth assène à Roland un coup en pleine poitrine ; heureusement, son … le protège.

4. Roland enfourche son … .

5. Il pique des … et part au galop.

Lire et comprendre

Débat de compréhension

ORAL

- Résumez oralement l'action de ce texte.

Pour approfondir

Tâche complexe

1 **a.** Quelle impression le récit de cette bataille vous fait-il ? Pourquoi ? Par groupes, cherchez tous les moyens employés pour nous plonger au cœur de l'action.

COUP DE POUCE

Vous pouvez observer :
- le temps verbal employé ;
- la longueur et la construction des phrases ;
- le rôle des dialogues ;
- le choix du vocabulaire employé, en particulier des verbes.

b. Rassemblez vos remarques en un paragraphe rédigé.

2 **a.** Qui manifeste sa colère dans la strophe 110 ? De quelle manière ?
b. À quel personnage Roland est-il associé au vers 52 ? Qu'ont-ils en commun ?

Écriture

1 Enchaînez les phrases selon le modèle suivant.

Exemple : *Roland pique son cheval. Il le laisse courir. Il frappe Aelroth et il lui brise l'écu. Puis il le coupe en deux. ⟶ Roland pique son cheval, le laisse courir, frappe Aelroth, lui brise l'écu et le coupe en deux.*

1. Roland lance son cheval au galop. Alors il saisit sa lance, il se baisse, il tient fermement sa lance en avant et il l'enfonce dans le corps de son ennemi.

2. Olivier tombe. Mais il se relève aussitôt. Et il repart à l'assaut, il se jette sur Falsaron. Alors il abat sur lui son épée et il le tranche en deux moitiés.

3. Turpin enfourche sa monture et il pique des deux. Il fait tournoyer autour de lui son épée. Il abat autour de lui des dizaines d'hommes.

2 Complétez les phrases suivantes par une comparaison qui mettra en valeur l'action.

1. Guillaume file aussi vite que …

2. Leurs épées se heurtent avec une telle force que …

3. Les deux adversaires se jettent l'un sur l'autre ainsi que …

4. Guillaume frappe …

ORAL À la manière des jongleurs du Moyen Âge, vous allez mettre en voix l'un des deux premiers paragraphes de cet extrait. Préparez la lecture en soignant le ton et le rythme de façon à souligner la violence du combat.

Texte 7

La mort de Roland

Dys

Texte audio

Malgré leur bravoure, les chevaliers francs tombent les uns après les autres. Roland, voyant que la situation est désespérée, se décide enfin à appeler Charlemagne.

133

Roland a mis l'olifant à ses lèvres,
il l'embouche[1] bien et à plein souffle sonne.
Hauts sont les monts et long le son du cor,
à trente grandes lieues on l'entendit résonner.
Charles l'entendit, ainsi que toutes ses troupes.
Le roi dit : « Nos hommes livrent bataille. »
Et Ganelon le contredit :
« Si un autre le disait, on le prendrait pour un grand mensonge. »

134

Le comte Roland, à pénibles et rudes efforts,
à grande douleur sonne son olifant.
Par la bouche jaillit le sang clair,
de son cerveau la tempe se rompt.
Du cor qu'il tient le son porte au loin :
Charles l'entend, qui passe les cols.
Naimes[2] le perçoit, les Français l'écoutent.
Le roi dit : « J'entends le cor de Roland.
Il ne le sonnerait pas, s'il ne livrait bataille. »
Ganelon répond : « Il n'a pas de bataille.
Vous connaissez bien le grand orgueil de Roland.
Pour un seul lièvre il sonne tout un jour du cor.
Devant ses pairs[3], à cette heure il s'amuse.
Sous le ciel il n'est personne qui ose le provoquer.
Chevauchez donc ! Pourquoi vous arrêter ?
La Terre des Aïeux est encore loin devant nous. »

135

Le comte Roland a la bouche en sang.
De son cerveau la tempe est rompue.
Il sonne l'olifant avec douleur et peine.
Charles l'entend et les Français l'écoutent.
Le roi dit : « Ce cor a longue haleine !
Le duc Naimes répond : « Un baron y met toute sa peine.
Il livre bataille, c'est ma conviction.
Celui-là l'a trahi qui vous demande de ne rien faire.
Armez-vous, lancez votre cri de guerre

1. Il l'embouche : il le met dans sa bouche.

2. Naimes : un des compagnons de Charlemagne.

3. Ses pairs : les autres chevaliers de Charlemagne.

et secourez votre noble maison[4].
Vous entendez bien que Roland se lamente. »

136

L'empereur a fait sonner ses cors.
Les Français mettent pied à terre et s'arment
de cuirasses, de casques et d'épées ornées d'or.
Ils ont de beaux boucliers, des épieux grands et forts
et des gonfanons[5] blancs, vermeils[6] et bleus.
Sur les destriers montent tous les barons de l'armée.
Ils piquent fort des éperons tant que durent les cols.
Mais à quoi bon ? Ils ont en effet trop tardé.

175

Roland sent que la mort le prend tout entier
et que de sa tête elle descend vers son cœur.
Sous un pin il est allé en courant ;
sur l'herbe verte il s'est couché face contre terre.
Il met sous lui son épée et l'olifant
Il tourne sa tête du côté du peuple païen :
il l'a fait parce qu'il veut coûte que coûte
que Charles dise, ainsi que tous ses gens,
du noble comte[7], qu'il est mort en conquérant.

4. Votre maison : votre famille, votre lignée.
5. Gonfanons : bannières.
6. Vermeils : dorés.
7. Le comte : Roland (qui porte le titre de comte).

• Comment les qualités de Roland sont-elles montrées sur cette image ?

La mort de Roland, miniature allemande, début du XIVe s., Bibliothèque nationale, Berlin (Allemagne).

176

Le comte Roland est étendu sous un pin.
Vers l'Espagne il a tourné son visage.
De bien des choses le souvenir lui revient,
de tant de terres que le baron[8] a conquises,
de la douce France, des hommes de son lignage[9],
de Charlemagne, son seigneur, qui l'a formé.
Il ne peut s'empêcher de pleurer et de soupirer.
Mais il ne veut pas s'oublier lui-même.
Il bat sa coulpe[10] et demande pardon à Dieu :
« Père véritable qui jamais ne mentis,
toi qui ressuscitas saint Lazare[11]
et qui sauvas Daniel des lions,
sauve mon âme de tous les périls.
pour les péchés qu'en ma vie j'ai commis ! »
Il a offert à Dieu son gant droit,
saint Gabriel de sa main l'a pris.
Sur son bras il tenait sa tête inclinée ;
Les mains jointes, il est allé à sa fin.
Dieu envoya son ange Chérubin
Et saint Michel du Péril ;
Et avec eux vint saint Gabriel.
Ils emportent l'âme du comte en paradis.

La Chanson de Roland, adaptation en français moderne de Jean Dufournet, Flammarion, 1993.

8. Le baron : il s'agit toujours de Roland.

9. Lignage : famille.

10. Il bat sa coulpe : il reconnaît ses erreurs.

11. Lazare et Daniel sont des personnages de la Bible ; saint Gabriel, saint Michel et Chérubin sont des anges.

Lire et comprendre

Débat de compréhension

ORAL

• Comment cette bataille se termine-t-elle ? À quelle suite pouvez-vous vous attendre ?

Pour approfondir

1 Comment le poète ménage-t-il l'intérêt de l'auditeur dans les strophes 133 à 135 ?

2 Roland a commis une erreur par orgueil lorsqu'il a refusé d'appeler à l'aide : comment rachète-t-il cette erreur ?

3 À votre avis, la mort de Roland est-elle digne d'un chevalier ? Est-elle digne d'un chrétien, dans l'esprit de l'époque ? Justifiez vos réponses.

4 **a.** Rappelez ce qu'est un héros dans l'Antiquité.
b. Quels points communs Roland a-t-il avec le héros antique ?

5 Quels autres points communs et différences voyez-vous entre *La Chanson de Roland* et l'histoire d'Achille ?

Texte 8

Le retour d'Anduril

Rien ne va plus dans les Terres du Milieu. Sauron, puissant sorcier et seigneur du Mordor, a lancé ses armées à l'assaut de ses voisins. Éomer, prince de Rohan, et Aragorn, roi des Humains, défendent Fort le Cor, forteresse capitale pour la sécurité du royaume. Mais un des murs d'enceinte a cédé…

J.R.R Tolkien

(1892-1973)

Voir p. 110.

Il était à présent minuit passé. Le ciel était totalement noir, et l'immobilité de l'air lourd annonçait l'orage. Un éclair aveuglant roussit soudain les nuages. La foudre ramifiée frappa les collines à l'est. Pendant un instant éblouissant, les guetteurs des murs virent tout l'espace qui les séparait du Fossé éclairé d'une lumière blanche : il bouillonnait et fourmillait de formes noires, les unes larges et trapues, les autres grandes et sinistres, avec de hauts casques et des boucliers noirs. Des centaines et des centaines se déversaient au bord du Fossé et à travers la brèche. La marée sombre montait jusqu'aux murs, d'escarpement[1] en escarpement. Le tonnerre roulait dans la vallée. Une pluie cinglante se mit à tomber.

Des flèches, aussi drues que la pluie, sifflaient par-dessus les parapets[2] et tombaient en cliquetant et ricochant sur les pierres.

Des trompettes d'airain[3] retentirent. Le flot des ennemis déferla ; une partie se porta contre le Mur du Gouffre, et une autre vers la chaussée[4] et la rampe menant aux portes du Fort le Cor. Alors enfin vint une réponse : une tempête de flèches les accueillit en même temps qu'une grêle de pierres. Ils fléchirent, se débandèrent et s'enfuirent ; ils chargèrent encore et se débandèrent à plusieurs reprises ; et chaque fois, comme la marée montante, ils s'arrêtaient en un point plus élevé. Les trompettes retentirent de nouveau ; et une foule d'hommes hurlants bondit en avant. Ils tenaient leurs grands boucliers au-dessus d'eux comme un toit, et ils portaient parmi eux les troncs de deux puissants arbres. Derrière, se pressaient des archers orques[5], qui lançaient une grêle de traits

1. Escarpement : pente raide.

2. Les parapets : le haut des remparts.

3. Airain : autre nom du bronze.

4. Chaussée : voie, route.

5. Orques : créatures monstrueuses qui forment le gros des troupes du Mordor.

Aragorn brandissant l'épée Anduril, *Le seigneur des anneaux – Le retour du roi,* film de Peter Jackson, Viggo Mortensen dans le rôle d'Aragorn, 2003.

Texte 8

sur les archers des murs. Ils atteignirent les portes. Les arbres, balancés par des bras vigoureux, frappèrent les battants avec un grondement fracassant. Quand un homme tombait, écrasé par une pierre précipitée d'en haut, deux autres s'élançaient pour prendre sa place. [...]

Eomer et Aragorn se tenaient ensemble sur le Mur du Gouffre. Ils entendaient le rugissement des voix et le bruit sourd des béliers[6] ; et tout à coup, à la lumière d'un éclair, ils virent le péril qui menaçait les portes.

« Venez ! dit Aragorn. Voici l'heure de tirer l'épée ensemble ! »

Eomer et Aragorn s'élancèrent ensemble par la porte, suivis de près par leurs hommes. Les deux épées sortirent du fourreau en un même éclair.

« Guthwinë[7] ! cria Eomer. Guthwinë pour la Marche ! »

« Anduril[8] ! cria Aragorn. Anduril pour les Dunedains ! »

Chargeant du côté, ils se ruèrent sur les hommes sauvages. Anduril se leva et retomba, luisante d'un feu blanc. Un cri s'éleva du mur et de la tour : « Anduril ! Anduril part en guerre. La lame qui fut brisée brille de nouveau ! »

J. R. R. Tolkien, *Le Seigneur des anneaux*, 1954, Livre III, chapitre 7, trad. Francis Ledoux, Christian Bourgois Éditeur, 1972.

6. Bélier : lourde poutre de bois utilisée pour enfoncer les portes.

7. Guthwinë : nom de l'épée d'Eomer.

8. Anduril : nom de l'épée d'Aragorn, brisée lors de la première guerre contre Sauron, réparée par les Elfes, et dont il a hérité au moment de partir au combat.

Vocabulaire

Avant la lecture

1 **a.** Qu'est-ce qu'un paysage sinistre ? Donnez-en un exemple.
b. Proposez un synonyme de *sinistre*.

2 Donnez un synonyme de *péril* ainsi qu'un adjectif de la même famille.

3 Que signifie l'adjectif *luisant* ? De quel verbe vient-il ?

Après la lecture

4 **a.** Qu'est-ce qu'une pluie drue ?
b. Quel nom l'adjectif *dru* qualifie-t-il à la ligne 11 ? Comment comprenez-vous cette expression ?

5 Les silhouettes des orques sont décrites « les unes larges et trapues, les autres grandes et sinistres » (l. 6) : en comparant les deux types de silhouettes décrits, essayez de déduire le sens de *trapu*.

Lire et comprendre

1 Quelle sorte de scène est décrite dans ce texte ? Où et quand se passe-t-elle ?

2 **a.** Qui sont les deux armées qui s'affrontent ? Où se trouve chacune d'elles ?
b. Quel est le but des ennemis ? Quel est celui des héros ?

3 **a.** Relisez les lignes 34 à 41 : à quel moment la lumière apparaît-elle dans le récit ? Dans quel camp ?
b. À votre avis, que symbolise cette lumière ?

4 Quels éléments font de ce récit un récit épique ? Tâche complexe

COUP DE POUCE

- Qui est désigné par le nom *marée* l. 8 ? Quels autres mots des lignes 3 à 10 évoquent l'eau, ou une masse en mouvement ? Quelle est l'impression créée ?
- Cherchez dans les lignes 3 à 15 d'autres hyperboles et une comparaison.
- Dans les lignes 15 à 25, observez la construction des phrases.

5 Comparez ce récit à la bataille de Roncevaux : quels sont les points communs ? Quelles sont les différences, en particulier dans les éléments merveilleux ?

L'épopée et ses héros

Synthèse

Qu'est-ce qu'une épopée ?

- *L'Iliade* et *La Chanson de Roland* sont deux épopées, c'est-à-dire **de longs poèmes qui chantent les exploits d'un héros**. Les qualités de ce héros sont donc avant tout des **qualités guerrières** : Achille et Roland sont deux combattants hors du commun, quasi invincibles.
- Ces récits dans lesquels interviennent les dieux se veulent **spectaculaires** : l'action est placée sous le signe de l'**hyperbole**.
- Le style privilégie l'emploi de propositions juxtaposées, donnant ainsi du **rythme** au récit. Ce **style épique** se retrouve encore de nos jours dans de nombreux romans, en particulier dans le genre de la *fantasy* (voir chapitre 5).

Le héros antique

- Dans l'Antiquité, le héros est avant tout un **demi-dieu**, c'est-à-dire le fils d'un dieu et d'une mortelle ou, comme Achille, d'une déesse et d'un homme ordinaire. Cette ascendance divine lui confère des **pouvoirs fabuleux**, qui le distinguent des autres hommes et lui permettent d'accomplir des actions extraordinaires.
- Mais ces actions ne sont pas toutes positives : le héros antique n'est ni bon, ni mauvais. Ses capacités décuplées sont comme un **miroir tendu à l'Homme**, qui, en exagérant ses qualités et ses défauts, révèle ce dont il est capable pour le meilleur et pour le pire, et invite à réfléchir sur les limites à ne pas dépasser.

La chanson de geste

- *La Chanson de Roland* est ce que l'on appelle **une chanson de geste**. *Geste* a ici le sens d'action héroïque. Il s'agit donc d'une épopée, mais d'une épopée médiévale : le merveilleux est un **merveilleux chrétien**. Dieu intervient en personne dans l'action pour faire triompher le Bien et la Vérité.
- En effet, *La Chanson de Roland* est profondément **ancrée dans une société chrétienne** qui oppose le Bien (la Chrétienté) au Mal (les autres). Le héros y défend son roi et son Dieu et, s'il commet lui aussi des erreurs par orgueil, il n'hésite pas à donner sa vie pour racheter ses fautes.

Hercule et l'Hydre de Lerne, Franz von Stuck, huile sur toile, 1915, coll. particulière.

Vers l'écriture

Maîtriser le lexique du chevalier

1 Associez chaque élément de l'équipement du chevalier au numéro qui lui correspond sur le dessin ci-contre.

destrier	haubert
écu	heaume
épée	lance
éperon	

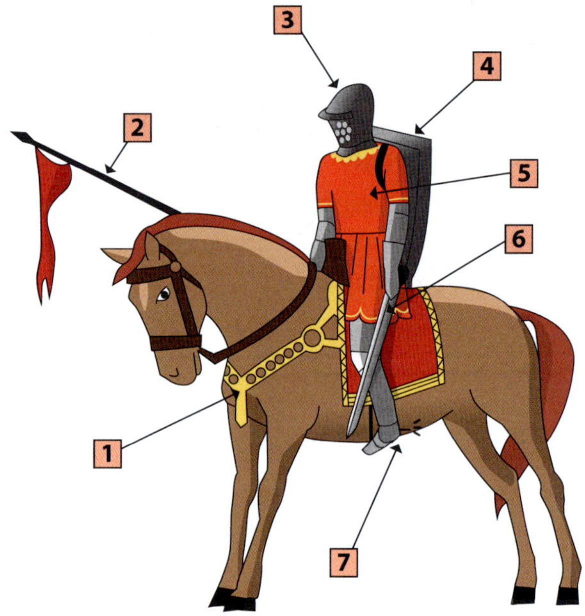

2 Associez chaque mot à son synonyme.

a. bouclier	1. heaume
b. casque	2. hérétique
c. félon	3. traître
d. païen	4. vaillant
e. valeureux	5. écu

3 Choisissez le sens correct de l'expression *piquer des éperons* ou *piquer des deux*.

a. Transpercer son ennemi de sa lance.
b. Faire partir son cheval au galop.
c. Se mettre dans une grande colère.

Donner de l'intensité au récit

4 Dans les phrases ci-dessous, remplacez le mot en gras par un des mots suivants : *brandir – dévaster – s'élancer – frapper – furieux – se jeter sur – massacrer – projeter – renverser – saisir – sauter – trancher.*

1. Roland, énervé, **tape** de toutes ses forces.
2. Roland **lève** Durendal et pousse le cri de ralliement des Francs.
3. Il **tue** les ennemis par dizaines.
4. Il **monte** sur son cheval et **va** au combat.
5. D'un seul coup, il **fait tomber** son ennemi.
6. Sa colère est telle qu'il **détruit** tout autour de lui.
7. Alors il **prend** son épée.
8. Le chevalier **coupe** la tête de son ennemi.
9. Il **envoie** sa lance de toutes ses forces.
10. Le chevalier **court vers** lui.

5 Réécrivez les phrases en les complétant avec les verbes suivants, au présent :

assaillir – asséner – décocher – dévaler – se ruer sur – transpercer.

1. Gauthier ... la pente au galop et ... son ennemi.
2. Falsaron s'apprête à frapper Roland, mais Olivier lui ... une flèche en plein cœur.
3. Soudain, le géant lui ... un coup terrible, mais Thibaut le ... de sa lance.
4. Les ennemis l'... de toutes parts.

6 Rédigez une phrase avec chacun des verbes des exercices 4 et 5.

7 Ponctuez correctement les phrases suivantes.

1. Roland s'élance au galop dégaine son épée assène de grands coups
2. Quand Roland voit Olivier à terre il entre dans une grande fureur il fait demi-tour dévale la pente et vole à son secours
3. Olivier tire son épée la brandit frappe un païen lui fend le corps en deux moitiés lui tranche la tête
4. Olivier assène un coup terrible à Malsaron brise son bouclier transperce son haubert et l'abat mort de son cheval

8 Développez les phrases suivantes en ajoutant d'autres actions. Attention à la ponctuation.

1. Thibaut saute sur son cheval…
2. Le chevalier Noir dégaine son épée…
3. Alors, Thibaut saisit la jambe de son ennemi…

Bien employer les pronoms

9 Lisez la phrase suivante.
Roland aperçoit Malmoth, il s'élance vers lui à cheval.

a. Que comprend-on ? Qui s'élance à cheval ?
b. Récrivez la phrase en la modifiant de façon à faire comprendre sans ambiguïté que c'est Malmoth qui accourt vers Roland.
c. Récrivez la phrase en la modifiant de façon à faire comprendre sans ambiguïté que c'est Roland qui s'élance vers Malmoth.

10 Transformez les phrases suivantes de manière à signaler sans ambiguïté que c'est le personnage dont le nom est souligné qui fait la seconde action.

Exemple : *Olivier s'avance vers l'ennemi. Il brandit sa lance. → Olivier s'avance vers l'ennemi qui brandit sa lance.*

1. Roland voit Falsaron. Il galope vers lui à vive allure, épée au poing.
2. Roland repousse Malmoth. Il se relève. Il sort son épée. Il la lui enfonce dans le cœur.
3. Roland, désarmé, projette de toutes ses forces son bouclier contre Malmoth. Il s'effondre.
4. Roland, fou de colère, se jette sur Malmoth. Il dégaine son épée.
5. Roland assène coups sur coups, il renverse Malmoth. Il se relève aussitôt.

11 Complétez les phrases par *celui-ci*, *celle-ci* ou *ceux-ci* et soulignez le nom du personnage ainsi désigné.

1. Lorsque le messager annonça la mort de Roland à Charlemagne, ... entra dans une grande colère.
2. Les chevaliers chrétiens avaient infligé de telles pertes aux Sarrasins que ... n'osaient plus sortir de leur campement.
3. La belle Aude offrit Durendal à Olivier qui prit grand soin de ...

12 Complétez le texte avec les pronoms suivants : *l'autre – celui-ci – qui – l'un.*

Les chevaliers chrétiens voient l'armée sarrasine ... se jette sur eux. Roland et Olivier se préparent au combat. ... enfourche son destrier et prend solidement sa lance dans sa main, ... reste à pied mais sort son épée. Quand le premier cavalier arrive sur Olivier, ... se baisse, passe sous le cheval de son adversaire et lui tranche les jarrets.

13 Corrigez les phrases suivantes en remplaçant les pronoms *il* ou *elle* ambigus (en gras) par un pronom mieux choisi.

1. Lancelot s'abrita derrière son bouclier. **Il** vola en éclats sous la violence du coup.
2. Loïc se jeta sur le monstre. **Il** lui trancha une patte.
3. Laurine toucha avec émotion l'épée de Thibaut. **Elle** était encore couverte du sang du dragon.
4. Il y a un monstre à chaque entrée du pont. **Il** a une tête de lion et des pattes d'aigle. **Il** a un bec acéré et des griffes puissantes.
5. Gal planta son épée dans le cœur du monstre. **Il** s'écroula aussitôt.

14 Recopiez le texte suivant en remplaçant les points de suspension par un des groupes suivants : *celui-ci – chacun – ils – l'autre – l'un – qui – tous deux – les deux hommes.*

Yvain marcha sur le chevalier Noir, l'arme au poing, mais … ne recula pas. … se défièrent d'un geste et s'élancèrent … contre …. … avait une lance longue et solide mais … échangèrent de tels coups que bientôt il n'en resta rien. Alors … mirent pied à terre et dégainèrent leur épée. Le chevalier Noir en asséna un coup violent à Yvain … chancela.

L'empereur Charlemagne assiégeant un roi sarrasin à Agen, enluminure, *Chroniques de France ou de Saint-Denis,* XIVe siècle, British Library, Londres.

Rédaction

Écrire un combat épique

SUJET

• À votre tour, rédigez un paragraphe de 12 à 20 lignes qui fera le récit de l'affrontement entre Roland et Malmoth, un chevalier sarrasin, lors de la bataille de Roncevaux.

Faites votre plan. Pour cela, comparez les deux premières strophes du texte p. 149 et dégagez leurs points communs. Respectez ensuite cette progression dans votre récit.

▲ **Deux chevaliers combattent,** illustration de Walter Crane, 1911.

Rédiger pas à pas

Pour réussir

- Utilisez le présent de narration. ☐
- Mettez l'action en valeur en utilisant un vocabulaire fort et précis. ☐
- Donnez du rythme à votre récit en allongeant les phrases et en veillant à bien séparer les propositions par des virgules. ☐
- Mettez en valeur la violence des actions grâce à des comparaisons et des hyperboles. ☐
- Soyez attentif à l'emploi des pronoms pour éviter toute ambiguïté. ☐

À lire, à voir

Des livres

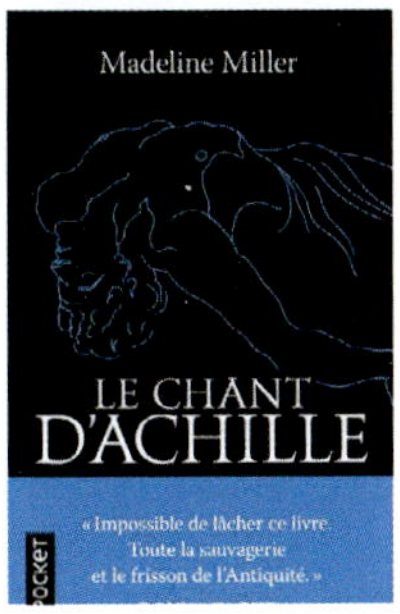

- ***Le Chant d'Achille,*** Madeline Miller, Pocket, 2011.

Une version romancée et accessible de l'histoire d'Achille, centrée sur sa relation avec Patrocle.

- ***L'Épopée de Soundiata Keita,*** Dialiba Konaté, Le Seuil Jeunesse, 2002.

Les autres pays aussi ont leurs épopées. Découvrez celle de Soundiata, fondateur du grand empire mandingue. Un album illustré accessible à tous.

- ***Ivanhoé,*** Walter Scott, 1819.

Ivanhoé, chevalier d'exception, prend tous les risques pour sauver son roi, dont le frère veut prendre le trône, mais aussi Rebecca, la femme qu'il aime, accusée de sorcellerie. Pour bons lecteurs.

Des films

- ***Tigre et Dragon,*** Ang Lee, 2000.

Lu Shu Lien est une jeune guerrière. Devenu vieux, son maître lui confie « Destinée », une épée magique. Lorsque cette épée lui est volée, Lu Shu Lien fera tout pour la retrouver. Ce film, qui mêle combats épiques et histoires d'amour, est resté célèbre pour la beauté de ses chorégraphies.

- ***Spartacus,*** Stanley Kubrick, 1960.

Inspiré d'une histoire vraie, celle d'une révolte d'esclaves à Rome, menée par le gladiateur Spartacus, ce film célèbre la lutte pour la liberté et vibre d'un souffle épique continu.

- ***Cheval de guerre,*** Steven Spielberg, 2011.

Joey est un cheval vendu à l'armée britannique lors de la Première Guerre mondiale. Ce cheval indomptable n'a de cesse de retrouver son jeune maître, Albert. Fuyant, bravant les obstacles, il passe de main en main, et découvre partout la même barbarie. Le regard de cet animal sur les hommes en guerre est une leçon d'humanité.

7 Récits de la Table Ronde

› Qu'est-ce qu'un héros courtois ?

Objectifs du chapitre

Lecture
- Découvrir les grandes figures de la légende arthurienne
- Découvrir les codes de la littérature courtoise
- Suivre l'initiation d'un héros
- Réfléchir sur les valeurs du héros

Méthode
- Savoir choisir ses sources lors de recherches sur Internet
- Sélectionner les informations importantes lors d'une recherche
- Savoir reformuler ces informations

Écriture
- Raconter dans l'ordre chronologique
- Utiliser des mots de liaison

Sommaire

▲ ***L'Adoubement***, Edmund Blair Leighton, huile sur toile, 1901, coll. particulière.

● Quelle scène est ici représentée ? Quelle impression s'en dégage ?

Repères

La littérature médiévale

Vers une littérature de cour

• À partir du XIIe siècle, la littérature évolue. L'Europe connaît une période faste, les rois s'entourent d'une **cour qui se veut plus raffinée**. Ils demandent aux poètes qu'ils protègent de célébrer par leurs récits non plus seulement les exploits guerriers, mais aussi les **qualités morales** et le savoir-vivre qui règnent à leur cour.

• Ces récits d'un genre nouveau mettent en scène les chevaliers loin des champs de bataille. Ils accordent aussi une place inédite à l'**amour** : les épopées laissent la place aux premiers romans.

▲ ***Un récit du* Décaméron *de Boccace,*** John William Waterhouse, huile sur toile, 1916, Lady Lever Art Gallery, Liverpool (Royaume-Uni).

Question

1 Qu'est-ce qui change dans la littérature européenne à partir du XIIe siècle ?

Les premiers romans

• Le mot ***roman*** signifie d'abord : « **écrit en langue romane** », par opposition au latin, langue des clercs. Les romans du XIIe siècle sont écrits en vers, mais, tandis que le rythme se rapproche progressivement de celui de la prose, la disposition en strophes disparaît.

• Le *Lancelot* anonyme, écrit vers 1225, est le **premier roman en prose**. Les récits deviennent plus touffus, les personnages et leur psychologie s'étoffent. Ainsi émerge peu à peu le genre que nous connaissons aujourd'hui.

Question

2 Rappelez qui sont les clercs au Moyen Âge. Pourquoi écrivaient-ils en latin ?

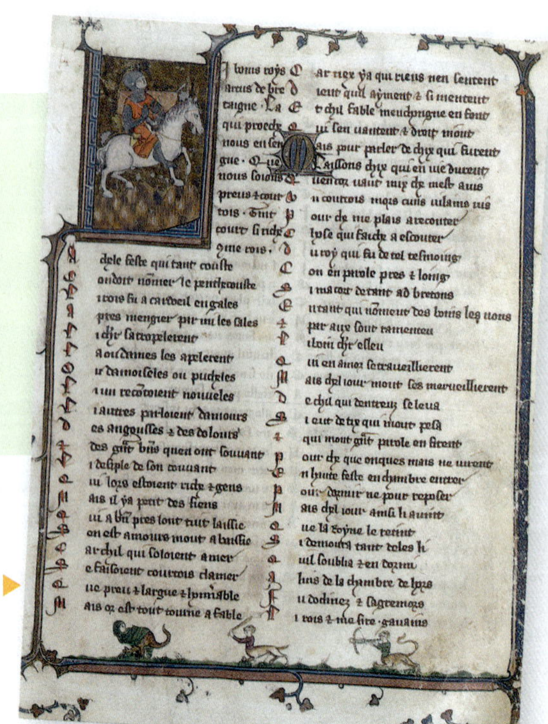

Le début d'*Yvain, le Chevalier au lion,* roman de Chréthien de Troyes, enluminure du XIIIe s., BnF, Paris.

▲ ***La Fée Morgane,*** Barldt Bralds, huile sur toile, 1991.

Question

3 Relevez les noms des personnages de la légende arthurienne : que savez-vous d'eux ?

Le roi Arthur, un modèle légendaire

• Le légendaire roi **Arthur** incarne le modèle du **roi raffiné**, entouré de **parfaits chevaliers** : les chevaliers de la Table Ronde.

• Un peu partout en Europe, les auteurs de cette époque puisent dans ces **récits merveilleux** et font découvrir le roi Arthur, bien sûr, mais aussi Merlin, Lancelot, Perceval… autant de figures qui incarnent une **forme de perfection**.

Chrétien de Troyes

• En France, c'est Chrétien de Troyes qui popularise ces récits, au XIIe siècle. On ne sait presque rien de sa vie. On pense que c'était un clerc qui a séjourné à la cour d'**Aliénor d'Aquitaine**, épouse du roi d'Angleterre, où il a découvert les légendes arthuriennes et les a introduites en France.

• Chrétien de Troyes a eu par la suite de nombreux imitateurs, mais c'est lui qui a rendu inoubliables les amours de Lancelot et Guenièvre et les **exploits des chevaliers de la Table Ronde**.

◀ **Le Kurenberg (poète lyrique courtois) en conversation avec la reine Aliénor d'Aquitaine,** parchemin, codex Manesse, vers 1150, bibliothèque universitaire de Heidelberg (Allemagne).

Questions

4 À quel siècle Chrétien de Troyes a-t-il vécu ?

5 De quel pays a-t-il ramené les légendes arthuriennes ?

Texte 1

Dys

Comment Arthur devint roi

Or, dit le conte, ce fut par la vertu d'une herbe magique que Merlin l'enchanteur fit engendrer le bon seigneur qui plus tard eut nom Artus[1] ; et le roi Uter Pendragon épousa la duchesse Ygerne, sa mère.

Quand l'enfant fut né, il en fit don à Merlin, qui le remit secrètement à l'un des plus honnêtes chevaliers du royaume, appelé Antor, dont la femme avait accouché six mois auparavant. Elle confia son propre fils à une nourrice et allaita celui qu'on lui amenait. Puis, le moment venu, Antor fit baptiser l'enfant sous le nom d'Artus et l'éleva en tout honneur et bien, en compagnie de son propre fils qu'on appelait Keu.

Uter Pendragon mourut seize ans plus tard, à la Saint-Martin, deux ans après Ygerne. Comme il ne laissait point d'enfant connu, les barons prièrent Merlin de leur désigner celui qu'ils devaient élire afin que le royaume fût gouverné pour le bien de la sainte Église et la sûreté du peuple. La veille de Noël, tous les barons du royaume de Logres vinrent à Londres, et parmi eux Antor, avec Keu et Artus, ses deux enfants, dont il ne savait lequel il préférait. Tout le monde assista à la messe de minuit en grande piété[2], puis à la messe du jour. Et comme la foule sortait de l'église, des cris d'étonnement retentirent : une grande pierre taillée gisait au milieu de la place, portant une enclume de fer où une épée se trouvait fichée jusqu'à la garde.

On avertit aussitôt l'archevêque qui s'en vint avec l'eau bénite. Et comme il se baissait pour asperger la pierre, il lut à haute voix ces mots qui s'y trouvaient écrits en lettres d'or :

Celui qui ôtera cette épée sera le roi élu par Jésus-Christ.

1. **Artus :** Arthur, en ancien français.
2. **En grande piété :** avec un grand respect de la religion.

Le Roi Arthur, Charles Butler, huile sur toile, 1903, Christopher Wood Gallery, Londres (Royaume-Uni).

Déjà les plus hauts et riches hommes disputaient entre eux à qui ferait l'essai le premier. Mais l'archevêque leur dit :

— Seigneurs, vous n'êtes point aussi sages qu'il faudrait. Ne savez-vous point que Notre-Sire n'a souci de richesse, ni de noblesse, ni de fierté ? Seul, celui qu'il a désigné réussira, et, s'il était encore à naître, l'épée ne serait jamais ôtée devant qu'il vînt.

Alors il choisit lui-même deux cent cinquante prud'hommes[3] pour tenter l'aventure tout d'abord. Mais aucun ne parvint à mouvoir l'épée. Après eux, tous ceux qui voulurent y tâchèrent, mais vainement, et le jour des étrennes[4] advint.

Ce jour-là, il était coutume qu'on donnât un grand tournoi aux portes de la cité. Quand les chevaliers eurent assez jouté, ils firent une telle mêlée, que toute la ville accourut pour la voir. Keu, le fils d'Antor, qui venait d'être fait chevalier à la Toussaint, appela son jeune frère et lui dit :

— Va chercher mon épée à notre hôtel.

Artus était un bel et grand adolescent de seize ans, fort aimable et serviable : il piqua des deux[5] vers leur logis, mais il ne put trouver l'épée de son frère ni aucune autre, car la dame de la maison les avait toutes rangées dans une chambre, et elle était allée voir la mêlée. Il s'en revenait, lorsqu'en passant devant l'église il pensa qu'il n'avait pas encore fait l'essai : aussitôt il s'approche du perron[6] et, sans même descendre de cheval, il prend le glaive[7] merveilleux par la poignée, le tire sans la moindre peine, et l'apporte sous un pan de manteau à son frère, à qui il dit :

— Je n'ai pu trouver ton épée, mais je t'apporte celle de l'enclume.

Keu la prit sans sonner mot, et se mit en quête de son père.

— Sire, lui dit-il, je serai roi : voici l'épée du perron.

Mais Antor, qui était vieil et sage, ne le crut guère et lui fit confesser la vérité. Puis il appela Artus et lui commanda d'aller remettre le glaive où il l'avait pris : l'enfant replongea la lame dans l'enclume aussi aisément qu'il eût fait dans la glaise. Ce que voyant, le prud'homme l'embrassa :

— Beau fils, si je vous faisais roi, quel bien m'en reviendrait ?

— Sire, répondit Artus, il ne serait rien que j'eusse dont vous ne fussiez maître, étant mon père.

— Beau sire, je suis votre père adoptif, mais non celui qui vous a engendré. J'ai confié mon propre fils à une nourrice pour que sa mère vous nourrît de son lait. Et je vous ai élevé aussi doucement que j'ai pu.

— Je vous supplie, dit Artus, de ne pas me renier comme votre fils, car je ne saurais où aller. Et si Dieu veut que j'aie cet honneur d'être roi, vous ne saurez me demander chose que vous ne l'ayez.

— Beau sire, je vous demande qu'en récompense de ce que j'ai fait pour vous, Keu soit votre sénéchal[8] tant que vous vivrez, et que, quoi qu'il fasse, il ne puisse perdre sa charge. S'il est fol, s'il est félon, vous vous direz que peut-être il ne l'eût point été s'il avait été allaité par sa propre mère et non par une étrangère, et que c'est peut-être à cause de vous qu'il est ainsi.

Et Artus jura sur les saints qu'il garderait Keu à jamais.

3. **Prud'hommes :** hommes de grande valeur.
4. **Jour des étrennes :** le jour du nouvel an.
5. **Il piqua des deux (éperons) :** il partit au galop.
6. **Perron :** ici, l'enclume dans laquelle est plantée l'épée.
7. **Glaive :** épée.
8. **Sénéchal :** seigneur ayant des responsabilités administratives.

Antor attendit vêpres[9], et, quand tous les barons furent assemblés dans l'église, il fut trouver l'archevêque et lui demanda de permettre que son plus jeune fils, qui n'était pas encore chevalier, fît l'essai. Et Artus ôta l'épée sans peine et la bailla[10] à l'archevêque qui entonna à pleine voix le *Te Deum laudamus*[11].

Jacques Boulenger, *Merlin l'Enchanteur*, adapté de Robert de Boron, © Plon, 1941.

9. **Vêpres** : messe du soir.
10. **Bailla** : donna.
11. ***Te deum laudamus*** : prière à la gloire de Dieu.

Vocabulaire

Avant la lecture

1 Cherchez un synonyme de *se mouvoir* ainsi qu'un nom de la même famille.

2 **a.** Qu'est-ce qu'un tournoi d'échecs ? Et un tournoi de chevaliers ?
b. Expliquez la différence entre un tournoi et une bataille.

3 Le nom *joute* (n. f.) est un synonyme de *tournoi* (n. m.). Déduisez-en le sens du verbe *jouter* puis employez ce verbe dans une phrase de votre invention.

Après la lecture

4 Ligne 24 : « une grande pierre taillée gisait au milieu de la place, portant une enclume en fer où une épée se trouvait fichée jusqu'à la garde. » Recopiez cette phrase en remplaçant *gisait* et *fichée* par des mots de même sens. N'utilisez pas de dictionnaire mais aidez-vous du contexte.

5 Voici les trois sens du nom *vertu* : 1. Qualité – 2. Sens moral qui pousse à faire le bien – 3. Pouvoir, propriété.
Dites à quel sens correspond chacun des emplois suivants :
1. Artus possédait de nombreuses **vertus**.
2. « Ce fut par la **vertu** d'une herbe magique que Merlin l'enchanteur fit engendrer Artus. »
3. La grande **vertu** de la reine était saluée par tout le peuple.

Lire et comprendre

Débat de compréhension ORAL

- Résumez ce que vous avez compris de ce passage et confrontez vos impressions de lecture.

Pour approfondir

1 Relevez toutes les informations sur Arthur.

2 Pourquoi Arthur s'empare-t-il de l'épée de la pierre ? Cherche-t-il à devenir roi ?

3 **a.** Quelles sont les différentes qualités d'Arthur qui apparaissent dans cet extrait ? Justifiez vos réponses.
b. À votre avis, Arthur fera-t-il un bon roi ? Discutez vos réponses.

4 **a.** Relisez les lignes 1 à 15 : quel est le rôle de Merlin, dans le récit ?
b. À votre avis, quel pourra être son rôle dans la suite du récit ? Expliquez.

Préparer l'écriture

1 Dans les lignes 15 à 46, relevez les compléments circonstanciels de temps qui permettent d'ordonner les actions (ne tenez pas compte des phrases de dialogue).

2 Complétez le texte suivant avec les adverbes proposés : *finalement – déjà – alors – aussitôt – soudain – à peine – d'abord.*

Yvain trouva la fontaine merveilleuse et y versa de l'eau. …, une formidable tempête s'éleva et un chevalier en armes apparut. … Yvain eut-il le temps de comprendre ce qui se passait que le chevalier l'attaquait. …, le combat parut égal : aucun des chevaliers ne cédait un pouce de terrain. L'affrontement s'éternisait. … la fatigue se faisait sentir. … Yvain porta un coup si violent que sa lance éclata. … son adversaire chancela et s'écroula. Voyant que le combat était perdu pour lui, il prit … la fuite.

Texte 2

La Table Ronde

Dys

Arthur, devenu roi, épouse Guenièvre. À Noël, il rassemble sa cour. Lors du banquet, Merlin l'enchanteur apparaît…

Quand les tables furent ôtées, Merlin se leva et, après en avoir demandé la permission au roi, il s'adressa à tous ceux qui étaient présents dans la salle :

— Seigneurs, écoutez bien mes paroles, car elles auront de grandes conséquences sur l'avenir. Vous avez entendu parler du Saint-Graal, ce vase sacré où Joseph d'Arimathie recueillit le sang de Notre-Seigneur Jésus. Il fut transporté jadis en Bretagne, et pour lui fut établie[1] la table du Graal. Un jour, vous partirez en quête du Saint-Graal, mais seul le meilleur chevalier du monde, qui n'est pas encore né, le trouvera.

« Voici ce qui est demandé en ce jour à votre souverain, le roi Arthur : qu'il fonde une table, à l'image de la table du Graal. Cette table sera ronde, car tous les valeureux chevaliers qui y prendront place seront de même rang. À la droite du roi se trouvera un siège qui devra demeurer vide. Tous ceux qui tenteraient de s'y asseoir connaîtraient un sort terrible, hormis le chevalier élu de Dieu, celui qui doit parvenir au Saint-Graal.

Merlin se tourna alors vers Arthur :

— Es-tu prêt à fonder cette table ?

— Oui, je le veux, dit Arthur d'une voix grave.

À peine ces mots avaient-ils été prononcés que parut au centre de la salle une table ronde entourée de cinquante sièges de bois. Sur chaque dossier était écrit en lettres d'or : ICI DOIT S'ASSEOIR TEL CHEVALIER. À la droite de la place du roi, le siège portait l'inscription :

QUE NUL N'OSE S'ASSEOIR SUR CE SIÈGE S'IL N'EST LE MEILLEUR CHEVALIER DU MONDE.

— Voyez, seigneurs, dit Merlin, les noms de ceux que Dieu a choisis pour siéger à la Table Ronde, et pour partir un jour en quête du Saint-Graal.

Alors le roi et les chevaliers dont les noms étaient inscrits sur les sièges vinrent s'asseoir. Parmi eux se trouvaient Gauvain et ses jeunes compagnons de la guerre contre les Saxons. Ceux qui avaient suivi Arthur et Merlin en Carmélide y figuraient aussi.

— Seigneurs, leur dit Merlin, si vous entendez parler d'un excellent chevalier, faites-le venir à cette table, mais prenez garde que son cœur soit noble et droit,

1. **Établie** : fondée, créée.

Galaad est introduit à la cour du roi Arthur, illustration de Walter Crane pour *Les Chevaliers du roi Arthur*, 1911.

car sans ces qualités, hardiesse ne vaut rien. Ne craignez pas d'accroître votre nombre, car il est écrit que les compagnons de la Table Ronde seront cent cinquante quand commencera la quête du Saint-Graal.

Ils s'assirent et se sentirent aussitôt remplis de douceur et d'amitié les uns pour les autres. Après avoir consulté ses compagnons, Gauvain prit la parole :

— Seigneurs, voici le vœu que je prononce : jamais une dame ou une demoiselle ne viendra en cette cour pour y chercher du secours sans qu'elle le reçoive. Jamais un homme ne demandera notre aide contre une injustice sans l'obtenir. Et si l'un d'entre nous disparaissait au cours d'une aventure, ses compagnons se mettraient à sa recherche, et cela durant un an et un jour. Voulez-vous prononcer ce vœu avec moi ?

Le roi fit apporter les reliques[2] et tous les compagnons prêtèrent solennellement ce serment.

Anne-Marie Cadot-Colin, *Merlin*, © Le Livre de Poche Jeunesse, 2009.

2. **Relique :** objet sacré ayant appartenu à un saint.

Vocabulaire

Avant la lecture

1 **a.** Cherchez un synonyme de *hardi* ainsi qu'un nom de la même famille.
b. Employez *hardi* dans une phrase de votre invention.

2 Que signifie l'adjectif *droit* quand il qualifie une personne ? Choisissez parmi les propositions suivantes : *grand* – *raide* – *honnête* – *sévère*.

3 **a.** Qu'est-ce que la croissance ?
b. Trouvez un verbe de la même famille qui signifie *grandir*, et employez-le dans une phrase.

Après la lecture

4 **a.** « d'une voix grave » (l. 18) : quel est ici le sens du mot *grave* ?
b. Donnez le nom de la même famille et expliquez son sens.
c. Donnez un synonyme de *grave* que l'on pourrait employer dans cette phrase.
d. Trouvez, dans la dernière phrase du texte, un mot de la famille de ce synonyme et expliquez son sens.

Lire et comprendre

1 Qui parle le plus, dans cet extrait ? À qui cette personne s'adresse-t-elle ?

2 **a.** Dans les lignes 8-9 et 11-12, quel est le temps verbal employé ? Pourquoi ?
b. Quelles différentes missions Merlin confie-t-il aux chevaliers ?

3 Quels sont les différents signes du caractère merveilleux de la Table Ronde ?

4 Que symbolise sa forme ?

5 Quels engagements Gauvain prend-il ?

6 D'après ce texte, quelles sont les valeurs de la chevalerie ?

7 À votre avis, que symbolise le Graal ?

Préparer l'écriture

Transformez les phrases selon le modèle suivant.
Merlin prononça ces paroles et une table apparut. → ***À peine*** *Merlin eut-il prononcé ces paroles* ***qu'****une table apparut.*

1 Arthur aperçut Guenièvre et il en tomba follement amoureux.

2 Lancelot entra dans la lice et les spectateurs se mirent à crier son nom.

3 Gauvain porta le premier coup et son ennemi s'écroula.

Texte 3

Dys

Texte audio

Perceval arrive à la cour

Perceval est un tout jeune homme sans expérience, élevé en pleine forêt par une mère qui, ayant perdu tous ses fils à la guerre, ne voulait pas qu'il découvre la vie de chevalier. Mais il a rencontré des chevaliers en chassant et, ébloui par leurs armures, ne pense plus qu'à rejoindre leurs rangs. Il se rend donc à la cour du roi Arthur.

Il arrive ainsi devant un château en bordure de la mer. C'était un château qui ne manquait pas d'allure, puissant et beau. Il en vit sortir par la porte un chevalier en armes, une coupe d'or à la main. De la main gauche il tenait sa lance, ses rênes et son écu, et de la droite la coupe d'or. Son armure lui allait bien et elle était entièrement vermeille[1]. À voir cette belle armure toute neuve le jeune homme en eut envie et se dit :

« Par ma foi, je vais la demander au roi. S'il me la donne, j'en serai ravi. Au diable qui irait en chercher une autre ! »

Il se précipite vers le château car il lui tarde d'être à la cour. Le voilà arrivé près du chevalier. Celui-ci l'arrête un instant pour lui demander :

« Dis-moi, jeune homme, où vas-tu donc ?

— Je veux, dit-il, me rendre à la cour pour demander cette armure au roi.

— Jeune homme, reprend l'autre, tu as bien parlé. Va donc et reviens vite. Et tu pourras dire à ce mauvais roi qu'il me rende sa terre, s'il refuse de la tenir de moi[2], ou qu'il envoie quelqu'un pour me la disputer, car je prétends qu'elle m'appartient. Qu'il s'en remette, pour te croire, à ce signe : je lui ai ravi[3] tout à l'heure cette coupe que je tiens ici, avec tout le vin qu'il était en train de boire. »

Mais il peut bien chercher quelqu'un d'autre pour porter son message, car le jeune homme n'y a prêté aucune attention. Il se hâte en effet vers la cour où le roi et ses chevaliers étaient assis pour prendre leur repas. La grande salle, au sol dallé, était de plain-pied[4] en bas et aussi longue que large. Le jeune homme y pénètre à cheval. Le roi Artur s'y tenait assis à l'extrémité d'une table, abîmé[5] dans ses pensées. Tous les chevaliers parlaient et discouraient joyeusement entre eux, mais lui restait pensif et silencieux. Le jeune garçon s'est avancé. Ne connaissant pas le roi, il ne sait qui il doit saluer.

Mais Yonet vient à sa rencontre, un couteau à la main, et il l'interpelle :

« Jeune homme, toi qui viens un couteau à la main, montre-moi celui qui est le roi. »

Yonet, qui ne manquait pas de courtoisie, lui répond :

« C'est celui-ci, mon ami. »

Le jeune garçon se dirige alors vers lui et le salue à sa façon. Le roi se tait et ne répond mot, et lui, de nouveau, lui adresse la parole. Mais le roi, plongé dans ses pensées, ne lui répond pas.

1. **Vermeille** : dorée.
2. **S'il refuse de la tenir de moi** : s'il refuse d'être mon vassal.
3. **Ravi** : dérobé, volé.
4. **De plain-pied:** sur un seul niveau.
5. **Abîmé** : plongé.

« Par ma foi, se dit alors le jeune homme, ce roi n'a jamais fait de chevaliers. Puisqu'on ne peut lui tirer un mot, comment pourrait-il faire un chevalier ? »

Aussitôt il s'apprête à repartir, fait tourner bride[6] à son cheval, mais, en homme sans éducation, il l'avait approché si près du roi que – c'est la pure vérité – il lui fait tomber de la tête sur la table le chapeau qu'il portait. Le roi relève vers le jeune homme sa tête qu'il tenait inclinée et, tiré de ses pensées, lui dit :

« Seigneur, soyez le bienvenu. Ne me tenez pas rigueur[7], je vous prie, de ne vous avoir pas rendu votre salut et d'avoir gardé le silence. La tristesse m'empêchait de vous répondre : mon pire ennemi, celui dont la haine me jette dans le plus grand trouble, vient ici même de me contester ma terre et il est si insensé qu'il prétend, bon gré, mal gré, l'avoir toute en son pouvoir. Il s'appelle le Chevalier Vermeil de la forêt de Quinqueroi. La reine était venue s'asseoir ici en face de moi pour rendre visite à ces chevaliers qui sont blessés et les réconforter. Toutes les paroles du Chevalier Vermeil ne m'auraient guère affecté[8], mais ici devant moi il se saisit de ma coupe et la souleva si brutalement qu'il renversa sur la reine tout le vin dont elle était remplie. Ce fut un affreux, un grossier outrage[9]. L'extrême douleur et la colère qu'en éprouva la reine la firent se retirer dans sa chambre où elle se meurt de chagrin et je ne pense pas, par Dieu, qu'elle en ressorte vivante. »

6. Tourner bride : faire demi-tour.

7. Ne me tenez pas rigueur : ne m'en veuillez pas.

8. Affecté : touché, blessé.

9. Outrage : injure, insulte.

Le jeune Perceval questionne Sir Owen, illustration de Walter Crane pour *Les Chevaliers du roi Arthur*, 1911.

Le jeune homme se moque bien de tout ce que lui raconte le roi ; la douleur de celui-ci comme le déshonneur qui atteint la reine le laissent indifférent.

« Faites-moi chevalier, dit-il, noble roi, car je veux m'en aller. »

Vifs et brillants les yeux se détachent sur le visage du jeune sauvage. À le voir, personne ne le juge très sensé, mais tous apprécient sa beauté et sa noblesse. […]

— Ah ! dit le roi, mon cher ami, c'est bien volontiers que je vais le faire, à votre avantage comme à mon honneur.

— Par la foi que je porte au Créateur, reprend le jeune homme, noble roi, je ne suis pas près d'être chevalier, à moins que je ne devienne chevalier vermeil. Donnez-moi donc l'armure de celui que j'ai rencontré là dehors devant la porte, celui qui emporte votre coupe d'or. »

Le sénéchal, qui faisait partie des blessés, s'irrite d'entendre de telles paroles :

« Mon ami, dit-il, vous avez parfaitement raison. Allez donc la prendre sans tarder, cette armure : elle est à vous. Vous avez été bien inspiré de venir ici pour cela.

— Keu, intervient le roi, au nom du Ciel, vous prenez toujours plaisir à dire des choses désagréables et peu vous importe à qui. C'est un vilain défaut pour un homme de bien. Ce jeune homme manque sans doute de sagesse et est un peu niais[10], mais peut-être n'en est-il pas moins plein de noblesse, et si cela tient à l'éducation qu'il a reçue, au maître indigne qu'il a pu avoir, il peut encore devenir valeureux et sage. »

Chrétien DE TROYES, *Perceval ou le conte du Graal,*
trad. Jean Dufournet, © Flammarion, 2012.

10. Niais : naïf, inexpérimenté.

Vocabulaire

Après la lecture

1. Qu'appelle-t-on la cour du roi ?
2. **a.** D'après le contexte et en vous appuyant sur l'attitude de Yonet, quel peut être le sens du mot *courtoisie*, l. 3 ?
b. Ce mot est formé sur le radical *cour*, il désigne les qualités dont doit faire preuve un homme digne de siéger à la cour du roi : d'après votre lecture des textes de ce chapitre, quelles sont ces qualités ?
3. À l'aide du contexte, trouvez le sens de *se hâter*, l. 20.

Préparer l'écriture

Transformez les phrases selon le modèle suivant, en utilisant le participe présent pour exprimer la cause.

Comme il ne connaît pas le roi, il ne sait qui saluer.
→ *Ne connaissant pas le roi, il ne sait qui il doit saluer.*

1. Comme il fait demi-tour, il bouscule le roi.
2. Comme il veut une armure, Perceval réclame celle du chevalier Vermeil.
3. Comme il n'obtient pas de réponse, Perceval s'énerve.

Parcours de lecture

Parcours ★

1. Qui est Perceval ? Aidez-vous de l'introduction pour répondre.
2. Où va-t-il ? Dans quel but ?
3. **a.** Qui rencontre-t-il en chemin ?
b. Que sait-on sur cet homme ? Pour répondre, appuyez-vous sur les lignes 13 à 18 et 45 à 54.
4. Que pensez-vous de l'attitude de Perceval avec cet homme, puis avec le roi ? Justifiez vos réponses.
5. Dans les lignes 58 à 67, relevez les deux groupes nominaux qui désignent Perceval : quelles informations nous donnent-ils sur ce personnage ?
6. Relisez la réplique de Keu, lignes 79 à 81 : quel ton emploie-t-il ? pourquoi ?
7. Comment le roi réagit-il au comportement de Perceval ? Pourquoi ?
8. Perceval vous semble-t-il digne d'être chevalier ? Pourquoi ? Discutez vos réponses.

Parcours ★★

1. Quelle image a-t-on de Perceval, dans ce passage ? Pour répondre, appuyez-vous sur son comportement ainsi que sur ses paroles.
2. Quelle image avez-vous d'Arthur ? Pourquoi ?

Texte 4

Le chevalier Vermeil

Dys

Texte audio

Arthur propose à Perceval d'aller affronter le chevalier Vermeil : s'il sort vainqueur de ce combat, l'armure du chevalier sera à Perceval.

▲ **Le combat contre le chevalier Vermeil,** Ferdinand Piloty, fresque murale, 1885, château de Neuschwanstein, Allemagne.

Or voici que le jeune homme, à vive allure, arriva vers lui pour prendre ses armes. Le chevalier, en attendant, avait déposé la coupe d'or sur un perron de pierre bise[1]. Quand le jeune homme fut assez près de lui pour qu'ils pussent s'entendre l'un l'autre, il lui cria :

« Déposez-les, vos armes ; ne les portez plus : le roi Arthur vous le commande. »

Du coup, le chevalier sort de ses gonds[2], il lève sa lance à deux mains et lui en donne un coup si fort au travers des épaules, du bois de la lance, qu'il l'abat sur le cou du cheval. Le jeune garçon se met en colère quand il ressent la blessure du coup qu'il a reçu. Du mieux qu'il peut, il le vise à l'œil et lance son javelot[3]. Sans que l'autre y prenne garde ni qu'il voie ni entende rien, il le frappe par l'œil au cerveau si bien que de l'autre côté par la nuque giclent le sang et la cervelle. De douleur, le cœur lui manque, il tombe à la renverse et gît de tout son long. Le jeune homme, lui, est descendu de cheval. Il met d'un côté la lance et lui enlève du cou le bouclier, mais il ne sait venir à bout du heaume qu'il a sur la tête, car il ne sait comment le saisir ; il veut aussi lui prendre l'épée, mais il ne sait pas le faire, ni ne peut la tirer du fourreau qu'il tiraille dans tous les sens. Yonet se met à rire, à le voir si entrepris.

« Qu'y a-t-il, ami ? dit-il. Que faites-vous ?

— Je ne sais pas. Votre roi, je croyais qu'il m'avait donné ces armes, mais j'aurais découpé le mort en steaks avant d'emporter une seule arme, car elles lui collent au corps si bien que le dedans et le dehors ne font qu'un, à ce qu'il me semble, et tout l'ensemble est d'un seul tenant[4].

— Ne vous tourmentez pas du tout, dit Yonet, car je les séparerai facilement, si vous le voulez.

— Dépêchez-vous donc, répondit le jeune homme, et donnez-les-moi sans perdre de temps. »

Aussitôt Yonet déshabilla le mort et le déchaussa jusqu'à l'orteil. Il ne lui resta ni haubert ni chausses ni heaume sur la tête, ni rien d'autre de l'armure. Mais le jeune homme ne voulait pas abandonner ses vêtements à lui : il n'aurait pas pris, malgré tous les arguments de Yonet, une confortable tunique de soie rembourrée que de son vivant le chevalier portait

---

1. **Un perron de pierre bise :** un muret de pierre grise.
2. **Sort de ses gonds :** perd son calme.
3. **Javelot :** arme de chasse qui ressemble à une courte lance, faite pour être projetée.
4. **D'un seul tenant :** en un seul bloc.

sous son haubert. Il ne pouvait pas non plus lui retirer des pieds les brodequins[5] qu'il avait chaussés.

« Diable, dit-il, c'est une blague ! Quoi, j'échangerais mes bons vêtements, que ma mère m'a faits l'autre jour, contre ceux de ce chevalier, et ma grosse chemise de chanvre[6] contre celle-ci qui est souple et mince ? Vous voudriez que j'abandonne ma tunique qui ne laisse pas passer l'eau pour celle-ci qui n'arrêterait pas une seule goutte ? Mille fois maudite soit la gorge de celui qui échangera d'une manière ou de l'autre ses bons vêtements à lui contre les mauvais vêtements d'autrui ! »

Il est bien difficile d'éduquer un fou. Il ne voulut rien prendre d'autre que les armes, malgré toutes les prières. Yonet lui lace les chausses et, par-dessus les brodequins, lui fixe les éperons ; puis il lui a revêtu le haubert, le meilleur au monde, et sur la coiffe il lui pose le heaume qui lui va très bien. L'épée, il lui apprend à la ceindre de manière lâche et flottante. Puis il lui met le pied à l'étrier et le fait monter sur le destrier[7] : jamais le garçon n'avait vu d'étrier et il ignorait tout de l'éperon, ne connaissant que la baguette ou la badine[8]. Yonet lui apporte le bouclier et la lance qu'il lui remet. Avant qu'il ne s'en aille, le garçon lui dit :

« Ami, prenez mon cheval de chasse et emmenez-le : il est très bon, et je vous le donne, parce que je n'en ai plus besoin. Rapportez sa coupe au roi, et saluez-le de ma part. »

Sur ce, ils se séparent.

Chrétien DE TROYES, *Perceval ou le conte du Graal*,
trad. Jean Dufournet, © Flammarion, 2012.

5. Brodequins : gros souliers de paysan.
6. Chanvre : toile épaisse et résistante.
7. Destrier : cheval de guerre.
8. Badine : fine baguette servant de fouet ou de cravache.

Vocabulaire

Avant la lecture

1 **a.** Les verbes *chausser* et *lacer* sont formés sur des noms de vêtements. Trouvez lesquels et déduisez-en leur sens.
b. Employez chacun de ces verbes dans une phrase de votre invention.
c. Expliquez le sens des verbes en gras : Il se **déchaussa** avant d'entrer. – Il **relaçait** ses chaussures.

2 Le verbe *ceindre* est de la même famille que le nom *ceinture* : où un chevalier met-il son épée quand il ceint son épée ?

Après la lecture

3 Relevez tous les termes qui désignent une partie de l'équipement du chevalier et précisez leur sens.

4 *Gît* (l. 17) est le même verbe que *gisait*, mais conjugué au présent. Rappelez le sens de ce verbe et expliquez la phrase.

Lire et comprendre

1 Comparez l'équipement de Perceval et celui du chevalier Vermeil : son cheval, ses armes, ses vêtements.

2 Comparez l'attitude de Perceval et celle de Yonet : qu'est-ce qui différencie les deux personnages ? Développez et justifiez vos réponses.

3 Pourquoi Perceval refuse-t-il de prendre les vêtements du chevalier ?

4 Comment trouvez-vous Perceval, dans ce texte ? Courageux ? Habile ? Désagréable ? Ridicule ? Justifiez vos réponses.

5 À la fin du texte, Perceval a obtenu les armes qu'il désirait : peut-on dire qu'il est désormais un chevalier ? Discutez vos réponses.

Texte 5

Dys

Texte audio

Les enseignements de Gornemant

Perceval rencontre un gentilhomme nommé Gornemant. Celui-ci, touché par l'ardeur du jeune homme, entreprend de faire l'éducation de Perceval.

« Ami, sauriez-vous vous aussi manier la lance et le bouclier, éperonner et conduire le cheval ? »

L'autre lui répondit que franchement il ne chercherait pas à vivre un seul jour de plus, ni à posséder terre et biens, pourvu qu'il sût en faire autant.

« Ce qu'on ne sait pas, on peut l'apprendre, si l'on veut y mettre peine et attention, mon cher ami, fit le gentilhomme. Tous les métiers exigent effort, courage et expérience : à ces trois conditions, on peut tout savoir. Puisque vous ne l'avez jamais fait ni vu faire à autrui, si vous ne savez pas le faire, vous ne méritez ni honte ni blâme. »

Alors le gentilhomme le fit monter à cheval, et le garçon se mit à porter la lance et le bouclier aussi correctement que s'il avait toujours passé sa vie en tournois et en guerres et parcouru toutes les terres en quête de batailles et d'aventures : cela lui venait de Nature et puisque Nature le lui apprenait et que le cœur s'y consacrait tout entier, rien ne pouvait lui être difficile, du moment que Nature et son cœur s'y employaient. Grâce à leur double action, il se débrouillait si bien que le gentilhomme en était ravi et qu'il se disait en lui-même que si le garçon s'était toute sa vie consacré et appliqué aux armes, il y eût été fort compétent.

Quand il eut achevé son tour, il s'en revint devant le gentilhomme, lance levée comme il le lui avait vu faire, et lui dit :

« Sire, l'ai-je bien fait ? Croyez-vous que mes efforts ne seront pas inutiles, si j'en prends la peine ? Jamais je n'ai rien vu que j'aie autant désiré. Comme je voudrais en savoir autant que vous !

— Ami, avec du cœur[1], fait le gentilhomme, vous en saurez beaucoup : inutile de vous inquiéter. »

Le gentilhomme, par trois fois, monta à cheval et, par trois fois, il lui enseigna, en fait d'armes, tout ce qu'il pouvait lui apprendre, jusqu'à ce que sa leçon fût complète. […]

De bon matin, le gentilhomme se leva et se rendit au lit du garçon qu'il trouva couché. Il lui fit porter comme présent une chemise et des braies[2] de toile fine, des chausses teintes en rouge et une tunique de soie violette qui avait été tissée et fabriquée en Inde. Il les lui avait envoyées pour qu'il les portât, et il lui dit :

« Ami, ces habits que voici, vous les mettrez, si vous m'en croyez.

— Cher seigneur, répondit le garçon, vous pourriez beaucoup mieux parler. Les habits que ma mère m'a faits, est-ce qu'ils ne valent pas mieux que ceux-ci ? Et vous voulez que je mette les vôtres !

1. **Cœur** : ici, courage.
2. **Braies** : un pantalon.

3. **Donner l'accolade :** serrer dans ses bras. L'accolade était un des gestes de l'adoubement.

4. **Conféré** : donné, accordé.

— jeune homme, je vous le jure, repartit le gentilhomme, au contraire ils valent beaucoup moins. Vous m'avez dit, cher ami, quand je vous ai amené ici, que vous feriez tout ce que je vous commanderais.

— Oui, je le ferai, dit le jeune homme ; jamais je ne m'opposerai à vous en rien du tout. »

À mettre les habits, il ne perdit pas de temps, après avoir laissé ceux de sa mère. Le gentilhomme se baissa et lui chaussa l'éperon droit. C'était alors la coutume que celui qui faisait un chevalier devait lui chausser l'éperon. Il y avait beaucoup d'autres jeunes gens dont chacun, quand il le pouvait, prêta la main pour l'armer. Le gentilhomme prit l'épée ; il la lui ceignit et lui donna l'accolade[3] en lui disant qu'il lui avait conféré[4] avec l'épée l'ordre le plus élevé que Dieu eût créé et établi : c'est l'ordre de chevalerie qui n'admet pas de bassesse.

Un chevalier, Sir Galaad, George Frederick Watts, huile sur bois, vers 1850, coll. particulière.

Texte 5

« Cher frère, ajouta-t-il, souvenez-vous-en, s'il arrive qu'il vous faille combattre contre un chevalier, voici ce que je veux vous dire et vous prier de faire : si vous avez le dessus si bien qu'il ne puisse plus se défendre contre vous ni vous résister, et qu'il lui faille demander grâce[5], ne le tuez pas sciemment[6]. Gardez-vous[7] aussi d'être trop bavard et de trop colporter les bruits. Personne ne peut être bavard sans dire souvent une parole qu'on lui impute à bassesse[8]. Le sage le dit et l'enseigne : "À trop parler, péché on fait."

C'est pourquoi, cher frère, je vous interdis de trop parler, et je vous fais aussi cette prière : si vous trouvez un homme ou une femme, demoiselle ou dame, qui soient dans l'embarras, aidez-les, vous ferez une bonne action, si vous savez le faire et si vous le pouvez. Voici une autre chose que je vous commande, ne la traitez pas par le dédain[9], car elle n'est pas à dédaigner : allez volontiers à l'église prier Celui qui a tout créé d'avoir pitié de votre âme et de vous garder en ce monde terrestre comme son fidèle chrétien. »

[…] Le garçon lui fit la promesse de ne jamais dire un mot, tant qu'il vivrait, que de lui, car il lui semblait bien que son enseignement était bon.

Chrétien DE TROYES, *Perceval ou le conte du Graal*,
trad. Jean Dufournet, © Flammarion, 2012.

5. Demander grâce : demander pitié.
6. Sciemment : exprès, délibérément.
7. Gardez-vous : empêchez-vous.
8. Qu'on lui impute à bassesse : qu'on lui reproche comme une bassesse.
9. Ne la traitez pas par le dédain : ne l'ignorez pas.

Vocabulaire

Avant la lecture

1 Qu'est-ce qu'un présent ? Employez ce nom dans une phrase de votre invention.

Après la lecture

2 **a.** Donnez l'infinitif du verbe *ceignit* (l. 47) et rappelez son sens.
b. À quel temps est-il conjugué ?

3 **a.** Sur quel radical le nom *bassesse* est-il formé ?
b. Déduisez-en le sens de ce mot.
c. Donnez des exemples de ce que vous considéreriez comme des bassesses.

4 À l'aide du même suffixe *-esse*, formez des noms à partir des adjectifs suivants : *hardi – délicat – faible – poli – noble – mou – ivre*.

Lire et comprendre

1 Que fait Perceval dans la première partie du texte ?

2 Se montre-t-il un élève doué ? Justifiez votre réponse par une citation du texte.

3 À quelles conditions Perceval peut-il apprendre correctement ? Pour répondre, appuyez-vous sur les lignes 5 à 8.

4 Quelle cérémonie se déroule dans la deuxième moitié du texte ?

5 Quels conseils Gornemant donne-t-il à Perceval ? Qu'en pensez-vous ?

6 En quoi Perceval a-t-il changé entre le début et la fin du texte ? Développez votre réponse.

7 À quels signes voit-on que Perceval est devenu un homme ?

Préparer l'écriture

Complétez le texte avec les mots de liaison suivants : *alors – d'abord – ensuite – et – puis*.

Le matin de la cérémonie, le jeune écuyer entend une messe solennelle. Il revêt … une tunique écarlate, couleur du sang (qu'il doit être prêt à verser pour tenir ses engagements de chevalier). … on lui passe la cotte de maille ou haubert, le baudrier … on fixe des éperons d'or ou argent à ses talons. … on lui remet son bouclier, sa lance et son heaume. L'écuyer s'agenouille … devant son parrain qui lui donne l'accolade, signe d'acceptation de son entrée dans la chevalerie.

Texte 6

Dys

Texte audio

Le combat contre Anguingeron

Perceval est formé par Gornemant et adoubé chevalier. Désireux de faire ses preuves, il part à l'aventure et obtient l'hospitalité au château de Blanchefleur. Celle-ci lui apprend qu'Anguingueron et ses hommes assiègent le château et que les vivres manquent. Elle l'accueille toutefois pour la nuit. À l'aube, Perceval doit se remettre en route.

La jeune fille retourna aussitôt vers son chevalier et lui dit avec courtoisie :

« Sire, que Dieu vous donne une bonne journée ! Je suis persuadée que vous ne resterez pas longtemps en ce lieu. Ce serait du temps perdu : vous partirez, et je n'en suis pas chagrine, car nous vous avons donné en ce lieu une bien pauvre hospitalité. Mais je prie Dieu de vous préparer un meilleur hôtel[1] où vous aurez plus de pain, de vin, de sel et d'autres choses qu'en celui-ci.

— Belle amie, répondit-il, ce ne sera pas aujourd'hui que j'irai chercher un autre hôtel, mais auparavant j'aurai sur toute votre terre ramené la paix, si je le peux. Si je trouve votre ennemi là, dehors, je serai désolé qu'il y reste plus longtemps, pour peu qu'il vous cause du tort. Mais si je le tue et si je l'emporte sur lui, je vous demande de m'accorder votre amour en récompense : je n'en prendrais pas d'autre salaire. »

— Sire, répondit-elle aimablement, ce que vous venez de me demander, c'est bien peu de chose. […] Que Dieu vous vienne en aide en cette journée et qu'il fasse le malheur du sénéchal[2] Anguingueron qui a détruit tout le pays ! »

Tous l'escortent jusqu'à la porte. […]

Lorsque Anguingueron le vit, il se fit armer en toute hâte et s'avança vers lui à vive allure sur son cheval vigoureux et bien nourri. Il lui dit :

« Jeune homme, qui t'envoie ici ? Dis-moi la raison de ta venue : viens-tu chercher la paix ou la bataille ?

— Mais toi-même, que fais-tu sur cette terre ? fit-il. Tu me le diras d'abord. Pourquoi as-tu tué les chevaliers et ruiné tout le pays ? »

Alors l'autre lui répondit avec orgueil et outrecuidance[3] :

« Je veux qu'aujourd'hui on m'abandonne le château et qu'on me rende la tour qu'on m'a trop longtemps refusée, et mon seigneur aura la jeune fille[4].

— Maudites soient aujourd'hui ces paroles, dit le jeune homme, ainsi que celui qui les a dites ! Il te faudra plutôt renoncer à tout ce que tu lui disputes.

— Mensonges que tout cela, par saint Pierre, fit Anguingueron. Il arrive souvent que tel paie pour une faute sans y être pour rien. »

---

1. Hôtel : lieu où l'on est accueilli, où l'on reçoit l'hospitalité.

2. Sénéchal : seigneur ayant des responsabilités administratives.

3. Outrecuidance : orgueil.

4. La jeune fille : Blanchefleur.

Le jeune homme en eut alors assez. Il mit la lance en arrêt, et ils s'élancèrent l'un contre l'autre sans se défier ni s'adresser la parole. Chacun disposait d'une lance en frêne au fer tranchant et à la hampe[5] robuste et maniable. Les chevaux étaient rapides et les chevaliers puissants. Ils se haïssaient à mort. Ils se frappèrent si fort que craquaient les bois de leurs boucliers qui se brisèrent en même temps que les lances, et qu'ils se jetèrent l'un l'autre à terre. Mais ils eurent tôt fait de se remettre en selle et de se précipiter l'un contre l'autre, sans paroles inutiles, plus féroce-

5. **Hampe** : la poignée.

▲ **La dame couronne son chevalier,** enluminure du Grand manuscrit d'Heidelberg, XIVe siècle.

Du texte à l'image

1. Que représentent les deux personnages ? À quoi les reconnaissez-vous ?
2. Dans quelle attitude l'homme est-il représenté ?
3. Quel geste la femme accomplit-elle ?
4. Que vous rappelle cette relation ?
5. D'après cette image et les textes du chapitre, quel est le rôle de la dame vis-à-vis du chevalier ?

ment que deux sangliers. Ils se frappèrent sur leurs boucliers et sur leurs hauberts aux fines mailles de toute la force de leurs chevaux. Emportés par la colère et la rage, de toute la puissance de leurs bras, ils firent voler les morceaux et les éclats de leurs deux lances. Anguingueron fut le seul à tomber, le corps couvert de blessures au point qu'il avait mal au bras et au côté. Le jeune homme mit pied à terre, car il ne savait[6] l'attaquer en restant à cheval. Une fois descendu, il tira l'épée et l'assaillit. Je ne puis vous en raconter davantage, ni ce qui arriva à chacun, ni tous les coups l'un après l'autre : il reste que la bataille dura longtemps et que les coups furent très violents, jusqu'à ce qu'Anguingueron tombât, et le jeune homme l'attaqua si vigoureusement qu'il cria grâce [...]

— Sais-tu donc où tu iras ? En ce château-là, et tu diras à la belle qui est mon amie que jamais plus de toute ta vie tu ne chercheras à lui nuire, et tu te mettras sans réserve, totalement, à sa merci[7].

Chrétien de Troyes, *Perceval ou le conte du Graal*,
trad. Jean Dufournet, © Flammarion, 2012.

6. **Il ne savait :** il ne voulait pas l'attaquer car c'était contraire aux règles de la chevalerie.
7. **À sa merci :** en son pouvoir, à sa disposition.

Vocabulaire

Avant la lecture

1 a. Cherchez le sens du verbe *assaillir* et employez-le dans une phrase de votre invention, au présent.
b. Donnez deux noms de la même famille.

2 a. Donnez un synonyme de *vigoureux*.
b. Trouvez un nom et un adverbe de la même famille.

Après la lecture

3 a. Rappelez le sens de *se hâter* et déduisez-en le sens de l'expression *en toute hâte* (l. 19).
b. Remplacez cette expression par un adverbe de même sens de la famille de *hâte*.

4 Complétez les phrases avec les mots suivants (attention aux accords) : *ceindre – courtois – croître – gisait – hardiesse – jouter – solennel – tournoi – vertu.*
1. Les chevaliers s'affrontaient en un ... amical. Perceval devait ... contre Gauvain.
2. Les chevaliers ne doivent pas seulement être forts et habiles, ils doivent aussi se montrer ..., en particulier envers les dames.
3. Si Perceval était mal élevé, il n'en possédait pas moins de nombreuses ....
4. Arthur et ses chevaliers furent très impressionnés par la ... du jeune homme.
5. Grâce à l'enseignement de Gornemant, les qualités de Perceval n'ont cessé de ....
6. Les chevaliers firent le serment ... de toujours venir en aide aux plus faibles.
7. Yonet aida Perceval à ... son épée.
8. Son ennemi ... à ses pieds, vaincu.

Lire et comprendre

1 Pour quelle raison Perceval affronte-t-il Anguingueron ?

2 Que souhaite-t-il obtenir en échange ?

3 Dans les lignes 33 à 51, relevez tous les éléments qui soulignent la violence du combat : soyez attentifs aux figures de style employées. *Tâche complexe*

4 De quelles différentes qualités Perceval fait-il preuve dans ce passage ?

5 En quoi Perceval a-t-il changé entre le début et la fin de ses aventures ?

Écriture

1 Dans le texte suivant, relevez les mots de liaison qui organisent l'action.

Seigneur Yvain cheminait dans la forêt. Soudain, il entendit un hurlement terrible. S'approchant de l'endroit d'où venait le cri, il découvrit un jeune lion attaqué par un serpent monstrueux. Aussitôt, le chevalier s'élança au secours du jeune lion. Il sortit son épée et frappa le serpent. Alors, celui se tourna vers le chevalier, prêt à l'attaquer. Mais sans lui en laisser le temps, Yvain lui planta son épée en plein cœur.

2 Utilisez les mots relevés dans le même ordre pour écrire un petit texte de votre invention.

Rédaction

Raconter l'exploit d'un chevalier

SUJET

- Le jeune Alban apprend qu'une femme est retenue prisonnière dans une haute tour par le cruel Maubaron : il se lance à son secours.
- Racontez son aventure en une trentaine de lignes.

Méthode

Pour trouver des idées

- Quelles épreuves Alban doit-il affronter ? Choisissez-en une ou deux. Vous pouvez piocher parmi les propositions suivantes : combattre un autre chevalier, un sorcier ou un dragon ; franchir un passage dangereux ; traverser une forêt maléfique ; capturer un animal fabuleux…
- Dispose-t-il d'un objet magique ? Si oui, lequel ? Quelles propriétés cet objet a-t-il ?
- Quel est le but du jeune homme ? Gagner l'amour de la jeune femme ? Être adoubé ? Être admis à la Table Ronde ?

Pour réussir

- Commencez votre récit au moment où Alban arrive à proximité de la tour.
- Racontez les aventures d'Alban dans l'ordre chronologique, en employant les mots de liaison nécessaires.
- Soyez attentif à l'emploi des temps (voir p. 131).
- Soyez précis dans le vocabulaire employé, pour donner de la force à votre texte (voir p. 158).

Lancelot au Pont de l'Épée,
Didier Graffet, artiste contemporain.

Synthèse

La littérature courtoise

Une littérature de cour

- Le roman de chevalerie est **une littérature de cour** – d'où le nom de littérature courtoise : destinée aux seigneurs et aux grandes dames, elle met en scène un univers raffiné où les femmes tiennent une place importante.
- **L'amour devient un thème central**. Le chevalier voue à sa Dame un amour passionné et dévoué, une véritable adoration dans laquelle il va puiser la **force de réaliser ses exploits**.

Des aventures merveilleuses

- Le chevalier vit toutes sortes d'**aventures** qui le confrontent au **merveilleux** : fées, monstres, objets magiques s'opposent à lui ou lui apportent leur aide.
- Ces aventures sont pour le chevalier l'occasion de prouver sa valeur en mettant en œuvre ses idéaux : il secourt ceux qui en ont besoin, combat dragons et autres créatures malfaisantes. Le chevalier incarne **le Bien qui lutte contre le Mal**.

Des romans d'apprentissage

- Dans les romans courtois, contrairement à l'épopée, le héros n'est pas immédiatement capable des plus grandes prouesses. D'abord **inexpérimenté**, il subit une **initiation** sous la forme d'une série d'épreuves. Son apprentissage lui permet de grandir, d'acquérir les qualités nécessaires au chevalier, de trouver sa place et de mériter l'amour de sa dame.
- Mais l'on peut toujours **progresser**, et c'est pourquoi les efforts du chevalier n'ont jamais de fin. Cette quête de perfection qui caractérise le chevalier est représentée par **le Graal**, la coupe sacrée qu'il recherche inlassablement.

Perceval luttant contre le dragon, miniature tirée du manuscrit *Lancelot du Lac*, fin du XVe s., BnF.

Vers l'écriture, vers l'oral

Éducation aux médias

Préparer un exposé : sélectionner ses sources

1 Faites la liste des outils que vous pouvez utiliser pour trouver des informations sur le roi Arthur.

2 Cherchez l'entrée « Arthur » dans un dictionnaire des noms propres, dans une encyclopédie pour enfants, puis sur le site Wikipédia.

a. Lequel de ces trois textes est le plus court ? Lequel est le plus long ?
b. Lequel vous paraît le plus facile ? Pourquoi ?
c. Lequel est le plus complet ?
d. Chacune de ces trois sources apporte-t-elle une information sûre, vérifiée ?
e. Selon vous, laquelle vous sera la plus utile pour rédiger un bref exposé ? Pourquoi ?

3 Tapez « Guenièvre » dans un moteur de recherche et ouvrez les liens suivants :

https://fr.wikipedia.org/wiki/Guenièvre
https://kaamelott.fandom.com/fr/wiki/Guenièvre
https://www.universalis.fr/encyclopedie/guenievre/
https://mythologica.fr/medieval/guenievre.htm
https://merlin.hypnoweb.net/merlin/nos-grimoires/la-legende/la-reine-guenievre.158.602/
http://expositions.bnf.fr/arthur/pedago/06.htm

a. Lesquels de ces sites ne sont pas réellement consacrés à la légende arthurienne ?
b. Lesquels de ces sites délivrent une information vérifiée ?

4 Lisez l'article suivant et comparez-le aux informations données dans le texte de l'exercice 5.

a. Comment expliquez-vous ces différences ?
b. Comment pouvez-vous vous assurer de l'exactitude des informations que vous relevez sur un site internet ?

Fils adultérin de la duchesse de Cornouailles, Ygerne, et du roi de Bretagne Uterpendragon, à qui Merlin avait donné temporairement l'apparence du duc. Confié par Merlin à un vavasseur, Antor, pour qu'il l'élève, Arthur devient roi en parvenant à enlever une épée fichée dans une enclume. Après sa victoire sur les envahisseurs saxons et son mariage avec Guenièvre, son royaume connaît une longue période de paix durant laquelle la cour devient le centre des aventures. Il rassemble les meilleurs chevaliers autour de sa Table ronde.

Site Internet de la BNF.

Repérer et reformuler les informations d'un texte documentaire

5 Lisez le texte ci-dessous puis complétez le résumé qui en est proposé.

La légende arthurienne s'inspire de personnages réels, des chefs de guerre, par exemple, qu'elle transforme en héros hors du commun en amplifiant le récit de leurs exploits. Arthur a peut-être été l'un de ces chefs de guerre dont la bravoure a marqué les mémoires, aux temps troublés des invasions barbares, c'est-à-dire à la fin de l'Antiquité. Aux environs des années 420, l'île de Bretagne est menacée par des hordes de Saxons qui, venus de Germanie, envahissent d'abord les rives et les ports, puis, plus avant, les terres du nord de l'île, pillant, tuant et dévastant tout sur leur passage. C'est alors que l'on vit apparaître un certain Lucius Artorius Castus, un centurion romain. Il était probablement le fils d'un vétéran de l'armée romaine et d'une Bretonne. Devenu, peut-être, général de l'armée, Artorius conduisit la bataille contre les envahisseurs saxons. On lui attribue douze victoires.

Magazine *Virgule*, n°27, éditions Faton, février 2006.

Résumé : L'histoire du légendaire roi Arthur se base sur des faits ... Elle se déroule à la fin de ..., c'est-à-dire au moment de la chute de ... et des invasions barbares, sur l'île de .... Lucius Artorius Castus est un .... On pense qu'il est le fils de ... et .... Il est célèbre pour avoir ....

6 **Lisez le texte ci-dessous puis le résumé qui en est donné : quelles informations ont été supprimées ? Pourquoi ?**

Dans la légende arthurienne, Uther Pendragon est le benjamin des fils du roi Constantin II de Bretagne. L'aîné, Constant, devient roi après la mort de son père ; mais Vortigern, un sénéchal, le fait assassiner et s'empare du trône pour s'allier aux Saxons. Le cadet, Ambrosius Aurelianus, aidé par Uther, s'oppose à Vortigern. Ce dernier décide de faire construire une tour pour leur résister, mais elle s'écroule toutes les nuits. Le magicien Merlin lui dit que deux dragons se trouvent sous sa tour, l'un représentant Ambrosius Aurelianus et Uther et l'autre le représentant. Peu après, le dragon représentant Vortigern se fait dévorer par l'autre. Et, effectivement, quelques jours plus tard, Ambrosius Aurelianus bat Vortigern qui brûle dans sa tour ; le vainqueur devient roi. Mais, à peine quelques mois après son avènement, Ambrosius Aurelianus se fait empoisonner, et Uther devient roi à son tour. Il prend alors le surnom de « Pendragon », nomme Merlin l'Enchanteur son conseiller, et réussit à soumettre toute la Bretagne.

Vikipédia, article « Uther Pendragon ».

Résumé : Uther Pendragon est le fils du roi de Bretagne. Mais Vortigern, le sénéchal, s'empare du trône. Uther, aidé de Merlin le magicien, devra se battre pour reprendre sa place. Une fois roi, il se fait appeler « Pendragon » et unit toute la Bretagne sous son autorité.

7 **Lisez le texte ci-dessous puis résumez l'essentiel de chaque paragraphe en une seule phrase.**

Lancelot du Lac vient à Camelot pour se faire adouber par le roi Arthur, car son plus grand rêve de gloire est d'appartenir à l'illustre confrérie des chevaliers de la Table Ronde : servir et défendre les plus humbles, s'exercer toujours mieux aux défis et aux exploits, rester simple, pur et droit, tel est son vœu.

Arthur, séduit par tant d'enthousiasme et de générosité, accepte bien volontiers d'adouber Lancelot : du plat de son épée Excalibur, le roi frappe l'épaule du jeune homme agenouillé devant lui, puis lui donne l'accolade. Ainsi, Lancelot est fait chevalier et peut désormais siéger dignement auprès de messires Gauvin, Tristan, Yvain et Sagremor, car il est devenu leur égal.

Mais la reine Guenièvre est troublée : ses yeux, à peine posés sur le jeune Lancelot, ont pris la couleur des ciels humides, pleins de vapeurs et de langueurs. Un étrange sentiment, fait de désir et d'admiration, est soudain né au cœur de la dame.

Magazine *Virgule*, n°27, éditions Faton, février 2006.

8 **Lisez le texte suivant et résumez-le en 4 à 5 phrases, en supprimant toutes les informations inutiles et en reformulant celles que vous conservez.**

Uther tombe amoureux de la belle Ygraine et voudrait en faire sa reine. Mais Ygraine est déjà mariée au duc de Cornouailles, son plus fidèle allié, Gorlois de Tintagel. Il demande conseil à l'un de ses amis, qui lui conseille de courtiser Ygraine. Mais celle-ci refuse toutes ses avances et Gorlois quitte brutalement la cour d'Uther. Ce dernier crie haut et fort qu'il a été insulté, et qu'il lui faut rendre justice. Uther attaque Tintagel, la résidence du duc de Cornouailles, mais le siège s'éternise. Uther, désespéré, demande conseil à Merlin, qui accepte de l'aider à condition qu'il lui remette son premier fils – ce qu'il accepte. Merlin lui donne alors une herbe qui transforme Uther en Gorlois et Merlin en son écuyer. L'enchanteur lui explique que Gorlois est parti combattre hors de sa forteresse et qu'Uther, avec son aspect, pourra trouver Ygraine cette nuit-là. Ils font ainsi ; et, quand ils rentrent, ils croisent le vrai Gorlois gisant sur une civière : il a été tué pendant la nuit. Apprenant la mort de Gorlois, Ygraine se demande avec qui elle a passé la nuit pendant laquelle s'est passé ce terrible évènement. Après le deuil, Uther lui propose encore une fois de devenir sa reine, et elle accepte. Ils se marient peu après.

Vikipédia, article « Uther Pendragon ».

Oral

Réaliser un exposé sur un personnage de la légende arthurienne

Vous allez présenter à la classe un des personnages suivants :
Guenièvre, Lancelot, Perceval, Yvain, Gauvain, Merlin, Morgane, Viviane, Galaad, Mordred, le roi pêcheur, le Graal, Excalibur, Erec et Enide, Balin et Balan, Agravain, Bohort.

Votre exposé devra durer entre 3 et 5 minutes.

La Dame du lac et l'épée, lithographie en couleur, Harry G. Theaker, 1910, coll. particulière.

PARTIE N°1

Faires ses recherches

Vous devez rédiger un texte de 20 à 40 lignes qui présente votre personnage.

Méthode

- Faites des recherches en utilisant au moins deux sources différentes, dont une source vérifiée. Vous indiquerez ces sources à la fin de votre travail. ☐
- Ne recopiez rien mais reformulez les informations importantes et rapportez-les dans l'ordre chronologique. ☐
- Reliez les phrases de votre récit par des indices de temps précis. Vous pouvez utiliser les expressions suivantes : « durant son enfance », « parvenu à l'âge adulte », « à l'âge de … ans », « à son arrivée à … », « un jour », « … années plus tard »… ☐
- Pensez à utiliser le participe présent pour expliquer la cause d'une action. ☐

PARTIE N°2

Présenter son travail

Vous allez présenter le résultat de vos recherches à la classe.

À l'oral

- Commencez par une phrase d'introduction qui expliquera de quel personnage vous allez parler. ☐
- Essayez de ne pas lire votre texte, mais de raconter en regardant votre public. ☐
- Parlez lentement et calmement, en articulant bien. Réglez le volume de votre voix de façon à vous faire entendre de toute la classe. Pour vous aider, imaginez que vous vous adressez à l'élève le plus éloigné. ☐

Défi Lecture

Voici une série de livres sur le thème des **légendes arthuriennes**. Par équipes de 3, lisez le plus possible de ces livres en piochant dans les différentes catégories proposées.

Pour rendre compte de votre lecture, inventez pour chaque livre lu un QCM à faire passer aux autres équipes.

Sur le roi Arthur

- *Le Roi Arthur*, M. Morpurgo, Folio junior
- *Le Cycle du Graal, 1, La Naissance du roi Arthur*, J. Markale, Pygmalion

Sur Merlin

- *Merlin*, A.-M. Cadot-Colin, Le Livre de poche
- *Merlin, La Quête de l'épée*, Istin, Demarre et Cordurié, Soleil

Sur les fées

- *Les Dames du lac*, M. Zimmer Bradley, Gallimard

Sur Lancelot

- *Graal*, Ch. Montella, Flammarion
- *Lancelot du Lac*, A.-L. Bondoux, Tourbillon
- *Lancelot ou les Enchantements du Graal*, R. Barjavel, Flammarion

Sur Yvain

- *Yvain ou le Chevalier au lion*, A.-M. Cadot-Colin, Le Livre de poche

Sur Perceval

- *Perceval*, Pandolfo et Risbjerg, Le Lombard

Sur le fils secret d'Arthur

- *Mordred*, J. Niogret, Pockett

Sur les légendes arthuriennes

- *La grande Épopée des chevaliers de la Table Ronde*, S. Lamoureux, Actes Sud Junior
- *Contes et Légendes des chevaliers de la Table Ronde*, L. Camiglieri, Pocket Junior
- *Les Chevaliers du roi Arthur*, O. Weurlersse, Pocket Junior

8 Une enquête de Sherlock Holmes

œuvre intégrale

Le Ruban moucheté, Arthur Conan Doyle

> En quoi Sherlock Holmes est-il un héros de récits d'aventures ? Qui sont les héritiers de ce personnage mythique ?

Objectifs du chapitre

Lecture
- Découvrir un personnage mythique de la littérature
- Découvrir un récit d'aventures particulier : le récit policier
- Étudier un film, *Le Nom de la Rose*

EMC
- Réfléchir sur la tolérance et le fanatisme

Écriture
- Écrire un dialogue
- Bien employer le dialogue
- Écrire une scène policière centrée sur le dialogue

Sommaire

▲ ***Les Aventures de Sherlock Holmes,***
série télévisée avec David Burke et Jeremy Brett, 1984.

• Décrivez l'image. Quelle atmosphère s'en dégage ? À quoi vous attendez-vous ?

Repères

Arthur Conan Doyle et Sherlock Holmes

Arthur Conan Doyle

• Arthur Conan Doyle est un écrivain britannique né en 1859 et mort en 1930. Il fait des études scientifiques, s'intéressant à l'art de la déduction logique, et devient médecin. Mais il se **passionne pour les enquêtes judiciaires** et intervient personnellement dans deux procès, parvenant à démontrer, par sa propre analyse des faits, l'innocence des accusés.

• C'est finalement dans la **littérature** qu'il met en œuvre sa connaissance des sciences et son **goût de la déduction**, et qu'il trouve la célébrité, en créant le personnage de Sherlock Holmes, et d'autres figures de savants aventuriers comme le professeur Challenger du *Monde perdu* (1912).

▲ Arthur Conan Doyle en 1923.

Questions

1. Quelle est la formation de Doyle ?
2. En quoi cette formation lui a-t-elle été utile dans l'écriture ?

▲ Sherlock Holmes (Basil Rathbone), film de Sidney Lanfield, 1939.

Sherlock Holmes, du personnage au mythe

• Doyle n'a pas inventé le récit policier, qui se développe au XIXe siècle, avec par exemple le *Double Assassinat de la rue Morgue*, d'Edgar Allan Poe (1841). Mais en imaginant Sherlock Holmes, Doyle pousse à un degré extraordinaire les **qualités d'observation et de déduction de l'enquêteur**, créant un personnage fascinant. Le **succès est immédiat**, et Doyle écrit quatre romans et 56 nouvelles faisant apparaître le célèbre détective. Parmi les plus célèbres, on trouve *Le Chien des Baskerville* (1901), *La Vallée de la peur* (1915), *Une Étude en rouge* (1887), *Le Signe des Quatre* (1890) ou *Le Ruban moucheté* (1892).

• Après la mort de son créateur, d'autres auteurs s'emparent du personnage de Holmes, pour de nouvelles aventures sérieuses ou parodiques. L'œuvre fait l'objet de nombreuses adaptations pour le cinéma ou la télévision, et la silhouette de **Sherlock Holmes** et son caractère si particulier sont devenus **célèbres dans le monde entier**.

Pour vous aider dans votre lecture de l'œuvre intégrale, téléchargez notre guide de lecture sur le site **collegien.nathan.fr**

Questions

3. Qu'est-ce qu'une parodie ?
4. Connaissez-vous des œuvres, sérieuses ou parodiques, mettant en scène Sherlock Holmes ?

Texte 1

Dys

Un certain Sherlock Holmes

Le narrateur, un médecin nommé Watson, vient d'emménager en colocation avec un certain Sherlock Holmes.

Holmes n'était certes pas un homme avec qui il était difficile de vivre. Il avait des manières paisibles et des habitudes régulières. Il était rare qu'il fût encore debout après dix heures du soir et invariablement, il avait déjeuné et était déjà sorti avant que je ne me lève, le matin. Parfois il passait toute la journée au laboratoire de chimie, d'autres fois, c'était dans les salles de dissection, et de temps à autre en de longues promenades qui semblaient le mener dans les quartiers les plus sordides de la ville. Rien ne pouvait dépasser son énergie quand une crise de travail le prenait ; mais à l'occasion une forme de léthargie[1] s'emparait de lui et, pendant plusieurs jours de suite, il restait couché sur le canapé du studio, prononçant à peine un mot, bougeant à peine un muscle du matin jusqu'au soir. En ces circonstances j'ai remarqué dans ses yeux une expression si vide, si rêveuse que j'aurais pu le soupçonner de s'adonner à l'usage de quelque narcotique[2], si la sobriété et la rectitude[3] de toute sa vie n'eussent interdit une telle supposition.

À mesure que les semaines s'écoulaient, l'intérêt et la curiosité avec lesquels je me demandais quel but il poursuivait devinrent peu à peu plus grands et plus profonds. Sa personne même et son aspect étaient tels qu'ils ne pouvaient pas ne pas attirer l'attention de l'observateur le plus fortuit[4]. Il mesurait un peu plus d'un mètre quatre-vingts, mais il était si maigre qu'il paraissait bien plus grand. Ses yeux étaient aigus et perçants, excepté pendant ces intervalles de torpeur[5] auxquels j'ai fait allusion, et

▲ Benedict Cumberbatch (Holmes) et Martin Freeman (Watson), série *Sherlock*, 2010.

1. **Léthargie** : engourdissement, inactivité proche du sommeil.
2. **Narcotique** : drogue.
3. **Rectitude** : droiture.
4. **Fortuit** : qui est là par hasard.
5. **Torpeur** : léthargie (voir note 1).

son mince nez aquilin donnait à toute son expression un air de vivacité et de décision. Son menton proéminent[6] et carré indiquait l'homme résolu. Ses mains étaient constamment tachées d'encre et de produits chimiques et pourtant il avait une délicatesse extraordinaire du toucher, ainsi que j'avais eu fréquemment l'occasion de le constater en le regardant manipuler ses fragiles instruments.

Il n'étudiait pas la médecine. Il semblait n'avoir suivi aucune série de cours qui fussent de nature à lui valoir un diplôme dans une science quelconque ou à lui ouvrir l'accès des milieux scientifiques. Et pourtant son zèle pour certaines études était remarquable, et, dans certaines limites, ses connaissances étaient si extraordinairement vastes et minutieuses que ses observations m'ont bel et bien étonné. À coup sûr, nul homme ne voudrait travailler avec tant d'acharnement pour acquérir des informations si précises, s'il n'avait pas en vue un but bien défini.

Arthur Conan Doyle, *Une Étude en rouge*, 1888.

6. **Proéminent** : qui pointe vers l'avant.

Vocabulaire

Avant la lecture

1 Cherchez le sens de l'adjectif *sordide* et employez-le dans une phrase de votre invention.

2 Recopiez la bonne définition de *sobriété* : fait de boire et manger avec modération / propreté / fait de boire trop, ivrognerie, tendance à l'alcoolisme.

3 Même travail avec le mot *zèle* : admiration que l'on éprouve pour une personne / ardeur, énergie mise dans un travail ou une tâche / activité qui consiste à récolter le sel.

4 Cherchez un synonyme de l'adjectif *résolu*.

5 Qu'est-ce qu'un travail minutieux ?

Après la lecture

6 L'adjectif *aquilin* vient du latin *aquila*, qui signifie : « aigle ». Quelle peut être la forme d'un nez aquilin ?

Lire et comprendre

1 Dessinez Sherlock Holmes tel qu'il est décrit dans ce texte.

2 **a.** Quelles sont, d'après le premier paragraphe, les habitudes de Sherlock Holmes ?
b. Quels traits de caractère ces habitudes révèlent-elles ?

3 Quels éléments s'opposent dans ce portrait ?

4 Quelles questions vous posez-vous sur ce personnage à l'issue de ce portrait ?

5 Quel est l'état d'esprit du narrateur vis-à-vis de Sherlock Holmes ?

Écriture

Watson se pose des questions sur son nouveau colocataire. Il profite d'un moment où Holmes est dans son laboratoire pour l'interroger : il veut savoir pourquoi il étudie les sciences, d'où lui viennent ses connaissances, quel est son métier, de quoi il vit... Vous rédigerez le dialogue entre les deux hommes, en faisant huit à dix répliques.

COUP DE POUCE

- Pour réussir, relisez attentivement le dernier paragraphe du texte. Essayez de respecter ce que vous savez du caractère de Holmes.
- Attention à la présentation du dialogue (voir ex. 1 et 2 p. 210).

Vous commencerez par les répliques suivantes :
« Mon cher Sherlock, vous semblez vraiment très versé dans les sciences. D'où vous viennent donc toutes ces connaissances ? »
Holmes me jeta un regard par-dessus ses flacons et répondit distraitement : ...

Texte 2

Dys

Texte audio

Le début d'une aventure

Les événements que je vais relater ici se déroulèrent au commencement de mon intimité[1] avec Holmes, lorsque, célibataires tous deux, nous logions ensemble dans Baker Street. J'aurais pu les publier plus tôt, si je n'avais promis le secret, et je n'ai été relevé de ma parole que le mois dernier par la mort inattendue de celle à qui je l'avais donnée. Le moment est venu de faire connaître ces faits, car j'ai appris de source certaine qu'il s'est répandu sur la mort du docteur Grimesby Roylott des bruits qui tendraient à rendre l'affaire encore plus grave qu'elle ne l'a été en réalité.

C'était au commencement d'avril 1883[2] que, me réveillant un matin, je trouvai Sherlock Holmes, tout habillé, auprès de mon lit. Il n'était pas matinal d'habitude, et comme l'horloge sur la cheminée marquait seulement sept heures un quart, je le regardai avec surprise et un tant soit peu de ressentiment[3], pour m'avoir troublé dans mon sommeil, moi, homme maniaque.

— Très fâché de vous réveiller, Watson dit-il, mais nous en sommes tous là ce matin ; Mme Hudson[4] a donné le branle[5] et ayant été tirée brusquement hors de son lit elle s'est vengée sur moi, et moi sur vous.

— Qu'y a-t-il donc ? le feu ?

— Non, une cliente, une jeune fille qui s'est présentée chez moi dans un état d'agitation extrême, et qui insiste pour me voir. Elle attend au salon. […]

1. **Intimité :** ici, amitié.
2. L'histoire est fictive.
3. **Ressentiment :** colère, hostilité.
4. Nom de la logeuse.
5. **Donner le branle :** donner l'impulsion.

« Elle leva son voile », illustration de Sideny Paget pour *Le Ruban moucheté*, 1892.

Texte 2

Rien ne me passionnait davantage que de suivre Holmes dans ses investigations professionnelles, et d'admirer les déductions[6] rapides et aussi intuitives que rapides, au moyen desquelles il démêlait les problèmes qui lui étaient soumis. Je m'habillai rapidement, et au bout de quelques minutes j'avais rejoint mon ami au salon.

Nous nous trouvâmes en présence d'une dame, vêtue de noir[7], avec un voile épais sur le visage ; en nous voyant elle se leva du siège qu'elle avait choisi près de la fenêtre.

— Bonjour, madame, dit Holmes cordialement, je m'appelle Sherlock Holmes, et voici le docteur Watson, mon ami intime et mon associé, devant qui vous pouvez parler aussi librement que devant moi. Ha ! je suis bien aise de voir que Mme Hudson a eu le bon esprit de faire du feu. Ayez la bonté de vous en approcher, et je vais vous commander une tasse de café chaud, car je vois que vous grelottez.

— Ce n'est pas de froid que je tremble, dit la femme, à voix basse, en changeant de place.

— De quoi donc ?

— C'est de peur, monsieur Holmes, je dirai même d'effroi.

À ces mots elle leva son voile, et nous pûmes voir qu'elle était en effet dans un état d'agitation pitoyable : ses traits étaient tirés, sa peau livide, ses yeux inquiets, effrayés, hagards comme ceux d'une bête traquée. Son extérieur était celui d'une femme de trente ans, mais avec des cheveux gris prématurés, et une expression de grande lassitude. Sherlock vit tout cela d'un de ses coups d'œil rapides et pénétrants.

— N'ayez pas peur, dit-il d'un ton affectueux, en se penchant vers elle et lui touchant le bras ; nous allons éclaircir cela rapidement, j'en suis sûr. Il me semble que vous êtes venue par le train.

— Vous me connaissez donc ?

— Non, mais je vois votre billet de retour dans votre gant gauche. Vous avez dû partir de bonne heure et vous avez fait une longue route en dog-cart[8], par de mauvais chemins avant d'arriver à la station[9].

Elle sursauta et, stupéfaite, regarda mon compagnon.

— Il n'y a là aucun mystère, chère madame, dit-il en souriant. La manche gauche de votre jaquette[10] est tachetée de boue en sept endroits ; les marques en sont encore fraîches ; il n'y a qu'un dog-cart pour éclabousser de cette manière ; surtout lorsqu'on est assis à la gauche du conducteur.

— Quelle que soit votre méthode de raisonnement, vous êtes tombé juste, dit-elle. J'ai quitté la maison avant six heures, je suis arrivée à Leatherhead[11] à six heures vingt, et à Waterloo[12] par le premier train. Monsieur, je ne puis plus y tenir, je deviendrai folle si cela continue. Je n'ai personne à qui m'adresser, personne absolument, et la seule qui s'intéresse à moi, un jeune homme, ne peut m'être que d'un faible secours. J'ai entendu parler de vous, monsieur Holmes, par Mme Farintosh, que vous avez aidée dans une circonstance difficile. C'est par elle que j'ai eu votre adresse. Oh ! monsieur, pensez-vous que vous puissiez m'aider, moi aussi, et au

---

6. Déduction : raisonnement menant à une vérité.

7. Le noir est la couleur du deuil.

8. Dog-cart : petite voiture découverte.

9. Station : gare.

10. Jaquette : veste.

11. Leatherhead : ville anglaise, située au sud de Londres.

12. Waterloo : gare londonienne.

moins jeter quelque lumière dans le chaos qui m'environne ? À présent, je ne saurais vous rémunérer de vos services, mais dans un mois ou deux je serai mariée, je pourrai disposer de ma fortune et alors vous verrez que je ne suis pas une ingrate.

Holmes se tourna vers son bureau et en tira un carnet qu'il consulta.

— Farintosh, dit-il. Ah ! oui, je me rappelle l'affaire ; c'était au sujet d'une tiare d'opales[13]. Je crois que ce n'était pas de votre temps, Watson. Je puis vous assurer, madame, que je serai heureux de me consacrer à votre affaire comme je l'ai fait pour celle de votre amie. Ne parlons pas d'honoraires[14], je vous en prie, ma profession porte avec elle sa récompense ; je vous laisse libre de me rembourser les dépenses que j'aurai pu faire, quand cela vous conviendra. Et maintenant je vous demande d'exposer votre affaire sans omettre aucun détail qui puisse nous éclairer.

Arthur Conan Doyle, *Le Ruban moucheté*, 1892.

13. Tiare d'opale : bijou orné de pierres précieuses.

14. Honoraires : paiement.

Vocabulaire

Avant la lecture

1 *Cet enfant est ingrat : il se moque bien des efforts que l'on fait pour lui !* Expliquez le sens de l'adjectif *ingrat* puis trouvez un nom de même famille.

2 **a.** Trouvez un synonyme de l'adjectif souligné.
Le fonctionnement de ce téléphone est très intuitif.
b. En vous aidant de votre réponse, expliquez ce que signifie : *avoir l'intuition d'un danger.*

Après la lecture

3 « Vous grelottez » l. 34. Relevez un synonyme à la ligne suivante. Trouvez un nom de la même famille.

4 **a.** Ligne 43 : que sont des cheveux gris prématurés ? Pour répondre, décomposez l'adjectif. Quels mots de même famille connaissez-vous ?
b. Trouvez des mots débutant avec le même préfixe.
c. Que nous apprend ce détail sur le personnage ?

Lire et comprendre

1 Qui est le narrateur ? À quel moment rapporte-t-il les faits ?

2 Comment le narrateur parvient-il à susciter la curiosité du lecteur au début de l'extrait ?

3 Que savons-nous de la visiteuse ? Dans quel état d'esprit se trouve-t-elle ? Justifiez votre réponse.

4 **a.** La démonstration de Sherlock Holmes, lignes 49 à 56, est-elle utile à l'intrigue ? Expliquez.
b. Quelle impression produit-elle sur les personnages et sur le lecteur ?

5 **a.** Savons-nous, à la fin de l'extrait, quel problème doit résoudre le détective ?
b. Pourquoi accepte-t-il de se charger de cette affaire : pour l'argent ? par goût du mystère ? Justifiez votre réponse en vous appuyant sur le texte, lignes 72 à 78.

Écriture

1 Dans les lignes 29 à 56, relevez toutes les expressions qui précisent l'attitude ou le ton de celui qui parle : que révèlent-elles des personnages ?

2 Complétez le texte ci-contre par des expressions précisant l'attitude du personnage qui parle. Vous pouvez utiliser les expressions suivantes : *en se dressant de toute sa hauteur ; d'une voix glaciale ; en jetant des regards éplorés…*

— Comme vous le voyez, conclut la jeune femme …, je suis menacée de toutes parts.

— Madame, affirma Holmes …, vous mentez. Vous n'êtes pas venue à pied mais en voiture. Et je suis bien certain que vous n'êtes absolument pas pauvre.

— Que… Comment avez-vous le cœur de mettre en cause les paroles d'une malheureuse ? hoqueta la jeune femme …

— Le cœur n'a rien à voir là-dedans. Tout prouve que vous avez menti, rétorqua Holmes …

Il se leva de son fauteuil.

— Alors maintenant, cela suffit ! fit-il … Vous allez me dire la vérité.

Texte 3

Dys

Un troublant récit

La jeune femme, Hélène Stoner, explique qu'elle vit chez son beau-père, le docteur Roylott, qui a passé en Inde quelques années en prison, condamné pour meurtre, avant de revenir en Angleterre. Il descend d'une famille autrefois très riche mais désormais ruinée. La mère d'Hélène et de sa jumelle Julia lui a légué sa fortune en mourant, sous condition que le docteur verse aux jumelles une rente après leur mariage.

Le docteur quitte alors Londres et son caractère devient colérique et violent. Aucune des deux sœurs ne trouve à se marier. Julia se fiance cependant mais meurt quinze jours avant ses noces, à l'âge de trente ans, dans des conditions mystérieuses.

— Je ne pus pas dormir, cette nuit-là. Le vague pressentiment d'un malheur m'oppressait. Ma sœur et moi, vous vous le rappelez, étions jumelles et vous savez combien subtils sont les liens unissant deux âmes qui se tiennent de si près. Au dehors, le temps était affreux. Le vent soufflait par rafales et une pluie battante venait se briser contre les fenêtres. Soudain, au milieu du vacarme de la tempête, j'entendis un cri désespéré de femme affolée et je reconnus la voix de ma sœur. Je sautai à bas de mon lit, m'enveloppai d'un châle, et me précipitai dans le corridor[1]. Au moment où j'ouvrais la porte, il me sembla entendre un léger sifflement du genre de celui décrit par ma sœur et un instant après je distinguai un bruit sonore comme celui d'une masse de métal qui serait tombée par terre. Puis la porte de ma sœur s'ouvrit lentement. Terrifiée, je m'arrêtai, ne sachant ce qui allait se passer. À la lueur de la lampe du corridor, je vis apparaître dans l'ouverture ma sœur elle-même, le visage pâle de terreur, faisant des gestes comme pour implorer du secours, et trébuchant comme un homme ivre. Je courus à elle, je la pris dans mes bras, mais les jambes lui manquèrent et elle s'affaissa par terre. Elle se tordait comme dans des souffrances horribles et tous ses membres étaient affreusement convulsés[2]. D'abord je crus qu'elle ne m'avait pas reconnue, mais quand je me penchai sur elle, elle me cria d'une voix que je ne pourrai jamais oublier : « Oh ! Dieu, Hélène ! C'était la bande ! la bande mouchetée[2] ! ». Il y avait encore autre chose qu'elle aurait voulu dire, et son doigt tendu semblait vouloir percer le mur de la chambre du docteur, mais une nouvelle convulsion la saisit, et l'empêcha de parler. Je m'élançai dans le corridor, appelant mon beau-père et je le rencontrai, en robe de chambre, sortant à la hâte de chez lui. Quand nous arrivâmes près de ma sœur, elle était sans connaissance. Le docteur lui versa du cognac entre les lèvres, envoya chercher le médecin du village, mais tous nos efforts furent vains ; la vie la quitta peu à peu, et elle mourut sans avoir repris connaissance. Telle fut la fin épouvantable de ma chère sœur.

1. Corridor : couloir.
2. Convulsés : secoués.
3. Mouchetée : marquée de petites taches.

▲ ***The Case of the frightened lady,*** pièce de théâtre de Edgar Joyce Kennedy, 1931.

— Un instant, dit Holmes, êtes-vous bien sûre d'avoir entendu ce sifflement, et ce bruit métallique ? Pourriez-vous le jurer sur votre honneur ?

— C'est ce que le coroner[4] du comté[5] m'a demandé à l'enquête. J'ai la conviction de l'avoir entendu, et pourtant, au milieu de cette tempête et des gémissements de la vieille maison, je puis m'être trompée.

— Votre sœur était-elle habillée ?

— Non, elle était en toilette de nuit. On trouva dans sa main droite le reste d'une allumette qui avait brûlé, et dans sa main gauche, la boîte d'allumettes elle-même.

— Ce qui prouve qu'elle avait cherché à allumer et à regarder autour d'elle. Ceci est important. Quel a été le résultat de l'enquête ?

— L'affaire fut minutieusement étudiée, car la conduite du docteur Roylott était bien connue dans le comté, cependant on ne put découvrir aucune cause de mort plausible. Mon témoignage prouvait que la porte avait été fermée en dedans ; quant aux fenêtres, elles étaient munies de

4. Coroner : en Grande-Bretagne, policier spécialisé dans les cas de morts violentes.

5. Comté : en Grande-Bretagne, un comté est un territoire administratif.

Texte 3

ces vieux volets à barres de fer, qu'on assujettissait[6] chaque soir. Les murs furent soigneusement sondés et trouvés intacts partout, et le plancher fut aussi examiné à fond, avec aussi peu de succès. La cheminée est large, mais fermée à une certaine hauteur par quatre forts barreaux. Il est donc certain que ma sœur était tout à fait seule, lors de l'événement qui a causé sa mort. D'ailleurs, son corps ne portait aucune trace de violences.

— Et le poison ?

— Les docteurs l'ont examinée à ce point de vue, sans aucun résultat.

— À quoi donc attribuez-vous la mort de cette malheureuse jeune fille ?

— Je suis persuadée qu'elle n'est morte que de peur et d'ébranlement nerveux ; mais qu'est-ce qui l'a effrayée, je ne puis me l'imaginer.

Arthur Conan Doyle, *Le Ruban moucheté*, 1892.

6. Assujettir : attacher.

Benedict Cumberbatch (Sherlock Holmes) dans la série *Sherlock*, 2010.

Vocabulaire

Avant la lecture

1 **a.** Que sont de vains efforts ? Trouvez un synonyme de l'adjectif.
b. Quel est le sens de l'expression *en vain* dans la phrase suivante ?
C'est en vain que le naufragé faisait signe : personne, sur le navire, ne regardait dans sa direction.

2 Qu'est-ce qu'une *conviction* ? Cherchez un verbe de même famille.

3 Rappelez le sens de l'adjectif *minutieux* et trouvez un adverbe de même famille.

Après la lecture

4 Cherchez, dans le texte, un nom de même famille que *convulsés* (l. 19) et déduisez-en son sens.

5 Ligne 36 : à quelle question Hélène répond-elle ? Déduisez-en le sens du nom *toilette*.

6 En vous aidant du contexte de la phrase, trouvez un synonyme de l'adjectif *plausible*, ligne 44.

7 Ligne 42 : expliquez ce qu'est « la conduite du docteur Roylott ».

Lire et comprendre

1 **a.** Quel sentiment domine dans le récit que fait Hélène de la mort de sa sœur ?
b. Quelle atmosphère les éléments météorologiques produisent-ils ?
c. D'après Hélène, quelle serait la cause de la mort de sa sœur ? Qu'en pensez-vous ?

2 Qu'est-ce qui intéresse le détective dans le récit d'Hélène ? En quoi les deux personnages s'opposent-ils ?

3 En quoi la mort de Julia est-elle mystérieuse ?

4 Qui le lecteur soupçonne-t-il ? Pourquoi ?

5 Selon vous, qu'est-ce qui fait l'intérêt de ce récit ?

Texte 4

Holmes en action

Dys

Texte audio

Alors qu'Hélène s'apprête, à son tour, à se marier, elle a dû emménager dans la chambre qu'occupait sa sœur et a entendu le sifflement qui avait annoncé la mort de celle-ci. Holmes décide d'aller examiner les lieux en l'absence du docteur Roylott…

— Maintenant je vais vous demander la permission d'examiner le plancher.

Il se jeta à plat ventre et, muni de sa loupe, étudia minutieusement les fentes entre les feuilles du parquet. Il examina de même les boiseries des murs. Puis il s'approcha du lit, et le regarda en tous sens ainsi que la muraille contre laquelle il était appuyé. Enfin il saisit le cordon de sonnette[1] et le tira vivement.

— Eh ! quoi, il est faux ?

— Comment ? Il ne sonne pas ?

— Non, il n'est même pas fixé à un fil de fer. Oh ! mais ceci devient fort intéressant. Tenez, regardez, le cordon est attaché à un crochet, juste au-dessus de la prise d'air.

— Mais c'est absurde ! Je ne m'en étais jamais aperçue.

— Bizarre, bizarre ! murmura Holmes, en tirant sur le cordon. Il y a une ou deux choses bien singulières dans cette chambre. Par exemple, quel est l'imbécile d'architecte qui a établi une prise d'air entre deux pièces, alors qu'il était si simple de la faire sur le mur extérieur ?

— Cela est également tout récent, dit la jeune fille.

— Cela doit dater à peu près de la même époque que le cordon de sonnette ? ajouta Holmes.

— Oui, on a fait plusieurs petits travaux à ce moment-là.

— Ils étaient assez singuliers : faux cordon de sonnette, et prise d'air n'aérant pas. Avec votre permission, miss Stoner, nous allons poursuivre nos recherches dans l'autre pièce.

La chambre du docteur Grimesby Roylott était plus grande que celle de sa belle-fille, mais meublée avec la même simplicité. Un lit de camp, une petite étagère pleine de livres, livres de sciences pour la plupart, un fauteuil près du lit, une chaise en bois contre le mur, une table ronde et un grand coffre-fort étaient les principaux meubles de cette pièce, dont Holmes fit lentement le tour, examinant chaque objet avec la plus soigneuse attention.

— Qu'y a-t-il, là-dedans ? demanda-t-il en frappant sur le coffre-fort.

— Des papiers d'affaires de mon beau-père.

— Ah !… Vous les avez vus ?

— Une fois seulement, il y a quelques années. Je me rappelle que c'était plein de paperasses.

— Il n'y aurait pas un chat dedans, par hasard !

— Non. Quelle drôle d'idée !

1. Sonnette qui sert à appeler un domestique.

Texte 4

— Mais, voyez donc ça !

Il montra une petite soucoupe, pleine de lait, qui était déposée sur le coffre.

— Non, nous n'avons pas de chat ici. Mais nous avons une panthère et un babouin.

— Oh ! oui ; évidemment ! La panthère, au fond, n'est qu'un fort spécimen de l'espèce féline. Mais une soucoupe de lait ne saurait lui suffire, j'imagine. Il y a là quelque chose dont je voudrais m'assurer.

Il s'accroupit devant la chaise en bois, et en examina le siège avec la plus grande attention.

— Merci. Il n'y a plus de doute, dit-il, en se relevant et en remettant sa loupe dans sa poche. Hallo ! voici un objet intéressant !

Et il montrait un petit fouet de chasse, pendu auprès du lit. La mèche[2] cependant en était nouée, de façon à former un nœud coulant[3].

— Qu'est-ce que vous pensez de cela, Watson ?

— C'est un fouet, comme tous les fouets. Seulement je ne sais pas pourquoi la mèche est nouée ainsi.

— Cela n'est déjà pas ordinaire, il me semble ? Ah ! mes pauvres amis, le monde est bien vilain, et quand un homme met son intelligence au service du crime, on peut s'attendre aux pires infamies[4]. Je crois que j'en ai vu assez, miss Stoner, et avec votre permission nous allons maintenant sortir devant la maison.

Je n'avais jamais vu le front de mon ami aussi soucieux qu'au moment où nous quittâmes avec lui son champ d'investigations. Nous avions, miss Stoner et moi, arpenté plusieurs fois la pelouse sans oser interrompre ses réflexions, lorsqu'il rompit lui-même le silence.

— Il est essentiel, miss Stoner, dit-il, que vous suiviez exactement mes instructions jusque dans les plus petits détails.

— Je n'y manquerai certainement pas.

— La chose est trop grave pour que vous hésitiez. Votre vie est en jeu.

— Je me fie entièrement à vous.

— D'abord, mon ami et moi, nous devons passer la nuit dans votre chambre.

La stupéfaction de miss Stoner égala la mienne.

— Oui, il le faut. Je vais vous dire pourquoi ! C'est bien l'auberge du village qu'on voit là-bas ?

— Oui, l'auberge de la Couronne.

— Très bien. On doit voir vos fenêtres de là-bas ?

— Sûrement.

2. **Mèche** : une mèche de fouet est une sorte de ficelle à son extrémité.

3. **Nœud coulant** : nœud qui permet de resserrer une corde sur un objet quand on tire dessus.

4. **Infamie** : action horrible et honteuse.

Le Ruban moucheté, Athole Stewart et Raymond Massey, film de Jack Raymond, 1931.

— Vous vous enfermerez chez vous, sous prétexte de migraine, quand votre beau-père rentrera. Puis quand il se sera retiré dans sa chambre pour la nuit, vous ouvrirez les volets, vous pousserez votre fenêtre sans mettre le crochet ; vous placerez votre lampe derrière afin qu'elle nous serve de signal, et vous vous retirerez dans votre ancienne chambre, avec tout ce dont vous pourrez avoir besoin pour vous coucher. Je ne doute pas que, malgré les travaux, vous ne puissiez vous y installer pour une nuit.

— Oh ! oui, facilement.

— Le reste nous regarde. […]

Quelques minutes après que la voiture[5] fut entrée dans le parc, une lumière qui nous apparut entre les arbres nous prouva que le propriétaire du vieux manoir était installé dans un des salons.

Autour de nous l'obscurité se faisait de plus en plus profonde.

— Savez-vous, Watson, me dit tout à coup Holmes, j'ai réellement scrupule[6] à vous emmener cette nuit. Notre entreprise n'est pas sans danger.

— Puis-je vous être utile ?

— Plus qu'utile.

— Alors je vous accompagne.

— Je vous en suis très reconnaissant.

— Mais vous parlez de danger ? Vous avez évidemment tiré de notre visite dans cette maison plus de renseignements que moi.

— Non, mais j'imagine que j'ai raisonné davantage. Tout ce que j'ai vu, vous l'avez vu aussi.

Arthur CONAN DOYLE, *Le Ruban moucheté*, 1892.

5. **Voiture** : celle du docteur Roylott.
6. **Scrupule** : hésitation.

Vocabulaire

Avant la lecture

1 Dans les deux phrases suivantes, attribuez la bonne signification du mot *singulier* : bizarre / le contraire de pluriel.
1. Je conjugue un verbe aux trois personnes du singulier.
2. Tremper des cornichons dans le chocolat, n'est-ce pas une idée singulière ?

2 Trouvez des mots de même famille pour compléter la phrase suivante.
Se fier à quelqu'un, c'est lui accorder sa ... ; c'est penser que c'est une personne ....

3 Rappelez le sens de l'adverbe *minutieusement*.

Après la lecture

4 Ligne 3 : en vous aidant du contexte, indiquez ce que sont les *feuilles du parquet*, des *boiseries*.

5 Ligne 17 : « Mais c'est absurde ! » Quelle idée est exprimée par la jeune femme ? Reformulez-la.

6 « Notre *entreprise* n'est pas sans danger. » l. 96. Choisissez le bon synonyme : société / projet. Quel verbe de même famille connaissez-vous ?

Lire et comprendre

1 Quels éléments singuliers l'examen de la chambre d'Hélène Stoner révèle-t-il ?

2 Quels éléments paraissent curieux dans la seconde chambre ?

3 Qui est le coupable selon Sherlock Holmes ? Justifiez votre réponse à l'aide de citations précises. Est-ce une surprise ?

4 **a.** À ce stade du récit, le lecteur a-t-il compris comment le crime avait été commis ? Que ressent-il alors ?
b. « Tout ce que j'ai vu, vous l'avez vu aussi. » Que veut dire le détective ?

5 Comment l'atmosphère de danger est-elle créée ?

Texte 5

Dys

La clé du mystère

À la nuit tombée, Holmes et Watson sont revenus dans la chambre.

— Nous ne devons pas garder de lumière. Il[1] la verrait par la prise d'air.

Je répondis par un geste.

— Ne vous endormez pas. Cela pourrait vous coûter la vie. Ayez votre revolver sous la main, en cas de besoin ; je vais m'asseoir sur le lit ; vous, installez-vous sur cette chaise.

Je posai mon revolver sur le coin de la table.

Holmes avait apporté une badine[2] longue et mince qu'il plaça sur le lit à côté de lui. Il mit à côté une boîte d'allumettes et un bout de bougie ; puis il éteignit la lampe, et nous nous trouvâmes dans l'obscurité.

Je n'oublierai jamais cette veille émouvante. Je n'entendais pas un son, pas même un bruit de respiration, et je savais pourtant que mon compagnon était là tout près, assis, les yeux ouverts, dans le même état de tension nerveuse que moi. Les volets ne laissaient passer aucun rayon de lumière et nous étions dans les ténèbres les plus épaisses. Du dehors, nous arrivait parfois le cri d'un oiseau de nuit, et une fois, tout contre la fenêtre, un long miaulement nous apprit que la panthère était bien en liberté. Au loin, nous entendions les notes graves de l'horloge de la paroisse, sonnant les quarts à des intervalles qui nous paraissaient infinis. Minuit sonna, puis une heure, deux heures, trois heures, et nous étions toujours assis silencieusement, dans l'attente d'un événement possible.

Soudain parut dans la direction de la prise d'air une lueur qui s'évanouit aussitôt, mais à laquelle succéda une forte odeur d'huile et de métal chauffé. Il était évident qu'on avait allumé dans la pièce voisine une lanterne sourde[3]. J'entendis un léger bruit, puis tout retomba dans le silence, bien que l'odeur devînt plus forte. Pendant une demi-heure encore je restai immobile, l'oreille tendue. Soudain, un autre son se fit entendre, très doux et caressant, comme le bruit d'un jet de vapeur sortant d'une bouilloire. Au moment où il se produisit, Holmes sauta à bas du lit, alluma une allumette et se mit à taper de toutes ses forces, avec la canne, le cordon de sonnette.

— Vous le voyez, Watson ? cria-t-il. Vous le voyez ?

Je ne voyais absolument rien. Au moment où Holmes avait allumé, j'avais entendu un sifflement sourd, quoique distinct, mais l'éclat de la lumière empêchait mes yeux fatigués de voir sur quoi mon camarade frappait avec tant de colère. Je distinguais cependant son visage devenu subitement d'une pâleur mortelle et empreint d'horreur et de dégoût.

Il avait cessé de frapper, et regardait la prise d'air, quand tout à coup éclata dans le silence de la nuit le plus horrible cri que j'aie jamais entendu. Il se changea en un hurlement arraché à la fois par la souffrance, la peur et la colère. On dit que dans le village et même au presbytère[4] plus éloigné

---

1. Le docteur Roylott.
2. **Badine** : baguette ou canne souple.
3. **Lanterne sourde** : type de lampe dont on peut cacher la lumière à l'aide d'un volet.
4. **Presbytère** : maison d'un prêtre.

encore, ce cri réveilla tous les dormeurs ; il me glaça le cœur, et je restai là figé, les yeux fixés sur Holmes ; lui, me regarda aussi, lorsque tout fut rentré dans le silence.

— Qu'est-il arrivé ? m'écriai-je pantelant[5].

— C'est fini, répondit Holmes, et c'est après tout la meilleure solution. Prenez votre revolver, nous allons entrer chez le docteur Roylott.

Le visage grave, il alluma la lampe, et sortit le premier dans le corridor. Il frappa deux fois à la porte sans obtenir de réponse. Alors il tourna le bouton, et entra, en me précédant, le revolver au poing.

Un singulier spectacle s'offrit à nos yeux. Une lanterne sourde posée sur la table éclairait le coffre-fort dont la porte était entrouverte. Auprès de cette table, sur la chaise de bois, le docteur Grimesby Roylott, vêtu d'une robe de chambre grise, les pieds nus chaussés de babouches[6] turques. Sur ses genoux, le fouet à longue mèche que nous avions remarqué dans la journée. Il avait la tête renversée, et ses yeux regardaient avec fixité un coin du plafond. Sur le front, il avait un singulier bandeau jaune, tacheté de brun, qui semblait serré autour de sa tête. À notre entrée, il ne fit aucun mouvement.

— La bande ; la bande mouchetée ! murmura Holmes.

Je fis un pas en avant. Au même moment, cette singulière coiffure bougea, et, la tête plate triangulaire d'un hideux serpent se tourna vers nous.

Arthur Conan Doyle, *Le Ruban moucheté*, 1892.

5. Pantelant : bouleversé et à bout de souffle.

6. Babouches : sorte de pantoufles.

Vocabulaire

Avant la lecture

1 Il ne faut pas confondre : *jamais* et *ne… jamais*. Expliquez le sens de *jamais* dans les phrases suivantes.
1. Il n'a jamais aimé cette femme.
2. C'est la seule femme qu'il ait jamais aimée.

2 a. Associez, dans les phrases suivantes, le nom *coiffure* au sens qui convient : bonnet ou chapeau / façon d'arranger les cheveux.
1. Jacques retira sa coiffure pour saluer sa voisine.
2. Cette frange te va bien : tu as eu raison de changer de coiffure.

b. Trouvez des mots de même famille :
1. Autrefois, les femmes bretonnes portaient une ….
2. Quand on entre dans un bâtiment, il est poli de se ….

Après la lecture

3 Rappelez ce que signifie l'adjectif *singulier* dans les expressions suivantes : « un singulier spectacle » (ligne 49) ; « cette singulière coiffure » (ligne 59).

4 Qu'est-ce qu'une « veille » (l. 10) ?

Lire et comprendre l'extrait

1 Montrez que les personnages se préparent à affronter un danger. Quel effet est produit sur le lecteur ?

2 Le temps semble-t-il passer lentement ou rapidement durant cette veille ? Justifiez votre réponse.

3 Quels sens sont sollicités durant cette nuit ? Quelle est l'impression produite ?

4 a. Qu'est-ce que la « bande mouchetée » ? Expliquez.
b. Qu'arrive-t-il au docteur Roylott ?
c. Quelle atmosphère se dégage de ce moment ?

Lire et comprendre la nouvelle

5 Comment Julia Stoner a-t-elle été tuée ? Expliquez en vous appuyant sur l'ensemble des indices relevés au fil de votre lecture.

6 Comment le narrateur parvient-il à conserver intacte la curiosité du lecteur tout au long du récit ?

Texte écho

Dys

Guillaume de Baskerville

Umberto Eco

(1932-2016)

Universitaire et écrivain italien, Eco a notamment écrit des essais de linguistique et de philosophie, ainsi que des romans. *Le Nom de la rose* a connu un succès mondial et a été traduit en quarante-trois langues.

Le Nom de la rose*, roman qui se déroule au Moyen Âge, est célèbre, entre autres, pour ses références nombreuses à d'autres œuvres de la littérature. Dans cet extrait, le jeune Adso et son maître, Guillaume de Baskerville, se rendent dans une abbaye. Peu avant d'arriver, ils croisent une troupe de moines qui s'arrêtent pour les saluer.*

— Je vous remercie, seigneur cellérier[1], répondit cordialement mon maître, et j'apprécie d'autant plus votre courtoisie que pour me saluer vous avez interrompu votre poursuite. Mais n'ayez crainte, le cheval est passé par ici et a pris le sentier de droite. Il ne pourra pas aller bien loin car, arrivé au dépôt des litières, il devra s'arrêter. Il est trop intelligent pour se précipiter le long du terrain abrupt…

— Quand l'avez-vous vu ? demanda le cellérier.

— Nous ne l'avons pas vu du tout, n'est-ce pas, Adso ? dit Guillaume en se tournant vers moi d'un air amusé. Mais si vous cherchez Brunel, l'animal ne peut être que là où j'ai dit. » Le cellérier hésita. Il regarda Guillaume, puis le sentier, et enfin demanda : « Brunel ? Comment savez-vous ?

— Allons, allons, dit Guillaume, il est évident que vous êtes en train de chercher Brunel, le cheval préféré de l'Abbé, le meilleur galopeur de votre écurie, avec sa robe noire, ses cinq pieds de haut, sa queue somptueuse, son sabot petit et rond mais au galop très régulier ; tête menue, oreilles étroites mais grands yeux. Il a pris à droite, je vous dis, et dépêchez-vous, en tout cas. »

Le cellérier eut un moment d'hésitation, puis il fit un signe aux siens et se précipita dans le sentier de droite, tandis que nos mulets se remettaient à monter. Alors que, piqué de curiosité, j'allais interroger Guillaume, il me fit signe d'attendre : et de fait, après quelques brèves minutes, nous entendîmes des cris de jubilation[2], et au tournant du sentier réapparurent moines et servants qui ramenaient le cheval par le mors. Ils repassèrent à côté de nous en continuant de nous regarder d'un air plutôt ahuri, et ils nous précédèrent sur le chemin de l'abbaye. […]

« Et maintenant, dites-moi (à la fin je ne sus me retenir), comment avez-vous fait pour savoir ?

— Mon bon Adso, dit le maître. J'ai passé tout notre voyage à t'apprendre à reconnaître les traces par lesquelles le monde nous parle comme un grand livre. […] J'ai presque honte de te répéter ce que tu devrais savoir. Au croisement, sur la neige encore fraîche, se dessinaient avec grande clarté les empreintes des sabots d'un cheval, qui pointaient vers le sentier à main gauche. À belle et égale distance l'un de l'autre, ces signes disaient que le sabot était petit et rond, et le galop d'une grande régularité — j'en déduisis ainsi la nature du cheval et le fait qu'il ne courait pas désordonnément comme fait un cheval emballé. Là où les pins formaient comme

1. Cellerier : moine chargé des comptes et de l'approvisionnement en nourriture.

2. Jubilation : joie.

un appentis[3] naturel, des branches avaient été fraîchement cassées juste à la hauteur de cinq pieds. Un des buissons de mûres, là où l'animal doit avoir tourné pour enfiler le sentier à sa droite, alors qu'il secouait fièrement sa belle queue, retenait encore dans ses épines de longs crins de jais[4]… Enfin tu ne me diras pas que tu ne sais pas que ce sentier mène au dépôt des litières, car en grimpant par le tournant inférieur, nous avons vu la bave des détritus[5] descendre à pic au pied de la tour orientale, laissant des salissures sur la neige ; et d'après la situation du carrefour, le sentier ne pouvait que mener dans cette direction.

— Oui, dis-je, mais la tête menue, les oreilles pointues, les grands yeux…

— Je ne sais pas s'il en est pourvu, mais à coup sûr les moines le croient fermement. […] Si le cheval dont j'ai deviné le passage n'avait pas été vraiment le meilleur de l'écurie, on aurait peine à expliquer pourquoi ne le poursuivaient pas les seuls palefreniers[6], mais que se soit dérangé le cellérier en personne.

Tel était mon maître.

Umberto Eco, *Le Nom de la rose*, trad. J.-N. Schifano, Grasset, 1982.

3. Appentis : cabane à toit unique et penché.

4. Jais : de couleur noire.

5. Bave des détritus : traces de salissure laissées par les ordures.

6. Palfrenier : garçon d'écurie.

Vocabulaire

Avant la lecture

1 Cherchez ce qu'est une abbaye. Qui dirige une abbaye ?

2 Cherchez ce qu'est un terrain abrupt.

3 « Ce cheval est haut de cinq pieds. » Appuyez-vous sur le contexte pour expliquer ce qu'est un pied.

Après la lecture

4 **a.** « J'en déduisis » (l. 35). Remplacez ce verbe par un synonyme.
b. Complétez la phrase suivante avec un nom de même famille :
Sherlock Holmes s'est rendu célèbre pour son sens de la ....

5 **a.** « La tour *orientale* » (l. 43). Cherchez le sens de l'adjectif puis trouvez son antonyme.
b. Qu'appelle-t-on Europe orientale ? Proche-Orient ? Moyen-Orient ? Extrême-Orient ?

Lire et comprendre

Débat de compréhension ORAL

• Résumez l'extrait. Que pensez-vous du personnage de Guillaume de Baskerville ?

Pour approfondir

1 **a.** Pourquoi les moines ont-ils un « air plutôt ahuri » (l. 24) ?
b. Par qui ce sentiment peut-il être partagé ?
c. La démonstration vous semble-t-elle réaliste ?

2 **a.** Guillaume de Baskerville vous semble-t-il doué ? modeste ? sympathique ? Justifiez votre réponse en vous appuyant sur des éléments précis du texte.
b. À qui vous fait-il penser ?

3 **a.** Lisez, p. 213, les titres d'autres œuvres mettant en scène Sherlock Holmes et expliquez d'où vient le nom de Guillaume de Baskerville.
b. Pour aller plus loin, vous pouvez lire le portrait physique de Guillaume de Baskerville et le comparer précisément au texte 1 p. 192 : que remarquez-vous ?

Étude de film

Le Nom de la rose

Jean-Jacques Annaud, réalisateur français, a adapté le roman d'Umberto Eco en 1986.

A Le monde religieux

1 Au début du film, quelle impression l'abbaye produit-elle sur Adso et sur le spectateur ?

2 L'abbaye est-elle riche ou pauvre ? Justifiez votre réponse.

3 Comment les moines se comportent-ils avec les villageois ? Donnez deux exemples.

4 **a.** Quel événement qui doit se produire à l'abbaye précipite l'enquête ?
b. Qui sont les différents religieux qui y participent ? Quelle est la vision du christianisme que chacun d'eux défend ? Pour répondre, appuyez-vous sur les séquences allant de 01:25:33 à 01:27:57 et de 01.30.48 à 01.31.20.
c. Pourquoi le résultat de cette rencontre est-il important pour l'Église ?

B Enquête à l'abbaye

5 Quels éléments font de ce récit une histoire policière ?

6 Hormis Guillaume, quel personnage est appelé pour enquêter sur ces meurtres ?

7 Qui ce personnage désigne-t-il comme coupables ? Pour quelle raison ?

8 « Mon cher Adso, nous n'avons pas le droit de nous laisser influencer par toutes ces folles rumeurs d'Antéchrist. Essayons plutôt de faire travailler nos méninges et tâchons de résoudre cette énigme passionnante. » Qui prononce cette phrase ? En quoi est-elle caractéristique du personnage ?

9 Quels objets caractérisent Guillaume ? Que représentent-ils ?

10 Qu'est-ce qui oppose les deux enquêteurs ?

C Analyse d'une séquence : la découverte de la bibliothèque

De 1:10:47 à 1:23:11

11 **a.** Quels obstacles Guillaume et Adso doivent-il franchir pour découvrir la bibliothèque et le livre qu'ils cherchent ?
b. Parviennent-ils à leur but dès la première tentative ?
c. À votre avis, que symbolisent ces difficultés ?

12 Comment chacun des deux héros réagit-il face aux difficultés ?

13 **a.** Sous quelle forme la bibliothèque se présente-t-elle ?
b. Quels éléments visuels et sonores accentuent l'impression de perte de repères et de cheminement ?

14 D'après Guillaume, pourquoi ces livres sont-ils cachés ?

15 **a.** Observez la lumière dans la première scène de la séquence : d'où vient-elle ?
b. Quand ils cherchent sous l'autel, les personnages découvrent une autre source de lumière : quel sens pouvez-vous donner à cette situation ?
c. Quand ils arrivent dans la bibliothèque, le traitement de la lumière vous semble-t-il réaliste ? Qu'est-ce qui semble éclairer la pièce ? Que symbolise cette lumière ?

16 Dans cette séquence, qui permet aux personnages de se tirer d'affaire ? Par quels moyens ? Que pouvez-vous en conclure ?

▲ Sean Connery dans le rôle de Guillaume de Baskerville, *Le Nom de la rose*, film de Jean-Jacques Annaud, 1986.

D Analyse d'une séquence : la fin du film

De 1:49:55 à 2:04:07

17 Que signifie l'expression *passer de l'autre côté du miroir* ? En quoi s'applique-t-elle à nos héros ?

18 Quelles sont les deux scènes qui alternent tout au long de la séquence ? Quel est l'intérêt de ce montage ?

19 Quel livre est utilisé comme arme du crime ? Faites une rapide recherche sur son auteur : pourquoi l'assassin le considère-t-il comme dangereux ?

20 **a.** « Le rire tue la peur et sans la peur, il n'est pas de foi, car sans la peur du diable, il n'y a pas besoin de Dieu. […] Qu'adviendrait-il si, à cause de ce livre, l'homme cultivé déclarait tolérable que l'on rie de tout ? Pouvons-nous rire de Dieu ? Le monde retomberait dans le chaos ! » Qui prononce ces paroles ?
b. Quel moyen le vieux moine utilise-t-il pour imposer aux autres sa vision de la religion ?
c. Citez un autre personnage du film qui utilise le même moyen.

21 **a.** Pour quelle raison l'assassin accepte-t-il de laisser Guillaume feuilleter le livre interdit ?
b. À votre avis, pour quelle raison Guillaume révèle-t-il qu'il porte des gants ?
c. En quoi Guillaume et l'assassin s'opposent-ils ?

22 Quelle est la fin réservée à chacun des « méchants » ? Quel sens donnez-vous à cette fin ?

23 **a.** Quelle image a-t-on des religieux, dans ce film ?
b. Est-ce la religion elle-même, qui est critiquée ? Justifiez votre réponse.

▲ F. Murray Abraham dans le rôle de l'inquisiteur Bernardo Gui, *Le Nom de la rose*, film de Jean-Jacques Annaud, 1986.

E L'initiation d'Adso

24 Qui est le narrateur du film ? Quel est son lien avec Guillaume de Baskerville ?

25 Qu'est-ce qui caractérise Adso lorsqu'il arrive à l'abbaye ?

26 En quoi a-t-il changé entre son arrivée et son départ ?

▲ *Le Nom de la rose*, film de Jean-Jacques Annaud, 1986.

Un roman policier

1 Un roman policier est un récit centré autour de la résolution d'un mystère, qui recourt aux éléments suivants :
- un criminel ;
- une ou plusieurs victimes ;
- un enquêteur ;
- un mobile ;
- une arme du crime ou un mode opératoire.

À quoi correspond, dans la nouvelle que vous venez de lire, chacun de ces éléments ?

2 Citez deux moments du récit au cours desquels Holmes court un danger.

3 **a.** À quel moment Holmes comprend-il qui est le coupable et comment ce dernier a procédé ? Justifiez votre réponse en citant le texte.
b. Et le lecteur ? Quel est l'effet produit ?
c. Quel moyen l'auteur utilise-t-il pour transmettre au lecteur les informations rassemblées par Holmes ?

Le plus célèbre des enquêteurs

Testez vos connaissances sur Sherlock Holmes. *Attention, à partir de la question 7, vous devrez, pour répondre, lire d'autres récits mettant en scène le personnage (voir p. 213).*

1 Physiquement, Holmes est :
- Un personnage ordinaire
- Grand et maigre
- Petit et musclé

2 Son caractère est plutôt :
- Enjoué et énergique
- Calme et placide en toutes circonstances
- Alternant des périodes de calme, voire de dépression, et des périodes d'excitation

3 Relevez les principales qualités de Holmes et donnez-en des exemples.
- Sens de l'observation et de la déduction
- Grandes connaissances dans les domaines scientifiques
- Grande culture littéraire
- Sens de l'humour
- Chaleur humaine
- Courtoisie
- Don pour les inventions de toutes sortes
- Don pour le travestissement
- Sensibilité

4 Le meilleur ami de Sherlock Holmes est :
- John H. Watson
- George W. Watson
- John H. Smith

5 Holmes est…
- Marié
- Célibataire
- On ne sait pas.

6 Holmes habite…
- Abbey Road à Londres
- Baker Street à Londres
- Ve Avenue à New York

7 Son pire ennemi est…
- John H. Watson
- L'inspecteur Lestrade de Scotland Yard
- Le professeur Moriarty
- Mycroft

8 Le frère de Holmes est…
- John H. Watson
- L'inspecteur Lestrade de Scotland Yard
- Le professeur Moriarty
- Mycroft

9 Holmes joue…
- Du piano
- Du saxophone
- Du violon
- Ni l'un ni l'autre

10 Qui sont « les irréguliers de Baker street » ?
- Une bande de malfaiteurs que Holmes veut arrêter
- Des policiers de Scotland Yard qui rivalisent avec Sherlock Holmes
- Des enfants des rues qui aident Sherlock Holmes dans ses enquêtes

11 En amour, Holmes se montre…
- Un grand séducteur
- Indifférent aux femmes
- L'homme d'une seule passion

12 Une seule personne a réussi à damer le pion à Sherlock Holmes. Il s'agit de :
- Un policier : Lestrade
- Une femme : Irène Adler
- Un enfant : Wiggins
- Arsène Lupin

Le roman policier

Synthèse

Une forme particulière de roman d'aventures

- Dans le roman policier, **l'action est au cœur du récit**. Elle débute généralement par un événement violent : meurtre, vol, disparition, et prend la forme d'**un mystère à élucider**. Le récit se concentre alors sur **l'enquête**, qui expose au **danger** celui qui la mène et peut multiplier les **rebondissements**.
- Le roman policier est donc **une forme particulière de roman d'aventures**.

L'enquêteur, un héros de l'esprit

- Le personnage principal est **un enquêteur, professionnel ou amateur** qui, par ses qualités (observation, déduction, ténacité…), élucide un mystère et permet à la justice de s'exercer.
- **L'enquêteur est une figure du héros** par ses qualités intellectuelles et parce qu'il fait régner une forme de justice.

Un récit sous le signe de la raison

- Tout l'intérêt du récit réside dans la **reconstitution progressive des faits** : elle doit être **logique** et permettre au lecteur de comprendre peu à peu ce qui s'est passé.
- Dans de nombreux récits policiers, l'enquêteur est secondé par **un confident naïf**, moins observateur et moins habile, comme le Dr Watson. En donnant ses explications à ce confident, l'enquêteur les donne aussi au lecteur, qui est ainsi associé à l'enquête et sa résolution. Ce type de personnage joue donc un rôle essentiel dans l'intrigue et le plaisir qu'on y trouve.

Jude Law (Dr Watson) et Robert Downey Junior (Holmes), *Sherlock Holmes*, film de Guy Ritchie, 2009.

Vers l'écriture

Ponctuer et présenter un dialogue

1 Rétablissez la ponctuation manquante de ce dialogue. Allez à la ligne chaque fois que c'est nécessaire.

La mère de la narratrice est tombée dans les escaliers.

Une fois, elle retroussa le bord de sa robe, baissa son bas sur son tibia, montrant une meurtrissure violette, la peau presque fendue. Regarde-moi ça ! Qu'est-ce que tu t'es encore fait, maman ? Elle ouvrait de grands yeux, pleins d'innocence et de confusion. Tu ne le croirais pas : je suis tombée dans l'escalier ! Comment, tombée ? Mais justement, comme rien ! Je descendais l'escalier et je suis tombée. C'est inexplicable. Tu descendais trop vite ? ...Trop vite ? Qu'appelles-tu trop vite ? Je descendais vite. Ai-je le temps de descendre un escalier à l'allure du Roi-Soleil ? (D'après COLETTE, *La Maison de Claudine*.)

2 Même exercice.

J'avais fini par le croire orphelin, sans aucune espèce de famille ; je fus donc fort étonné de l'entendre un jour parler de son frère. En vous prenant pour exemple, dis-je, et d'après tout ce que vous m'avez raconté, il me semble évident que votre faculté d'observation et votre faculté de déduction sont dues surtout à un exercice constant et continu. Jusqu'à un certain point, répondit-il l'air pensif. Cependant, je dois avoir ces prédispositions dans le sang, elles me viennent, sans doute, de ma grand-mère. Mais comment savez-vous que ces facultés sont héréditaires ? Parce que mon frère Mycroft les possède à un bien plus haut degré que moi. Ceci était absolument nouveau pour moi. S'il existait en Angleterre un autre homme aussi bien doué que mon ami, comment ni la police ni le public n'en avaient-ils jamais entendu parler ? (D'après DOYLE).

Rendre un dialogue vivant et varier les verbes introducteurs de parole

3 Pour être intéressant, un dialogue ne doit pas être bavard. Récrivez le dialogue suivant, en supprimant toutes les répliques qui vous paraissent ennuyeuses et peu utiles au récit. Vous pouvez en retirer beaucoup !

C'est au lycée que je rencontrai celui qui, plus tard, devait devenir mon ami le plus proche avant que la vie nous sépare. Nous nous découvrîmes assez rapidement de nombreux points communs.

« Salut !

— Salut.

— Moi, c'est Serge. Et toi, comment t'appelles-tu ?

— Je m'appelle Laurence.

— Aimes-tu la musique ?

— Oui, beaucoup. Je joue du violon et je raffole de l'opéra baroque. Et toi ?

— J'écoute beaucoup de jazz. Je pourrai te prêter des disques, me promit-il, passionné.

— D'accord, avec plaisir !

— C'est entendu ! »

C'est ainsi que je me plongeai avec ferveur dans un univers musical dont, jusque-là, j'avais tout ignoré.

4 ORAL Précisez la signification des verbes de parole suivants en les définissant ou en imitant leur sens.

Asséner – avouer – bégayer – couper – hoqueter – insinuer – jurer – marmonner – murmurer – pleurnicher – prétendre – protester – rétorquer – ronchonner – supplier – susurrer – vociférer – gronder – insister – s'indigner.

5 Dans le dialogue suivant, remplacez le verbe *dire* par un des verbes de l'exercice précédent.

« Le voleur ne s'en tirera pas comme ça, dit Joëlle.

— Dis donc, Léon, dit Sarah, on t'a vu tourner autour des sacs tout à l'heure.

— Ce n'est pas moi, dit Léon.

— Mais puisqu'on te dit qu'on t'a vu ! dit Sarah.

— Ce... ce... ce... ce n'est pas moi ! dit Léon, les larmes aux yeux.

— Arrêtez, laissez-le tranquille ! dit une petite voix.

— Fiche-nous la paix, Arthur, dit Joëlle.

— Arrêtez, dit Arthur.

— Qu'est-ce que tu veux ? demanda Joëlle.
— C'est moi qui ai pris ta photo », dit Arthur d'un seul élan.

6 Pour mieux intégrer les paroles dans le récit, placez les verbes de parole dans des propositions incises.

Exemple : *Le professeur rugit : « Tu es en retard, chenapan ! Tu seras châtié de ta témérité ! » → « Tu es en retard, chenapan ! rugit le professeur. Tu seras châtié de ta témérité ! »*

1. Watson s'exclama : « Mais c'est incroyable ! Comment avez-vous su qui était l'assassin ? »
2. Le détective demanda : « Pouvez-vous reprendre votre récit depuis le début ? Ne négligez aucun détail, même anodin. »
3. La femme en noir supplia : « Je vous en conjure, aidez-moi… Je ne sais plus auprès de qui chercher du secours… »
4. Le docteur avoua : « Oui, j'ai tué ma belle-fille ! Maudite soif de l'or qui m'a mené au crime ! »

7 Pour enrichir le dialogue, il est souvent utile de préciser le ton ou l'attitude de celui qui parle. Imaginez un dialogue entre Sherlock Holmes et une visiteuse venant demander de l'aide. Vous intégrerez dans le dialogue au moins six des indications suivantes.

À voix basse – en rougissant – avec un large sourire – en riant – avec douceur – d'une voix hésitante – lui jetant un coup d'œil plein de curiosité – jouant nerveusement avec son mouchoir – souriant à son tour – blêmissant soudainement – d'une voix hachée par l'émotion – pâlissant de terreur – dans un soupir de soulagement – d'un air satisfait.

Pour réussir, classez d'abord ces indications selon qu'elles révèlent de l'assurance ou du trouble. Variez les verbes introducteurs de parole.

8 Complétez les phrases suivantes avec l'adjectif qui convient : *confus – consterné – contrarié – ébahi – embarrassé – ravi*.

1. Je demeurais … devant un tel mystère tandis qu'Holmes semblait … du résultat de ses déductions.
2. Holmes m'expliqua ce qu'il en était et je fus … de constater combien son esprit était vif et pénétrant.
3. Les indices ne concordaient pas. Visiblement …, Holmes réfléchissait en silence.
4. « N'avez-vous pas compris ? » me demanda Holmes, … par ma lenteur d'esprit. …, je cherchais en vain à percer ce mystère.

Connaître le vocabulaire d'une enquête

9 Cherchez le sens des mots que vous ne connaissez pas. Recopiez et complétez ensuite les phrases suivantes avec les mots de la liste :

Mobile, déduction, suspect, objet contondant, alibi, preuve irréfutable, indice, fausse piste, hypothèse.

1. Le policier vérifie l'… du …
2. L'assassin a tenté de lancer les enquêteurs sur une …
3. Sur la scène du meurtre, les gendarmes ont trouvé des …, notamment un tisonnier ; cet … pourrait être l'arme du crime.
4. Par …, Sherlock Holmes parvient à transformer des … en…
5. Le commissaire cherche à comprendre le … de l'assassin.

André Morell (Dr Watson) et Peter Cushing (Holmes), *Le Chien des Baskerville*, film de Terence Fisher, 1959.

Vers l'écriture

Rédaction

Écrire une scène d'enquête policière

SUJET

- Un promeneur est retrouvé mystérieusement mort, en pleine nature. Imaginez, en respectant le caractère des personnages, le récit que fait Watson de la résolution de l'énigme par Sherlock Holmes.

1 Avant de commencer

- **Les éléments de l'énigme :**

– Pas de mobile : qui aurait pu vouloir tuer ce simple promeneur ?
– Aucune trace humaine : un coup derrière la tête, mais pas de traces de pas.
– Pas d'arme.
– Comment et par qui cet homme a-t-il été tué ?

- **Ce que comprend Sherlock Holmes avant tout le monde :**

– La mort est accidentelle.
– La rivière à proximité cache l'objet contondant, un boomerang.
– La victime et l'assassin ne sont qu'une seule et même personne.
– Le promeneur s'amusait avec son boomerang lorsqu'il a été distrait par un bruit qui a détourné son attention : le boomerang l'a alors frappé derrière la tête.

2 À vous de jouer !

- Imaginez d'autres **indices** qui peuvent mettre le détective sur la voie.
- Respectez le **caractère des personnages** : un Watson un peu naïf, comme le lecteur, et un détective d'une supériorité un peu ironique.
- Ménagez le **suspens** : mettez d'abord en évidence l'énigme ; dévoilez progressivement sa résolution, de façon à mettre en valeur les capacités extraordinaires du détective.
- Utilisez les **dialogues** pour ménager ce suspens.
- Insistez sur les **émotions** du narrateur.

▲ Photogramme de la série *Sherlock*, 2010.

Défi Lecture

D'autres œuvres d'A. C. Doyle

Une Étude en rouge

Première nouvelle mettant en scène le célèbre détective, elle permet de découvrir le personnage, ainsi que l'histoire de Watson.

Le Chien des Baskerville

Avec cette œuvre, Doyle déploie les talents de son personnage dans un roman aux accents fantastiques : quel est ce monstre qui fait des ravages sur les terres des Baskerville ? Sherlock Holmes, qui ne croit pas au surnaturel, mène l'enquête.

La Vallée de la peur

Pour résoudre une affaire de meurtre, Holmes se trouve confronté à son pire ennemi, aussi habile dans le crime que lui l'est dans l'art de la déduction. Un des plus célèbres romans mettant en scène Sherlock Holmes.

Le Signe des quatre

Deuxième nouvelle publiée par Doyle, ce récit court a rendu célèbres les méthodes du détective.

Scandale en Bohème

Cette nouvelle enquête va donner bien du fil à retordre à notre héros…

L'Interprète grec

Cette enquête est l'occasion de découvrir un peu la famille de Sherlock Holmes (oui, ce personnage énigmatique a une famille…).

Œuvres contemporaines reprenant les personnages de Doyle

Enola Holmes, La Double Disparition, Nancy Springer, Nathan, 2007

Premier volume d'une série pour la jeunesse, il met en scène la petite sœur de Sherlock Holmes qui, pour retrouver la trace de sa mère disparue, déploie des talents dignes de son frère.

Wiggins et le Perroquet muet, Béatrice Nicomède, Syros, 1995

L'autrice donne la vedette à un de ces enfants des rues qui vient parfois en aide à Holmes dans les romans de Doyle. Cette fois, l'enfant doit enquêter seul sur la mort d'une danseuse. Mais, familier de Sherlock Holmes, il a été à bonne école…

Les Quatre de Baker street, Dijan, Legrand, Etien, Vents d'Ouest, 2009

Cette bande dessinée qui met en scène « les irréguliers » de Holmes est considérée comme très fidèle à l'œuvre de Doyle. Suivez les enquêtes menées par ces enfants des rues.

D'autres récits policiers célèbres à découvrir

Ils étaient dix, Agatha Christie, 1939

Découvrez la reine du roman policier à travers son récit le plus célèbre. Dix personnes, invitées sur une île coupée du monde, meurent les unes après les autres. L'assassin se cache donc parmi elles ? Mais qui est-il ? La terreur règne.

Arsène Lupin, gentleman cambrioleur, Maurice Leblanc, 1907

Les aventures d'un cambrioleur aussi ingénieux que Holmes.

Le Mystère de la chambre jaune, Gaston Leroux, 1907

Une tentative de meurtre a été commise dans une chambre totalement fermée de l'intérieur. Comment l'assassin a-t-il pu entrer ? Le jeune Rouletabille enquête…

9 *Le Roman de Tristan et Iseut,* un conte d'amour et de mort

› Tristan et Iseut sont-ils des héros exemplaires ?
› Le *Roman de Tristan et Iseut* reflète-t-il la société médiévale ?

œuvre intégrale

Objectifs du chapitre

Lecture
- Découvrir la société médiévale
- Comprendre un contexte historique et culturel
- Interpréter et justifier son interprétation

Écriture
- Mettre son propos en valeur
- Exprimer des émotions

Vocabulaire
- Employer un vocabulaire médiéval
- Découvrir l'histoire des mots

Sommaire

Tristan affronte Palamède en duel, enluminure de *Tristan et Iseut*, XIIIe siècle, BNF, Paris.

● Quelles remarques pouvez-vous faire sur la composition de l'image : quels éléments se répondent symétriquement ? Lesquels sont placés au centre ?

Repères

La naissance d'un roman médiéval

L'entrée à Jérusalem, **manuscrit de l'école bolognaise**, XIe siècle, Biblioteca Angelica, Rome.

Les conditions de la production littéraire au Moyen Âge

- Au Moyen Âge, le **livre** est un objet **rare et précieux**. Il circule peu et reste accessible à un nombre très restreint de personnes. Les premiers livres étaient essentiellement des **textes religieux ou scientifiques**, le livre le plus répandu étant la Bible. Ils étaient écrits en **latin**, la langue de l'Église.
- Où et comment sont-ils fabriqués ? Par qui ?
- Quand apparaissent les premières œuvres littéraires écrites en langue vulgaire (le français, par opposition au latin, langue noble) ?

À vous de mener l'enquête.

Éducation aux médias

- Pour vous aider, vous pouvez vous rendre sur les sites suivants :
  - **Histoire pour tous** → « Histoire universelle » → « Moyen Âge » → « Le livre une passion du moyen âge »
  - **La-littérature.com** → « Le Moyen Âge » → La littérature

Questions

La fabrication des livres

1. Où les livres sont-ils fabriqués et conservés ?
2. Qu'est-ce qu'un clerc ?
3. Qu'est-ce que le papyrus ? et le parchemin ?
4. D'où vient le papier ? À quelle époque son usage se répand-il en Europe ?
5. Qu'est-ce qu'un manuscrit ? Sur quel radical ce mot est-il formé ?
6. Qu'est-ce qu'une enluminure ? et une lettrine ? Trouvez un exemple d'enluminure avec lettrine.

Les premiers romans

1. Que sont le troubadour et le trouvère ?
2. Où se produisent-ils ?
3. En quoi la mémoire est-elle fondamentale dans la transmission des premières œuvres en langue vulgaire ?
4. Les auteurs, au Moyen Âge, se considéraient d'abord comme des traducteurs : expliquez pourquoi.
5. Que signifie à l'origine le mot *roman* ?
6. À quel siècle les premiers romans apparaissent-ils ? Citez deux romans médiévaux célèbres.

Le Roman de Tristan et Iseut, une lointaine origine

• **D'origine celtique,** l'histoire de ces célèbres amants a été **transmise par voie orale** pendant des siècles avant de faire son entrée dans la **littérature écrite au XIIe siècle**. Différentes versions ont vu le jour, parfois contradictoires, mais aucune n'est parvenue intégralement jusqu'à nous. **Certaines ont même été perdues**, comme celle qu'avait écrite **Chrétien de Troyes**.

• C'est **entre 1900 et 1905** que **Joseph Bédier**, spécialiste médiéval, a rassemblé ces différents textes pour **reconstituer le récit que nous connaissons aujourd'hui**.

▲ ***Scribe assis à son bureau comparant deux livres***, dans le *Speculum historiale* ou *Le Miroir Historial*, Vincent de Beauvais, 1304, The British Library, Londres.

Questions

1 Cherchez le sens du mot *celtique*.

2 À quel siècle l'histoire de Tristan et Iseut a-t-elle commencé à être mise par écrit ?

3 Quels sont les deux auteurs dont il nous reste les textes les plus complets ?

▲ **Carte des lieux dans le *Roman de Tristan et Iseut***

Texte 1

Le Morholt d'Irlande

Dys

Texte audio

Orphelin, Tristan vit à Tintagel, chez son oncle, le roi Marc de Cornouailles. Ce dernier reçoit la visite du Morholt, un chevalier géant, beau-frère du roi d'Irlande : si Marc refuse de lui donner trois cents jeunes garçons et trois cents jeunes filles de l'âge de quinze ans, alors le roi d'Irlande attaquera la Cornouailles. Toutefois, un chevalier peut se battre contre le Morholt afin de prouver que la demande du roi d'Irlande n'est pas juste. Comme aucun chevalier ne se porte volontaire, le jeune Tristan, contre l'avis de son oncle, accepte le combat.

▲ ***Tristan combat le Morholt,*** Michel Connot, 1470.

Au jour dit, Tristan [...] se fit armer pour la haute aventure. Il revêtit le haubert et le heaume d'acier bruni. Les barons[1] pleuraient de pitié sur le preux et de honte sur eux-mêmes. « Ah ! Tristan, se disaient-ils, hardi baron, belle jeunesse, que n'ai-je, plutôt que toi, entrepris cette bataille ! Ma mort jetterait un moindre deuil sur cette terre !... » Les cloches sonnent, et tous, ceux de la baronnie et ceux de la gent menue[2], vieillards, enfants et femmes, pleurant et priant, escortent Tristan jusqu'au rivage. Ils espéraient encore, car l'espérance au cœur des hommes vit de chétive pâture[3].

Tristan monta seul dans une barque et cingla[4] vers l'île Saint-Samson. Mais le Morholt avait tendu à son mât une voile de riche pourpre[5], et le premier il aborda dans l'île. Il attachait sa barque au rivage, quand Tristan, touchant terre à son tour, repoussa du pied la sienne vers la mer.

« Vassal[6], que fais-tu ? dit le Morholt, et pourquoi n'as-tu pas retenu comme moi ta barque par une amarre ?

– Vassal, à quoi bon ? répondit Tristan. L'un de nous reviendra seul vivant d'ici : une seule barque ne lui suffit-elle pas ? »

Et tous deux, s'excitant au combat par des paroles outrageuses[7], s'enfoncèrent dans l'île.

Nul ne vit l'âpre[8] bataille ; mais, par trois fois, il sembla que la brise de mer portait au rivage un cri furieux. Alors, en signe de deuil, les femmes battaient leurs paumes en chœur, et les compagnons du Morholt, massés à l'écart devant leurs tentes, riaient. Enfin, vers l'heure de none[9], on vit au loin se tendre la voile de pourpre ; la barque de l'Irlandais se détacha de l'île, et une clameur de détresse retentit : « Le Morholt ! le Morholt ! » Mais, comme la barque grandissait, soudain, au sommet d'une vague, elle montra un chevalier qui se dressait à la proue[10] ; chacun de ses poings tendait une épée brandie : c'était Tristan. Aussitôt vingt barques volèrent à sa rencontre et les jeunes hommes se jetaient à la nage. Le preux s'élança sur

1. Barons : hommes de la haute noblesse.
2. Gent menue : petit peuple.
3. Vit de chétive pâture : se nourrit de peu.
4. Cingla : navigua.
5. Pourpre : étoffe teinte de rouge.
6. Vassal : qui obéit à un seigneur plus puissant.
7. Outrageuses : insultantes.
8. Âpre : violente, rude.
9. Heure de none : environ quinze heures, heure de la prière.
10. Proue : partie avant du navire.

la grève et, tandis que les mères à genoux baisaient ses chausses de fer, il cria aux compagnons du Morholt :

« Seigneurs d'Irlande, le Morholt a bien combattu. Voyez : mon épée est ébréchée, un fragment de la lame est resté enfoncé dans son crâne. Emportez ce morceau d'acier, seigneurs : c'est le tribut[11] de la Cornouailles ! »

Alors il monta vers Tintagel. Sur son passage, les enfants délivrés agitaient à grands cris des branches vertes, et de riches courtines[12] se tendaient aux fenêtres. Mais quand, parmi les chants d'allégresse, aux bruits des cloches, des trompes et des buccines[13], si retentissants qu'on n'eût pas ouï Dieu tonner, Tristan parvint au château, il s'affaissa entre les bras du roi Marc : et le sang ruisselait de ses blessures.

Joseph Bédier, *Le Roman de Tristan et Iseut*, chapitre II, 1981, éditions 10/18.

11. Tribut : ce que le vaincu est obligé de donner au vainqueur.
12. Courtines : étoffes décorant un mur ou une fenêtre, tentures.
13. Buccines : trompettes.

Vocabulaire

Avant la lecture

1 Cherchez le sens de *preux*. Donnez un nom de la même famille et employez-le dans une phrase de votre invention.

2 Que signifie *chétif* ? Employez cet adjectif au féminin dans une phrase de votre invention.

3 Qu'est-ce qu'une brèche ? Déduisez-en le sens d'*ébréché*.

4 Que sont les *chausses* ? À l'aide de suffixes, formez trois noms et un verbe de la même famille. Lesquels sont formés à l'aide d'un suffixe diminutif ?

Après la lecture

5 En vous aidant si besoin d'un dictionnaire, associez les couples d'antonymes.

a. prouesse	**1.** compliment
b. hardi	**2.** gloire
c. outrage	**3.** crime
d. honte	**4.** craintif

Parcours de lecture

Parcours ★

1 Qui est Tristan ? Où vit-il ?

2 Qui est le Morholt ? Quelle est sa particularité ?

3 Pourquoi les deux hommes doivent-ils combattre ?

4 Où le combat a-t-il lieu ? Qui est le vainqueur ?

5 Pourquoi, du rivage, la foule pense-t-elle que le Morholt est le vainqueur ?

6 **a.** Le combat contre le Morholt est-il raconté en détails ?
b. À votre avis, qu'est-ce qui fait l'intérêt de ce choix ?

Parcours ★★

Tâche complexe

Comment la prouesse de Tristan est-elle mise en valeur ? Dans quelle mesure peut-on dire qu'il est le plus fidèle vassal du roi Marc ? Développez votre réponse en deux paragraphes en vous appuyant sur des éléments du texte.

COUP DE POUCE
- Par quel nom Tristan est-il désigné aux lignes 4 et 34 ?
- Était-il obligé de combattre le Mohrolt ? Pourquoi le fait-il ?
- Que fait Tristan lorsqu'il débarque sur l'île ? Que cela montre-t-il ?
- Comment les gens se comportent-ils à son départ, et à son retour ? Sont-ils nombreux ?
- Quelle atmosphère les expressions évoquant des sons créent-elles ?

Écriture

1 Réalisez l'exercice 11 p. 237.

2 **a.** Lignes 31 à 33 : observez la construction de la phrase (ponctuation, mots de liaison, place des mots).
b. De quelle manière l'apparition de Tristan dans la barque est-elle mise en valeur ?
c. Sur le même modèle, évoquez l'arrivée d'un chevalier :
– sortant d'un bois.

Texte 2

Le philtre

Dys

Texte audio

Après avoir conquis la main d'Iseut, fille du roi d'Irlande, pour le roi Marc, Tristan ramène la jeune femme en Cornouailles pour qu'elle y épouse le roi. Elle est accompagnée de sa suivante Brangien. Pour s'assurer du bonheur de sa fille, la mère d'Iseut a confié à Brangien un philtre d'amour qu'elle devra faire boire aux époux le soir de leurs noces. Au cours de leur voyage en bateau, Tristan et Iseut souffrent de la chaleur et demandent à boire à une jeune servante.

Tristan et Iseut boivent ensemble le breuvage amoureux, enluminure du XVe siècle, BNF, Paris.

L'enfant chercha quelque breuvage, tant qu'elle découvrit le coutret[1] confié à Brangien par la mère d'Iseut. « J'ai trouvé du vin ! » leur cria-t-elle. Non, ce n'était pas du vin : c'était la passion, c'était l'âpre joie et l'angoisse sans fin, et la mort. L'enfant remplit un hanap[2] et le présenta à sa maîtresse. Elle but à longs traits, puis le tendit à Tristan, qui le vida.

À cet instant, Brangien entra et les vit qui se regardaient en silence, comme égarés et comme ravis. Elle vit devant eux le vase presque vide et le hanap. Elle prit le vase, courut à la poupe[3], le lança dans les vagues et gémit :

« Malheureuse ! maudit soit le jour où je suis née et maudit le jour où je suis montée sur cette nef ! Iseut, amie, et vous, Tristan, c'est votre mort que vous avez bue ! »

De nouveau, la nef cinglait vers Tintagel. Il semblait à Tristan qu'une ronce vivace, aux épines aiguës, aux fleurs odorantes, poussait ses racines dans le sang de son cœur et par de forts liens enlaçait au beau corps

1. **Coutret** : flacon.
2. **Hanap** : coupe.
3. **Poupe** : partie arrière du navire.

d'Iseut son corps et toute sa pensée, et tout son désir. Il songeait : « Andret, Denoalen, Guenelon et Gondoïne, félons qui m'accusiez de convoiter la terre du roi Marc, ah ! je suis plus vil encore, et ce n'est pas sa terre que je convoite ! Bel oncle, qui m'avez aimé orphelin avant même de reconnaître le sang de votre sœur Blanchefleur, vous qui me pleuriez tendrement, tandis que vos bras me portaient jusqu'à la barque sans rames ni voile[4], bel oncle, que n'avez-vous, dès le premier jour, chassé l'enfant errant venu pour vous trahir ? Ah ! qu'ai-je pensé ? Iseut est votre femme, et moi votre vassal. Iseut est votre femme, et moi votre fils. Iseut est votre femme, et ne peut pas m'aimer. »

Iseut l'aimait. Elle voulait le haïr, pourtant : ne l'avait-il pas vilement dédaignée ? Elle voulait le haïr, et ne pouvait, irritée en son cœur de cette tendresse plus douloureuse que la haine.

Brangien les observait avec angoisse, plus cruellement tourmentée encore, car seule elle savait quel mal elle avait causé. Deux jours elle les épia, les vit repousser toute nourriture, tout breuvage et tout réconfort, se chercher comme des aveugles qui marchent à tâtons l'un vers l'autre, malheureux quand ils languissaient séparés, plus malheureux encore quand, réunis, ils tremblaient devant l'horreur du premier aveu.

Au troisième jour, comme Tristan venait vers la tente, dressée sur le pont de la nef, où Iseut était assise, Iseut le vit s'approcher et lui dit humblement :

« Entrez, seigneur.

– Reine ; dit Tristan, pourquoi m'avoir appelé seigneur ? Ne suis-je pas votre homme lige[5], au contraire, et votre vassal, pour vous révérer, vous servir et vous aimer comme ma reine et ma dame ? »

Iseut répondit :

« Non, tu le sais, que tu es mon seigneur et mon maître ! Tu le sais, que ta force me domine et que je suis ta serve[6] ! [...] Que n'ai-je laissé périr le tueur du monstre[7] dans les herbes du marécage ! Que n'ai-je assené sur lui, quand il gisait dans le bain, le coup de l'épée déjà brandie ! Hélas ! je ne savais pas alors ce que je sais aujourd'hui !

– Iseut, que savez-vous donc aujourd'hui ? Qu'est-ce donc qui vous tourmente ?

– Ah ! tout ce que je sais me tourmente, et tout ce que je vois. Ce ciel me tourmente, et cette mer, et mon corps, et ma vie ! »

Elle posa son bras sur l'épaule de Tristan ; des larmes éteignirent le rayon de ses yeux, ses lèvres tremblèrent. Il répéta :

« Amie, qu'est-ce donc qui vous tourmente ? »

Elle répondit :

« L'amour de vous. »

Alors il posa ses lèvres sur les siennes. Mais, comme pour la première fois tous deux goûtaient une joie d'amour, Brangien, qui les épiait, poussa un cri, et, les bras tendus, la face trempée de larmes, se jeta à leurs pieds :

« Malheureux ! arrêtez-vous, et retournez, si vous le pouvez encore ! Mais non, la voie est sans retour, déjà la force de l'amour vous entraîne et

4. En combattant le Morholt, Tristan a reçu un coup d'épée empoisonnée : mourant, il s'est fait déposer dans une barque, laissant la mer décider de son sort.

5. **Homme lige** : vassal.

6. **Serve** : esclave, servante.

7. La barque a mené Tristan sur les rives d'Irlande et c'est Iseut qui l'a guéri.

jamais plus vous n'aurez de joie sans douleur. C'est le vin herbé qui vous possède, le breuvage d'amour que votre mère, Iseut, m'avait confié. Seul, le roi Marc devait le boire avec vous ; mais l'Ennemi[8] s'est joué de nous trois, et c'est vous qui avez vidé le hanap. Ami Tristan, Iseut amie, en châtiment de la male garde que j'ai faite, je vous abandonne mon corps, ma vie ; car, par mon crime, dans la coupe maudite, vous avez bu l'amour et la mort ! »

Les amants s'étreignirent ; dans leurs beaux corps frémissaient le désir et la vie. Tristan dit.

« Vienne donc la mort ! »

Et, quand le soir tomba, sur la nef qui bondissait plus rapide vers la terre du roi Marc, liés à jamais, ils s'abandonnèrent à l'amour.

Joseph Bédier, *Le Roman de Tristan et Iseut*, chapitre IV, 1981, éditions 10/18.

8. L'Ennemi : le diable.

Vocabulaire

Avant la lecture

1 a. Donnez le sens du mot *pèlerin* et trouvez un nom de la même famille.
b. Donnez le sens de l'expression *pauvre hère*.

2 a. Cherchez les différents sens des adjectifs *égaré, ravi, irrité* et *tourmenté*.
b. Pour chacun d'eux, trouvez un nom de la même famille.

Après la lecture

3 a. Dans la phrase « Je suis plus vil encore » (l. 18) remplacez l'adjectif *vil* par un synonyme.
b. Relevez dans le paragraphe suivant un adverbe de la même famille.

4 a. Rendez-vous sur le site http://www.cnrtl.fr et cherchez l'étymologie du nom *nef* (l. 13).
b. Donnez des mots de la même famille.

Lire et comprendre

1 Où se trouvent Tristan et Iseut ? Où se rendent-ils ?

2 a. Que boivent les deux jeunes gens ? Le savent-ils ?
b. Quel est l'effet de ce breuvage sur eux ?
c. Pourquoi doivent-ils y résister ?

3 a. Comment Brengien réagit-elle ? De quoi se considère-t-elle coupable ?
b. Ligne 63 : qui accuse-t-elle également ?

4 Ligne 13 à 16 : quelle image montre les effets du philtre sur Tristan ? Expliquez-la.

5 Relevez le champ lexical de la souffrance : que cela montre-t-il ?

6 Lignes 59 à 71 : à quoi l'amour est-il associé ? Quel destin s'annonce pour les deux amants ?

7 Débat « Malheureux ! arrêtez-vous, et retournez, si vous le pouvez encore ! » (l. 59). À votre avis, Tristan et Iseut peuvent-ils revenir en arrière ? Le veulent-ils ? Justifiez votre réponse en vous appuyant sur des éléments du texte.

Écriture

1 Faites l'exercice 14 p. 237.

2 Relisez les lignes 13 à 25. Imaginez la situation inverse : le chevalier Ardent a bu une potion qui le rend insensible à l'amour. Décrivez ce qu'il ressent en présence de sa dame, la belle Gwendoline.

COUP DE POUCE

- Quel sentiment les images suivantes pourraient-elles évoquer : le feu – la glace – une mer démontée – un jardin fleuri ? Choisissez l'image qui convient le mieux à votre sujet puis cherchez des mots appartenant à ce champ lexical que vous pourrez utiliser dans votre travail.
- Commencez par cette phrase : « Il semblait à Ardent que... » et complétez-la par l'image que vous avez choisie.
- Continuez par « Il songeait : ... » et développez à la première personne les sentiments contradictoires qui animent le chevalier.

Texte 3

Dys

Texte audio

Le grand pin

Tristan a ramené Iseut à Tintagel et le mariage a été célébré. Les deux amants se fréquentent en secret. Commençant à avoir des soupçons, le roi Marc demande à son neveu de quitter le château.

Tristan et Iseut à la fontaine, détail d'un panneau de coffret, 1340-1350, musée du Louvre, Paris.

Derrière le château de Tintage, un verger[1] s'étendait, vaste et clos de fortes palissades. De beaux arbres y croissaient sans nombre, chargés de fruits, d'oiseaux et de grappes odorantes. Au lieu le plus éloigné du château, tout auprès des pieux de la palissade, un pin s'élevait, haut et droit, dont le tronc robuste soutenait une large ramure[2]. À son pied, une source vive : l'eau s'épandait d'abord en une large nappe, claire et calme, enclose par un perron[3] de marbre ; puis, contenue entre deux rives resserrées, elle courait par le verger et, pénétrant dans l'intérieur même du château, traversait les chambres des femmes. Or, chaque soir, Tristan, par le conseil de Brangien, taillait avec art des morceaux d'écorce et de menus branchages. Il franchissait les pieux aigus, et, venu sous le pin, jetait les copeaux dans la fontaine. Légers comme l'écume, ils surnageaient et coulaient avec elle, et, dans les chambres des femmes, Iseut épiait[4] leur venue. Aussitôt, les soirs où Brangien avait su écarter le roi Marc et les félons, elle s'en venait vers son ami.

1. **Verger** : jardin planté d'arbres fruitiers.
2. **Ramure** : ensemble des branches d'un arbre.
3. **Perron** : ici, un muret.
4. **Épier** : guetter, surveiller.

Elle s'en vient, agile et craintive pourtant, guettant à chacun de ses pas si des félons se sont embusqués derrière les arbres. Mais, dès que Tristan l'a vue, les bras ouverts, il s'élance vers elle. Alors la nuit les protège et l'ombre amie du grand pin.

Les amants sont à nouveau dénoncés au roi Marc qui se cache alors dans le grand pin pour les surprendre. Tristan, attendant Iseut, découvre le reflet du roi dans l'eau de la fontaine, mais il est trop tard pour la prévenir. Heureusement, en arrivant, Iseut aperçoit également le reflet.

Elle montra bien la sagesse des femmes, en ce qu'elle ne leva point les yeux vers les branches de l'arbre. Écoutez comme elle devance et prévient son ami :

« Sire Tristan, qu'avez-vous osé ? M'attirer en tel lieu, à telle heure ! Maintes fois déjà vous m'aviez mandée, pour me supplier, disiez-vous. Et par quelle prière ? Qu'attendez-vous de moi ? Je suis venue enfin, car je n'ai pu l'oublier, si je suis reine, je vous le dois. Me voici donc : que voulez-vous ?

***Adam et Ève*, Lucas Cranach**, 1530, musée national de San Carlos, Mexico.

– Reine, vous crier merci[5], afin que vous apaisiez le roi ! »

Elle tremble et pleure. Mais Tristan loue le Seigneur Dieu, qui a montré le péril à son amie.

« Oui, reine, je vous ai mandée souvent et toujours en vain ; jamais, depuis que le roi m'a chassé, vous n'avez daigné venir à mon appel. Mais prenez en pitié le chétif que voici ; le roi me hait, j'ignore pourquoi ; mais vous le savez peut-être ; et qui donc pourrait charmer sa colère, sinon vous seule, reine franche, courtoise Iseut, en qui son cœur se fie ?

– En vérité, sire Tristan, ignorez-vous encore qu'il nous soupçonne tous les deux ? Et de quelle traîtrise ! faut-il, par surcroît de honte, que ce soit moi qui vous l'apprenne ? Mon seigneur croit que je vous aime d'amour coupable. Dieu le sait pourtant, et, si je mens, qu'il honnisse[6] mon corps ! jamais je n'ai donné mon amour à nul homme, hormis à celui qui le premier m'a prise, vierge, entre ses bras. Et vous voulez, Tristan, que j'implore du roi votre pardon ? Mais s'il savait seulement que je suis venue sous ce pin, demain il ferait jeter ma cendre aux vents ! » [...]

Dans la ramure, le roi eut pitié et sourit doucement.

Joseph Bédier, *Le Roman de Tristan et Iseut*, chapitre VI, 1981, éditions 10/18.

5. Crier merci : supplier, implorer la pitié.

6. Honnir : couvrir de honte.

Vocabulaire

Avant la lecture

1 Qu'est-ce qu'une palissade ?

2 **a.** Que signifient *devancer* et *mander* ?
b. Pour chacun de ces verbes, trouvez trois mots de la même famille.

Après la lecture

3 **a.** Que signifie *clore* (l. 1) ?
b. Expliquez la formation de *enclore* et de *clôture* et déduisez leur sens.

4 **a.** Donnez les différents sens de l'adjectif *fort*. Dans quel sens est-il employé à la ligne 2 ?
b. Complétez les phrases avec l'un des mots suivants : *fortification, fortifiant, fort, forteresse.*
1. Joachim a dessiné un château ... avec un donjon et des remparts.
2. Comme Nellya est encore un peu faible, son médecin lui a prescrit un ....
3. La ville de Troyes a résisté aux attaques des Grecs : c'était une véritable ....
4. Le roi a ordonné la ... des frontières pour résister à l'invasion ennemie.

5 Expliquez le sens du mot *félon* (l. 17) et donnez un nom de la même famille que vous emploierez dans une phrase faisant apparaître son sens.

6 Effectuez les exercices 1 et 4 p. 236.

Lire et comprendre

1 De quelle manière Tristan et Iseut se donnent-ils rendez-vous ? Où se retrouvent-ils exactement ?

2 **a.** Comment chacun des deux amants découvre-t-il la présence du roi Marc ?
b. Se préviennent-ils l'un l'autre ?

3 Quel « péril » courent-ils ?

4 Que font-ils pour s'en préserver ? Y parviennent-ils ?

5 En quoi le verger où se retrouvent les deux amants est-il un lieu particulièrement agréable ?

COUP DE POUCE

- Le vocabulaire employé est-il mélioratif ou péjoratif ? Observez en particulier les adjectifs qualificatifs.
- Quels éléments sont évoqués ? Que suggèrent-ils ?
- Quels éléments favorisent l'intimité et le secret ?

Du texte à l'image

Observez les deux illustrations de ce texte.

1 Comment s'appelle le jardin où se trouvent Adam et Ève ? En quoi le verger de Tristan et Iseut peut-il y faire penser ?

2 Dans la Bible, la pomme que croquent Adam et Ève symbolise le péché originel : quel élément, dans l'histoire de Tristan et Iseut, joue le même rôle ?

Texte 4

Dys

Texte audio

La forêt du Morois

Pendant plusieurs années, Tristan et Iseut entretiennent en secret leur amour, jusqu'au jour où ils sont découverts, jugés et condamnés au bûcher. Mais les deux amants parviennent à s'enfuir et vont se cacher dans la forêt.

Tristan et Iseut dans la forêt du Morois, miniature du *Roman de la poire* de Thibaut, XIIe siècle, BNF, Paris.

Comme des bêtes traquées, ils errent, et rarement osent revenir le soir au gîte de la veille. Ils ne mangent que la chair des fauves et regrettent le goût du sel. Leurs visages amaigris se font blêmes[1], leurs vêtements tombent en haillons, déchirés par les ronces. Ils s'aiment, ils ne souffrent pas.

Tristan et Iseut finissent par trouver refuge dans une hutte perdue au milieu de la forêt. Un jour, Tristan rentre de la chasse, épuisé, ne demandant qu'à se reposer.

Sous la loge de verts rameaux, jonchée d'herbes fraîches, Iseut s'étendit la première ; Tristan se coucha près d'elle et déposa son épée nue entre leurs corps. Pour leur bonheur, ils avaient gardé leurs vêtements. La reine avait au doigt l'anneau d'or aux belles émeraudes que Marc lui avait donné au jour des épousailles ; ses doigts étaient devenus si grêles[2] que la bague y tenait à peine. Ils dormaient ainsi, l'un des bras de Tristan passé sous le cou de son amie, l'autre jeté sur son beau corps, étroitement embrassés ; leurs lèvres ne se touchaient point. Pas un souffle de brise, pas une feuille qui tremble. À travers le toit de feuillage, un rayon de soleil descendait sur le visage d'Iseut qui brillait comme un glaçon.

Tandis que les amants dorment, un forestier découvre leur cachette et va les dénoncer au roi Marc qui accourt.

[Le roi] pénètre, seul, sous la hutte, l'épée nue, et la brandit… Ah ! quel deuil s'il assène ce coup ! Mais il remarqua que leurs bouches ne se touchaient pas et qu'une épée nue séparait leurs corps :

« Dieu ! se dit-il, que vois-je ici ? Faut-il les tuer ? Depuis si longtemps qu'ils vivent en ce bois, s'ils s'aimaient de fol amour, auraient-ils placé cette épée entre eux ? Et chacun ne sait-il pas qu'une lame nue, qui sépare deux corps, est garante et gardienne de chasteté[3] ? S'ils s'aimaient de fol

1. **Blême :** très pâle, presque blanc.
2. **Grêle :** long et maigre.
3. **Chasteté :** fait de ne pas avoir de relations sexuelles.

amour, reposeraient-ils si purement ? Non, je ne les tuerai pas ; ce serait grand péché de les frapper ; et si j'éveillais ce dormeur et que l'un de nous deux fût tué, on en parlerait longtemps, et pour notre honte. Mais je ferai qu'à leur réveil ils sachent que je les ai trouvés endormis, que je n'ai pas voulu leur mort, et que Dieu les a pris en pitié. ».

Le soleil, traversant la hutte, brûlait la face blanche d'Iseut. Le roi prit ses gants parés d'hermine[4] : « C'est elle, songeait-il, qui, naguère, me les apporta d'Irlande !... » Il les plaça dans le feuillage pour fermer le trou par où le rayon descendait ; puis il retira doucement la bague aux pierres d'émeraude qu'il avait donnée à la reine ; naguère il avait fallu forcer un peu pour la lui passer au doigt ; maintenant ses doigts étaient si grêles que la bague vint sans effort : à la place, le roi mit l'anneau dont Iseut, jadis, lui avait fait présent. Puis il enleva l'épée qui séparait les amants, celle-là même – il la reconnut – qui s'était ébréchée dans le crâne du Morholt, posa la sienne à la place.

À leur réveil, se sachant découverts mais ne comprenant pas les signes laissés par le roi, les deux amants prennent peur.

Et, à grandes journées, accompagnés de Gorvenal, ils s'enfuirent vers la terre de Galles, jusqu'aux confins de la forêt du Morois. Que de tortures amour leur aura causées !

Joseph Bédier, *Le Roman de Tristan et Iseut*, chapitre IX, 1981, éditions 10/18.

4. Hermine : fourrure blanche.

Vocabulaire

Avant la lecture

1 Que sont les haillons ? Quel personnage de conte connaissez-vous qui est ainsi vêtu ?

2 Cherchez le sens de *joncher*.

3 Expliquer la formation du mot *confins* et déduisez son sens.

Après la lecture : histoire des mots

Rendez-vous sur le site http://www.cnrtl.fr → « Portail lexical » → « Étymologie » et répondez aux questions.

Éducation aux médias

4 De quel mot est issu le nom *gîte* (l. 2) ? À votre avis, auquel des deux sens a) ou b) correspond le mieux son emploi dans le texte ? Justifiez votre réponse.

5 **a.** Cherchez l'étymologie du mot *grêle* (l. 9).
b. Quel autre mot est issu du même mot latin ? Employez-le dans une phrase faisant apparaître son sens.

6 Comparez les mots *gîte* et *grêle* avec les mots dont ils proviennent : quel point commun observez-vous dans l'évolution de leur orthographe ? Déduisez-en le rôle de l'accent circonflexe.

7 **a.** Que signifient *naguère* (l. 28) et *jadis* (l. 33) ?
b. D'après leur étymologie, expliquez les nuances de sens qui les distinguent.

Lire et comprendre

1 Pourquoi Tristan et Iseut vivent-ils dans la forêt ? Dans quelles conditions ?

2 **a.** Dans quelle intention le roi pénètre-il dans la hutte ?
b. Que fait-il, finalement ? Pourquoi ?

3 Comment les deux amants réagissent-ils à leur réveil ?

4 **a.** Sur quel radical le nom *Morois* est-il formé ?
b. Dans les contes, qu'arrive-t-il en général aux héros lorsqu'ils se retrouvent dans une forêt ? Est-ce le cas pour Tristan et Iseut ? Justifiez votre réponse.

5 Comparez la situation des trois personnages avec celle du texte précédent : a-t-on la même image des deux amants ? et du roi Marc ?

Débat ORAL

À votre avis, pourquoi Tristan et Iseut ne comprennent-ils pas les signes laissés par le roi ?

Texte 5

Dys

Texte audio

Le jugement par le fer rouge

Le roi Marc a pardonné aux deux amants et consent au retour d'Iseut à la cour, tandis que Tristan devra quitter le pays. Mais, pour faire taire définitivement les soupçons, Iseut propose de prouver son innocence en passant l'épreuve du fer rouge. Elle fait savoir à Tristan qu'il devra se trouver sur le lieu de l'épreuve déguisé en pèlerin.

Au jour marqué pour le jugement, le roi Marc, Iseut et les barons de Cornouailles, ayant chevauché jusqu'à la Blanche-Lande, parvinrent en bel arroi[1] devant le fleuve, et, massés au long de l'autre rive, les chevaliers d'Artur les saluèrent de leurs bannières brillantes.

Devant eux, assis sur la berge, un pèlerin miséreux, enveloppé dans sa chape[2], où pendaient des coquilles[3], tendait sa sébile[4] de bois et demandait l'aumône d'une voix aiguë et dolente.

À force de rames, les barques de Cornouailles approchaient. Quand elles furent près d'atterrir, Iseut demanda aux chevaliers qui l'entouraient :

« Seigneurs, comment pourrais-je atteindre la terre ferme, sans souiller mes longs vêtements dans cette fange[5] ? Il faudrait qu'un passeur vînt m'aider. »

L'un des chevaliers héla le pèlerin.

« Ami, retrousse ta chape, descends dans l'eau et porte la reine, si pourtant tu ne crains pas, cassé comme je te vois, de fléchir à mi-route. »

L'homme prit la reine dans ses bras. Elle lui dit tout bas : « Ami ! » Puis, tout bas encore : « Laisse-toi choir sur le sable. »

Parvenu au rivage, il trébucha et tomba, tenant la reine pressée entre ses bras. Écuyers et mariniers, saisissant les rames et les gaffes[6], pourchassaient le pauvre hère.

« Laissez-le, dit la reine ; sans doute un long pèlerinage l'avait affaibli. »

Et, détachant un fermail[7] d'or fin, elle le jeta au pèlerin.

Devant le pavillon d'Artur, un riche drap de soie de Nicée était étendu sur l'herbe verte, et les reliques des saints, retirées des écrins et des châsses, y étaient déjà disposées. Monseigneur Gauvain, Girflet et Ké le sénéchal[8] les gardaient.

La reine, ayant supplié Dieu, retira les joyaux de son cou et de ses mains et les donna aux pauvres mendiants ; elle détacha son manteau de pourpre et sa guimpe[9] fine, et les donna ; elle donna son chainse[10] et son bliaut[11] et ses chaussures enrichies de pierreries. Elle garda seulement sur son corps une tunique sans manches, et, les bras et les pieds nus, s'avança devant les deux rois. À l'entour, les barons la contemplaient en silence, et pleu-

1. Arroi : équipage.
2. Chape : cape.
3. Les coquilles Saint-Jacques sont le signe des pèlerins.
4. Sébile : récipient rond et creux.
5. Fange : boue.
6. Gaffes : perches avec un crochet au bout.
7. Fermail : agrafe, boucle qui sert à tenir fermé.
8. Sénéchal : représentant du roi.
9. Guimpe : cape qui recouvre le cou.
10. Chainse : chemise qui servait de sous-vêtement.
11. Bliaut : blouse.
12. Roi de Logres : il s'agit du roi Artur.

▲ *L'Épreuve du feu*, **Dirck Bouts**, 1473, musées royaux des beaux-arts, Bruxelles, Belgique.

raient. Près des reliques brûlait un brasier. Tremblante, elle étendit la main droite vers les ossements des saints, et dit :

« Roi de Logres[12], et vous, roi de Cornouailles, et vous, sire Gauvain, sire Ké, sire Girflet, et vous tous qui serez mes garants, par ces corps saints et par tous les corps saints qui sont en ce monde, je jure que jamais un homme né de femme ne m'a tenue entre ses bras, hormis le roi Marc, mon seigneur, et le pauvre pèlerin qui, tout à l'heure, s'est laissé choir à vos yeux. Roi Marc, ce serment convient-il ?

– Oui, reine, et que Dieu manifeste son vrai jugement !

– Amen ! dit Iseut.

Elle s'approcha du brasier, pâle et chancelante. Tous se taisaient ; le fer était rouge. Alors, elle plongea ses bras nus dans la braise, saisit la barre de fer, marcha neuf pas en la portant, puis, l'ayant rejetée, étendit ses bras en croix, les paumes ouvertes. Et chacun vit que sa chair était plus saine que prune de prunier.

Alors de toutes les poitrines un grand cri de louange monta vers Dieu.

Joseph Bédier, *Le Roman de Tristan et Iseut*, chapitre XII, éditions 10/18.

Vocabulaire

Avant la lecture

1 **a.** Donnez le sens des mots *pèlerin* et *hère*.
b. Trouvez un nom de la famille de *pèlerin* et un verbe de la famille de *hère*.

2 Expliquez le sens du verbe *héler*.

3 **a.** Rappelez le sens de *choir*.
b. Dans les phrases suivantes, remplacez le mot en gras par un mot de la même famille : *chute – déchéance – échoir*.
1. Cette nuit, il y a eu un **éboulement** de pierres.
2. L'honneur de porter la couronne **revint** à Arthur.
3. La perte de sa fortune sonna le début de son **déclin**.

4 **a.** Que signifie le mot *dolent* ?
b. Donnez un nom et un adjectif formés sur le même radical.

Après la lecture

5 Effectuez les exercices 5 et 6 p. 236.

Lire et comprendre

1 En quoi consiste l'épreuve à laquelle Iseut est soumise ? Quel en est l'enjeu ?

2 Pourquoi Tristan est-il déguisé en pèlerin ?

3 Quel serment Iseut fait-elle ? Dit-elle la vérité ?

4 Quels hauts personnages assistent à l'épreuve ? En quoi leur présence est-elle importante ?

5 « que Dieu manifeste son vrai jugement » (l. 42) : quel est ce jugement ?

6 Relisez les lignes 44 à 49 : comment l'auteur crée-t-il un effet d'attente ?

Débat ORAL

7 Pensez-vous qu'Iseut soit innocente ? Justifiez votre réponse.

Écriture

« sa chair était plus saine que prune de prunier » (l. 48-49). Expliquez la comparaison.
Sur le même modèle, évoquez :
– des cheveux blonds ;
– un corps gracieux ;
– une grande force.

Texte 6

La mort des amants

Dys

Texte audio

En exil, Tristan a épousé une autre femme, Iseut aux Blanches Mains. Mais il ne peut se défaire de son amour et se meurt peu à peu. Comme il est au plus mal, il demande qu'on aille chercher Iseut la Blonde, celle qu'il aime, pour le soigner. Si Iseut accepte de venir le secourir, le navire qui doit la ramener arborera une voile blanche. Si elle refuse, la voile sera noire.

***La tombe de Tristan et Iseut*, Sir Edward Burne-Jones**, vitrail, 1862, Birmingham Museums and Art Gallery.

Écoutez, seigneurs, une aventure douloureuse, pitoyable à ceux qui aiment. Déjà Iseut approchait ; déjà la falaise de Penmarch surgissait au loin, et la nef cinglait plus joyeuse. Un vent d'orage grandit tout à coup, frappe droit contre la voile et fait tourner la nef sur elle-même. Les mariniers courent au lof[1], et contre leur gré virent en arrière. Le vent fait rage, les vagues profondes s'émeuvent, l'air s'épaissit en ténèbres, la mer noircit, la pluie s'abat en rafales. Haubans et boulines[2] se rompent, les mariniers baissent la voile et louvoient au gré de l'onde et du vent. Ils avaient, pour leur malheur, oublié de hisser à bord la barque amarrée à la poupe et qui suivait le sillage de la nef. Une vague la brise et l'emporte.

Iseut s'écrie :

« Hélas ! chétive ! Dieu ne veut pas que je vive assez pour voir Tristan, mon ami, une fois encore, une fois seulement ; il veut que je sois noyée en cette mer. Tristan, si je vous avais parlé une fois encore, je me soucierais peu de mourir après. Ami, si je ne viens pas jusqu'à vous, c'est que Dieu ne le veut pas, et c'est ma pire douleur. Ma mort ne m'est rien, puisque Dieu la veut, je l'accepte ; mais, ami, quand vous l'apprendrez, vous mourrez,

1. Lof : côté du navire frappé par le vent.

2. Haubans et boulines : différentes sortes de cordes qui tiennent les mâts ou les voiles.

je le sais bien. Notre amour est de telle guise que vous ne pouvez mourir sans moi, ni moi sans vous. » [...]

Ainsi gémit la reine tant que dura la tourmente. Mais, après cinq jours, l'orage s'apaisa. Au plus haut du mât, Kaherdin[3] hissa joyeusement la voile blanche, afin que Tristan reconnût de plus loin sa couleur. Déjà Kaherdin voit la Bretagne... Hélas ! presque aussitôt le calme suivit la tempête, la mer devint douce et toute plate, le vent cessa de gonfler la voile, et les mariniers louvoyèrent vainement en amont et en aval, en avant et en arrière. Au loin, ils apercevaient la côte, mais la tempête avait emporté leur barque, en sorte qu'ils ne pouvaient atterrir. À la troisième nuit, Iseut songea qu'elle tenait en son giron la tête d'un grand sanglier qui honnissait[4] sa robe de sang, et connut par là qu'elle ne reverrait plus son ami vivant.

Tristan était trop faible désormais pour veiller encore sur la falaise de Penmarch, et depuis de longs jours, enfermé loin du rivage, il pleurait pour Iseut qui ne venait pas. Dolent et las, il se plaint, soupire, s'agite ; peu s'en faut qu'il ne meure de son désir.

Enfin, le vent fraîchit et la voile blanche apparut. Alors, Iseut aux Blanches Mains se vengea.

Elle vient vers le lit de Tristan et dit :

« Ami, Kaherdin arrive. J'ai vu sa nef en mer : elle avance à grand'peine ; pourtant je l'ai reconnue ; puisse-t-il apporter ce qui doit vous guérir ! »

Tristan tressaille :

« Amie belle, vous êtes sûre que c'est sa nef ? Or, dites-moi comment est la voile.

– Je l'ai bien vue, ils l'ont ouverte et dressée très haut, car ils ont peu de vent. Sachez qu'elle est toute noire. »

Tristan se tourna vers la muraille et dit :

« Je ne puis retenir ma vie plus longtemps. » Il dit trois fois : « Iseut, amie ! » À la quatrième, il rendit l'âme.

Alors, par la maison, pleurèrent les chevaliers, les compagnons de Tristan. Ils l'ôtèrent de son lit, l'étendirent sur un riche tapis et recouvrirent son corps d'un linceul.

Iseut, enfin débarquée, croise un vieillard qui lui apprend la mort de Tristan.

Iseut l'entend, elle ne peut dire une parole. Elle monte vers le palais. Elle suit la rue, sa guimpe[5] déliée. Les Bretons s'émerveillaient à la regarder ; jamais ils n'avaient vu femme d'une telle beauté. Qui est-elle ? D'où vient-elle ?

Auprès de Tristan, Iseut aux Blanches Mains, affolée par le mal qu'elle avait causé, poussait de grands cris sur le cadavre. L'autre Iseut entra et lui dit :

« Dame, relevez-vous, et laissez-moi approcher. J'ai plus de droits à le pleurer que vous, croyez-m'en. Je l'ai plus aimé. »

Elle se tourna vers l'orient et pria Dieu. Puis elle découvrit un peu le corps, s'étendit près de lui, tout le long de son ami, lui baisa la bouche et la

3. Kaherdin : frère d'Iseut aux Blanches Mains et ami de Tristan, que ce dernier a envoyé chercher Iseut la Blonde.

4. Honnir : faire honte, salir. Il s'agit ici d'un rêve symbolique.

5. Guimpe : cape qui recouvre le cou.

Texte 6

face, et le serra étroitement : corps contre corps, bouche contre bouche, elle rend ainsi son âme ; elle mourut auprès de lui pour la douleur de son ami.

Quand le roi Marc apprit la mort des amants, il franchit la mer et, venu en Bretagne, fit ouvrer[6] deux cercueils, l'un de calcédoine pour Iseut, l'autre de béryl[7] pour Tristan. Il emporta sur sa nef vers Tintagel leurs corps aimés. Auprès d'une chapelle, à gauche et à droite de l'abside[8], il les ensevelit en deux tombeaux. Mais, pendant la nuit, de la tombe de Tristan jaillit une ronce verte et feuillue, aux forts rameaux, aux fleurs odorantes, qui, s'élevant par-dessus la chapelle, s'enfonça dans la tombe d'Iseut. Les gens du pays coupèrent la ronce : au lendemain elle renaît, aussi verte, aussi fleurie, aussi vivace, et plonge encore au lit d'Iseut la Blonde. Par trois fois ils voulurent la détruire ; vainement. Enfin, ils rapportèrent la merveille au roi Marc : le roi défendit de couper la ronce désormais.

Joseph Bédier, *Le Roman de Tristan et Iseut*, chapitre XIX, éditions 10/18.

6. Ouvrer : travailler de manière à décorer.
7. Calcédoine, béryl : pierres semi-précieuses.
8. Abside : extrémité arrondie d'une église, derrière le chœur.

Vocabulaire

Avant la lecture

1 a. Cherchez la définition du nom *pitié*.
b. Expliquez la formation de *pitoyable* et déduisez-en son sens.
c. À l'aide d'un préfixe, formez son antonyme et employez-le dans une phrase faisant apparaître son sens.

2 a. Que signifie *louvoyer* ?
b. Employez ce verbe dans une phrase faisant apparaître son sens figuré.

Après la lecture

3 a. Que signifie l'expression « contre leur gré » (l. 5) ?
b. Relevez dans le même paragraphe une expression de sens contraire formée à partir du même mot.

4 a. « Notre amour est de telle guise que vous ne pouvez mourir sans moi, ni moi sans vous. » (l. 18-19) Remplacez le mot *guise* par un synonyme.
b. Expliquez les expressions *à sa guise*, *en guise de*.

Lire et comprendre

1 Où se trouve Iseut la Blonde ? Où se rend-elle ? Pourquoi ?

2 Qu'a de particulier la première phrase de l'extrait ? Quel est son rôle ?

3 a. Relisez les lignes 12 à 19. Pourquoi Iseut « gémit »-elle ? Selon elle, qui est responsable ?
b. Qu'annoncent les paroles d'Iseut ?

4 a. Pourquoi Kaherdin hisse-t-il une voile blanche ?
b. Que dit Iseut aux Blanches Mains à Tristan ? Pour quelle raison ?

5 Que fait Iseut la Blonde une fois parvenue au chevet de Tristan ? Son geste surprend-il ? Justifiez.

6 a. Comment le roi Marc réagit-il lorsqu'il apprend la mort des amants ?
b. Quel prodige se produit ?

7 a. Comment la nature est-elle représentée dans le premier paragraphe ? Pour répondre, observez notamment les chants lexicaux.
b. À votre avis, que symbolise l'orage ? Et la ronce ?

8 Cherchez l'étymologie du mot *passion* : en quoi *Le Roman de Tristan et Iseut* est-il l'histoire d'une passion ?

Écriture

Relisez les lignes 1 à 5 : de quelle manière l'accent est-il mis sur le caractère dramatique de la scène ? En alternant de la même manière imparfait et présent de narration, évoquez un chevalier sur le point de réussir une épreuve.

COUP DE POUCE

- Commencez par une adresse au lecteur.
- Poursuivez par une phrase d'espoir sur le modèle : « Déjà... ; déjà..., et... ».
- Introduisez un contretemps par « Tout à coup » ou « Soudain ».
- Terminez par une accumulation d'actions.

Pour étudier l'œuvre intégrale

Un roman de chevalerie

A Un univers féodal

1 **a.** À quel milieu appartiennent les personnages ?
b. Quels liens hiérarchiques les unissent ?

2 Citez les différentes cours où se déroule l'action. Dans quels pays ou régions se trouvent-elles ?

3 Quel autre roi que Marc est témoin de l'épreuve d'Iseut ? Dans quels autres romans le retrouve-t-on ?

B Un chevalier exemplaire

1 **a.** Quelle première épreuve montre la valeur de Tristan ?
b. Quelles autres prouesses accomplit-il ?

2 Dans quelle mesure peut-on dire que Tristan est le plus valeureux et le plus fidèle chevalier du roi Marc ?

C Un roman courtois

Éducation aux médias

Rendez-vous sur le site **la-littérature.com** → « Moyen Âge », puis lisez l'article consacré à la courtoisie. Expliquez en quoi *Le Roman de Tristan et Iseut* appartient à la littérature courtoise.

Un univers merveilleux

A Le merveilleux celtique

1 Quelle créature fabuleuse Tristan combat-il (chap. III) ?

2 De quelle manière Iseut soigne-t-elle Tristan (chap. II) ?

3 **a.** Quel personnage de conte Iseut et sa mère, qui fabrique le philtre magique (chap. IV), évoquent-elles ?
b. Citez deux autres éléments de l'histoire qui rapprochent ce roman du conte (événement, créature, objet…).

B Le merveilleux chrétien

Tâche complexe

En vous appuyant sur deux exemples précis, montrez que la présence de Dieu ancre également l'histoire dans le merveilleux.

Un récit porteur de symboles

A Les objets

1 **a.** Dans la forêt du Morois, quel objet convainc le roi Marc de l'innocence des deux amants ?
b. Que représente cet objet dans l'univers féodal ?

2 Que symbolise l'anneau de jaspe vert qu'Iseut confie à Tristan au moment de leur séparation (chap XI) ? D'où vient cet anneau ?

▲ ***Tristan et Iseut dans la forêt du Morois,*** 1400-1410.

B Les lieux

1 **a.** Quel lieu où se retrouvent les amants représente une nature protectrice, intime ? Lequel, au contraire, représente une nature sauvage et hostile ?
b. Comment la situation a-t-elle évolué pour Tristan et Iseut entre ces deux passages ?

2 **a.** Qu'est-ce qu'un *gué* ?
b. Quels événements se déroulent au Gué aventureux (chap. XI) ? Déduisez-en ce que symbolise ce lieu.

3 Où le jugement de Dieu a-t-il lieu ? Quelle couleur est associée à ce lieu et que symbolise-t-elle ?

4 Mourant sous l'effet de l'épieu empoisonné du Morholt, Tristan se fait déposer dans une « barque sans voile ni rame » (chap. II).
a. Où cela le mènera-t-il ? En avait-il la moindre idée ?
b. Que représente alors la mer ? Dans quel autre passage la mer joue-t-elle un rôle semblable ?

5 Montrez que le château de Tintagel et la forêt du Morois sont deux lieux qui s'opposent. Tâche complexe

Texte 7

Faites mourir mon cœur...

G. de Machaut
(1300-1377)
Ce poète fut à la fois un compositeur de musique et l'un des poètes les plus renommés de son temps. Il reçut la protection des plus grands seigneurs de son époque à qui il destinait ses œuvres.

Faites mourir mon cœur en un seul coup
Très douce Dame, en fait de guerredon[1] ;

Puisqu'en rien ne le voulez réjouir[2]
Faites mourir mon cœur en un seul coup ;

Cela vaut mieux que de languir[3] ainsi
Sans espérer ni joie ni guérison

Faites mourir mon cœur en un seul coup
Très douce Dame, en fait de guerredon.

Guillaume de Machaut, *Poésies lyriques*, volume 1, Champion, 1909.

Poète déclamant, illustration extraite du codex Manesse, 1320.

1. Guerredon : récompense.

2. Puisqu'en rien vous ne le voulez réjouir.

3. Languir : être dans un était de maladie lente, qui dure. Souffrir du mal d'amour.

Vocabulaire

Avant la lecture

1 Cherchez un synonyme pour remplacer les mots en caractère gras :
1. Je me **languis** de vous.
2. Il contemplait sa bien-aimée d'un regard **langoureux**.
3. Je mis fin à cette conversation **languissante**.

2 Récrivez les phrases en remplaçant le verbe *(se) réjouir* par l'une des expressions suivantes : *féliciter – éprouver de la joie – enchanter – amuser.*
1. La plaisanterie a réjoui l'assemblée.
2. Je me réjouis de votre succès.
3. Cette nouvelle ne me réjouit pas du tout.
4. Justine se réjouit à l'idée de votre arrivée.

Lire et comprendre

1 Combien de strophes ce poème comporte-t-il ? Comptez le nombre de syllabes de chaque vers et nommez le vers employé.

2 Quels vers sont répétés plusieurs fois et servent de refrain ?

3 **a.** À qui le poète s'adresse-t-il ? Que lui demande-t-il ? Pourquoi ? **b.** À quelle expression du poème cette demande s'oppose-t-elle ?

4 À quelle situation la mort est-elle préférable ?

5 De quelle guérison s'agit-il dans le vers « sans espérer ni joie ni guérison » ?

6 Quelle expression montre que le poète se considère comme victime d'une injustice ?

7 Que cherche le poète derrière cette supplique ?

Écriture

La poésie lyrique est souvent construite sur un jeu d'oppositions : amour/désamour, joie/tristesse, vie/ mort...

1 Cherchez des antonymes aux mots suivants : *languissant – se réjouir de – jadis – indifférent.*

2 Écrivez une strophe de quatre vers sur le thème de la plainte amoureuse. Vous vous adresserez à la personne aimée en employant les antonymes ci-dessus. Vous essaierez de construire des vers de dix syllabes.

Synthèse

De l'Histoire au mythe

Un roman courtois

- On appelle « **matière de Bretagne** » l'ensemble des récits d'origine celte qui retracent les aventures du roi Arthur et de ses chevaliers. Au-delà des légendes, c'est la société féodale que mettent en scène ces romans de chevalerie. À travers sa bravoure, les prouesses qu'il accomplit, Tristan incarne l'idéal chevaleresque de cette société. Vassal du roi Marc, il lui doit allégeance, c'est-à-dire obéissance et fidélité. Son amour pour Iseut en est donc d'autant plus coupable.
- Mais les personnages évoluent dans un **univers courtois**, où l'**amour**, idéalisé, est un motif central. Le chevalier n'est plus un simple combattant et la dame aimée devient sa suzeraine, à la volonté de laquelle il se soumet. Ainsi en est-il d'Iseut pour Tristan.

Un conte merveilleux

- La présence de **Dieu** tout au long de l'histoire reflète la place importante que tenait l'Église au Moyen Âge et Dieu, qu'il les aide ou qu'il contrecarre leurs projets, est celui qui toujours préside au destin des deux amants. Aussi des événements favorables à Tristan et Iseut sont-ils présentés comme des **miracles** : le saut de la chapelle, l'épisode des lépreux.
- Le **merveilleux** est également présent à travers des personnages ou des objets. La mère d'Iseut est une magicienne, son oncle, le Morholt d'Irlande, un géant monstrueux. Lorsqu'il est en exil, Tristan fait parvenir à sa bien-aimée un chien dont le grelot magique fait oublier la peine.
- Enfin, la **nature** ancre le roman dans un univers merveilleux. La mer sauve Tristan blessé mais empêche Iseult de le rejoindre avant qu'il ne meure. La forêt est à la fois un refuge après la fuite des amants et le lieu d'une épreuve à traverser que l'on retrouve dans les contes. Et le récit se clôt sur le phénomène merveilleux de la ronce qui unit à tout jamais les deux amants.

▲ ***Le roi Marc et Iseut la Belle*, Sir Edward Burne-Jones** (1833-1898), huile sur toile, 1862.

Une passion mythique

- L'originalité de l'histoire de Tristan et Iseut réside dans le fait que l'amour s'est emparé d'eux en dépit de leur volonté, par la vertu d'un philtre, et qu'ils tentent vainement d'y résister. La **passion irrépressible** qui les anime est source de souffrance. Tout en se sentant coupables, ils succombent à la tentation d'y goûter et acceptent de vivre les pires tourments pour pouvoir être ensemble.
- Profondément humain, cet amour désespéré a fait de Tristan et Iseut un **couple légendaire**. Dans la lignée des amants malheureux Pyrame et Thisbé, ils annoncent les tragiques amours de Roméo et Juliette.

Vers l'écriture

La société féodale

1 **Trouvez le plus possible d'antonymes à chacun des mots suivants :** ***couard – loyal – humble – bienfait.***

2 **Au Moyen Âge,** ***none*** **désigne la neuvième heure du jour (tirant son nom d'une prière qui a lieu vers 15 heures).**

a. Quelles heures désignent ***prime, tierce, vêpres*** **et** ***complies*** **?**

b. Quelle chanson très célèbre évoque la prière de la nuit ?

3 **Associez chacun des termes suivants à son synonyme.**

A. tomber – pitié – cheval – bouclier – impôt – barque – navire – entourer – bijou.

B. écu – choir – nef – destrier – merci – esquif – ceindre – tribut – joyau.

4 **Complétez les phrases avec l'un des mots suivants :** ***hommage – félon – féodale – fief – gant – suzerain – vassal.***

1. Marc est le ... de Tristan.
2. Pour provoquer les barons jaloux, Tristan leur jette son ... .
3. Lors de l' ..., un homme accepte de devenir le ... d'un autre en échange de sa protection ; il reçoit alors une terre qu'on appelle un ... .
4. Cette société très hiérarchisée s'appelle la société ... .
5. Un chevalier qui trahit son seigneur est un ... .

5 **Associez chaque mot à sa définition.**

1. clerc
2. ermite
3. pèlerin
4. évêque
5. pénitent

a. Prêtre de l'Église catholique haut placé dans la hiérarchie.
b. Personne qui effectue un voyage vers un lieu saint.
c. Personne qui regrette d'avoir offensé Dieu.
d. Religieux qui vit seul retiré dans un lieu désert.
e. Homme lettré, savant.

6 **Complétez les phrases avec l'un des mots suivants :** ***absoudre – blâmer – demander merci – péché – martyr – pénitence – reliques.***

1. Tristan obligea le Morholt à lui ... .
2. L'ermite Ogrin ... les deux amants de s'obstiner à vivre dans le ... .
3. Pour obtenir le pardon de ses fautes, un chrétien doit faire ... .
4. Avant le combat, l'évêque ... tous les chevaliers de leurs péchés.
5. En donnant sa vie pour la victoire des chrétiens, Roland est mort en ... .
6. Les restes des saints étaient souvent conservés comme des ... sacrées.

7 **Mots croisés.**

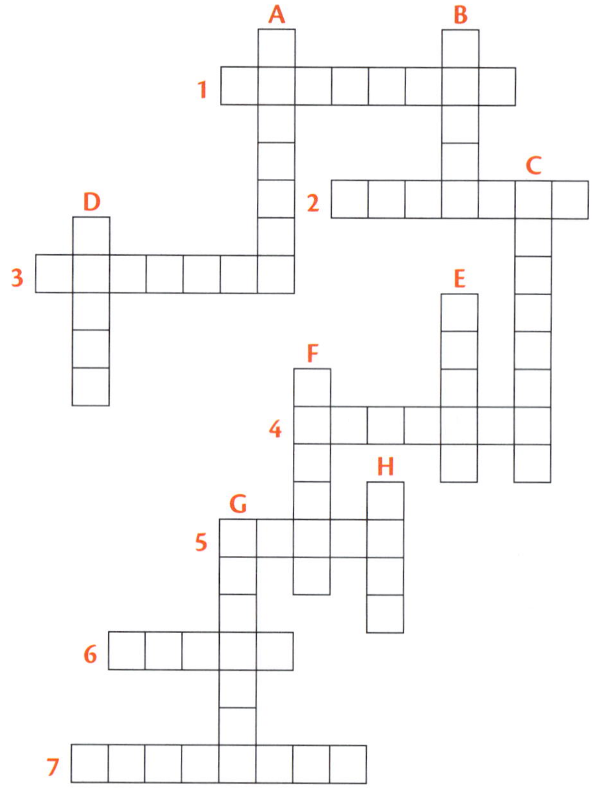

Horizontal

1. Cheval de combat.
2. Passer autour de sa taille.
3. Il y a peu.
4. Grave injure.
5. Pitié.
6. Tomber.
7. Pantalon.

Vertical

A. Qui cherche à tromper, à nuire.
B. Se dit d'un chevalier traître.
C. Restes du corps d'un saint qui a une valeur sacrée.
D. Autrefois.
E. Fidèle.
F. Peureux.
G. Prière de la nuit.
H. Abris.

Structurer un récit

8 **a. Lisez le sujet p. 219 et dites si les débuts proposés ci-dessous conviennent à ce sujet.**
1. Il était une fois un chevalier nommé Ardent, vaillant et courtois. – **2.** Ce jour-là, le soleil brillait d'un éclat implacable. – **3.** En ce temps-là, le royaume de Bretagne était en paix. – **4.** Le grand jour était venu ; dans sa chambre, le chevalier Ardent s'équipait. – **5.** Le chevalier Ardent saisit son épée et s'avança hardiment dans l'enceinte. – **6.** À l'heure de none, tous les chevaliers du royaume étaient réunis dans la clairière.
b. ORAL **Discutez de vos choix avec vos camarades.**

9 **Sur le modèle des phrases que vous avez retenues dans l'exercice précédent, rédigez trois phrases commençant par trois indices de temps différents, qui pourraient constituer l'ouverture de votre rédaction.**

10 **Recopiez le texte suivant en remplaçant les points de suspension par le mot de liaison qui convient : *alors – car – et – lorsque – mais – où – quand*.**

… le chevalier ôta son heaume d'or et l'on vit qu'il était tout jeune. Merlin le désarma … le conduisit au siège périlleux, … il s'assit sans hésiter. … les barons virent cela, ils lui montrèrent un grand respect, … il était sûrement l'envoyé de Dieu. … quelle fut la joie de Lancelot, … il reconnut que ce damoisel n'était autre que son fils Galaad !

D'après Jacques Boulenger, *Merlin l'Enchanteur*, 1922.

Varier la construction des phrases

11 **L'adjectif peut se détacher du nom pour exprimer une qualité plus frappante. En vous inspirant de l'exemple, réécrivez les phrases ci-dessous.**
Exemple : Le vieillard effrayé se terrait dans un coin sombre. → Le vieillard se terrait, effrayé, dans un coin sombre.
1. Le jeune homme désespéré s'avança sur le lieu du combat. – **2.** La demoiselle enfin rassurée accourut vers le chevalier. – **3.** Une foule curieuse s'agglutina autour des adversaires. – **4.** Ce matin-là Tristan plus fier encore dans son armure se présenta au roi.

12 **Réécrivez les phrases ci-dessous en commençant par *quel* (que vous accorderez).**
Exemple : Un doute envahissait le jeune homme. → Quel doute envahissait le jeune homme !
1. La détermination d'Ardent suscitait l'admiration. – **2.** Les pleurs de Gwendoline furent un déchirement pour le roi Marc. – **3.** Des sentiments impossibles inondèrent son cœur. – **4.** C'était une immense douleur d'être témoins du désespoir d'Iseut.

13 **Transformez ces phrases déclaratives en phrases interrogatives. Pensez à ajouter des mots interrogatifs, s'il le faut.**
Exemple : Un choix s'impose à moi → Quel choix s'impose à moi ?
1. Il me faut choisir entre mon amour et mon allégeance au roi. – **2.** Je ne sais si je puis sortir de ce dilemme. – **3.** J'ignore pourquoi Marc m'a choisi pour être son champion. – **4.** Je dois trouver une solution pour sauver et mon honneur et mon amour.

Renforcer l'expression des sentiments

14 **Complétez les phrases à l'aide des expressions suivantes : *s'arracher les cheveux – avoir les épaules voûtées – sentir son sang se glacer – se laisser choir – serrer les poings*.**
1. Il … de désespoir. – **2.** À cette nouvelle, il … dans ses veines. – **3.** Dans la rage de se sentir aussi impuissant, Ardent … . – **4.** Fou de douleur, le chevalier … au sol. – **5.** Le malheureux jeune homme … tant la cruauté du devoir à remplir pesait sur son âme.

15 **Supprimez les verbes en gras en utilisant l'un des outils de comparaison suivants : *pareil à – comme – tel – ainsi que*. Pensez à varier la place de la comparaison dans la phrase.**
*Exemple : La foule trépignait d'impatience et **ressemblait** à un troupeau agité. → Pareille à un troupeau agité, la foule trépignait d'impatience.*
1. Cette nouvelle **semblait** un coup de poignard et frappa le chevalier en plein cœur. – **2.** La joie éclaira son doux visage et **semblait** un rayon de soleil au printemps. – **3.** Une terrible souffrance le brûla de l'intérieur et **ressemblait** à un feu ardent. – **4.** Le doute pénétra tout son être et **ressemblait** à un violent poison.

Rédaction

Faire le récit d'un dilemme

SUJET

• Le chevalier Ardent est épris de la belle Gwendoline, damoiselle d'un pays voisin. Mais voilà que le seigneur de Maugré, son père, cause un affront au suzerain d'Ardent, qui est désigné pour l'affronter en combat singulier. Le jeune homme doit obéir à son suzerain et accomplir son devoir de chevalier, mais pourra-t-il se résoudre à tuer le père de celle qu'il aime ? Comment Ardent se sortira-t-il de cette situation ?

• Le jour de l'affrontement est arrivé, racontez-le en insistant sur les sentiments contradictoires qui agitent le chevalier.

A Trouver des idées

1 Dans quel état d'esprit Ardent est-il ? Quels sont les sentiments qui l'agitent, les questions qu'il se pose ?

2 Où l'affrontement a-t-il lieu ? Choisissez un lieu symbolique.

3 Qui est présent en plus des deux adversaires ? le roi ? Gwendoline ? d'autres chevaliers ?

4 Que décide Ardent pour se sortir de cette situation ? Invente-t-il une ruse pour se tirer d'affaire ? Se résout-il à trahir son seigneur, en refusant le combat ? Décide-t-il de le perdre délibérément ? Cherche-t-il à convaincre le seigneur de Maugré à demander pardon ?

5 Ardent parvient-il à résoudre son problème ? Comment Gwendoline réagit-elle ? et le roi ?

B Élaborer un plan

Pour organiser votre récit, vous devrez suivre le plan suivant :

Paragraphe 1. Ardent s'équipe pour aller combattre : soignez votre phrase d'ouverture en évoquant la douleur et les sentiments contradictoires qui agitent le jeune homme et en insérant des passages à la première personne.

Paragraphe 2. Mettez en scène l'affrontement en mettant en valeur la surprise créée par la décision d'Ardent : commencez votre paragraphe par *Déjà…*, *Déjà…*, *et…*, puis poursuivez par *Tout à coup* ou *Soudain*, terminez par un passage au présent de narration.

Paragraphe 3. L'épilogue : racontez comment cet épisode se termine pour le jeune chevalier.

▲ ***Combat de Tristan et Morhaut*, atelier du Bedford trend**, enluminure, 1405-1410, BNF, Paris.

C Améliorer son travail

Relisez votre brouillon et voyez si vous pouvez améliorer les points suivants :

• Variez les types de phrases pour exprimer les émotions d'Ardent.

• Utilisez des comparaisons pour évoquer les sentiments des personnages.

• Mettez certains éléments en valeur en variant la construction de vos phrases.

• Dans le dernier paragraphe, veillez à soigner l'emploi des mots de liaison.

À lire, à voir

Des livres

● ***La Fée des grèves***, Paul Féval, 1850.

En 1450, dans la baie du Mont Saint Michel, Paul Féval présente une histoire d'amour et de haine, d'héroïsme et de trahison aux multiples rebondissements.

● ***Cinq histoires d'amour et de chevalerie***, Marie de France, Flammarion, Étonnantissimes, 2012.

Cinq récits librement adaptés des *Lais* de Marie de France pour vous plonger dans un monde, inspiré des légendes arthuriennes.

● ***Contes et Légendes des rois et des reines de France***, Brigitte Coppin, Nathan, 2011.

À travers les siècles, les rois et reines de France ont vécu, aimé, souffert sans doute, trahi parfois… Douze récits de destins hors du commun.

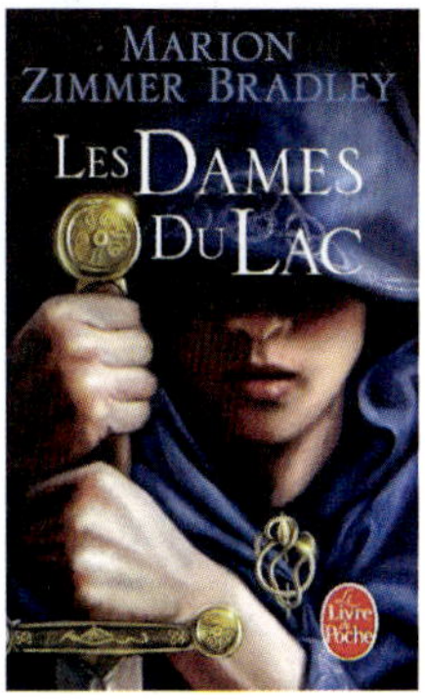

● ***Les Dames du lac***, Marion Zimmer-Bradley, Le livre de Poche, 2007-2009 (4 vol.).

Une relecture très personnelle de la légende arthurienne, centrée sur les personnages féminins, plus spécifiquement les fées.

Des films

● ***Les Visiteurs du soir***, Marcel Carné, 1942.

« Or donc, en ce joli mois de mai 1485 Messire le Diable dépêcha sur terre deux de ses créatures afin de désespérer les humains… »

● ***Ivanhoé***, Richard Thorp, 1952.

Parce qu'il reste fidèle à son roi, Ivanhoé, un jeune chevalier, doit reconquérir son honneur, son rang, le cœur de sa belle, et libérer son pays de l'oppression exercée sur le peuple par un prince félon. Un film mythique !

● ***Les Chevaliers de la table ronde***, Richard Thorp, 1953.

La légende du roi Arthur interprétée par des légendes du cinéma hollywoodien.

10 Rêver le monde en poésie

> Le voyage est-il une exploration de soi ?
> Comment le regard du poète transforme-t-il le quotidien ?

Objectifs du chapitre

Lecture
- Découvrir des formes poétiques variées
- Identifier les principales figures de style et leurs effets
- Lire de nombreux poèmes et constituer une anthologie poétique

Écriture
- Employer les figures de style
- Jouer avec les sonorités
- Traduire ses émotions

Oral
- Bien dire un poème

Sommaire

▲ ***Villa R***, Paul Klee, huile sur toile, 1919, Musée Kunst, Bâle, Suisse.

● Que représente ce tableau ? Quel est l'effet produit ?

Repères

La poésie, pour dire les choses autrement

La poésie au Moyen Âge

• Le terme *poésie* vient d'un verbe grec, *poiein*, qui signifie **faire, créer**. Le poète est donc un créateur, un inventeur de formes expressives.

• Au XIIe siècle, les poètes sont appelés **trouvères** ou **troubadours,** c'est-à-dire **ceux qui trouvent** : ils inventent en effet une forme poétique qui unit intimement la parole et la musique. L'agencement des **strophes**, les **rimes** et les **répétitions** permettent ainsi d'évoquer avec force les sentiments, qu'il s'agisse de présenter les **valeurs chevaleresques ou d'offrir** une conception de l'amour courtois dans laquelle le chevalier mérite sa dame par ses prouesses guerrières.

▲ **Chanteurs,** enluminure des rondeaux de Guillaume de Marchant, XIVe siècle, BnF, Paris.

Questions

1 Que signifie « trouvère » ?

2 Quels sont les thèmes abordés dans la poésie médiévale ?

▲ ***L'Inspiration du poète,*** Nicolas Poussin, huile sur toile, 1624-1633, musée du Louvre, Paris.

L'épanouissement de la poésie à La Renaissance

• Au début de la Renaissance, on délaisse les formes médiévales pour s'attacher à **des formes héritées de l'Antiquité**. L'écriture devient plus savante et s'inspire du latin et du grec. Ainsi, au XVIe siècle, **Joachim Du Bellay, Pierre de Ronsard** et d'autres poètes créent le groupe de **la Pléiade,** qui cherche à renouveler la poésie française. Ils rédigent **les premiers traités de versification**, qui fixent les règles de la poésie. Le sonnet, poème composé de deux quatrains et deux tercets, apparaît alors comme une forme parfaite pour lier le sens et le rythme.

Questions

3 Citez deux auteurs de la Pléiade.

4 Cherchez d'où vient le mot *Pléiade*. Pourquoi les poètes de la Renaissance ont-ils adopté de ce nom ?

Une métamorphose du genre au XIXe et au XXe siècles

• Les poètes des XIXe et XXe siècles emploient aussi bien les formes poétiques médiévales que le sonnet pour créer des œuvres qui renouvellent celles de leurs prédécesseurs. Ils se permettent en effet beaucoup **plus de liberté, tant au niveau de la langue que des sujets abordés.**

• Victor Hugo dit d'ailleurs dans l'un de ses poèmes : « J'ai foulé le bon goût et l'ancien vers français. ». Certains le feront en renouvelant les formes fixes, d'autres en refusant délibérément de s'enfermer dans des règles préétablies, mais les uns et les autres ont en commun la recherche d'**un langage plus personnel et plus vivant.**

Affiche du film *Le Testament d'Orphée*, réalisé par Jean Cocteau, 1960.

Question

5 De quelle manière la poésie se renouvelle-t-elle à partir du XIXe siècle puis au XXe ?

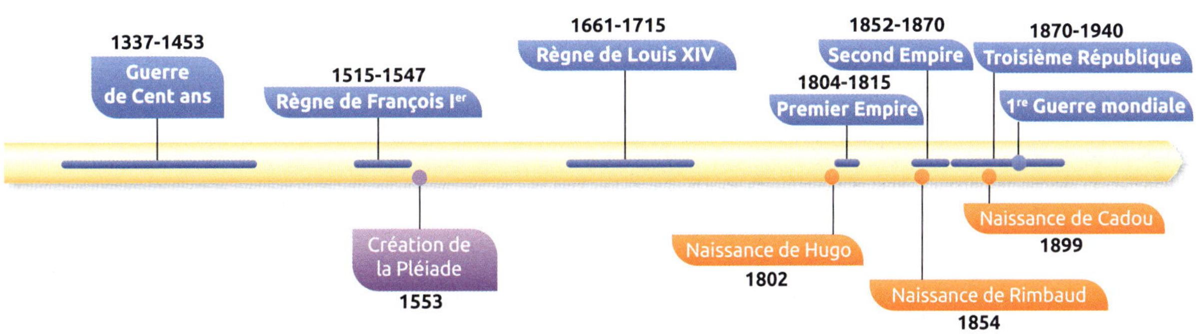

Texte 1

Thème 1 : Le voyage

Dys

Texte audio

Joachim Du Bellay
(1522-1560)

Du Bellay naît en Anjou. Avec Pierre de Ronsard, il forme le groupe de la Pléiade, dont l'objectif est de créer des œuvres en langue française d'aussi bonne qualité que celles composées pendant l'Antiquité. En 1553, il quitte la France pour Rome, ravi de découvrir les hauts lieux de la culture latine. Mais pour diverses raisons, la vie romaine le déçoit et il exprime dans un recueil intitulé *Les Regrets* sa nostalgie pour le pays natal. Il meurt en 1560 à l'âge de 37 ans.

Heureux qui comme Ulysse...

Heureux qui, comme Ulysse, a fait un beau voyage,
Ou comme celui-là qui conquit la toison[1],
Et puis est retourné, plein d'usage[2] et raison,
Vivre entre ses parents le reste de son âge !

Quand reverrai-je, hélas, de mon petit village
Fumer la cheminée, et en quelle saison
Reverrai-je le clos[3] de ma pauvre maison,
Qui m'est une province, et beaucoup davantage ?

Plus me plaît le séjour qu'ont bâti mes aïeux,
Que des palais Romains le front audacieux,
Plus que le marbre dur me plaît l'ardoise fine :

Plus mon Loire gaulois, que le Tibre latin[4],
Plus mon petit Liré, que le mont Palatin[5],
Et plus que l'air marin la douceur angevine.

Joachim DU BELLAY, *Les Regrets*, 1558.

1. Toison : dans la mythologie grecque, la toison d'or est recherchée par Jason, qui organise une longue expédition dans ce but.

2. Usage : habitude, coutume.

3. Clos : terrain clos par des haies.

4. Le Tibre : fleuve qui traverse Rome.

5. Le mont Palatin : une des sept collines de Rome.

Vocabulaire

Avant la lecture

1 **a.** Cherchez un synonyme du nom *aïeul*.
b. Quel en est le pluriel ?

2 Qu'est-ce que la province ? Donnez un adjectif de la même famille.

3 L'Anjou est une région où se situe la ville d'Angers : cherchez un adjectif qui signifie « venant de l'Anjou ».

4 Que signifie l'adjectif *audacieux* ? Donnez un nom de la même famille.

5 Parmi ces propositions, choisissez un adjectif synonyme d'*audacieux* : *faible, hardi, regrettable*.

Après la lecture

6 Qu'entend-on par l'expression « avoir le mal du pays » ?

7 Cherchez une définition précise du nom *exil* et donnez un nom de la même famille que vous emploierez dans une phrase de votre composition.

8 *Asile, refuge, havre* : employez chacun de ces noms pour compléter les phrases suivantes.
1. J'aime beaucoup ce jardin à l'écart de la ville et de son agitation. C'est un ... de paix.
2. Les randonneurs, surpris par l'orage, ont trouvé ... chez un vieux berger.
3. L'hiver, il est urgent de proposer un ... à tous ceux qui sont sans abri.

La Réflexion d'Ornans, Gustave Courbet, huile sur toile, 1872, musée Gustave Courbet, Ornans.

Lire et comprendre

1 **a.** Que savez-vous sur Joachim Du Bellay ?
b. Analysez la forme de ce poème : nombre de strophes, type et nombre de vers.
c. En quoi ce poème vient-il illustrer le goût des auteurs de la Pléiade pour l'Antiquité ?

2 **a.** À quels personnages mythologiques est-il fait allusion dans la première strophe ?
b. Quelle vision ce quatrain nous donne-t-il du voyage ? Justifiez votre réponse.

3 Quel sentiment est exprimé dans le deuxième quatrain ? Pour répondre, observez la ponctuation et l'emploi des déterminants possessifs.

4 Quels sont les deux lieux évoqués dans les deux tercets ? Quel rapport le poète établit-il entre eux ?

5 Comment le poète traduit-il l'opposition qui parcourt les deux tercets ? Tâche complexe

COUP DE POUCE

Faites des remarques sur :
- les oppositions lexicales ;
- l'emploi des déterminants ;
- les répétitions ;
- le rythme des vers.

6 Quelle image a-t-on finalement de Rome ? du pays natal du poète ?

Écriture

Exprimez votre admiration en employant les tournures suivantes.

a. ***Exemple :*** *Rien ne m'amusait plus, lorsque j'étais enfant, que de grimper en haut des arbres.*

1. Rien n'est plus joli en automne ...
2. Rien n'est plus agréable en été ...

b. ***Exemple :*** *Elle était charmante cette petite ville, avec ses toits pointus, ses rues tortueuses et son élégante église.*

À l'aide de ces formulations, dites votre admiration pour :
1. un livre captivant ;
2. un paysage grandiose.

Texte 2

Dys

Arthur Rimbaud

(1854-1891)

Né à Charleville-Mézières dans les Ardennes, Rimbaud commence sa carrière de poète dès l'âge de quinze ans, guidé par son professeur de rhétorique, Georges Izambard. Il entretient des relations difficiles avec sa mère et fait plusieurs fugues qui le mènent à Paris, où il rencontre les plus grands poètes de son époque. Il meurt à Marseille à l'âge de 36 ans.

Ma bohème

Je m'en allais, les poings dans mes poches crevées[1] ;
Mon paletot[2] aussi devenait idéal[3] ;
J'allais sous le ciel, Muse ! et j'étais ton féal[4] ;
Oh ! là ! là ! que d'amours splendides j'ai rêvées !

Mon unique culotte avait un large trou.
– Petit-Poucet rêveur, j'égrenais[5] dans ma course
Des rimes. Mon auberge était à la Grande-Ourse.
– Mes étoiles au ciel avaient un doux frou-frou

Et je les écoutais, assis au bord des routes,
Ces bons soirs de septembre où je sentais des gouttes
De rosée à mon front, comme un vin de vigueur ;

Où, rimant au milieu des ombres fantastiques,
Comme des lyres, je tirais les élastiques
De mes souliers blessés, un pied près de mon cœur !

Arthur RIMBAUD, *Poésies*, 1870.

1. **Crevées** : trouées.
2. **Paletot** : manteau.
3. **Idéal** : tellement usé qu'il ressemble davantage à une idée de manteau qu'à un manteau réel.
4. **Féal** : ami dévoué et fidèle.
5. **Égrener** : dégarnir de ses grains, un épi de blé par exemple.

Vocabulaire

Avant la lecture

1 Choisissez la bonne définition.

1. Une muse : une fée qui vit dans le ciel / une divinité grecque qui inspire les artistes / une reine.

2. La Grande-Ourse : une auberge / une chaîne de montagnes / une constellation d'étoiles.

3. La lyre : un instrument de musique à cordes / un arc / une forme poétique.

4. La rosée : un vin de couleur rose / une fleur / fines gouttelettes d'eau qui se déposent sur la végétation le matin.

Après la lecture

2 Donnez un adjectif et un verbe de la famille du nom *vigueur*.

3 **a.** Complétez les phrases suivantes avec les synonymes de ce nom : *ardeur, véhémence, fougue*.

1. Il protesta avec ..., ce qui surprit son directeur.

2. L'orateur fit un discours plein de ... qui enthousiasma la foule.

3. Roland s'empara de son épée et combattit avec ....

b. Donnez l'adjectif correspondant à chacun de ces noms.

Lire et comprendre

1 Quelle est la forme de ce poème ? À quelle personne et à quel temps est-il écrit ?

2 Quelle image vous faites-vous du poète à travers le texte ? Justifiez votre réponse par des citations précises.

3 **a.** À qui le poète s'adresse-t-il dans le premier quatrain ? Qu'expriment les phrases exclamatives ?
b. Dans le deuxième quatrain, à qui le poète se compare-t-il ? Quel est le COD du verbe *égrener* ? Quel effet l'enjambement produit-il ?

LE SAVIEZ-VOUS ?

L'enjambement est un procédé qui consiste à reporter un mot au vers suivant afin de le mettre en valeur.

4 Quel rapport le poète entretient-il avec la nature ? Observez les comparaisons et l'emploi des déterminants.

5 Paul Verlaine désignait son ami par l'expression « l'homme aux semelles de vent ». Comment comprenez-vous cette expression ?

Écriture

1 Selon le modèle suivant, construisez des phrases exclamatives introduites par *que*.

Exemple : *Je ressassai bien des souvenirs à la vue de cette maison. → Que de souvenirs je ressassai à la vue de cette maison !*

1. J'entendais beaucoup d'oiseaux piailler dans ces branchages.
2. Je vis une quantité incroyable de criquets s'abattre sur-le-champ.
3. Il a gravi de nombreux sommets.

2 Construisez des phrases exclamatives nominales introduites par *que*.

Exemple : *Nous avons parcouru beaucoup de chemin depuis notre dernière rencontre. → Que de chemin parcouru depuis notre dernière rencontre !*

1. Bien des nuages s'amoncellent à l'horizon.
2. Beaucoup d'étoiles resplendissent dans ce ciel d'été.
3. Nous éprouvâmes une grande joie lors de nos retrouvailles.

3 À votre tour, évoquez un lieu qui vous enchante et fait naître en vous une sensation de joie.

Du texte à l'image

• À votre avis, ce tableau de Van Gogh illustre-t-il bien le poème de Rimbaud ? Justifiez votre réponse.

▲ ***Une paire de souliers,*** Vincent Van Gogh, huile sur toile, 1887, Museum of Art, Baltimore (États-Unis).

Texte 3

Dys

José-Maria de Heredia

(1842-1905)

Né à Cuba, Heredia arrive très jeune en France, où il poursuit des études d'histoire. Il compte parmi ses ancêtres un conquérant espagnol et écrit, dans un recueil intitulé *Trophées*, plusieurs poèmes en hommage à ces grands voyageurs. Il est reçu à l'Académie française en 1894.

Les conquérants

Comme un vol de gerfauts[1] hors du charnier natal[2],
Fatigués de porter leurs misères hautaines,
De Palos[3] de Moguer, routiers[4] et capitaines
Partaient, ivres d'un rêve héroïque et brutal.

Ils allaient conquérir le fabuleux métal
Que Cipango[5] mûrit dans ses mines lointaines,
Et les vents alizés[6] inclinaient leurs antennes[7]
Aux bords mystérieux du monde Occidental.

Chaque soir, espérant des lendemains épiques,
L'azur phosphorescent de la mer des Tropiques
Enchantait leur sommeil d'un mirage doré ;

Ou penchés à l'avant des blanches caravelles,
Ils regardaient monter en un ciel ignoré
Du fond de l'Océan des étoiles nouvelles.

José-Maria DE HEREDIA, *Les Trophées*, 1893.

1. Gerfaut : oiseaux de proie, grands faucons d'Europe du Nord.

2. Charnier natal : désigne le nid des rapaces, contenant les os de leurs victimes.

3. Palos et Moguer : deux ports situés au sud de l'Espagne.

4. Routiers : au Moyen Âge, soldats pillards.

5. Cipango : nom que les Européens donnaient au Japon et que Christophe Colomb voulait atteindre, lui qui cherchait une nouvelle route des Indes.

6. Alizés : vents qui soufflent au Tropique.

7. Antennes : pièces de bois qui soutenaient les voiles.

Vocabulaire

Avant la lecture

1 Lisez la phrase suivante.
Pierre est une personne hautaine.
Cela signifie-t-il que Pierre est simple et modeste ou fier et arrogant ? Pour répondre, observez le radical de cet adjectif.

2 Associez ces deux mots avec ce qu'ils désignent.

a. Occident	**1.** Ce qui se situe à l'est de l'Europe. Là où le soleil se lève.
b. Orient	**2.** Ce qui se situe à l'ouest de l'Europe. Là où le soleil se couche.

3 Expliquez ce que sont les Tropiques.

4 À la Renaissance, comment nomme-t-on les navires dans lesquels embarquent les explorateurs ?

Après la lecture

5 **a.** Employez l'adjectif *ivre* dans deux phrases de votre composition, d'abord au sens propre puis au sens figuré.
b. Donnez un nom et un verbe de la même famille.

6 Dans la phrase suivante, remplacez le verbe en gras par un verbe plus expressif tiré du poème.
Ce paysage me ***plaît****.*

▲ ***Majesté des montagnes***, Albert Bierstadt, huile sur toile, 1857, collection privée.

Lire et comprendre

1 Quelle est la forme de ce poème ? Justifiez votre réponse.

2 D'où les conquérants partent-ils ? Pour quelle destination ? Dans quel but ? Dans quelle partie du poème trouvez-vous ces informations ?

3 **a.** Quelle image le premier quatrain donne-t-il de ces conquérants ? Justifiez votre réponse par des citations.
b. Quel est le sujet du verbe *partaient* (v. 4) ? Quel est l'intérêt de placer ainsi le verbe en début de vers ?

4 Trouvez dans le premier tercet un adjectif de la famille de *épopée*. Expliquez le sens de cet adjectif dans le texte.

5 Dans les deux tercets, sur quels aspects du paysage le poète attire-t-il notre attention ?

6 Quelle autre image se fait-on des conquérants dans les deux tercets ?

Écriture

Mettez-vous à la place d'un conquérant et exprimez votre admiration pour un paysage découvert.

- Décrivez ce paysage en mettant en valeur son étrangeté et sa beauté.
- Employez des comparaisons et des métaphores.
- Employez des tournures exclamatives (voir exercices d'écriture des textes 1 et 2).

Texte 4

Dys

Texte audio

Victor Hugo
(1802-1885)
Hugo est l'un des écrivains les plus importants de la littérature française. Son œuvre est très variée, puisqu'il écrit aussi bien des romans que de la poésie ou des pièces de théâtre. Dans ses poèmes, il aime évoquer la grandeur des éléments et la place de l'homme au sein de la nature.

Oceano nox

Oh ! combien de marins, combien de capitaines
Qui sont partis joyeux pour des courses lointaines,
Dans ce morne[1] horizon se sont évanouis !
Combien ont disparu, dure et triste fortune[2] !
Dans une mer sans fond, par une nuit sans lune,
Sous l'aveugle océan à jamais enfouis !

Combien de patrons morts avec leurs équipages !
L'ouragan de leur vie a pris toutes les pages
Et d'un souffle il a tout dispersé sur les flots !
Nul ne saura leur fin dans l'abîme plongée.
Chaque vague en passant d'un butin s'est chargée ;
L'une a saisi l'esquif[3], l'autre les matelots !

Nul ne sait votre sort, pauvres têtes perdues !
Vous roulez à travers les sombres étendues,
Heurtant de vos fronts morts des écueils inconnus.
Oh ! que de vieux parents, qui n'avaient plus qu'un rêve,
Sont morts en attendant tous les jours sur la grève
Ceux qui ne sont pas revenus !

On s'entretient de vous parfois dans les veillées.
Maint joyeux cercle, assis sur des ancres rouillées,
Mêle encor quelque temps vos noms d'ombre couverts
Aux rires, aux refrains, aux récits d'aventures,
Aux baisers qu'on dérobe à vos belles futures,
Tandis que vous dormez dans les goémons verts !

On demande : – Où sont-ils ? sont-ils rois dans quelque île ?
Nous ont-ils délaissés pour un bord plus fertile ? –
Puis votre souvenir même est enseveli.
Le corps se perd dans l'eau, le nom dans la mémoire.
Le temps, qui sur toute ombre en verse une plus noire,
Sur le sombre océan jette le sombre oubli. [...]

Où sont-ils, les marins sombrés dans les nuits noires ?
Ô flots, que vous savez de lugubres histoires !
Flots profonds, redoutés des mères à genoux !
Vous vous les racontez en montant les marées,
Et c'est ce qui vous fait ces voix désespérées
Que vous avez le soir quand vous venez vers nous !

Juillet 1836.

Victor HUGO, *Les Rayons et les Ombres*, 1840.

---

1. **Morne** : triste.
2. **Fortune** : destin.
3. **Esquif** : embarcation fragile.

Le Naufrage, Ivan K. Aivazovsky, huile sur toile, 1886, Sotheby's, Londres (Royaume-Uni).

Vocabulaire

Avant la lecture

Associez chaque terme à sa définition.

a. goémon	1. Lourde pièce au bout d'une chaîne que l'on jette pour fixer le navire.
b. esquif	2. Rivage.
c. ancre	3. Rocher à fleur d'eau contre lequel le bateau peut s'échouer.
d. grève	4. Algue brune.
e. écueil	5. Petite embarcation.

Lire et comprendre

Débat de compréhension ORAL

• Discutez entre vous du thème abordé dans ce poème : de qui parle-t-on ? Quelles sont les images qui vous frappent ? Qu'éprouvez-vous à la lecture de ce texte ?

Pour approfondir

1 Relisez les deux premières strophes.
a. Faites une remarque concernant la ponctuation : exprime-t-elle l'enthousiasme, la joie, l'inquiétude, la lamentation ?
b. Quel mot exclamatif est répété quatre fois ? Quel est l'effet produit ? Quelle autre répétition observez-vous dans les strophes 2 et 3 ?
c. Relevez les termes qui désignent l'océan : sur quel aspect le poète attire-t-il notre attention ?

2 À qui le poète s'adresse-t-il à partir de la troisième strophe ? Quelles autres personnes sont évoquées ici ? Quel lien les unit ?

3 Pourquoi le ton change-t-il dans les strophes 4 et 5 ?

4 À partir du vers 31, quel autre regret le poète exprime-t-il ?

5 Expliquez la dernière strophe : à qui le poète s'adresse-t-il ? Quelle figure de style est employée ? Quelle impression cette dernière strophe vous laisse-t-elle ?

Lecture d'image

Les Tourmentés

▲ ***Les Tourmentés,*** Virginie Demont-Breton, huile sur toile, 1905, musée des Beaux-Arts, Lille.

Questions

1 **a.** Que voit-on au premier plan ? au second plan ? au dernier plan ?
b. Que nous raconte cette scène ?

2 De qui est constitué le groupe de personnages ? Décrivez leur attitude.

3 Qui est le personnage central de cette composition ? Où son regard se dirige-t-il ? À votre avis, pourquoi ?

4 Quelles sont les couleurs dominantes pour chaque plan ? Que suggèrent-elles ?

5 Quelle image de la mer Hugo, dans le poème « Oceano vox » (p. 250), et le peintre nous donnent-ils ?

Écriture

- Imaginez les pensées du personnage central en vous posant les questions suivantes.

– Cette femme attend-elle encore le retour d'un proche parent ?
– Espère-t-elle encore qu'il soit en vie ?
– L'un de ses proches fait-il partie du groupe des noyés couchés à ses pieds ?

- Écrivez un monologue à la première personne dans lequel le personnage exprime son désespoir, sa souffrance, sa colère peut-être, son inquiétude face à l'avenir.

Texte 5

Les voyages

Dys

Anna de Noailles
(1876-1933)
Dite comtesse de Noailles, cette femme de lettres française d'origine gréco-roumaine a écrit trois romans et de nombreux recueils de poèmes. Elle fut la première femme commandeur de la Légion d'honneur.

Un train siffle et s'en va, bousculant l'air, les routes,
L'espace, la nuit bleue et l'odeur des chemins,
Alors ivre, hagard, il tombera demain
Au cœur d'un beau pays, en sifflant sous les voûtes… […]

Ah ! la claire arrivée, au lever du matin !
Les gares, leur odeur de soleil et d'orange,
Tout ce qui sur les quais s'emmêle et se dérange.
Ce merveilleux effort d'instable et de lointain.

— Voir le bel univers, goûter l'Espagne ocreuse[1],
Son tintement, sa rage et sa dévotion,
Voir riche de lumière et d'adoration,
Byzance, consolée, inerte et bienheureuse.

Voir la Grèce, debout au bleu de l'air salin,
Le Japon en vernis, et la Perse en faïence,
L'Égypte au front bandé d'orgueil et de science,
Tunis ronde et flambant d'un blanc de kaolin[2].

Voir la Chine buvant aux belles porcelaines,
L'Inde jaune accroupie et fumant ses poisons.
La Suède d'argent avec ses deux saisons,
Le Maroc en arceaux[3], sa mosquée et ses laines.

Anna DE NOAILLES, *L'Ombre des jours*, 1908.

1. Ocreuse : de la couleur de l'ocre, terre rouge-brun ou jaune-brun.
2. Kaolin : argile blanche qu'on utilise pour la fabrication de la porcelaine.
3. Arceau : qui a la forme d'un arc, voûte.

Vocabulaire

Avant la lecture

1 Remplacez les mots en gras par l'un des synonymes proposés : *perdu, immobile, piété, salé*.
1. Le corps **inerte** du soldat reposait sur le champ de bataille.
2. Iseut était affolée et posait sur un regard **hagard** sur son bien-aimé.
3. En bord de mer, j'aime respirer l'air **salin**.
4. Clémence allait souvent à l'église et faisait preuve d'une grande **dévotion**.

Après la lecture

2 Donnez des noms de la famille de *consoler* et *adorer*. Soulignez le suffixe.

3 Donnez des noms de la famille de *tinter* et *siffler*. Soulignez le suffixe.

Lire et comprendre

Débat de compréhension

ORAL

- Ce poème vous donne-t-il envie de voyager ? Pourquoi ?

Pour approfondir

1 Dans la première strophe, montrez que le train est personnifié. Quelles sont les caractéristiques de ce train ? Comment l'auteur les met-il en valeur ?

2 **a.** Comparez la première et la deuxième strophes : que remarquez-vous ?
b. Relevez le champ lexical du désordre : quelle impression domine ici ?

3 Quel mot est répété au début des trois strophes qui suivent ? Quel est le mode de ce verbe ? Qu'exprime-t-il ici ?

4 Relevez tous les pays évoqués. Comment l'auteur évoque-t-il la particularité de chacun d'eux ?

5 Quelle image l'auteur nous montre-t-il du monde ?

Aux innocents les mains pleines

Claude Roy
(1915-1997)
À la fois écrivain et journaliste, Il écrit de nombreux recueils de poèmes dans lesquels il cherche à chanter la beauté du quotidien qu'il retranscrit parfois de manière étrange et fantasque.

Approchez vos mains de la flamme
jusqu'à voir le feu au travers
avec ses courants et ses lames
et ses sirènes aux yeux verts
jusqu'à voir les grands fonds du feu
avec leurs poissons de sommeil
et les longs navires sans yeux
leurs équipages de soleil
et leur forêt d'algues de paille
qui flambe et brille au fond du feu
prisonniers des mains et des mailles
qui font et défont les filets du feu.

Claude Roy, « Aux innocents les mains pleines » (extrait),
Poésies, © Gallimard, 1942.

Lire et comprendre

1 Relisez les deux premiers vers :
a. Qui parle ? À qui ?
b. Que propose le poète ?
c. Où imaginez-vous la scène ?

2 Que décrit la suite du poème ?

3 Quels mots vous frappent ou vous étonnent dans cette description ? Que voyez-vous ? Qu'imaginez-vous ? Relevez tous les mots qui vous permettent de répondre.

4 Pourquoi ces images sont-elles étonnantes ? Quelle impression vous font-elles ?

5 **a.** Relevez les mots où se trouvent les lettres [v] et les [f].
b. Relevez les mots où se trouvent les lettres [s] et les [z].
c. À votre avis, que cherchent à imiter ces sonorités ?

6 Comment le poète parvient-il à rendre sa description marquante ? Pour répondre, appuyez-vous sur vos réponses précédentes.

Écriture

1 Donnez pour chacun des verbes suivants un adjectif de la même famille : *aveugler, danser, flamboyer, chatoyer, rutiler, briller, éblouir, diffuser.*

2 En un paragraphe, décrivez un coucher de soleil sur la mer en comparant l'eau au feu. Employez les adjectifs trouvés précédemment. Imaginez des images frappantes.

▲ ***Man at fire (Homme auprès du feu)***, Teun Hocks, photographie et peinture, 1990.

Du texte à l'image

1. Que représente cette photographie ? En quoi la scène est-elle étonnante ?
2. Observez les lumières et les ombres : d'où la lumière vient-elle ? Quel est l'effet produit ?
3. Qu'est-ce que le photographe cherche à montrer sur l'art ?

Texte 7

La salle à manger

Dys

Francis Jammes

(1868-1938)

Poète et romancier français, il passe la majeure partie de sa vie dans le pays basque, dont les paysages sont pour lui une source d'inspiration. Il compose une poésie très accessible qui chante la simplicité de l'existence.

Il y a une armoire à peine luisante
qui a entendu les voix de mes grand-tantes
qui a entendu la voix de mon grand-père,
qui a entendu la voix de mon père.
À ces souvenirs l'armoire est fidèle.
On a tort de croire qu'elle ne sait que se taire,
car je cause avec elle.

Il y a aussi un coucou en bois.
Je ne sais pourquoi il n'a plus de voix.
Je ne peux pas le lui demander.
Peut-être bien qu'elle est cassée,
la voix qui était dans son ressort,
tout bonnement comme celle des morts.

Il y a aussi un vieux buffet
qui sent la cire, la confiture,
la viande, le pain et les poires mûres.
C'est un serviteur fidèle qui sait
qu'il ne doit rien nous voler.

Il est venu chez moi bien des hommes et des femmes
qui n'ont pas cru à ces petites âmes.
Et je souris que l'on me pense seul vivant
quand un visiteur me dit en entrant :
– comment allez-vous, monsieur Jammes ?

Francis Jammes, *De l'Angélus de l'aube à l'Angélus du soir*, 1888.

Vocabulaire

Avant la lecture

1 **a.** Que signifie le verbe *luire* ?
b. Donnez un adjectif de la même famille et expliquez son sens.

2 Qu'est-ce qu'un buffet ? Que range-t-on dans un buffet ?

3 Qu'appelle-t-on un coucou suisse ? À quoi cet objet sert-il ? D'où son nom vient-il ?

Après la lecture

4 Dans quelle pièce de la maison peut-on trouver les meubles suivants ? À quoi servent-il ?
un bahut – un secrétaire – un guéridon – une commode – un sofa – une console – une bergère

5 Recopiez les phrases suivantes en les complétant par un des mots de l'exercice précédent.
1. Vous trouverez des serviettes à votre disposition dans le tiroir du bas de la ....
2. La comtesse était allongée sur un ....
3. Elle cacha précipitamment la lettre qu'elle était en train d'écrire dans un tiroir de son ....
4. La jeune femme était assise sur une ... près de la fenêtre et avait tiré près d'elle un petit ... pour jouer aux cartes.

▲ ***Le Buffet***, Paul Cézanne, huile sur toile, vers 1873-1877, musée des Beaux-Arts, Budapest (Hongrie).

Lire et comprendre

1 **a.** Quels sont les différents objets décrits dans ce poème ?
b. La langue de ce poème vous paraît-elle difficile ? À votre avis, pourquoi ce choix ?

2 Ces objets sont-ils neufs ou anciens ? Justifiez votre réponse par des citations du texte.

3 À votre avis, que sont devenus les grands-tantes, le grand-père, le père ? Justifiez votre réponse.

4 Quelles expressions du texte évoquent le temps qui passe ou la mort ?

5 **a.** Que sont « ces petites âmes » du vers 20 ?
b. Quels autres éléments du poème contribuent à cette personnification ?

6 Quel rôle les objets familiers jouent-ils pour le poète ?

Écriture

À votre tour, décrivez deux ou trois objets du quotidien en les personnifiant : donnez à ces objets des souvenirs, des sentiments, la conscience du rôle qu'ils jouent dans la maison.

Texte 8

Les horloges

Dys

Émile Verhaeren

(1805-1916)

Ce poète belge, à travers une poésie très expressive, met en scène des paysages de campagne ou de grandes villes. Il montre volontiers l'étrangeté des objets quotidiens, renouvelant ainsi le regard qu'on leur porte.

La nuit, dans le silence en noir de nos demeures,
Béquilles et bâtons, qui se cognent, là-bas ;
Montant et dévalant les escaliers des heures,
Les horloges, avec leurs pas ;

Émaux[1] naïfs derrière un verre, emblèmes[2]
Et fleurs d'antan, chiffres et camaïeux[3],
Lunes des corridors vides et blêmes
Les horloges, avec leurs yeux ;

Sons morts, notes de plomb, marteaux et limes,
Boutique en bois de mots sournois[4]
Et le babil[5] des secondes minimes,
Les horloges, avec leurs voix ;

Gaines[6] de chêne et bornes[7] d'ombre,
Cercueils scellés dans le mur froid,
Vieux os du temps que grignote le nombre,
Les horloges et leur effroi ;

Les horloges
Volontaires et vigilantes,
Pareilles aux vieilles servantes
Boitant de leurs sabots ou glissant sur leurs bas,
Les horloges que j'interroge
Serrent ma peur en leur compas.

Émile Verhaeren, *Poèmes*, 1895.

1. Émaux : décors faits à l'émail, sorte de vernis minéral coloré.

2. Emblème : symbole, dessin.

3. Camaïeu : mélange de couleurs de teintes proches.

4. Sournois : fourbe, hypocrite, qui fait du mal en se cachant.

5. Babil : bavardage.

6. Gaine : étui, pochette étroite destinée à ranger un objet.

7. Borne : pierre ou autre construction destinée à indiquer une limite.

Vocabulaire

Avant la lecture

1 Qu'est-ce que le corridor d'une maison ?

2 Donnez deux synonymes de l'adjectif *blême*, puis employez ce mot dans une phrase qui mettra son sens en valeur.

3 a. Complétez les phrases par l'homonyme qui convient : *sceau, seau, sot.*

1. Albert faisait beaucoup de bêtises, mais il n'était pas ....

2. L'enfant ramassait des coquillages qu'il entassait dans son ....

3. La lettre était fermée par un ... de cire rouge parfaitement reconnaissable.

b. Le nom *sceau* a donné le verbe *sceller*. À l'aide de l'exemple suivant, déduisez le sens de ce verbe.

L'homme cacha le coffret dans un creux du mur et scella le trou avec quelques pierres.

4 Recopiez la phrase suivante en remplaçant *d'antan* par une expression de même sens.

Nous ne retrouverons jamais notre vie d'antan.

Lire et comprendre

1 Que décrit ce poème ?

2 a. Quelles parties de cet objet sont désignées par les expressions suivantes ?

1. « béquilles et bâtons » (v. 2)
2. « lunes vides et blêmes » (v. 7)
3. « cercueils scellés dans le mur » (v. 14)
4. « leur compas » (v. 22)

a. Les aiguilles
b. Le cadran décoré
c. Le coffrage

b. Comment s'appelle la figure de style utilisée ?

3 À quel moment et dans quel lieu les horloges sont-elles représentées par le poète ? Pour répondre, appuyez-vous sur les deux premières strophes.

4 a. Comparez le dernier vers des quatre premières strophes : que remarquez-vous ?
b. Relevez dans la dernière strophe une comparaison : quel effet produit-elle ?
c. Quelle figure de style trouve-t-on à travers tout le poème ?

5 Quelle impression la description de ces horloges vous fait-elle ? Pour répondre, relevez tous les mots du texte qui concourent à cette impression. **Travail de groupe**

6 Quel sentiment le poète éprouve-t-il face aux horloges ? Pour quelle raison ? Justifiez vos réponses.

Écriture

Inventez des métaphores pour évoquer les différentes parties d'un piano :
- les touches blanches ;
- les touches noires ;
- le coffre et les pieds ;
- le son du piano.

Du texte à l'image

Quels liens pouvez-vous faire entre le poème et ce tableau ?

COUP DE POUCE

- Pour répondre, décrivez précisément le tableau et notez tout ce qui évoque la mort ou la perte.
- Vous pouvez aussi évoquer les sentiments que ce tableau fait naître en vous.

La Pendule à l'aile bleue, Marc Chagall, huile sur toile, 1949, collection privée.

Texte 9

Le Buffet

Dys

Arthur Rimbaud

(1854-1891)

Né à Charleville-Mézières dans les Ardennes, Rimbaud commence sa carrière de poète dès l'âge de quinze ans, guidé par son professeur de rhétorique, Georges Izambard. Il entretient des relations difficiles avec sa mère et fait plusieurs fugues qui le mènent à Paris, où il rencontre les plus grands poètes de son époque. Il meurt à Marseille à l'âge de 36 ans.

C'est un large buffet sculpté ; le chêne sombre,
Très vieux, a pris cet air si bon des vieilles gens ;
Le buffet est ouvert, et verse dans son ombre
Comme un flot de vin vieux, des parfums engageants ;

Tout plein, c'est un fouillis de vieilles vieilleries,
De linges odorants et jaunes, de chiffons
De femmes ou d'enfants, de dentelles flétries[1],
De fichus de grand-mère où sont peints des griffons ;

– C'est là qu'on trouverait les médaillons, les mèches
De cheveux blancs ou blonds, les portraits, les fleurs sèches
Dont le parfum se mêle à des parfums de fruits.

– Ô buffet du vieux temps, tu sais bien des histoires,
Et tu voudrais conter tes contes, et tu bruis
Quand s'ouvrent lentement tes grandes portes noires.

Arthur Rimbaud, « Le Buffet », *Poésies*, 1870.

1. **Flétri :** qui s'est fané, ridé.

Vocabulaire

Avant la lecture

1 Associez chaque mot à sa définition.

1. Fichu — a. Bijou de forme circulaire dans lequel on plaçait un portrait, une mèche de cheveux…
2. Médaillon — b. Foulard avec lequel les femmes se couvraient la tête.
3. Buffet — c. Animal fantastique avec un corps de lion et une tête d'oiseau.
4. Griffon — d. Meuble bas servant à ranger la vaisselle, le linge de table, les provisions.

Après la lecture

2 Dans les phrases ci-dessous, remplacez les expressions en gras par l'un des synonymes suivants : *en ruine* ; *antiquités* ; *décrépit* ; *ancestrales* ; *aïeule*.

1. Nous allons restaurer ce **vieux** mur.
2. Le grenier de mes grands-parents est rempli de **vieux objets**.
3. En haut de cette montagne, se dresse un château **usé par le temps**.
4. Cette **vieille dame** de ma famille m'a raconté de passionnantes histoires sur sa jeunesse.
5. Certaines coutumes **très anciennes** se perpétuent aujourd'hui.

Lire et comprendre

1 Quelle est la forme de ce poème ? Combien de syllabes les vers comportent-ils ?

2 Quelles précisions sont données sur l'aspect du buffet ?

3 Quel adjectif est répété quatre fois dans les deux quatrains ? Cet adjectif a-t-il une valeur péjorative ou méliorative ?

4 Faites la liste des objets énumérés dans le deuxième quatrain : ces objets ont-ils encore une utilité ? À quoi ce meuble sert-il ?

5 Quelle est la valeur des objets énumérés dans le premier tercet ?

6 **a.** Dans les trois premières strophes, relevez les expressions liées à l'odorat. À quoi sont comparés les parfums au vers 4 ?
b. Que signifie l'adjectif *engageant* au vers 4 ?

7 **a.** À qui le poète s'adresse-t-il dans la dernière strophe ?
b. Quelles expressions rendent le buffet mystérieux et vivant ?

▲ ***Mon intérieur à Paris…,*** Léonard Foujita, huile sur toile, 1921, Centre Georges-Pompidou, Paris.

Écriture

Vous trouvez, dans votre grenier, un vieil objet qui vous raconte son histoire. Décrivez cet objet au milieu de toutes les autres choses accumulées dans le grenier.

- Évoquez les sensations liées à cet objet : odeurs, touchers…
- Donnez la parole à l'objet et faites-le conter des histoires du passé.
- Vous aurez soin d'utiliser les mots rencontrés dans les exercices de la partie Vocabulaire.

Texte 10

Celui qui entre par hasard

René-Guy Cadou
(1920-1951)

Il passe son enfance à la campagne et le contact avec la nature sera pour lui une importante source d'inspiration. Pendant la Seconde Guerre mondiale, alors qu'il est instituteur, il rencontre Hélène, qui devient son épouse et sa muse.

Celui qui entre par hasard dans la demeure d'un poète
Ne sait pas que les meubles ont pouvoir sur lui
Que chaque nœud du bois renferme davantage
De cris d'oiseaux que tout le cœur de la forêt ;
Il suffit qu'une lampe pose son cou de femme
À la tombée du soir contre un angle verni
Pour délivrer soudain mille peuples d'abeilles
Et l'odeur de pain frais des cerisiers fleuris.
Car tel est le bonheur de cette solitude
Qu'une caresse toute plate de la main
Redonne à ces grands meubles noirs et taciturnes
La légèreté d'un arbre dans le matin.

René-Guy Cadou, *Hélène ou le Règne végétal*, Seghers, 1952, 2011, coll. « Poésie d'abord ».

▲ ***Vue de la fenêtre à Zaolchie, près de Vitbesk,*** Marc Chagall, huile sur toile, 1915, galerie Tretiakov, Moscou (Russie).

Lire et comprendre

1 Que décrit le poète dans ce texte ? Relevez chaque élément de la description.

2 Expliquez l'expression « les meubles ont pouvoir sur lui ».

3 Aimeriez-vous vivre dans cette maison ? Expliquez pourquoi.

4 **a.** Relevez trois adjectifs qui qualifient le nom « meubles » au vers 11 ? Qu'évoquent-ils ?
b. Quelle métamorphose ces meubles subissent-ils ? Grâce à qui ?

5 **a.** Quels sont les deux champs lexicaux qui se croisent dans ce poème ? Quel est l'effet produit ?
b. Quels sens sont sollicités dans cette description ? Appuyez-vous pour répondre sur des citations précises ? Quelle impression en découle ?
c. Relevez une forme verbale qui évoque la facilité, l'évidence.

6 Quel pouvoir l'auteur confère-t-il à la poésie ?

Écriture

Composez un texte dans lequel vous décrirez votre maison de manière insolite.

- Utilisez la comparaison et la métaphore afin de mettre en évidence l'étrangeté des objets quotidiens.
- Pensez à évoquer les sensations liées aux bruits, aux odeurs, au toucher.

LE SAVIEZ-VOUS ?

La **métaphore** est une comparaison de deux éléments qui ne comporte pas de marque de comparaison.

Le langage poétique

Synthèse

Le jeu avec les sonorités

- Les **sons en poésie peuvent mimer des bruits.**

On peut créer un effet sonore en répétant certaines consonnes : on fait alors une **allitération**.

« Pour qui **s**ont **c**es **s**erpents qui **s**ifflent **s**ur nos têtes ? » (Racine)

- On peut également créer une impression en répétant des voyelles à la rime ou à l'intérieur du vers : on fait alors une **assonance**.

« La colombe r**ou**c**ou**le ; éc**ou**te, un caill**ou** r**ou**le en le s**ou**ffle qui c**ou**le **ou** cr**ou**le dans le **j**o**u**j**ou** frêle de son c**ou**. » (Saint-Pol-Roux)

- Différents procédés : **rythmes, rimes, jeux de sonorités** contribuent à la musicalité du poème.

La disposition des rimes en fin de vers participe également à cette musicalité :

AABB : **rimes suivies** ; ABAB : **rimes croisées** ; ABBA : **rimes embrassées**.

Les images

- La **langue poétique se différencie du langage ordinaire**, car elle effectue de nombreux rapprochements.
- La **comparaison** est une image dans laquelle on rapproche deux éléments grâce à un mot qui crée le lien (*comme, tel, pareil à, semblable à*...).

« La fenêtre s'ouvre comme une orange » (Apollinaire)

- La **métaphore** effectue également un rapprochement entre deux éléments mais de manière plus directe, sans utiliser de mot de comparaison.

« Il suffit qu'une lampe pose son cou de femme/à la tombée du soir contre un angle verni » (Cadou)

- La **personnification** est souvent présente en poésie. Elle permet de prêter vie aux éléments inanimés, en les assimilant à des êtres humains. La personnification est souvent exprimée par les verbes.

« Dans un brouillard qui danse, la prairie/S'endort fumeuse et la grenouille crie. » (Verlaine)

Un langage à part

- Le langage poétique emploie donc des **procédés** qu'on n'utilise pas habituellement et qui rendent plus sensible le monde décrit.
- Que ce soit par le jeu des **oppositions**, comme le fait Du Bellay dans « Heureux qui comme Ulysse » ou par le **jeu d'associations de mots**, comme le fait Claude Roy dans « Approchez vos mains de la flamme », la poésie est le lieu où s'expriment les sentiments et la sensibilité du poète.
- **Le voyage devient alors un voyage intérieur**. En travaillant ainsi sur le langage, le poète présente le monde d'une manière nouvelle qui frappe notre imaginaire.

Vers l'écriture

Jouer sur l'ordre des mots

1 Déplacez le groupe en gras en tête de phrase afin de retrouver le vers d'origine.

LE SAVIEZ-VOUS ?

Le poète modifie souvent l'ordre naturel des mots. Ces inversions attirent l'attention sur les termes qu'elles déplacent.
*Exemple : « **Fière** est cette forêt dans sa beauté tranquille. »*

1. L'amoureuse haleine **du zéphyr**/Soulève encor tes longs cheveux.
2. Je me dois **toujours plaindre**/J'ai perdu ma tourterelle »
2. Reçois **pour obsèques**, mes larmes et mes pleurs.
4. Je vis **une louve** sous l'antre d'un rocher.
5. Que personne ne rie **de notre mal**.

2 a. Imitez l'exemple suivant pour parler d'un lac, d'une montagne, d'une ville.

Exemple : « J'entrai dans une forêt, une immense forêt baignée de silence. »

b. Construisez un court poème en répétant plusieurs fois l'adjectif *immense*, un autre en répétant l'adverbe *tristement*.

LE SAVIEZ-VOUS ?

Le poète emploie volontairement la répétition pour ajouter quelque chose à l'expression d'une idée ou d'un sentiment.
Exemple : « La terre était grise, le blé était gris, le ciel était gris. » (GIONO)

Créer une impression sonore

3 Écrivez avec les mots suivants une strophe de cinq vers de huit syllabes qui décrit le vent avec des allitérations en [v] et [f] qui miment le sifflement du vent.

vivant – vite – vente – siffler – frémir – fuyant – feuille – fougueux– rafale

4 Écrivez avec les mots suivants un quatrain en alexandrins qui décrit la fureur d'un chevalier au combat, avec une allitération en [r], sonorité dure qui évoque la colère.

rage – cœur – orage – ardeur – rugir – rougir – terrible – foudroyant

5 Écrivez le combat de deux escargots en employant les verbes suivants.

fouiller – écrabouiller – barbouiller – farfouiller – dépouiller – chatouiller – tripatouiller

Vous pouvez inventer des verbes en leur ajoutant le suffixe *-ouiller*.

Exemple : baver → bavouiller

Créer des images poétiques

6 a. Repérez les éléments comparés dans ces vers.

La mer, comme le tigre, a sous le ciel profond, une peau de lumière avec des taches d'ombre. (V. HUGO)
Comme un beau cygne errant au bassin bleu du ciel,/Le nuage au soleil gonfle ses plumes blanches. (V. HUGO)

b. Imaginez des comparaisons en complétant les phrases suivantes.

1. Et la lune, comme ... glissait entre les branches.
2. Les yeux du loup, pareils à ... étincelaient dans les ténèbres.

7 a. Comment s'effectue la personnification dans les extraits suivants ?

1. Déjà la nuit en son parc amassait/Un grand troupeau d'étoiles vagabondes. (DU BELLAY)
2. L'inconsolable mer se débat enchaînée. (DE BANVILLE)
3. Dans son sommeil glissant l'eau se suscite un songe. (ROY)
4. Qu'a appris l'arbre de la terre/pour converser avec le ciel ? (NERUDA)
5. Comment les saisons savent-elles /qu'il leur faut changer de chemise ? (NERUDA)

b. Imaginez des personnifications en employant des verbes d'action pour les sujets suivants.

1. Le petit jour ...
2. L'air frais ...
3. Le silence ...
4. Les branches du saule ...

c. Relisez les deux vers de Pablo NERUDA. À votre tour, imaginez cinq questions poétiques portant sur la nature en employant la personnification.

8 À partir de la personnification suivante, racontez en quelques phrases le combat entre la flamme et la bûche.

Tandis que la bûche crie, écume et sue, la flamme l'attaque…

9 a. Repérez les deux éléments comparés dans ces métaphores.

La poule noire de la nuit/vient encore de pondre une aurore (DAUMAL)

Tout l'automne à la fin n'est qu'une tisane froide. Les feuilles mortes de toutes essences macèrent dans la pluie. (PONGE)

b. Imaginez des métaphores en complétant les vers suivants par un terme de votre choix.

1. La ... aux mains de neige verse sa clarté sur les toits.
2. Des ... éclatent en fruits lumineux entre les arbres noirs.

10 À la manière de Ponge dans l'exemple ci-dessous, cherchez des métaphores pour définir de la manière la plus précise la rose, l'olive, la pomme.

La mûre : une agglomération de sphères qu'une goutte d'encre remplit.

Le noyau de l'abricot : une pierre en forme de dragée.

11 Imaginez des oppositions à partir des couples suivants, en complétant les phrases proposées.

1. **Jeunesse/vieillesse :** Vous êtes encore ..., mais un jour viendra où ...
2. **Lumière/obscurité :** La clairière était baignée ..., tandis que le sous-bois ...
3. **Terre/ciel :** Du fond de cet abîme ..., j'apercevais le ciel ...

12 Employez ces couples d'antonymes pour exprimer un sentiment.

***Exemple**, voici deux vers pour exprimer le sentiment amoureux :*

Je vis, je meurs ; je me brûle et me noie ;/J'ai chaud extrême en endurant froidure. (LABÉ)

1. **Froid/chaud** pour exprimer la peur.
2. **Noirceur/clarté** pour exprimer l'espoir.
3. **Douleur/joie** pour exprimer le sentiment amoureux.
4. **Toujours/jamais** pour évoquer la fuite du temps.

13 Lisez ce quatrain de Jules Laforgue.

Crinière échevelée ainsi que des cavales,
Les vagues se tordant arrivent au galop
Et croulent à mes pieds avec de longs sanglots
Qu'emporte la tourmente aux haleines brutales.

Le Sanglot de la Terre, 1880.

a. Que décrit le poète ?

b. Quelle est la figure de style employée ?

c. Quelle impression suscite-t-elle ?

14 Décrivez le vent soufflant sur la mer par temps de tempête. Employez la répétition, créez des effets sonores, cherchez à personnifier la mer et le vent en utilisant quelques-uns des verbes suivants.

cingler – gronder – siffler – bondir – gémir – déchirer – se tordre

15 Lisez ces quelques de strophes d'Alfred de Musset :

C'était, dans la nuit brune,
Sur le clocher jauni,
La lune
Comme un point sur un i.

Lune, quel esprit sombre
Promène au bout d'un fil,
Dans l'ombre,
Ta face et ton profil ?

Es-tu l'œil du ciel borgne ?
Quel chérubin cafard
Nous lorgne
Sous ton masque blafard ?

« Ballade à la lune », 1829.

a. À qui le poète s'adresse-t-il ?

b. Relevez les trois images qui permettent de décrire la lune.

16 Écrivez un poème dans lequel vous vous adressez à un élément de la nature : le soleil, un arbre, une forêt, la mer, un coquillage…

- **Dans chaque strophe, cherchez à donner une image particulière de cet élément en employant la personnification et la comparaison.**
- **Employez la phrase interrogative pour vous adresser à cet élément et pour mieux cerner le mystère.**

Bien dire un poème

Le travail sur les syllabes

Pour donner au poème une musicalité, un rythme, le poète peut fixer un même nombre de syllabes par vers.

A Les types de vers

La nature du vers dépend du **nombre de syllabes** qui le composent. Pour connaître la nature du vers employé, il faut le prononcer à voix haute, en détachant toutes les syllabes et en comptant sur vos doigts.

- Un vers de 8 syllabes s'appelle un **octosyllabe**.
  Allons au bois le mai cueillir
- Un vers de 10 syllabes s'appelle un **décasyllabe**.
  Faites mourir mon cœur en un seul coup
- Un vers de 12 syllabes s'appelle un **alexandrin**.
  Comme on voit sur la branche au mois de mai la rose

B La prononciation des syllabes

Le dénombrement des syllabes n'est pas toujours facile.

- **Lorsqu'un mot se terminant par un *-e* muet est suivi d'un mot commençant par une consonne, il faut prononcer ce *-e*.**

  C'est un large buffet sculpté ; le chêne sombre,
  Très vieux a pris cet air si bon des vieilles gens.

- **Lorsqu'un mot se terminant par un *-e* muet est suivi d'un mot commençant par une voyelle, il faut lier les deux mots sans prononcer le *-e*.**

  Le crépuscule ami s'endort dans la vallée,
  Sur l'herbe d'émeraude et sur l'or du gazon,
  Sous les timides joncs de la source isolée,
  Et sous le bois rêveur qui tremble à l'horizon,
  Se balance en fuyant dans les grappes sauvages.

  Alfred DE VIGNY, « Lettre à Eva », *La Maison du Berger*, 1844.

- **En fin de vers, le *-e* final ne se prononce jamais.**

  Ô buffet du vieux temps, tu sais bien des histoires,
  Et tu voudrais conter tes contes, et tu bruis
  Quand s'ouvrent lentement tes grandes portes noires.

- **Certains mots peuvent, suivant le contexte, compter deux syllabes ou une seule :**

lieu (1 syllabe) un li-eu (2 syllabes) ;
pluvieux (2 syllabes) plu-vi-eux (3 syllabes) ;
diamant (2 syllabes) di-a-mant (3 syllabes).

Sous le ciel pluvieux noyé de brumes sales
→ [/Sous /le /ciel /plu/vi/eux] [/no/yé /de /bru/mes /sales]

À vous de jouer !

Recopiez ce poème, soulignez les *-e* muets, marquez les liaisons par un signe, faites deux traits sous les mots dont la syllabe doit se prononcer en deux temps. Dites ensuite ce poème à voix haute.

Ruth songeait et Booz dormait ; l'herbe était noire ;
Les grelots des troupeaux palpitaient vaguement ;
Une immense bonté tombait du firmament ;
C'était l'heure tranquille où les lions vont boire.

Tout reposait dans Ur et dans Jérimadeth ;
Les astres émaillaient le ciel profond et sombre ;
Le croissant fin et clair parmi ces fleurs de l'ombre
Brillait à l'occident, et Ruth se demandait,

Immobile, ouvrant l'œil à moitié sous ses voiles,
Quel dieu, quel moissonneur de l'éternel été,
Avait, en s'en allant, négligemment jeté
Cette faucille d'or dans le champ des étoiles.

Victor HUGO, « Booz endormi », *La Légende des siècles*, 1859-1883.

▲ ***Canari et pivoines***, Katsushika Hokusai, impression sur bois, 1834, musée des Beaux-Arts, Boston (États-Unis).

Constituer une anthologie poétique

Vous allez réaliser une anthologie poétique : cherchez cinq poèmes traitant d'un même thème. Vous choisirez l'un des thèmes suivants :
- la nuit ;
- une des quatre saisons ;
- la mer ;
- de drôles de bêtes ;
- le bonheur au quotidien.

Méthode

Comment procéder

- Cherchez des poèmes dans les recueils du CDI ou sur des sites de poésie (https://www.poetica.fr).
- Donnez un titre à votre anthologie.
- Recopiez les poèmes à la main, en respectant bien leur présentation (passages à la ligne, majuscules, strophes). Vous consacrerez une page à chaque poème. N'oubliez pas de soigner votre écriture.
- Illustrez chaque poème d'une peinture en lien avec le texte ou d'un dessin de votre composition.
- Apprenez le texte que vous préférez pour le réciter en classe.

Voici un exemple d'anthologie sur la vie quotidienne : entraînez-vous à bien dire un poème avec les textes suivants.

Dans le moulin qui n'était pas utilisé,
Où le silence avait défait
Ce qui rouille et ce qui s'effrite,

Il restait dans un sac juste assez de farine
Pour y connaître la douceur entre les doigts.

Eugène Guillevic, « Amulettes », 1946.

▲ ***Nature morte de pêches***, fresque romaine provenant de Pompéi, Ier siècle av. J.-C., musée archéologique Naples (Italie).

Fleur de farine et pommes douces,
il va neiger,
je pense aux arbres pleins de mousse
au vieux berger.
Graisse légère et sucre blanc,
des étincelles
sautent du feu rouge et tremblant
comme lèvres de demoiselle.
La neige va couvrir ce soir
les fronts des hommes,
On entend pleurer dans le noir
la tarte aux pommes.
Elle se dore au fond du four
gonflé d'arômes.
Je pense à l'hiver, au ciel lourd
et je pense à la tarte aux pommes.

Pierre Gamarra, « La romance de la tarte aux pommes », 1997.

Recette

Prenez un toit de vieilles tuiles
un peu avant midi.

Placez tout à côté
un tilleul déjà grand
remué par le vent.

Mettez au-dessus d'eux
un ciel de bleu, lavé
par des nuages blancs.

Laissez-les faire.
Regardez-les.

Eugène Guillevic, « Recette », *Avec*,
© Gallimard, 1984.

▲ ***Silhouette de femme à la fenêtre,*** Odilon Redon, pastel sur carton, vers 1905, musée Pouchkine, Moscou (Russie).

On ne sait pas si ce sont les chaises
Avec leur bon visage de paille,

Les mésanges qui se chamaillent
Dans l'ombre fraîche de la haie

Ou la claire rangée de hêtres
Qu'on voit d'ici par la fenêtre,

Si ce sont les moutons familiers
Qui broutent l'or du calendrier

Ou le sourire de ma mère
Qui coud, assise dans la lumière,

Qui font ce bonheur simple et doux
Comme une pomme sur la table

Et cette paix si admirable
Qu'on se jetterait à genoux.

Maurice Carême, « Bonheur simple et doux », 1937.

J'ai contracté l'amour des livres
chez une épicière à l'ancienne
pommes de terre en sacs par terre
petits pois tout secs écossés
cafés en grain fruits et légumes
et puis ces belles bonbonnières
sur le comptoir où les petits
chenapans plongeaient une main
quand l'épicière se tournait
pour prendre sur les rayonnages
le miel blond ou la chicorée.

Guy Goffette, extrait de « Lumière d'épicerie »,
L'Adieu aux lisières, © Gallimard, 2014.

Septembre
À la fin de septembre les étoiles refroidissent
et il y a dans le pré une odeur de pommes trop mûres
J'aimerais que la mer qui voyage sans cesse
m'écrive une lettre de sel très blanc avec juste une ombre de mélancolie
où elle me parlerait de pays très lointains et de rivages verts
une lettre pour l'automne   Nous la lirions sous la lampe
parce que les journées raccourcissent au moment des vendanges
et que l'océan est loin   malgré le temps qui nous en parle

J'ai monté des bûches et le petit bois pour allumer du feu
Et je regarderai la flamme danser sur tes pommettes.

Claude Roy, « Septembre », *À la lisière du temps*, © Gallimard, 1984.

▲ ***La Pie,*** Claude Monet, huile sur toile, 1868-1869, musée d'Orsay, Paris.

CHANSON GRAVE

Passez loin de l'horloge
  elle mord elle mord
Passez loin de l'horloge
  y habite la mort

Les aiguilles qui tournent
  graveront vos soucis
Les aiguilles qui tournent
  graveront vos ennuis

Sur tous ces beaux visages
  qui sourient sans savoir
Sur tous ces beaux visages
  se grave un désespoir

Passez loin de l'horloge
  elle mord elle mord
Passez loin de l'horloge
  y habite la mort

Raymond Queneau, « Chanson grave », *Le Chien à la mandoline*, © Gallimard, 1958.

- Écoutez la poétesse **Laurence Vielle** qui slame ses textes d'une manière toute particulière : https://www.youtube.com/watch?v=v9--nILsMu4
- À votre tour, choisissez un texte que vous aimeriez slamer.

11 Un conte merveilleux contemporain

texte intégral

L'Enfant de la haute mer, Jules Supervielle

› Quelles sont les caractéristiques du conte merveilleux contemporain ?

Objectifs du chapitre

Lecture
- Lire et comprendre un conte merveilleux contemporain
- Rappeler les caractéristiques du merveilleux
- Comprendre en quoi le merveilleux contemporain se distingue du merveilleux traditionnel

Vocabulaire
- La vie quotidienne

Écriture
- Rappels sur la ponctuation
- Construire une phrase complète
- La phrase interrogative
- Utiliser des indices de temps pour établir une chronologie
- Écrire un conte ou une suite de conte

Sommaire

▲ ***L'entrée dans le pays des rêves,***
Catrin Welz-Stein, image numérique, 2015.

● Quels éléments font naître une impression d'étrangeté ?

Repères

Supervielle, conteur et poète

Découvrir un auteur

• Jules Supervielle est un auteur franco-uruguayen, né en 1884 et mort en 1960. Il s'est illustré dans tous les genres littéraires, mais il est surtout connu pour sa **poésie**, en particulier le recueil *La Fable du monde*, publié en 1939.

• Il a également écrit plusieurs **contes merveilleux**, notamment *L'Enfant de la haute mer* (1931), récits eux-mêmes teintés de poésie.

▲ **Jules Supervielle** à l'Estancia Agueda, Uruguay vers 1941.

Questions

1 Qu'est-ce qu'un conte ? Qu'est-ce qu'un conte merveilleux ? Appuyez-vous, pour répondre, sur ceux que vous avez étudiés en Sixième.

2 À quelle sorte d'histoire vous attendez-vous ?

▲ ***L'Enfant et le cheval,*** Marc Chagall, dessin, 1945, collection particulière.

Questions

3 Que vous évoque ce dessin ?

4 Quels éléments peuvent relever du merveilleux ?

Étude de film

Vidéo

Regardez ce court-métrage d'animation :
https://www.youtube.com/watch?v=w2PwRox_0iw
ou https://archive.org/details/LENFANTD2001

Ce film illustre le conte que vous allez lire. Quelles questions vous posez-vous à propos de ce personnage ? de ce lieu ?

Images du film d'animation ***L'Enfant de la haute mer***, de L. Gabrielli, P. Marteel, M. Renoux M. Tourret, 2006.

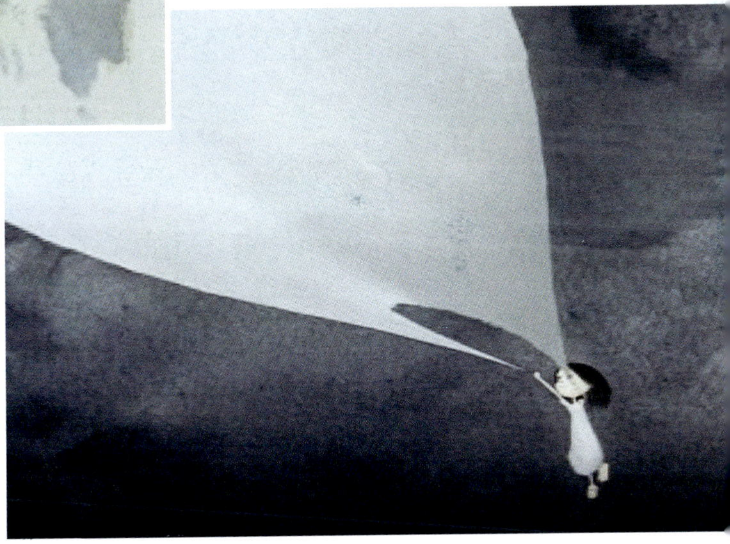

Questions

1 Quelles remarques pouvez-vous faire sur le village ici représenté ? Quels sont les différents lieux représentés ?

2 Dressez le portrait de la fillette : Comment est-elle vêtue ? Comment est-elle coiffée ? Que remarquez-vous sur la manière dont ses bras et ses jambes sont dessinés ? Qu'exprime son visage ?

3 **a.** Quelles sont ses différentes activités ?
b. La fillette joue avec un drap puis avec un balai (3:11 à 4:20) : que devient chacun de ces objets ?

4 Qu'est-ce qui traverse le village ? Comprend-on de quoi il s'agit au départ ? Comment la fillette réagit-elle ?

5 Comment qualifieriez-vous l'atmosphère qui se dégage de ce film : douce, mystérieuse, trépidante, triste ? Justifiez votre réponse.

6 Comment la bande son contribue-t-elle à renforcer cette atmosphère ?

Texte 1

Un étrange village

Comment s'était formée cette rue flottante ? Quels marins, avec l'aide de quels architectes, l'avaient construite dans le haut Atlantique à la surface de la mer, au-dessus d'un gouffre[1] de six mille mètres ? Cette longue rue aux maisons de briques rouges si décolorées qu'elles prenaient une teinte gris-de-France, ces toits d'ardoise, de tuile, ces humbles boutiques immuables ? Et ce clocher très ajouré[2] ? Et ceci qui ne contenait que de l'eau marine et voulait sans doute être un jardin clos de murs, garnis de tessons de bouteilles, par-dessus lesquels sautait parfois un poisson ?

Comment cela tenait-il debout sans même être ballotté par les vagues ? Et cette enfant de douze ans si seule qui passait en sabots d'un pas sûr dans la rue liquide, comme si elle marchait sur la terre ferme ? Comment se faisait-il... ?

Nous dirons les choses au fur et à mesure que nous les verrons et que nous saurons. Et ce qui doit rester obscur le sera malgré nous.

À l'approche d'un navire, avant même qu'il fût perceptible à l'horizon, l'enfant était prise d'un grand sommeil, et le village disparaissait complètement sous les flots. Et c'est ainsi que nul marin, même au bout d'une longue-vue, n'avait jamais aperçu le village ni même soupçonné son existence.

L'enfant se croyait la seule petite fille au monde. Savait-elle seulement qu'elle était une petite fille ?

Elle n'était pas très jolie à cause de ses dents un peu écartées, de son nez un peu trop retroussé, mais elle avait la peau très blanche avec quelques taches de douceur, je veux dite de rousseur. Et sa petite personne commandée par des yeux

1. **Gouffre (n. m.)** : trou large et profond.
2. **Ajouré** : percé de nombreuses ouvertures.

◀ ***Island,*** illustration de Anastasia Anisimova.

gris, modestes mais très lumineux, vous faisait passer dans le corps, jusqu'à l'âme, une grande surprise qui arrivait du fond des temps.

Dans la rue, la seule de cette petite ville, l'enfant regardait parfois à droite et à gauche comme si elle eût attendu de quelqu'un un léger salut de la main ou de la tête, un signe amical. Simple impression qu'elle donnait, sans le savoir, puisque rien ne pouvait venir, ni personne, dans ce village perdu et toujours prêt à s'évanouir.

Jules SUPERVIELLE, *L'Enfant de la haute mer*, © Gallimard, 1954.

Vocabulaire

Avant la lecture

1 À l'aide d'un dictionnaire, donnez le sens des mots en italiques dans les phrases suivantes.
1. L'inspecteur allait quitter la pièce quand il remarqua un détail *insolite*.
2. Malgré ses résultats brillants, cet élève fait toujours preuve de *modestie*.
3. Alors qu'elle y venait pour la première fois, ces lieux lui paraissaient *familiers*.

2 Donnez un antonyme de *modestie*.

3 **a.** Que fait un animal qui mue ?
b. Déduisez-en le sens du verbe *muer*.
c. Analysez la formation du mot *immuable* et donnez son sens.

4 Regroupez les synonymes par paires.

1. humble	**a.** insolite
2. immuable	**b.** modeste
3. étrange	**c.** familier
4. habituel	**d.** inchangé

5 Recopiez et complétez les phrases suivantes par ces adjectifs : *humble, immuable, familier, insolite*.
1. Dans ce pays, les habitants respectent des traditions ....
2. Le jeune homme retrouvait avec plaisir la vieille demeure ....
3. Elle ne se vante pas de sa réussite : elle est ....
4. Il nous a raconté une histoire ... à laquelle personne n'a cru.

Après la lecture

6 **a.** Quel est le sens propre de l'adjectif *obscur* ?
b. Dans quel sens cet adjectif est-il employé à la ligne 17 ?

7 Quelles parties de la maison sont bâties avec les matériaux suivants : *l'ardoise – la brique – le marbre – la tuile – la tôle* ?

Lire et comprendre

1 Que comprenez-vous du lieu décrit ?

2 **a.** Que remarquez-vous sur les phrases employées des lignes 1 à 12 ?
b. Que cherche à susciter l'auteur dans ces deux premiers paragraphes ?

3 **a.** Qui est la seule habitante de ce village ?
b. Connaît-on le nom de ce personnage ? À votre avis, pourquoi ce choix ?

4 **a.** Relevez les éléments de son portrait.
b. Quelle impression ce portrait vous fait-il ? Justifiez vos réponses en vous appuyant sur le texte.

5 Relisez le dernier paragraphe :
a. Quelle attitude de l'enfant est évoquée ici ?
b. Quelle impression cette dernière remarque vous laisse-t-elle ?

Écriture

Relisez les premières phrases du texte : quelles informations apportent-elles ?
À votre tour, décrivez un personnage solitaire qui vit dans un endroit insolite.

- Terminez votre description en interpelant votre lecteur par des phrases interrogatives.
- Vous pouvez introduire dans votre récit de discrets éléments merveilleux, mais pas de pouvoirs surnaturels ni de monstres sensationnels.
- Vous pouvez vous aider du guide p. 288.

Lecture d'image

Entre figuration et abstraction

▲ ***Paysage méditerranéen,*** Nicolas de Staël, huile sur toile, 1954, collection privée.

Questions

Une vision familière

1 Pouvez-vous identifier au premier coup d'œil ce que représente ce tableau ? Pourquoi ?

2 Décrivez les couleurs et les formes utilisées : que vous évoquent-elles ?

3 Selon vous, qu'est-ce qui est représenté sur ce tableau ? Quels éléments vous permettent de répondre ?

Un sentiment d'étrangeté

4 Que remarquez-vous à propos de la perspective ?

5 À votre avis, quel outil l'artiste a-t-il utilisé pour peindre ?

6 **a.** L'artiste cherche-t-il à représenter le paysage avec exactitude ?
b. Selon vous, quel est son but ?

7 De quelles autres œuvres pouvez-vous rapprocher ce tableau ?

Texte 2

De quoi vivait-elle ?

De quoi vivait-elle ? De la pêche ? Nous ne le pensons pas. Elle trouvait des aliments dans l'armoire et le garde-manger de la cuisine, et même de la viande tous les deux ou trois jours. Il y avait aussi pour elle des pommes de terre, quelques autres légumes, des œufs de temps en temps.

Les provisions naissaient spontanément dans les armoires. Et quand l'enfant prenait de la confiture dans un pot, il n'en demeurait pas moins inentamé, comme si les choses avaient été ainsi un jour et qu'elles dussent en rester là éternellement.

Le matin, une demi-livre de pain frais, enveloppé dans du papier, attendait l'enfant sur le comptoir de marbre de la boulangerie, derrière lequel elle n'avait jamais vu personne, même pas une main, ni un doigt, poussant le pain vers elle.

Elle était debout de bonne heure, levait le rideau de métal des boutiques (ici on lisait : Estaminet[1], et là : Forgeron ou Boulangerie Moderne, Mercerie), ouvrait les volets de toutes les maisons, les accrochait avec soin à cause du vent marin et, suivant le temps, laissait ou non les fenêtres fermées. Dans quelques cuisines elle allumait du feu afin que la fumée s'élevât de trois ou quatre toits.

Une heure avant le coucher du soleil elle commençait à fermer les volets avec simplicité. Et elle abaissait les rideaux de tôle ondulée.

L'enfant s'acquittait de ces tâches, mue par quelque instinct, par une inspiration quotidienne qui la forçait à veiller à tout. Dans la belle saison, elle laissait un tapis à une fenêtre ou du linge à sécher, comme s'il fallait à tout prix que le village eût l'air habité, et le plus ressemblant possible.

Et toute l'année, elle devait prendre soin du drapeau de la mairie, si exposé.

La nuit, elle s'éclairait de bougies, ou causait à la lumière de la lampe. On trouvait aussi l'électricité dans plusieurs maisons de la ville, et l'enfant tournait les commutateurs avec grâce et naturel.

Une fois elle fit, au heurtoir[2] d'une porte, un Nœud de crêpe noir. Elle trouvait que cela faisait bien.

Et cela resta là deux jours, puis elle le cacha.

Une autre fois, la voilà qui se met à battre du tambour, le tambour[3] du village, comme pour annoncer quelque nouvelle. Et elle avait une violente envie de crier quelque chose qu'on eût entendu d'un bout à l'autre de la mer, mais sa gorge se serrait, nul son n'en sortait. Elle fit un effort si tragique que son visage et son cou en devinrent presque noirs, comme ceux des noyés. Puis il fallut ranger le tambour à sa place habituelle, dans le coin gauche, au fond de la grande salle de la mairie.

L'enfant accédait au clocher par un escalier en colimaçon aux marches usées par des milliers de pieds jamais vus. Le clocher qui devait bien avoir

1. Estaminet : café, commerce de boissons.

2. Heurtoir : lourde poignée mobile que l'on frappe contre une porte pour annoncer sa venue.

3. Autrefois, dans les villages, pour diffuser les nouvelles importantes, un tambour (c'est-à-dire un joueur de tambour) passait dans les rues en criant des annonces.

cinq cents marches, pensait l'enfant (il en avait quatre-vingt-douze), laissait voir le ciel le plus qu'il pouvait entre ses briques jaunes. Et il fallait contenter l'horloge à poids en la remontant à la manivelle pour qu'elle sonnât vraiment les heures, jour et nuit.

La crypte, les autels, les saints de pierre donnant des ordres tacites, toutes ces chaises à peine chuchotantes qui attendaient, bien alignées, des êtres de tous les âges, ces autels dont l'or avait vieilli et désirait vieillir encore, tout cela attirait et éloignait l'enfant qui n'entrait jamais dans la haute maison, se contentant d'entrouvrir parfois la porte capitonnée, aux heures de désœuvrement, pour jeter un regard rapide à l'intérieur, en retenant son souffle.

Dans une malle de sa chambre se trouvaient des papiers de famille, quelques cartes postales de Dakar, Rio de Janeiro, Hong Kong, signées : Charles ou C. Liévens, et adressées à Steenvoorde (Nord). L'enfant de la haute mer ignorait ce qu'étaient ces pays lointains et ce Charles et ce Steenvoorde.

Mystère et Mélancolie d'une rue, Giorgio De Chirico, 1914.

Elle conservait aussi, dans une armoire, un album de photographies. L'une d'elles représentait une enfant qui ressemblait beaucoup à la fillette de l'Océan, et souvent celle-ci la contemplait avec humilité : c'était toujours l'image qui lui paraissait avoir raison, être dans le vrai ; elle tenait un cerceau à la main. L'enfant en avait cherché un pareil dans toutes les maisons du village. Et un jour elle pensa avoir trouvé : c'était un cercle de fer d'un tonneau, mais à peine eut-elle essayé de courir avec lui dans la rue marine que le cerceau gagna le large.

Dans une autre photographie, la petite fille se montrait entre un homme revêtu d'un costume de matelot et une femme osseuse et endimanchée. L'enfant de la haute mer qui n'avait jamais vu d'homme ni de femme, s'était longtemps demandé ce que voulaient ces gens, et même au plus fort de la nuit, quand la lucidité vous arrive parfois tout d'un coup, avec la violence de la foudre.

Jules Supervielle, *L'Enfant de la haute mer*, © Gallimard, 1954.

Vocabulaire

Avant la lecture

1. Rappelez le sens des adjectifs *modeste* et *humble* et donnez pour chacun d'eux un nom de la même famille.

2. Qu'est-ce que le comptoir d'une boutique ?

3. **a.** Quelle forme a un escalier en colimaçon ?
b. D'où cette expression vient-elle ?

4. Légendez le dessin de cette église avec les mots suivants : *autel – clocher – crypte – nef – pilier*

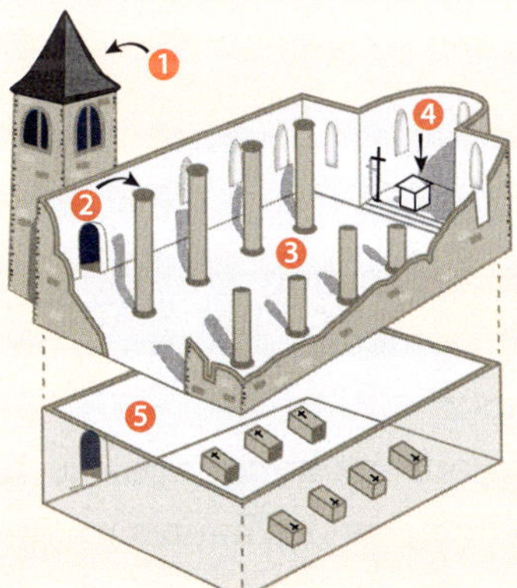

Après la lecture

5. Associez chaque nom d'activité à son explication.

1. blanchisseuse	**a.** artisan qui travaille le métal.
2. cocher	**b.** femme chargée de laver le linge.
3. colporteur	**c.** conducteur de voiture à cheval.
4. forgeron	**d.** marchand ambulant.

6. Que vend-on dans une mercerie ? une épicerie ? chez un primeur ?

7. Donnez la définition des adjectifs suivants : *quotidien – hebdomadaire – mensuel – trimestriel – annuel.*

Lire et comprendre

1. Quelles sont les différentes activités de la fillette ?

2. Quel phénomène étrange est décrit au début de ce texte ?

3. Relevez la phrase qui explique la raison pour laquelle la fillette réalise ces tâches quotidiennes.

4. **a.** Relevez deux actions inhabituelles accomplies par la fillette. Par quel complément circonstanciel sont-elles introduites ?
b. Que nous révèlent ces actions sur la vie de l'enfant ?

5. Relisez la description de l'église, dans les lignes 46 à 52. Soyez attentif aux verbes employés dans cette description : quel est l'effet recherché ?

6. Que nous apprennent les cartes et les photographies que la petite conserve dans sa chambre ?

Écriture

À votre tour, imaginez les activités quotidiennes du personnage que vous avez inventé. Vous pouvez vous aider de l'exercice 2 p. 286.

À l'école

Tous les matins elle allait à l'école communale avec un grand cartable enfermant des cahiers, une grammaire, une arithmétique[1], une histoire de France, une géographie.

Elle avait aussi de Gaston Bonnier, membre de l'Institut, professeur à la Sorbonne, et Georges de Layens, lauréat de l'Académie des Sciences, une petite flore contenant les plantes les plus communes, ainsi que les plantes utiles et nuisibles avec huit cent quatre-vingt-dix-huit figures.

Elle lisait la préface :

« Pendant toute la belle saison, rien n'est plus aisé que de se procurer, en grande quantité, les plantes des champs et des bois. »

Et l'histoire, la géographie, les pays, les grands hommes, les montagnes, les fleuves et les frontières, comment s'expliquer tout cela pour qui n'a que la rue vide d'une petite ville, au plus solitaire de l'Océan. Mais l'Océan même, celui qu'elle voyait sur les cartes, elle ne savait pas se trouver dessus, bien qu'elle l'eût pensé un jour, une seconde. Mais elle avait chassé l'idée comme folle et dangereuse.

Par moments, elle écoutait avec une soumission absolue, écrivait quelques mots, écoutait encore, se remettait à écrire, comme sous la dictée d'une invisible maîtresse. Puis l'enfant ouvrait une grammaire et restait longuement penchée, retenant son souffle, sur la page 60 et l'exercice CLXVIII, qu'elle affectionnait. La grammaire semblait y prendre la parole pour s'adresser directement à la fillette de la haute mer :

– êtes-vous ? – pensez-vous ? – parlez-vous ? – voulez-vous ? – faut-il s'adresser ? – se passe-t-il - accuse-t-on ? – êtes-vous coupable ? – est-il question ? – tenez-vous ce cadeau ? –vous plaignez-vous ?
(Remplacez les tirets par le pronom interrogatif convenable, avec ou sans préposition.)

Parfois l'enfant éprouvait un désir très insistant d'écrire certaines phrases. Et elle le faisait avec une grande application.

En voici quelques-unes, entre beaucoup d'autres :

– Partageons ceci, voulez-vous ?

– Écoutez-moi bien. Asseyez-vous, ne bougez pas, je vous en supplie.

– Si j'avais seulement un peu de neige des hautes montagnes la journée passerait plus vite.

– Écume, écume autour de moi, ne finiras-tu pas par devenir quelque chose de dur ?

– Pour faire une ronde il faut au moins être trois.

– C'étaient deux ombres sans tête qui s'en allaient sur la route poussiéreuse.

– La nuit, le jour, le jour, la nuit, les nuages et les poissons volants.

– J'ai cru entendre un bruit, mais c'était le bruit de la mer.

Ou bien elle écrivait une lettre où elle donnait des nouvelles de sa petite ville et d'elle-même. Cela ne s'adressait à personne et elle n'embrassait personne en la terminant et sur l'enveloppe il n'y avait pas de nom.

1. Une arithmétique : un livre de calcul.

Et la lettre finie, elle la jetait à la mer – non pour s'en débarrasser, mais parce que cela devait être ainsi – et peut-être à la façon des navigateurs en perdition qui livrent aux flots leur dernier message dans une bouteille désespérée.

Jules SUPERVIELLE, *L'Enfant de la haute mer*, © Gallimard, 1954.

Vocabulaire

Avant la lecture

1 a. Qu'appelle-t-on la flore d'une région ?
b. Que désigne ce mot quand il s'agit d'un livre ?

2 Comment appelle-t-on l'ensemble des animaux qui vivent dans une région ?

Après la lecture

3 a. À quel autre adjectif de la phrase *nuisible* (l. 7) s'oppose-t-il ? Déduisez-en le sens de cet adjectif.
b. Analysez la formation de ce mot : quel est l'infinitif du verbe qui lui sert de radical ?
c. Donnez le sens de ce verbe, puis employez-le dans une phrase qui mettra ce sens en valeur.

Lire et comprendre

1 Que fait l'enfant de la haute mer, dans ce passage ?

2 En quoi ses activités ressemblent-elles aux vôtres ? En quoi sont-elles différentes ?

3 a. Quels sentiments l'enfant de la haute mer éprouve-t-elle en lisant sa flore ? ses livres d'histoire et de géographie ? Pourquoi ?
b. Expliquez la phrase : « Mais elle avait chassé l'idée comme folle et dangereuse. »

4 Quel effet la lecture des phrases de « l'exercice CLXVIII de la p. 60 » provoque-t-elle ?

5 a. Lisez attentivement les phrases écrites par l'enfant de la haute mer : quel effet produisent-elle ? Justifiez vos réponses.
b. À votre avis, pourquoi l'enfant de la haute mer éprouve-t-elle « un désir très insistant d'écrire » ?

6 Dans l'avant-dernière phrase, relevez toutes les négations : sur quoi insistent-elles ?

7 Quels sentiments éprouvez-vous pour ce personnage ? Expliquez votre réponse.

Du texte à l'image

- Parmi les illustrations de ce chapitre, laquelle vous paraît le mieux convenir pour ce texte ? Justifiez votre réponse.

Chambres au bord de la mer, Edward Hopper, huile sur toile, 1951, Yale University Art Gallery, New Haven (États-Unis).

Texte 4

Le cargo

Le temps ne passait pas sur la ville flottante : l'enfant avait toujours douze ans. Et c'est en vain qu'elle bombait son petit torse devant l'armoire à glace de sa chambre. Un jour, lasse de ressembler avec ses nattes et son front très dégagé à la photographie qu'elle gardait dans son album, elle s'irrita contre elle-même et son portrait, et répandit violemment ses cheveux sur ses épaules espérant que son âge en serait bouleversé. Peut-être même la mer, tout autour, en subirait-elle quelque changement et verrait-elle en sortir de grandes chèvres à la barbe écumante qui s'approcheraient pour voir.

Mais l'Océan demeurait vide et elle ne recevait d'autres visites que celles des étoiles filantes.

Un autre jour il y eut comme une distraction du destin, une fêlure dans sa volonté. Un vrai petit cargo tout fumant, têtu comme un bull-dog et tenant bien la mer quoiqu'il fût peu chargé (une belle bande rouge éclatait au soleil sous la ligne de flottaison), un cargo passa dans la rue marine du village sans que les maisons disparussent sous les flots ni que la fillette fût prise de sommeil.

Il était midi juste. Le cargo fit entendre sa sirène, mais cette voix ne se mêla pas à celle du clocher. Chacune gardait son indépendance.

L'enfant, percevant pour la première fois un bruit qui lui venait des hommes, se précipita à la fenêtre et cria de toutes ses forces :

« Au secours ! »

Et elle lança son tablier d'écolière dans la direction du navire.

L'homme de barre ne tourna même pas la tête. Et un matelot, qui faisait sortir de la fumée de sa bouche, passa sur le pont comme si de rien n'était. Les autres continuèrent de laver leur linge, tandis que, de chaque côté de l'étrave[1], des dauphins s'écartaient pour céder la place au cargo qui se hâtait.

La fillette descendit très vite dans la rue, se coucha sur les traces du navire et embrassa si longuement son sillage que celui-ci n'était plus, quand elle se releva, qu'un bout de mer sans mémoire, et vierge. En rentrant à la maison, l'enfant fut stupéfaite d'avoir crié : « Au secours ! » Elle comprit alors seulement le sens profond de ces mots. Et ce sens l'effraya. Les hommes n'entendaient-ils pas sa voix ? Ou ils étaient sourds et aveugles, ces marins ? Ou plus cruels que les profondeurs de la mer ?

Alors une vague vint la chercher qui s'était toujours tenue à quelque distance du village, dans une visible réserve. C'était une vague énorme et qui se répandait beaucoup plus loin que les autres, de chaque côté d'elle-même. Dans le haut, elle portait deux yeux d'écume parfaitement imités. On eût dit qu'elle comprenait certaines choses et ne les approuvait pas toutes. Bien qu'elle se formât et se défît des centaines de fois par jour, jamais elle n'oubliait de se munir, à la même place, de ces deux yeux bien constitués.

1. L'étrave : l'avant du navire.

▲ ***La Grande Vague au large de Kanagawa***, série « 36 vues du Mont Fuji », Katsuhika Hokusai, estampe, vers 1831, collection privée.

Parfois, quand quelque chose l'intéressait, on pouvait la surprendre qui restait près d'une minute la crête en l'air, oubliant sa qualité de vague, et qu'il lui fallait se recommencer toutes les sept secondes.

Il y avait longtemps que cette vague aurait voulu faire quelque chose pour l'enfant, mais elle ne savait quoi. Elle vit s'éloigner le cargo et comprit l'angoisse de celle qui restait. N'y tenant plus, elle l'emmena non loin de là, sans mot dire, et comme par la main.

Après s'être agenouillée devant elle à la manière des vagues, et avec le plus grand respect, elle l'enroula au fond d'elle-même, la garda un très long moment en tâchant de la confisquer, avec la collaboration de la mort. Et la fillette s'empêchait de respirer pour seconder[2] la vague dans son grave projet.

N'arrivant pas à ses fins, elle la lança en l'air jusqu'à ce que l'enfant ne fût pas plus grosse qu'une hirondelle marine, la prit et la reprit comme une balle, et elle retombait parmi des flocons aussi gros que des œufs d'autruche.

Enfin, voyant que rien n'y faisait, qu'elle ne parviendrait pas à lui donner la mort, la vague ramena l'enfant chez elle dans un immense murmure de larmes et d'excuses.

Et la fillette qui n'avait pas une égratignure dut recommencer d'ouvrir et de fermer les volets sans espoir, et de disparaître momentanément dans la mer dès que le mât d'un navire pointait à l'horizon.

2. **Seconder** : aider.

Texte 4

Marins qui rêvez en haute mer, les coudes appuyés sur la lisse[3], craignez de penser longtemps dans le noir de la nuit à un visage aimé. Vous risqueriez de donner naissance, dans des lieux essentiellement désertiques, à un être doué de toute la sensibilité humaine et qui ne peut pas vivre ni mourir, ni aimer, et souffre pourtant comme s'il vivait, aimait et se trouvait toujours sur le point de mourir, un être infiniment déshérité dans les solitudes aquatiques, comme cette enfant de l'Océan, née un jour du cerveau de Charles Liévens, de Steenvoorde, matelot de pont du quatre-mâts *Le Hardi*, qui avait perdu sa fille âgée de douze ans, pendant un de ses voyages, et, une nuit, par 55 degrés de latitude Nord et 35 de longitude Ouest, pensa longuement à elle, avec une force terrible, pour le grand malheur de cette enfant.

Jules Supervielle, *L'Enfant de la haute mer*, © Gallimard, 1954.

3. La lisse : la rambarde du navire.

Vocabulaire

Avant la lecture

1 a. Que ressent une personne qui se sent *irritée* ? *lasse* ? *angoissée* ?
b. Pour chacun de ces adjectifs, trouvez le nom correspondant.

2 Complétez les phrases suivantes avec un des trois adjectifs.
1. Je suis ... de faire sans cesse les mêmes jeux.
2. Mathieu est ... à l'idée de partir seul loin de chez lui.
3. Le vieil homme était ... par l'agitation perpétuelle des enfants.

3 a. Que signifie l'expression *en vain* ?
b. Employez cette expression dans une phrase qui mettra ce sens en valeur.

Lire et comprendre

1 Quel nouvel élément merveilleux est donné dans le premier paragraphe de ce texte ?

2 Comment expliquez-vous que les marins n'aient pas répondu à l'appel au secours de l'enfant de la haute mer ? Justifiez vos propositions en vous appuyant sur le texte.

3 a. Relisez les lignes 36 à 60 et relevez tous les éléments qui permettent d'animer la vague.
b. Qu'essaie de faire celle-ci ? Pourquoi ?

4 a. Que devient l'enfant de la haute mer à la fin du récit ?
b. Quelle explication nous est donnée, à la fin du texte, sur sa situation ?

5 Qui est Charles Liévens ? Quels points communs pouvez-vous établir entre sa situation et celle de l'enfant ?

6 Quel sens donnez-vous à ce récit ? Discutez vos hypothèses.

Paysage marin, Pourville, Claude Monet, huile sur toile, 1881, Collection Simonow de l'Abbaye de Flaran, Valence-sur-Baïse.

Synthèse

Le merveilleux moderne

Un conte moderne

- *L'Enfant de la haute mer* est **un conte** au sens où c'est un récit court, avec peu de personnages, dans lequel interviennent **des éléments merveilleux**. Mais il est très différent des contes traditionnels.
- L'histoire se passe non dans un passé lointain, mais dans **un univers contemporain**, avec des cargos, des commerces familiers. Le personnage de cette histoire est **un personnage ordinaire**, proche de nous. Les multiples péripéties laissent la place à une intrigue simple, ancrée dans la vie quotidienne.

Une nouvelle forme de merveilleux

- S'il se passe dans cette histoire des événements extraordinaires, on n'y trouve **ni fées, ni ogres, ni objets magiques**. Ici, le merveilleux se fait discret. Il tient avant tout à un mystère, **une étrangeté qui confère au récit une dimension poétique**. Qui est cette enfant ? Pourquoi est-elle seule ? Quelle est donc cette ville perdue en pleine mer ? Cette situation étrange nous amène à nous interroger sur le personnage, son origine, ses émotions.
- Si le conte traditionnel met en scène les **grandes étapes de la vie**, la nécessité de grandir, de se confronter aux règles, d'apprendre à se débrouiller, ce conte moderne explore avec délicatesse les **sentiments humains** et les **expériences douloureuses** de la vie, comme celle du deuil.

L'Oiseau bleu, Frederick Cayley Robinson, aquarelle sur papier, 1911, musée de Royal Leamington Spa, Royaume-Uni.

Vers l'écriture

Rédiger une phrase complète et bien ponctuée

1 Résumez *L'Enfant de la haute mer* en quelques phrases. Utilisez le tableau suivant pour construire des phrases complètes, puis recopiez le texte obtenu au propre, sur votre cahier, sans oublier la ponctuation.
Astuce : Si vous avez tendance à oublier le verbe, écrivez ce dernier en rouge.

Qui ?	Fait quoi ?	Où ? comment ? pourquoi ?
L'Enfant de la haute mer	vivait seule	
Elle		avec ce qu'elle trouvait chaque matin dans ses placards.
Elle	aimait se lever tôt	
Elle		
Un bateau cargo		
L'enfant		

2 Imaginez les habitudes de votre personnage. Complétez chaque phrase par une action complète, sans oublier la ponctuation. Vous utiliserez l'imparfait. Entourez en rouge le verbe conjugué.

1. Le matin, ...
2. Souvent, ...
3. Certains jours, ...
4. Lorsqu'approchait le coucher soleil, ...
5. La nuit, ...

3 Recopiez le texte suivant en mettant à la fin des phrases le point qui convient.

Sir Rufus Flox, pourquoi aviez-vous donné votre nom à votre cheval ... Petit homme aux joues rouges, qui donc vous avait poussé à vouloir vous retrouver tout entier dans cette longue bête grise qui paraissait à peine toucher terre ... Vous n'hésitiez pas, la nuit qui précédait une course, à coucher dans l'écurie, contre votre monture, et à lui chuchoter, avant qu'elle ne s'endormît, des conseils précis pour le lendemain ... Quelle joie de ne faire qu'un avec elle sur la piste, aux yeux d'une foule immense, jockey à la casaque grise, d'un gris chevalin parcouru de légers frissons comme la robe même de votre monture ... (Jules SUPERVIELLE, *Les Suites d'une course*)

4 Recopiez le texte suivant en mettant les points et les majuscules qui manquent.

il fait beau aujourd'hui le ciel est comme j'aime très très bleu je voudrais bien que tu sois là pour voir le ciel la mer aussi est très très bleue bientôt ce sera l'hiver c'est une autre année très longue qui commence j'espère que tu pourras venir bientôt parce que je ne sais pas si le ciel et la mer vont pouvoir t'attendre longtemps (J.M.G. LE CLÉZIO, *Lullaby*)

5 Recopiez les phrases suivantes, entourez les verbes conjugués, puis ajoutez les virgules qui manquent.

Le jour où Lullaby décida qu'elle n'irait plus à l'école c'était encore très tôt le matin vers le milieu du mois d'octobre. Elle quitta son lit elle traversa pieds nus sa chambre et elle écarta un peu les lames des stores pour regarder dehors. Il y avait beaucoup de soleil et en se penchant un peu elle put voir un morceau de ciel bleu. En bas sur le trottoir trois ou quatre pigeons sautillaient leurs plumes ébouriffées par le vent. Au-dessus des toits des voitures arrêtées la mer était bleu sombre et il y avait un voilier blanc qui avançait difficilement. Lullaby regarda tout cela et elle se sentit soulagée d'avoir décidé de ne plus aller à l'école. Elle retourna vers le centre de la chambre elle s'assit devant sa table et sans allumer la lumière elle commença à écrire une lettre. (J.M.G. LE CLÉZIO, *Lullaby*)

6 Recopiez le texte en rétablissant les points, les virgules et les majuscules qui manquent.

il faisait déjà nuit lorsque grand-père revint de la chasse contrairement à toute attente il rapportait un lièvre il jeta la bête sur la table de la cuisine elle avait le poil ensanglanté au niveau de l'épaule et des caillots noirs sur le museau sylvie regardait avec horreur ce petit corps inerte ces yeux ronds et vitreux tout à coup elle pensa à son père « tombé sous les balles ennemies » son ventre se contracta sur une envie de vomir elle se précipita dans sa chambre s'effondra sur le lit enfouit sa tête dans l'oreiller et pleura à gros hoquets sans comprendre pourquoi (Henri TROYAT, *Viou*)

Bien employer la négation

7 Mettez les phrases suivantes à la forme négative.
1. Il lui a répondu.
2. C'est elle qui ouvrait les volets.
3. Avez-vous vu cette ville étonnante ?
4. Prends du pain.
5. Est-il meilleur ainsi ?
6. Rendez-le.

8 Mettez les phrases suivantes à la forme négative.
1. Il a beaucoup grandi.
2. Tu es toujours content.
3. On arrêtait le travail avant la tombée du jour.
4. Quelqu'un m'a aidé à réviser ma leçon.
5. Il neigeait encore.
6. On a tout dit à ce sujet.
7. Marie est déjà couchée.
8. Le professeur a remis des dictionnaires à certains élèves.
9. On entendait des bruits.
10. On m'a déjà parlé ainsi.

9 Mettez les phrases suivantes à la forme négative, puis transposez les phrases obtenues au passé composé.
1. Je le vois.
2. Tu comprends.
3. Il se trompe toujours.

10 Répondez aux questions par des phrases complètes et ponctuées à la forme négative.
1. L'enfant de la haute mer se souvenait-elle de ses parents ?
2. Avait-elle déjà quitté la ville flottante ?
3. Entendait-on quelque chose, la nuit ?
4. Les navires passaient-ils encore dans ces eaux ?
5. La fillette reconnaissait-elle certaines de ces photographies ?
6. Les marins ont-ils aperçu quelque chose en traversant cet étrange village ?

Construire des phrases interrogatives

11 Corrigez les questions suivantes en inversant le sujet et le verbe.
1. Elle vivait seule ainsi depuis combien de temps ?
2. C'était qui ?
3. On avait bâti cette ville sur la mer comment ?
4. La nourriture arrivait dans ses placards de quelle manière ?
5. L'enfant de la haute mer devrait vivre ainsi jusque quand ?
6. Pourquoi personne ne la voyait ?
7. Elle faisait quoi toute la journée ? Elle pensait à quoi ?
8. Qu'est-ce qu'elle mangeait ?
9. Est-ce que quelqu'un s'occupait de cette enfant ?

12 Réécrivez ces questions de façon plus soutenue, en supprimant « est-ce que ».
1. Est-ce qu'elle avait déjà lu ce livre ?
2. Est-ce que cette ville était habitée ?
3. Quand est-ce qu'elle avait vu un autre enfant pour la dernière fois ?
4. Est-ce que quelqu'un lui rendait parfois visite ?
5. Où est-ce que l'enfant dormait ?
6. Est-ce que personne ne s'occupait d'elle ?

13 Imaginez les questions dont les phrases suivantes sont les réponses. La question porte sur l'élément souligné. Attention à bien inverser le sujet et le verbe.
1. L'enfant de la haute mer vit <u>dans une ville flottante perdue dans l'océan</u>.
2. Elle aimait jouer <u>au cerceau et à la marelle</u>.
3. Elle allait <u>à l'école</u> tous les matins.
4. Ses exercices préférés étaient <u>les exercices de grammaire</u>.
5. L'enfant a appelé <u>un marin</u> à l'aide.
6. Celui-ci n'a pas répondu à son appel <u>parce qu'il ne la voyait pas</u>.

14 Transformez les phrases selon le modèle suivant.
Cette ville était vraiment étonnante. → Cette ville n'était-elle pas étonnante ?
1. Les marins ne la voyaient pas.
2. Elle les avait appelés de toutes ses forces.
3. La vague avait voulu l'aider.
4. Quelqu'un viendrait un jour à son secours.
5. Vous pouvez vous imaginer cette petite fille.

Vers l'écriture

Rédaction

Construire un personnage et son environnement

SUJET 1

- À votre tour, mettez en scène un personnage mystérieux et solitaire, et racontez son histoire en une trentaine de lignes.

SUJET 2

- En une vingtaine de lignes, imaginez une autre fin pour *L'Enfant de la haute mer*. Vous pouvez reprendre à l'arrivée du cargo, en imaginant une autre issue à cet événement, ou poursuivre le texte.

Rédiger pas à pas

Pour trouver des idées

- Où ce personnage vit-il ? sous un lac ? sous la terre ? au sommet d'une montagne ? sur les ruines d'un ancien village ? au cœur d'une fleur ?
- Pourquoi est-il seul ? Sombre-t-il dans le sommeil quand quelqu'un approche, comme dans *L'Enfant de la haute mer* ? Vit-il dans un lieu isolé, inaccessible ? Est-il caché par des brumes ou de la végétation ?

Pour bien commencer

- Rédigez deux ou trois phrases pour présenter le lieu de l'histoire. Vous pouvez commencer par : « C'était... »
- Rédigez deux ou trois phrases pour présenter votre personnage. Vous pouvez commencer cette partie par : « Dans ce... » / « cette... » / « vivait... »
- Ajoutez à votre texte trois ou quatre phrases interrogatives pour susciter l'intérêt.
- Utilisez l'imparfait dans tout le premier paragraphe.
- Si vous vous en sentez capable, vous pouvez utiliser les phrases interrogatives en début de texte pour décrire votre lieu, comme le fait Supervielle, au lieu d'ajouter des questions à la fin.

- **Dans un premier paragraphe**, présentez ce personnage et le lieu où il vit en utilisant l'interrogation pour souligner l'étrangeté de sa situation (voir p. 275).
- **Dans un deuxième paragraphe**, racontez sa vie quotidienne, ses habitudes (voir p. 279).
- **Dans un troisième paragraphe**, une rencontre se produit, effective ou manquée, comme dans le récit de Supervielle. Racontez en 10 à 15 lignes, en utilisant les temps du passé. Vous pouvez échanger vos idées à l'oral avant de commencer votre travail.
- **Dans un dernier paragraphe**, terminez votre histoire. Que devient votre personnage ? Reste-t-il à jamais dans la même situation, comme *L'Enfant de la haute mer* ? Disparaît-il ? Rejoint-il le monde des hommes ? Souhaitez-vous apporter une explication quant à son identité ou préférez-vous conserver le mystère ?

Mademoiselle de Gonet, Odilon Redon, pastel sur toile, 1907, collection particulière.

À lire, à voir

Des livres

• *L'Enfant-Océan*, Jean-Claude Mourlevat, Pocket Jeunesse, 1999.

Une nuit, Yann réveille ses six frères aînés, afin de fuir leur père qui a menacé de les tuer. Irrésistiblement attirés par l'Océan, les sept enfants marchent vers l'Ouest.

• *Le Petit Prince*, Antoine de Saint-Exupéry, Gallimard, 1943.

Un aviateur se retrouve bloqué avec son avion au milieu du désert du Sahara à la suite d'une panne de moteur. Alors qu'il tente de réparer son avion, un petit garçon apparaît et lui demande de lui dessiner un mouton.

• *Les Contes du Chat perché*, Marcel Aymé, Gallimard, 1934-1946.

Delphine et Marinette, deux petites filles, vivent dans une ferme avec leurs parents et des animaux doués de parole. Elles et les animaux sont complices contre les adultes, notamment leurs parents.

• *Mondo et autres histoires*, J.M.G. Le Clézio, Gallimard, 1978.

Venu d'ailleurs, Mondo, Lullaby la voyageuse, Jon, Juba le sage, Daniel Sindbad, Alia, Petite Croix, et tant d'autres, nous guident dans leur aventure et surtout, ils nous fascinent par leur volonté tranquille, souveraine, accordée au silence.

Des films

• *Mon Voisin Totoro*, Hayao Miyazaki, 1988.

Deux petites filles, Mei et Satsuki, viennent s'installer avec leur père. Elles vont découvrir l'existence de leurs nouveaux voisins, invisibles aux yeux des autres humains, des créatures merveilleuses, mais très discrètes.

• *Edward aux mains d'argent*, Tim Burton, 1990.

Edward Scissorhands est une création d'un inventeur mais son concepteur est mort avant d'avoir pu terminer son œuvre et Edward se retrouve avec des lames de métal en guise de doigts.

• *Les Aventures du baron de Münchausen*, Terry Gilliam, 1989.

Ce film raconte de façon loufoque les aventures guerrières d'un baron excentrique.

• *Le Jardin secret*, Marc Munden, 2020.

Mary Lennox fait la rencontre de son cousin Colin, de l'adorable chien Fozzie, et d'un ingénieux rouge-gorge. Ensemble, ils partageront la découverte d'un jardin magique et merveilleux qui marquera le début d'une amitié hors du commun.

12 Un homme au service de la nature

texte intégral

L'Homme qui plantait des arbres, Jean Giono

› Comment Giono questionne-t-il notre manière d'habiter le monde ?

Objectifs du chapitre

Lecture
- Lire une nouvelle intégrale
- Comparer un texte avec son adaptation audiovisuelle

Écriture
- Donner son avis, argumenter
- Rédiger une lettre pour convaincre un organisme

Oral
- Organiser un débat

Sommaire

▲ ***La Clairière,*** Félix Vallotton, huile sur toile, 1911, Galerie du Chêne, Lausanne (Suisse).

● Savez-vous pourquoi les forêts sont indispensables d'un point de vue écologique ?

La Provence, Giono et Back

Découvrir une région de France

• Vous allez lire une histoire qui se passe en **Provence**. Pour commencer ce parcours, nous vous proposons de voyager un peu et de découvrir cette région en regardant cette vidéo, puis de répondre aux questions.

• Visionnez l'épisode de l'émission « C'est pas sorcier » consacré à la Provence : https://www.youtube.com/watch?v=y26nN0jrups

▲ Le relief de la France

Questions

1. Dans quelle partie de la France la Provence se trouve-t-elle ?
2. Sur quelle chaîne de montagne se situe-t-elle ?
3. Citez plusieurs villes de Provence.
4. Citez deux écrivains originaires de la Provence.
5. Quels peintres célèbres ont peint dans cette région ?
6. Qu'est-ce qui caractérise le climat de cette région ?
7. Comment appelle-t-on le vent qui souffle dans cette région ?
8. À quel problème climatique les habitants sont-ils confrontés ?
9. Comment appelle-t-on le trou creusé dans la terre pour récupérer les eaux de pluie ?
10. Pourquoi les forêts de hêtres et de chênes ont-elles disparu ?
11. Quel est le nom du paysage provençal formé de petits buissons ?
12. En quoi sont faites les maisons qu'habitaient les bergers ?

Découvrir un réalisateur de films d'animation

▲ **Frédéric Back** en mer dans l'archipel des Migan (Basse Côte-Nord du Québec) en 1989.

• **Frédéric Back** (1924-2013) était Canadien et a réalisé de nombreux **films d'animation** pour lesquels il a reçu de plusieurs récompenses.

• Son œuvre aborde souvent les **problèmes environnementaux.** Cet artiste cherchait à la fois à rappeler les **beautés de la nature** et à prévenir les spectateurs des nombreux **dangers** qui la guettent.

• Il a réalisé une **adaptation** de *L'Homme qui plantait des arbres*, que vous allez étudier en même temps que le texte.

Question

13. Que cherche à rappeler Frédéric Back à travers ses œuvres ?

▲ ***Champ de blé et cyprès à Saint-Rémy-de-Provence,*** Vincent Van Gogh, huile sur toile, 1889, National gallery, Londres (Royaume-Uni).

Découvrir un auteur

• **Jean Giono** (1895-1970) est né à Manosque, en Provence, dans une famille modeste. Il vit une enfance à la fois pauvre et heureuse. Mobilisé en 1914, il passe deux années au front et sort de la guerre foncièrement **pacifiste**. Ce rejet de la violence sera d'ailleurs problématique lors de la Seconde Guerre mondiale, puisqu'il refuse de se battre contre l'occupant allemand.

• Giono imagine souvent des récits qui se déroulent en **Provence** et où la **nature** tient une place primordiale. Il s'intéresse aux **paysans**, aux hommes qui vivent des ressources de la terre et sont capables d'en comprendre les **beautés et les mystères**.

▲ **Jean Giono** à la fin des années 1930.

Questions

14 Quels sont les deux grands conflits que Giono a traversés ?

15 Comment nomme-t-on un homme qui refuse de se battre, parce qu'il s'oppose à toute violence ?

16 Où les récits de Giono se déroulent-ils ?

Texte 1

Un paysage austère

Du début jusqu'à 4'17.

Il y a environ une quarantaine d'années, je faisais une longue course à pied, sur des hauteurs absolument inconnues des touristes, dans cette très vieille région des Alpes qui pénètre en Provence.

Cette région est délimitée au sud-est et au sud par le cours moyen de la Durance, entre Sisteron et Mirabeau ; au nord par le cours supérieur de la Drôme, depuis sa source jusqu'à Die ; à l'ouest par les plaines du Comtat Venaissin et les contreforts du Mont-Ventoux. Elle comprend toute la partie nord du département des Basses-Alpes, le sud de la Drôme et une petite enclave du Vaucluse.

C'était, au moment où j'entrepris ma longue promenade dans ces déserts, des landes nues et monotones, vers 1200 à 1300 mètres d'altitude. Il n'y poussait que des lavandes sauvages.

Je traversais ce pays dans sa plus grande largeur et, après trois jours de marche, je me trouvais dans une désolation sans exemple. Je campais à côté d'un squelette de village abandonné. Je n'avais plus d'eau depuis la veille et il me fallait en trouver. Ces maisons agglomérées, quoiqu'en ruine, comme un vieux nid de guêpes, me firent penser qu'il avait dû y avoir là, dans le temps, une fontaine ou un puits. Il y avait bien une fontaine, mais sèche. Les cinq à six maisons, sans toiture, rongées de vent et de pluie, la petite chapelle au clocher écroulé, étaient rangées comme le sont les maisons et les chapelles dans les villages vivants, mais toute vie avait disparu.

C'était un beau jour de juin avec grand soleil, mais sur ces terres sans abri et hautes dans le ciel, le vent soufflait avec une brutalité insuppor-

La Montagne Sainte-Victoire, Paul Cézanne, huile sur toile, 1900, musée de l'Ermitage, Saint-Pétersbourg (Russie).

table. Ses grondements dans les carcasses des maisons étaient ceux d'un fauve dérangé dans son repas.

Il me fallut lever le camp. À cinq heures de marche de là, je n'avais toujours pas trouvé d'eau et rien ne pouvait me donner l'espoir d'en trouver. C'était partout la même sécheresse, les mêmes herbes ligneuses. Il me sembla apercevoir dans le lointain une petite silhouette noire, debout. Je la pris pour le tronc d'un arbre solitaire. À tout hasard, je me dirigeai vers elle. C'était un berger. Une trentaine de moutons couchés sur la terre brûlante se reposaient près de lui.

Il me fit boire à sa gourde et, un peu plus tard, il me conduisit à sa bergerie, dans une ondulation du plateau. Il tirait son eau – excellente – d'un trou naturel, très profond, au-dessus duquel il avait installé un treuil rudimentaire.

Jean Giono, *L'Homme qui plantait des arbres*, 1953, © Gallimard, 1983.

Vocabulaire

Avant la lecture

1 Trouvez la bonne définition.

a. Une lande
Paysage escarpé / étendue de terre où ne croissent que des plantes basses / forêt épaisse.

b. Monotone
Qui est divertissant / qui est peu varié / qui a l'air joyeux.

c. Rudimentaire
Qui n'est pas élaboré / qui ment / qui ne sert à rien.

Après la lecture

2 Recopiez et complétez les phrases suivantes par l'un de ces mots : *désolation, ruine, abandon.*

a. Nous avons visité un château en ....

b. Il arrive dans un village à l'....

c. Ce pays en guerre est plongé dans la ....

Lire et comprendre

1 Que fait le narrateur dans ce texte ? Où est-il ? À quel moment de l'année ?

2 **a.** Relevez dans les premières lignes les deux groupes nominaux qui désignent le pays que le narrateur traverse.
b. Lignes 10 à 12, quels sont les autres groupes nominaux qui caractérisent le paysage ?

3 **a.** Au début du film (jusqu'à 1'12), quels sont les deux bruits qui accompagnent la voix du narrateur ? Quel est l'effet recherché ?
b. Lignes 13 à 21 relevez les précisions données sur :
- la fontaine ;
- les maisons ;
- la chapelle.

4 À quoi le vent est-il comparé ?

5 De quoi le narrateur manque-t-il au cours de sa promenade ? Qui répond à ses besoins ?

6 Quel adjectif qualifie le nom « eau » l. 34 ?

7 **a.** Quelles tonalités de couleurs sont employées dans cette première partie du film ? Dans quel but, selon vous ?
b. À partir du moment où le narrateur boit, quels bruits entend-on ? Quel est l'effet produit ?

Écriture

Rédigez 5 ou 6 phrases pour décrire le vent qui souffle dans la montagne. Employez les mots suivants.

- **Des verbes** pour évoquer les mouvements du vent : *souffler, accourir, tournoyer, bondir, s'apaiser, repartir de plus belle.*
- **Des noms** pour évoquer les lieux où souffle le vent : *vallée ; sommets ; parmi les pierres ; la cime des grands pins ; le long des parois escarpées.*

Texte 2

La rencontre

De 4'17 à 13'26

Cet homme parlait peu. C'est le fait des solitaires, mais on le sentait sûr de lui et confiant dans cette assurance. C'était insolite dans ce pays dépouillé de tout. Il n'habitait pas une cabane mais une vraie maison en pierre où l'on voyait très bien comment son travail personnel avait rapiécé la ruine qu'il avait trouvé là à son arrivée. Son toit était solide et étanche. Le vent qui le frappait faisait sur les tuiles le bruit de la mer sur les plages. Son ménage était en ordre, sa vaisselle lavée, son parquet balayé, son fusil graissé ; sa soupe bouillait sur le feu. Je remarquai alors qu'il était aussi rasé de frais, que tous ses boutons étaient solidement cousus, que ses vêtements étaient reprisés avec le soin minutieux qui rend les reprises invisibles.

Il me fit partager sa soupe et, comme après je lui offrais ma blague à tabac, il me dit qu'il ne fumait pas. Son chien, silencieux comme lui, était bienveillant sans bassesse.

Il avait été entendu tout de suite que je passerais la nuit-là ; le village le plus proche était encore à plus d'une journée et demie de marche. Et, au surplus, je connaissais parfaitement le caractère des rares villages de cette région. Il y en a quatre ou cinq dispersés loin les uns des autres sur les flancs de ces hauteurs, dans les taillis de chênes blancs à la toute extrémité des routes carrossables.

Ils sont habités par des bûcherons qui font du charbon de bois. Ce sont des endroits où l'on vit mal. Les familles serrées les unes contre les autres dans ce climat qui est d'une rudesse excessive, aussi bien l'été que l'hiver, exaspèrent leur égoïsme en vase clos. L'ambition irraisonnée s'y démesure, dans le désir continu de s'échapper de cet endroit.

Les hommes vont porter leur charbon à la ville avec leurs camions, puis retournent. Les plus solides qualités craquent sous cette perpétuelle douche écossaise[1]. Les femmes mijotent des rancœurs. Il y a concurrence sur tout, aussi bien pour la vente du charbon que pour le banc à l'église, pour les vertus qui se combattent entre elles, pour les vices qui se combattent entre eux et pour la mêlée générale des vices et des vertus, sans repos. Par là-dessus, le vent également sans repos irrite les nerfs. Il y a des épidémies de suicides et de nombreux cas de folies, presque toujours meurtrières.

Le berger qui ne fumait pas alla chercher un petit sac et déversa sur la table un tas de glands. Il se mit à les examiner l'un après l'autre avec beaucoup d'attention, séparant les bons des mauvais. Je fumais ma pipe. Je me proposai pour l'aider. Il me dit que c'était son affaire. En effet : voyant le soin qu'il mettait à ce travail, je n'insistai pas. Ce fut toute notre conversation. Quand il eut du côté des bons un tas de glands assez gros, il les compta par paquets de dix. Ce faisant, il éliminait encore les petits fruits ou ceux qui étaient légèrement fendillés, car il les examinait de fort près. Quand il eut ainsi devant lui cent glands parfaits, il s'arrêta et nous allâmes nous coucher.

1. Douche écossaise : douche durant laquelle on alterne l'eau chaude et l'eau froide. Au sens figuré, comportement qui alterne entre le bon et le mauvais, ici pour parler de la rigueur du climat.

▲ ***Le Paysan. Portrait de Patience Escalier,*** Vincent Van Gogh, huile sur toile, 1888, collection privée.

La société[2] de cet homme donnait la paix. Je lui demandai le lendemain la permission de me reposer tout le jour chez lui. Il le trouva tout naturel, ou, plus exactement, il me donna l'impression que rien ne pouvait le déranger. Ce repos ne m'était pas absolument obligatoire, mais j'étais intrigué et je voulais en savoir plus. Il fit sortir son troupeau et il le mena à la pâture. Avant de partir, il trempa dans un seau d'eau le petit sac où il avait mis les glands soigneusement choisis et comptés.

Je remarquai qu'en guise de bâton, il emportait une tringle de fer grosse comme le pouce et longue d'environ un mètre cinquante. Je fis celui qui se promène en se reposant et je suivis une route parallèle à la sienne. La pâture de ses bêtes était dans un fond de combe. Il laissa le petit troupeau à la garde du chien et il monta vers l'endroit où je me tenais. J'eus peur qu'il vînt pour me reprocher mon indiscrétion mais pas du tout : c'était sa route et il m'invita à l'accompagner si je n'avais rien de mieux à faire. Il allait à deux cents mètres de là, sur la hauteur.

Arrivé à l'endroit où il désirait aller, il se mit à planter sa tringle de fer dans la terre. Il faisait ainsi un trou dans lequel il mettait un gland, puis il rebouchait le trou. Il plantait des chênes. Je lui demandai si la terre lui appartenait. Il me répondit que non. Savait-il à qui elle était ? Il ne savait pas. Il supposait que c'était une terre communale, ou peut-être, était-elle propriété de gens qui ne s'en souciaient pas ? Lui ne se souciait pas de connaître les propriétaires. Il planta ainsi cent glands avec un soin extrême.

Après le repas de midi, il recommença à trier sa semence. Je mis, je crois, assez d'insistance dans mes questions puisqu'il y répondit. Depuis trois ans il plantait des arbres dans cette solitude. Il en avait planté cent mille. Sur les cent mille, vingt mille étaient sortis. Sur ces vingt mille, il comptait encore en perdre la moitié, du fait des rongeurs ou de tout ce qu'il y a d'impossible à prévoir dans les desseins de la Providence. Restaient dix mille chênes qui allaient pousser dans cet endroit où il n'y avait rien auparavant.

C'est à ce moment-là que je me souciai de l'âge de cet homme. Il avait visiblement plus de cinquante ans. Cinquante-cinq, me dit-il. Il s'appelait Elzéard Bouffier. Il avait possédé une ferme dans les plaines. Il y avait réalisé sa vie. Il avait perdu son fils unique, puis sa femme. Il s'était retiré dans la solitude où il prenait plaisir à vivre lentement, avec ses brebis et son chien. Il avait jugé que ce pays mourait par manque d'arbres. Il ajouta que, n'ayant pas d'occupations très importantes, il avait résolu de remédier à cet état de choses.

2. **Société** : ici, fréquentation.

Texte 2

Menant moi-même à ce moment-là, malgré mon jeune âge, une vie solitaire, je savais toucher avec délicatesse aux âmes des solitaires. Cependant, je commis une faute. Mon jeune âge, précisément, me forçait à imaginer l'avenir en fonction de moi-même et d'une certaine recherche du bonheur. Je lui dis que, dans trente ans, ces dix mille chênes seraient magnifiques. Il me répondit très simplement que, si Dieu lui prêtait vie, dans trente ans, il en aurait planté tellement d'autres que ces dix mille seraient comme une goutte d'eau dans la mer.

Il étudiait déjà, d'ailleurs, la reproduction des hêtres et il avait près de sa maison une pépinière issue des faînes[3]. Les sujets qu'il avait protégés de ses moutons par une barrière en grillage, étaient de toute beauté. Il pensait également à des bouleaux pour les fonds où, me dit-il, une certaine humidité dormait à quelques mètres de la surface du sol.

Nous nous séparâmes le lendemain.

Jean Giono, *L'Homme qui plantait des arbres*, 1953, © Gallimard, 1983.

3. Faînes : fruit du hêtre.

Vocabulaire

Avant la lecture

1 Associez chaque nom à sa définition (aidez-vous d'un dictionnaire).

1. rancœur	**a.** dureté
2. ambition	**b.** défaut
3. rudesse	**c.** désir de réussir
4. vice	**d.** ressentiment que l'on garde suite à une injustice

2 Donnez pour chacun de ces noms un adjectif de la même famille, que vous emploierez pour compléter les phrases.

a. Rancœur : ...
Ma sœur, qui est ..., m'en veut encore pour la mauvaise plaisanterie que j'ai faite.

b. Ambition : ...
Cet homme politique ... vise la plus haute fonction.

c. Rudesse : ...
Dans cette région, le climat est ...

d. Vice : ...
Le voleur, qui préparait un sale coup, jeta un regard ... sur son compagnon.

Après la lecture

3 Faites la différence entre *dessein* et *dessin* en plaçant ces noms dans les phrases suivantes :

a. Mon petit frère a fait un beau ...
b. Jérôme a pour ... de devenir avocat.
c. Je préfère les ... au fusain.
d. Les ... de la providence sont souvent surprenants !

Lire et comprendre

1 **a.** Qu'apprend-on sur l'identité et le passé du berger ?
b. Relevez tous les détails qui montrent que cet homme est soigneux.

2 Pourquoi trie-t-il les glands de chêne ? En quoi consiste cette activité ?

3 Quelles sont les autres qualités de cet homme ? Justifiez votre réponse.

4 Qu'apprend-on sur les villages environnants ?

5 Dans ce passage deux atmosphères s'opposent : lesquelles ? Comment le réalisateur parvient-il à amplifier cette opposition ? Soyez attentifs aux couleurs, aux bruits, à l'enchaînement des images.

6 À partir de quel moment entend-on de la musique ? Qu'apporte-t-elle au texte ? à l'image ?

Écriture

- Relisez les **deux premiers paragraphes de l'extrait 2**.
- À votre tour, décrivez la maison d'une vieille femme tout en essayant d'évoquer ses habitudes de vie. Vous commencerez ainsi : *Henriette habitait un petit pavillon à l'angle de la rue des Cerisiers.* Employez l'imparfait.

Texte 3

La forêt

De 13'28 à 20'15.

L'année d'après, il y eut la guerre de 14 dans laquelle je fus engagé pendant cinq ans. Un soldat d'infanterie ne pouvait guère y réfléchir à des arbres. À dire vrai, la chose même n'avait pas marqué en moi : je l'avais considérée comme un dada, une collection de timbres, et oubliée.

Sorti de la guerre, je me trouvais à la tête d'une prime de démobilisation minuscule mais avec le grand désir de respirer un peu d'air pur. C'est sans idée préconçue – sauf celle-là – que je repris le chemin de ces contrées désertes.

Le pays n'avait pas changé. Toutefois, au-delà du village mort, j'aperçus dans le lointain une sorte de brouillard gris qui recouvrait les hauteurs comme un tapis. Depuis la veille, je m'étais remis à penser à ce berger planteur d'arbres. « Dix mille chênes, me disais-je, occupent vraiment un très large espace ».

J'avais vu mourir trop de monde pendant cinq ans pour ne pas imaginer facilement la mort d'Elzéar Bouffier, d'autant que, lorsqu'on en a vingt, on considère les hommes de cinquante comme des vieillards à qui il ne reste plus qu'à mourir. Il n'était pas mort. Il était même fort vert. Il avait changé de métier. Il ne possédait plus que quatre brebis mais, par contre, une centaine de ruches. Il s'était débarrassé des moutons qui mettaient en péril ses plantations d'arbres. Car, me dit-il (et je le constatais), il ne s'était pas du tout soucié de la guerre. Il avait imperturbablement continué à planter. Les chênes de 1910 avaient alors dix ans et étaient plus hauts que moi et que lui. Le spectacle était impressionnant. J'étais littéralement privé de parole et, comme lui ne parlait pas, nous passâmes tout le jour en silence à nous promener dans sa forêt. Elle avait, en trois tronçons, onze kilomètres de long et trois kilomètres dans sa plus grande largeur. Quand on se souvenait que tout était sorti des mains et de l'âme de cet homme – sans moyens techniques – on comprenait que les hommes pourraient être aussi efficaces que Dieu dans d'autres domaines que la destruction.

Il avait suivi son idée, et les hêtres qui m'arrivaient aux épaules, répandus à perte de vue, en témoignaient. Les chênes étaient drus et avaient dépassé l'âge où ils étaient à la merci des rongeurs ; quant aux desseins de la Providence elle-même, pour détruire l'œuvre créée, il lui faudrait avoir désormais recours aux cyclones. Il me montra d'admirables bosquets de bouleaux qui dataient de cinq ans, c'est-à-dire de 1915, de l'époque où je combattais à Verdun. Il leur avait fait occuper tous les fonds où il soupçonnait, avec juste raison, qu'il y avait de l'humidité presque à fleur de terre. Ils étaient tendres comme des adolescents et très décidés.

La création avait l'air, d'ailleurs, de s'opérer en chaînes. Il ne s'en souciait pas ; il poursuivait obstinément sa tâche, très simple. Mais en redescendant par le village, je vis couler de l'eau dans des ruisseaux qui, de mémoire d'homme, avaient toujours été à sec. C'était la plus formidable opération de réaction qu'il m'ait été donné de voir. Ces ruisseaux secs avaient jadis porté de l'eau, dans des temps très anciens.

Certains de ces villages tristes dont j'ai parlé au début de mon récit s'étaient construits sur les emplacements d'anciens villages gallo-romains dont il restait encore des traces, dans lesquelles les archéologues avaient fouillé et ils avaient trouvé des hameçons à des endroits où au vingtième siècle, on était obligé d'avoir recours à des citernes pour avoir un peu d'eau.

Le vent aussi dispersait certaines graines. En même temps que l'eau réapparut réapparaissaient les saules, les osiers, les prés, les jardins, les fleurs et une certaine raison de vivre.

Mais la transformation s'opérait si lentement qu'elle entrait dans l'habitude sans provoquer d'étonnement. Les chasseurs qui montaient dans les solitudes à la poursuite des lièvres ou des sangliers avaient bien constaté le foisonnement des petits arbres mais ils l'avaient mis sur le compte des malices naturelles de la terre. C'est pourquoi personne ne touchait à l'œuvre de cet homme. Si on l'avait soupçonné, on l'aurait contrarié. Il était insoupçonnable. Qui aurait pu imaginer, dans les villages et dans les administrations, une telle obstination dans la générosité la plus magnifique ?

▲ ***Paysage de Cagnes,*** Pierre-Auguste Renoir, huile sur toile, 1915, collection privée.

À partir de 1920, je ne suis jamais resté plus d'un an sans rendre visite à Elzéard Bouffier. Je ne l'ai jamais vu fléchir ni douter. Et pourtant, Dieu sait si Dieu même y pousse ! Je n'ai pas fait le compte de ses déboires. On imagine bien cependant que, pour une réussite semblable, il a fallu vaincre l'adversité ; que, pour assurer la victoire d'une telle passion, il a fallu lutter avec le désespoir. Il avait, pendant un an, planté plus de dix mille érables. Ils moururent tous. L'an d'après, il abandonna les érables pour reprendre les hêtres qui réussirent encore mieux que les chênes.

Pour avoir une idée à peu près exacte de ce caractère exceptionnel, il ne faut pas oublier qu'il s'exerçait dans une solitude totale ; si totale que, vers la fin de sa vie, il avait perdu l'habitude de parler. Ou, peut-être, n'en voyait-il pas la nécessité ?

Jean Giono, *L'Homme qui plantait des arbres*, 1953, © Gallimard, 1983.

Vocabulaire

Avant la lecture

1 Choisissez la bonne définition de l'expression suivante : *Un homme encore vert.*

a. Qui manque de maturité.
b. Qui est resté vigoureux malgré son grand âge.
c. Qui a de l'expérience.

2 Associez chaque terme à sa définition.

1. dru	**a.** Terrain où l'herbe sert de nourriture au bétail.
2. bosquet	**b.** touffu, serré
3. pré	**c.** petit bois

Après la lecture

3 *Insoupçonnable* : expliquez la formation de ce mot pour en donner le sens.

4 **a.** *Obstiné, généreux* : donnez pour chacun de ces adjectifs un nom de la même famille, dont vous soulignerez le suffixe.
b. Expliquez-en quoi ces deux qualités concernent Elzéard Bouffier.

5 Employez les mots suivants pour compléter ces phrases : *insoupçonnable, obstiné, généreux.*
a. Mon frère, ..., refuse de nous suivre pour prendre un autre chemin.
b. Cette femme ... a organisé une collecte de jouets pour les enfants.
c. Ce commerçant semblait ... et pourtant il volait ses clients.

Lire et comprendre

1 En quelle année le narrateur retourne-t-il dans ses montagnes ? À la suite de quel événement historique ?

2 Que désigne le groupe nominal « une sorte de brouillard gris » l. 10 ?

3 Quelle nouvelle profession Elzéard Bouffier exerce-t-il ? Pourquoi ?

4 Citez les différentes essences d'arbres plantés par Elzéard Bouffier.

5 **a.** Expliquez les réactions en chaîne qui s'opèrent suite à la plantation de ces arbres.
b. Regardez ce court extrait (17'50 à 18'15). Expliquez l'enchaînement des images en lien avec le texte.

6 **a.** Pourquoi le narrateur parle-t-il du berger comme d'un caractère exceptionnel (l. 69) ? Citez le texte pour justifier votre réponse.
b. (19'54 à 20'14) : Que veut montrer le réalisateur dans ce passage ?

Écriture

- Rédigez le **portrait moral** d'une personne âgée que vous admirez.
- Commencez votre paragraphe par : ... *était une personne exceptionnelle en tous points. Je ne l'ai jamais vu(e) ... ni ...*

Texte 4

Héritage et prospérité

De 20'15 à la fin.

En 1933, il reçut la visite d'un garde forestier éberlué[1]. Ce fonctionnaire lui intima l'ordre de ne pas faire de feu dehors, de peur de mettre en danger la croissance de cette forêt *naturelle*. C'était la première fois, lui dit cet homme naïf, qu'on voyait une forêt pousser toute seule. À cette époque, il allait planter des hêtres à douze kilomètres de sa maison. Pour s'éviter le trajet d'aller-retour – car il avait alors soixante-quinze ans – il envisageait de construire une cabane de pierre sur les lieux mêmes de ses plantations. Ce qu'il fit l'année d'après.

En 1935, une véritable délégation administrative vint examiner la « *forêt naturelle* ». Il y avait un grand personnage des Eaux et Forêts, un député, des techniciens. On prononça beaucoup de paroles inutiles. On décida de faire quelque chose et, heureusement, on ne fit rien, sinon la seule chose utile : mettre la forêt sous la sauvegarde de l'État et interdire qu'on vienne y charbonner[2]. Car il était impossible de n'être pas subjugué par la beauté de ces jeunes arbres en pleine santé. Et elle exerça son pouvoir de séduction sur le député lui-même.

J'avais un ami parmi les capitaines forestiers qui était de la délégation. Je lui expliquai le mystère. Un jour de la semaine d'après, nous allâmes tous les deux à la recherche d'Elzéard Bouffier. Nous le trouvâmes en plein travail, à vingt kilomètres de l'endroit où avait eu lieu l'inspection.

Ce capitaine forestier n'était pas mon ami pour rien. Il connaissait la valeur des choses. Il sut rester silencieux. J'offris les quelques œufs que j'avais apportés en présent. Nous partageâmes notre casse-croûte en trois et quelques heures passèrent dans la contemplation muette du paysage.

Le côté d'où nous venions était couvert d'arbres de six à sept mètres de haut. Je me souvenais de l'aspect du pays en 1913 : le désert... Le travail paisible et régulier, l'air vif des hauteurs, la frugalité et surtout la sérénité de l'âme avaient donné à ce vieillard une santé presque solennelle. C'était un athlète de Dieu. Je me demandais combien d'hectares il allait encore couvrir d'arbres.

Avant de partir, mon ami fit simplement une brève suggestion à propos de certaines essences auxquelles le terrain d'ici paraissait devoir convenir. Il n'insista pas. « Pour la bonne raison, me dit-il après, que ce bonhomme en sait plus que moi. » Au bout d'une heure de marche – l'idée ayant fait son chemin en lui – il ajouta : « Il en sait beaucoup plus que tout le monde. Il a trouvé un fameux moyen d'être heureux ! »

C'est grâce à ce capitaine que, non seulement la forêt, mais le bonheur de cet homme furent protégés. Il fit nommer trois gardes-forestiers pour cette protection et il les terrorisa de telle façon qu'ils restèrent insensibles à tous les pots-de-vin que les bûcherons pouvaient proposer. L'œuvre ne courut un risque grave que pendant la guerre de 1939. Les automobiles marchant alors au gazogène, on n'avait jamais assez de bois. On com-

1. Éberlué : très étonné.
2. Charbonner : ici, couper des arbres pour en faire du charbon.

▲ ***Le Champ de coquelicots,*** Pál Szinyei Merse, huile sur toile, 1896, Hungarian National Gallery, Budapest (Hongrie).

mença à faire des coupes dans les chênes de 1910, mais ces quartiers sont si loin de tous réseaux routiers que l'entreprise se révéla très mauvaise au point de vue financier. On l'abandonna. Le berger n'avait rien vu. Il était à trente kilomètres de là, continuant paisiblement sa besogne, ignorant la guerre de 39 comme il avait ignoré la guerre de 14.

J'ai vu Elzéard Bouffier pour la dernière fois en juin 1945. Il avait alors quatre-vingt-sept ans. J'avais donc repris la route du désert, mais maintenant, malgré le délabrement dans lequel la guerre avait laissé le pays, il y avait un car qui faisait le service entre la vallée de la Durance et la montagne. Je mis sur le compte de ce moyen de transport relativement rapide le fait que je ne reconnaissais plus les lieux de mes dernières promenades. Il me semblait aussi que l'itinéraire me faisait passer par des endroits nouveaux. J'eus besoin d'un nom de village pour conclure que j'étais bien cependant dans cette région jadis en ruine et désolée. Le car me débarqua à Vergons.

En 1913, ce hameau de dix à douze maisons avait trois habitants. Ils étaient sauvages, se détestaient, vivaient de chasse au piège : à peu près dans l'état physique et moral des hommes de la préhistoire. Les orties dévoraient autour d'eux les maisons abandonnées.

Leur condition était sans espoir. Il ne s'agissait pour eux que d'attendre la mort : situation qui ne prédispose guère aux vertus.

Tout était changé. L'air lui-même. Au lieu des bourrasques sèches et brutales qui m'accueillaient jadis, soufflait une brise souple chargée d'odeurs. Un bruit semblable à celui de l'eau venait des hauteurs : c'était celui du vent dans les forêts. Enfin, chose plus étonnante, j'entendis le vrai bruit de l'eau coulant dans un bassin. Je vis qu'on avait fait une fontaine, qu'elle était abondante et, ce qui me toucha le plus, on avait planté près d'elle un tilleul qui pouvait déjà avoir dans les quatre ans, déjà gras, symbole incontestable d'une résurrection.

Par ailleurs, Vergons portait les traces d'un travail pour l'entreprise duquel l'espoir était nécessaire. L'espoir était donc revenu. On avait déblayé les ruines, abattu les pans de murs délabrés et reconstruit cinq maisons. Le hameau comptait désormais vingt-huit habitants dont quatre jeunes ménages. Les maisons neuves, crépies de frais, étaient entourées de jardins potagers où poussaient, mélangés mais alignés, les légumes et les fleurs, les choux et les rosiers, les poireaux et les gueules-de-loup, les céleris et les anémones. C'était désormais un endroit où l'on avait envie d'habiter.

À partir de là, je fis mon chemin à pied. La guerre dont nous sortions à peine n'avait pas permis l'épanouissement complet de la vie, mais Lazare était hors du tombeau[3]. Sur les flancs abaissés de la montagne, je voyais de petits champs d'orge et de seigle en herbe : au fond des étroites vallées, quelques prairies verdissaient.

Il n'a fallu que les huit ans qui nous séparent de cette époque pour que tout le pays resplendisse de santé et d'aisance. Sur l'emplacement des ruines que j'avais vues en 1913, s'élèvent maintenant des fermes propres, bien crépies, qui dénotent une vie heureuse et confortable. Les vieilles sources, ali-

3. Lazare était hors du tombeau : allusion à la résurrection de Lazare, ressuscité par Jésus. L'expression signifie ici que la vie a repris son cours dans la région.

Illustration de Frédéric Back pour *L'Homme qui plantait des arbres*, 1983.

mentées par les pluies et les neiges que retiennent les forêts, se sont remises à couler. On en a canalisé les eaux. À côté de chaque ferme, dans des bosquets d'érables, les bassins des fontaines débordent sur des tapis de menthes fraîches. Les villages se sont reconstruits peu à peu. Une population venue des plaines où la terre se vend cher s'est fixée dans le pays, y apportant de la jeunesse, du mouvement, de l'esprit d'aventure. On rencontre dans les chemins des hommes et des femmes bien nourris, des garçons et des filles qui savent rire et ont repris goût aux fêtes campagnardes. Si on compte l'ancienne population, méconnaissable depuis qu'elle vit avec douceur et les nouveaux venus, plus de dix mille personnes doivent leur bonheur à Elzéard Bouffier.

Quand je réfléchis qu'un homme seul, réduit à ses simples ressources physiques et morales, a suffi pour faire surgir du désert ce pays de Canaan, je trouve que, malgré tout, la condition humaine est admirable. Mais, quand je fais le compte de tout ce qu'il a fallu de constance dans la grandeur d'âme et d'acharnement dans la générosité pour obtenir ce résultat, je suis pris d'un immense respect pour ce vieux paysan sans culture qui a su mener à bien cette œuvre digne de Dieu.

Elzéard Bouffier est mort paisiblement en 1947 à l'hospice de Banon.

Jean Giono, *L'Homme qui plantait des arbres*, 1953, © Gallimard, 1983.

Vocabulaire

Avant la lecture

1 **a.** Associez chaque adjectif à sa définition

1. frugal — **c.** Qui croit facilement ce qu'on lui raconte.
2. serein — **a.** peu abondant
3. naïf — **b.** calme

b. Donnez pour chacun de ces adjectifs un nom de la même famille. Soulignez-en le suffixe.

Après la lecture

2 Cherchez dans le dernier paragraphe un synonyme de *persévérance* et de *obstination*.

Lire et comprendre

1 Pourquoi la remarque du garde forestier à Elzéar Bouffier paraît-elle ridicule ?

2 Que décide la délégation administrative qui vient admirer cette forêt ?

3 Quand le narrateur voit-il Elzéard Bouffier pour la dernière fois ?

4 Relisez la description du village de Vergons à partir de la ligne 57. Reproduisez et complétez le tableau suivant.

Vergons en 1913	Vergons en 1945
Les maisons :	Les maisons :
L'eau :	L'eau :
La végétation :	La végétation :
Le vent :	Le vent :
Le nombre d'habitants :	Le nombre d'habitants :
Les modes de vie :	Les modes de vie :

5 À partir de la ligne 102, relevez les qualités dont Elzéard Bouffier a fait preuve tout au long de sa vie. Pourquoi l'auteur compare-t-il l'œuvre d'Elzéard Boufier à celle de Dieu ?

6 Quelles impressions vous laisse la dernière partie du film (à partir de 25'30) ? Expliquez ce qui les suscite en étant attentif aux couleurs, aux sons, aux scènes représentées. Sur quelle image ce film se termine-t-il ?

Une fable écologique

Synthèse

S'émerveiller devant les beautés de la nature

- Dans ce récit, Giono nous montre tout **un monde qui reprend vie** grâce aux **efforts d'un seul homme**. L'auteur situe son histoire dans un cadre réaliste, ancré dans un lieu géographique précis et dans une époque historique déterminée.
- Mais il nous parle aussi de cette renaissance comme s'il s'agissait d'un miracle et ce texte rappelle alors par certains aspects les **contes** ou les **fables**. En effet, l'histoire de ce pays qui se transforme en terre promise grâce à la patience d'un berger solitaire s'apparente à une fable, tant par son aspect poétique que par la leçon de vie qu'elle délivre.

Mettre un texte en images

- Frédéric Back illustre ce récit par un dessin qui rappelle la **peinture impressionniste** : il utilise la couleur pour créer des formes qui ne sont pas nettes mais se fondent les unes dans les autres. Cette fluidité des images crée une impression d'**harmonie** entre tous les éléments représentés.
- Son cinéma est aussi l'occasion de transmettre un **message écologiste** et de sensibiliser les spectateurs aux causes environnementales. Frédéric Back a lui-même planté 10 000 arbres sur sa propriété près de Montréal.

Paysage du matin, Claude Monet, huile sur toile, 1888, collection privée.

Vers l'écriture

Nuancer son avis ou insister

1 Dans les phrases suivantes, relevez les expressions qui permettent de renforcer ou d'atténuer le jugement.

1. Nous ne savons pas de quoi l'avenir sera fait mais, une chose est sûre, nous ne sortirons pas de la crise avec les recettes du passé.
2. Une politique d'isolation des bâtiments est absolument nécessaire sur le plan écologique.
3. Les centres villes deviennent irrespirables et il me semble nécessaire de limiter la circulation automobile.
4. Dans la situation actuelle, il serait peut-être préférable de consommer des produits locaux plutôt que d'acheter des légumes qui viennent de très loin.
5. Nous pouvons aujourd'hui assurer avec certitude que l'hécatombe des abeilles est provoquée par l'usage des pesticides.
6. Il ne fait aucun doute qu'un changement climatique d'une immense ampleur est en cours.

2 Transformez les phrases affirmatives suivantes en interro-négatives pour créer un effet d'insistance.

Exemple : *Il est intolérable de voir les animaux d'élevage traités avec tant de cruauté. → N'est-il pas intolérable de voir les animaux d'élevage traités avec tant de cruauté ?*

1. Il est nécessaire aujourd'hui de sauvegarder nos forêts.
2. Il est aujourd'hui indispensable de protéger les abeilles si nous voulons que la pollinisation des végétaux puisse se réaliser.
3. Il est urgent de limiter la pêche dans les zones maritimes où certaines espèces se font rares.
4. Il est honteux de continuer à inonder certains pays d'Afrique de nos déchets les plus dangereux.

3 Réécrivez les phrases affirmatives suivantes en employant la forme exclamative pour insister : employez le mot exclamatif « quel ».

Exemple : *La désolation règne dans les fonds sous-marins de la Méditerranée. → Quelle désolation dans les fonds sous-marins de la Méditerranée !*

1. Il est dommage de ne plus voir de coquelicots dans les champs de blé.
2. Il y a beaucoup de gâchis dans les cantines aujourd'hui.
3. Nous éprouvons du découragement en voyant nos côtes jonchées de déchets.
4. Nous éprouvons de la tristesse en voyant ces poules entassées les unes sur les autres dans un espace aussi limité.

4 Dans chacune de ces phrases, renforcez l'opinion exprimée en jouant sur la place des mots, le type de phrases ou en ajoutant une expression qui vient renforcer le jugement.

Exemple : *Les citoyens qui se préoccupent des problèmes environnementaux sont rares. → Rares sont les citoyens qui se préoccupent des problèmes environnementaux. / Une chose est sûre, c'est que les citoyens qui se préoccupent des problèmes environnementaux sont rares.*

1. Les conséquences de cette nouvelle décision sont désastreuses.
2. Les espèces qui disparaissent à cause des pesticides sont nombreuses.
3. L'obligation faite aux producteurs de fromages de pasteuriser leur lait est aberrante.
4. Cette affaire de la contamination par l'amiante est scandaleuse.

Argumenter par le raisonnement

5 Pour expliquer un phénomène, on utilise l'expression de la cause. Complétez ces phrases par l'une de ces conjonctions : *comme, étant donné que, parce que*.

1. Nous vivons dans une société mondialisée, les produits parcourent des distances de plus en plus longues.
2. Le gaz carbonique rejeté dans l'atmosphère augmente d'année en année, l'effet de serre s'accroît.
3. La consommation de pétrole est en constante augmentation, les réserves pétrolières s'épuisent.
4. Les villes s'étendent toujours davantage, les espaces naturels se font rares.

Vers l'écriture

6 a. Mettez en lien la thèse, c'est-à-dire l'idée défendue par l'auteur, et l'argument qui vient la soutenir.

Thèses

1. Nous devons diminuer notre consommation afin de moins polluer.

2. Il faut changer les modèles agricoles dans l'ensemble des pays du monde.

Arguments

a. En réalité, les émissions chinoises de CO2 ne sont pas le fait de la population chinoise, mais des industries qui remplissent nos supermarchés. Nous sommes en grande partie la cause des émissions des Chinois.

b. En Afrique, la question majeure est celle de l'agriculture et de la ressource en eau, notamment dans toute la zone située au sud du Sahara, qui est aujourd'hui en complète déforestation, ce qui provoque un appauvrissement des sols.

c. En Occident, l'emploi des engrais chimiques entraîne une diminution massive du nombre des abeilles, pourtant indispensables à la pollinisation des plantes.

d. Dans les pays pauvres, les décharges se remplissent des téléphones portables que nous jetons et qui viennent polluer les nappes phréatiques, rendant l'eau de ces régions impropre à la consommation.

b. Formulez d'autres arguments qui pourraient soutenir ces deux thèses.

7 Lisez le texte suivant.

On pourrait ajouter une autre conséquence majeure et très négative à la mondialisation : elle a généré une multiplication exponentielle du nombre et de la distance parcourue des produits entre les différents producteurs et les consommateurs. Ce gaspillage – plusieurs dizaines de milliers de kilomètres parcourus par les produits de grande consommation – est une des causes les plus importantes de la destruction de la planète par l'accroissement des émissions de gaz à effet de serre. Elle est insoutenable au moment où les ressources pétrolières commencent à s'épuiser.

Géraud Guibert, Tribune, *Marianne*, Jeudi 29 septembre 2011.

a. Quelle est l'opinion de l'auteur sur la mondialisation ? Dans quelle phrase exprime-t-il cette opinion ?

b. Quels sont les deux arguments qu'il avance pour critiquer la consommation de produits venus de loin ? Reformulez ces arguments avec vos propres mots.

8 Des élèves ont listé des arguments pour s'opposer à la réalisation d'un parking dans leur ville, au bord de la rivière. Reliez ces arguments par des mots de liaison. Vous pouvez utiliser les mots suivants : *de plus – deuxièmement – enfin – tout d'abord – par ailleurs – premièrement.*

1. La création d'un parking va favoriser la circulation des voitures, donc le bruit et la pollution, juste à côté d'un espace naturel riche. Cela risque de détourner les gens de la rivière et de faire fuir les animaux qui y vivent.
2. L'artificialisation des sols détruit l'habitat naturel des animaux et menace la biodiversité.
3. L'enrobage des sols à proximité des rivières favorise les inondations, car le bitume n'absorbe pas l'eau.
4. Le bitume accumule la chaleur et accentue les phénomènes de canicule.

9 Ces mêmes élèves argumentent auprès de la mairie pour qu'on aménage au bord de l'eau un jardin plutôt qu'un parking. Voici leurs notes au brouillon. À partir de ces notes, rédigez une argumentation en faisant des phrases complètes, reliées par des mots de liaison.

1. Plantation d'arbres → ombre, fraîcheur + captation du CO2.
2. Plantation de plantes mellifères → attraction d'insectes pollinisateurs.
3. Aménagement des rives, roseaux → favorise la nidification des oiseaux, protège la biodiversité + permet une meilleure absorption de l'eau en cas de crues.
4. Fabrication de nichoirs → protection des oiseaux.
5. Installation de tables, bancs → convivialité, incitation à profiter de la nature.
6. Installation de panneaux pédagogiques sur la faune et la flore → découverte de la biodiversité locale, éveil d'une attention à celle-ci.

Vers l'oral **Méthode**

Organiser un débat

Éducation morale et civique

SUJET

- **Êtes-vous prêts à réduire votre consommation afin de limiter la pollution ?**

Le travail préparatoire

Mettez-vous par groupes de trois afin de réfléchir ensemble aux questions suivantes.

1 Quel est le lien entre consommation et pollution ?
- Cherchez des exemples précis dans différents domaines.
- Dessinez sur une grande feuille un schéma qui permet de visualiser facilement ce lien et qui, par un système de flèches, montre les rapports de cause à effet.

Exemple :

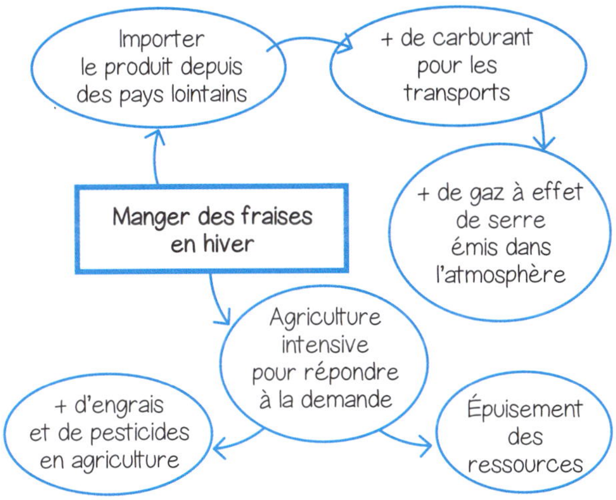

2 Quel bien de consommation serions-nous prêts à sacrifier pour limiter la pollution ? Quels objets de notre environnement sont essentiels ? Lesquels sont superflus ? Quel plaisir l'acte d'acheter de nouveaux biens de consommation nous procure-t-il ? Ce plaisir dure-t-il ? Par quoi pourrions-nous remplacer ce plaisir ?

3 Comment les sociétés pourraient-elles s'organiser afin de limiter le gâchis ? Donnez des exemples précis de gâchis dans nos familles, dans les cantines, dans les supermarchés.

4 Pourquoi refusons-nous de diminuer notre consommation ? Pouvons-nous agir seuls ? Tous les individus sont-ils égaux face à la consommation ? Pouvons-nous demander cet effort à tout le monde ?

La mise en voix

Vous êtes maintenant prêts à organiser ce débat.
- Créez deux groupes dans la classe : l'un soutiendra qu'il faut réduire notre consommation, l'autre qu'il est impossible de demander un tel effort à la population.
- Chaque groupe avance un argument et attend la réponse du groupe opposé avant de poursuivre.
- Vous pouvez désigner un porte-parole ou prendre la parole chacun votre tour.

Boîte à idées

Voici des citations ou des arguments qui peuvent alimenter votre débat, vous donner des idées ou vous servir d'exemples.

Le plat fabriqué en usine, à base d'ingrédients lointains cultivés au Round-up et récoltés par des semi-esclaves, saturés de graisse hydrogénées, vendu en grande surface et cuit au micro-ondes, avalé en cinq minutes avec une boisson sucrée, coûte infiniment plus cher au smicard[1], en dépense, en temps, en médicaments, en durabilité et, surtout, en bilan humain, qu'une soupe aux poireaux ou une omelette aux champignons préparée en dix minutes avec des œufs sortis du cul de la poule.

Périco Légasse, *Marianne*, 24 septembre 2015.

1. Smicard : qui gagne le SMIC, le salaire minimum autorisé.

Les individus ont besoin d'exister et ne trouvent plus le moyen d'exister dans nos sociétés occidentales autrement qu'en consommant certains produits ou en affichant certaines marques.

Est-il vraiment nécessaire que chaque ménage possède une ou plusieurs voitures pour se rendre au travail ? Est-il rationnel d'encourager les consommateurs à changer chaque année de smartphone/tablette/voiture alors que le modèle qu'ils possèdent est encore fonctionnel et loin d'être obsolète ?

Il n'y a pas, en l'état de nos connaissances, de ressources matérielles, énergie et matières premières, pour 7 milliards d'humains vivant comme les Européens, a fortiori comme les Américains.

Vers l'écriture

Rédaction

Rédiger une lettre officielle

SUJET

- Imaginez la lettre que vous écririez à l'UNESCO pour classer la planète Terre comme patrimoine mondial.

Pour préparer le sujet.

Depuis les années 1980, les problèmes d'environnement, qui jusqu'alors faisaient l'objet de préoccupations locales, ont pris une dimension planétaire et suscitent débats, mobilisations, conférences et négociations internationales. L'enjeu est considérable : il s'agit de préserver le patrimoine commun de l'humanité.

Serge CORDELLIER, Directeur de la rédaction de l'annuaire, *L'État du monde*, La Découverte, 2001.

1. Que signifie « patrimoine commun de l'humanité » ?

2. Qu'est-ce que l'Unesco ? Faites une recherche en allant sur le site : http://whc.unesco.org/fr/apropos/

3. Connaissez-vous quelques grands sites historiques classés au patrimoine mondial de l'Unesco ?

Pour convaincre votre lecteur, vous pouvez, dans un premier temps, rédiger un texte argumentatif.

- Listez les problèmes écologiques que nous rencontrons aujourd'hui. Exposez chacun de ces problèmes dans un court paragraphe dans lequel vous mettrez en évidence les causes des phénomènes constatés.
- Employez des formules convaincantes comme dans les exercices des pages précédentes.
- Enfin, rédigez un dernier paragraphe dans lequel vous formulerez votre demande en insistant sur l'urgence de la situation.

Dans un deuxième temps, célébrez les beautés de la Terre.

- Vantez toutes ses beautés, la variété des paysages, la richesse de toutes ses ressources. Là encore aidez-vous des textes étudiés. Vous pouvez personnifier la Terre, employer des figures de style comme la comparaison ou la métaphore, variez la ponctuation.
- Terminez votre lettre par un paragraphe dans lequel vous formulerez votre demande.

Méthode

Écrire une lettre officielle

- Lorsqu'on envoie une lettre à un organisme, on s'adresse à son destinataire de manière anonyme en commençant ainsi :

  Madame, Monsieur,

- On débute ensuite la lettre en se présentant rapidement et en exposant de manière succincte l'objet du courrier.

  Élève de 5e au collège … de Boulogne-sur-Mer, je souhaiterais vous faire part de mon désarroi face à … / j'aimerais vous faire une demande un peu particulière, celle de …

- On termine la lettre par une formule de politesse.

  Je vous prie d'agréer, Madame, Monsieur, l'expression de ma considération distinguée.

À lire, à voir

Des livres

● ***L'Enfant du désert,*** Pierre Rabhi, Gallimard jeunesse, 2017.

Récit autobiographique dans lequel Pierre Rabhi raconte ce qui l'a amené à s'engager dans la protection de la nature. Voyage initiatique depuis le Sahara jusqu'en Ardèche, où l'enfant du désert devenu adulte trouve une manière de cultiver la terre plus respectueuse de l'environnement.

● ***Le Monde du bout du monde,*** Luis Sepúlveda, éditions du Seuil, 1995.

Un jeune garçon décide de s'embarquer comme mousse sur un baleinier et parcourt les côtes sauvages de Patagonie. Cette initiation fera de notre héros un fervent défenseur de la cause écologique.

● ***Tobie Lolness,*** Thimothée de Fombelle, Gallimard jeunesse, 2006.

Tobie et sa tribu sont de minuscules personnages vivant en haut d'un grand chêne. Le père de Tobie, un éminent savant, découvre que la sève de l'arbre pourrait être transformée en énergie motrice. Une partie du peuple décide alors d'exploiter l'arbre indéfiniment…

Des films

● ***Le Fleuve aux grandes eaux,*** Frédéric Back, 1994.

Suite au succès mondial de *L'homme qui plantait des arbres*, qui a remporté un Oscar et engendré la plantation de millions d'arbres, Frédéric Back décide de consacrer un film au fleuve canadien Saint-Laurent. Il montre que ce fleuve où abondaient autrefois d'innombrables espèces animales et végétales s'est appauvri sous les coups d'une exploitation abusive et de la pollution industrielle.

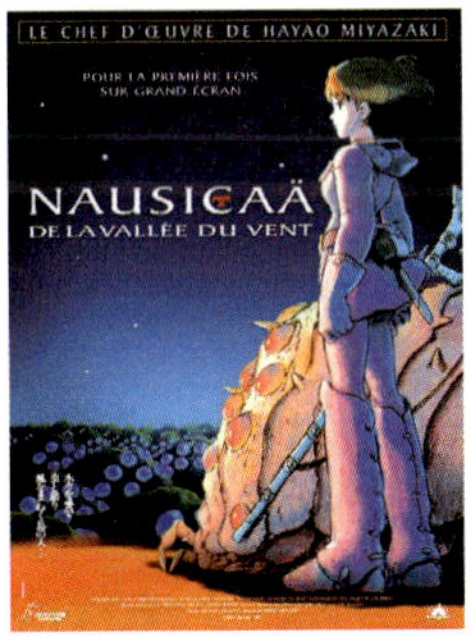

● ***Nausicaä et la vallée du Vent,*** Miyazaki, 2006.

Les habitants de la petite vallée du Vent tentent de survivre, entre l'avancée de la forêt toxique, et l'agression de leurs puissants voisins de l'Empire tolmèque. Princesse de la vallée, Nausicaä tente de ramener la paix entre les différentes factions, et entre l'homme et la nature.

● ***Princesse Mononoké,*** Miyazaki, 2000.

Dans le Japon médiéval, un prince frappé d'une malédiction par le dieu sanglier rencontre une jeune fille élevée par des loups. À eux deux, ils cherchent à sauver la forêt que les humains exploitent et abîment inconsidérément.

Étude de la langue

Terre des Lettres propose une **progression spiralaire**, qui introduit les notions progressivement, par une **approche inductive**, et les approfondit à chaque étape, avec une grande place accordée à l'**écriture**. Ces étapes d'apprentissage sont ponctuées par des **fiches de révision différenciées** : « Réinvestir ses connaissances ».

1 Grammaire

Les mots variables

Leçon

Le verbe

- Il exprime une **action** ou un **état** du **sujet**.
- Il **se conjugue** : *je ris, tu ris, nous rions...*

Le déterminant

- Il est placé **devant un nom** dont il précise le genre et le nombre.
- *un(e), des, le, la, les, trois, cinq, cent, certains, mon, ma, ses, ces...*

L'adjectif qualificatif

- Il donne une **précision** sur **quelque chose** ou sur **quelqu'un**.
- Il **s'accorde en genre** (féminin-masculin) et en **nombre** (singulier-pluriel) avec le nom qu'il qualifie : *un pantalon* ***blanc****, des feuilles* ***blanches****.*

Le nom

- Il **désigne** quelque chose ou quelqu'un. Il **nomme** cette chose ou cette personne.
- Le **nom propre** désigne un être ou une chose unique. Il commence par une majuscule : *Samira, l'Allemagne...*
- • Le **nom commun** désigne des êtres ou des choses en général : *un élève, un pays, la beauté...*
  • On peut placer un **déterminant** devant le nom commun (*un chien, la nature*).

Le pronom

- Il **désigne** quelque chose ou quelqu'un **sans les nommer** (on ne peut le savoir que par le contexte).
- Il est **souvent placé devant un verbe** : *je, tu, il(s), elle(s), on, nous, vous, me, te, se, le, la, les, celui-ci, qui...*

Exercices

1 ★ Lisez le texte suivant.

Il y avait au pays d'Élone un berger nommé Antênor qui jouait admirablement de la flûte.

Antênor était jeune et beau, mais simple et naïf. Ses moutons, sa petite maison entourée de vignes et le chant de sa flûte faisaient tout son bonheur. Antênor avait aussi l'amitié de Myrilla, une jeune fileuse qui habitait la maison voisine. Tout allait bien jusqu'au moment où Rhodante, la princesse qui régnait à Élone, vint à passer par le pays.

Viviane Salandra, *Les Jardins du khalife*, 1954.

a. Relevez les noms communs accompagnés de leur déterminant, précisez leur genre et leur nombre, soulignez le déterminant.

Exemple *: Au pays → nature : nom commun ; genre : masculin ; nombre : singulier.*

b. Relevez deux noms qui désignent une idée.

c. Relevez les noms propres de personne et un nom propre de pays.

2 ★★ Recopiez les noms en écrivant la lettre muette qui convient (pour vous aider, mettez ce nom au féminin).

Exemple *: une avocate → un avocat.*

1. un clien... – **2.** le Suédoi... – **3.** un marchan... – **4.** un rentie... – **5.** Françoi... – **6.** un citoyen... – **7.** un infirmie... – **8.** un passan... – **9.** un marqui... – **10.** un villageoi... – **11.** un patron... – **12.** un partisan... – **13.** un paren... – **14.** un ingra... – **15.** le présiden... .

3 ★★ **Donnez pour chacun des verbes un nom de la même famille, d'abord au masculin, puis au féminin.**

Coiffer – examiner – conduire – rédiger – écrire – gérer – surveiller – coudre.

4 ★★ **Précisez si les mots en gras sont des noms ou des verbes. Expliquez votre choix.**

1. J'adore ta nouvelle **coupe**. – **2.** **Coupe** ta feuille en deux. – **3.** Les hirondelles **volent** à ras de terre. – **4.** Leur **vol** est gracieux. – **5.** Je **cours** plus vite que toi. – **6.** Le **cours** a été déplacé. – **7.** Je me **réveille** tard. – **8.** Mon **réveil** est pénible.

5 ★★ **Précisez à quel nom renvoient les pronoms en gras.**

Après avoir pillé le navire de ce qui pouvait **leur** servir, les pirates **le** coulèrent. Le capitaine avait à présent quatre-vingt-dix prisonniers à bord. **Il leur** proposa de **les** renvoyer sur le bateau qu'**il** avait conservé ; l'offre fut acceptée. Après **leur** avoir donné suffisamment de vivres pour atteindre les colonies anglaises de la côte, le capitaine **les** fit appeler, **leur** exposa son plan et **leur** demanda si certains voulaient se joindre à **lui**.

D'après **Daniel Defoe**, *Histoire générale des plus fameux pirates*, 1724.

6 ★★ **Relevez les pronoms personnels, puis dites à quelle personne les verbes sont conjugués.**

1. Ils nous battent à la course. – **2.** Je vous préviens que nous serons sans doute en retard et que vous ne devez pas vous inquiéter. – **3.** Elle leur demande de la contacter le plus rapidement possible. – **4.** Il ne vous laissera pas dans une telle situation.

7 ★★ **Relevez les adjectifs qualificatifs et précisez quels noms ils qualifient.**

Depuis deux jours, la grande voix sinistre gémissait autour de nous. Le ciel était très noir... Nous nous heurtions dans notre marche à d'énormes masses d'eau, qui s'enroulaient en volutes à crêtes blanches... Elles se ruaient sur nous de toutes leurs forces : alors c'étaient des secousses terribles et de grands bruits sourds.

Pierre Loti, *Mon frère Yves*, 1883.

8 ★★ **Recopiez les phrases en ajoutant un adjectif qualificatif qui précisera le nom en caractères gras.**

1. Une **pluie** ... leur fouettait le visage. – **2.** Un **vent** ... décrocha la voile. Un craquement terrible retentit dans la **nuit** ... . – **3.** Les **marins** ... et ... tremblaient de froid et de peur. Alors une **vague** plus ... que les autres s'abattit sur le pont.

9 ★★ **Remplacez les groupes en gras par un adjectif de même sens.**

1. C'est un endroit **où il n'y a jamais personne**. – **2.** C'est une région **où il pleut souvent**. – **3.** Voici le pays **où il est né**. – **4.** Je te présente un garçon **qui fait preuve d'adresse** dans son jeu. – **5.** Nous sommes entrés dans une pièce **où il y avait du bruit**. – **6.** C'est une fête **qui se déroule la nuit**.

10 ★★★ **Lisez le texte et classez les noms, les verbes et les adjectifs dans un tableau.**

Tout brillait, étincelait, scintillait. La masse du brouillard que les feux solaires creusaient, défaisaient, aspiraient, dispersaient en voiles, volutes, spirales, fumées, écharpes, paillettes, gouttelettes innombrables et pareilles à une poudre de diamant.

L'herbe d'ordinaire sèche, rêche, et jaune, était à cet instant molle et resplendissante de rosée.

D'après **Joseph Kessel**, *Le Lion*, 1958.

11 ★★★ **Lisez le texte suivant.**

Gilliat, un robuste pêcheur, tente de récupérer une épave coincée entre deux rochers.

Ce qu'il éprouva en ce moment, c'est l'horreur indescriptible.

Quelque chose qui était mince, gluant et vivant venait de se tordre dans l'ombre autour de son bras nu. [...] En moins d'une seconde, on ne sait quelle spirale lui avait envahi le poignet et le coude et touchait l'épaule.

Gilliatt se rejeta en arrière mais put à peine remuer.

Victor Hugo, *Les Travailleurs de la mer*, 1866.

a. Relevez un nom propre. Qui est ce personnage ? Dans quelle situation se trouve-t-il ?

b. Relevez deux pronoms qui désignent ce personnage.

c. Relevez les trois adjectifs qui qualifient *quelque chose*. À votre avis, qu'est-ce qui s'empare du bras du jeune homme ?

d. Quelle est la nature du mot *indescriptible* ? Donnez un nom et un verbe de la même famille que ce mot.

2 Grammaire

Sujet, verbe, proposition

Observer

Après l'averse, l'air était vif et jeune ; la terre fumait.
Autour des bœufs s'agitaient des tourbillons de mouches que les bêtes chassaient à grands coups de tête.

1. Qu'est-ce qui était *vif* ? Qu'est-ce qui *fumait* ?
2. Recopiez les phrases, entourez les verbes conjugués, soulignez leur sujet et séparez les différentes idées de chaque phrase par des crochets.

Leçon

1 La proposition

■ **Un groupe de mots qui exprime une idée complète est une proposition.**
[L'hiver est là] ; [le chat dort près du feu].

■ Une phrase peut contenir une seule proposition.
[Les oiseaux chantent].
C'est alors une phrase simple.

■ Une phrase peut contenir plusieurs propositions.
[Le vent hurle], [les nuages défilent dans le ciel].
C'est alors une phrase complexe.
Une phrase contient autant de propositions que de **verbes conjugués**.

2 Le sujet et le verbe, bases de la proposition

■ **Le sujet** de la proposition est généralement **ce dont on parle**. **La proposition** permet de dire quelque chose sur ce sujet. Pour cela, il faut **au moins un verbe conjugué**. Le verbe est donc le **noyau** (mot principal) de la proposition.

■ Le verbe exprime généralement **ce que fait le sujet**. On parle alors de **verbe d'action**.
Le soleil brille.

■ Certains verbes permettent de dire **comment est le sujet**. Ce sont les **verbes d'état** : *être, paraître, sembler, devenir, rester, demeurer, avoir l'air, passer pour.*
On peut les remplacer par le verbe *être* : la phrase reste correcte.
Louis semble malade. → *Louis est malade.*

3 Le sujet du verbe

■ **Pour trouver le sujet d'un verbe, on pose la question : « *qu'est-ce qui* + verbe ? » ou « *qui est-ce qui* + verbe ? »**
Dans la cour se dresse un vieux chêne.
→ *Qu'est-ce qui se dresse dans la cour ? « Un vieux chêne », sujet du verbe « se dresse ».*

Attention
Plusieurs verbes peuvent avoir le même sujet. La plupart du temps, le sujet n'est alors pas répété.
Léa se réveille, se frotte les yeux et se lève.

Exercices

1 ★ Écriture **Construisez cinq phrases ayant pour sujets les noms ci-dessous. Chaque nom sera le sujet de plusieurs verbes. Veillez à la ponctuation.**

Les chevaux – le pêcheur – les collégiens – les passagers du bus – l'équipe féminine de handball.

2 ★ **Recopiez les phrases ci-dessous, entourez les verbes et soulignez les sujets. Précisez s'il s'agit de phrases simples ou de phrases complexes.**

1. Les peupliers du bord de la route perdent leurs feuilles une à une. – **2.** En haut des collines, se découpaient sur le ciel les grands arbres dénudés. – **3.** Puis passèrent les six bœufs, la tête pliée sous le joug ; de leurs naseaux fumants pendaient de longs fils d'écume argentée. (CHERBULIEZ) – **4.** À côté de nous flambait l'énorme cheminée où, par les grands froids, se consumaient des troncs d'arbres entiers. (FABRE)

3 ★ **a. Coupez en plusieurs phrases simples la phrase ci-dessous. Entourez le verbe et soulignez le sujet de chaque phrase.**

Pendant mes vacances à la campagne, j'ai accompagné mon oncle et il m'a laissé conduire le tracteur jusqu'à la ferme sur les petites routes, mais comme je n'avais pas l'habitude de diriger un tel engin, il a repris le volant pour le rentrer sous le hangar.

b. Quel est l'intérêt de la phrase complexe ?

4 ★★ **Recopiez ces phrases en plaçant le complément circonstanciel (indication de temps ou de lieu) en tête de phrase et en inversant le sujet et le verbe.**

***Exemple** : Un aigle royal planait dans le ciel gris.*
→ Dans le ciel gris planait un aigle royal.

1. Un beau soleil luisait à travers les feuillages. – **2.** Une silhouette étrange apparut entre les arbres. – **3.** Son ennemi juré se dressait face à lui. – **4.** Une solide amitié s'établit aussitôt entre les deux hommes.

5 ★★ **Dans les phrases suivantes, remplacez *il y a* par le verbe proposé entre parenthèses que vous conjuguerez au présent. Inversez le sujet et le verbe.**

1. Sur le bureau du professeur, il y a les carnets de Justine et d'Adrien (*se trouver*). – **2.** Sur la place du village, il y a le monument aux morts (*se dresser*). – **3.** Au fond de la classe, sur une étagère, il y a les livres de la bibliothèque (*s'empiler*). – **4.** Sur le mur du fond, il y a une grande carte de géographie (*être accrochée*).

6 ★★ ORAL **Dans ces phrases, relevez le verbe, dites quel est son sujet et précisez la nature de celui-ci.**

1. Nous avons bien compris. – **2.** Marcher est excellent pour la santé. – **3.** Quel livre avez-vous préféré et pourquoi ? – **4.** À cette réunion assisteront les délégués de classe. – **5.** Dans cette grotte vivait un dragon. – **6.** Juché sur sa chaise, l'enfant, terrifié par ce spectacle, n'osait plus bouger. – **7.** Qui est là ? – **8.** Nous, héritiers du Gondor, injustement attaqués, jurons de défendre notre patrie.

7 ★★ **Recopiez les phrases suivantes, soulignez en rouge le sujet de chaque verbe et faites l'accord comme il convient, au présent de l'indicatif.**

1. Je les (*appeler*) tout de suite.
2. Nous vous (*demander*) toute votre attention.
3. Les trois explorateurs l'(*observer*) avec attention.
4. Dans le ciel (*passer*) de longues bandes d'oiseaux.
5. Quels livres (*préférer*)-tu ?

8 ★★ **Recopiez les phrases ci-dessous, soulignez le sujet en rouge, complétez la terminaison du verbe et précisez à quelle personne il est conjugué.**

1. Ton frère et moi part... tout à l'heure. – **2.** C'est moi qui ... oublié de fermer la porte. – **3.** C'est toi qui arriv... toujours en retard. – **4.** Sur les blés, les jours d'orage, vol... une nuée de moustiques. – **5.** Mes affaires, je les emmèn... à mon retour. – **6.** Ce voisin de palier chauve et bedonnant nous salu... tous les jours de manière très chaleureuse. – **7.** La jeune fille vous demand... régulièrement comment éviter de telles erreurs. – **8.** Tes amis et toi all... au cinéma régulièrement. – **9.** Ce sont ces élèves qui particip... au cross.

9 ★★★ **Recopiez la phrase suivante.**

Mon père, Lucile et moi, nous regardions le ciel, les bois, les derniers rayons du soleil. (CHATEAUBRIAND)

a. Entourez le verbe et soulignez son sujet.

b. Réécriture **Réécrivez cette phrase en employant les sujets suivants :**
– mon père et ma sœur ;
– mon père, ma sœur et toi ;
– vous et moi.

10 ★★★ **Recopiez ce texte en sautant des lignes. Entourez les verbes conjugués et soulignez leur sujet, puis séparez les différentes propositions par des crochets.**

Novembre finissait dans un tiède rayonnement de ce soleil ; celui-ci s'attarde toujours très longtemps ici, sur les pentes des Pyrénées. Depuis des jours, dans le pays basque, durait ce même ciel lumineux et pur, au-dessus des bois à demi effeuillés, au-dessus des montagnes rougies de la teinte ardente du soleil. Au bord des chemins, montaient de hautes graminées, comme au mois de mai, et de grandes fleurs en ombelle.

D'après **PIERRE LOTI**, *Ramuntcho*, 1897.

3 Vocabulaire

La formation des mots

Observer

Heur, bonheur, malheur, malheureux.

1. Quel est l'élément commun à tous ces mots ? Comment l'appelle-t-on ?
2. Le mot ***heur*** désigne la chance : que signifient *bonheur* et *malheur* ? Quelle partie de chacun de ces deux mots permet de leur donner un sens différent ?
3. Ces mots sont tous des noms sauf un, lequel ? Quelle est sa classe grammaticale ? Qu'a-t-il de plus que les trois autres mots ?

Leçon

1 Les mots français viennent de mots **latins** qui se sont peu à peu déformés et ont subi **l'influence d'autres langues** comme le grec, mais également l'allemand, l'anglais ou l'arabe.

2 L'un des procédés pour créer des mots nouveaux est d'**ajouter des particules au début ou à la fin** d'un mot existant : c'est ce qu'on appelle la **dérivation**.

- Étudier la formation d'un mot, c'est repérer les différents éléments qui le composent.
- Un **mot dérivé** est formé à partir d'un **radical**, auquel on ajoute un ou des éléments qui, en général, ne peuvent pas être utilisés seuls : les **préfixes** et les **suffixes**.

mal/heur/eux

Le **préfixe** (= fixé devant) est **devant le radical**, il modife le sens du mot : *bonheur, malheur.*

Le **radical** est la **base du mot** qui ne change pas (ou peu) : *bonheur, heureux.*
Les **mots simples** ne sont constitués que du seul radical : *heur.*

Le **suffixe** (= fixé derrière) est **derrière le radical**, il modifie le sens du mot et peut changer sa classe grammaticale : *malheureux = adjectif (malheur = nom).*

- On appelle **famille de mots** l'ensemble des mots construits à partir d'un même radical : *bonheur, malheur, malheureux appartiennent à la même famille.*

Remarque :
Les préfixes et les suffixes ont un sens précis. Connaître le sens des plus courants aide à mieux comprendre la signification des mots.

Exercices

1 ★ **a.** Soulignez le radical de chacune des familles de mots ci-dessous.
1. anniversaire – année – annuel – an.
2. comptable – compter – compte – comptabilité – décompter.
3. vêtement – vêtir – vestimentaire – vestiaire.

b. Que remarquez-vous pour la liste 3 ?

2 ★ Les mots suivants appartiennent à trois familles distinctes : identifiez leur radical et classez-les.
Barbu – retenue – barbelé – s'affairer – barbichette – détention – surfait – défaite – imberbe – malfaisant – entretenir – barbon – forfait.

3 ★ **a.** Entourez le radical des mots ci-dessous.
Écœurer – enchanteur – inflammable – nomination – actif – racontar.

b. Trouvez d'autres mots de la même famille.

4 ★ Complétez les phrases à l'aide des mots proposés. Qu'ont en commun les préfixes de chaque liste ?

Liste 1 : antenne – antécédent – post-scriptum – postérité.

1. Le pronom relatif s'accorde en genre et en nombre avec son ... . – **2.** Ce qu'on ajoute dans une lettre après la signature est un ... . – **3.** À l'avant du corps, sur la tête, certains insectes portent des ... . – **4.** Ceux qui viennent après nous, nos descendants, constituent la ... .

Liste 2 : novembre – bicolore – trèfle – kilomètre.

1. Le ... est une plante qui a trois feuilles. – **2.** Hier, en cours d'EPS, nous avons couru un ... . – **3.** ... est le neuvième mois de l'année romaine. – **4.** Ce drapeau est de deux couleurs, il est ... .

5 ★ ORAL Nommez les appareils qui protègent :

Du soleil – de la pluie – du tonnerre – du vent.

6 ★ Quel est le préfixe des mots suivants ? Précisez à chaque fois son sens.

Minuit – survêtement – uniforme – exporter – défaire – transformer – recommencer.

7 ★★ À l'aide d'un préfixe, construisez les antonymes des mots suivants. Pour lesquels faut-il doubler la consonne ?

Adapté – responsable – légal – mortel – partial – mobile – patient – réel – lisible – égal.

8 ★★ ORAL Pour chaque mot, dites s'il faut doubler ou non la consonne. Justifiez votre choix.

Im...ature – im...agination – im...iter – in...ommable – il...égal – im...igrer – îl...ot – in...avouable – in...odore – in...é – ir...onique – ir...ationnel – ir...ascible – ir...ésistible.

9 ★★ Écriture Réécrivez ce texte en supprimant les négations, que vous exprimerez à l'aide de préfixes.

Exemple : *Un arbitre ne doit pas être partial.*
→ *Un arbitre doit être impartial.*

Cet exercice n'est pas facile et la consigne n'est pas compréhensible : je n'ai plus de courage. Ma voisine, qui n'est pas agréable, ne s'intéresse pas à ma douleur. Je relis l'énoncé, mais il n'est pas logique : il n'est pas possible à faire, cet exercice. Je ne suis pas du tout contente !

10 ★★ ORAL Quel est le suffixe des mots suivants ? À quelle classe grammaticale appartiennent-ils ?

Final – raisonnable – autoritaire – soluble – marâtre – compréhensible – immangeable – verdâtre.

11 ★★ Donnez le sens des mots suivants. Déduisez-en le sens des suffixes.

Visible – rougeâtre – fillette – incroyable – trempette – fiable – jardinet – chevreau – richissime.

12 ★★ Ajoutez un suffixe à chacun de ces verbes pour former un nom de la même famille.

Apprendre – former – élever – obliger – dresser – exiger – ranger – instruire – connaître – conjuguer – obéir – siffler – recommander.

13 ★★ a. À l'aide de suffixes, donnez les professions correspondant aux noms suivants.

b. Mettez-les au féminin.

Chirurgie – musique – poésie – horloge – coiffure – acte – mécanique – entreprise – cuisine – bûche – chant.

14 ★★ Comment appelle-t-on :

– des arbres qui produisent la pomme, la noisette, la poire, la pêche, l'olive, la prune ?

– des lieux plantés de rosiers, de châtaigniers, de pommiers, de cerisiers ?

– des récipients contenant du café, du thé, du vinaigre, du sel, du poivre, de la salade ?

15 ★★ Formez des mots avec chacun des préfixes ci-dessous, d'origine latine ou grecque. Précisez leur sens.

Auto- (soi-même) – équi- (égal) – géo- (la terre) – homo- (semblable) – luc- (la lumière) – mater-/matr- (mère) – mono- (unique) – multi- (nombreux) – ortho- (droit) – outre- (au-delà) – poly- (nombreux).

16 ★★ Formez des mots en reliant ces éléments qui viennent du grec et donnez leur sens. Attention, certains éléments peuvent être utilisés plusieurs fois !

hippo- (le cheval)	-phage (qui mange)
astro- (l'étoile)	-logie (l'étude)
chrono- (le temps)	-potame (l'eau)
xylo- (le bois)	-naute (le navigateur)
grapho- (l'écriture)	-phone (le son)
techno- (la technique)	-scope (la vision)
télé- (au loin)	-nomie (la loi)

17 ★★★ Écriture a. Imaginez ce que pourraient être un *hipposcope* et un *graphonaute*.

b. En associant des éléments de chaque colonne de l'exercice 16, inventez quatre mots dont vous donnerez la définition.

Exemple : *Un hippophage est une personne qui se nourrit exclusivement de cheval.*

Révision : les marques régulières de personne

Leçon

■ On retrouve dans l'ensemble des conjugaisons françaises des marques régulières de personne.

Singulier	Terminaison	Pluriel	Terminaison
1re pers. (je, moi)	*-e* (présent des verbes en *-er*) ou *-s* (autres verbes à tous les temps)	1re pers. (nous, toi et moi, lui et moi…)	*-ons* (sauf passé simple)
2e pers. (tu, toi)	-(e)*s*	2e pers. (vous, toi et moi, Paul et vous)	*-ez* (sauf passé simple)
3e pers. (il, elle, on…)	*-e* (verbes en *-er* au présent), *-t* (autres verbes à tous les temps) ou *-d* (*prend*)	3e pers. (ils, elles…)	*-(e)nt*

■ Pour bien écrire un verbe, il faut vérifier son groupe et sa personne.

Attention
Au futur de tous les verbes et au passé simple des verbes en ***-er***, on trouve au singulier les terminaisons : ***-ai, -as, -a***.

Exercices

1 ★ Observez le verbe à compléter, précisez son groupe et sa personne puis recopiez-le avec la terminaison qui convient.

1. J'**aperçu…** alors le rivage.
2. Le professeur **exclu…** cet élève.
3. J'**éternu…** .
4. Ils **essui…** la vaisselle.
5. Elle **condui…** très vite.
6. Je **pli…** les draps.
7. Tu **balai…** ta chambre.
8. Ils **croi…** bien faire.
9. On **doi…** respecter les anciens.
10. Je **reçoi…** mon correspondant.
11. Ce chien **aboi…** sans cesse.

2 ★ Recopiez avec la terminaison qui convient. Attention au groupe des verbes.

1. je rempli… – tu tri… – je dédui… – il pari… – tu oubli… – il fini… – ils associ… – on sci… – je souri… – elle pourri… .
2. tu secou… – il recou… – je jou… – ils renou… – elle résou… .
3. je ten… – elle détein… – je plain… – je dissou… – il mou… .

3 ★★ Recopiez le texte suivant en conjuguant le verbe au temps indiqué.

Quand je (*s'approcher, imparfait*) pour détourner les chèvres, elles (*essayer, imparfait*) d'avaler les pommes tout entières. Je (*se rappeler, présent*) avoir rapporté sur mes épaules, les pattes devant mon cou, un chevreau à demi étouffé avec une pomme. Je (*faire, passé composé*) ainsi deux kilomètres. À l'arrivée, le chevreau (*râler, imparfait*). Je (*ruisseler, imparfait*) de sueur et de larmes et je (*être, passé simple*) accueilli plutôt fraîchement.

D'après MAURICE FOMBEURE.

4 ★ Choisissez la forme correcte.

1. On (*ris/rit/rient*) toute la soirée.
2. Tu (*essai/essais/essaies*) d'entrer.
3. Je vous le (*rendrai/rendrez*) demain.
4. Sais-tu si tu la (*reverras/reverra*) ?
5. Tu (*gémis/gémie/gémies*) de douleur.
6. Il (*prie/pris/prit*) pour sa guérison.
7. Il (*prie/pris/prit*) son sac.
8. Je ne les (*vois/voient/voit*) pas.
9. Tu le (*supplie/supplies/supplit*) de rester.
10. Ils ne (*reviendrons/reviendront*) pas.

5 ★★ **Recopiez les phrases suivantes en mettant le verbe entre parenthèses au présent de l'indicatif.**

1. Elle (*atteindre*) toujours son but. – **2.** Ils (*traduire*) des poèmes. – **3.** Il (*ne pas savoir*). – **4.** Tu (*ne pas essayer*). – **5.** Il ne nous (*entendre*) pas. – **6.** Nous vous (*rejoindre*) dans un instant. – **7.** On ne (*voir*) rien. – **8.** Le soleil (*flamboyer*). – **9.** Je ne (*pouvoir*) rien faire. – **10.** Je ne (*mentir*) jamais. – **11.** Elle (*dormir*). – **12.** Le chat (*bondir*). – **13.** L'oiseau (*replier*) ses ailes. – **14.** Je (*repeindre*) la cuisine en bleu. – **15.** Je (*revendre*) mes livres.

6 ★★ **a. Mettez les verbes entre parenthèses au présent de l'indicatif.**

Poil de Carotte (*commencer*) de se déshabiller, à l'écart. Il (*vouloir*) moins cacher sa maigreur et ses pieds, que trembler seul, sans honte. Il (*ôter*) ses vêtements un à un et les (*plier*) avec soin sur l'herbe. Il (*nouer*) ses cordons de souliers et n'en (*finir*) plus de les dénouer. Il (*mettre*) son caleçon, (*enlever*) sa chemise courte et, comme il (*transpirer*), il (*attendre*) encore un peu.

D'après **Jules Renard**, *Poil de Carotte*, 1874.

b. Réécriture Transposez le texte au pluriel, en remplaçant *Poil de Carotte* par *Poil de Carotte et Jean*.

7 ★ **Mettez les verbes à l'imparfait.**

1. Les deux garçons (*rester*) muets. Si l'un (*faire*) un mouvement, l'autre l'(*imiter*) aussitôt. (Twain)
2. Le soir même je (*déménager*) de l'hôtel tout ce que je (*posséder*) et le lendemain matin Sherlock Holmes me (*suivre*) avec plusieurs malles et valises. (Doyle)
3. Les trois pirates qui (*errer*) encore dans l'île ne nous (*inquiéter*) guère. (Stevenson)
4. Je (*connaître*) bien certaines cavernes célèbres. (Verne)

8 ★★ **Mettez les verbes entre parenthèses au futur.**

1. Ils (*aller*) en Espagne.
2. Je (*ne pas venir*).
3. Vous (*jeter*) vos papiers avant de sortir.
4. Nous (*savoir*) nous débrouiller.
5. (*Voir*)-tu tes grands-parents à Noël ?
6. Il y (*avoir*) certainement des orages.
7. Nous (*courir*) demain.
8. Vous les (*remercier*) de notre part.
9. J'(*accueillir*) des amis.

9 ★★ **Recopiez avec la terminaison du passé simple qui convient.**

1. Je saisi... ses mains frémissantes dans les miennes. (Verne)

2. Nos deux gaillards, leurs outils sur l'épaule, partir... bientôt chercher fortune ailleurs. (Twain)

3. Bien que la serrure fût très dure, elle l'ouvri... en un clin d'œil et souleva... le couvercle. (Stevenson)

4. La lanterne à la main, je commença... mes recherches. (Verne)

10 ★★★ **Mettez les verbes entre parenthèses au passé simple.**

Le soleil (*se coucher*) vite. Il y (*avoir*) un bref crépuscule, et l'ombre (*commencer*) à recouvrir le ravin. Alors les enfants (*s'asseoir*) dans un creux et ils (*attendre*) la nuit. Gaspar (*s'installer*) à côté d'eux. Il (*enlever*) ses chaussures et (*voir*) que ses pieds saignaient. Les enfants (*allumer*) un feu de brindilles. Puis un des jeunes garçons (*partir*) dans la direction du troupeau. À la nuit, il (*revenir*) en portant une outre pleine de lait. À tour de rôle, les enfants (*boire*).

J.-M. G. Le Clézio, *Les Bergers*, © Gallimard, 1978.

11 ★★★ **Recopiez le texte suivant en mettant les verbes entre parenthèses au temps indiqué.**

Je ne (*pouvoir, présent*) pas décrire toutes les choses qui (*se passer, passé composé*) depuis mon arrivée ici. [...] Je t'en (*prier, présent*), viens visiter l'école. Tu (*comprendre, futur*) ce que je (*vouloir, présent*) dire. Je ne (*pouvoir, présent*) pas te poster cette lettre, parce qu'il n'y a pas de boîte aux lettres sur l'île. Et si tu m'(*écrire, passé composé*), sache que je ne (*recevoir, passé composé*) rien. Je (*remettre, futur*) cette lettre à une amie, Jill Green. Elle (*projeter, présent*) de s'enfuir demain et me (*promettre, passé composé*) de te la poster. Je lui (*donner, passé composé*) aussi ton numéro de téléphone et elle t'(*appeler, futur*). Elle (*pouvoir, futur*) te raconter tout ce qui (*arriver, passé composé*) et j'(*espérer, présent*) que tu la (*croire, futur*).

A. Horowitz, *David Eliot, T. 1, L'Ile du crâne*,
trad. A. Le Goyat, © Le Livre de Poche Jeunesse, 1990, 2002.

12 ★★★ **Réécriture Réécrivez le texte suivant en remplaçant *le comte* par *je*.**

Le vieil homme avait disparu. Pourtant, point d'autre porte ni de fenêtres. Le comte se gratta la barbe. Il fouilla partout, sous la table, dans le grand coffre qui servait de banc, remua les marmites et les chaudrons, inspecta le conduit de la cheminée. Personne. Il sortit, mal à l'aise, et buta contre une grosse pierre. Le comte poussa un cri étranglé, bondit sur son cheval et galopa à vive allure vers son château.

D'après **A. Surget**, *Le Renard de Morlange*, Nathan, 1995.

5 Conjugaison

Temps simples, temps composés de l'indicatif

Leçon

1 Un verbe conjugué peut être à un temps simple ou à un temps composé.

■ Aux **temps simples**, le verbe est constitué d'**un seul élément** :

il vole, nous arrivons.
Il porte les marques de personne imposées par le sujet.

■ Aux **temps composés**, le verbe est constitué d'un **auxiliaire** (***être*** ou ***avoir***) et d'un **participe passé** :

j'ai couru, nous sommes arrivés.
Le participe passé indique à quel verbe on a affaire et l'auxiliaire porte les marques de personne et de temps.

2 Le **mode indicatif** comporte huit temps : **quatre temps simples** et **quatre temps composés**.

Temps simples	Temps composés
présent (radical + marques du présent) *je chante, je viens*	**passé composé** (auxiliaire au présent + participe passé) *j'ai chanté, je suis venu(e)*
imparfait (radical + marques de l'imparfait) *je chant**ais**, il ven**ait***	**plus-que-parfait** (auxiliaire à l'imparfait + participe passé) *j'avais chanté ; elle, il était venu(e)*
passé simple (radical + marques du passé simple) *je chant**ai**, elles vin**rent***	**passé antérieur** (auxiliaire au passé simple + participe passé) *j'eus chanté ; elles, ils furent venu(e)s*
futur simple (radical + marques du futur simple) *je chanter**ai**, ils viendr**ont***	**futur antérieur** (auxiliaire au futur simple + participe passé) *j'aurai chanté ; elles, ils seront venu(e)s*

Remarques :

■ **Les temps composés** sont souvent **en relation avec un temps simple** ; dans ce cas, on dit qu'ils expriment **l'antériorité** par rapport à ce temps simple.

■ **Le participe passé employé seul** joue le même rôle qu'un **adjectif** : *un homme **fatigué**.*

■ **Le participe passé se forme différemment selon les verbes :**

– **verbes en *-er*** (**1**[er] **groupe**) : terminaison en ***-é***.
rêver → rêvé
– **verbes en *-ir*/*-issons*** (**2**[e] **groupe**) : terminaison en ***-i***.
finir → fini
– **autres verbes** (**3**[e] **groupe**) : terminaison en ***-i***, ***-is***, ***-(i)t*** ou ***-u***.
prendre → pris ; peindre → peint ; vouloir → voulu

Astuces

■ Pour savoir s'il y a un **-s** ou un **-t** muet à la fin du participe, **mettez-le au féminin** :
pris → prise ; peint → peinte.

■ **Pour ne pas confondre le participe passé et l'infinitif des verbes en *-er***, il suffit de le remplacer par un verbe du 3e groupe :
*Il veut **danser**. → Il veut **partir** (donc **-er**).*
*Il a bien **dansé**. → Il a bien **vendu** (donc **-é**).*

Exercices

1 ★ Relevez les verbes conjugués de ces phrases, donnez leur infinitif, leur personne et précisez s'ils sont conjugués à un temps simple ou un temps composé.

1. Je regarde les vitrines des antiquaires et j'aperçois dans l'une d'elles un très joli meuble. – **2.** Je n'en ai encore jamais vu de pareil. As-tu remarqué ses nombreux tiroirs ? – **3.** Nous nous demandions à qui ce meuble avait pu bien appartenir. – **4.** Aurons-nous l'audace d'entrer dans la boutique ?

2 ★★ Réécriture Transposez la phrase suivante en conjuguant le verbe *rentrer* à l'imparfait, puis au futur simple et au passé simple. Que remarquez-vous ?

Ils rentrent quand ils ont terminé la visite.

3 ★ Donnez le participe passé des verbes suivants et précisez avec quel auxiliaire ils se conjuguent.

Être – dire – lire – rire – avoir – faire – aller – tenir – vivre – vêtir – devoir – mettre – naître – offrir – mourir – courir – savoir – vouloir – prendre – craindre – taire – émouvoir – acquérir.

4 ★ Recopiez avec la bonne terminaison : *-i*, *-is* ou *-it*.

1. L'enfant s'est endorm... . – **2.** Il a m... son plus beau costume pour l'occasion. – **3.** Le pain a bien cu... . – **4.** Le roi a maud... son conseiller. – **5.** Le professeur a pun... l'élève. – **6.** Mon fils est adm... au concours. – **7.** Nous avons constru... cet abri pour y entreposer le bois. – **8.** Le papier peint a jaun... sous l'effet du soleil.

5 ★★ Écrivez le participe passé des verbes entre parenthèses.

1. Van Gogh a (*peindre*) des tournesols. – **2.** Il avait (*rejoindre*) notre groupe pour la sortie. – **3.** Sitôt que vous aurez (*éteindre*) la lumière, vous vous endormirez. – **4.** Vous avez beaucoup (*souffrir*) lors de cette opération. – **5.** Quelle joie lorsqu'elle eut (*ouvrir*) le cadeau ! – **6.** Nous avons (*trouver*) un petit chat que nous avons (*offrir*) à notre nièce.

6 ★ Précisez le temps de chaque verbe puis conjuguez-le au temps composé correspondant.

1. Je dansais. – **2.** Vous pouviez. – **3.** Tu vivras. – **4.** Nous ferons. – **5.** Vous ouvrirez. – **6.** Ils couraient. – **7.** Elle crut. – **8.** Elles rougissent. – **9.** Nous prenions. – **10.** Tu peins. – **11.** Nous partîmes. – **12.** Vous aimerez.

7 ★★ Recopiez les phrases. Choisissez *a* ou *à* et complétez les verbes par *-é*, *-ée*, *-és* ou *-er*.

1. Juliette (*a*/*à*) avanc... sur la scène qui était jonch... de fleurs et, sans os... lev... la tête vers les spectateurs, elle (*a*/*à*) salu... le public. – **2.** Au cours des années qui ont précéd... sa mort, cet artiste s'est astreint (*a*/*à*) termin... l'œuvre commenc... au temps de sa jeunesse. – **3.** Ces ouvriers sont habitu... (*a*/*à*) travaill... au grand air, mais l'un d'eux (*a*/*à*) refus... d'achev... la couverture parce que le gel l'(*a*/*à*) fait gliss... du toit et qu'il (*a*/*à*) manqu... d'y laiss... sa vie. – **4.** Ces élèves sont prêts (*a*/*à*) étudi... en silence et il n'est pas question de laiss... certains d'entre eux bavard... pendant les heures d'étude.

8 ★★ Réécrivez au passé composé les verbes des phrases suivantes.

1. Quand je l'aperçus, il me fit un signe de la main. – **2.** Ce jour-là, il prit son sac, l'ouvrit et en déversa tout le contenu sur la table. – **3.** Quand nous le vîmes si triste, nous nous mîmes à pleurer. – **4.** Ainsi décidèrent-ils de dîner en ville.

9 ★★★ Écrivez au passé composé les verbes au passé simple et au plus-que-parfait ceux à l'imparfait.

1. Je pris la voiture et partis pour Quimper. – **2.** Nous ne comprenions rien à ce qu'il nous expliquait. – **3.** Mon voisin répondit qu'il manquait de temps. – **4.** Je crus que tu avais des remords. – **5.** Un coup partit : l'oiseau battit de l'aile et tomba. – **6.** Que faisais-tu pendant mon absence ?

10 ★★★ Conjuguez le verbe entre parenthèses au passé composé ou au plus-que-parfait, selon l'autre verbe de la phrase.

1. J'(*entendre*) hier que vous avez été souffrant. – **2.** Cette victoire était bien méritée : il (*travailler*) toute l'année. – **3.** Plus personne ne m'attendait : tout le monde (*partir*). – **4.** Des gens descendent des quais, donc le train (*arriver*). – **5.** Mon frère m'appelle car hier il (*perdre*) ses clés. – **6.** Le vieil homme est mort ; la veille il (*faire*) son testament.

11 ★★★ a. Relevez les verbes conjugués de ce texte, donnez leur infinitif, précisez leur personne et leur temps.

François s'assit devant le petit-déjeuner. Il avait bien appris que le breakfast était copieux, mais il ne s'attendait pas à une telle abondance : thé, café, confitures, jambon, saucisses frites, œufs sur le plat, haddock, il ne savait que choisir. Bob revint et se servit abondamment. Il avait oublié son indisposition de la veille.

– J'ai honte, dit-il. Mon père s'est blessé et je trouve le moyen d'avoir faim quand même.

Miss Mary téléphonait longuement. Une odeur de pipe venait maintenant du vestibule.

– Je ne t'avais pas menti, hein ? continua Bob. Elle est sensationnelle. Et tu verras, méticuleuse, l'œil à tout, exactement la femme qui convenait à papa. Il égare tout ; il oublie tout.

D'après **Boileau-Narcejac**, *Les Pistolets de Sans-Atout*, © Ragcot, 1973.

b. Dictée Préparez ce texte pour la dictée. Texte audio

Réinvestir ses connaissances

Réviser

1 ★ **Recopiez avec la bonne terminaison : *-ail* ou *-aille* et soulignez les noms masculins.**

La p... – l'évent... – un r... – le vitr... – une cis... – la bat... – une victu... – un dét... – le bét... .

2 ★ **Recopiez avec la bonne terminaison : *-el*, *-elle*, *-eil* ou *-eille* et soulignez les noms masculins.**

Le somm... – une hirond... – une ombr... – la gros... – un cons... – le tunn... – un reb... – le dég... – l'ab... .

3 ★ **Recopiez avec la bonne terminaison : *-euil* ou *-euille* et soulignez les noms masculins.**

La f... – l'écur... – le bouvr... – le s... – le portef... – le d... – le faut... .

4 ★ **Conjuguez les verbes suivants au présent, aux trois premières personnes du singulier : *se réveiller, travailler, appeler*.**

5 ★ **Recopiez avec la bonne terminaison et soulignez les noms.**

1. Le somm... – **2.** Je somm... . – **3.** L'appar... ne fonctionne pas. – **4.** Le bateau appar... . – **5.** Il me donne des cons... . – **6.** Ma mère me cons... . – **7.** Mon rév... sonne. – **8.** Tu te rév... . – **9.** Il cherche du trav... . – **10.** On trav... beaucoup. – **11.** Le professeur fait l'app... . – **12.** Je t'app... dès mon retour. – **13.** Refais ton calc... . – **14.** Elle calc... rapidement.

6 ★ **a. Conjuguez les verbes suivants au présent à la première et à la troisième personne du singulier : *crier, trier, plier*.**

b. Utilisez les noms de la même famille pour compléter les phrases suivantes.

1. Le facteur fait le ... de ses lettres.

2. Cette chemise est mal repassée, elle a encore un ... à la manche.

3. Nous avons été réveillés par le ... du coq.

Croiser les connaissances

7 ★★ **Précisez la nature des mots en gras : verbe, nom, adjectif.**

1. Il n'est pas encore très **grand** pour son **âge**, mais il **grandit** à vue d'œil. – **2.** Il fut étonné par l'**accueil** reçu. – **3.** Je l'**accueille** avec **plaisir**. – **4.** Il **neige** à gros **flocons**. – **5.** La **neige** **recouvre** les toits. – **6.** **Seule** et **apeurée**, elle **s'engouffre** dans la forêt **sombre** et **lugubre**. – **7.** Le ciel **s'assombrit** et **se couvre** de **lourds** nuages **noirs** qui annoncent l'**orage** et l'**averse**. – **8.** **Enjoués** et **pleins** d'entrain, les enfants s'activent afin de **terminer** les **préparatifs** de la fête avant l'**arrivée** de leurs amis.

8 ★★ **Dans chacune des phrases, relevez les adjectifs qualificatifs et les participes passés employés comme adjectifs. Précisez quel nom ils qualifient.**

1. De petites pommes rouges et vertes, satinées, vernies reluisent comme un bouquet de robustes œillets. (DE NOAILLES)

2. C'est un dimanche froid et pluvieux de novembre. Sur le chemin, un vagabond avance d'un pas lent, trempé, courbé sous la bourrasque rageuse.

3. On n'entendit plus que les mille petites voix qui bruissaient dans le bois embrasé, le chant plaintif de la bûche qui s'échauffe et se dilate, le craquement de l'écorce qui se crispe et éclate, et les légères explosions qui s'échappent de l'aubier en faisant jaillir une flamme bleuâtre. (SAND)

9 ★★ **Recopiez ces phrases, entourez les verbes conjugués et mettez les propositions entre crochets.**

1. On avait mangé, on avait bu, on avait chanté, on avait ri. – **2.** L'enfant reparut, s'agrippa au rocher, posa son poisson sur la rive et replongea. – **3.** Elle mit des draps propres qui sentaient la lavande. – **4.** Le vent avait durci la neige et il faisait trop froid pour sortir les mains des poches. – **5.** Je savais que la morsure de la vipère ne pardonne pas.

10 ★★ **Recopiez ces phrases, entourez les verbes et placez des virgules pour séparer les propositions.**

1. En un instant les chevaux sont attelés les postillons font claquer leur fouet les brigands s'arment de couteaux et de tromblons les voyageurs bouclent leurs bagages et remplissent d'or leurs sacs et leurs poches.

2. Le serveur donne la note encaisse part remercie de loin met deux tickets dans ses poches fait tourner un plateau d'argent sur son index salue un client au passage et disparaît en riant dans un nuage de fumée.

11 ★★ **Dans ces phrases, relevez les verbes conjugués, donnez leur infinitif et précisez quel est leur sujet.**

1. Cosette avec cette touchante confiance des enfants, avait mis, elle aussi, son sabot dans la cheminée. (HUGO)
2. L'étranger fouilla dans son gilet, se courba et mit dans le sabot de Cosette un louis d'or. (HUGO)
3. Contre le mur était placé un buffet ancien au-dessus duquel était fixée une vaste tapisserie figurant une chasse à cour.
4. Le comportement étrange de ce garçon nous était devenu familier et nous n'aurions jamais songé à nous moquer de lui.
5. Les herbes folles et les grands chardons étaient blancs de givre et dans les fossés, la glace était épaisse.

12 ★★ **a. Recopiez les phrases ci-dessous. Entourez les verbes conjugués, soulignez leur sujet en rouge, mettez les propositions entre crochets.**

b. Faites une croix sous le nom noyau du groupe nominal qui sert de sujet.

1. Quand un soleil incertain, mais déjà puissant, réveille la sève endormie, de petites fleurs des champs s'épanouissent et parfument l'air.
2. De la rue montaient l'odeur des pots d'échappement et le bruit perpétuel des voitures qu'entrecoupait parfois une rafale de klaxons.
3. L'assemblée des convives s'était levée précipitamment quand l'oncle des enfants était entré.

Maîtriser l'écrit

13 ★★★ **Réécrivez les phrases suivantes en remplaçant le groupe sujet par un pronom personnel et en conjuguant le verbe au présent.**

1. Ton frère et toi (*aller*) au cinéma ce soir.
2. Mes amis et moi (*être*) mécontents de notre emploi du temps.
3. Ta sœur et moi (*renoncer*) à ce projet.
4. Toute la classe (*participer*) au voyage en Allemagne.
5. Beaucoup de gens (*ignorer*) la vérité à ce sujet.
6. Ce groupe de touristes (*visiter*) la vieille ville.

14 ★★★ **Dans le texte ci-dessous, dites ce que désignent chacun des pronoms en gras.**

Les parents commençaient à être de mauvaise humeur. À l'ennui de voir la punition retardée par le mauvais temps s'ajoutait **celui** de ne pas pouvoir travailler aux champs. Pour un rien **ils** s'emportaient contre leurs filles et criaient qu'**elles** n'étaient bonnes qu'à casser des plats. « Une visite à la tante Mélina **vous** fera du bien, ajoutaient-**ils**. Au premier jour de beau temps, vous **y** filerez depuis le grand matin ». Dans un moment où leur colère tournait à l'exaspération, **ils** tombèrent sur le chat, **l'un** à coups de balai, **l'autre** à coups de sabots, en **le** traitant d'inutile et de fainéant.

MARCEL AYMÉ, *Les Contes du chat perché*, 1934-1946,

15 ★★★ **Soulignez le sujet des verbes puis ajoutez la bonne terminaison.**

1. Le bruissement des feuilles que le vent soulèv..., le froissement des branches qui s'entrechoqu..., tout inquièt... l'enfant égaré. – **2.** Les mûres, je les cueill... dans la pâture derrière chez moi. – **3.** Mon voisin, dès cinq heures du matin, prépar... ses filets pour la pêche et les charg... dans sa remorque. – **4.** Quand Audrey et toi aur... terminé, vous nous remplacer... . – **5.** Le restaurateur accueill... les clients et les plac... dans la salle. – **6.** Le résultat du match est connu à l'avance, nous affirm... les spectateurs. – **7.** De nuit et par milliers, débarqu... les réfugiés. – **8.** Le groupe de randonneurs rentr... pour l'heure du repas.

16 ★★★ **Lisez le texte suivant.**

Une leçon de géographie

Au lieu de dessiner la carte prescrite, il en avait dessiné une autre, fictive celle-là. Une île, de façon **à** s'isoler le plus possible, une île comme celle de Robinson, mais beaucoup plus grande, avec des montagnes, des rivières, des forêts, un vaste lac intérieur, des villages et une ville qui était la capitale. De **ce** pays imaginaire, il avait subitement imaginé d'être le roi.

Il y habitait surtout le soir, à l'instant de s'endormir. Pelotonné sous la couverture, il fermait enfin les paupières sur le monde réel pour mieux voir le monde qu'il inventait. Il s'y promenait dans des villages pittoresques. Il y adressait la parole à des sujets respectueux. **Ou** bien il passait en revue des compagnies d'honneur, il inaugurait des hôpitaux parmi les acclamations.

D'après ROBERT DE TRAZ, *Le Pouvoir des fables*, 1935.

a. Relevez les verbes conjugués, donnez leur infinitif, précisez leur temps.

b. Relevez les verbes à l'infinitif.

c. Relevez un participe passé employé comme adjectif : quel mot qualifie-t-il ?

d. Relevez les adjectifs qualificatifs et précisez quels noms ils qualifient.

e. Quelle règle employez-vous pour orthographier correctement les homophones grammaticaux en gras ?

f. Expliquez la formation du mot *acclamation*.

g. **Dictée** Préparez ce texte pour la dictée. Texte audio

6 Conjugaison

Le présent et le passé composé de l'indicatif

Leçon

1 Le présent

1er groupe (en -*er*)	2e groupe (en -*ir*, -*issons*)	3e groupe (en -*dre*)	3e groupe (autres verbes)
Chanter	**Finir**	**Prendre**	**Venir**
Je chante Tu chantes Elle, Il chante Nous chantons Vous chantez Elles, Ils chantent	Je finis Tu finis Elle, Il finit Nous finissons Vous finissez Elles, Ils finissent	Je prends Tu prends Elle, Il prend Nous prenons Vous prenez Elles, Ils prennent	Je viens Tu viens Elle, Il vient Nous venons Vous venez Elles, Ils viennent

Attention

- ***Appeler*** et ***jeter*** doublent la consonne au singulier et à la troisième personne du pluriel : *je jette, tu jettes, elle jette, nous jetons, vous jetez, ils jettent ;*
j'appelle, tu appelles, il appelle, nous appelons, vous appelez, elles appellent.
- Dans les verbes en ***-yer***, le *-y* devient *-i* au singulier et à la troisième personne du pluriel : *j'appuie, tu appuies, elle appuie, nous appuyons, vous appuyez, ils appuient.*
- ***Vouloir*** et ***pouvoir*** prennent un *-x* à la place du *-s* : *je peux, tu veux.*
- Les verbes en ***-dre*** (sauf les verbes en ***-indre*** et ***-soudre***) gardent le *-d* du radical à toutes les personnes du singulier : *je prends, tu prends, elle prend.*

Mais les verbes en ***-indre*** et en ***-soudre*** perdent le *-d* à toutes les personnes : *je peins, il peint, nous peignons ; je résous, elle résout, nous résolvons.*
- Dans les verbes en ***-tir***, le *-t* disparaît du radical au singulier : *je pars, tu pars, il part.*

2 Le passé composé

- Le passé composé se forme avec **l'auxiliaire *être*** ou ***avoir*** conjugué au **présent** et le **participe passé du verbe**.

Attention

Quand l'auxiliaire est *être*, le participe passé s'accorde en genre et en nombre avec le sujet.

Manger		Aller	
J'ai mangé Tu as mangé Elle, Il a mangé	Nous avons mangé Vous avez mangé Elles, Ils ont mangé	Je suis allé(e) Tu es allé(e) Elle, Il est allé(e)	Nous sommes allé(e)s Vous êtes allé(e)s Elles, Ils sont allé(e)s

Exercices

1 ★ Écriture Rédigez cinq phrases pour raconter ce que vous avez fait hier. Quel temps utilisez-vous ?

2 ★ Conjuguez au présent, à toutes les personnes.
Être – faire – finir – plier – dormir.

3 ★★ Donnez l'infinitif des verbes suivants, précisez la personne et le temps auxquels ils sont conjugués (il peut y avoir plusieurs possibilités).
Lis – lies – prit – prient – criiez – boit – aboie – reçois – perd – serres – se mire – criez – atteignez – dore – vit.

4 ★ **a. Conjuguez les verbes au présent, à la personne indiquée.**
b. Puis conjuguez-les à la personne du singulier ou du pluriel qui correspond.

Je (*jeter*) – tu (*emmener*) – elle (*tenir*) – nous (*commencer*) – vous (*vouloir*) – ils (*croire*).

5 ★★ **Choisissez la forme qui convient.**

1. Mathieu (*essait / essaie*) son nouveau vélo.
2. Elle les (*comprend / comprends*) très bien.
3. Haut dans le ciel (*passe / passent*) les oiseaux.
4. (*Aimes / Aime*)-tu cette affiche ?
5. Aussitôt, Léa (*envoie / envoit*) un message à tous ses amis.
6. On (*pense / pensent*) que ces statuettes (*dates / datent*) de l'Antiquité.
7. J'en (*conclue / conclus*) qu'il ne viendra pas.
8. Le directeur (*attribue / attribut*) le prix au vainqueur.

6 ★★ **Recopiez en ajoutant la terminaison qui convient (marque de personne ou fin du radical).**

1. Mélanie tor... ses cheveux entre ses doigts. – **2.** Je lui répon... sans tarder. – **3.** Les enfants fon... des bêtises. – **4.** Vous di... toujours la vérité. – **5.** Il s'inscri... au judo. – **6.** Tu oubli... toujours quelque chose. – **7.** Je réussi... mon exercice. – **8.** Ces plantes meur... de soif. – **9.** Perceval accompli... des exploits pour conquérir Blanchefleur. – **10.** Elle se mari... la semaine prochaine. – **11.** Je les envi... beaucoup. – **12.** Tu multipli... les étourderies. – **13.** Ce médicament atténu... beaucoup la douleur. – **14.** La somme inclu... tous les frais.

7 ★★ **a. Conjuguez au présent, avec *je*, *elle* et *vous*.**

Aller au cinéma	Avancer le rendez-vous
Le croire	Pouvoir commencer
Naître à Saint-Malo	Prendre patience.

b. Mettez les phrases obtenues au passé composé.

8 ★★ **Conjuguez les verbes suivants au passé composé, avec *je*, *elle* et *ils*.**

Dire – lire – commencer – s'ennuyer – apercevoir – punir – parvenir – courir.

9 ★★ **Mettez les verbes entre parenthèses au passé composé.**

Je (*répéter*) chacune de vos paroles dans l'heure qui (*suivre*). Quant à la goélette, c'est moi qui (*couper*) son amarre, c'est moi qui (*tuer*) les deux hommes que vous aviez laissés à bord. Je (*monter*) cette affaire depuis le début.

R. L. Stevenson, *L'Île au trésor*, 1883.

10 ★★★ **a.** Réécriture **Transposez le texte au passé composé.**

De loin en loin, Jacques se fait adopter par les artistes, qui apprécient son œil fripon et un peu sombre. Le magicien partage ses tours : l'enfant est habile. Bien vite, il parvient à faire rouler une pièce d'argent sur le dos de ses doigts. Il invente même un tour qui bluffe le professeur. L'année suivante, Jacques devient son assistant officiel.

Arthur Dreyfus, « Pour Gaspard en couleurs », in *Enfances, Adolescences*, Librio, 2015.

b. Écriture **Ajoutez cinq phrases à ce récit de vie, toujours au passé composé, pour raconter comment Jacques devient un célèbre magicien.**

11 ★★ **Conjuguez au présent, à la personne indiquée.**

1. Sherlock Holmes (*résoudre*) même les énigmes les plus difficiles.
2. Ma mère (*moudre*) le café.
3. Sans perdre de temps, Robert (*clouer*) une planche en travers de la porte.
4. Aude (*coudre*) à la fenêtre.
5. Le sucre (*se dissoudre*) dans l'eau.
6. Nos parents (*louer*) une maison sur la côte d'Azur.
7. Ce travail (*requérir*) de la patience.

12 ★★ **Choisissez entre les deux formes et justifiez votre choix.**

Il (*atteind / atteint*). – j'(*attends / attens*). – elle (*tend / tent*). – il (*recoud / recout*). – je (*résouds / résous*). – elle (*fend / fent*). – il (*feind / feint*). – je (*mets / mes*). – tu (*ments / mens*). – elle (*conquit / conquiert*).

13 ★★ **Recopiez en écrivant correctement la fin des verbes.**

Elle répon... . – Tu veu... . – Il pein... . – Je sen... . – Je recou... . – Il crain... . – Elles appren... . – Tu par... . – Ils rejoi... .

14 ★★ **Transposez les verbes au présent, puis au passé composé.**

Je peignais. – Nous surprenions. – Il concluait. – Elle recevait. – Ils accouraient. – Je sortais. – Elle acquérait.

15 ★★★ Réécriture **Transposez les phrases au passé composé.**

1. Nous n'allons jamais au restaurant. – **2.** Écoutes-tu souvent de la musique classique ? – **3.** Dit-il quelque chose ? – **4.** Je le vois tous les jours. – **5.** Je ne les prends pas le soir. – **6.** Elle ne se trompe jamais. – **7.** Ne finit-il pas son assiette ? – **8.** La police conclut à un accident. – **9.** Te rends-tu compte de quelque chose ? – **10.** Les phalènes naissent le matin et elles meurent le soir. – **11.** Te parle-t-elle ?

7 Grammaire

Les mots invariables

Leçon

Les prépositions

Elles **relient un mot à son complément**. Elles sont donc toujours suivies d'un mot (nom, pronom ou verbe à l'infinitif) ou d'un groupe de mots.

à, dans, par, pour, en, vers, avec, de, sans, sous, sur, chez, avant, après, devant...

Certaines prépositions sont composées de **plusieurs éléments** : *grâce à, jusqu'à, près de, au-dessus de, à côté de, près de...*

Attention
Les prépositions ***à*** et ***de*** se contractent avec les articles définis ***le*** et ***les*** pour former les **articles contractés** :
du *(de + le),* ***des*** *(de + les),* ***au*** *(à + le),* ***aux*** *(à + les).*

Les adverbes

Ils **modifient le sens** d'un verbe, d'un adjectif qualificatif, d'un autre adverbe ou d'une phrase.

- **Temps** : *hier, aujourd'hui, puis, ensuite, toujours, avant...*
- **Lieu** : *ici, là-bas, loin, devant, derrière...*
- **Manière** : adverbes qui se terminent par le suffixe *-**ment***, mais aussi *bien, mal, vite, mieux...*
- **Degré** : *très, beaucoup, peu, assez, si, plus, moins...*
- **Négation** : *ne... pas, ne... jamais, ne... guère, ne... plus...*
- **Affirmation, doute** : *oui, certainement, sûrement, probablement, peut-être...*

Attention
- Les adjectifs en ***-ant*** forment des adverbes en ***-amment*** :
*méchant → méch**amment**.*
- les adjectifs en ***-ent*** forment des adverbes en ***-emment*** :
*évident → évid**emment**.*

Les conjonctions de coordination

Elles **relient deux mots ou groupes de mots *de* même nature** :
Veux-tu du thé ***ou*** *du café ?*
Il veut danser ***et*** *chanter.*
Elle regarde un film ***mais*** *cela l'ennuie.*

mais, ou, et, donc, or, ni, car

Les conjonctions de subordination

Elles relient deux propositions :
*[Tu te reposes] [**parce que** tu es souffrant].*
*[Je pense] [**que** tu vas réussir].*

que, quand, comme, si, puisque, parce que, lorsque, afin que, si bien que, tandis que, alors que, même si...

Exercices

1 ★ Entourez la préposition qui introduit les compléments en gras.

1. La fumée fuse en **longs panaches** qui tournoient dans **la cour**, puis se déroulent dans **l'air chaud** et planent longtemps au-dessus des **toits** avant de **s'élever** jusqu'aux **montagnes enneigées**.

2. Le seigneur scruta la figure du **jeune écuyer**, sa façon fière et orgueilleuse de **se présenter**, son habit aux **couleurs vives** et la longue cape tombant de **ses épaules**.

2 ★ **Relevez les mots ou groupes de mots introduits par une préposition. Précisez-en la nature. Soulignez la préposition.**

Exemple : *Par un beau matin → GN*

Par un beau matin d'août, Philippe et Vinca décidèrent d'abandonner la table familiale et d'emporter, dans une anse à leur taille, leur déjeuner et leurs maillots de bain... Philippe marchait devant, portant les havenets pour la pêche d'après-midi et le filet où tintaient le cidre mousseux et la bouteille d'eau minérale.

COLETTE, *Le Blé en herbe*, 1923.

3 ★ **Complétez ce texte par la préposition qui convient :** *depuis, pour, avant, au, par, en, à.*

Les enfants souhaitaient vivement assister ... lever du soleil ... le sommet du mont Ventoux. Nous commençâmes donc ... gagner la forêt, nous soupâmes ... plein air, car le temps était clément, et nous partîmes ... la nuit tombée, ... atteindre, ... l'aube, la crête encore baignée d'obscurité.

4 ★ **Recopiez et complétez les phrases par** *a* **ou** *à*.

Coup de pouce
a peut être remplacé par *avait* ; ***à*** est une préposition.

1. Charles rentre en retard ... la maison et ... peur d'être grondé. – **2.** Le chasseur, le fusil ... l'épaule, passe ... travers champs. – **3.** Elyse ... mis une plume ... son chapeau et ... passé sa robe ... paillettes. – **4.** Le facteur sonne ... la porte, il ... un paquet ... la main. – **5.** Le rossignol qui chante ... plein gosier ... une très belle voix. – **6.** Ce taureau ... poil roux ... un air majestueux. – **7.** Je me demande ... quoi sert cet outil.

5 ★ **Précisez le sens des mots en gras en ajoutant un adverbe.**

1. Mon frère **danse** ... . – **2.** Nous **partons** ... . – **3.** Cette robe est ... **élégante**. – **4.** L'élève **écoute** ... son professeur. – **5.** Son père **habite** ... . – **6.** **Restez** ... . – **7.** Tu **oublies** ... tes affaires. – **8.** ... **serait**-il préférable d'annuler votre rendez-vous.

6 ★★ **Précisez ce qu'expriment les adverbes en gras : temps, lieu, manière, degré, négation.**

1. Il a fabriqué ainsi, **péniblement**, un véritable chef-d'œuvre.

2. Il était **très** mince, **très** droit, blond ondulé, le visage **assez** beau, dans le genre prussien. (GARY)

3. Je **ne** suis **pas là** pour écouter tes histoires.

4. **Dehors**, l'air était glacial et le soleil sombrait **déjà** derrière l'horizon.

5. **Demain**, nous partirons dès l'aube.

7 ★★ **Remplacez les adverbes** *avant* **et** *après* **par des adverbes plus appropriés :** *auparavant, plus tard, jadis, tout à l'heure.*

1. Avant, les dames portaient de longues robes. – **2.** Tu pourras sortir jouer, mais avant, tu dois terminer tes devoirs. – **3.** Nous irons lui rendre visite après. – **4.** Après, quand je serai grand, j'aimerais faire le tour du monde.

8 ★★ **Formez des adverbes avec les adjectifs suivants.**

Aisé – clair – certain – vrai – éperdu – naïf – constant – adroit – courageux – violent – délibéré.

9 ★★ **Remplacez le groupe en gras par un adverbe de manière en** *-ment.*

1. Barnabé referma **avec soin** son sac. – **2.** Il s'empara **avec brutalité** du téléphone. – **3.** Le chevalier se précipita **avec hardiesse** sur le dragon. – **4.** Lancelot combattit **avec vaillance**. – **5.** Il rentre dans la grotte **avec prudence**.

10 ★★★ **Écriture** **Écrivez la suite du texte de l'exercice 3 pour décrire le lever du soleil sur la montagne. Employez les adverbes suivants :** *ici, là, alentour, soudain, peu à peu, bientôt, désormais.*

11 ★★ **Recopiez et complétez les phrases par une conjonction de coordination.**

1. Préfères-tu aller au cinéma ... au théâtre ? – **2.** Ces enfants prennent le bus pour se rendre à l'école ... ils habitent la campagne. – **3.** Je tends l'oreille pour percevoir ses pas sur le gravier ... je n'entends rien que le bruit du vent. – **4.** Vous n'avez ... le courage de poursuivre l'ascension, ... la force de redescendre au village. – **5.** Elle était bien malade, ... elle refusait de s'aliter malgré les conseils du médecin.

12 ★★ **Recopiez et complétez par** *est* **ou** *et***. Soulignez les mots ou groupes de mots reliés par la conjonction** *et.*

Coup de pouce
est peut être remplacé par *était* ; ***et*** peut être remplacé par *et puis*.

1. Épuisé ... assoiffé, le marcheur ... assommé par le soleil. – **2.** Le train ... parti ... le quai ... désert. – **3.** Le ciel ... sombre ... gris, car l'orage ... proche. – **4.** Il habite une rue longue ... étroite où il ... impossible aux rayons du soleil de pénétrer.

13 ★★★ **Recopiez et complétez les phrases suivantes par une proposition introduite par la conjonction de subordination en gras.**

1. Nous rentrerons **dès que** ... . – **2.** **Comme** ..., les cours de mercredi sont annulés. – **3.** Tu hésites à partir en vacances en Espagne **parce que** ... . – **4.** Je préférerais **que** ... .

8 Orthographe

Les terminaisons en [é]

Observer

Le navire, secoué par la tempête, menaçait de sombrer, lorsqu'il fut soulevé par une lame.

Parmi les formes verbales en couleur :

1. Laquelle est à l'infinitif ? Pour quelle raison ?
2. Laquelle exprime une action faite par le navire ? Justifiez sa terminaison.
3. Laquelle est à un temps composé ? Analysez les deux parties qui composent le verbe.
4. Laquelle sert à décrire l'état du navire ? Justifiez sa terminaison.

Leçon

Les verbes du 1er groupe se terminent par le son [é] à l'**infinitif** (*chanter*), au **participe passé** (*chanté*) et à certains **temps simples** (*chantais, chantez, chantai*). Il est donc important de bien distinguer ces formes.

Le verbe à l'infinitif

- Le verbe est à l'infinitif **après une préposition** (*à*, *de*, *pour*, *sans*...). *Il est parti sans **se retourner**.*
- Le verbe est à l'infinitif après **un autre verbe**. *Il voulait **jouer**.*
- **On peut le remplacer par *vendre*** ou un autre verbe du 3e groupe à l'infinitif. *Elle veut **acheter** cette maison.* → *Elle veut **vendre** cette maison.*

Le participe passé

- Il est employé pour la **conjugaison des temps composés** après un auxiliaire. *Elles ont **déménagé**. – J'ai **réussi**.*
- **Employé seul, il sert d'adjectif :** il qualifie un nom ou un pronom. *une boîte **fermée***
- **On peut le remplacer par *vendu*** ou un autre participe passé du 3e groupe. *Elle a **acheté** une maison.* → *Elle a **vendu** une maison.*

Le verbe conjugué à un temps simple

- On peut **chercher son sujet** à l'aide de la question « *qui est-ce qui* + verbe ».
- **Il s'accorde avec ce sujet :** *j'entrais, ils entraient (imparfait), j'entrai (passé simple), vous entrez (présent).*
- **On peut le remplacer par *vendait*** ou un autre verbe du 3e groupe à l'imparfait. *Elle **achetait** une maison.* → *Elle **vendait** une maison.*

Bilan : Pour bien écrire le son [é] à la fin d'un verbe, on le remplace par *vendre* ou un autre verbe du 3e groupe.

→ Si on peut le remplacer par ***vendre***, il faut écrire l'infinitif : *-er*.

→ Si on peut le remplacer par ***vendu***, il faut écrire le participe passé : *-é*(*e*)(*s*).

→ Si on peut le remplacer par ***vendait***, il faut accorder le verbe avec son sujet : *-ais*, *-ait*, *-aient*, *-ez*...

Exercices

1 ★ **Écriture** Avec chacun des verbes, écrivez une phrase au passé composé : *discuter, ordonner, aller, observer.*

2 ★★ **Écriture** À partir de la première et de la dernière phrases proposées, écrivez un petit récit en insérant trois ou quatre phrases au plus-que-parfait.

Utilisez les verbes suivants : *voyager, traverser, s'embarquer, voguer, affronter, atteindre, errer, chercher.*
Première phrase : Ils avaient marché des jours et des nuits.
Dernière phrase : Pourtant, ils n'avaient pas trouvé la rose d'or.

3 ★ **Choisissez la terminaison qui convient.**

1. Longtemps, je me suis (*couché / coucher*) de bonne heure. (PROUST) – **2.** J'ai (*embrassé / embrasser*) l'aube d'été. (RIMBAUD) – **3.** Elle alla (*crié / crier*) famine / Chez la fourmi sa voisine, / La priant de lui (*prêté / prêter*) / Quelque grain pour (*subsisté / subsister*). (LA FONTAINE) – **4.** Mon verre s'est (*brisé / briser*) comme un éclat de rire. (APOLLINAIRE) – **5.** Peut-on (*illuminé / illuminer*) un ciel bourbeux et noir ? (BAUDELAIRE)

4 ★ **Recopiez et choisissez entre *a* et *à*. Déduisez-en la terminaison de la forme verbale qui suit.**

1. Il joue (*a / à*) trac... des dessins dans le sable depuis une demi-heure. – **2.** L'auto (*a / à*) démarr... en trombe. – **3.** Nous commencions (*a / à*) nous inquiét... . – **4.** Le vent (*a / à*) continu... (*a / à*) souffl... toute la journée. – **5.** C'est impossible (*a / à*) répar... – **6.** Le film (*a / à*) début... en retard. – **7.** Il n'(*a / à*) pas pens... (*a / à*) lui laiss... la clé.

5 ★ **Conjuguez les verbes entre parenthèses à l'imparfait, soulignez le sujet.**

1. Les vagues, dures et froides comme l'acier, (*balayer*) le pont avec une violence inouïe. – **2.** Vous (*connaître*) la vérité et vous ne (*dire*) rien ! – **3.** Je (*nager*) de toute la force de mes bras. – **4.** Devant moi (*se dresser*) une étrange statue.

6 ★★ **Choisissez entre *était, étaient, étais* et *été*.**

1. Le petit a ... malade toute la journée. – **2.** Les soldats ... menés si durement qu'ils avaient ... obligés de marcher toute la nuit. – **3.** Même si je n'avais jamais ... très habile à ce jeu, je n' ... pas maladroit au point de manquer ce point. – **4.** Les deux hommes avaient ... vus dans les collines quelques heures auparavant : ils ... forcément tout près. – **5.** Jamais il n'avait ainsi ... soigné, et c'... par des étrangers !

7 ★★ **Relevez les participes passés employés comme adjectifs et dites quel nom ils qualifient.**

1. Je le retournai dans tous les sens, en essayant de me remémorer des connaissances à demi oubliées. (DOYLE)

2. Cependant Doniphan, Wilcox, Cross et Webb regardaient cette nappe d'écume, semée de tourbillons, sillonnée de courants, qui paraissait très dangereuse à traverser. (VERNE)

8 ★★ **Écriture** **Enrichissez les noms en gras en utilisant le participe passé du verbe indiqué, que vous accorderez comme il convient.**

Exemple : *Les vagues secouaient le navire. (déchaîner)*
→ *Les vagues déchaînées secouaient le navire.*

1. Un **lion** se dressait face à lui. (*affamer*) – **2.** Les **fillettes** s'enfuirent en courant. (*terrifier*) – **3.** Des **coquillages** recouvraient la plage. (*échouer*) – **4.** Le garçon portait un **costume** noir. (*élimer, déchirer*)

9 ★★ **Recopiez les phrases suivantes, entourez en rouge le verbe qui exprime l'action accomplie par le sujet, et en vert les participes passés employés pour qualifier un nom.**

1. Ses lèvres bleuies par le froid laissaient échapper une haleine glacée. – **2.** Soudain, un tigre se dressa devant nous, comme jailli de nulle part. – **3.** Malgré son manteau de peau doublé de fourrure, l'homme tremblait de froid. – **4.** Ce trésor, découvert en 1931, fait la fierté de notre musée.

10 ★★★ **Écriture** **Sur le même modèle, inventez quatre phrases avec un verbe conjugué et un participe passé employé comme adjectif. Vous entourerez le verbe conjugué en rouge et le participe passé en vert.**

11 ★★★ **Recopiez et complétez par *-er, -é* ou *-ait*.**

L'émir de ce royaume ét... triste, et il a fait convoqu... les sages pour prendre conseil, mais personne ne sav... comment faire pour arrêt... la sécheresse. Alors est venu un voyageur étranger, un Égyptien, qui sav... la magie. L'émir l'a convoqu... lui aussi, et lui a demand... de faire cess... la malédiction sur le royaume. L'Égyptien a regard... dans une tache d'encre, et voici qu'il a eu peur tout à coup, il s'est mis à trembl... et a refus... de parl... .

D'après **J.-M. G. LE CLÉZIO**, *Désert*, © Gallimard, 1980.

12 ★★★ **a.** **Recopiez et complétez avec les bonnes terminaisons.**

Les gens qui m'ont trouv... m'ont amen... à leur village et, là, les femmes m'ont donn... un bain et m'ont frott... si fort que je me suis demand... s'ils sav... que ma peau ét... naturellement brune, et non celle d'un garçon blanc très sale. J'ai tent... de l'expliqu... . Elles fais... oui de la tête et elles souri... et elles continu... de m'astiqu... comme le pont d'un navire. Je pens... qu'elles all... m'arrach... la peau. Mais elles m'ont donn... à mang... . Délicieuse nourriture. Une fois que j'eus commenc... à mang..., je ne pouv... plus m'arrêt... . Je pens... que je ne cesser... jamais d'avoir faim.

YANN MARTEL, *L'Histoire de Pi*, trad. N. et É. Martel, © É. Denoël, 2003.

b. **Dictée** **Préparez ce texte pour la dictée.** Texte audio

13 ★★★ **Conjuguez les verbes suivants à la première personne du singulier et à la troisième personne du pluriel, au passé composé, à l'imparfait et au plus-que-parfait :** *dessiner, crier, manger, se lever.*

9 Vocabulaire
L'histoire des mots

Observer

Texte A

Par grant eür ot li vilains
Deus vaches, et li prestres nule.
Tels cuide avancier qui recule.

JEAN BODEL, *Brunain la vache au prêtre*, fin XIIe siècle.

Texte B

C'est par chance que le vilain eut
deux vaches, et le prêtre aucune.
Tel croit avancer qui recule.

Traduction

1. De quelle époque le texte A date-t-il ? Le comprenez-vous à la première lecture ?
2. Quels sont les mots dont l'orthographe a changé entre le texte A et le texte B ?
3. En vous aidant du texte B, donnez le sens de *par grant eür* et *cuide*. Les mots *eür* et *cuide* existent-ils encore en français moderne ?

Leçon

■ L'**étymologie** est l'**étude de l'origine d'un mot** : connaître l'étymologie d'un mot permet souvent d'expliquer son orthographe et de mieux comprendre son sens.

■ Le français (comme l'espagnol, l'italien, le portugais, le roumain...) est une **langue romane** : il vient principalement du **latin**, dont **la grammaire, la prononciation et l'orthographe ont évolué au fil du temps**.

■ L'**ancien français** présente une **étape** de cette évolution.

■ Parfois, un même mot latin a donné deux mots français distincts, les **doublets** :
– un mot de **formation populaire**, sans cesse réutilisé depuis l'Antiquité, qui a subi de nombreuses modifcations : ***canem*** → *chien* ; ***auscultare*** → *écouter* ; ***hospitalem*** → *hôtel* ;
– un mot de **formation savante**, très proche du mot latin de départ, qui a été créé par des lettrés, au Moyen Âge ou à la Renaissance : *canin, ausculter, hôpital*.

■ Du XVIe siècle à nos jours, de nombreux **mots scientifques ou techniques** ont été **créés à partir du grec** : *chronologie, archéologie, téléphone...*

■ Au cours des siècles, le français s'est **enrichi de mots empruntés à d'autres langues** : allemand *(hamster, chenapan)*, anglais *(tramway, week-end)*, arabe *(algèbre)*, espagnol *(bizarre, sombrero)*, italien *(scénario, caméra, spaghetti)*, turc *(divan)*, etc.

Exercices

1 ★★ ORAL Voici quelques mots rencontrés dans les textes avec leur mot d'origine en latin : observez les différentes transformations qu'ils ont subies.

Mots en latin	Mots en français
mirabilia	merveille
caballarius	chevalier
testa	tête
dolor	douleur
pes, pedis	pied

a. Comptez le nombre de syllabes de chaque mot français, puis du mot latin dont il provient : que remarquez-vous ?
– Pour quels mots la dernière syllabe a-t-elle disparu ?
– Pour quels mots la dernière syllabe n'a-t-elle pas disparu ?
– Quelle est la dernière lettre du mot latin ? Qu'est-elle devenue dans le mot français ?

b. Quelle remarque pouvez-vous faire à propos de l'évolution du *-s-* de *testa* ?

c. Observez le *-b-* dans *mirabilia* et *caballarius* : qu'est-il devenu en français ?

2 ★★ **Le mot *serf* vient du latin *servum* qui désignait l'esclave.**

a. **Que désigne le mot *serf* en ancien français ?**

b. **Décrivez les transformations du mot du latin à l'ancien français.**

c. **Trouvez le plus de mots possible de la même famille et donnez leur définition.**

3 ★★ ORAL **En ancien français, la gauche et la droite se disaient *destre* et *senestre*.**

a. **Qu'est-ce qu'un *destrier* ?**

b. ***Destre* vient du latin *dexter* : qu'est-ce que la *dextérité* ?**

c. **Donnez le plus d'antonymes possibles du mot *habile*.**

d. ***Senestre* vient du latin *sinister* : que signifient *sinistre* et *sinistré* ?**

4 ★★ **Le mot *chef* vient du latin *caput* qui désignait la tête.**

a. **Quel est le sens de *chef* en français ?**

b. **Complétez ces phrases à l'aide de mots de la famille de *chef*.**

1. Cette sculpture est magnifique : c'est un véritable ... .
2. Paris est la ... de la France.
3. ... signifie « couper la tête ».
4. Il écrivit le mot *fin*, heureux d'avoir enfin ... son roman.

5 ★★ a. **Associez chaque mot de la liste A à son doublet de la liste B.**

Liste A : colère – meuble – sûreté – échappée – sevrer – écouter.

Liste B : séparer – sécurité – choléra – ausculter – escapade – mobile.

b. Écriture **Choisissez deux doublets et employez-les dans un court paragraphe en expliquant leur sens.**

6 ★★ **Chacun des mots latins ci-dessous a donné naissance à un doublet.**

Pensare (peser) – *gracilem* (grêle) – *integrum* (entier) – *strictum* (étroit) – *cumulare* (combler) – *collecta* (cueillette).

a. **Retrouvez le mot de formation savante. Pensez à vous aider d'un dictionnaire !**

b. **Complétez les phrases à l'aide des mots que vous aurez trouvés.**

1. Le Secours populaire organise une ... de vêtements pour aider les plus démunis.
2. Ahmed est un homme ..., tu peux lui faire confiance.
3. Notre professeur de français est très ... : grâce à lui, nous apprenons la rigueur.
4. Cet écrivain a beaucoup de succès et ... les prix littéraires.
5. Elle se mettait à chanter de sa voix ..., comme une fillette. (CENDRARS)
6. L'instruction sert à apprendre à ... librement.

7 ★★ **À un nom issu du latin par la voie populaire correspond souvent un adjectif de formation savante.**

a. **Indiquez l'adjectif formé sur le même radical latin que chacun des noms suivants.**

Déluge (*diluvium*) – dos (*dorsum*) – étude (*studium*) – fleuve (*fluvium*) – lettre (*littéra*) – lieu (*locum*) – mois (*mensem*) – nombre (*numerum*) – peuple (*populum*) – vie (*vitam*).

b. **Choisissez cinq de ces mots et employez-les dans des phrases faisant apparaître leur sens.**

8 ★ ORAL **En vous aidant des indications entre parenthèses, donnez le sens de ces mots d'origine grecque.**

Dermatologie (*derma* = peau)

Arithmétique (*arithmos* = nombre)

Mnémotechnique (*mnêmê* = mémoire)

Bibliothèque (*biblion* = livre)

Cosmologie (*kosmos* = univers)

Traumatisme (*trauma* = blessure).

9 ★★ ORAL **Les mots grecs ci-dessous entrent dans la formation de plusieurs mots français : citez-en le plus possible.**

Mêkhanê (machine) – *rhinos* (nez) – *muthos* (légende) – *thronos* (siège) – *chronos* (temps) – *pharmakon* (remède) – *thermos* (chaud) – *bios* (vie) – *mousikê* (art des muses).

10 ★ **Saurez-vous trouver le mot français issu de chacun des mots étrangers suivants ?**

1. Allemand : *akkordion* (instrument de musique) – *walzer* (danse à trois temps).
2. Anglais : *bulldog* (chien-taureau) – *partner* (associé).
3. Arabe : *sarab* (boisson, potion) – *sifr* (zéro).
4. Espagnol : *huracan* (tornade) – *mosquito* (mouche).
5. Italien : *parrucca* (chevelure) – *radice* (racine).

11 ★ **Rendez-vous sur le site CNRTL.fr → « Étymologie » : de quelle langue chacun des mots suivants est-il issu ?**

Abricot – alcool – balcon – café – camarade – chocolat – guitare – judo – kimono – mouton – opéra – renard – solfège.

10 Orthographe

L'orthographe des noms selon leur genre

Leçon

Les noms terminés par -*eur*

Ils s'écrivent **sans -e**, même s'ils sont au féminin : *une lueur*.

Exceptions : *la demeure, l'heure*.

Les noms terminés par -*eil*, -*el*, -*euil*, -*al*, *ail*

Ils s'écrivent avec **un seul -*l*** quand ils sont masculins et avec **-*lle*** quand ils sont féminins : *le soleil, l'abeille, une ombrelle, le ciel, le portail, la paille*.

Exceptions : *le rebelle, le violoncelle, le portefeuille, le chèvrefeuille*.

Les noms féminins terminés par le son [é]

Ils s'écrivent -*ée* : *l'année, la fée, la poupée…*

Attention, les noms en -*té* ou -*tié* ne prennent pas de -*e* : *l'amitié, la moitié, la tranquillité*.

Exceptions : *la jetée, la montée, la portée, la pâtée, la dictée*, et les noms indiquant une contenance (*la pelletée, l'assiettée, la brouettée*).

Attention

- Pour trouver la lettre muette d'un nom masculin de personne, on cherche son féminin : *une Française* → *un Français ; une boulangère* → *un boulanger.*
- Les noms en **-*eur*** ont généralement un féminin en **-*euse*** : *un coiffeur* → *une coiffeuse.*
- Les noms en **-*teur*** ont un féminin en **-*ice*** : *un traducteur* → *une traductrice.*
- Les noms masculins qui se terminent par **-*f*** ont un féminin en **-*ve*** : *un veuf* → *une veuve.*

Exercices

1 ★ **Pour chaque mot, donnez un nom de la même famille se terminant par le son [eur]. Précisez son genre.**

Long – épais – doux – chaud – aigre – tiède – blanc – hideux – frais – profond – odorant – vaporeux – suer – malheureux – splendide – nager – valoir – demeurer – savourer – colorer – sculpter – vendanger – labourer – beurrier – horaire – coloration.

2 ★ **Recopiez et complétez les mots par -*é* ou -*ée*.**

Une couv… – la cl… – la publicit… – la pât… – une dict… – la fiert… – la difficult… – la jet… – une pellet… – une vol… – l'honnêtet… – une brouett… – la mont… – la piti… – une nich… – la fraternit… – la libert… .

3 ★★ **Recopiez en complétant les noms par -*el*/-*elle*, -*eil*/-*eille*, -*euil*/-*euille*, -*ueil*.**

1. Les gros… sont mûres. – **2.** Il m'attend sur le s… . – **3.** Mon rév… sonne et j'ai encore somm… . – **4.** Passe-moi la bout… d'eau. – **5.** Un chèvref… pousse sur le mur. – **6.** J'ai cueilli du cerf… pour la soupe. – **7.** Je lis un rec… de poésie. – **8.** On déposa le corps dans son cerc… . – **9.** Il nous regarda avec org… . – **10.** Le chat se repose sur le faut… . – **11.** Je joue du violonc… . – **12.** Nous passerons par le tunn… de Fourvière.

4 ★ **Mettez au féminin les noms en gras.**

1. Le **patron** est brutal.
2. Le **paysan** attentif examinait ses bêtes une à une.
3. Les **gitans** groupés devant le feu chantent et dansent.
4. Le **champion** est satisfait de son record.
5. Les **moniteurs** bienveillants guident les enfants jusqu'au remonte-pente.
6. Le **patineur** est acclamé.
7. L'**aviateur** blessé est rapatrié jusqu'à la ville la plus proche.
8. Le **lion** cruel dévore sa proie.

11 Orthographe

Le pluriel des noms

Leçon

L'ajout d'un -s

On forme le pluriel d'un nom en ajoutant -*s* au singulier.

un chat → des chats

Les noms terminés par -s, -x, -z

Ils **ne changent pas** au pluriel.

Le repas → les repas – le nez → les nez – la noix → les noix.

Certains noms ont un pluriel en -x

Les noms en -***au*** et -***eu*** : *un fourneau → des fourneaux – un feu → des feux.*
Exceptions : *des* ***bleus****, des* ***pneus****.*

Sept noms en -***ou*** (*bijou*, *caillou*, *chou*, *genou*, *hibou*, *joujou*, *pou*) : *un chou → des choux.*

Les noms en -*al* font leur pluriel en -***aux*** : *un animal → des animaux.*
Exceptions : *bal, carnaval, chacal, festival, régal* prennent un -*s*.

Sept noms en -***ail*** forment leur pluriel en -***aux*** : *bail, corail, émail, soupirail, travail, vantail, vitrail.*
*un vitrail → des vitr****aux****.*

Exercices

1 ★ **Mettez les noms en gras au pluriel et faites les modifications nécessaires.**

1. **L'oiseau** a froid.
2. **Le général** n'a plus envie de faire campagne.
3. **Le caillou** roule sur le chemin.
4. **Ce vitrail** est remarquable.
5. **Un voyou** a cassé la vitrine pour s'emparer **du bijou**.
6. **Le pneu** est dégonflé et **l'essieu** vient de casser.
7. **Le chacal** erre dans les broussailles.
8. **Le signal** d'alerte est lancé.
9. **Un festival** de théâtre a lieu dans la région chaque été.
10. **Son rival** est désarmé.
11. **Le soupirail** est ouvert.

2 ★ **Mettez les noms en gras au singulier et faites les modifications nécessaires.**

1. **Les vantaux** de cette fenêtre sont abîmés.
2. **Les coraux** disparaissent des océans.
3. **Ces travaux** sont-ils finis ?
4. **Les roseaux** ploient au vent.
5. **Les journaux** annoncent de tristes nouvelles.
6. **Les canaux** brillent au soleil.
7. **Les baux** n'ont pas été versés.

3 ★ **Recopiez en mettant la terminaison convenable.**

1. Nous avons utilisé des niv... pour construire ce mur.
2. Les troup... vont boire au ruiss... .
3. Des crist... scintillent au soleil.
4. De la fumée s'échappe de deux petits soupir... .
5. Les tuy... sont en mauvais état.
6. Les chev... piaffent.
7. Les enfants jouent sous de grands pré... .
8. Les drap... flottent au vent.

4 ★ **Écrivez le pluriel des noms suivants.**

1. Deux jeunes (*cheval*) piaffent dans les (*champ*).
2. C'est la période des (*carnaval*).
3. Nous nous sommes promenés le long des (*canal*).
4. Les (*ruisseau*) sont à sec.
5. Les (*cristal*) du lustre brillent.
6. Où se trouve la boîte de (*clou*) ?
7. L'enfant est tombé et s'est blessé aux (*genou*).
8. Elle s'est reposée à l'ombre des (*bambou*).
9. L'église a de riches (*vitrail*).
10. Il faut s'attacher aux (*détail*).

5 ★★ **Trouvez l'intrus.**

1. un chandail – un portail – un travail – un épouvantail.
2. un cheval – un amiral – un journal – un chacal.
3. un bleu – un cheveu – un œil – un feu.
4. un clou – un chou – un cou – un trou.
5. un bal – un festival – un carnaval – un général.
6. de l'émail – du corail – un poitrail – un vitrail.

Réinvestir ses connaissances

Réviser

1 ★★ **Mettez les noms en gras au pluriel et faites les accords nécessaires.**

1. **Un agneau** est allé se désaltérer dans le courant d'une onde pure.

2. Le **chacal** est un animal sauvage et brutal.

3. Ce **signal** matinal annonce le début du **travail** sur le chantier.

4. Lors du **bal** organisé à la cour, la duchesse revêt son plus beau **bijou** et sort son **éventail** de soie noire.

5. Le **vitrail** peint par Chagall à Reims est très coloré.

6. Le **cristal** brille à la lueur des chandelles.

7. **Le canal** est bordé par une rangée de peupliers.

2 ★★ **Mettez les noms en gras au singulier et faites les accords nécessaires.**

1. Ses **vœux** les plus chers se sont réalisés.

2. Ses **yeux** ont cligné en signe d'approbation.

3. Les **cieux** se couvrent de gros nuages.

4. Des **dieux** ont puni Tantale pour son arrogance.

5. De la fumée sortait des **soupiraux** de la cave.

6. À cause de la pollution, les **coraux** disparaissent.

3 ★★ **Précisez la classe grammaticale des mots soulignés.**

1. Le temps est gris et de grands nuages pâles s'avancent de la crête jusque dans la plaine.

2. C'est lui qui a vaincu son adversaire à la fin du match, puis qui l'a félicité pour l'endurance dont il a fait preuve pendant le combat.

3. Le livre que tu leur avais emprunté, le leur as-tu rendu ?

4. Leur tante arrive demain au train de huit heures, ce qui les réjouit, car ils sont restés longtemps sans la voir.

5. Quand l'aube éclaircit le ciel derrière les collines, Marie, la première levée, enfile vite ses chaussures et part pour l'école un morceau de pain en poche.

4 ★ **Recopiez les phrases et complétez par :** ***a/as/à, et/est/ai, on/ont.***

1. Comme il ... plu toute la journée, il n'... pas pu aller ... la pêche et il ... très déçu.

2. C'... moi qui ... mis la pendule ... l'heure.

3. La mer ... si bleue que tu ... envie de t'y baigner.

4. C'... toi qui ... une sœur qui ... plus âgée que moi.

5. Les élèves ... compris ce qu'... leur ... expliqué, mais ils n'... pas respecté la consigne.

6. Jamais ... n'avait vu une telle inondation, les flots ... tout emporté ... ils ... détruit les maisons.

7. Son poulain ... blanc ... noir, je l'... vu gambader ... la lisière de la forêt ... boire dans le ruisseau.

5 ★★ **Recopiez ces verbes conjugués au présent en complétant leur terminaison.**

Il appui... – il fui... – je ri... – je pli... – tu essui... – il brui... – je nettoi... – je voi... – il aboi... – il boi... – tu envoi... – tu croi... – elle pai... – elle balai... – elle fai... – il pren... – il crain... – il pein... – il ven... – il résou... – elle cou... – j'entrepren... – je rejoin... – tu attein... .

Croiser les connaissances

6 ★★★ **Réécriture** **Transposez les phrases suivantes à la personne du pluriel ou du singulier correspondante et faites les changements nécessaires.**

1. Est-ce toi qui es venu hier ? – **2.** C'est vous qui appelez pour prendre rendez-vous. – **3.** Eux qui prétendent tout savoir, je les trouve particulièrement arrogants. – **4.** Vous qui me connaissez si bien, que pensez-vous de mon projet ? – **5.** C'est mon amie qui a décidé d'organiser cette soirée, mais j'ai activement participé aux préparatifs. – **6.** Nous l'avons aperçu au détour du chemin et vous avez détourné la tête pour ne pas le saluer. – **7.** Nous vous avons remarqué dès le premier jour, alors que vous êtes si discret.

7 ★★ **a. Conjuguez les verbes au présent de l'indicatif.**
b. Réécrivez ces phrases en conjuguant les verbes au passé composé.

1. Il (*venir*) et (*repartir*) aussitôt.

2. Il (*répartir*) le travail selon les capacités de chacun et (*consentir*) à nous laisser plus de temps.

3. Je ne (*mentir*) pas quand je te (*dire*) ce que je (*ressentir*).

4. Tu (*détruire*) le château de cartes.

5. Je (*mettre*) mon chapeau, (*descendre*) l'escalier et (*sortir*) en claquant la porte.

8 ★ **Conjuguez les verbes au passé composé.**

1. Nous (*ne pas encore arriver*) au lieu de rendez-vous, parce que nous (*avoir*) un accident. – **2.** Elle (*peindre*) ce tableau en 2014 et (*réaliser*) celui-ci l'année suivante. – **3.** Vous (*ne pas être*) présent lors de son mariage. – **4.** Ce travail, tu l'(*ne pas finir*). – **5.** Les explorateurs (*entrer*) dans la grotte et (*découvrir*) un trésor. – **6.** Il (*naître*) le jour de l'éclipse et ses parents l'(*abandonner*).

9 ★★★ **Réécrivez ce texte au présent de l'indicatif. Ajoutez la bonne terminaison aux participes passés employés comme adjectifs.**

On s'étreignait, on s'étranglait, on se déchirait, on se griffait, on s'assommait, on se mordait, on s'arrachait des cheveux ; des manches de blouse et de chemises volaient au bout des doigts crisp…, et les coffres des poitrines heurt… de coups de poing, sonnaient comme des tambours, les nez saignaient, les yeux pleuraient. C'était sourd et haletant, on n'entendait que des grognements, des hurlements, des cris rauques inarticulés, mêl… de plaintes étouff… et cela se mêlait effroyablement. C'était un immense tas hurlant de croupes et de têtes, hériss… de bras et de jambes qui se nouaient et se dénouaient.

D'après **Louis Pergaud**, *La Guerre des boutons*, 1912.

10 ★★★ a. **Conjuguez les verbes au passé composé.**
b. **Réécrivez les phrases suivantes à la forme interrogative en inversant le sujet.**

1. Elle (*arriver*) en retard à son cours de musique. – **2.** Cette histoire invraisemblable, vous y (*croire*). – **3.** Cet exercice, tu l'(*ne pas comprendre*). – **4.** Ton frère (*finir*) son travail. – **5.** Nous (*ne pas oublier*) notre pique-nique. – **6.** Ce conte, tu le leur (*raconter*) hier. – **7.** Je lui (*envoyer*) cette lettre.

11 ★★ a. **Recopiez et complétez par *-er* ou *-é/-és/-ée*. Soulignez les mots avec lesquels s'accordent les participes passés employés comme adjectifs.**

1. Depuis une heure, le vieux voyait dans… des taches noires et la sueur coulait dans ses yeux délav… .
2. Au bout d'un moment, l'espadon cessa de frapp… le métal de la ligne et épuis… par le combat, il commença lentement à tourn… autour de l'embarcation.
3. Le vieux prit un peu d'eau de mer dans sa main bless… par les cordes et la versa sur sa tête pour se frott… la nuque.
4. Il fit pass… de nouveau la ligne derrière ses épaules et s'agenouilla un moment, harass… .
5. Quelle tentation de se repos… contre la coque et de laiss… le poisson accomplir un cercle entier sans tir… la ligne !
(D'après Ernest Hemingway, *Le Vieil Homme et la Mer*, 1952.)

b. ORAL **Justifiez l'emploi des verbes à l'infinitif.**

12 ★★ **Recopiez les phrases et complétez les verbes par la bonne terminaison :** *-é, -és, -ées, -er, -ez.*

1. Son père est arriv… en retard et elle commençait à s'inquiét… .
2. Comme il ne parvenait pas à dessér… son boulon, il a jet… ses outils et s'est mis à pleur… .
3. Hercule doit nettoy… les écuries d'Augias mais ne parvenant pas à termin… cette tâche, il décide de détourn… le cours d'un fleuve.
4. Je veux voir ces écuries nettoy… ! avait exig… Eurysthée.
5. Vous all… retourn… à la ligne d'arrivée et observ… le départ de la course.
6. Le coureur franchit la ligne, épuis… et bless… à la cheville.

Maîtriser l'écrit

13 ★★★ **Recopiez ce texte en y ajoutant les majuscules et les points nécessaires, ainsi que les virgules séparant les propositions.**

justine cherche comment franchir le talus avec les deux petits tandis que juliette recule toujours devant le taureau et lance continuellement des mottes de gazon qui l'aveuglent l'une crie aux enfants de se dépêcher les pousse en avant gravit le talus tombe plusieurs fois dans la pente et enfin y parvient l'autre est acculée contre une claire-voie la bave du taureau lui rejaillit à la figure une seconde de plus et la bête l'éventrait.

14 ★★★ a. **Recopiez le texte ci-contre en sautant des lignes, conjuguez les verbes au présent, soulignez en rouge leur sujet et mettez les propositions entre crochets.**

Après une nuit passée à 7 000 mètres d'altitude, les premières lueurs de l'aube nous (*trouver*) cramponnés aux mâts du camp. Chaque mouvement (*demander*) un véritable héroïsme. À six heures, nous (*se mettre*) en route. Parfois nous (s'*enfoncer*) dans une neige poudreuse qui (*rendre*) la progression très fatigante. La température (*être*) très basse et le froid (*pénétrer*). Les vêtements spéciaux de duvet ne nous (*couvrir*) pas suffisamment, aussi pendant les arrêts, (*taper*)-nous du pied avec vigueur. Lachenal (*être*) angoissé par la perspective du gel et se (*plaindre*) de plus en plus de ses pieds. Je (*finir*) par être inquiet : je me (*rendre*) bien compte du danger que nous (*courir*).

D'après **Maurice Herzog**, *Anapurna, premier 8 000*, © Arthaud, 1951.

b. **Dictée** Préparez ce texte pour la dictée. Texte audio

12 Grammaire

Les déterminants

Observer

À cinq cents pas, au détour d'un haut promontoire, une forêt haute, touffue, épaisse, apparut à nos yeux. (VERNE)

1. Quel est le genre et quel est le nombre des noms *promontoire* et *forêt* ? Quel mot vous permet de le savoir ?

2. Remplacez *une forêt* par *la forêt*, puis par *cette forêt* et *notre forêt*. Quelles différences de sens remarquez-vous ?

Leçon

Les articles

Définis (*le, la, les, l'*) :
ils désigne un élément **déjà cité**, ou **connu**.
*J'admire **la** forêt.*
(On sait de quelle forêt il s'agit.)

Remarque :
Au masculin, ils **se contractent** lorsqu'ils sont précédés de certaines prépositions : ***au*** (à + ***le***), ***aux*** (à + ***les***), ***du*** (***de*** + ***le***), ***des*** (***de*** + ***les***).
*Je vais à la piscine puis **au** cinéma.*

Indéfinis (*un, une, des*) :
ils désignent un élément qui n'est **pas encore connu**.
*J'admire **une** forêt.*
(Une parmi d'autres.)

Remarque :
Des devient ***de*** devant un adjectif.
J'ai des voisins charmants.
→ *J'ai **de** charmants voisins.*

Partitifs (*du, de la, de l'*) :
ils indiquent qu'il ne s'agit que d'**une partie de la chose**.
On peut les remplacer par « un peu de » : ***du** poulet (un peu de poulet), **de** l'eau, **de la** farine.*

Les déterminants démonstratifs

Ils servent à **montrer un élément**.
*Admire ce bois, **cette** forêt, ces arbres.*

ce, cet, cette, ces

Remarque :
Devant un mot masculin commençant par une voyelle ou un *-h* aspiré, on écrit ***cet*** au lieu de **ce.**
*Admire **cet** arbre.*

Les déterminants possessifs

Ils indiquent à **qui appartient** la chose ou l'être dont on parle.

	Un seul possesseur	Plusieurs possesseurs
Singulier	*mon, ton, son* *ma, ta, sa*	*notre, votre, leur*
Pluriel	*mes, tes, ses*	*nos, vos, leurs*

Remarque :
Devant un nom féminin commençant par une voyelle ou un ***-h*** aspiré, on remplace ***ma***, ***ta***, ***sa*** par ***mon***, ***ton***, ***son***.
*Cela attira **mon** attention.*

Les déterminants interrogatifs et exclamatifs

On les trouve dans des phrases **interrogatives** ou **exclamatives**.
***Quelle** heure est-il ? – **Quels** grands animaux !*

quel, quels, quelle, quelles

Exercices

1 ★ **Relevez les articles définis dans les phrases. Attention : pour ne pas les confondre avec des pronoms personnels, repérez le nom qu'ils déterminent.**

1. J'ai acheté les trois tomes de cette série mais je ne les ai pas encore commencés.

2. Personne n'était là quand le livreur a sonné à la porte.

3. Mes camarades sont venus travailler ; s'ils le demandent, je les aide à comprendre l'exercice.

2 ★ ORAL **Précisez si *des* est un article indéfini ou un article défini contracté.**

1. Des lilas embaument dans l'enclos des voisins.

2. Des pas précipités lui annoncèrent l'arrivée des soldats.

3. À la table des enfants, c'étaient des hurlements de protestation.

3 ★ **Mettez les phrases à la forme négative.**

1. Le chat glouton gobe des croquettes. – **2.** Je t'ai laissé du jambon. – **3.** Guénolé a ajouté de la farine à la pâte.

4 ★ **Complétez par *de* ou *des*.**

1. ... grands oiseaux volaient au-dessus de nous.

2. Cueillez ... fleurs avec ... longues tiges.

3. Nous recevons encore ... externes mais nous ne prenons pas ... nouvelles pensionnaires.

4. Ne dites pas ... bêtises.

5 ★★ **Relevez uniquement les articles partitifs et le nom qu'ils accompagnent.**

1. Arrivés au bivouac, nous soupâmes avec du poisson cru, des figues et du vin. (STENDHAL)

2. Il était allé au village récemment et en avait rapporté de la poudre, du tabac, et du pétrole. (PEISSON)

6 ★ **Conjuguez à toutes les personnes le verbe de la phrase suivante. Faites les changements nécessaires.**

Je mets mon manteau et mes gants.

7 ★★ **a. Complétez les phrases par le déterminant possessif correspondant à la personne du sujet.**

1. Je vous raconterai ... voyage.

2. Il annonce ... arrivée prochaine.

3. Une femme agite ... mouchoir, retient ... larmes.

4. As-tu oublié ... bagages ?

b. Mettez les sujets au pluriel et faites les changements nécessaires.

8 ★ **Mettez au singulier les expressions suivantes.**

Ces acteurs célèbres – ces sommets infranchissables – ces difficiles étapes – ces averses interminables – ces instants magiques – ces belles étincelles.

9 ★★ **Complétez, selon le sens, avec un déterminant possessif ou démonstratif. Justifiez oralement votre choix.**

1. Comme j'ai peur des animaux, ... voisin avait enfermé ... chiens avant ... venue.

2. Comme ... montagnes sont belles !

3. ... magasin-là est fermé : ... propriétaire est souffrant.

10 ★★ Réécriture **Mettez au pluriel les noms en gras et faites les changements nécessaires.**

1. Mon **frère** évoque avec plaisir la venue prochaine de ses oncles. – **2.** Libère ce grand **canal** afin que le prince puisse passer avec son magnifique **bateau**.

11 ★★ **Relevez les déterminants et indiquez leur nature. Précisez, à chaque fois, quel nom ils déterminent.**

Nous voudrions du papier, pour emballer ces livres, et des enveloppes, pour poster nos lettres au père Noël.

12 ★★ **Complétez les phrases avec : *quel, quelle, quels, quelles*. Justifiez oralement votre réponse.**

1. ... robe vas-tu porter ?

2. ... idiot je suis !

3. Indique-moi ... poules et ... canards tu comptes vendre au marché.

4. ... jour étions-nous, ... heure était-il ?

13 ★★★ **Ne confondez pas le déterminant *quel(les)* avec *qu'elle(s)*. Justifiez oralement votre réponse.**

1. J'ignore ce ... a vécu. – **2.** ... est ce chien ? – **3.** Elle se demande ... réponse donner. – **4.** Aliénor et Sophie sont punies parce ... ont menti. – **5.** « ... artiste meurt avec moi ! » s'exclama l'empereur Néron.

14 ★★★ **Complétez le texte par les déterminants qui conviennent et précisez leur nature.**

Vous avez certainement été déjà à ... campagne, et vous avez vu ... vieilles maisons de paysans. Dans une de ... maisons de paysans habitaient deux vieilles gens, ... paysan et ... femme. Ils n'avaient presque rien, et pourtant ils se trouvaient avoir quelque chose de trop, ... cheval, qu'ils laissaient paître dans ... fossé près de ... grand-route. ... paysan l'enfourchait pour aller à ... ville, et de temps en temps le prêtait à ... voisins qui, en retour, lui rendaient quelques services. Mais ... vieux pensaient qu'il serait meilleur pour eux de vendre ... cheval ou de l'échanger contre ... objet plus utile.

D'après **H. C. ANDERSEN**,
Ce que fait le père est toujours bien fait, 1861.

13 Grammaire

Le nom et ses expansions

Leçon

Le groupe nominal

Un nom est rarement employé seul : le **nom** et **les mots qui le complètent** forment le **groupe nominal**.

Le nom qui est complété s'appelle **le noyau** du groupe nominal.

J'ai acheté une maison. (GN : une maison)

*J'ai acheté une jolie **maison** de campagne.* (GN : une jolie maison de campagne)

Les expansions du nom

L'adjectif qualificatif :
une jolie maison.
Il a toujours pour fonction **épithète du nom.**

Le groupe prépositionnel (relié au nom par une **préposition**) :
*une maison **de** campagne,*
*un mur **en** pierre,*
*une machine **à** coudre.*
Il a pour fonction **complément du nom.**

Prépositions : *à, dans, de…*

La proposition subordonnée relative (PSR), introduite par un **pronom relatif** :
*J'ai acheté **la maison** (antécédent) [**que** tu m'as fait visiter.]*
Elle a pour fonction **complément du nom** ou **complément de l'antécédent.**
L'antécédent est le **nom complété** par la PSR.

Pronoms relatifs : *qui, que, quoi, dont, où, lequel, laquelle, lesquels…*

Attention, le nombre d'expansions d'un nom n'est pas limité :
Le ciel me fait croire à l'impossible.
→ *Le magnifique **ciel** d'été que j'aperçois par la lucarne me fait croire à l'impossible.*

Exercices

1 ★★★ Écriture Ajoutez des expansions aux noms en gras. Soulignez-les et précisez si ce sont des groupes prépositionnels, des adjectifs ou des propositions subordonnées relatives.

Petit Pierre s'approcha du **sapin** et découvrit un **cadeau**. Il poussa un **cri**, se jeta sur le **paquet**. Il n'avait pas fini de l'ouvrir qu'un **chien** lui sautait dans les bras. C'était un **labrador**.

2 ★ Les mots en gras sont-ils des noms, des adjectifs ou des verbes ? Justifiez vos réponses.

1. Pour le **déjeuner**, nous allons manger des lasagnes.
2. Les enfants, dépêchez-vous, il est l'heure de **déjeuner** !
3. Ton chemisier **vert** est très beau et il fait ressortir le **vert** de tes yeux.
4. Raphaël a une bonne constitution : il n'est jamais **malade**.
5. Comment notre **malade** se porte-t-il, ce matin ?
6. Elle est amusante, l'**enseigne** de cette boutique !
7. Monsieur Francis **enseigne** la philosophie.

3 ★ **a.** Recopiez les phrases suivantes et entourez les noms.

1. Le preux chevalier arriva au château.
2. Il avançait fièrement campé sur son magnifique cheval de parade.
3. Il s'arrêta devant la porte du château qui était grande ouverte dans l'attente de son arrivée.
4. Une belle demoiselle vêtue d'une longue robe de lin blanc parut.
5. Son visage se colora d'une légère nuance rosée à la vue du chevalier.
6. Elle avait reconnu le vaillant combattant qui l'avait secourue la veille.

b. ORAL Relevez les groupes nominaux dont chaque nom est le noyau.

4 ★ **Relevez les groupes nominaux dont les noms en gras sont les noyaux.**

Tous nous dormions autour de notre **feu** mourant quand nous fûmes réveillés, ou plutôt arrachés brutalement de notre **sommeil**, par une **succession** épouvantable de cris de terreur et de hurlements. Il n'y a pas de sons qui puissent se comparer à ce **concert** étourdissant qui semblait se jouer à quelques centaines de **mètres** de nous.

A. C. DOYLE, *Le Monde perdu*, 1929.

5 ★★ **Recopiez les phrases suivantes.**

a. Entourez les noms et soulignez les adjectifs.

b. Mettez entre parenthèses les groupes nominaux.

1. C'était une vieille femme à la peau ridée et aux longues mains noueuses.

2. Dans de vastes carrés sombres, beaucoup de machines sommeillaient, les grosses presses souvent travaillaient au ralenti. (NAVEL)

3. Ah ! qu'elle était jolie, la petite chèvre de M. Seguin. Qu'elle était jolie avec ses yeux doux, sa barbiche de sous-officier, ses sabots noirs et luisants, ses cornes zébrées et ses longs poils blancs qui lui faisaient une houppelande ! (DAUDET)

6 ★★ **a.** ORAL **Enrichissez les groupes nominaux en plaçant les adjectifs entre parenthèses de la manière qui vous paraît la plus appropriée. Discutez vos choix.**

Une écharpe (*longue, rouge*) – une maison (*petite, charmante*) – une jument (*magnifique, grise*) – une voiture (*cabossée, vieille*) – une voix (*triste, cristalline*) – une porte (*impressionnante, gothique*).

b. Écriture **Employez les groupes nominaux ainsi enrichis dans des phrases de votre invention.**

7 ★★ **Certains adjectifs n'ont pas le même sens selon qu'ils sont placés avant ou après le nom qu'ils qualifient. Expliquez le sens des adjectifs en les remplaçant par une proposition subordonnée relative ou un groupe prépositionnel.**

Exemple : *un bon médecin → un médecin de qualité, qui est expert*
un médecin bon → un médecin d'une nature généreuse, qui montre de la bonté

1. une petite fille / une fille petite

2. une sale bête / une bête sale

3. un brave homme / un homme brave

4. un triste individu / un individu triste

5. mes propres habits / mes habits propres

8 ★ ORAL **Complétez par la préposition qui convient.**

Une pelle ... tarte – le chat ... la voisine – une manifestation ... la paix – du poil ... gratter – un gâteau ... des œufs – un gâteau ... œufs – une musique ... autrefois – l'envie ... partir – une sorcière ... nez crochu – une sorcière ... un nez crochu – un œuf ... chocolat.

9 ★★ **Réécrivez les phrases suivantes en remplaçant les groupes prépositionnels compléments du nom par des adjectifs de même sens.**

1. La semaine prochaine, nous allons observer une éclipse du soleil. – **2.** Un magnifique soleil d'été nous invitait à la baignade. – **3.** Mon mari, dès qu'il est contrarié, adopte un comportement d'enfant. – **4.** J'aime particulièrement l'architecture du Moyen Âge. – **5.** La vie à la campagne est bien plus reposante que la vie à la ville.

10 ★★ **a.** ORAL **Quels sont les noyaux des groupes nominaux ci-dessous ?**

1. Cette ravissante lampe mauve que tu m'avais offerte à Noël.

2. Le drapeau bleu que nous avons aperçu hier à la fenêtre d'une maison.

3. L'alléchant poulet à l'oseille qui est en train de cuire dans le four.

4. La fabuleuse histoire de Loïse Duchmol que grand-mère nous racontait dans notre enfance.

b. Écriture **Ajoutez une proposition principale dont ces noyaux sont le sujet, de manière à ce que chaque phrase soit complète.**

11 ★★★ Écriture **Ajoutez des expansions aux noms selon les indications entre parenthèses.**

1. Le (*adjectif*) chat (*adjectif*) (*groupe prépositionnel*) (*proposition subordonnée relative*) semblait fixer sur le fauteuil (*groupe prépositionnel*) ses prunelles (*adjectif*).

2. Une (*adjectif*) odeur (*groupe prépositionnel*) montait de la marmite (*proposition subordonnée relative*).

3. Le pas (*adjectif*) et (*adjectif*) (*groupe prépositionnel*) se fit entendre.

4. Un homme (*adjectif*) (*proposition subordonnée relative*) attendait devant la porte (*groupe prépositionnel*).

12 ★★★ Écriture **Enrichissez ce texte en ajoutant aux noms en gras des expansions de votre choix.**

C'était un **jardin** entretenu avec **soin**. Les **arbres** ouvraient leurs **branches**. Elles étaient chargées de **pommes** ou de **poires**. Les **vignes** portaient des **grappes**. Sur les **bords**, des **buissons** semblaient attendre qu'on les débarrasse de leurs **baies**. Au **fond**, un **chêne** couvrait de son **regard** ce **tableau**.

14 Orthographe

L'accord de l'adjectif qualificatif

Leçon

- L'adjectif qualificatif s'accorde en genre et en nombre avec le nom qu'il qualifie.
- La marque du féminin est *-e* et celle du pluriel *-s*, mais il y a des particularités à connaître.

L'accord au masculin

Certains adjectifs ont deux formes, l'une devant une **consonne** et l'autre devant une **voyelle** ou un ***h* muet**.

un amour fou/un fol amour
un homme beau/un bel homme

L'accord au féminin

Les adjectifs en *-e* au masculin **ne changent pas** au féminin : *un homme **unique** – une femme **unique**.*

Certains adjectifs changent la consonne finale au féminin :
- ***er* → *ère*** (*premier → première*)
- ***f* → *ve*** (*naïf → naïve*)
- ***eur/eux* → *euse*** (*heureux → heureuse*).

Les adjectifs en *-on* / *-en* / *-el* / *-et* / *-eil* au masculin **doublent la consonne** au féminin : *bon → bonne – ancien → ancienne – éternel → éternelle – coquet → coquette – pareil → pareille.*

L'accord au pluriel

Les adjectifs en *-s* ou *-x* au masculin **ne changent pas** au pluriel : *un œuf frais → des œufs frais.*

Les adjectifs en *-al* au masculin font leur pluriel en *-aux* (sauf *bancal*, *naval*, *natal*, *fatal*, *glacial*) : *amical → amicaux.*

L'accord avec plusieurs noms

Si l'adjectif qualifie **plusieurs noms singuliers**, il se met au **pluriel** : *Le mur et le sol sont noirs.*

Quand un adjectif qualifie **à la fois des noms masculins et féminins**, l'accord se fait au **masculin** : *une table, une nappe et un pot blancs.*

Les adjectifs de couleur

En règle générale, **les adjectifs de couleur** s'accordent avec le **nom**.

Mais sont invariables :
- la plupart des noms utilisés comme adjectifs : *des volets orange* ;
- les adjectifs composés de deux mots : *une feuille vert clair – des pétales jaune d'or.*

Exercices

1 ★★★ **Écriture** Écrivez un court paragraphe évoquant la mer en utilisant au moins trois noms et cinq adjectifs, choisis parmi les suivants :
- **noms** : mer – marée – plage – vague – falaise – tempête ;
- **adjectifs** : doré – agité – brûlant – bas – furieux – montant – haut – violent – abrupt – escarpé – démonté.

2 ★ Accordez les adjectifs entre parenthèses.
1. une grotte (*sûr*) et (*hospitalier*)
2. une tornade (*bref*) mais (*dévastateur*)
3. une parole (*mensonger*) et (*trompeur*)
4. une cliente (*grincheux*) et (*agressif*)
5. une chèvre (*craintif*) et (*capricieux*)

3 ★★ ORAL Relevez les adjectifs et précisez le nom auquel ils se rapportent.

C'est une grande maison basse qui s'enfonce à demi dans un creux de la lande, avec un toit penchant qui rejoint le sol et un seul arbre qui se répand sur le toit. Alentour, aussi loin que peut porter la vue, tout est désert, tout n'est qu'une onde d'herbe rase ou que douce épaisseur de bruyère feutrée.

JULES ROMAINS, *Cromedeyre-le-Vieil*, 1912.

4 ★★ **a.** ORAL Mettez les expressions suivantes au pluriel.

1. un bel affichage mural – **2.** un homme loyal – **3.** un petit tabouret bancal – **4.** un sourire amical et bienveillant – **5.** un vieux manteau original – **6.** un temps verbal – **7.** un beau soleil matinal – **8.** un grand foulard orange – **9.** un client grincheux et difficile.

b. Écriture Choisissez cinq expressions et employez-les chacune au pluriel dans une phrase.

5 ★ Accordez les adjectifs entre parenthèses.

1. Ces dernières années, nous avons eu des hivers (*glacial*). – **2.** Les deux armées ont dû livrer une bataille (*long*) et (*acharné*). – **3.** Cette jument est (*sain*) et (*vigoureux*). – **4.** Ce dont il a besoin, ce sont des paroles (*amical*) et (*bienveillant*).

6 ★★ Raphaël est très distrait : il a recopié ce texte sans accorder les adjectifs. Aidez-le à corriger ses erreurs. Combien trouvez-vous d'erreurs ?

[Om Jamil] raclait les dallages, lavait à grand eau terrasses et vérandas, lessivait les draps, frottait les vitres immense. Maigre et noueux comme une racine, son endurance était illimité. Dès qu'ils rentraient de l'école, les enfants se groupaient autour d'elle, allant jusqu'à se déchausser pour apprendre à marcher – comme elle – d'un pas égal, sur un tapis ou sur un chemin caillouteux. Elle serrait ses cheveux dans un mouchoir grenat, noué en triangle, sous lequel deux petit nattes – étroit comme des cordons – se balançaient sagement.

D'après ANDRÉE CHÉDID, *L'Écharpe*, in *La Femme en rouge et autres nouvelles*, Flammarion, 1978.

7 ★★ Recopiez les expressions suivantes en accordant les adjectifs entre parenthèses.

1. une animation et un bruit (*inhabituel*) – **2.** une place et une fontaine (*public*) – **3.** une chambre et une cuisine (*exigu*) – **4.** Une boutique et une vitrine (*nouveau*) – **5.** un homme et une femme (*grec*) – **6.** une animation et une bousculade (*inhabituel*) – **7.** une île et une ville (*grec*)

8 ★★ Accordez correctement les adjectifs de couleur.

Exemple : *des jupes (vert, cerise) → des jupes vertes, des jupes cerise.*

1. des cheveux (*châtain clair, blond*)
2. des rideaux (*orange, bleu marine*)
3. des reflets (*nacré, argent*)
4. un sac et une ceinture (*rouge, écarlate*)
5. des teintes (*ivoire, gris perle*)
6. des gants (*crème, pâle*)
7. une robe et une jupe (*vert amande, marron*)
8. des tricots (*bleu clair, paille*)
9. des voitures (*jaune, rouge sombre*).

9 ★★★ **a.** Recopiez le texte en accordant les adjectifs entre parenthèses.

Elle portait un chapeau de paille orné de rubans (*rose*) qui palpitaient au vent. Ses cheveux (*noir*) encadraient souplement l'ovale de son visage qu'illuminaient ses grands yeux (*bleu vert*). Autour de son cou, un collier de (*petit*) perles (*émeraude*) soulignait la blancheur de son teint. Elle souriait, et son profil délicat se découpait sur le fond des nuages (*bleuté*). Sa robe de soie (*aubergine*), (*tacheté*) de petits motifs (*mauve*), ondulait autour de ses hanches. Le cuir souple de ses souliers (*crème*) enveloppait ses pieds (*menu*) comme une caresse.

D'après GUSTAVE FLAUBERT, *L'Éducation sentimentale*, 1869.

b. Dictée Préparez ce texte pour la dictée. Texte audio

10 ★★ Recopiez les phrases en accordant les adjectifs entre parenthèses.

1. Nous étions installés au fond de la boutique (*rouge*) et (*chaud*), brusquement traversée par de (*glacial*) coups de vents. (ALAIN-FOURNIER)

2. Des pluies (*diluvien*) et (*bref*) s'abattirent sur la ville, une pluie (*orageux*) suivait ces (*brusque*) ondées. (CAMUS)

3. Il cherchait les lumières des villages (*pareil*) à celles des vers luisants. (SAINT-EXUPÉRY)

11 ★★★ Écriture Enrichissez ce texte en le complétant avec des adjectifs.

Un jour, alors que je me promenais dans la campagne …, j'aperçus un … monsieur … avec un visage …, des yeux …, des cheveux … . Il portait des … chaussures …, une … casquette …, ternie par la pluie, un pantalon … et une veste … . Il tenait d'une main une … boîte et de l'autre une palette … .

15 Conjugaison

L'imparfait et le plus-que-parfait de l'indicatif

Leçon

1 L'imparfait

À l'imparfait de l'indicatif, tous les verbes prennent les terminaisons suivantes : *-ais*, *-ais*, *-ait*, *-ions*, *-iez*, *-aient*.

Marcher	
Je marchais	Nous marchions
Tu marchais	Vous marchiez
Elle, Il marchait	Elles, Ils marchaient

Attention

- Verbes en ***-ier***, ***-yer***, ***-iller*** : *plier → nous pliions ; travailler → vous travailliez ; croire → nous croyions.*
- Verbes en ***-cer*** et ***-ger*** : *je mangeais ; il déplaçait.*
- Dans les verbes en ***-guer***, le ***-u*** fait partie du radical, on le conserve à toutes les personne : *conjuguer → elles conjuguaient.*

2 Le plus-que-parfait

Le plus-que-parfait est formé de l'**auxiliaire *être*** ou ***avoir*** **à l'imparfait** et du **participe passé** du verbe.

Aller		Aimer	
J'étais allé(e)	Nous étions allé(e)s	J'avais aimé	Nous avions aimé
Tu étais allé(e)	Vous étiez allé(e)s	Tu avais aimé	Vous aviez aimé
Elle était allée	Elles étaient allées	Elle, Il avait aimé	Elles, Ils avaient aimé
Il était allé	Ils étaient allés		

Quand l'auxiliaire est *être*, le participe passé s'accorde en genre et en nombre avec le sujet.

Exercices

1 ★★ **Écriture** Imaginez quelles étaient les distractions de vos parents lorsqu'ils étaient enfants. Racontez en commençant par : « Lorsqu'ils étaient enfants, mes parents... ».

2 ★ **ORAL** Relevez les verbes, dites s'ils sont conjugués à l'imparfait ou au plus-que-parfait et donnez leur infinitif.

Des nuées d'orages, sorties de la mer l'une après l'autre, de l'aube jusqu'au soir, avaient passé sur le pays, et, comme des poches éventrées d'où le grain coule, avaient versé leur pluie aux terres arides. Beaucoup de feuilles, celles des hautes branches surtout, étaient tombées. Un parfum de forêt mouillée s'élevait vers le ciel calme et laiteux. Il ne faisait pas de brise ; aucun oiseau ne chantait ; la campagne semblait uniquement attentive aux dernières gouttes formées pendant la nuit et qui s'écrasaient au pied des arbres avec des vibrations de métal.

René Bazin, *La Terre qui meurt*, 1898.

3 ★ **Conjuguez à l'imparfait aux personnes suivantes : *je, il, nous*.**

Commencer – veiller – peindre – grandir – boire – voir – résoudre.

4 ★★ **Transposez les phrases suivantes à la personne du singulier ou du pluriel correspondante.**

1. Tu travaillais tous les jours.
2. Nous avancions de quelques pas.
3. Nous conjuguions dans la joie et la bonne humeur.
4. Vous changiez une ampoule.
5. Tu cueillais des fleurs.
6. Je fuyais le danger.

5 ★★ **Choisissez la forme correcte.**

1. Tu (*rangeais / rangais*) les jouets qu'avaient (*oubliés / oubliais*) nos enfants.
2. Le marin (*naviguait / navigait*) joyeusement.
3. Chacun de nous s'était (*efforcés / efforcé*) d'aider les autres.
4. Dès que vous (*atteigniez / atteignez*) la cible, nous (*crion / criions*) d'enthousiasme.
5. J'(*espérerais / espérais*) une visite parce que je m'(*ennuyais / ennuyiais*).
6. Vous (*protestiez / protestaient*) dès que nous vous (*infligiez / infligions*) une punition.
7. Mes enfants, alors que j'(*entrait /entrais*) tout doucement, m'(*avais / avaient*) malgré tout entendue.

6 ★★ **Recopiez ce texte en conjuguant les verbes entre parenthèses à l'imparfait.**

Lorsque je (*être*) en pleine mer, et que je ne (*avoir*) d'autre spectacle que le ciel et l'eau, je (*s'amuser*) quelquefois à dessiner de beaux nuages blancs et gris, semblables à des groupes de montagnes, qui (*voguer*) à la suite les uns des autres, sur l'azur des cieux. C'(*être*) surtout vers la fin du jour qu'ils (*développer*) toute leur beauté en se réunissant au couchant, où ils (*se revêtir*) des plus riches couleurs, et (*se combiner*) sous les formes les plus magnifiques.

Bernardin de Saint-Pierre, *Œuvres posthumes*, 1833.

7 ★★ **Réécriture** **Transposez ce texte à l'imparfait.**

Le vent fait rage, les vagues profondes s'émeuvent, l'air s'épaissit en ténèbres, la mer noircit, la pluie s'abat en rafales. Mas et cordages se rompent, les mariniers baissent la voile et zigzaguent au gré de l'onde et du vent.

D'après **Joseph Bédier**, *Le Roman de Tristan et Iseut*, 1931.

8 ★★ **Réécriture** **Réécrivez ce texte en commençant par *nous*. Attention à bien faire tous les changements nécessaires.**

Il employait donc son temps en telle façon qu'ordinairement il s'éveillait entre huit et neuf heures, qu'il fût jour ou non. […]

Puis il gambadait, sautait, paillardait dans son lit quelque temps pour mieux réjouir son esprit ; et il s'habillait selon la saison, mais volontiers il portait une grande et longue robe de gros lainage fourré de renard. Après, il se peignait du peigne d'Almain, c'est-à-dire des quatre doigts et du pouce.

François Rabelais, *Gargantua*, 1534.

9 ★★ **Écriture** **En six à huit phrases, imaginez la suite de la journée de Gargantua.**

10 ★ **Conjuguez les verbes au plus-que-parfait aux personnes suivantes : *elle, vous, ils*.**

Aller – dormir – vouloir – sortir – promener – se promener.

11 ★★ **Dans les phrases suivantes, conjuguez les verbes au temps composé correspondant.**

1. Émilie est contente et elle applaudit.
2. L'électricienne rétablissait le courant.
3. Vous aviez très peur.
4. Nous partions tôt le matin.
5. Il offre des fleurs à son amie.
6. Les coureurs buvaient régulièrement de l'eau pour se rafraîchir.

12 ★★★ **a. Retrouvez le texte d'origine en conjuguant les verbes entre parenthèses à l'imparfait ou au plus-que-parfait.**

Il (*être*) là depuis midi, le malheureux mioche ! Avant de partir, sa mère l'(*assoir*) sur une chaise et lui (*dire*) : « Sois sage. » Depuis, il (*attendre*). Comme il (*crier*) la faim, la fruitière d'en face lui (*donner*) une tartine de confiture. Mais la tartine était finie depuis longtemps, et le marmot (*recommencer*) à pleurer. Il (*mourir*) de peur, le pauvre innocent !

Alphonse Daudet, *La Belle Nivernaise*, 1886.

b. Dictée **Préparez ce texte pour la dictée.** Texte audio

13 ★★★ **Écriture** **Écrivez une suite au texte de l'exercice 6 en imaginant d'autres formes et couleurs que pourraient prendre les nuages. Attention à l'accord des adjectifs de couleur !**

Réinvestir ses connaissances

Réviser

1 ★ Relevez les groupes nominaux dont les noms en gras sont les noyaux.

Ce devait être au commencement de mon second **hiver**, à l'heure triste où la nuit vient. Dans la **salle** à manger de ma maison familiale – qui me paraissait alors un **lieu** immense – j'étais engourdi, sous l'influence de l'obscurité envahissante. [...] L'**heure** du dîner approchant, une bonne vint, qui jeta dans la cheminée, pour ranimer, une **brassée** de menu bois. Alors ce fut un beau **feu** clair ; subitement une belle **flambée** joyeuse illuminant tout.

D'après **Pierre Loti**, *Le Roman d'un enfant*, 1915.

2 ★ Recopiez et complétez par *ces* ou *ses*.

1. Pour qui sont ... jolies fleurs ?

2. Quand Marc part en vacances, je m'occupe de ... plantes.

3. La maison ouvre ... fenêtres sur la campagne.

4. Quelle triste vie que celle de ... pauvres gens !

5. Voici le mois de mars et ... giboulées.

6. La parole a été donnée à l'homme pour expliquer ... pensées. (Molière)

7. Léon aime la compagnie de ... copains.

3 ★ Mettez les groupes nominaux suivants au masculin pluriel, puis au féminin pluriel.

Un empereur avisé – un grand magicien – ce courageux fermier – un lecteur attentif – cet homme célèbre – son client le plus exigeant.

4 ★ Transformez les phrases selon le modèle :

Tu apprends ***de belles histoires****.*
→ ***Quelles belles histoires*** *tu apprends !*

Attention aux accords !

1. Corentin étudie une belle langue.

2. Bernard a cuisiné un délicieux rôti.

3. Tu as un long museau et de drôles de moustaches, Mère-Grand.

4. Vous montrez de terribles défauts.

5. Nous avons vu hier soir un film magnifique.

6. La villa est décorée de grandes fresques.

5 ★★ Accordez les adjectifs entre parenthèses.

Jamais mon jardin ne m'avait paru si (*beau*). Les espaliers un peu (*défeuillé*) étaient (*lourd*) de pêches (*mûr*) et de grappes (*doré*). Les groseilliers s'étalaient en touffes (*clair*), (*semé*) de quelques points (*rouge*) et, dans ce soleil d'automne qui fait mûrir toutes les baies, éclater les gousses, tomber les graines, les moineaux se poursuivaient avec des vols (*inégal*) où l'on reconnaissait bien, à travers la bande, la recrue des (*nouveau*) couvées.

D'après **Alphonse Daudet**, *Contes du lundi*, 1873.

6 ★★ **a.** Recopiez les groupes nominaux en gras et entourez leur noyau.

Les oies sauvages ne volaient pas très haut, car **leur nouveau compagnon de voyage** n'aurait pu respirer **un air trop léger**. À cause de lui, elles volaient aussi moins vite qu'à l'ordinaire. Enfin le gamin eut **l'audace de jeter un regard au-dessous de lui**. Il fut surpris de voir étendue là-bas comme **une grande nappe**, divisée en **une infinité de grands et de petits carreaux**.

Selma Lagerlöf, *Le Merveilleux Voyage de Nils Holgersson à travers la Suède*, trad. T. Hammar, Le Livre de Poche, 1963.

b. Soulignez en bleu les adjectifs ou groupes adjectivaux épithètes et en vert les groupes prépositionnels compléments du nom.

7 ★★ Recopiez ce texte en conjuguant à l'imparfait les verbes en vert et au plus-que-parfait les verbes en rose.

Seule, pendant de longues journées, Demoiselle Astride (*réfléchir*) à son triste sort. Malgré ses richesses, elle (*dépérir*) de jour en jour, tant elle (*s'ennuyer*). Un soir d'hiver, on (*frapper*) doucement à sa fenêtre. Elle (*apercevoir*) alors un petit rossignol grelottant. Tout émue, la jeune fille l'(*réchauffer*) dans le creux de sa main. Ils (*devenir*) amis mais, le printemps venu, le rossignol (*repartir*) et Demoiselle Astride (*se retrouver*) de nouveau seule.

Croiser les connaissances

8 ★★ Donnez la nature des mots en gras.

Le voyage dura deux jours. Je passais **ces** deux jours **à** la même place. Je **ne** mangeai **rien** de toute **la** route. Deux jours **sans** manger, c'est long ! Autour de **moi**, on mangeait **beaucoup** dans le wagon. J'avais sous **les** jambes **un grand** coquin **de** panier très **lourd**, d'où **mon** voisin l'**infirmier** tirait à tout moment **des** charcuteries variées et il **les** partageait avec **sa** dame. Le voisinage de **ce** panier me rendit **très** malheureux.

D'après **Alphonse Daudet**, *Le Petit Chose*, 1868.

9 ★★ Analysez les formes verbales suivantes : infinitif, personne, temps.

Mangez – plions – pliions – fuyez – est parti – courais – avaient couru – ont fini.

10 ★★ Complétez ces phrases par *son* ou *sont*.

1. Félix a oublié ... livre. – **2.** Installée dans ... fauteuil, Marie lit ... journal : les nouvelles ... rassurantes. – **3.** Les gens qui ne rient jamais ne ... pas des gens sérieux. (Allais) – **4.** J'observais de ma fenêtre ... visage barbouillé. (France) – **5.** Souvent, les visages ... trompeurs.

11 ★★ Recopiez et complétez par la terminaison qui convient : *-é* / *-er* ou *-ais* / *-ait*.

1. Mes amis ont accept... de gard... mon chat. – **2.** Pour trouv... la réponse, il fall... se pos... la bonne question. – **3.** Je sav... bien que tu n'av... pas aim... mon gâteau. – **4.** Je n'ai jamais essay... de lav... ce canapé.

12 ★★ Léonce a fait des erreurs d'accord dans sa dictée : recopiez le texte, soulignez les déterminants et les adjectifs, reliez-les d'une flèche aux noms auxquels ils se rapportent afin de vérifier et corriger si besoin les accords.

Sur la table d'étalage, des poulet plumées montraient leur poitrine charnu, tendue par l'arête du bréchet ; des pigeon, serrés sur des claies d'osier, avaient des peau nu et tendres d'innocents ; des canards, de peaux plus rudes, étalaient les palme de leurs patte ; trois dinde superbe, piqués de bleu comme un menton fraîchement rasé, dormaient sur le dos, la gorge recousus, dans l'éventail noire de leur queue élargi.

D'après **Émile Zola**, *Le Ventre de Paris*, 1873.

Maîtriser l'écrit

13 ★★★ **a.** Conjuguez les verbes au temps composé correspondant.

1. Elle vient avec son grand-père. – **2.** Ils passaient trois jours à Paris et repartaient ensuite. – **3.** Voyais-tu l'Arc de Triomphe ? – **4.** Nous ne restons pas pour les fêtes. – **5.** J'entendais au loin une cloche qui semblait m'appeler. – **6.** Je te demande de rendre ce service à ton camarade.

b. Réécriture Mettez les phrases ainsi obtenues à la personne du pluriel ou du singulier correspondant.

14 ★★★ Réécriture Transposez selon les indications.

a. À l'imparfait, puis réécrivez la phrase en remplaçant *tout le monde* par *nous*.

Tout le monde coupe, mange et rit, s'enveloppe les jours de brouillard dans de vieux tricots, se régale le matin de raisins glacés et vide des cruches de piquette dans le soleil. (Balde)

b. Au plus-que-parfait.

On heurte à la porte. Elle s'ouvre, et la cuisine tout d'abord apparaît, illuminée par le foyer. (Pesquidoux)

c. En remplaçant *visage* par *figure*.

Son visage hâlé, tanné, comme passé au brou de noix, ressemblait à celui d'une momie. (Stéphan)

d. À l'imparfait et en remplaçant *flammes* par *feu*.

Les flammes dansent, changent, s'élancent, toujours plus hautes et plus gaies.

15 ★★★ **a.** Recopiez le texte en corrigeant, si besoin, les mots entre parenthèses.

Sur toutes les (*route*), autour de Goderville, les paysans et (*leur*) femmes s'en venaient vers le bourg, car c'était jour de marché. Les (*un*) tiraient au bout d'une corde (*un*) vache, un veau. Et leurs (*femme*) derrière l'animal lui (*fouettait*) les reins d'une branche encore (*garni*) de (*feuille*), pour hâter sa marche. (*Elle*) portaient au bras de (*large*) (*panier*) d'où (*sortait*) des (*tête*) de poulets par-ci, des têtes de (*canard*) par-là. Elles marchaient d'un pas plus (*court*) et plus vif que leurs (*homme*), la taille (*sec*), (*droit*) et (*drapé*) dans un petit châle étriqué, (*épinglé*) sur leur poitrine (*plat*), la tête (*enveloppé*) d'un linge blanc (*collé*) sur (*leur*) cheveux et (*surmonté*) d'un bonnet.

D'après **Guy de Maupassant**, *La Ficelle*, 1883.

b. Dictée Une fois corrigé, préparez le texte pour la dictée.

Texte audio

16 Grammaire

Les pronoms

Observer

Marc s'écria : « Je la vois ! »

1. Quel est le mot qui désigne ce que voit Marc ?
2. À votre avis, de quoi peut-il s'agir ?

Leçon

■ Un **pronom** est un mot qui désigne une personne ou une chose sans la nommer :
Mes quatre frères sont partis. → ***Ils** sont partis.*

1 Les pronoms personnels

		Sujet	COD	COI	Après une préposition
Singulier	**1re pers.**	je	me	me	moi
	2e pers.	tu	te	te	toi
	3e pers.	elle, il	la, le	lui	elle, lui, soi
Pluriel	**1re pers.**	nous	nous	nous	nous
	2e pers.	vous	vous	vous	vous
	3e pers.	elles, ils	les	leur *(invariable)*	elles, eux, soi

■ Ils varient selon leur **personne**, leur **genre**, leur **nombre**, leur **fonction** :
*Je vois mes frères. (COD) → Je **les** vois. (COD) – Je parle à mes frères. (COI) → Je **leur** parle. (COI)*

Remarques :

■ ***Y*** et ***en*** sont des **pronoms invariables** qui ne peuvent pas désigner des personnes.

■ ***Y*** remplace un **groupe nominal** introduit par la préposition ***à***.
*Je pense à cet incident. → J'**y** pense.*

■ ***En*** remplace un **groupe nominal** introduit par la préposition ***de***.
*Je me souviens de cet incident. → Je m'**en** souviens.*

2 Les pronoms possessifs

■ Ils remplacent un nom précédé d'un **déterminant possessif** : *mon pain* → ***le mien*** *; ses affaires* → ***les siennes*** *; notre force* → ***la nôtre*** *; vos sentiments* → ***les vôtres*** *; leurs amis* → ***les leurs***.

3 Les pronoms démonstratifs

■ Ils remplacent généralement un nom précédé d'un **déterminant démonstratif** :
ce garçon-ci → ***celui-ci***.

	Masculin	Féminin	Neutre
Singulier	celui (-ci) (-là)	celle (-ci) (-là)	ce, c', ceci, cela, ça
Pluriel	ceux (-ci) (-là)	celles (-ci) (-là)	

■ Les **formes neutres** renvoient à des phrases, des idées.

*Samuel s'est montré négligent. **Cela** me chagrine.*

Exercices

1 ★ **Relevez les pronoms personnels et précisez ce qu'ils désignent.**

Quant à Jupiter, sa figure devint mortellement pâle. Il semblait stupéfait, foudroyé. Bientôt il tomba sur ses genoux dans la fosse, et plongeant ses bras nus dans l'or jusqu'au coude, il les y laissa longtemps, comme s'il jouissait des voluptés d'un bain. [...] Il fallut que je réveillasse, pour ainsi dire, le maître et le valet, et que je leur fisse comprendre qu'il y avait urgence à emporter le trésor si nous voulions qu'il fût en sûreté chez nous avant le jour.

D'après **E. A. Poe**, *Le Scarabée d'or*, 1843.

2 ★ **Répondez aux questions suivantes en utilisant un pronom personnel.**

Exemple : As-tu fini ***ton livre*** *? → Oui, je* ***l'****ai fini.*

1. Marie n'a-t-elle pas rangé **son cartable qui traînait dans le salon** ?
2. Voulez-vous épouser **Justinien** ?
3. Clément a-t-il présenté **son cousin à Corentin** ?
4. Avons-nous déjà voyagé avec **Lise et Nathan** ?
5. Ne te souviens-tu pas **de ton enfance** ?

3 ★★ **Réécrivez les phrases suivantes en remplaçant les mots ou groupes de mots soulignés par un pronom personnel.**

1. Le professeur expliqua la leçon à ses élèves. – **2.** Le professeur a expliqué la leçon à ses élèves. – **3.** Le professeur aura expliqué la leçon à ses élèves. – **4.** Ta sœur et toi ne prendrez pas le train avec Aline et moi. – **5.** Ne donne pas de pain aux canards. – **6.** Sommes-nous inquiets ?

4 ★★ **Remplacez l'expression en gras par *en* ou *y*.**

1. Songez **à ranger vos affaires avant de partir**.
2. Reprenez un peu **de pommes de terre**.
3. Mange **des lentilles** pour être en forme.
4. Le général entra dans une rage folle lorsqu'il fut informé **de la désertion de ses meilleurs soldats**.

5 ★★ **Remplacez les pronoms soulignés par un mot ou groupe de mots de votre choix. Attention au genre et au nombre !**

1. Elles le libèrent. – **2.** Ne le lui as-tu pas demandé ? – **3.** Méfie-t'en. – **4.** L'aventurier, à bout de forces, presque inconscient, le leur confia avant de s'évanouir. – **5.** Je le pense.

6 ★★ **Complétez par *leur* ou *leurs*. Justifiez votre réponse.**

1. Laure et Céline ont bien de la chance : ... parents ... ont offert un beau coffret de jeux. – **2.** Luc et Sylvie grondent ... enfants et ... demandent de se taire.

7 ★★ **a.** ORAL **Indiquez si les mots en gras sont des pronoms personnels ou des déterminants. Justifiez votre réponse.**

La tante Mélina était une très vieille et très méchante femme, qui avait une bouche sans dents et un menton plein de barbe. Quand **les** petites allaient **la** voir dans son village, elle ne se lassait pas de **les** embrasser, ce qui n'était déjà pas très agréable, à cause de **la** barbe, et elle en profitait pour **les** pincer et **leur** tirer **les** cheveux. Son plaisir était de **les** obliger à manger d'un pain et d'un fromage qu'elle avait mis à moisir en prévision de **leur** visite.

D'après **Marcel Aymé**, *Les Contes du chat perché*, © Gallimard, 1963.

b. Indiquez la fonction des pronoms personnels.

c. Dictée Préparez ce texte pour la dictée. Texte audio

8 ★★ **Réécrivez cette phrase en remplaçant le pronom *moi* par : *toi, lui, nous, vous, eux*.**

Ce ballon est à moi ; c'est mon ballon ; c'est le mien.

9 ★ **Relevez les pronoms possessifs et indiquez le nom remplacé par chacun d'eux.**

1. Tu as tes idées, nous les nôtres. (Bosco) – **2.** Ma nièce me regarda et posa sa tasse. Je gardai la mienne dans mes mains. (Vercors) – **3.** Les élèves adoptèrent vite le nouveau comme l'un des leurs.

10 ★★ **Mettez les mots en gras au pluriel et faites les changements nécessaires. Soulignez les pronoms possessifs.**

1. **Je** partirai avec mes bagages ; n'**oublie** pas les tiens.
2. **Il** ne sait que faire pendant ses vacances. Que fais-**tu** pendant les tiennes ?
3. **Mon concert** a rencontré plus de succès que le sien.

11 ★★ **Relevez les pronoms démonstratifs et indiquez le nom remplacé par chacun d'eux.**

1. Sa voix tremblait comme celle d'une chèvre. (Troyat) – **2.** C'était un jour d'hiver plus froid que ceux qui l'avaient précédé. (Gascar) – **3.** C'était un regard calme et profond comme celui d'un enfant. (Duhamel)

12 ★★ **Complétez les phrases suivantes avec le pronom démonstratif qui convient.**

1. (*Ce / Ceux*) ... d'entre vous qui n'ont pas achevé leur exercice le rendront demain ; ... n'est pas grave.
2. (*Ceci / Ceux-ci*) Croirez-vous ... : le roi a abdiqué !
3. (*Ceci / Ceux-ci*) Tous les légumes me comblent le palais, et ... sont vraiment mes préférés.

17 Grammaire

Le COD et le COI

Observer

Observez les phrases suivantes.

Marie dormait. – Le chien aboie. – Luc attrape. – Jean nage. – Il souleva. – Je voudrais. – Le soleil brille. – Marc enlèvera.

1. Lesquelles de ces phrases n'ont pas de sens ?
2. Que faut-il ajouter pour que certaines phrases aient du sens ?
3. Classez les verbes employés dans ces phrases en deux groupes et justifiez votre classement.

Leçon

1 Le complément d'objet du verbe

■ Un verbe peut avoir un complément d'objet si on peut lui ajouter le mot *quelque chose* (ou *quelqu'un*).

*Manger **quelque chose**, prendre **quelque chose**, construire **quelque chose**…*

Le complément d'objet, c'est cette chose dont on parle.

*Marc enlève sa chemise. → On dit **enlever quelque chose**. Ici, cette chose = « chemise » = complément d'objet du verbe « enlever ».*

■ On appelle **verbes transitifs** les verbes qui peuvent avoir un complément d'objet.

*Montrer, faire, connaître… (montrer, faire **quelque chose**).*

■ On appelle **verbes intransitifs** les verbes qui ne peuvent pas avoir de complément d'objet.

Sourire, éternuer, aller… (« Sourire quelque chose », « aller quelque chose » ne sont pas des formes correctes.)

2 COD, COI

■ Si le complément d'objet se construit **directement après le verbe**, c'est un **complément d'objet direct (COD)**.

*Attraper **quelque chose**, vouloir **quelque chose**.*
COD COD

■ Si le complément d'objet est **introduit par une préposition (*à*, *de*…)**, c'est un **complément d'objet indirect (COI)**.

*Se souvenir de **quelque chose**, répondre à **quelqu'un**.*
COI COI

■ Certains verbes se construisent avec **deux compléments d'objet**.

*Dire **quelque chose** à **quelqu'un**.*
COD + COI

3 Trouver le complément d'objet d'un verbe

■ Pour trouver le complément d'objet d'un verbe, on pose la question : « sujet + verbe + (*à*, *de*) *quoi* » ?

*Marc enlève sa chemise. → Marc enlève **quoi** ? Sa chemise. « Sa chemise » est le COD du verbe « enlever ».*

> **Attention**
> ■ Cherchez toujours le sujet avant le COD, pour ne pas le confondre avec un sujet inversé.
> ■ Les verbes d'état (*être, paraître, sembler, demeurer, devenir, rester*) n'ont jamais de COD.

Exercices

1 ★ ORAL **Pour chacun des verbes suivants, dites s'il s'agit d'un verbe transitif ou intransitif et justifiez votre réponse.**

Bailler – mourir – tuer – dévorer – flotter – serrer – écrire – naître – jeter – grandir.

2 ★ ORAL **Dites si les groupes en gras sont des sujets inversés ou des COD.**

1. Du rocher jaillissait **une source fraîche**. – **2.** Des profondeurs du cachot montaient **des plaintes désespérées**. – **3.** Des ouvriers charriaient **des brouettées de terre**. – **4.** De la pièce voisine, nous percevions **des rires**. – **5.** Ainsi disparurent **les dinosaures**.

3 ★ **Relevez les COD des verbes en gras et précisez leur nature.**

1. Marie **aime** danser. – **2.** Il le **conduisit** à l'écurie. – **3.** Je **voudrais** que tu te dépêches. – **4.** Je le **sais** bien. – **5.** Nous **organisons** la semaine prochaine une petite soirée. – **6.** Tu **dois** recommencer. – **7.** Je **crains** qu'ils n'y arrivent pas. – **8.** **Préfères**-tu celle-ci ?

4 ★★ **Complétez les phrases suivantes par un COI. Entourez la préposition que vous avez utilisée.**

1. Les enfants obéissent … . – **2.** Il s'est moqué … . – **3.** Je tiens beaucoup … . – **4.** Cela dépendra … . – **5.** Il se sert encore … . – **6.** J'ai changé … .

5 ★★ Écriture **Ajoutez un COD aux phrases suivantes.**

1. Mes parents reçoivent dans le jardin. – **2.** Ahmed dévore depuis qu'il est tout petit. – **3.** Ils ont chanté toute la soirée.

6 ★★ **Classez les verbes suivants en trois colonnes : ceux qui se construisent avec un COD, ceux qui se construisent avec un COI, ceux qui se construisent avec deux compléments d'objet.**

Appartenir – obliger – détruire – expliquer – perdre – remettre – téléphoner – se douter.

7 ★★ **Recopiez le tableau suivant et complétez-le avec les verbes en gras, selon le modèle.**

verbe	construction	COD	COI
envoya	envoyer quelqu'un	un messager	X

Le sénéchal **envoya** un messager qui **refit** le chemin inverse pour **annoncer** à Méléagant le retour de Lancelot. À cette nouvelle Méléagant **convoqua** des maçons et des charpentiers qui, de gré ou de force, **obéirent** à ses ordres. Il **rassembla** les meilleurs du pays et leur de bâtir une tour et d'unir leurs efforts pour l'**édifier** au plus vite.

D'après **Chrétien de Troyes**, *Lancelot ou Le Chevalier à la charrette*, XIIe siècle.

8 ★★ **Donnez la nature et la fonction des mots ou groupes de mots soulignés.**

1. J'ai laissé les enfants à la voisine. – **2.** Je lui téléphone tous les jours. – **3.** Je pense que ça suffira. – **4.** Marcher me fera du bien. – **5.** Que font les enfants ? – **6.** Je te prête mon livre, tu me le rendras quand tu l'auras fini.

9 ★★ **Remplacez le COD de chaque verbe par le pronom personnel qui convient. Attention à l'orthographe.**

1. J'ai donné ton livre à Marie. – **2.** Je te donne mes disques. – **3.** Il a longuement contemplé le papillon. – **4.** J'ai signalé l'incident à mon supérieur. – **5.** Peux-tu prévenir tes parents ?

10 ★★ **Remplacez le COI de chaque verbe par le pronom personnel qui convient.**

1. J'ai donné ton livre à Marie. – **2.** Il a renoncé à ses rêves de jeunesse. – **3.** Je me souviens de cet incident. – **4.** J'ai longuement réfléchi à la situation. – **5.** Je pense souvent à mes grands-parents.

11 ★★★ **Dans les phrases suivantes, relevez les pronoms et précisez si ce sont des COD ou des COI. Puis réécrivez les phrases en remplaçant ces pronoms par un nom ou un groupe nominal.**

1. Paul ne s'en souvient plus. – **2.** Le professeur les lira demain. – **3.** Marie la leur a répétée. – **4.** L'enfant n'y pensait déjà plus. – **5.** Jacques et Lucie voulaient à tout prix l'emporter avec eux.

12 ★★★ **Remplacez le COD et le COI par des pronoms.**

1. J'ai donné ton livre à Marie. – **2.** Rends immédiatement sa trousse à François. – **3.** Wendy a-t-elle obligé Peter à se cacher ? – **4.** Mme Loiseau n'offrait jamais de bonbons aux enfants.

13 ★★★ **a. Recopiez les phrases suivantes, entourez les verbes transitifs en vert et les verbes intransitifs en bleu.**

b. Soulignez en rouge le sujet de chaque verbe et en vert les COD et les COI.

1. Quand le roi Marc apprit la mort des amants, il franchit la mer et vint en Bretagne. (BÉDIER)

2. Quand [Tristan] eut sept ans révolus, Rivalen le confia à un sage écuyer nommé Gorneval.

18 Orthographe

L'accord du participe passé

Leçon

■ Le participe passé s'emploie pour la **conjugaison des temps composés.** Il est alors précédé d'un **auxiliaire** : *j'ai **chanté**, tu auras **cru**, elle était **venue**.*

– **Les verbes du 1er groupe** ont un participe passé en *-é* : *manger → mangé.*

– **Les verbes du 2e groupe** ont un participe passé en *-i* : *finir → fini.*

– **Les verbes du 3e groupe** ont un participe passé en *-i*, *-is*, *-(i)t* ou *-u* : *connaître → connu ; prendre → pris ; dire → dit.*

Pour trouver la lettre muette du participe passé d'un verbe du 3e groupe, je le mets au **féminin** : *une rédaction bien écrite.*

■ **Le participe passé employé avec l'auxiliaire *être* s'accorde en genre et en nombre avec le sujet.**

*Ma voisine est **arrivée** en retard. Mon voisin est **arrivé** en retard.*

■ **Le participe passé employé avec l'auxiliaire *avoir* ne s'accorde jamais avec le sujet mais s'accorde avec le COD, lorsque celui-ci est placé devant le verbe.**

*Ma mère a **posé** la boîte. Mon père a **posé** la boîte.*

*Cette boîte, tu l'as **ouverte** lentement.*

COD

■ **Le participe passé employé seul joue le rôle d'adjectif et s'accorde en genre et en nombre avec le nom qu'il qualifie.**

*Elle entra dans une jolie chambre **peinte** en bleu. → « peinte » : participe passé employé comme adjectif qui qualifie « chambre ». On peut dire : « une chambre qui est peinte en bleu ».*

Exercices

1 ★ Indiquez le participe passé (au masculin singulier) des verbes suivants.

Trembler – rougir – conquérir – suivre – naître – peindre – admirer – maigrir – être – perdre – écrire – avoir – recevoir.

2 ★ Accordez correctement ces participes passés employés seuls. Soulignez le mot avec lequel ils s'accordent.

1. Nous ne répliquons rien, (*intrigué*). (Renard) – **2.** C'est une côte basse, (*brûlé*) par le soleil et (*battu*) par les vents. (Peisson) – **3.** Il ne s'interrompit pas une seule fois, (*passionné*) par son sujet. – **4.** (*Pris*) d'une quinte de toux, elle se tut afin de reprendre son souffle. – **5.** (*Perdu*) dans la forêt, le Petit Poucet recherchait son chemin.

3 ★ Ne confondez pas, pour les verbes du premier groupe, le participe passé en *-é* et l'infinitif en *-er*. Complétez les phrases suivantes en choisissant la bonne terminaison.

1. Elle était partag... entre la joie de touch... au but et la honte de s'être montr... si naïve. – **2.** Cette orgueilleuse personne désirait être admir... de tous. – **3.** Cette fois encore, embarrass... par la situation, ils furent incapables de répliqu... . – **4.** Entr... dans le labyrinthe est facile, mais il est plus compliqu... d'en sortir. – **5.** Je voulais contempl... ces tableaux dont il m'avait tant parl... . – **6.** Très déprim... par sa longue course, par la fatigue et par la faim, apeur... par les cris entendus et les cailloux reçus, [le garçon] n'osa plus effectu... une deuxième tentative pour arriv... au pont. (Pergaud)

4 ★ Conjuguez simultanément au passé composé les verbes ci-dessous aux trois personnes suivantes : *je, elle, ils*. Que remarquez-vous ?

1. Partir en vacances et appeler ses parents.

2. Descendre dans la rue et applaudir la fanfare.

3. Naître à Paris et vivre à Rome.

5 ★★ Remplacez les groupes nominaux soulignés par un pronom personnel. Attention aux accords !

1. Lucie a rencontré Martin et Jérôme. – **2.** Corentin a préparé le dîner. – **3.** Le roi Albert a succédé à son frère. – **4.** Éric a ouvert la porte. – **5.** Longtemps, Luc a craint les monstres qui se cachaient sous son lit. – **6.** Ce beau bouquet si galamment offert a ému cette jeune femme sentimentale. – **7.** L'élève a répondu à ses professeurs. – **8.** Les javelots ont bien atteint les cibles. – **9.** Hector a offert les roses de son jardin à la belle Mélanie. – **10.** As-tu récemment rencontré ta tante ? – **11.** L'oncle Paul a envoyé ces chocolats à ta sœur et toi. – **12.** Je n'ai pas reçu votre réponse. M'avez-vous envoyé votre réponse ?

6 ★★ **Réécrivez les phrases suivantes en mettant au participe passé les verbes entre parenthèses et en les accordant si nécessaire. Indiquez l'auxiliaire quand il est employé.**

1. Nous n'irons plus au bois, les lauriers sont (*couper*).
2. Les enfants ont (*ramasser*) des mûres sauvages grâce auxquelles leurs parents ont (*cuire*) de délicieuses confitures.
3. Nos amis sont (*revenir*) des sports d'hiver.
4. Il n'avait pas (*obtenir*) ce qu'il demandait.
5. Tu n'as pas (*dire*) la vérité.
6. Je suis (*trahir*) de tous côtés, puis-je me fier à vous ? (Dumas)
7. [Mme Bonacieux] était (*occuper*) à ranger les robes et le linge dans un cabinet, lorsque le roi était (*entrer*) ; elle n'avait pas (*pouvoir*) sortir, et avait tout (*entendre*). (Dumas)

7 ★★ **Même exercice.**

1. (*Couvrir*), (*étiqueter*), (*classer*), les livres sont (*ranger*) sur les étagères. – **2.** Cette intrigue, qui fut (*imaginer*) par Agatha Christie, a (*passionner*) des générations de lecteurs. – **3.** Elle nous avait (*décevoir*), car elle nous avait (*mentir*). – **4.** Nous avions déjà (*apercevoir*) la forteresse, mais nous ne l'avions jamais (*voir*) de près. – **5.** Les élèves avaient (*jouer*) une pièce que les spectateurs avaient (*apprécier*). – **6.** Manon a-t-elle (*terminer*) le sorbet à la mangue ou l'a-t-elle (*remettre*) dans le congélateur ? – **7.** Quelle robe Sophie a-t-elle (*revêtir*) pour le mariage de son frère ? – **8.** Quel chapeau a-t-elle (*porter*) ? – **9.** Les brebis furent (*conduire*) dans le pré par le berger qui voulait qu'elles soient bien (*nourrir*), (*engraisser*) – **10.** On est (*contraindre*) de respecter la loi sous peine d'être (*sanctionner*).

8 ★★ **Réécrivez les phrases suivantes en mettant les verbes entre parenthèses au temps indiqué. Attention aux accords !**

1. Nous avions là-haut une grande pièce de débarras que nous (*appeler, plus-que-parfait*) « la pièce aux vieux objets ».
2. L'histoire que tu (*entendre, passé composé*) doit rester confidentielle.
3. Les chevaliers (*suivre, passé composé*) une route qui les (*égarer, passé composé*).
4. On vous enverra une photographie de votre cousine dès qu'elle (*naître, futur antérieur*).
5. Quels cadeaux (*recevoir, passé composé*)-tu à Noël ? Quelles confiseries (*offrir, passé composé*)-tu ?
6. Maintenant que les hirondelles (*revenir, plus-que-parfait*), on guettait le beau temps.
7. Une chouette nichait sur le toit du garage. Dès que nous l'(*découvrir, passé antérieur*), elle s'enfuit.

9 ★★★ **Même exercice.**

1. Chon (*sortir, plus-que-parfait*) la motocyclette dans la nuit noire. Il l'(*pousser, plus-que-parfait*) tout le long du hangar. (Giono)

2. Peu à peu, le froid le pénétrant, il s'enveloppa les jambes dans une couverture qu'il (*refuser, plus-que-parfait*) d'abord et que les gens de *La Belle Étoile* (*mettre, plus-que-parfait*) de force dans la voiture. (Alain-Fournier)

3. On était en janvier et dehors [...] le givre (*blanchir, plus-que-parfait*) les branches des arbres nus. (Labro)

4. Ils (*venir, plus-que-parfait*) nous informer de la possibilité de gagner une bourse d'études d'un an dans une université aux États-Unis. (Labro).

5. Ces ferrets que le roi redemande, vous les (*donner, plus-que-parfait*) au duc de Buckingham, n'est-ce pas ? (Dumas)

10 ★★★ **Réécrivez les phrases suivantes en mettant au passé composé les verbes au passé simple. Attention aux accords !**

1. Quand je la rencontrai pour la première fois, elle me sembla trop jeune. – **2.** Il répéta piteusement cette leçon que nous entendions pour la troisième fois. – **3.** La conférencière leur demanda de s'asseoir et fit un geste pour obtenir le silence. – **4.** Elles allèrent passer la journée sur une plage qu'elles trouvèrent paradisiaque. – **5.** Émilie vint au stade, elle vit ses concurrents et elle les vainquit.

11 ★★★ **Réécriture** **Réécrivez cette phrase en remplaçant d'abord *Roland* par *les Français*, puis par *l'armée*.**

Alerté par le bruit des chevaux et mis en garde par un messager, Roland, convaincu qu'il fallait livrer bataille, a refusé de sonner du cor.

12 ★★★ **a. Mettez au participe passé les verbes entre parenthèses et accordez-les si nécessaire.**

La première fois qu'Aurélien vit Bérénice, il la trouva franchement laide. Elle lui déplut, enfin. Il n'aima pas comment elle était (*habiller*). Une étoffe qu'il n'aurait pas (*choisir*). Il avait des idées sur les étoffes. Une étoffe qu'il avait (*voir*) sur plusieurs femmes. Cela lui fit mal augurer de celle-ci qui portait un nom de princesse d'Orient sans avoir l'air de se considérer dans l'obligation d'avoir du goût. Ses cheveux étaient ternes ce jour-là, mal (*tenir*). Les cheveux (*couper*), ça demande des soins constants. Aurélien n'aurait pas pu dire si elle était blonde ou brune. Il l'avait mal (*regarder*).

D'après **Louis Aragon**, *Aurélien*, © Gallimard, 1944.

b. Dictée **Préparez ce texte pour la dictée.** Texte audio

19 Grammaire

La voix active et la voix passive

Observer

Jules a construit une tour en Lego. – La tour Eiffel a été construite en 1889.

1. Quel est le sujet de chacune de ces phrases ?

2. Dans quelle phrase le sujet fait-il l'action de construire ?

Leçon

1 Voix active et voix passive

■ Un verbe est à la **voix active** si son sujet est **actif**, c'est-à-dire **s'il fait l'action**.

Jules ***construit*** *une tour en Lego.*

■ Un verbe est à la **voix passive** si son sujet est **passif**, c'est-à-dire **s'il ne fait pas l'action mais la subit**.

La tour Eiffel ***a été construite*** *en 1889 par Gustave Eiffel.*

■ À la voix passive, le **complément d'agent**, introduit par ***par*** ou ***de***, indique qui fait l'action exprimée par le verbe. Il n'est pas toujours exprimé.

Le jardin ***a été dévasté*** *par la tempête. Ce château* ***a été restauré****.*

> **Attention**
> Seuls les verbes transitifs peuvent être conjugués à la voix passive.

2 La conjugaison de la voix passive

■ À la voix passive, le verbe est formé de **l'auxiliaire *être*** suivi du **participe passé du verbe. C'est l'auxiliaire qui indique le temps du verbe à la voix passive**.

L'imprimerie ***a été inventée*** *par Gutenberg.*

→ Auxiliaire au passé composé + participe passé = le verbe est au passé composé.

■ Pour conjuguer un verbe à un temps donné à la voix passive, **on conjugue l'auxiliaire *être* à ce temps et on ajoute le participe passé du verbe**.

L'arbre ***est planté*** *aujourd'hui dans la cour de l'école.*
présent

L'arbre ***sera planté*** *demain dans la cour de l'école.*
futur

L'arbre ***a été planté*** *hier dans la cour de l'école.*
passé composé

3 Changer la voix du verbe

■ Quand on passe de la voix active à la voix passive, **le COD de la phrase active devient le sujet de la phrase passive**.

Voix active : *Le chat mange la souris.*
sujet — COD

Voix passive : *La souris est mangée par le chat.*
sujet — complément d'agent introduit par « par » ou « de »

■ Quand on passe de la voix passive à la voix active, **le complément d'agent de la phrase passive devient le sujet de la phrase active**.

Exercices

1 ★ **Dans les phrases suivantes, dites si le verbe est à la voix active ou à la voix passive.**

1. Les enfants sont montés en courant. – **2.** Le piano a été monté par la fenêtre. – **3.** Elle est entrée par hasard. – **4.** Ces fresques ont été réalisées par Michel-Ange. – **5.** La surprise annoncée était attendue avec impatience. – **6.** L'assassin était connu de tous. – **7.** Tout le monde est parti.

2 ★ **Classez les phrases suivantes selon que le verbe est à la voix active ou à la voix passive. Pour les verbes à la voix passive, soulignez le complément d'agent quand il est exprimé.**

1. Les nuages ont été chassés par le vent. – **2.** Ils sont arrivés hier. – **3.** Il est resté une semaine. – **4.** Il est accueilli par des amis. – **5.** Ce professeur est très aimé des élèves. – **6.** L'avion était attendu à Paris : il est arrivé à Londres.

3 ★★ **Dites si les verbes sont au présent, au passé ou au futur de la voix passive : quelles remarques pouvez-vous faire sur la formation du passif ?**

1. Les fruits sont récoltés à la main.
2. Une récompense sera attribuée au vainqueur.
3. Ces plantes ont été importées d'Afrique.

4 ★★ **Écrivez une phrase avec le verbe *emmener* à la voix passive, d'abord au présent, puis à l'imparfait, puis au passé simple.**

5 ★★ **Relevez les verbes et précisez leur temps.**

1. Les villes côtières sont envahies par les touristes.
2. Une représentation sera donnée à la fin de l'année.
3. Un suspect a été arrêté.
4. Notre abri était secoué par de violentes rafales.

6 ★★ **Complétez les phrases suivantes par un verbe à la voix passive. Variez les temps employés.**

1. Julie ... par le chien. – **2.** Le blessé ... par la voisine. – **3.** Le voleur ... par son complice. – **4.** Ce chaton orphelin ... par une louve. –**5.** Une bague ... sur le bord de la route.

7 ★★★ **Faites une phrase avec chacune des formes verbales suivantes et précisez entre parenthèses la voix et le temps du verbe. Attention aux accords.**

A été transporté – sommes passés – sont retournés – furent interrogés – étaient emprisonnés – es suivi.

8 ★★★ **Mettez les phrases suivantes à la voix passive. Attention aux temps employés.**

1. Des volontaires effectuent ce travail. – **2.** Le gouvernement a adopté une nouvelle loi. – **3.** Les policiers poursuivent le malfaiteur. – **4.** On chargea les bagages dans la voiture. – **5.** Tous ses voisins détestaient la vieille dame.

9 ★★★ **Mettez ces phrases à la voix passive et soulignez le complément d'agent quand il est exprimé. Attention à l'accord des participes passés.**

1. Le professeur remettra à chaque élève un exemplaire du livre.
2. On a arrêté l'assassin ce matin.
3. Cette question embarrassait le ministre.
4. Un petit incident nous a retardés.

10 ★★★ **Mettez les phrases à la voix active. Attention aux temps employés.**

1. Les cerises ont été dévorées par les oiseaux.
2. Cette année-là, les récoltes furent entièrement détruites par les orages.
3. Nous avons été séparés par les événements de la vie.
4. Perceval était fasciné par les chevaliers.
5. Ce professeur est aimé de tous les élèves.

11 ★★★ **Même exercice.**

1. La finale a été suivie par de nombreux téléspectateurs.
2. Les arbres morts seront abattus.
3. Le Chevalier Vermeil était redouté des meilleurs combattants.
4. Les coupables seront sanctionnés par la direction.
5. La ville est divisée en deux par le fleuve.

12 ★★ **a. Dans le texte ci-dessous, relevez les verbes à la voix passive.**

Les frères Rapetout furent retrouvés juste avant la frontière. Le premier se rendit sans violence : il fut arrêté et conduit dans la plus proche prison. Le second tenta de s'enfuir et tira même plusieurs coups de feu. Il fut poursuivi une bonne partie de la nuit avant d'être neutralisé à son tour. Par sécurité, il fut emmené dans une autre prison, loin de son complice.

b. Quel est, selon vous, l'intérêt d'utiliser cette voix ici ?

13 ★★★ **Écriture** **À partir des informations ci-dessous, écrivez à la voix passive un petit texte retraçant le parcours des esclaves au XVIIe siècle. Utilisez l'imparfait.**

1. Le plus souvent, des chefs de tribu africains capturaient les futurs esclaves au cours des guerres.
2. Ils les vendaient aux trafiquants venus d'Europe.
3. On les embarquait sur des bateaux et les emmenait en Amérique.
4. Là, on les revendait sur des marchés aux esclaves.
5. Souvent, leurs acheteurs les traitaient mal ; ils les tuaient parfois.

Le passé simple et le passé antérieur de l'indicatif

Leçon

1 Le passé simple

■ Le passé simple exprime des actions qui se sont passées à un moment **précis, bien délimité dans le temps**. Le radical du verbe reste le même à toutes les personnes.

Voir → je vis, tu vis, il vit, nous vîmes, vous vîtes, ils virent.

Verbes en *-er* (y compris *aller*) : passé simple en [*a*]	Verbes en *-ir(e)*, *-uire*, et la plupart des verbes en *-dre* ou *-tre* : passé simple en [*i*]	Verbes en *-oir* ou *-re* : passé simple en [*u*]	*Venir*, *tenir* et leurs composés : passé simple en [*in*]
Jeter	**Prendre**	**Devoir**	**Prévenir**
Je jetai Tu jetas Elle, Il jeta Nous jetâmes Vous jetâtes Elles, Ils jetèrent	Je pris Tu pris Elle, Il prit Nous prîmes Vous prîtes Elles, Ils prirent	Je dus Tu dus Elle, Il dut Nous dûmes Vous dûtes Elles, Ils durent	Je prévins Tu prévins Elle, Il prévint Nous prévînmes Vous prévîntes Elles, Ils prévinrent
	Font aussi leur passé simple en [*i*]	**Font aussi leur passé simple en [*u*]**	
	Faire : il fit **Voir :** elle vit **Naître :** il naquit **S'asseoir :** elle s'assit	**Être :** il fut **Avoir :** elle eut **Lire :** il lut **Vivre :** elle vécut **Mourir :** il mourut **Connaître :** elle connut **Paraître :** il parut	

2 Le passé antérieur

■ Le passé antérieur est formé de **l'auxiliaire *être*** ou ***avoir* au passé simple** et du **participe passé** du verbe.

*Quand il **eut fait** ses valises, il se mit en route pour la gare.*

Exercices

1 ★ Écriture Avec chacun des verbes suivants, faites une phrase au passé simple, à la 3ᵉ personne du singulier : *se diriger, découvrir, vouloir, devenir.*

2 ★★ Conjuguez au passé simple, aux première et troisième personnes du singulier.

1. Être – faire – déplacer – choisir – pouvoir – devenir.
2. Prendre – conduire – vivre – ramasser.
3. À *la voix passive* : emmener – défendre.

3 ★ Dans le texte ci-dessous, relevez les verbes au passé simple et donnez leur infinitif.

Plongé dans ses pensées, Yvain vit venir face à lui une demoiselle qui arrivait à belle allure sur un palefroi noir. Elle mit pied à terre devant le pavillon et vint jusqu'à lui. Elle dit que sa dame saluait le roi et monseigneur Gauvain.

D'après **Chrétien de Troyes**, *Yvain*, XIIᵉ siècle.

4 ★★ **Parmi les verbes suivants, lesquels ne sont pas au passé simple ? Justifiez votre réponse.**

Regardais – regardai – dites – dîtes – fis – fus – fais – eu – alluma – allumât – allumâtes – tournerai – déplaçai – jetait – allèrent – gèrent – ris – vis – vécus – fut allumée.

5 ★★ **a. Reportez-vous au tableau de la leçon et classez les verbes suivants selon qu'ils font leur passé simple en [*a*], en [*i*], en [*u*] ou en [*in*].**

Souffler – partir – venir – aller – vendre – apercevoir – apparaître – connaître – descendre – décider – offrir – détruire – lire – écrire – contenir – voir – savoir – vivre – mourir.

b. Choisissez-en un dans chaque colonne et conjuguez-le au passé simple, à toutes les personnes.

6 ★★ **Mettez au passé simple les verbes entre parenthèses.**

Je (*poursuivre*) ma chevauchée et je (*finir*) par sortir de la forêt. De la forêt, je (*passer*) dans une lande, et j'(*apercevoir*) une tour. Je (*venir*) à bonne allure de ce côté et je (*voir*) la palissade, entourée d'un fossé large et profond. Je (*descendre*) car j'avais besoin de faire étape.

D'après Chrétien de Troyes, *Yvain*, XIIe siècle.

7 ★★ **a. Utilisez le passé simple pour exprimer des actions qui se succèdent.**

1. Robin (*décocher*) une flèche qui (*filer*) entre les convives et (*se planter*) juste devant le shérif.
2. Le lion (*rugir*), (*briser*) sa chaîne et (*bondir*).
3. Les enfants (*pousser*) la porte et (*entrer*) prudemment.

b. À votre tour, ajoutez deux autres actions à la première pour créer une suite logique.

1. Gauvain descendit de son cheval, ...
2. Arthur s'approcha de l'épée, ...
3. Je pris le message, ...

8 ★★ **Les verbes en gras sont-ils au passé simple, passif ou au passé antérieur ? Justifiez votre réponse.**

1. Dès que j'**eus mangé** mon petit pain, je me sentis revivre.
2. Le repas **fut dévoré** en quelques minutes.
3. Quand Iseut **fut partie**, Tristan demeura pensif.
4. À l'heure de la fermeture, mes amis et moi **fûmes raccompagnés** jusqu'à la sortie.
5. Les cadeaux que j'avais emballés avec soin **furent défaits** en un instant.

9 ★★ **Recopiez les phrases suivantes en mettant le verbe entre parenthèses au passé antérieur.**

1. Lorsque l'hiver (*venir*), le froid devint plus intense.
2. Nous (*terminer*) en un instant.
3. Quand je (*repartir*), ils reprirent leur conversation.
4. En quatre mois, Arthur (*vaincre*) tous ses ennemis.

10 ★★ **Complétez les phrases suivantes de façon logique, avec un verbe au passé simple.**

1. Lorsque le jour fut levé ... .
2. À peine le roi fut-il sorti que ... .
3. Dès que Lancelot fut guéri ... .
4. Quand il eut terminé sa lecture ... .

11 ★★ **Complétez les phrases suivantes de façon logique avec un verbe au passé antérieur.**

1. Nous nous mîmes en route dès que ... .
2. Lorsque ... , Lancelot lui donna le bras.
3. Quand ... , le roi interrogea Merlin.
4. Après que ... , ils s'installèrent pour la nuit.

12 ★★★ **Réécriture** **Transposez le texte au passé simple.**

Le géant se rue sur lui à toute allure avec sa lance. Yvain l'atteint en pleine poitrine d'un coup qui transperce la cotte de maille ; le sang jaillit. Mais le géant lui abat un tel coup qu'il le fait tomber de cheval. Yvain se relève et tire son épée.

13 ★★★ **Écriture** **Ajoutez au texte ci-dessus quatre phrases au passé simple, jusqu'à la fin du combat.**

14 ★★★ **a. Classez les verbes du texte ci-dessous en deux colonnes. Dans la première colonne, mettez les verbes qui expriment une action qui se situe à un moment précis, mettez les autres dans la deuxième colonne.**

À la mort de sa mère, Lancelot est recueilli par la Dame du Lac. C'est une femme belle et avisée qui vit en un lieu secret. Auprès d'elle, Lancelot grandit en force et en sagesse, apprend le maniement des armes, mais aussi la musique et la poésie. Tous les jours, il s'entraîne, puis il étudie de longues heures. Enfin, quand la Dame du Lac le juge prêt, elle lui remet une armure d'argent et le conduit à la Cour.

b. Réécriture **Transposez le texte au passé, en mettant les verbes de la première colonne au passé simple et les autres à l'imparfait.**

Réinvestir ses connaissances

Réviser

1 ★ ORAL Dites ce que désignent les pronoms en gras.

Un professeur, en sortie avec ses élèves, essaie de semer Bamban, un élève sale et boiteux, qu'il n'a pas accepté dans le groupe mais qui s'obstine à le suivre.

De temps en temps, **on** se retournait pour voir si Bamban pouvait suivre. Cet enragé-là arriva à la Prairie presque en même temps que **nous**. Seulement **il** était pâle de fatigue et tirait la jambe à faire pitié. J'**en** eus le cœur touché, et, un peu honteux de ma cruauté, je l'appelai près de moi doucement. Il avait une petite blouse fanée, à carreaux rouges. Je **la** reconnus tout de suite, et dans moi-même je **me** disais : « Misérable, **tu** n'as pas honte ? »

Alphonse Daudet, *Le Petit Chose*, 1868.

2 ★ Dites si *le* est un article ou un pronom. S'il s'agit d'un pronom, précisez quel mot il reprend.

Quelqu'un tira un journal de sa poche, mais n'osant **le** remettre lui-même, **le** passa au voisin. De main en main, il fit **le** tour de la table et ce fut Artevel qui **le** remit à Troussequin en montrant du doigt l'article qui **le** concernait.

Marcel Aymé, *Le Moulin de la Sourdine*, © Gallimard, 1973.

3 ★ Recopiez et complétez les phrases suivantes avec *ce* ou *se*. Justifiez votre réponse.

Coup de pouce Devant un nom, [se] est un déterminant et s'écrit ***ce***. Devant un verbe, [se] est un pronom réfléchi et s'écrit ***se***. On écrit toujours : ***ce que, ce qui***.

1. À l'entrée de ... pont terrible, ils mettent pied à terre. (Ch. de Troyes) – **2.** Chacun ... souvint que ... jour était l'anniversaire de la naissance de mademoiselle Eugénie. (Balzac) – **3.** Il ... lève et va ouvrir la porte pour voir un peu ... que Jacques était devenu. (Daudet) – **4.** ... seul regard lui apprit tout. (Dumas) – **5.** Il gardait ses rêves pour lui, comme tout ... qui lui appartenait. (About) – **6.** Ils ... frappèrent si fort que craquaient les bois de leurs boucliers qui ... brisèrent en même temps que les lances, et qu'ils ... jetèrent l'un l'autre à terre. (Ch. de Troyes)

4 ★ Complétez le texte avec *leur* ou *leurs*. Justifiez votre réponse.

Coup de pouce Le pronom ***leur*** est invariable. Le déterminant ***leur*** s'accorde avec le nom qui suit.

1. Après ... repas, mes deux compagnons s'étendirent sur ... couvertures et trouvèrent dans le sommeil un remède à ... fatigues. (Verne)

2. Tu baignais ... chevelure de parfums et tu mettais des grenades dans ... mains. (Wilde)

3. Il ... demanda s'ils connaissaient quelque endroit dans le voisinage qui pût ... servir d'abri. (Scott)

5 ★★ ORAL Dites si les verbes en gras sont au passé composé actif ou au présent passif.

1. Je **suis né** le 13 décembre 1781. – **2.** À peine débarqué, l'homme **est conduit** au chevet de sa fille. – **3.** Des centaines d'animaux **sont abandonnés** chaque été au moment des vacances. – **4.** Jean et Lucie **sont arrivés** sans encombre. – **5. Sont**-ils soudainement **devenus** muets ?

6 ★★★ Réécriture Mettez les phrases suivantes à la voix passive. Attention à l'accord du participe passé.

1. Un énorme rocher barrait le passage.
2. On a aperçu au loin des nuées suspectes.
3. Les marins la remettent aussitôt au capitaine.
4. On les préviendra au moment voulu.
5. De riches propriétaires ont acheté toutes les côtes jusqu'à Rueil.

Croiser les connaissances

7 ★★ Analysez les formes verbales (voix, temps, personne).

As déterré – sommes rentrés – retournèrent – eurent détruit – sera renversé – étaient partis.

8 ★★ Remplacez le COD par un pronom. Attention à l'accord du participe passé.

1. Hortense jetait dans le creux de son tablier les mûres et les baies qui poussaient dans les buissons.
2. Je n'ai pas mangé ta part.
3. Elle n'a pas ramené la fillette chez elle.
4. As-tu entendu ce bruit ?

9 ★★ **Recopiez et complétez par *la*, *l'a* ou *l'as*.**

1. Sa console, est-ce que Julien ... vend toujours ? Non, il ... vendue hier. – **2.** ...-tu vu hier soir ? – **3.** Marie a adoré cette nouvelle, elle ... dévorée en une matinée ; elle ... présentera à la classe vendredi.

10 ★★ **Remplacez le COI par un pronom.**

1. Cela fait huit jours qu'il ne parle plus à Marc ni à Nicole. – **2.** Il se moque bien de ce que nous pensons. – **3.** Cette bague appartenait à ta grand-mère. – **4.** Nous avons joué aux cartes toute la matinée. – **5.** Avez-vous pensé à prendre les clés ?

11 ★★ **Choisissez la forme qui convient. Justifiez votre réponse.**

1. Il (*ma* / *m'a*) dit que c'était de (*ma* / *m'a*) faute.

2. (*Ta* / *T'a*) sœur (*ta* / *t'a*) beaucoup soutenu durant cette période.

3. (*Ta* / *T'a*)-t-elle adressé la parole ?

4. (*M'a* / *M'as* / *Ma*)-tu écrit ?

12 ★★ **Choisissez l'orthographe qui convient. Justifiez votre réponse.**

1. Porthos, comme (*on* / *on n'*) a pu le voir, avait un caractère tout opposé à celui d'Athos. (DUMAS) – Quant au confort, il y en avait peu, et, comme (*on* / *on ne*) le connaissait pas, (*on* / *on n'*) en sentait pas le besoin. (SCOTT)

2. Il ne (*si* / *s'y*) attendait pas. – Elle (*si* / *s'y*) est préparée depuis longtemps. – Elle serait (*si* / *s'y*) jolie (*si* / *s'y*) tu en prenais soin !

13 ★★ **Remplacez le COD et le COI par un pronom.**

1. Le chevalier avait remis les lettres à la reine la veille.

2. N'avait-elle pas promis sa main au vainqueur ?

3. Son mari contraindrait-il la marquise à reparaître à la cour ?

4. Morgane n'a jamais donné la bague à la reine.

14 ★★ **Conjuguez le verbe au temps demandé.**

1. Ils ne nous (*voir, futur*) pas.

2. Hector, maltraité par ses frères depuis des années, les (*détester, imparfait*).

3. Quoi que vous en pensiez, je vous (*comprendre, imparfait*).

4. Je les (*aimer, présent*) profondément.

15 ★★ **Même consigne, en respectant la voix indiquée (VA : voix active ; VP : voix passive).**

1. Les prisonniers (*conduire, VP, passé simple*) au cachot.

2. Les (*retrouver, VA, passé composé*)-tu ?

3. Vous (*prévenir, VP, futur*) dès leur arrivée.

4. Dès que la nuit (*tomber, VA, passé antérieur*), les premiers signaux (*apparaître, VA, passé simple*).

Maîtriser l'écrit

16 ★★★ Réécriture **Réécrivez les phrases suivantes en mettant le sujet au pluriel et en faisant toutes les modifications nécessaires.**

1. Sa valise avait disparu avec tout le reste. – **2.** Son seul habit fut emporté par la tempête. – **3.** Tout son bien était anéanti. – **4.** Durant la nuit avait poussé une fleur étrange. – **5.** À cent mètres sur le sable, entre les flaques boueuses et les amas verdâtres, était apparu, nu et sale, un tout petit garçon. – **6.** Le massif alpin, qui sépare la France et l'Italie, est né de la collision de deux plaques.

17 ★★★ **a. Recopiez le texte ci-dessous en conjuguant les verbes entre parenthèses au passé simple.**

« Lisons », (*s'écrier*)-je, après avoir refait dans mes poumons une ample provision d'air. Je (*se pencher*) sur la table ; je (*poser*) mon doigt successivement sur chaque lettre, et, sans m'arrêter, sans hésiter, un instant, je (*prononcer*) à haute voix la phrase tout entière. Mais quelle stupéfaction, quelle terreur m'(*envahir*) ! Je (*rester*) d'abord comme frappé d'un coup subit.

JULES VERNE, *Voyage au centre de la Terre*, 1864.

b. Réécriture **Transposez le texte au passé composé et à la troisième personne du singulier, au féminin (*je* → *elle*).**

18 ★★★ **a. Choisissez la forme exacte. Justifiez votre choix.**

La première fois que je (*l'ai* / *les*) (*vu* / *vue*), c'était sur la petite place, (*la* / *là*) (*ou* / *où*) les garçons (*ce* / *se*) réunissaient en sortant de classe, pour (*joué* / *jouer*) au ballon, ou pour (*boxé* / *boxer*). Elle est (*passé* / *passée*) sans (*regardé* / *regarder*) personne, elle a (*disparu* / *disparue*) dans les rues sombres. Je ne me (*rappelle* / *rappel*) plus très bien comment elle était (*habillée* / *habiller*), parce que le souvenir que je garde d'elle, c'est cette photo qu'elle (*m'a* / *ma*) (*donné* / *donnée*) un jour, quand on a (*commencé* / *commencer*) à se voir.

J.-M. G. LE CLÉZIO, *Printemps et autres saisons*, © Gallimard, 1989.

b. Dictée **Préparez ce texte pour la dictée.** Texte audio

21 Grammaire

L'attribut du sujet

Observer

Son regard triste s'attarda sur ce paysage désolé.
À la vue de ce paysage désolé, son regard devint triste.

1. Dans ces deux phrases, quel nom l'adjectif *triste* qualifie-t-il ?
2. Comparez la manière dont ces deux adjectifs sont reliés au nom qu'ils qualifient.

Leçon

■ L'attribut du sujet donne une **caractéristique du sujet** par l'intermédiaire d'un verbe qui est généralement un **verbe d'état** : *être, paraître, sembler, devenir, demeurer, rester, avoir l'air, passer pour...*

Cette maison est jolie.
sujet attribut

■ Quand l'attribut du sujet est un **adjectif**, il **s'accorde en genre et en nombre avec le sujet**.

*Mes frères semblent content**s**.*

Attention

Il ne faut pas confondre le complément d'objet direct et l'attribut du sujet :
– le COD désigne un **objet différent du sujet** :
*La fillette avait perdu **ses chaussures**.*
sujet COD
→ *ses chaussures ≠ la fillette*
– l'attribut désigne une **caractéristique du sujet et nous renseigne sur lui** :
Mon père était instituteur.
sujet attribut
→ *instituteur = mon père*

Exercices

1 ★ **Écriture** À l'aide des verbes *être, paraître, sembler, devenir, demeurer, passer pour*, attribuez une qualité à chacun des termes suivants employés comme sujets : *la lumière, son visage, ce chevalier, notre chien, nos voisins.*

2 ★★ **Écriture** En quelques phrases, écrivez votre portrait. Insistez surtout sur vos traits de caractère. Employez les verbes *être, avoir l'air, passer pour*. Soulignez les attributs du sujet.

3 ★★ **Écriture** En quelques phrases, décrivez l'arrivée de l'automne en forêt. Insistez sur les transformations qui s'opèrent en employant les verbes suivants : *paraître, sembler, devenir, demeurer*. Soulignez les attributs du sujet.

4 ★★ Dites si les expressions en gras sont des sujets inversés ou des attributs du sujet.

1. Son seul vêtement était **un uniforme rapiécé**. – **2.** Sur la chaise était **un uniforme rapiécé**. – **3.** Dans cette maison demeuraient **des amis**. – **4.** Les deux jeunes filles demeurèrent **amies** durant de longues années. – **5.** Lors de la prochaine séance sera élu **le délégué**. – **6.** Mathieu a été élu **délégué**.

5 ★★ Dites si les expressions en gras sont des COD ou des attributs du sujet. Justifiez votre réponse.

1. Les ombres paraissaient **des monstres inquiétants**

2. Les ombres dessinaient sur les murs **des monstres inquiétants**

3. Lucie est devenue **une actrice célèbre**.
4. Lucie a rencontré **une actrice célèbre**.
5. Lancelot aimait en secret **une femme**.
6. Le chevalier d'Éon était **une femme**.
7. Jacques est toujours resté **un ami fidèle**
8. Il n'a pas hésité à trahir **un ami fidèle**.

6 ★★ Relevez les attributs du sujet et précisez leur nature.

1. Toute l'affaire n'était qu'une vaste escroquerie.
2. Le travail semblait urgent.
3. Son plus grand rêve était de voyager.
4. Cette pochette est la tienne.

7 ★★★ Donnez la fonction des mots ou groupes de mots en gras.

1. Marie est **une petite fille**. – 2. Marie a eu **une petite fille**. – 3. Ils vécurent **heureux** et eurent **beaucoup d'enfants**. – 4. Vous remettrez **votre travail au surveillant**. – 5. Dans le jardin jouaient **deux petites filles**. – 6. La mer est **agitée**, le vent amène **de gros nuages** : la traversée sera **difficile**. – 7. Ses propos désinvoltes ont semblé **une véritable provocation**. – 8. Alors se leva **un vent furieux** qui emportait **tout** sur son passage. – 9. Dans ce château vivait **une reine solitaire**.

8 ★★★ Lisez le texte ci-dessous.

Deux enfants se métamorphosent en ânes.

Tandis que les deux enfants couraient, **leurs bras** devinrent **des jambes**, **leur visage** s'allongea et devint **un museau**, et **leur corps** se couvrit **d'une fourrure gris clair striée de noir**.

Mais l'impression la plus douloureuse pour ces deux malheureux fut **celle** qu'ils éprouvèrent lorsqu'il leur poussa une queue.

CARLO COLLODI, *Pinocchio*, 1883.

a. Donnez la nature et la fonction des mots en gras.

b. Écriture Employez les mêmes structures de phrase pour décrire la métamorphose de deux enfants en perroquet.

9 ★★★ Écriture Évitez la répétition du verbe *être*.

a. Recopiez cette phrase et analysez-la. Que remarquez-vous ?

Le ciel était pur et la mer sereine.

b. Sur le même modèle, complétez les phrases ci-dessous. Vous soulignerez les attributs du sujet et veillerez aux accords.

1. Les pentes des montagnes étaient ... et les crêtes ... .
2. Son col de chemise était ... et sa veste ... .
3. Son épée est ... et son bouclier ... .

10 ★★★ Réécriture Transposez les phrases au pluriel. Pensez aux accords.

1. Ce mur d'enceinte paraît inutile.
2. Le manteau royal était blanc, orné de fleurs de lys.
3. Ce vitrail est resplendissant dans la lumière du soleil.
4. Le travail accompli par Héraclès demeurera à jamais gravé dans les mémoires.
5. Ce marché provençal est très animé l'été mais assez morne sitôt l'hiver venu.

11 ★★★ Recopiez les phrases ci-dessous, entourez les verbes conjugués, soulignez les sujets en rouge, les compléments d'objets en bleu, les attributs du sujet en noir. Mettez entre crochets les propositions.

1. Par Dieu, Calogrenant, vous semblez le plus courtois d'entre nous. – 2. Monseigneur, vous avez souvent tenu des propos odieux, car vous en êtes coutumier. – 3. Comme le temps était doux et serein, il ôta le mors à son cheval. (CH. DE TROYES) – 4. Avec bien du mal et bien de la peine, je suivis cette voie, qui n'était qu'un sentier. – 5. L'homme enfourcha son cheval. Il paraissait plein de fureur, avait l'air plus rapide que l'aigle et plus féroce que le lion. Il se mit alors à me défier. – 6. Devant la fontaine se dressait un grand pin dont les branches ployaient jusque terre. Au-dessous, suspendu à l'arbre, se trouvait un bassin qui était de l'or le plus fin.

12 ★★★ a. Donnez la nature et la fonction des mots ou groupes de mots en gras.

Quand j'étais **tout enfant**, nous habitions à la campagne. La maison qui **nous** abritait n'était qu'**une petite métairie** isolée au milieu des champs. Là nous vivions en paix. Mes parents gardaient avec eux **une grand-tante paternelle**, tante Martine. [...]

Elle régentait **tout le monde** : les gens, le chien, les canards et les poules. Quant à moi, j'étais gourmandé du matin au soir. Je suis **doux** cependant et bien **facile** à conduire. N'importe ! Elle grondait. C'est que, m'adorant en secret, elle croyait cacher ainsi ce sentiment d'adoration qui jaillissait, à la moindre occasion, de toute sa personne.

Autour de nous, on ne voyait que **champs, longues haies de cyprès, petites cultures et deux ou trois métairies solitaires**.

Ce paysage monotone **m'**attristait.

Mais au-delà coulait **une rivière**.

HENRI BOSCO, *L'enfant et la rivière*, © Gallimard, 1953.

b. Réécriture Réécrivez ce texte au présent, en commençant par : « Depuis cet été, ... ».

c. Dictée Préparez ce texte pour la dictée. Texte audio

22 Grammaire

La phrase simple et la phrase complexe

Observer

Roland pousse un grand cri et l'armée s'élance. Aussitôt, la bataille s'engage. Tandis qu'Olivier fait face à Falsaron, Roland jaillit de la foule, contourne les ennemis et attaque Aelroth.

1. Recopiez les phrases. Entourez les verbes conjugués en rouge, les conjonctions de coordination en bleu et les conjonctions de subordination en vert.
2. Séparez les propositions. Laquelle ne pourrait pas être employée seule ?

Leçon

1 La proposition

■ On appelle **proposition** une partie de phrase cohérente **organisée autour d'un verbe conjugué**. Si une phrase est constituée d'une seule proposition, c'est une **phrase simple**.

■ Si une phrase est constituée de plusieurs propositions, c'est une **phrase complexe**.

Pour trouver le nombre de propositions que contient une phrase, il faut **compter les verbes conjugués**. *[Quand Roland l'entend], [il se met à rire].* → *2 verbes conjugués = 2 propositions*

2 L'analyse de la phrase complexe

■ **Quand les propositions peuvent exister l'une sans l'autre**, on dit qu'elles sont **indépendantes** :

– elles peuvent être **séparées par un signe de ponctuation** (virgule, point-virgule, deux points), elles sont alors **juxtaposées**. *[Il pleut], [je ne sors pas].*

– elles peuvent être **reliées par une conjonction de coordination** (*mais, ou, et, donc, or, ni, car*), elles sont alors **coordonnées**. *[Il pleut]**,** [**donc** je ne sors pas].*

■ **Quand les propositions dépendent l'une de l'autre :**

– **une proposition principale** est une proposition complétée par une proposition subordonnée.
[J'aimerais] [que tu viennes].
PP PS

– **la proposition subordonnée** sert à compléter une autre proposition. Elle est toujours introduite par :

• une **conjonction de subordination** (*quand, comme, si, que, lorsque, parce que, dès lors que, afin que, pour que, de sorte que, avant que*...).
*[**Lorsqu'**il fait beau], [je sors].*
PS conjonctive PP

• un **pronom relatif** (*qui, que, quoi, dont, où, lequel, laquelle, lesquels*...).
*[Je te présente l'ami] [**dont** je t'ai parlé].*
PP PS relative

Exercices

1 ★ ORAL Vrai ou Faux ?

1. Une phrase contient au moins une proposition.
2. Une phrase contient toujours une seule proposition.
3. Une phrase peut contenir plusieurs propositions.

2 ★★ Écriture Transformez les phrases suivantes en phrases complexes en ajoutant d'autres actions. Entourez le verbe de chaque proposition.

1. Arthur s'approcha de l'épée. – **2.** Merlin prit l'enfant dans ses bras. – **3.** Lancelot dégaina son épée.

3 ★ ORAL **Dites si les phrases suivantes sont simples ou complexes. Justifiez votre réponse.**

1. Il était à présent minuit passé, l'obscurité était totale.

2. Le ciel était devenu noir, et l'orage grondait à l'horizon.

3. Soudain, dans un crépitement terrible, un éclair aveuglant traversa le ciel.

4 ★★ Écriture **Transformez le texte suivant en trois phrases complexes, de manière à donner plus de rythme au récit. Poursuivez ensuite ce récit par deux ou trois phrases, sur le même modèle.**

> Roland aperçoit Falsaron. Il entre dans une grande colère. Il saute sur son cheval. Il l'éperonne. Il saisit sa lance. Il se rue sur son adversaire. Mais celui-ci l'esquive. Il fait volte-face. Il se prépare à frapper à son tour.
>
> D'après *La Chanson de Roland.*

5 ★★ ORAL **Dites quel mot subordonnant introduit chacune des propositions subordonnées en gras.**

1. **Comme elle traversait la place**, une voiture passa à toute allure.

2. Le corbeau jura **qu'il ne se laisserait plus prendre**.

3. Il avait menti **parce qu'il avait craint de lui déplaire** et elle le repoussait **parce qu'il avait menti**.

4. Elle avait un doux visage **où se lisaient la tristesse et la douceur**.

5. **Tandis que les enfants mettaient la table**, ma mère, **qui remuait ses casseroles**, leur faisait réciter leurs leçons.

6 ★★ **Recopiez les phrases suivantes. Entourez en vert le mot subordonnant et mettez entre crochets verts la proposition subordonnée. Mettez la proposition principale entre crochets rouges.**

1. Quand Charlemagne entendit l'appel, il était trop tard.

2. Merlin devina que Lancelot aimait la reine.

3. Arthur devint roi alors qu'il était encore un enfant.

4. Faramir frappa Aelroth qui s'effondra.

5. La bague que portait la reine servait de signe de reconnaissance.

7 ★★ **a. Faites le même travail que dans l'exercice 6 : que constatez-vous ?**

1. Le chevalier qui gardait le pont.

2. Le château dont on aperçoit les tours.

3. La dame qu'il aimait.

4. Le chevalier qui porte l'écu vermeil.

b. Corrigez les phrases.

8 ★★ Écriture **Ajoutez aux propositions subordonnées suivantes une proposition principale relatant les actions d'un autre personnage. Entourez le verbe de chaque proposition.**

Exemple : *Comme le roi entrait... → Comme le roi* ***entrait****, tous les chevaliers* ***se levèrent****.*

1. Pendant que Luke faisait diversion ... .

2. Alors que les chevaliers s'installaient autour de la table ... .

3. Au moment où Merlin prit la parole ... .

9 ★★ **a.** ORAL **Dans les phrases suivantes, délimitez les différentes propositions.**

b. Dites si les propositions sont coordonnées, juxtaposées, ou s'il y a une proposition subordonnée et une principale.

1. Roland était le chevalier préféré de Charlemagne et Ganelon ne le supportait pas.

2. Charlemagne se doutait de quelque chose : il ordonna à son armée de faire demi-tour.

3. Lorsque Ganelon lui proposa de prendre la tête de l'arrière-garde, Roland releva le défi.

4. Olivier ajusta son heaume, éperonna son cheval, abaissa sa lance et s'élança vers l'ennemi.

10 ★★★ Analyse **Recopiez le texte suivant en sautant des lignes.**

> Quand onze heures sonnèrent à la tour du vieux clocher paroissial, ils attendirent impatiemment le signal de sortie, car tous étaient déjà prévenus que Lebrac avait trouvé quelque chose.
>
> Il y eut quelques bonnes bousculades dans le couloir, des bérets échangés, des coups de poings sournois, mais l'intervention du professeur fit tout rentrer dans l'ordre et la sortie s'opéra normalement.
>
> D'après Louis Pergaud, *La Guerre des boutons*, 1912.

a. Entourez en rouge les verbes conjugués, soulignez leur sujet.

b. Entourez en vert les conjonctions de subordination, et mettez entre crochets verts les propositions subordonnées.

c. Mettez entre crochets rouges les propositions principales et entre crochets bleus les indépendantes.

11 ★★★ Écriture **Recopiez les phrases et complétez-les par une autre proposition en respectant le mode de liaison indiqué entre parenthèses.**

1. Roland est loyal (*coordination*). – **2.** La nuit tombait (*juxtaposition*). – **3.** Charlemagne s'élançait au galop (*subordination*). – **4.** Il se redressa, ramassa son épée (*coordination*). – **5.** Roland souffla dans son cor (*subordination*).

23 Conjugaison

Le futur simple et le futur antérieur de l'indicatif

Leçon

1 Le futur simple

■ Les **terminaisons** sont **les mêmes pour tous les verbes** : *-ai*, *-as*, *-a*, *-ons*, *-ez*, *-ont*.

Pour la plupart des verbes, **le radical est l'infinitif** (sans le ***-e*** final pour les verbes en ***-re***).
chanter → je chanterai

1er groupe	2^e^ groupe	3^e^ groupe
Chanter	**Finir**	**Prendre**
Je chanter**ai** Tu chanter**as** Elle, Il chanter**a** Nous chanter**ons** Vous chanter**ez** Elles, Ils chanter**ont**	Je finir**ai** Tu finir**as** Elle, Il finir**a** Nous finir**ons** Vous finir**ez** Elles, Ils finir**ont**	Je prendr**ai** Tu prendr**as** Elle, Il prendr**a** Nous prendr**ons** Vous prendr**ez** Elles, Ils prendr**ont**

Attention

■ **Certains verbes ont un radical irrégulier :**

être → je serai
avoir → j'aurai
faire → je ferai
aller → j'irai
savoir → je saurai
pouvoir → je pourrai
courir → je courrai
mourir → je mourrai
voir → je verrai
envoyer → j'enverrai
vouloir → je voudrai
valoir → je vaudrai
venir → je viendrai
tenir → je tiendrai
cueillir → je cueillerai

■ **Difficultés orthographiques**

– **Verbes en *-ier, -éer, -uer, -ouer*** : ne pas oublier le ***-e*** muet du radical avant le ***-r*** : *je crierai.*
– **Verbes en *-yer*** : le ***-y*** devient ***-i*** sauf pour les verbes en ***-ayer*** qui peuvent garder le ***-y*** à toutes les personnes : *essuyer → tu essuieras ; aboyer → il aboiera ; payer → ils paieront* ou *ils payeront.*
– ***Appeler, jeter*** et leurs composés doublent la consonne à toutes les personnes : *j'appellerai ; il jettera.*

2 Le futur antérieur

■ Ce **temps composé** est formé de l'**auxiliaire *être*** ou ***avoir*** **au futur simple** et du **participe passé** du verbe.

Aller		Prendre	
Je **serai** allé(e) Tu **seras** allé(e) Elle **sera** allée, Il **sera** allé	Nous **serons** allé(e)s Vous **serez** allé(e)s Elles **seront** allées, Ils **seront** allés	J'**aurai** pris Tu **auras** pris Elle, Il **aura** pris	Nous **aurons** pris Vous **aurez** pris Elles, Ils **auront** pris

Remarque :
Le **futur antérieur** permet d'indiquer qu'une **action future** s'est passée **avant celle** exprimée au **futur simple.**
*Nous **mangerons** lorsque tu **seras rentré***
action 2, futur simple — action 1, futur antérieur

Exercices

1 ★ Écriture **Que ferez-vous demain ? Racontez en six à huit phrases. Vous commencerez par : « Demain, je me lèverai à… »**

2 ★ ORAL **Parmi ces formes verbales, relevez celles qui sont au futur simple ou au futur antérieur.**

Nous courons – nous courrons – nous courrions – je mangeai – je mangerais – je mangerai – j'aurais vécu – j'avais vécu – nous serons partis – vous seriez parties – je crierai – tu crierais.

3 ★ **Conjuguez.**

a. **Au futur simple, aux personnes :** *tu, nous, vous.*
Espérer – plier – valoir – tenir – prendre – courir.

b. **Au futur antérieur, aux personnes :** *je, elle, ils.*
Devenir – comprendre – faire.

4 ★ **Choisissez la forme correcte.**

1. L'été prochain, mes cousins Félix et Nicolas (*viendront / veniront*) chez nous : nous (*organiserons / organiseront*) toutes sortes de jeux de plein air et, quand il (*pleuvoira / pleuvra*), nous (*lirrons / lirons*) au lit.
2. Lorsque vous aurez (*lu / lue*) cette histoire, vous ne (*pourrai / pourrez*) plus l'(*oublier / oubliée*).
3. J'(*étudierai / étudirai / étudirrai*) l'Histoire.
4. Demain, j'(*écrirai / écrierais*) à mon grand-père pour lui annoncer mon arrivée.
5. Vous vous (*assiérez / assoirez / assierrez*) en silence. (*deux possibilités*)
6. Les candidats seront (*appelé / appelés*) quand viendra leur tour.

5 ★★ **Recopiez les phrases en conjuguant les verbes entre parenthèses au futur simple.**

1. Julie (*cueillir*) des fleurs et en (*garnir*) la table.
2. Nous (*envoyer*) une carte à nos amis dès que nous (*partir*) en voyage.
3. Vous (*avouer*) votre gourmandise.
4. La coupe (*porter, voix passive*) par le vainqueur.
5. Nous (*voir*) ce qui se passe.

6 ★★ Écriture **Complétez les phrases.**

a. **Par une proposition principale dont le verbe sera conjugué au futur simple.**

1. Dès que le soleil sera levé, … .
2. Quand il aura plu, … .
3. Aussitôt que la voiture sera réparée, … .
4. Lorsque nous aurons déjeuné, … .

b. **Par une proposition subordonnée dont le verbe entre parenthèses sera conjugué au futur antérieur.**

1. Tu regarderas la télévision quand tu … (*finir*).
2. Laila vous téléphonera dès qu'elle … (*arriver*).
3. Nous partirons faire le tour du monde quand nous … (*gagner*).
4. Raphaël pourra jouer avec ses cousins lorsqu'il … (*apprendre*).

7 ★★ **Conjuguez au futur simple aux personnes suivantes :** *je, il, elles.*

Accourir – savoir – retenir – valoir – voir – envoyer – éclairer – mourir – requérir – essuyer – aérer.

8 ★★ **Recopiez ce texte en conjuguant les verbes entre parenthèses au futur simple.**

Vous (*se régaler*) tous les jours, vous (*grimper*) aux arbres, vous (*cueillir*) les fruits. Si vous êtes sages, je vous (*emmener*) sur mer et vous (*voir*) sortir de l'eau mon grand filet avec des poissons de toutes les couleurs et qui (*grouiller*) en tas sous le soleil.

9 ★★★ **Conjuguez les verbes entre parenthèses au futur antérieur. Attention à l'ordre des mots dans les phrases interrogatives.**

1. Quand notre petite fille (*devenir*) grande et qu'elle (*acquérir*) une belle maison, nos jeunes années (*s'enfuir*).
2. Ils (*passer*) par la forêt et (*rentrer*) sans nous.
3. Il (*pêcher*) des poissons dans la mare ?
4. Léa (*naître*) avant le départ de ses grands-parents ?

10 ★★★ **Conjuguez au temps et à la voix indiqués.**

1. Mon cœur, comme un oiseau, (*voltiger, imparfait, actif*) tout joyeux. (BAUDELAIRE)
2. Si je (*donner, passé composé, actif*) ma parole, je la (*tenir, futur simple, actif*).
3. La biche (*poursuivre, imparfait, passif*) par une meute de chiens.
4. La collection de mon oncle (*vendre, futur simple, passif*) demain.
5. Ces fameux discours (*entendre, futur antérieur, passif*) finalement par tout le monde.

11 ★★★ Écriture **Imaginez le monde dans cent ans. Rédigez un paragraphe de huit à dix phrases en n'employant que des verbes différents, conjugués au futur simple ou au futur antérieur.**

24 Grammaire

Les compléments circonstanciels : lieu, temps, manière

Observer

Renart emporta les jambons.
Renart emporta les jambons ***chez lui****.*
À la nuit tombée*, Renart emporta les jambons.*
Silencieusement*, Renart emporta les jambons.*

1. Comparez ces phrases. Quelle information apporte chacun des compléments en gras ?
2. Déduisez-en la fonction.

Leçon

Les compléments circonstanciels précisent les **circonstances de l'action**. Ils répondent aux questions :
- **« où ? »** (complément circonstanciel de **lieu**) ;
- **« quand ? »** (complément circonstanciel de **temps**) ;
- **« comment ? »** (complément circonstanciel de **manière**) ;
- **« pourquoi ? »** (complément circonstanciel de **cause**).

Il est arrivé ***à Paris hier****.*
→ *Il est arrivé* ***où*** *? à Paris : « à Paris » est le CCL du verbe « arriver ».*
→ *Il est arrivé* ***quand*** *? hier : « hier » est le CCT du verbe « arriver ».*

Attention
Ne confondez pas **COI** et **compléments circonstanciels** : les COI ne répondent jamais aux questions « où ? », « quand ? », « comment ? », « pourquoi ? ».

Exercices

1 ★★ **Écriture** Complétez les phrases en répondant à la question entre parenthèses.

1. Les campeurs se sont installés ... (*où ?*).
2. Les jongleurs lançaient leurs balles ... (*comment ?*).
3. Les enfants ont été au comble de la joie ... (*quand ?*).
4. ... (*quand ?*), je me suis perdue ... (*où ?*).
5. La fête s'est terminée ... (*quand ?*) ... (*comment ?*).

2 ★ **ORAL** Indiquez la circonstance exprimée par les compléments circonstanciels en gras en précisant à chaque fois à quelle question ils répondent.

1. Renart a volé les jambons **durant la nuit**.
2. **Autrefois**, les élèves écoutaient leur maître.
3. Le vieil homme vivait **dans une petite maison isolée**.
4. Il a parlé **à toute vitesse**.
5. **Tous les étés**, nous passons nos vacances **au bord de la mer**.
6. Elle attendait **en comptant les jours qui la séparaient de lui**.

3 ★★★ **a.** Complétez le texte à l'aide des compléments circonstanciels de lieu suivants.

Ça et là – Du côté de la forêt – sous leurs toits chargés de neige – dans notre cour – Sur les coteaux – à la grange – au loin.

Il était tombé de la neige toute la nuit ; ..., il y en avait deux pieds d'épaisseur, de manière qu'il avait fallu faire un chemin avec la pelle pour aller ... donner à manger aux bestiaux. ..., ..., la lande n'était plus qu'une large plaine blanche, semée ... de grandes touffes d'ajoncs, dont la verdure foncée s'apercevait au pied. ..., les maisons grisâtres, ..., fumaient lentement.

b. **Écriture** À votre tour, utilisez cinq de ces compléments pour décrire un paysage printanier.

Remarque
En général, le complément circonstanciel peut être déplacé en tête de phrase. Il est alors détaché par une virgule : *Il est rentré le surlendemain.* → *Le surlendemain, il est rentré.*

4 ★ **Détachez en tête de phrase les compléments circonstanciels en gras. Précisez à chaque fois la circonstance qu'ils expriment.**

1. Des arbres centenaires veillaient **à l'horizon**.
2. La pendule sonnait cinq heures du matin **de son timbre clair**.
3. Il est **souvent** difficile de reconnaître qu'on a tort.
4. Le clocher de l'église perçait **entre les toits gris**.

5 ★ ORAL **Dites si les groupes en gras sont des COD ou des compléments circonstanciels.**

1. La pluie a effacé **les traces de nos pas**.
2. Marchez bien **dans les traces**.
3. Ils sont restés **une semaine**.
4. Nous avons pris **une semaine de vacances**.
5. Aurélie a attendu Simon **une heure**.
6. Je te demande encore **une heure** pour finir mon livre.

6 ★★ **Réécrivez les phrases en mettant les différents compléments circonstanciels en gras à la place qui vous paraît le mieux convenir.**

1. Notre vieux chien dort **près de la cheminée, l'hiver, presque toute la journée, dans la maison**. Il aime se coucher **sous un vieux pommier, dans le jardin, l'été**.
2. Ma grand-mère garde des perruches **dans sa cuisine, depuis des années**. Elle écoute leur chant **vraiment peu harmonieux, toute la journée, sans se lasser**.

Remarque
Lorsqu'un complément circonstanciel de lieu ou de temps est placé en tête de phrase, le sujet peut être inversé, s'il s'agit d'un GN. Dans ce cas, on ne met pas de virgule : *Devant la maison se tenait un renard.*

7 ★★ **Recopiez les phrases en plaçant le complément circonstanciel en tête de phrase et en inversant le sujet et le verbe.**

Exemple : *Un bruit étrange lui parvint du fond des bois.* → *Du fond des bois lui parvint un bruit étrange.*

1. Un vieillard se tenait devant lui.
2. Une rivière de diamants resplendissait à son cou.
3. Le chant du rossignol résonne dans le lointain.
4. Un étrange personnage apparut soudain.

8 ★★★ Écriture **Enrichissez ces phrases de deux ou trois compléments circonstanciels de lieu placés en tête de phrase.**

Exemple : *Pierre fait des pâtés.* → *Au milieu du bac à sable, entre pelles et râteaux, Pierre fait des pâtés.*

1. Un enfant était endormi. – **2.** La fillette lit avec avidité. – **3.** Jean passa consciencieusement l'aspirateur.

9 ★★★ **a. Complétez le texte par les compléments circonstanciels de temps suivants.**

Soudain – depuis plusieurs heures – dès le lever du soleil – aussitôt – souvent – toujours – Un jour – C'est alors – En été.

..., Colin et Chloé font ... de la randonnée. Pour éviter de souffrir de la chaleur, ils partent ... ..., alors que les deux amis marchaient ..., ils décidèrent de faire une pause et ils s'installèrent ... à l'ombre d'un grand chêne. ..., Chloé poussa un cri d'horreur : elle avait oublié sa gourde et son casse-croûte. ... que Colin les lui tendit triomphalement : ils les avaient emportés dans son propre sac.

b. Écriture **Réemployez six de ces compléments dans un texte de votre invention. Pensez à varier leur place dans la phrase.**

10 ★★★ **a. Dans le texte suivant, relevez les compléments circonstanciels et précisez la circonstance exprimée.**

Dès que la nuit commença à tomber, Arthur traversa le jardin à pas de loup et entra dans la maison endormie. Il s'immobilisa un instant et vérifia que la voie était libre. Alors, il monta sans un bruit dans l'escalier, posant précautionneusement ses pieds sur les marches grinçantes. Soudain, une lumière s'alluma et une silhouette surgit dans le couloir. Sans perdre son sang-froid, Arthur se cacha prestement derrière un pilier.

b. Voici le même texte sans les compléments circonstanciels. Comparez-le au précédent. Que constatez-vous ?

Arthur traversa le jardin et entra. Il s'immobilisa et vérifia que la voie était libre. Il monta, posant ses pieds. Une lumière s'alluma et une silhouette surgit. Arthur se cacha.

11 ★★★ Écriture **Recopiez le texte en l'enrichissant avec des compléments circonstanciels afin de rendre le récit plus clair et plus intéressant.**

Renart se met en route. Il marche. Il aperçoit Ysengrin. Celui-ci est en train d'enterrer un coffret. Il creuse, il tourne la tête, il vérifie que personne ne le regarde. Il dépose son coffre, replace la terre, dissimule le trou. Il rentre. Renart avance et appelle Ysengrin.

D'après *Le Roman de Renart*, vers 1174.

25 Employer les temps du récit

Leçon

Le passé simple

Il est employé pour les actions **principales**, celles qui font **progresser le récit**.

Il présente les actions comme **achevées** et **bien délimitées dans le temps** : on pourrait préciser le moment exact où elles se sont produites.

*Il **fit** son sac, **claqua** la porte et s'**en alla** (à successivement 7h30, 7h33 et 7h38).*

*Louis XIV **eut** un règne particulièrement long (de 1643 à 1715).*

L'imparfait

Il est employé pour les actions dont on ne connaît ni le début ni la fin, les actions **en train de se dérouler**.

*Tom **marchait** à grandes enjambées. (Il était en train de marcher.)*

L'imparfait est utilisé pour la **description**.

*Il **était** pieds et tête nus.*

Il est utilisé pour exprimer l'**habitude** et la **répétition**.

*– Chaque nuit, Tom **sortait** en cachette. (habitude)*

*– Dès que Becky le **regardait**, il **se sentait** rougir. (répétition)*

Exercices

1 ★★ **Écriture** **Utilisez le passé simple pour raconter les actions accomplies par un héros en voyage.**

– Vous commencerez par cette phrase : « Un matin, à l'aube, Petit Pierre se mit en route. »

– Vous utiliserez les expressions suivantes : *marcher des jours et des nuits, traverser des plaines, escalader des montagnes, connaître la fatigue, la faim et la soif, embarquer sur un navire inconnu, faire voile vers l'est, parvenir au Pays de Nulle Part, suivre l'étoile du Nord, pénétrer dans la Forêt ombreuse, découvrir enfin la porte secrète de l'Ailleurs.*

– Faites plusieurs phrases et soignez la ponctuation.

2 ★★ **Réécriture** **Transposez les phrases au passé en mettant à l'imparfait l'action en train de se dérouler et au passé simple l'action principale.**

1. Je lis tranquillement dans le salon lorsque la lumière s'éteint brusquement.

2. Tandis que Marie emmène les enfants à l'école, un incident se produit.

3. Au moment où l'orage crève, nous nous dirigeons vers la plage.

4. La traversée se déroule sans encombre. Soudain, une tempête éclate.

3 ★★ **Écriture** **Rédigez une petite scène à partir de l'image ci-dessous.**

– Vous commencerez ainsi : « C'était un morne après-midi de novembre. »

– Vous écrirez trois phrases à l'imparfait pour décrire la classe et ce que les élèves étaient en train de faire, y compris Rémi, qui regarde la pendule.

– Vous écrirez ensuite trois phrases au passé simple pour raconter ce qui se passa lorsque la sonnerie retentit.

***Le Cadran scolaire*, Robert Doisneau**, 1956.

4 ★★ **Écriture** **Sur le modèle de l'exercice 2, écrivez trois phrases mêlant passé simple et imparfait.**

5 ★★ **Écriture** Utilisez l'imparfait pour raconter à la première personne ce que faisait tous les dimanches un personnage, quand il était enfant. Vous pouvez utiliser les expressions suivantes.

Courir à travers champs – aller à la rivière – l'été, pêcher, se baigner, construire des barrages, manger au bord de l'eau – l'hiver, patiner, bâtir des igloos, allumer des feux.

6 ★★★ Lisez le texte suivant.

Comme il lui est arrivé déjà plus d'un malheur au lit, Poil de Carotte a bien soin de prendre ses précautions chaque soir. En été, c'est facile. À 9 heures, quand madame Lepic l'envoie se coucher, Poil de Carotte fait volontiers un tour dehors ; et il passe une nuit tranquille. L'hiver, la promenade devient une corvée. [...]

Et, ce soir, la pluie crible les carreaux, le vent a éteint les étoiles et les noyers ragent dans les prés.

– Ça se trouve bien, conclut Poil de Carotte, après avoir délibéré sans hâte, je n'ai pas envie.

Il dit bonsoir à tout le monde, allume une bougie, et gagne au fond du corridor, à droite, sa chambre nue et solitaire. Il se déshabille, se couche et attend la visite de madame Lepic. Elle le borde serré, d'un unique renfoncement, et souffle la bougie.

D'après **Jules Renard**, *Poil de Carotte*, 1894.

a. Quel paragraphe décrit les habitudes de Poil de Carotte ?

b. Quel paragraphe décrit la situation ce soir-là ?

c. Quels paragraphes racontent les actions successives de Poil de Carotte ce soir-là ?

d. **Réécriture** Transposez le texte au passé en utilisant pour chaque paragraphe le temps qui convient.

7 ★★ Dans le texte suivant, relevez les verbes conjugués, précisez leur temps et justifiez l'emploi de ce temps.

Chuck fit encore un effort et parvint enfin au sommet de la montagne. Il découvrit alors un spectacle terrible : l'île était minuscule, et tout autour s'étendait la mer, à perte de vue. Chuck avait beau scruter l'horizon encore et encore, il ne distinguait aucune autre terre. Désespéré, il se laissa tomber à terre. Ses bras et son visage étaient brûlés par le soleil. Ses pieds nus étaient blessés en plusieurs endroits. Il avait faim et était épuisé. Il se coucha à même le sol et s'endormit aussitôt. Il dormait depuis plusieurs heures déjà quand un hurlement le réveilla en sursaut.

8 ★★★ Recopiez le texte suivant en conjuguant les verbes entre parenthèses au temps qui convient.

Thomas est un marin, seul survivant de l'incendie de son navire. Il est seul sur une barque en pleine mer.

À bout de force, le treizième jour, Thomas (*se coucher*) dans le fond de sa barque, et là, il (*attendre*) la mort. Il ne (*rester*) rien du beau Thomas que la peau et les os. Quand il (*se réveiller*), mollement étendu sur une herbe épaisse et fleurie, une soixantaine de sauvages, plus hideux les uns que les autres, (*se tenir*) accroupis autour de lui et (*paraître*) l'examiner avec attention. Alors, il (*deviner*) le sort qui l'attendait.

D'après **Jules Sandeau**, *La Roche aux mouettes*, 1870.

9 ★★★ **Écriture** En huit à dix phrases, imaginez la suite du texte de l'exercice 8.

10 ★★★ Conjuguez les verbes entre parenthèses au passé simple ou à l'imparfait. Justifiez votre choix.

1. L'air (*être*) chaud et bleu, un merle gazouillait, tout (*sembler*) vivre dans une douceur profonde. (Flaubert)

2. Les maîtres (*parler*) dans la salle, avec des gens de connaissance, lorsque soudain, devant les fenêtres sans rideaux, une voiture (*passer*) et (*s'arrêter*). (Vincent)

3. L'été, la chaleur (*être*) épouvantable. Dès qu'un train (*être*) signalé, nous (*aller*) nous planter près de la voie pour nous faire éventer. (Giraudoux)

4. Dès que la nuit (*tomber*), on (*allumer*) les candélabres, les lustres, les girandoles et les flambeaux. (Giono)

5. Elle (*tousser*), (*gémir*), (*râler*), (*s'étouffer*), tandis qu'on lui (*donner*) de grandes tapes dans le dos. (Pagnol)

11 ★★★ Recopiez le texte suivant en conjuguant les verbes entre parenthèses au temps qui convient.

C'est le lundi 3 octobre au matin, à six heures, que (*sonner*) le grand branle-bas. Lavé, frotté, récuré, et largement nourri de tartines beurrées, j'(*endosser*) mon veston de marin. Paul (*porter*) un blouson gris tout neuf, et un joli col blanc rabattu, d'où (*sortir*) un beau nœud de soie bleu d'azur. Nous (*partir*) donc tous les trois, vers les sept heures et demie. Je (*marcher*) à la droite de Joseph tandis que Paul (*s'accrocher*) à sa main gauche. Au bout d'un quart d'heure de marche, nous (*arriver*) au bout de la rue de la Bibliothèque. Sur la droite, mon père me (*montrer*) une énorme bâtisse. « Voici le lycée », me (*dire*)-il. Au milieu de l'immense façade, je (*voir*) une foule d'enfants et de jeunes gens qui (*porter*) des serviettes de cuir sous leurs bras ou des cartables dans leur dos.

D'après **Marcel Pagnol**, *Le Temps des secrets*, © Grasset, 1960.

Réinvestir ses connaissances

Réviser

1 ★★ **a. Recopiez les phrases, entourez en rouge les verbes conjugués et délimitez les propositions.**
b. Précisez le temps des verbes conjugués.

1. Quand vous fûtes parti et quand Jupiter fut bien endormi, je me livrai à une investigation un peu plus méthodique de la chose. (Poe)

2. Dans cette partie de mon jardin, j'avais planté un légume qu'on m'avait donné et qui était presque inconnu dans notre village. (Malot)

3. Lorsque vos hommes s'éveilleront, je suis sûr qu'ils auront l'obligeance de vous délier, et que vous n'aurez aucune difficulté à expliquer l'affaire des clés. (Stevenson)

2 ★ **Indiquez le sujet de chaque verbe en gras.**

1. Jacques, la tête fourmillante de projets, **regardait** passer les nuages que **teintait** délicatement le soleil couchant. – **2.** Sur la grève battue par les vagues et le vent **se tenait**, droite et obstinée, une femme. – **3.** Le mur sur lequel **s'appuyait** le plus jeune d'entre nous **céda** brusquement. – **4.** Que René ne soit pas rentré à cette heure **commençait** à nous inquiéter. – **5.** Lui, grimpé nuit et jour dans les haubans, **surveillait** la mer sans relâche. – **6.** Cette île où **poussaient** en abondance des fruits de toutes sortes **était** un véritable paradis.

3 ★★ **Recopiez les phrases. Entourez les verbes conjugués en rouge, les mots subordonnants en vert. Mettez les propositions subordonnées entre crochets verts et les propositions principales entre crochets rouges.**

Jusqu'à huit ans, j'ai cru que j'avais une mère, car lorsque je pleurais, il y avait une femme qui me serrait si doucement dans ses bras que mes larmes s'arrêtaient de couler. (D'après Hector Malot)

4 ★★ **Classez les mots en gras en trois colonnes : sujet, COD, attribut du sujet.**

1. Quel **courage** avait déployé **Jim** face aux pirates ! – **2.** Dominique n'avait qu'**une sœur**, et cette sœur était **tout** pour lui. – **3.** Mathilde saisit **la corde** et **la** fixa solidement au rocher. – **4.** J'étais **embarrassé**, elle **l'**était aussi, si bien que **nous** restions tous deux **immobiles et silencieux**. – **5.** Ainsi, nous promit **Léon**, **nous** rejoindrait-**il** avant la nuit.

5 ★★ **Relevez les compléments circonstanciels des verbes en gras et précisez la circonstance exprimée.**

> Robinson **se leva** en soupirant et **se dirigea** vers la plage après avoir sifflé Tenn. Il ne **comprit** pas tout de suite le curieux travail auquel se livrait Vendredi. Sur un tapis de cendres brûlantes, il **avait posé** une grosse tortue qu'il avait fait **basculer** sur le dos. La tortue n'était pas morte, et elle **battait** furieusement l'air de ses quatre pattes.
>
> D'après **Michel Tournier**, *Vendredi ou la vie sauvage*, 1971.

Croiser les connaissances

6 ★★ **Indiquez le temps, la personne et la voix des formes verbales suivantes (il peut y avoir plusieurs possibilités).**

Fus – fis – aura germé – eurent – es né – irez – épatâtes – viendras – avais mis – jouai – prit – prie – fus vaincu – brilliez – a été – dormirons – étaient reconduits – vis – a su – dîtes.

7 ★★ **Mettez le sujet de chaque phrase au pluriel et faites les modifications nécessaires.**

1. Le pouvoir de ces femmes, mystérieux et incompréhensible, était redouté à des lieues à la ronde. – **2.** Le pirate avait caché dans les cales du navire un grand coffre de bois. – **3.** Cette histoire, répétée de village en village, est devenue une véritable légende. – **4.** L'homme, qui était resté caché pendant toute la traversée, saisit l'occasion et attaqua l'équipage. – **5.** Quoique le jeune marin demeure un ami, je l'ai moins fréquenté cette année.

8 ★★ **Donnez la fonction des groupes en gras.**

1. Nous avons remis l'argent **à sa place**. – **2.** Nous avons remis nos papiers **au policier**. – **3.** Le cipaye était **un très brave homme** : il avait servi **des années** sous les couleurs françaises. (Stevenson) – **4.** Il nous envoyait **chaque semaine** d'étranges photographies où se déployaient **des paysages féeriques**. – **5.** Tous ceux qui m'ont connu, **tous** sans exception me croient mort. (Tournier) – **6.** L'année 1866 fut marquée **par un événement bizarre**. (Verne)

9 ★★ Dites si les pronoms *y* et *en* sont des COI, des compléments circonstanciels de lieu ou des compléments du nom.

1. Je n'**y** ai pas touché.
2. On **y** sentait un parfum unique de cuir et d'épices.
3. Habitué à cette vieille auto, il **en** connaissait tous les défauts.
4. Il sait très bien qu'il n'**en** reviendra pas.
5. Il **y** a laissé tout ce qu'il possédait.
6. Cet accident lui a laissé de terribles séquelles, il ne s'**en** souvient pas mais il **en** garde les traces sur sa peau.
7. Noémie s'**en** occupe très bien.

10 ★★ Donnez la nature des mots en gras.

La nuit vint, la **neige** tomba **moins** abondamment, **mais** l'intensité du froid s'accrut. Le **regard** le plus **intrépide** n'eût pas considéré **sans** épouvante **cette** obscure immensité. Un absolu silence **régnait** sur la plaine. **Ni** le vol d'un oiseau, ni la passée d'un fauve n'en troublaient le **calme** infini. Pendant toute cette nuit, Mrs. Aouda, l'**esprit** plein de pressentiments **sinistres**, le cœur rempli d'angoisses, erra sur la lisière **de** la prairie. **Son** imagination **l'**emportait au loin et lui montrait **mille dangers**.

JULES VERNE, *Le Tour du monde en 80 jours*, 1873.

11 ★★ Donnez la fonction des groupes en gras.

Midi finissait de sonner. La porte **de l'école** s'ouvrit, et les gamins se précipitèrent **en se bousculant** pour sortir plus vite. Mais au lieu de se disperser **rapidement** et de rentrer dîner, comme ils le faisaient **chaque jour**, ils s'arrêtèrent **à quelques pas**, se réunirent par groupes et se mirent à chuchoter. C'est que, ce matin-là, **Simon**, le fils de la Blanchotte, était venu **à la classe** pour la première fois.

GUY DE MAUPASSANT, *Le Papa de Simon*, 1879.

12 ★★ a. Dans le texte suivant, relevez 10 adverbes.
b. Donnez la nature des mots en gras.
c. Précisez la nature exacte des déterminants en vert.

Quand je commençai **à** aller mieux, Kensuké s'absenta de plus en plus souvent, me laissant **seul** dans sa **caverne**, mais heureusement jamais trop longtemps. **Il** revenait au bout d'un **moment**, très souvent en chantant, **rapportant** du poisson, parfois des fruits, des noix de coco ou des **herbes**, qu'il venait **me** montrer fièrement. Les orangs-outans **l'**accompagnaient parfois, **mais** seulement jusqu'à l'**entrée** de la caverne.

MICHAEL MORPURGO, *Le Royaume de Kensuké*, 1999.

Maîtriser l'écrit

13 ★★★ Enrichissez les phrases avec des compléments circonstanciels qui exprimeront la circonstance indiquée. Attention à la ponctuation.

Les trois garçons marchaient (*manière*) (*lieu*). (*Temps*) ils entendirent (*lieu*) un cri terrible. (*Temps*) ils s'élancèrent (*lieu*). Ils découvrirent un spectacle saisissant : (*lieu*) un vélociraptor affrontait un tyrannosaure. Les deux bêtes se jetaient l'une contre l'autre (*manière*) et se mordaient (*manière*). Les trois garçons terrifiés reculèrent (*manière*).

14 ★★★ Donnez la nature et la fonction des groupes en gras.

1. Ils poursuivirent **leur marche lentement**.
2. De cette décision dépendrait **tout le reste de sa vie**.
3. Dès qu'il l'aperçut, le jeune homme se souvint **d'elle**.
4. En face de lui se dressait **le criminel** que **lui-même** avait fait arrêter **l'année précédente**.
5. Il **lui** promit **qu'il reviendrait très vite**.
6. Souvent, elle était **malade** et devait rester **au lit**.

15 ★★★ Dictée préparée a. Relevez les verbes conjugués à un temps simple, donnez leur sujet et expliquez leur terminaison.
b. Relevez les verbes à des formes composées et expliquez l'accord du participe passé.
c. Séparez par des crochets les différentes propositions de chaque phrase.

Texte audio

Un mois après son couronnement, le roi Arthur réunit à Carduel une cour plénière. De tous les points du royaume affluèrent en grand équipage seigneurs et dames. Parmi eux se trouvait la reine d'Orcanie. Elle était accompagnée de quatre fils qu'elle avait eus du roi Lot, son époux. C'étaient de solides garçons qui promettaient de devenir d'excellents chevaliers. La dame était d'une beauté incomparable. Quand elle arriva à la cour avec ses enfants, le roi Arthur l'accueillit avec les plus grands honneurs, car elle était reine. C'était sa sœur, mais tous deux l'ignoraient. Séduit par son éclatante beauté, il tomba amoureux d'elle.

D'après A.-M. CADOT-COLIN, *Merlin*, Le Livre de Poche Jeunesse, 2009.

26 Grammaire

La proposition subordonnée relative

Observer

Marc poussa violemment Pierre. Pierre tomba à la renverse.
Julie retrouva Pierre. Elle aimait beaucoup Pierre.
Julie se rendait chez Pierre. Elle devait passer les vacances chez Pierre.
L'infirmière s'occupa de Pierre. La jambe de Pierre était cassée.

Réécrivez les deux actions en une seule phrase, en évitant la répétition du nom Pierre.

Leçon

Une proposition subordonnée complète toujours une autre proposition.

La proposition subordonnée relative (PSR)

- Elle complète un **nom** ou un **pronom** placé dans **une autre proposition**.
  [J'aime le foulard] [que tu as acheté].
  → *La proposition « que tu as acheté » complète le nom « foulard ».*
- **Elle** est toujours introduite par un **pronom relatif** : *qui, que, quoi, dont, où, lequel, laquelle, lesquels.*
- **Le pronom relatif** remplace un **nom** généralement placé juste avant la PSR et qu'on appelle **l'antécédent**.
  *[J'aime le foulard] [**que** tu as acheté].*
  → *« Que » remplace le nom « foulard ».*
- La proposition subordonnée relative a pour **fonction complément de l'antécédent.**

La fonction du pronom relatif dans la PSR

- ***Qui* : sujet** du verbe de la PSR.
  *J'aime les fleurs [**qui** poussent dans cette allée].*
  → *« qui » = sujet*
- ***Que* : COD** du verbe de la PSR (parfois attribut du sujet).
  *J'aime les fleurs [**que** tu m'as offertes].* → *« que » = COD*
- ***Dont* : complément du nom** ou **COI** du verbe de la PSR.
  *J'aime une fleur [**dont** j'ignore le nom].* → *« dont » = cdn*
  *J'aime l'endroit [**dont** tu m'as parlé].* → *« dont » = COI*
- ***Où* : CC de lieu** ou **de temps** du verbe de la PSR.
  *J'aime le parc [**où** nous nous sommes promenés].*
  → *« où » = CC de lieu*
- ***Lequel* :** souvent précédé d'une préposition, il peut être **COI** ou **CC**.
  *J'aime ce jardin [**dans lequel** nichent tant d'oiseaux].* → *« dans lequel » = CC de lieu*
  *La ville [**à laquelle** je pense se trouve au nord].* → *« à laquelle » = COI*

Exercices

1 ★ Écriture Complétez les phrases suivantes par des propositions subordonnées relatives. Entourez le pronom relatif utilisé et soulignez la proposition relative.

A. 1. Martin aperçut alors une ombre qui ... . – **2.** Nous arrivâmes dans une région où ... . – **3.** Tout près de la maison poussait un arbre dont ... . – **4.** Manuel appela Rémi qui ... .

B. 1. Je viens d'un pays ... . – **2.** J'ai reçu la lettre ... . – **3.** La fée Morgane lui remit un philtre ... .

2 ★ Écriture Trouvez pour chacune des propositions subordonnées suivantes un antécédent possible et faites une phrase complète avec l'ensemble.

Exemple : ... qui fleurit en hiver.
→ Le prunier est un arbre qui fleurit en hiver.

1. ... qui fait bêtise sur bêtise.
2. ... que personne n'a jamais pu attraper.
3. ... dont nous nous souviendrons toujours.
4. ... sur lequel on peut compter.

3 ★ ORAL **Relevez les propositions subordonnées relatives introduites par les pronoms relatifs en gras et précisez quel antécédent elles complètent.**

1. Il relâcha tous les poissons **qu'**il avait attrapés. – **2.** Les passants **qui** avaient assisté à la scène ne purent retenir un murmure de colère. – **3.** Cette montagne, **dont** les plus hauts sommets dépassent les cinq mille mètres, a la réputation d'être infranchissable. – **4.** Jean suivit les traces **que** ses camarades avaient laissées derrière eux et ne tarda pas à découvrir l'endroit **où** ils s'étaient cachés.

4 ★★ **Recopiez les phrases suivantes et complétez-les par un pronom relatif.**

1. Pierre était un enfant ... habitait dans le voisinage et ... l'on voyait dehors à toute heure. – **2.** Yves découvrit une grotte dans ... figuraient d'étranges dessins. – **3.** J'aime retourner dans le jardin ... nous nous sommes rencontrés. – **4.** C'était une maison sinistre ... le toit tombait en ruines et ... toutes les fenêtres étaient brisées.

5 ★★ **Recopiez le texte, entourez en vert les pronoms relatifs. Mettez entre crochets verts les propositions subordonnées relatives et soulignez leur antécédent.**

La rivière disparaît derrière les bâtiments de Villevieille, dont les toits sont de la couleur des châtaigniers. Elle brille par endroits, entre les minces peupliers ; puis elle s'enfonce dans ce grand bois de sapins, qui paraît tout noir, et qui cache le Gué Perdu : c'est le chemin que Mme Alphonse m'a fait suivre pour aller chez sa mère… Son frère avait dû venir par le même sentier, le jour où il m'était apparu dans le buisson de houx.

D'après **Marguerite Audoux**, *Marie-Claire*, 1910.

6 ★★ **a. Complétez les phrases par *lequel, laquelle, lesquels* ou *lesquelles*.**

1. Voici la rivière au bord de ... je venais jouer enfant. – **2.** C'est exactement la chose à ... je pensais. – **3.** Il approcha du prisonnier, sur ... veillaient deux gardes. – **4.** Ce sont des amis pour ... je donnerais ma vie. – **5.** La table était couverte d'assiettes d'or dans ... fumaient les mets les plus exquis.

b. Recopiez les deux premières phrases en remplaçant *la rivière* par *le ruisseau* et *la chose* par *le problème*.

7 ★★ Écriture **Recopiez les phrases en précisant le nom en gras par une proposition subordonnée relative. Variez les pronoms relatifs utilisés.**

1. Dans la malle, il découvrit **un livre**.

2. Julien m'a offert **une ceinture**.

3. **Le paquet** répandait une odeur épouvantable.

4. Le monstre se précipita sur **Tom**.

8 ★★ **Allégez le texte suivant en supprimant les *qui est* inutiles.**

Ce livre raconte l'histoire de Tom, qui est un jeune garçon qui est élevé par sa tante. Son meilleur ami est un autre orphelin qui est moins chanceux : il vit seul dans une cabane qui est en pleine forêt et n'a pour tout vêtement qu'une chemise qui est trouée et un pantalon qui est tout déchiré.

9 ★★★ **a. Lisez les phrases suivantes : quel problème posent-elles ?**
b. Réécrivez ces phrases de façon à les corriger.

1. Le comte offrit une épée à son fils qui avait appartenu à Charlemagne.

2. Les archéologues ont découvert des poteries et des bijoux sous le supermarché qui remontent à l'Antiquité.

3. Gorvenal choisit un cheval pour la reine qui galopait avec une régularité parfaite.

4. La fée remit une bague à l'enfant qui brillait de mille feux.

10 ★★★ Écriture **Enrichissez le texte en ajoutant des propositions subordonnées aux endroits indiqués.**

La cuisine était une pièce chaleureuse … . Une grande cheminée … occupait le centre du mur principal, … . De part et d'autre de la cheminée s'alignaient des étagères … . Au centre de la pièce se dressait une longue table de chêne … . Dans le mur ouest s'ouvrait un petit escalier … . La façade sud était percée d'une large porte … .

11 ★★★ **a. Donnez la fonction du mot en gras.**
b. Transformez les deux phrases simples en une seule phrase complexe en remplaçant le mot en gras par le pronom relatif qui convient.

1. C'était la jeune fille. Il avait rencontré **la jeune fille** la veille. – **2.** Il était une fois une fée. Les cheveux **de la fée** étaient si longs qu'ils la couvraient entièrement. – **3.** La flèche atteignit le cheval. Arthur était monté **sur ce cheval**. – **4.** Roland désigna Ganelon. **Ganelon** dut se rendre chez Marsile. – **5.** Yvain arriva dans un pays. **Dans ce pays** vivait une reine belle et farouche. – **6.** Voici **l'homme**. Je t'ai parlé de cet **homme**.

12 ★★★ **Complétez les phrases par le pronom relatif qui convient. Précisez la fonction de ce pronom relatif.**

1. Il aperçut un homme ... faisait le guet. – **2.** Les naufragés vivaient des fruits ... ils trouvaient sur l'île. – **3.** Il saisit la main ... lui tendait la jeune femme. – **4.** Voici la pièce ... vous dormirez. – **5.** Le professeur a convoqué tous les élèves ... les carnets n'étaient pas signés. – **6.** Nous approchions du village ... nous pouvions déjà apercevoir les premières maisons. – **7.** Autour de lui s'alignaient des visages menaçants, parmi ... il reconnut celui du comte.

27 Grammaire

Éviter les répétitions

Observer

Quand Gauvain eut délivré le lion, il pensa que celui-ci viendrait l'assaillir et qu'il allait devoir le combattre. Mais ce ne fut pas dans les intentions de l'animal qui se conduisit alors avec noblesse et générosité. Il commença à montrer qu'il se rendait au chevalier, il tendait vers lui ses pattes jointes, et inclinait à terre son visage.

D'après **Chrétien de Troyes**, *Yvain, le Chevalier au lion*, XIIe siècle.

1. Combien y a-t-il de personnages dans ce texte ?
2. Relevez dans l'ensemble du texte tous les mots qui les désignent et donnez leur nature.

Leçon

Il existe plusieurs moyens d'éviter les répétitions.

Utiliser les pronoms

Il faut veiller à les employer sans ambiguïté et à leur donner le **même genre** et le **même nombre** que le nom qu'ils reprennent.

*Quand **Gauvain** eut délivré le lion, **il** pensa que celui-ci viendrait l'assaillir.*

Employer une PSR

Reformuler la phrase en employant une **proposition subordonnée relative**.

*Ce ne fut pas dans les intentions **de l'animal**. **L'animal** se conduisit avec noblesse.*

*→ Ce ne fut pas dans les intentions **de l'animal, qui** se conduisit avec noblesse.*

Employer un synonyme ou un autre nom

Il désigne d'une **autre manière** la chose ou la personne dont on parle.

*Gauvain pensa que **le lion** allait l'assaillir, mais ce n'était pas dans les intentions **du lion**.*

*→ Gauvain pensa que **le lion** allait l'assaillir, mais ce n'était pas dans les intentions **de l'animal**.*

Exercices

1 ★★ **a.** Lisez ce texte : pourquoi n'est-il pas facile à comprendre ?

Tristan se met en selle et chevauche en direction du rivage. Il doit tuer le Morholt. Il vit sur une île et exige qu'on lui donne trois cents jeunes hommes et trois cents jeunes filles, sinon il attaquera le royaume. Il monte seul dans une barque et cingle jusqu'à l'île de Saint-Sanson. Lorsqu'il l'aperçoit, la peur le gagne car il est bien plus grand et bien plus fort que lui. Mais il s'élance vers lui avec courage et ils combattent longtemps de manière acharnée. Il finit par lui enfoncer son épée en plein crâne et il s'écroule dans un râle effrayant.

b. Corrigez ce texte afin de le rendre plus lisible.

2 ★★ Lisez le texte suivant.

Jeu de construction

Les enfants jouaient sur la plage. La pelle en main, les uns creusaient de grands trous. Les autres transportaient le sable. D'autres, encore, élevaient des murailles qu'ils assemblaient avec des galets. Celui-ci montait des tours coiffées de coquillages, celui-là creusait des douves enjambées de ponts.

a. Relevez les différents pronoms employés pour désigner les enfants.

b. À votre tour, employez ces pronoms pour raconter :
– les actions d'une troupe à l'assaut d'un château fort ;
– les préparatifs pour un festin.

3 ★★ **Évitez les répétitions en employant un pronom possessif ou démonstratif.**

1. Perceval se hâta de mettre ses nouveaux habits, après avoir laissé les habits que sa mère lui avait faits. Le jeune homme posa ensuite son épée sur la dalle et son maître lui donna son épée.

2. Mais il ne l'entendait pas de la sorte et préférait conserver ma sacoche, étant donné que sa sacoche était trouée. Il ne voyait d'ailleurs aucun inconvénient à remplacer ses affaires usées par mes affaires qui étaient en meilleur état.

4 ★★ **Évitez les répétitions en construisant une proposition subordonnée relative.**

1. On remit au roi un manuscrit. Il examina le manuscrit avec circonspection. – **2.** Jean travaille à la ferme. Il a grandi dans cette ferme. – **3.** Voici l'échelle. Il te faut grimper sur cette échelle pour réparer le toit. – **4.** Il a retrouvé le cheval. Il est le maître de ce cheval. – **5.** Des hordes de soldats se jettent contre le pont-levis. Ils essaient de baisser le pont-levis.

5 ★★ **Modifiez les phrases suivantes de façon à éviter toute confusion : supprimez la proposition subordonnée relative et remplacez-la par une proposition indépendante commençant par un pronom démonstratif. Employez un mot de liaison pour relier les deux propositions.**

Exemple : *J'ai voulu donner à manger au chien de mon voisin qui m'a mordu.*
→ *J'ai voulu donner à manger au chien de mon voisin mais celui-ci m'a mordu.*

1. Elle a lavé le manteau de son fils qui a considérablement rétréci. – **2.** Le vent a endommagé les granges de mon voisin qui étaient en mauvais état. – **3.** Le visiteur offrit un jouet à la fille de son hôtesse qui retrouva aussitôt le sourire. – **4.** Lancelot remit une rose à l'épouse du roi Arthur qui rougit de bonheur.

6 ★★ **Complétez ce texte par le pronom relatif qui convient :** *qu', qui, où, dont, duquel.* **Attention aux accords.**

Le dernier jour, nous abordâmes sur une terre aux montagnes élevées, couverte d'arbres … les bois odoriférants étaient de diverses couleurs. Ayant contourné ces montagnes, nous arrivâmes dans un golf immense de l'autre coté … il y avait une plaine. Là, nous vîmes, la nuit, des feux … s'élevaient de tous côtés par intervalles et … allumaient sans doute les indigènes pour nous dissuader de rester dans les parages.

D'après **Bernard de Vaulx**, *En Afrique, cinq mille ans d'exploration*, 1960.

7 ★★ **Complétez le texte par les mots de reprise suivants :** *le chevalier, l'un contre l'autre, sa monture, Chacun, Tous deux, l'un, l'autre, Les combattants.*

Gauvain commande qu'on selle son cheval, enfourche … qu'il lance au grand galop. Après une course effrénée, … arrive enfin près de la fontaine et pose pied à terre.

Il verse sur la dalle un plein bassin d'eau. L'enchantement opère et aussitôt apparaît, enflammé d'une colère plus vive que la braise, l'ennemi tant redouté. À peine se perçoivent-ils qu'ils s'élancent … et laissent paraître la haine mortelle qu'ils se portent. … a une lance rigide et solide. … se mesurent avec rage et se frappent en plein visage. … sont si déterminés, qu'à aucun prix … ne céderait à … avant de le blesser à mort.

8 ★★★ **Réécriture** **Réécrivez ce texte en évitant les répétitions. Pensez à relier les phrases par des pronoms relatifs.**

Ulysse et le cyclope

J'avais saisi le pieu d'olivier ; j'avais mis le pieu à chauffer sous le monceau de cendres ; je parlais à mes compagnons pour encourager mes compagnons : si l'un de mes compagnons m'avait abandonné ! Quand le pieu est au point de flamber, je tire le pieu du feu et j'apporte le pieu en courant. Mes compagnons, debout, m'entourent : un dieu animait mes compagnons d'une nouvelle audace. Mes compagnons soulèvent le pieu : dans l'œil du cyclope ils fichent la pointe du pieu. Moi je pèse d'en haut et fais tourner la pointe du pieu. Le cyclope arrache de son œil le pieu trempé de sang. Le cyclope rejette le pieu au loin. Le cyclope appelle à grands cris ses voisins. Ses voisins accourent et sont là debout tout autour de la grotte. Une grosse pierre bouche l'entrée de la grotte.

D'après **Homère**, *Odyssée*, env. VIIIe siècle av. J.-C.

9 ★★★ **Écriture** **À votre tour, racontez en un paragraphe le combat de plusieurs chevaliers contre un dragon. Vous rédigerez ce texte à la première personne en évitant les répétitions. Vous emploierez les expressions suivantes :**
– pour désigner les compagnons : *mes fidèles amis, ces chevaliers ardents au combat, les uns, les autres ;*
– pour désigner le dragon : *l'horrible bête, l'infâme créature.*

28 Conjugaison

Le mode conditionnel

Leçon

Le conditionnel est un **mode**, comme l'indicatif ou l'impératif. Il indique que **l'action n'est pas réalisée, mais seulement imaginée**.

Conjugaison

Le conditionnel présent :
Les **terminaisons** sont celles de **l'imparfait** et le **radical** est celui du **futur, c'est-à-dire l'infinitif** :
je danser-ais, il prendr-ait, nous finir-ions.
Attention, certains radicaux sont irréguliers :
courir → je courrais ; envoyer → j'enverrai ;
aller → elles iraient ; tenir → je tiendrais.

Le conditionnel passé :
Il se conjugue à l'aide de l'**auxiliaire *avoir*** ou ***être*** conjugué au **conditionnel présent** suivi du **participe passé du verbe** :
j'aurais voulu ; elles seraient parties.

Conditionnel présent		Conditionnel passé
Crier	**Boire**	**Partir**
Je crier**ais**	Je boir**ais**	Je **serais** part**i(e)**
Tu crier**ais**	Tu boir**ais**	Tu **serais** part**i(e)**
Elle, Il crier**ait**	Elle, Il boir**ait**	Elle, Il **serait** part**i(e)**
Nous crier**ions**	Nous boir**ions**	Nous **serions** part**i(e)s**
Vous crier**iez**	Vous boir**iez**	Vous **seriez** part**i(e)s**
Elles, Ils crier**aient**	Elles, Ils boir**aient**	Elles, Ils **seraient** part**i(e)s**

Emplois

Une **situation imaginaire, rêvée** :
Nous irions vivre sur la lune.

Une **action soumise à condition** :
Si tu voulais, nous partirions en voyage.

Dans un **récit au passé**, le conditionnel **remplace le futur** :
Je savais que nous nous reverrions.
(→ Je sais que nous nous reverrons.)

Un **souhait** ou un **conseil** :
Nous aimerions nous revoir.
Vous devriez vous revoir.

Une **information incertaine** :
Ils se seraient rencontrés pendant les vacances.

Une **demande atténuée par politesse** :
Je voudrais que vous sortiez.

Exercices

1 ★ Écriture Que feriez-vous si vous pouviez vous changer temporairement en animal ou en plante ? Imaginez six à huit phrases en commençant par : « Si je pouvais me changer en… ».

2 ★ ORAL Donnez l'infinitif et le temps des verbes en gras.

La ville d'Orange

Ah ! Si vous **pouviez** voir la hauteur des remparts et la splendeur de la Gloriette, le palais princier […] ! Si vous **étiez** au printemps, vous **pourriez** y entendre chanter les oisillons, crier les faucons, vous y **verriez** la joyeuse animations des Sarrasins et vous y **humeriez** les parfums des herbes aromatiques et de la cannelle. Vous **pourriez** contempler Orable, la noble dame, l'épouse de monseigneur Thibaut. Jamais chrétienne ni païenne ne **pourra** l'égaler en beauté.

Anonyme du XIIe siècle, trad. J.-P. Tusseau.

3 ★ Conjuguez au conditionnel présent puis passé aux personnes suivantes : *je, elle, vous.*

Essuyer – se promener – crier – jeter – vendre – partir.

4 ★★ a. Conjuguez au conditionnel présent.

b. Mettez les phrases au conditionnel passé.

1. Je (*vouloir*) un câlin. – **2.** Nous (*courir*) en tous sens. – **3.** Vous (*s'habiller*) en rouge. – **4.** Tu (*céder*) ta part. – **5.** Elles (*descendre*) dans le jardin.

5 ★★ Réécriture a. Réécrivez ce texte à la première personne du pluriel.

Ils rêvaient de vivre à la campagne, à l'abri de toute tentation. Ils auraient une maison de pierres blanches, à l'entrée du village, et ils feraient chaque jour de longues promenades dans les forêts. Puis, ils rentreraient, ils se prépareraient du thé et des toasts, comme les Anglais, ils mettraient de grosses bûches dans la cheminée ; ils poseraient sur le plateau de l'électrophone un quatuor qu'ils ne se lasseraient jamais d'entendre, ils liraient les grands romans qu'ils n'avaient jamais eu le temps de lire, ils recevraient leurs amis.

D'après **Georges Perec**, *Les Choses*, © Julliard, 1965.

b. Dictée Préparez ce texte pour la dictée. Texte audio

6 ★ ORAL Analysez les formes verbales suivantes : infinitif, temps, personne, voix.

Je chanterai – je chantai – tu chantais – nous aurions pu – elle était partie – ils sont pliés – vous aurez pensé – tu finis – vous eûtes fini – nous serions enfermés.

7 ★★ Recopiez les phrases en conjuguant les verbes au temps indiqué.

1. Je (*remettre, passé composé*) toujours au surlendemain ce que je (*pouvoir, conditionnel passé*) parfaitement faire l'avant-veille. (Allais) – **2.** Et je (*dire, conditionnel*) que je vous (*aimer, présent*), seigneur, si je (*savoir, imparfait*) ce que c'(*être, présent*) que d'aimer. (Corneille) – **3.** Si je (*avoir, imparfait*) mon permis, je (*conduire, conditionnel présent*) prudemment. – **4.** Si tu le (*vouloir, plus-que-parfait*), je te (*accompagner, conditionnel passé*).

8 ★★ Mettez le verbe de la principale à l'imparfait et le verbe de la subordonnée au conditionnel présent.

1. Le guide nous assure que nous n'aurons aucun mal à trouver notre chemin. – **2.** Nous supposons que vous nous accompagnerez. – **3.** On dit qu'il n'aura aucune chance de les battre. – **4.** Je me demande seulement si je me rappellerai. – **5.** Vous confirmez que l'ensemble des voyageurs n'aura rien à signaler à la douane.

9 ★★★ a. Réécriture Transposez ce texte en remplaçant le présent de l'indicatif par le conditionnel présent.

Combien grande est une humanité où tous les hommes respectent la personne humaine en eux-mêmes et dans les autres, où tous les hommes disent la vérité, où tous respectent le travail d'autrui et ne recourent ni à la violence ni à la ruse, ni à la fraude ! C'est la société parfaite, l'humanité idéale, que tous les grands esprits et les grands cœurs ont préparée par la promulgation du droit et par la soumission au devoir, celle que tous les hommes, et les plus humbles, et les enfants même, peuvent préparer aussi par la soumission libre à la loi morale.

D'après **Jean Jaurès**, *Action socialiste*, 1899.

b. Écriture À votre tour composez un paragraphe dans lequel vous décrirez le monde idéal. Vous emploierez le conditionnel présent et commencerez par : « Le monde idéal serait un monde où... ».

10 ★★★ Mettez le verbe en gras au présent de l'indicatif et faites les changements nécessaires pour le deuxième verbe de la phrase.

1. Elle m'**envoya** en pénitence sous le hangar en m'assurant que je n'aurais comme nourriture que du pain et de l'eau. (Audoux) – **2.** Il **savait** bien qu'un jour ou l'autre son petit maître viendrait le délivrer. (Prévert) – **3.** Jenny **avait déclaré** qu'elle parlerait du grand pays à Gaspard et Hélène. (Dhôtel) – **4.** Il **était** convenu que Madeleine irait d'abord se fixer à Nevers, puis qu'elle reviendrait finir l'hiver à Paris.

11 ★★ Dans les phrases suivantes, conjuguez les verbes au conditionnel présent ou au futur simple.

1. Je lui ai dit que j'(*attraper*) un poisson et que nous le (*manger*) au dîner. – **2.** Si tu t'étais bien couvert, tu ne (*être*) pas malade. – **3.** Si tu te couvres bien, tu ne (*tomber*) pas malade. – **4.** Vous (*jouer*) à l'intérieur s'il se met à pleuvoir.

12 ★★ Choisissez la bonne terminaison. Justifiez votre choix.

1. Je boir(*ai / ais / ait*) bien un peu d'eau fraîche. – **2.** Je pour(*rais / rai / ai*) t'aider si tu le voul(*ai / ais / us*). – **3.** Mon frère est convaincu qu'il vous obtiendr(*a / ait / ez*) une place pour le concert. – **4.** Il me promit qu'il viendr(*a / ait / ais*) aussitôt qu'il le pour(*ra / rait / ait*).

13 ★★★ Écriture Un homme a été arrêté en haut de la tour Eiffel alors qu'il chantait à tue-tête dans une étrange tenue. Vous êtes journaliste et devez rendre compte de l'événement (qui est cet homme, quelles sont ses raisons...), mais vos informations sont incertaines. Rédigez une dépêche de huit à dix phrases. Pensez à employer le conditionnel, présent et passé.

29 Grammaire

Les mots de liaison

Observer

Kim marchait sans crainte entre les hautes herbes. **Soudain**, quelque chose jaillit, rapide comme l'éclair, et un énorme tigre se dressa face à lui. **D'abord**, Kim fut si terrifié qu'il ne pensa même pas à s'enfuir. **Mais** le tigre poussa un rugissement terrible. **Alors** le garçon prit ses jambes à son cou.

Lisez le texte avec, puis sans les mots en gras. Quelle version préférez-vous ? Pourquoi ?

Leçon

Les mots de liaison sont essentiels au bon enchaînement des phrases. Ce sont des mots qui relient les actions entre elles et permettent d'en comprendre la logique.

Les indices de temps

Ils permettent de **situer les actions dans le temps**, de comprendre dans quel ordre elles se sont produites.

d'abord, puis, ensuite, enfin, ce jour-là, une semaine plus tard...

Les mots qui expriment le rapport entre deux actions

Mais, pourtant relient **deux idées contraires**.
Il voulait s'enfuir, ***mais*** *il ne le pouvait pas.*

Alors, aussi introduisent le **résultat** de l'action précédente.
Un tigre dévastait le pays. ***Aussi*** *le roi envoya-t-il ses meilleurs chasseurs à sa poursuite.*

Car, parce que, en effet introduisent une **explication**.
Kim emporta de nombreuses provisions. ***En effet****, il savait que le voyage serait long.*

Remarques :
– On évite d'employer ***donc*** dans un récit.
– Après ***aussi***, il faut inverser le sujet et le verbe : ***Aussi*** *le roi se mit-il en colère.*

Exercices

1 ★ **a.** Dans le texte suivant, relevez les indices de temps qui organisent l'action.

Ambroise resta de longues minutes à observer le travail du potier. D'abord, celui-ci prélevait dans un sac une épaisse motte de terre et la plaçait sur son tour. Puis, il actionnait la pédale et façonnait son vase. Ensuite, à l'aide d'un stylet, il l'ornait de motifs délicats. Enfin, il le plaçait sur l'étagère, avec les autres vases en attente de cuisson.

b. Écriture En utilisant les mêmes indices de temps, décrivez le travail d'un boulanger.

2 ★★ Écriture **a.** Complétez les phrases suivantes de façon logique.

b. Comparez avec vos camarades et discutez vos propositions.

1. Pierre prit son élan et ... . – **2.** Pierre prit son élan mais ... . – **3.** Justin n'avait pas la clé. Aussi ... . – **4.** Justin n'avait pas la clé mais ... .

3 ★★ Complétez les phrases suivantes par le mot de liaison qui convient.

1. Les lumières s'éteignirent, le silence se fit. ... le spectacle commença. – **2.** Nous n'avions que peu de vivres, ... devions-nous rationner notre nourriture. – **3.** Nous décidâmes d'emprunter la route du sud. ..., si elle était plus longue, elle était aussi plus sûre. – **4.** Nous possédions bien peu de chose, ..., nous ne manquions de rien. – **5.** Une épidémie de rougeole sévissait dans la région. ..., je n'étais pas vacciné contre cette maladie.

4 ★★ Complétez le texte avec l'un des mots de liaison suivants : *alors, aussitôt, en effet, ce jour-là, mais, soudain.*

..., un soleil radieux brillait dans le ciel pur. Des centaines de fleurs paraient l'église et des flots joyeux de musique s'échappaient par les portes grandes ouvertes. ... un riche mariage était célébré ce jour-là. Un jeune couple s'avançait sous les regards émus des deux familles. ..., la mariée pâlit, porta la main à son cou et s'écroula. ..., le docteur Jacob se précipita auprès de la jeune femme. ... il comprit bien vite qu'il ne pouvait plus rien pour elle. ... il se tourna vers l'assemblée d'un air sombre.

5 ★★ Même consigne avec : *certes, d'abord, et* (deux fois), *mais, puis.*

Il y avait des tas de choses à faire, ... ce serviteur dévoué les fit admirablement. ..., il défit la corde qui ceignait encore la souche de l'arbre, ... il nous en fit passer une extrémité. ..., elle n'était pas plus grosse qu'une corde pour faire sécher du linge, ... il n'était pas question que nous puissions nous en servir comme d'une passerelle. ... il attacha son bout de corde au ballot de vivres que nous avions monté, et nous fûmes assez heureux pour l'amener à nous.

D'après **A. C. Doyle**, *Le Monde perdu*, 1912.

6 ★★ À l'aide des indices de temps, remettez dans l'ordre les phrases du texte ci-dessous.

A. Aussi le maire fit-il appel aux services d'un chasseur professionnel.

B. Enfin, la panthère fit son apparition.

C. À cette époque, une panthère terrorisait la région.

D. Puis il se dissimula dans les buissons et attendit.

E. Quand il eut déterminé où le fauve avait l'habitude de chasser, il choisit un arbre au tronc bien droit et y attacha une chèvre.

F. Sans perdre un instant, celui-ci se mit au travail.

G. Tout d'abord, il repéra les traces de passage de l'animal.

7 ★★★ **Écriture** En huit à dix phrases, racontez comment le chasseur endort la panthère avec son fusil à seringues et la capture.

– Vous insérerez dans votre récit une petite péripétie.

– Vous utiliserez les mots de liaison suivants : *d'abord, mais, en effet, soudain, alors, enfin.*

8 ★★★ **ORAL** Expliquez pourquoi le mot en gras est mal choisi et proposez-en un meilleur à la place.

1. Le jeune garçon portait un pantalon déchiré **puis** une veste usée.

2. Nous avions besoin d'eau. **Donc** nous nous mîmes à la recherche d'une source.

3. Le tigre aperçut sa proie **puis** se jeta dessus

4. Au cours de sa traversée, Robert affronta de nombreux dangers. Il essuya une terrible tempête de neige, **et puis** il fut pris dans une avalanche. **Et puis** il fut attaqué par une meute de loups. **Et puis** il se blessa en tentant de rejoindre son campement.

9 ★★ Recopiez le texte et complétez-le avec les mots de liaison qui conviennent. Lisez le texte en entier avant de commencer.

..., nous avions l'habitude de faire une longue sieste après le déjeuner. ... ce jour-là n'était pas un dimanche comme les autres. ..., ce jour-là, l'oncle Malka arrivait en ville. ... nous rendîmes-nous tous au café de la Grand-place pour l'accueillir. Nous attendions depuis un long moment quand ..., des hurlements s'élevèrent un peu plus loin dans la rue. ..., nous ne vîmes rien d'autre que des gens qui fuyaient. ... nous aperçûmes une haute silhouette en haut de la rue : c'était l'oncle Malka qui arrivait, accompagné de son lion.

10 ★★★ **Écriture** Sur le même modèle, racontez la survenue d'un événement particulier lors d'un été différent des autres.

11 ★★★ **Écriture** Sur son brouillon, un élève a noté dans l'ordre les actions qu'accomplit son personnage. Transformez ces notes en un paragraphe rédigé au passé. Pour cela, vous devrez enrichir les phrases et les relier entre elles par des mots de liaison.

– Simon se lève.
– Il s'habille.
– Il rassemble ses affaires.
– Il descend l'escalier.
– Il passe par la cuisine prendre des vivres.
– Il enfile un blouson et des bottes.
– Il attache ses affaires sur son vélo.
– Il hésite.
– Il retourne embrasser sa mère.
– Il se met en route.

12 ★★★ **Écriture** Racontez en une dizaine de phrases la façon dont un aventurier va franchir un fragile pont de corde au-dessus d'un précipice.

– Faites au brouillon la liste ordonnée des actions que va accomplir votre personnage, comme dans l'exercice précédent.

– Rédigez votre travail en soignant l'emploi des mots de liaison.

Réinvestir ses connaissances

Réviser

1 ★ Dans le texte suivant, donnez l'infinitif, le temps et le mode des verbes en gras.

> Elle **s'assit** et **se blottit** dans un coin, entre deux maisons, dont l'une **avançait** un peu plus que l'autre dans la rue. Elle **avait replié** ses petites jambes sous elle, mais elle avait encore plus froid, et, de toute façon, elle n'**osait** pas retourner chez elle : elle n'**avait** pas **vendu** d'allumettes et personne ne lui **avait donné** le moindre sou. Son père la **battrait**, et, du reste, il faisait froid chez elle aussi. […] Ses petites mains étaient presque mortes de froid. Oh ! Comme une petite allumette **aurait pu** leur faire du bien !
>
> **H. C. Andersen**, *La Petite Fille aux allumettes*, 1845.

2 ★ Mettez le verbe à l'imparfait de l'indicatif, puis au futur simple de l'indicatif et, enfin, au présent du conditionnel.

1. Je (*courir*) pour attraper le train. – **2.** Tu (*jouer*) à la dînette. – **3.** (*Connaître*)-elle la recette du pâté aux prunes ? – **4.** Nous (*ne pas être*) attentifs. – **5.** (*Faire*)-vous une bêtise ? – **6.** Ils (*rougir*) de honte.

3 ★★ Dans les phrases suivantes, mettez les verbes au temps du conditionnel qui convient : présent ou passé.

1. Si j'avais su, je (*ne pas venir*). – **2.** Si tu avais écouté mes confidences, tu (*savoir*) qui est mon amoureuse. – **3.** Faites attention en montant à l'échelle : vous (*pouvoir*) vous blesser en tombant ! – **4.** Vous m'avez fait peur en tombant ! Vous (*pouvoir*) vous blesser !

4 ★ Complétez les phrases suivantes avec le pronom relatif qui convient.

1. Le livre … je préfère m'a été offert par ma grand-mère.

2. Je mange les confitures … une voisine m'a fait cadeau.

3. Mon GPS, sans … j'ai tendance à me perdre, vient de tomber en panne.

4. Mes camarades, au nom … je m'exprime, ont une requête à formuler.

5. Tintin, … affronte bien des dangers, paraît toujours serein.

6. J'ai retrouvé une photographie représentant la maison … j'ai grandi.

5 ★★ a. Dans les phrases suivantes, relevez les propositions subordonnées relatives.
b. Entourez le pronom relatif et indiquez son antécédent.
c. Indiquez la fonction du pronom relatif.

1. À Rouen, plus proche et plus importante que Le Havre, il y a tout, c'est-à-dire des grands magasins, des spécialistes de toutes les maladies, plusieurs cinémas, une piscine couverte pour apprendre à nager, la foire Saint-Romain qui dure un mois en novembre, des tramways, des salons de thé et des grands hôpitaux où l'on emmène les gens pour les opérations délicates. (Ernaux)

2. L'autre cour, vaste et ensoleillée, s'étendait devant toute la longueur du préau qu'on traversait pour se rendre dans les classes au premier étage. (Ernaux)

3. J'ai toujours eu envie d'écrire des livres dont il me soit ensuite impossible de parler. (Ernaux)

6 ★★ Complétez le texte ci-dessous avec les mots de liaison et indices de temps qui conviennent : *alors, c'est pourquoi, de fait, depuis ce jour, mais, pourtant, soudain, subitement, un après-midi d'automne.*

> …, je farfouillais dans le grenier, à la recherche de trésors oubliés. …, un objet attira mon attention : une longue baguette, légèrement luminescente, dont je n'avais … pas remarqué l'éclat jusque-là. Je ne résistai pas à la tentation et voulus m'en emparer, …, alors que je l'attrapais, elle disparut brusquement.
>
> Une légère inquiétude m'envahit … ; … je savais bien que ce qui venait de se produire était rigoureusement impossible ! …, entendant … un souffle court derrière moi, je m'enfuis en hurlant. …, je n'ai plus remis les pieds au grenier.

7 ★★ Écriture Complétez les phrases suivantes de façon logique.

1. J'ai perdu mes clefs. Pourtant … .

2. Corentin n'avait pas été sage. C'est pourquoi … .

3. Il était déjà trop tard quand, enfin, … .

4. Émile oublia de freiner, alors … .

5. L'impératrice Élizabeth était bien malheureuse au palais. Aussi … .

Croiser les connaissances

8 ★★ **Mettez les verbes au futur simple de l'indicatif ou au présent du conditionnel. En cas de doute, remplacez *je* par *tu* pour savoir quel temps choisir.**

1. Demain, dès l'aube, à l'heure où blanchit la campagne, je (*partir*). (HUGO) – **2.** Jouons : moi, je (*être*) Bob le shérif et vous des cowboys. – **3.** Je (*vouloir*) tant être un artiste ! – **4.** Si je m'étais davantage entraîné, je (*courir*) plus vite… – **5.** Quand je (*voir*) Madeleine, (*oser*)-je lui apporter des bonbons ? Ne (*devoir*)-je pas plutôt lui offrir des fleurs ?

9 ★★ **Conjuguez le verbe entre parenthèses au temps qui convient : plus-que-parfait de l'indicatif, futur antérieur de l'indicatif ou passé du conditionnel.**

1. Lorsqu'il (*apprendre*) ses leçons, il se plongeait dans la lecture d'un roman d'aventures. – **2.** Vous (*devoir*) me signaler que vous rencontriez des difficultés ! – **3.** Les garçons remercieront leur grand-mère dès qu'ils (*recevoir*) sa carte de vœux. – **4.** Jules César connut le triomphe parce qu'il (*conquérir*) la Gaule.

10 ★★ **a.** Réécriture **Réécrivez les phrases suivantes en transposant les verbes au singulier ou au pluriel de la même personne.**

b. **Indiquez entre parenthèses le temps et le mode de chaque verbe.**

1. Si tu aimais conduire, partirais-tu plus souvent en voyage ? – **2.** Nous aurons eu la chance de visiter ce site avant sa destruction. – **3.** Elles n'auraient pas dû rendre leur copie sans se relire. – **4.** Vous serez déjà partis quand nous nous lèverons.

11 ★★ **Mettez les verbes suivants à la voix passive.**

Je mangerais – tu verrais – il aurait pris – nous recevrions – vous auriez entendu – elles charmeraient – tu aurais ému – nous aurions assommé – vous puniriez.

12 ★★ **Supprimez les répétitions à l'aide de propositions subordonnées relatives. Pour cela, remplacez les groupes en gras par un pronom relatif.**

1. La vache meugle d'un ton désespéré. **La vache** a soif. – **2.** La porte du magasin est fermée. Lucie voulait rentrer **par cette porte**. – **3.** Je suis né dans le Cantal. Je mourrai **dans le Cantal**. – **4.** Je n'aurais pas dû prendre cette valise ! Les roues **de cette valise** couinent ! – **5.** Je remercie les pompiers. Je suis encore en vie **grâce aux pompiers**. – **6.** Lancelot a reçu des récompenses. Il mérite **ces récompenses**.

13 ★★ **Supprimez les répétitions en remplaçant les groupes de mots en rouge par un pronom (dont vous donnerez la nature exacte) et ceux en vert par une expression synonyme.**

1. Les troupes avaient marché nuit et jour. Pour encourager ses troupes, César adressa un discours d'encouragement à ses troupes.

2. Après que l'avion eut atterri, le pilote se félicita lui-même d'avoir si bien dirigé cet avion dans les airs.

3. Je vais m'occuper de mes affaires pendant que Théodore et Jérémy s'occuperont de leurs affaires.

4. Le lion se reposait. Embusqué derrière un buisson, l'explorateur observait le lion en pleine digestion.

14 ★★★ Réécriture **Réécrivez les phrases suivantes en mettant au pluriel les mots en gras et en faisant tous les changements nécessaires. Attention aux accords !**

1. **Moi** qui n'ai jamais fait de mal à une mouche, on m'accuse de maltraitance ? – **2.** Mon **frère**, qui n'est pas égoïste, partage volontiers ses affaires. –**3.** **Tu** aimais cet enfant abandonné, que le destin t'avait envoyé, comme si c'était le tien. – **4.** Tu aimais **cet enfant abandonné**, que le destin t'avait envoyé, comme si c'était le tien. – **5.** N'a-t-**il** pas été ému par ce cadeau, lui que, pourtant, rien ne semble émouvoir ?

Maîtriser l'écrit

15 ★★★ Écriture **Imaginez, en employant le conditionnel, la ville de vos rêves.**

La ville de mes rêves serait une ville…

16 ★★★ **a.** **Enrichissez les groupes nominaux suivants à l'aide de propositions subordonnées relatives. Variez les pronoms relatifs utilisés. Évitez les verbes trop usuels comme *faire*, *être* ou *avoir*.**

Un fleuriste en colère – des poissons – la robe longue – sur la place du marché – les fleurs – à cause de quelques reproches.

b. **Employez chaque GN ainsi formé dans une phrase de votre invention.**

17 ★★★ Écriture **Un journaliste raconte une dispute entre deux commerçants sur la place du marché. Imaginez, en une dizaine de lignes, l'article qu'il pourrait écrire.**

– Comme le journaliste n'est pas sûr de ce qui s'est produit, il emploie le conditionnel pour exprimer le doute.

– Il prend soin d'organiser son récit à l'aide de mots de liaison et d'indices de temps.

– Il enrichit les GN à l'aide de subordonnées relatives variées et il évite les répétitions.

30 Grammaire

La proposition subordonnée conjonctive

Observer

Dès que le jour parut, *je lui fis comprendre* ***qu'il fallait me suivre***. (DEFOE)

1. Quelle est la nature des expressions en gras ? Justifiez votre réponse.
2. Relevez le mot qui introduit chacune de ces expressions et donnez sa nature.
3. Quelle est la fonction de chacun de ces groupes ?

Leçon

Une proposition subordonnée complète toujours une autre proposition.

La proposition subordonnée conjonctive (PSC)

Elle **complète généralement un verbe**.

Elle commence par une **conjonction de subordination** : *que, quand, comme, si, puisque, parce que, lorsque, afin que...*

La fonction de la PSC

Introduite par « que », elle est généralement **COD** ou **COI du verbe**, parfois **sujet** ou **attribut**.

Son frère lui répète [que ce projet n'est pas raisonnable].
COD du verbe « répéter »

Introduites par une autre conjonction de subordination (*puisque, parce que, afin que*, etc.) elle est toujours **complément circonstanciel du verbe**.

– *[Lorsque nous sommes arrivés], l'homme dormait.*
CC temps du verbe « dormir »

– *Marc est sorti [parce qu'il se sentait mal].*
CC cause du verbe « sortir »

– *Ses parents ont fait tant de sacrifices [pour qu'il réussisse] !*
CC but du verbe « faire »

Attention

Ne confondez pas :

– les **propositions subordonnées conjonctives** introduites par la **conjonction *que*** qui complètent un **verbe** :

*Je voudrais [**que** tu m'offres un livre]. → PSC introduite par « que ».*

– les **propositions subordonnées relatives** introduites par le **pronom relatif *que*** qui complètent un **nom** :

*J'aime le livre [**que** tu m'as offert]. → PSR introduite par « que ».*

Exercices

1 ★ ORAL Quelle est la circonstance exprimée par chacune des propositions subordonnées conjonctives en gras ?

1. Il ne lui restait plus d'espoir, **puisque même ses amis ne le croyaient pas**. – **2.** **Dès que vous aurez mis la main sur les bijoux**, vous me les apporterez. – **3.** Nous avons poursuivi la conversation en anglais, **afin que les enfants ne nous comprennent pas**. – **4.** Il ne passait pas de jour **sans qu'elle lui écrivît**.

2 ★★ Écriture Complétez les phrases suivantes par une proposition subordonnée conjonctive exprimant la circonstance précisée entre parenthèses.

1. Je suis arrivé en retard. (*cause*)

2. Ils découvrirent un spectacle merveilleux. (*temps*)

3. M. Alfred travaillait même le dimanche. (*but*)

4. Nous étions inquiets. (*cause*)

3 ★ ORAL **Donnez la fonction des propositions subordonnées conjonctives en gras.**

1. Elle lui jurait **qu'elle ne souffrait plus du tout**. Elle songeait seulement à se relever le plus tôt possible, **parce qu'il ne fallait pas se croiser les bras, maintenant**. (ZOLA)

2. L'enfant, les paupières closes, semblait endormie. Mais, **lorsque sa mère tranquillisée eut tourné le dos**, elle ouvrit ses yeux tout grands, des yeux noirs qui la suivaient **pendant qu'elle retournait dans la chambre**. Elle ne dormait pas encore, elle ne voulait pas **qu'on la fît dormir**. (ZOLA)

3. Chacun remarqua **que le roi avait l'air triste et préoccupé**. (DUMAS)

4 ★★ ORAL **Les propositions en gras complètent-elles un verbe ou un nom ? Lequel ? Déduisez-en leur nature exacte (PSR ou PSC).**

1. **Lorsque mon père apprendra les choses**, je vais voir fondre sur moi un orage soudain d'impétueuses réprimandes. (MOLIÈRE)

2. Ce sont des gens **qui n'entendent point de raison**. (MOLIÈRE)

3. Tu viens, Silvestre, d'apprendre au port **que mon père revient** ? (MOLIÈRE)

4. Ma mère dit **qu'on est obligé d'aimer son mari**. (MARIVAUX)

5 ★★ ORAL **Dans les phrases suivantes, dites si *que* est un pronom relatif ou une conjonction de subordination. Justifiez votre réponse.**

1. Je sais que tu t'en souviens.

2. Où est le collier que je vous ai offert ?

3. C'était une embarcation légère et solide, que même un enfant pouvait manœuvrer.

4. Il lui jura sur la tête de ses enfants qu'il n'avait rien tenté contre elle.

5. Son seul espoir était que le roi vînt à son secours.

6 ★★ **Dans les phrases suivantes, relevez les propositions subordonnées en les classant selon qu'elles sont relatives ou conjonctives. Entourez le mot subordonnant qui introduit chaque proposition.**

1. Ils n'avaient rien, sauf les habits qu'ils portaient au moment de la catastrophe. (VERNE)

2. Tom décida que désormais il pouvait se passer de Becky Thatcher. (TWAIN)

3. Lorsqu'elle allait au marché, elle me laissait au passage dans la classe de mon père, qui apprenait à lire à des gamins de six ou sept ans. (PAGNOL)

4. La blanche école où je vivrai n'aura pas de roses rouges. (CADOU)

5. Tu prendras le temps de m'aimer après que je t'aurai sauvée. (HUGO)

6. La Dame dénoua alors une de ses longues boucles et en coupa trois cheveux d'or, qu'elle mit dans la main de Gimli. (TOLKIEN)

7 ★★ Analyse **Donnez la nature (PSR ou PSC) et la fonction des propositions en gras.**

1. Dépêchons-nous, dit-elle, **parce que ma bonne pourrait rentrer**. (MAUPASSANT)

2. Les deux vainqueurs, **quand il fut mort**, regardèrent la louve **qui, sans bouger, souriait dans la neige**. (LONDON)

3. Nous transportâmes tout le matériel à la cave, **où mon père avait décidé d'installer notre atelier**. (PAGNOL)

4. Ma seule consolation, **quand je montais me coucher**, était **que maman viendrait m'embrasser** quand je serais dans mon lit. (PROUST)

5. C'était un homme **qui pouvait avoir quarante ans**, de figure noble et belle, haut de taille, **que ne déparait pas un léger embonpoint**. (VERNE)

8 ★★★ Analyse **Recopiez le texte en sautant des lignes.**

Tandis qu'il observait, son oreille fine perçut des sons dans la forêt qui s'étendait en dessous à l'ouest de la rivière. Il se raidit. Il y avait des cris et, entre autres, à son horreur, il distinguait la voix rauque d'Orques. Et puis, soudain, résonna l'appel profond et guttural d'un grand cor, dont les échos frappèrent les collines.

J. R. R. TOLKIEN, *Le Seigneur des anneaux*, 1954-1955.

a. Entourez en rouge les verbes conjugués, soulignez leur sujet.

b. Entourez en vert les conjonctions de subordination et en bleu les pronoms relatifs.

c. Mettez entre crochets verts les propositions subordonnées, entre crochets rouges les propositions principales, et entre crochets noirs les indépendantes.

d. Précisez la nature et la fonction des subordonnées.

9 ★★★ Écriture **Enrichissez le texte suivant en ajoutant des propositions respectant la nature et la fonction précisées entre parenthèses.**

(*PSC, CC temps*) Jim monta à bord de sa barque et leva l'ancre. Il mit le cap vers l'île (*PSR, Cplt de l'antécédent*), (*PSC, CC cause*). Mais soudain apparut à l'horizon un navire (*PSR, Cplt de l'antécédent*). Au pavillon noir, Jim reconnut les pirates (*PSR, Cplt de l'antécédent*). (*PSC, CC temps*), il dirigea sa barque vers de gros rochers.

31 Conjugaison
Le mode subjonctif

Observer

Allons donc nous mettre à table et qu'on fasse venir les musiciens. (MOLIÈRE)

1. Relevez les deux verbes conjugués de cette phrase. À quel mode est conjugué le premier ? Qu'exprime ce mode ?
2. Quel est l'infinitif du deuxième verbe ? Est-il conjugué à un temps de l'indicatif ? Qu'exprime-t-il ?

Leçon

A. Conjugaison

Ce mode comprend quatre temps, mais nous en étudions deux ici : le **présent** (**temps simple**) et le **passé** (**temps composé**).

Pour trouver plus facilement la conjugaison du subjonctif, on met « **il faut que** » devant le verbe.

1 Le présent du subjonctif

Pour tous les verbes **sauf *avoir*** et ***être***, les terminaisons sont : *-e*, *-es*, *-e*, *-ions*, *-iez*, *-ent*.

1er groupe	2e groupe	3e groupe
Manger	**Finir**	**Voir**
Que je mang**e**	Que je finiss**e**	Que je voi**e**
Que tu mang**es**	Que tu finiss**es**	Que tu voi**es**
Qu'elle, il mang**e**	Qu'elle, il finiss**e**	Qu'elle, il voi**e**
Que nous mang**ions**	Que nous finiss**ions**	Que nous voy**ions**
Que vous mang**iez**	Que vous finiss**iez**	Que vous voy**iez**
Qu'elles, ils mang**ent**	Qu'elles, ils finiss**ent**	Qu'elles, ils voi**ent**

Attention

Verbes en *-ier* et *-yer* : *que nous cri**i**ons ; que nous essu**y**ions.*

***Être* :** *que je sois, tu sois, il soit, nous soyons, vous soyez, elles soient.*

***Avoir* :** *que j'aie, tu aies, il ait, nous ayons, vous ayez, elles aient.*

Quelques verbes à connaître : *aller → que j'aille ; faire → que je fasse ; pouvoir → que je puisse ; savoir → que je sache.*

2 Le passé du subjonctif

C'est un temps composé : il est formé de **l'auxiliaire *être*** ou ***avoir*** au **subjonctif présent** et du **participe passé du verbe** : *que j'**aie** fait ; qu'il **soit** venu.*

B. Valeurs et emplois

C'est le mode des **actions incertaines** : elles sont seulement envisagées.

Dans les **propositions indépendantes**, il exprime :
- le **souhait** : *Que votre voyage **soit** agréable !*
- l'**ordre** : *Qu'ils se taisent.*
- la **prière** : *Que votre majesté **ne se mette pas** en colère !*
- la **supposition** : *Qu'il **pleuve** et la fête sera annulée.*
- l'**indignation** : *Moi, que je lui **pardonne** ! Jamais.*

Il est aussi employé dans **les propositions subordonnées conjonctives COD** d'un verbe exprimant le **souhait**, le **doute**, la **crainte** (le fait est possible, mais non certain).

*J'aimerais (souhait) **qu'il vienne**.*

*Je crains (crainte) **qu'il ne vienne pas**.*

Exercices

1 ★★ Lisez le texte suivant.

Vite, vite, quand sortirons-nous de cette banlieue sale ! Que nous entrions dans la libre campagne, que le soleil chasse les fumées grises des cheminées d'usine, qu'il joue au-dessus des champs et des arbres reverdis, que nous saluions au passage les maisons isolées dont le linge blanc indique les présences familières, voilà quel est notre désir !

George Le Sidaner, *À la volette*, 1951.

a. Relevez les verbes conjugués au subjonctif. Donnez leur infinitif et précisez leur personne.

b. Quelle est la valeur du subjonctif dans ce texte ?

c. **Écriture** Complétez le texte suivant en conjuguant les verbes au subjonctif afin d'exprimer le souhait.

Vite, vite, quand serons-nous enfin en vacances ! Que nous quittions…

2 ★ **a.** Conjuguez les verbes ci-dessous aux premières personnes du singulier et du pluriel à l'indicatif présent puis au subjonctif présent.

Être – avoir – rire – choisir – pouvoir – vouloir – jeter – travailler – essuyer – prendre – savoir – lire – croire.

b. Conjuguez les verbes ci-dessous à la troisième personne du subjonctif présent à la voix passive puis du subjonctif passé à la voix active.

Connaître – libérer – prendre – lire – vendre.

3 ★ Conjuguez les verbes entre parenthèses au subjonctif présent.

1. Je doute que nous le (*voir*), mais j'aimerais au moins qu'il nous (*envoyer*) de ses nouvelles.

2. Quoiqu'on dise, je veux que vous (*gagner*) ce match et que vous (*aller*) en finale.

3. Il serait préférable que nous (*savoir*) naviguer, avant qu'il ne nous (*voir*) à l'œuvre.

4. Quel dommage que tu (*partir*) et que tu ne (*prendre*) même pas le temps de passer ce dernier moment avec nous.

5. Il est inadmissible que tu (*croire*) à de telles balivernes et que tu (*craindre*) ces présages.

6. Si usagés que (*être*) ces livres, il y tient.

7. On les a mis au régime afin qu'ils (*maigrir*).

4 ★★ Conjuguez les verbes entre parenthèses au subjonctif passé.

1. Il faut que chacun (*lire*) ce livre pour la rentrée.

2. J'aurais préféré que tu (*arriver*) à l'heure.

3. Tu doutes qu'elle (*venir*) et qu'elle (*apporter*) le colis.

4. Il faut qu'ils (*courir*) bien longtemps pour être si essoufflés.

5. Je crains que nous (*ne pas terminer*) ce travail à temps.

5 ★★ Classez les phrases en trois groupes selon qu'elles expriment l'ordre, l'indignation ou le souhait.

1. Puisses-tu être heureux. – **2.** Que nous cédions ce bijou à si bas prix ! Jamais. – **3.** Qu'il se mette immédiatement au lit et qu'il éteigne la lumière. – **4.** Moi ! que je lui fasse des excuses ! – **5.** Que je ne vous y reprenne pas ! – **6.** Que votre séjour soit aussi agréable que possible.

6 ★★ Écrivez ces phrases au subjonctif présent de manière à exprimer un ordre. Commencez-les par le mot exclamatif *que*.

1. Ils portent la nouvelle à tout le village.

2. L'acteur prend la peine de saluer l'assemblée.

3. On suit les prescriptions du médecin.

4. Notre bateau part pour les Indes.

5. Les marins sont prêts à jeter l'ancre.

6. Il ne dira rien avant la fin du procès.

7. Il tient ses bagages et attend sur le quai.

7 ★★ Choisissez l'indicatif ou le subjonctif pour compléter ces phrases.

1. Qu'il (*attendre*) encore un peu que ma colère se (*être*) refroidie. – **2.** Il (*attendre*) encore un peu et remarque que ma colère s'(*être*) refroidie. – **3.** Il faudra que nous (*recopier*) ce texte et que nous en (*revoir*) l'orthographe. – **4.** Ce travail sera satisfaisant si nous (*recopier*) ce texte et en (*revoir*) l'orthographe. – **5.** Je (*lire et relire*) sans fatigue les textes de Stevenson. – **6.** Que je (*lire et relire*) une fois de plus les textes de Stevenson ! Mais pourquoi ? – **7.** Pourquoi ne (*faire*)-vous pas votre sac avant de partir ? – **8.** Il est nécessaire que vous (*faire*) votre sac avant de partir.

8 ★★★ **Réécriture** Remplacez le verbe de la principale par le verbe proposé entre parenthèses et faites les changements nécessaires pour le verbe de la subordonnée : subjonctif présent ou passé.

1. Je remarque (*s'étonner*) qu'elle n'a pas terminé de lire son roman. – **2.** Je crois (*douter*) que Lindbergh est le premier à avoir traversé l'Atlantique en avion. – **3.** Il affirme (*souhaiter*) que son amie a caché le trésor au pied de cet arbre. – **4.** Nous parions (*être surpris*) que vous irez à la manifestation. – **5.** Elle estime (*craindre*) que les enfants ont des résultats bien médiocres. – **6.** Tu affirmes (*se réjouir*) qu'il vient avec nous.

9 ★★★ **Écriture** **a.** Construisez 5 phrases au subjonctif, autour de ce thème : le roi Arthur donne ses ordres pour qu'on lui construise un magnifique palais.

b. Construisez 5 phrases au subjonctif, autour de ce thème : une jeune princesse implore le roi son père pour qu'on la laisse épouser le garçon qu'elle aime. Commencez par : « Que sa Majesté… »

32 Grammaire
Les compléments circonstanciels : cause et but

Observer

À Noël, toute la famille se réunissait **chez nos grands-parents**. Grand-mère préparait un énorme pudding **parce que c'était notre dessert préféré**. Elle le faisait flamber et nous nous approchions d'elle **pour mieux voir les flammes bleutées**.

Observez les groupes en gras.

1. Quel groupe nous renseigne sur la raison pour laquelle se produit l'action ? Lequel nous renseigne sur le but de l'action ?
2. Quelles circonstances les autres groupes en gras expriment-ils ?

Leçon

■ **Rappel :** les compléments circonstanciels indiquent les **circonstances dans lesquelles se produisent l'action ou l'état exprimés par le verbe**.

■ Il ne faut pas confondre la **cause** et le **but**. Tous deux répondent à la question « **pourquoi ?** », mais avec **des sens différents**.

Le CC de cause	Le CC de but
Il répond à la question « pourquoi ? » : **« pour quelle raison ? »**	Il répond à la question « pourquoi ? » : **« pour quoi faire ? »**
*Bastien s'est absenté **parce qu'il a un rendez-vous**.* *→ Bastien s'est absenté **pour quelle raison ?** Parce qu'il a un rendez-vous. → CC de cause du verbe « s'absenter ».*	*Bastien s'est absenté **pour nourrir les animaux**.* *→ Bastien s'est absenté **pour quoi faire ?** Pour nourrir les animaux. → CC de but du verbe « s'absenter ».*

Exercices

1 ★★ Écriture **Complétez les phrases en répondant à la question entre parenthèses.**

1. J'aimerais avoir du temps (*dans quel but ?*). – **2.** J'ai eu une mauvaise note à mon contrôle (*pourquoi ?*). – **3.** (*Quand ?*), nos parents nous ont récompensés (*pourquoi ?*). – **4.** Marcel s'est rendu (*où ?*) (*dans quel but ?*). – **5.** (*Dans quel but ?*), tu dois tourner la clé (*de quelle manière ?*) (*pourquoi ?*).

2 ★ **Indiquez la circonstance exprimée par les compléments circonstanciels en couleur en précisant à quelle question ils répondent.**

1. Gédéon a été condamné pour excès de vitesse. – **2.** Sihame a parlé à ses parents dans l'espoir de les convaincre. – **3.** Comme il était certain de gagner la course, le lièvre ne s'est pas pressé. – **4.** Le lendemain, tous se précipitèrent au port pour accueillir les valeureux combattants. – **5.** Pour sa santé, il parcourt chaque jour dix kilomètres en courant. – **6.** Parce qu'ils avaient bu le philtre, Tristan et Iseut s'aimèrent follement.

3 ★★ ORAL **Dans les phrases suivantes, relevez les compléments circonstanciels. Indiquez leur nature et la circonstance qu'ils expriment.**

1. J'avais recommandé Kevin à mon patron pour un emploi. – **2.** Cet enfant sera sévèrement puni de sa violence. – **3.** La petite va s'asseoir par là, au soleil, au-dessus de l'ancienne carrière. (Roy) – **4.** En raison de l'heure déjà avancée, ils étaient seuls dans la pièce. (Benoit) – **5.** Elle resta immobile, avec un air d'inquiétude et d'espérance. (France) – **6.** L'hiver, Cloche se glissait sous les granges et dans les étables, avec une adresse remarquable. (Maupassant)

4 ★★ **a.** Lisez attentivement ce texte et relevez les compléments circonstanciels de temps, de lieu, de cause, de manière et de but.

Depuis le matin, nous échangions de bons souhaits avec amis et voisins. Grand-père arrivait. Il préférait venir nous présenter ses vœux parce qu'il n'avait pas de cadeau à nous offrir. Il trouvait chez nous, le soir du nouvel an, le souper et les galettes préparées par maman. Mon père rentrait. Mon cœur battait à se rompre. Je lui disais un bref compliment. Il m'embrassait et toussait pour cacher son émotion. On se mettait à table. Après le dîner, maman et moi nous partions à travers les campagnes blanches. Grand-mère nous attendait. Je l'aimais beaucoup. Elle me réservait une surprise à chaque visite.

Le soir, j'étais heureux de tous les souhaits de la journée. Vraiment, le premier jour de l'année en était le plus beau.

Jean Tousseul, *Images et souvenirs*, 1931.

b. **Dictée** Préparez ce texte pour la dictée. Texte audio

5 ★★ Recopiez les phrases en sautant des lignes, soulignez les compléments circonstanciels et indiquez en dessous la circonstance qu'ils expriment.

1. À cause de sa blessure, le chevalier a dû combattre durement. – **2.** Avant de partir, Jean fit le tour de la salle pour dire au revoir à tous ses amis. – **3.** Une tente, dans un pré, était dressée pour le festin. (Flaubert) – **4.** Je sentais une petite flamme sèche dans le creux de mes mains. (Bosco) – **5.** Gertrude descendit l'escalier avec précaution pour ne pas éveiller son monde. (Theuriet) – **6.** Ma mère ne doit pas être punie de mon ignorance, de ma paresse. (Dumas)

6 ★★★ **Écriture** Complétez les phrases par des compléments circonstanciels exprimant la circonstance indiquée entre parenthèses.

1. Il faudrait consolider ce mur (*cause*).

2. L'enfant cueille des fleurs (*but*).

3. À la vue de l'araignée, il poussa un cri (*cause*).

4. Les alouettes font leur nid (*lieu*) (*but*).

5. Beaucoup de touristes sont venus (*lieu d'où l'on vient*) (*lieu où l'on va*) (*but*).

6. (*Temps*), l'homme s'élança (*manière*) (*manière*).

7 ★★★ **a.** Relevez les compléments circonstanciels et indiquez la circonstance qu'ils expriment.

Dans les vergers, aux lisières des bois, le merle siffle à plein gosier pour annoncer la venue du printemps. (Theuriet)

b. **Écriture** Sur le même modèle rédigez une phrase évoquant :

– un bébé qui pleure ;
– un chat qui ronronne ;
– un chien qui grogne.

8 ★★ **Écriture** Ajoutez au texte suivant des compléments circonstanciels qui répondent aux questions entre parenthèses.

L'homme marchait (*comment ?*) (*dans quel but ?*). (*Quand ?*), il aperçut (*où ?*) deux yeux qui le fixaient (*comment ?*). Pris de panique, il se mit à courir (*où ?*) (*comment ?*). (*Quand ?*), il s'arrêta (*pourquoi ?*) et regarda (*où ?*) (*dans quel but ?*).

9 ★★ Indiquez la fonction des groupes en couleur.

Les jours de foire, il étendait sur la place publique un vieux tapis tout usé, et après avoir attiré les enfants et les badauds par des propos plaisants, il prenait des attitudes qui n'étaient pas naturelles, et il mettait une assiette d'étain sur son nez. La foule le regardait d'abord avec indifférence. Mais quand, se tenant sur les mains la tête en bas, il jetait en l'air et rattrapait avec ses pieds six boules de cuivre… un murmure d'admiration s'élevait dans l'assistance et les pièces de monnaie pleuvaient sur le tapis.

D'après **Anatole France**, *Le Jongleur de Notre-Dame*, 1899.

10 ★★★ **Écriture** Inventez des phrases employant les compléments circonstanciels ci-dessous. Vous veillerez à varier leur place dans la phrase.

1. pour aller à la plage – tous les ans – **2.** à quatre heures du matin – en marmonnant – **3.** à cause de sa grande taille – dans la voiture – **4.** parce qu'il était malade – dimanche dernier – dans la forêt – **5.** subitement – sans faire de bruit – pour ne pas être repéré – dans la nuit noire.

11 ★★★ **Écriture** Enrichissez le récit suivant de compléments circonstanciels. Votre texte devra comporter au moins deux compléments circonstanciels de but et deux de cause.

Le réveil de Noémie a sonné. Elle s'est levée, elle s'est douchée et habillée et elle a pris son petit-déjeuner. Ensuite, elle a joué. Puis elle a déjeuné. Elle a pris quelques affaires et elle est sortie. Elle s'est promenée puis elle s'est baignée. Elle a jeté un œil sur sa montre. Elle a fait quelques exercices d'assouplissement. Elle est rentrée, elle a dîné, elle a demandé un livre à son frère et elle s'est couchée.

Réinvestir ses connaissances

Réviser

1 ★ Relevez les propositions subordonnées conjonctives.

1. Comme le soir tombait, le maître est arrivé. (HUGO)
2. Bien que le soleil fût déjà haut, la brise du lac rafraîchissait l'air. (THEURIET)
3. Un jour, elle crut que j'avais menti. Je lui montrai la vache du pré : elle soutint que c'était la blanche ; moi, je soutenais que c'était la noire. (AUDOUX)
4. Je les aimais parce qu'on lisait toute leur âme dans leurs yeux. Quelquefois, quand ils avaient été sages, je leur racontais une histoire. (DAUDET)

2 ★ Les verbes en gras sont-ils conjugués à l'indicatif ou au subjonctif ? Justifiez votre réponse.

1. Il faut que tu te **lèves** de bonne heure.
2. Je sais que tu **acceptes** de venir pour me faire plaisir.
3. Grand-mère souhaite que je **chante** une chanson.
4. Je suis ravie qu'elle **accepte** de m'accompagner.
5. Si tu te **lèves** de bonne heure, tu auras plus de temps pour jouer.
6. Il paraît que Sidonie **chante** merveilleusement bien.

3 ★★ Mettez le verbe entre parenthèses au présent de l'indicatif ou du subjonctif. Justifiez votre choix.

1. Pour couper votre feuille, je veux que vous (*utiliser*) des ciseaux.
2. Il est indispensable que tu (*écrire*).
3. On dit que vous (*être*) adroit.
4. Nous sommes heureux qu'il (*savoir*) la bonne nouvelle.
5. Voulez-vous que je (*faire*) vos comptes ?
6. On voit bien que tu (*avoir*) de la chance.

4 ★★ Relevez les compléments circonstanciels en précisant la circonstance qu'ils expriment.

Il y a toujours un requin qui suit, rarement deux ; quand on l'a pêché, il en vient un autre. Il suit pendant des nuits et des jours, il suit sans se lasser pour manger tout ce qui tombe : débris quelconques, hommes vivants, hommes morts. De temps en temps il y avait de toutes petites hirondelles qui venaient aussi nous faire cortège pour s'amuser, par caprice, picorant les miettes de biscuit que nous semions derrière ce désert d'eau.

D'après **PIERRE LOTI**, *Mon frère Yves*, 1883.

5 ★ Complétez les phrases par un complément circonstanciel de cause. Utilisez pour chaque phrase une construction différente : *à cause de, puisque, grâce à, parce que*.

1. L'accident se produisit ... .
2. L'accident fut évité ... .
3. Toute la classe a été punie ... .
4. Les enfants étaient fatigués ... .

6 ★ Imaginez des phrases exprimant l'action à accomplir pour parvenir au but ci-dessous. Pensez à varier les constructions : *pour, afin de, dans le but de...*

Exemple : *avoir une bonne note*
→ *Pour avoir une bonne note à son contrôle, Julien doit apprendre sa leçon.*

1. Éviter de se blesser.
2. Gagner le concours de danse.
3. Devenir fort.
4. Être estimé de tous.

Croiser les connaissances

7 ★★ Dites si les propositions en gras sont des relatives ou des conjonctives. Lorsque ce sont des relatives, relevez leurs antécédents.

1. L'homme **que le policier a interrogé** a avoué le crime.
2. J'aurais besoin de la paire de ciseaux **que vous utilisez**.
3. Je vois **que tu as bien compris**.
4. Je vois les progrès **que tu as faits**.
5. Grand-mère sait-elle **que nous arrivons demain** ?

8 ★★ Complétez par *quelle(s), quel(s)* ou *qu'elle(s)*. Justifiez votre choix.

1. ... fut notre surprise de ne trouver personne !
2. Elle raconta ... fut bien surprise de ne trouver personne.
3. Pour ... partent ce soir, tu dois poster tes lettres tout de suite.
4. Caroline est agaçante : on ne voit plus ... ici ; je ne sais plus ... prétextes trouver pour la fuir.
5. Pour ... pays Robin est-il encore parti ?

9 ★★ a. Conjuguez à l'imparfait ou au passé simple les verbes entre parenthèses.

b. Mettez entre crochets deux propositions subordonnées conjonctives et deux relatives.

c. Donnez la fonction des groupes en gras.

Orage en montagne

Comme ils (*atteindre*) **un petit mur vertical de huit à dix mètres**, l'air (*vibrer*) **très doucement**, comme au passage d'un fluide : les vibrations (*s'amplifier*) et ce (*être*) à nouveau le bourdonnement d'un essaim, le chant **des abeilles** ! Les deux guides (*pâlir*) ; ce bruissement, ce bourdonnement, c'(*être*) l'indice formel **d'une extraordinaire teneur en électricité statique.** Une force inconnue **les** (*soulever*) de terre et les (*laisser*) retomber lourdement sur la dalle de granit où ils (*s'affaler*). Personne n'(*entendre*) le fracas **épouvantable** qui accompagna la décharge électrique. Lorsqu'ils (*reprendre*) connaissance, la neige (*tomber*) ; les flocons (*fondre*) **sur leurs figures,** et **cette fraîcheur** les (*ranimer*) **petit à petit.**

D'après **Roger Frison-Roche**, *Premier de cordée*, © Arthaud, 1941.

10 ★★ Retrouvez les phrases originales en conjuguant les verbes en gras au temps composé correspondant.

1. Quand ce gueux de coq me **réveille** le matin, si je le **tenais**, je lui **tordrais** le cou. (Erckmann-Chatrian)

2. Les enfants chantent une vieille chanson que **chantent** leurs grands-mères. (France)

3. Tout **serait** silence et repos sans la chute de quelques feuilles. (Chateaubriand)

4. Aussitôt qu'elle **toucha** ce bout de lard, deux gifles formidables l'étourdirent subitement. (Pergaud)

5. La grand-mère Moan **restait** trois jours avec Sylvestre. (Loti)

11 ★★ Relevez les verbes conjugués à la voix passive. Précisez leur infinitif et le temps auquel ils sont conjugués.

1. Tout était dévoré en moins de rien. (Mérimée)

2. Notre enfant, Monsieur Kobus, est née pour conduire un ménage. (Erckmann-Chatrian)

3. Le seau était plein, il était lourd, Cosette fut forcée de le reposer à terre. (Hugo)

4. Pas une parole n'était échangée. (Zola)

5. Elle était fatiguée, elle n'en pouvait plus de s'être tant surmenée. (Loti)

Maîtriser l'écrit

12 ★★★ Réécriture Transposez ce texte au passé composé.

Pour apprendre mon cours, je le lis d'abord attentivement en entier ; je vérifie que je le comprends bien. Puis je reprends la première phrase et je la redis tout bas de mémoire ; quand j'hésite, je la relis et je recommence. J'agis de même pour la deuxième phrase et je continue jusqu'au bout. Ensuite, je les récite, paragraphe par paragraphe. Enfin, j'essaie de répéter le tout. Comme je vois que je n'en viens pas à bout, je prends mon cours et le parcours de nouveau.

13 ★★★ a. Relevez les propositions subordonnées en précisant leur nature et leur fonction.

1. M. Seguin s'apercevait bien que sa chèvre avait quelque chose. (Daudet) – 2. Nous lui avons tous demandé de rester, afin que nos amis puissent faire sa connaissance. – 3. Quand j'avais été docile, Mlle de Goecklin me faisait cadeau d'une image qu'elle sortait d'un petit manchon. (Gide) – 4. Christophe retient son souffle pour que ce soit plus délicieux encore et aussi parce qu'il est un peu ému. (Rolland) – 5. Ah çà ! me direz-vous, puisque le gibier est si rare à Tarascon, qu'est-ce que les chasseurs tarasconnais font donc tous les dimanches ? (Daudet) – 6. J'ai grandi dans un charmant petit village où tout le monde se connaissait.

b. Écriture Réutilisez les mots subordonnants qui introduisent les propositions dans des phrases de votre invention.

14 ★★★ a. Conjuguez les verbes au temps et à la voix indiqués.

Quels beaux jambons vous (*avoir, présent*) là, mon cher oncle ! Vous ne (*devoir, conditionnel présent*) pas les laisser ainsi, à la vue de tous. Un voleur (*venir, passé composé*) bientôt, bientôt reparti, et adieu jambons. Et puis, si quelqu'un de vos amis, de vos parents, vous en (*demander, imparfait*) une tranche, il (*falloir, conditionnel présent*) bien la donner. Tranche après tranche, vos jambons (*s'en aller, futur simple*), et qu'en (*rester, futur simple*)-il pour vous ? Si j'(*être, imparfait*) vous, je (*dire, conditionnel présent*) qu'ils (*voler, passé composé, voix passive*) et je les (*cacher, conditionnel présent*) en lieu où moi seul (*pouvoir, conditionnel présent*) aller en manger quand l'envie m'en (*prendre, conditionnel présent*).

Le Roman de Renart, adaptation libre.

b. Dictée Préparez ce texte pour la dictée. Texte audio

Règles d'orthgraphe d'usage

1 Écrire certains sons

Règle 1 **Devant** *-a*, *-o*, *-u*, on met une **cédille** sous le *-c-* pour faire le son **[s]** : *-ç-*.
Une leçon, il avança, ils aperçurent.
Attention : le « c » ne prend jamais de cédille devant *-i*, *-e* et *-y*.

Règle 2 Entre deux voyelles, le *-s-* se prononce comme le *-z-*. Pour faire le son **[s]**, on écrit *-ss-*.
Un cousin, un coussin.
Exceptions : *susurrer, parasol, vraisemblable, resurgir...*

Règle 3 Pour faire **les sons [ja], [jo], [ju]**, on met un ***-e* derrière le *g-*** : *-ge-*.
Les bourgeons sont rouges.

Règle 4 **Le son [g]** (« g » dur) s'écrit avec un *-u-* devant devant *-e*, *-i* et *-y* : *-gu-*.
Une guêpe, un guide.
Il s'écrit sans *-u-* devant les consonnes et les voyelles *-a*, *-o*, *-u*.
La grammaire, une gomme.
Exceptions : les verbes en ***-guer*** conservent le *-u-* du radical dans toute leur conjugaison.
Naviguer → il navigua.
Attention : les **noms** et les **adjectifs** formés sur des verbes en ***-guer*** perdent le « u ».
Conjuguer → la conjugaison.

Règle 5 **Le son** [y] s'écrit *-ill-* ou *-y-* :
– **si la voyelle qui précède est prononcée normalement**, il faut écrire *-ill-*.
De la paille (le « a » se prononce [a]).
– **si la voyelle qui précède est modifiée** comme si elle était suivie d'un *-i*, il faut écrire *-y-*.
La paye (le « a » se prononce [è] comme quand on a « ai »).

Règle 6 **Le son [euil]** s'écrit **-e-u-i-l** : *l'écureuil.*
Mais, **derrière** un *c-* ou un *g-*, il s'écrit **-u-e-i-l** : *recueillir.*

Règle 7 Les **noms** en **[aille]**, **[eille]**, **[euille]**, **[ouille]** s'écrivent **-i-l-l-e au féminin** et **-i-l au masculin**.
Une cisaille, le travail – la veille, un réveil – une feuille, le deuil – une grenouille, du fenouil.
Exceptions : *un millefeuille, le chèvrefeuille, un portefeuille, le réveille-matin.*
Attention : ne confondez pas **les noms masculins** en *-ail*, *-eil*, *-euil* et **les verbes** en *-ailler*, *-eiller*, *-euiller* qui ont des finales en **-l-l-e**.
Le travail ≠ je travaille. – Le réveil ≠ je me réveille.

2 Les doublements de consonnes au début des mots

Règle 8 **Les verbes** commençant par ***an-***, ***ap-*** et la plupart des verbes commençant par ***ar-*** doublent la consonne.
annoncer, apprendre, arrêter
Exceptions : ***an**alyser, **an**éantir, **an**imer, **an**oblir, **ân**onner, **ap**aiser, **ap**ercevoir, **ap**eurer, **ap**itoyer, **ap**lanir, **ap**latir, **ap**ostropher*, et les mots de la même famille.

Règle 9 Les mots commençant par ***ac-*** et ***oc-*** prennent **deux** *-c-* : *acc-*, *occ-* : *accrocher, occasion.*
Exceptions : ***ac**acia, **ac**adémie, **ac**ajou, **ac**ariâtre, **ac**olyte, **ac**ompte, **ac**oustique, **ac**robate, **ac**re, **ac**ulaire*, et les mots de la même famille.

Règle 10 Les mots commençant par *af-*, *ef-*, *of-* prennent **deux** *-f-* : *aff-*, *eff-*, *off-*. *Affection, effort, offense.*
Exceptions : *afin, africain, Afrique.*

Règle 11 Les mots commençant par ***at-*** prennent **deux *-t-***.
attribution, atténuer, attachant

Exceptions : ***at**elier,* ***at**hée,* ***at**lantique,* ***at**mosphère,* ***at**ome,* ***at**our,* ***at**out,* ***ât**re,* ***at**roce,* ***at**rophier*, et les mots de la même famille.

Règle 12 Les mots commençant par ***con-, com-*** **doublent la consonne** lorsqu'elle est suivie d'une voyelle : *connaître, commencement.*
Exceptions : ***com**édie,* ***com**estible,* ***com**ète,* ***com**ité,* ***côn**e*, et les mots de la même famille.

Règle 13 Les mots composés avec **les préfixes *il-, im-, in-, ir-* doublent la consonne** lorsque le radical commence par ***l-, m-, n-, r-***.
illisible (lisible), immobile (mobile), irresponsable (responsable)

3 Les finales de mots

Règle 14 Les **noms** en **[assion], [ission] et [ussion]** s'écrivent avec un ***-t*** : *-tion* : *apparition, émotion.*
Exceptions : *passion, compassion, mission, discussion, répercussion, percussion.*
Attention : les noms en [ession] s'écrivent avec **deux *-s-*** : *-e-s-s-*.
progression, obsession

Règle 15 Les **noms** en **[èl]** s'écrivent **-e-l-l-e** au féminin et **-e-l** au masculin : *une tourterelle, un appel.*
Exceptions : *une clientèle, la grêle, une parallèle, une aile, un modèle, un polichinelle, un rebelle, un vermicelle.*

Règle 16 Les **noms** en **[oir]** prennent un ***-e* au féminin**, mais pas au masculin. *Une histoire, un entonnoir.*
Exceptions : *un laboratoire, le territoire, un pourboire, un accessoire, le conservatoire, le répertoire, le réfectoire, un square.*
Attention : les **verbes** en **[oir]** ne prennent pas de ***-e*** : *devoir, recevoir.*
Exceptions : *boire, croire.*

Règle 17 Les **noms** en **[eur]** s'écrivent sans ***-e*** même s'ils sont féminins : *-eur* : *le coiffeur, une lueur.*
Exceptions : *le beurre, la demeure, l'heure, un leurre, un heurt (heurter).*

Règle 18 Les **noms féminins** en **[é]** prennent un ***-e*** : *-ée* : *l'année, la giboulée.*
Exceptions : *une clé* et les noms se terminant par ***-té*** ou ***-tié*** (*fraternité, amitié*), sauf *butée, dictée, jetée, montée, pâtée, portée* et les noms indiquant une contenance (*pelletée, assiettée*...).

Règle 19 **Les noms féminins en [i], [u], [ou], [eu] et [oi]** prennent un ***-e***.
une toupie, une statue, la boue, la banlieue, une voie

Exceptions : *la brebis, la souris, la perdrix, la fourmi, la nuit, la bru, la glu, la tribu, la vertu – la toux – la croix, la foi, la fois, la loi, la noix, la paroi, la poix, la voix.*

Règle 20 Les **noms masculins** en **[ar]** prennent un ***-d*** : *un renard, le hasard.*
Exceptions : *le bazar, le cauchemar, le départ, un écart, le hangar, le phare.*

Règle 21 Les **adjectifs qualificatifs** en **[il]** s'écrivent au masculin ***-ile*** : *utile.*
Exceptions : *civil, puéril, subtil, vil, viril, volatil, tranquille.*

Règle 22 L'adverbe ***toujours*** ainsi que les noms ***velours, concours, parcours, recours, secours***, prennent toujours un ***-s***.

Tableaux de conjugaison

Être

INDICATIF	
Présent	**Passé composé**
je suis	j'ai été
tu es	tu as été
il, elle est	il, elle a été
nous sommes	nous avons été
vous êtes	vous avez été
ils, elles sont	ils, elles ont été
Imparfait	**Plus-que-parfait**
j'étais	j'avais été
tu étais	tu avais été
il, elle était	il, elle avait été
nous étions	nous avions été
vous étiez	vous aviez été
ils, elles étaient	ils, elles avaient été
Passé simple	**Passé antérieur**
je fus	j'eus été
tu fus	tu eus été
il, elle fut	il, elle eut été
nous fûmes	nous eûmes été
vous fûtes	vous eûtes été
ils, elles furent	ils, elles eurent été
Futur simple	**Futur antérieur**
je serai	j'aurai été
tu seras	tu auras été
il, elle sera	il, elle aura été
nous serons	nous aurons été
vous serez	vous aurez été
ils, elles seront	ils, elles auront été

CONDITIONNEL	
Présent	**Passé**
je serais	j'aurais été
tu serais	tu aurais été
il, elle serait	il, elle aurait été
nous serions	nous aurions été
vous seriez	vous auriez été
ils, elles seraient	ils, elles auraient été

SUBJONCTIF	
Présent	**Passé**
que je sois	que j'aie été
que tu sois	que tu aies été
qu'il, elle soit	qu'il, elle ait été
que nous soyons	que nous ayons été
que vous soyez	que vous ayez été
qu'ils, elles soient	qu'ils, elles aient été

IMPÉRATIF	
Présent	**Passé**
sois	aie été
soyons	ayons été
soyez	ayez été

INFINITIF	
Présent	**Passé**
être	avoir été

PARTICIPE	
Présent	**Passé**
étant	été ayant été

Avoir

INDICATIF	
Présent	**Passé composé**
j'ai	j'ai eu
tu as	tu as eu
il, elle a	il, elle a eu
nous avons	nous avons eu
vous avez	vous avez eu
ils, elles ont	ils, elles ont eu
Imparfait	**Plus-que-parfait**
j'avais	j'avais eu
tu avais	tu avais eu
il, elle avait	il, elle avait eu
nous avions	nous avions eu
vous aviez	vous aviez eu
ils, elles avaient	ils, elles avaient eu
Passé simple	**Passé antérieur**
j'eus	j'eus eu
tu eus	tu eus eu
il, elle eut	il, elle eut eu
nous eûmes	nous eûmes eu
vous eûtes	vous eûtes eu
ils, elles eurent	ils, elles eurent eu
Futur simple	**Futur antérieur**
j'aurai	j'aurai eu
tu auras	tu auras eu
il, elle aura	il, elle aura eu
nous aurons	nous aurons eu
vous aurez	vous aurez eu
ils, elles auront	ils, elles auront eu

CONDITIONNEL	
Présent	**Passé**
j'aurais	j'aurais eu
tu aurais	tu aurais eu
il, elle aurait	il, elle aurait eu
nous aurions	nous aurions eu
vous auriez	vous auriez eu
ils, elles auraient	ils, elles auraient eu

SUBJONCTIF	
Présent	**Passé**
que j'aie	que j'aie eu
que tu aies	que tu aies eu
qu'il, elle ait	qu'il, elle ait eu
que nous ayons	que nous ayons eu
que vous ayez	que vous ayez eu
qu'ils, elles aient	qu'ils, elles aient eu

IMPÉRATIF	
Présent	**Passé**
aie	aie eu
ayons	ayons eu
ayez	ayez eu

INFINITIF	
Présent	**Passé**
avoir	avoir eu

PARTICIPE	
Présent	**Passé**
ayant	eu ayant eu

Danser (1er groupe)

INDICATIF	
Présent	**Passé composé**
je danse tu danses il, elle danse nous dansons vous dansez ils, elles dansent	j'ai dansé tu as dansé il, elle a dansé nous avons dansé vous avez dansé ils, elles ont dansé
Imparfait	**Plus-que-parfait**
je dansais tu dansais il, elle dansait nous dansions vous dansiez ils, elles dansaient	j'avais dansé tu avais dansé il, elle avait dansé nous avions dansé vous aviez dansé ils, elles avaient dansé
Passé simple	**Passé antérieur**
je dansai tu dansas il, elle dansa nous dansâmes vous dansâtes ils, elles dansèrent	j'eus dansé tu eus dansé il, elle eut dansé nous eûmes dansé vous eûtes dansé ils, elles eurent dansé
Futur simple	**Futur antérieur**
je danserai tu danseras il, elle dansera nous danserons vous danserez ils, elles danseront	j'aurai dansé tu auras dansé il, elle aura dansé nous aurons dansé vous aurez dansé ils, elles auront dansé

CONDITIONNEL	
Présent	**Passé**
je danserais tu danserais il, elle danserait nous danserions vous danseriez ils, elles danseraient	j'aurais dansé tu aurais dansé il, elle aurait dansé nous aurions dansé vous auriez dansé ils, elles auraient dansé

SUBJONCTIF	
Présent	**Passé**
que je danse que tu danses qu'il, elle danse que nous dansions que vous dansiez qu'ils, elles dansent	que j'aie dansé que tu aies dansé qu'il, elle ait dansé que nous ayons dansé que vous ayez dansé qu'ils, elles aient dansé

IMPÉRATIF	
Présent	**Passé**
danse dansons dansez	aie dansé ayons dansé ayez dansé

INFINITIF	
Présent	**Passé**
danser	avoir dansé

PARTICIPE	
Présent	**Passé**
dansant	dansé ayant dansé

Finir (2e groupe)

INDICATIF	
Présent	**Passé composé**
je finis tu finis il, elle finit nous finissons vous finissez ils, elles finissent	j'ai fini tu as fini il, elle a fini nous avons fini vous avez fini ils, elles ont fini
Imparfait	**Plus-que-parfait**
je finissais tu finissais il, elle finissait nous finissions vous finissiez ils, elles finissaient	j'avais fini tu avais fini il, elle avait fini nous avions fini vous aviez fini ils, elles avaient fini
Passé simple	**Passé antérieur**
je finis tu finis il, elle finit nous finîmes vous finîtes ils, elles finirent	j'eus fini tu eus fini il, elle eut fini nous eûmes fini vous eûtes fini ils, elles eurent fini
Futur simple	**Futur antérieur**
je finirai tu finiras il, elle finira nous finirons vous finirez ils, elles finiront	j'aurai fini tu auras fini il, elle aura fini nous aurons fini vous aurez fini ils, elles auront fini

CONDITIONNEL	
Présent	**Passé**
je finirais tu finirais il, elle finirait nous finirions vous finiriez ils, elles finiraient	j'aurais fini tu aurais fini il, elle aurait fini nous aurions fini vous auriez fini ils, elles auraient fini

SUBJONCTIF	
Présent	**Passé**
que je finisse que tu finisses qu'il, elle finisse que nous finissions que vous finissiez qu'ils, elles finissent	que j'aie fini que tu aies fini qu'il, elle ait fini que nous ayons fini que vous ayez fini qu'ils, elles aient fini

IMPÉRATIF	
Présent	**Passé**
finis finissons finissez	aie fini ayons fini ayez fini

INFINITIF	
Présent	**Passé**
finir	avoir fini

PARTICIPE	
Présent	**Passé**
finissant	fini ayant fini

Faire (3e groupe)

INDICATIF	
Présent	**Passé composé**
je fais tu fais il, elle fait nous faisons vous faites ils, elles font	j'ai fait tu as fait il, elle a fait nous avons fait vous avez fait ils, elles ont fait
Imparfait	**Plus-que-parfait**
je faisais tu faisais il, elle faisait nous faisions vous faisiez ils, elles faisaient	j'avais fait tu avais fait il, elle avait fait nous avions fait vous aviez fait ils, elles avaient fait
Passé simple	**Passé antérieur**
je fis tu fis il, elle fit nous fîmes vous fîtes ils, elles firent	j'eus fait tu eus fait il, elle eut fait nous eûmes fait vous eûtes fait ils, elles eurent fait
Futur simple	**Futur antérieur**
je ferai tu feras il, elle fera nous ferons vous ferez ils, elles feront	j'aurai fait tu auras fait il, elle aura fait nous aurons fait vous aurez fait ils, elles auront fait

CONDITIONNEL	
Présent	**Passé**
je ferais tu ferais il, elle ferait nous ferions vous feriez ils, elles feraient	j'aurais fait tu aurais fait il, elle aurait fait nous aurions fait vous auriez fait ils, elles auraient fait

SUBJONCTIF	
Présent	**Passé**
que je fasse que tu fasses qu'il, elle fasse que nous fassions que vous fassiez qu'ils, elles fassent	que j'aie fait que tu aies fait qu'il, elle ait fait que nous ayons fait que vous ayez fait qu'ils, elles aient fait

IMPÉRATIF	
Présent	**Passé**
fais faisons faites	aie fait ayons fait ayez fait

INFINITIF	
Présent	**Passé**
faire	avoir fait

PARTICIPE	
Présent	**Passé**
faisant	fait ayant fait

Voir (3e groupe)

INDICATIF	
Présent	**Passé composé**
je vois tu vois il, elle voit nous voyons vous voyez ils, elles voient	j'ai vu tu as vu il, elle a vu nous avons vu vous avez vu ils, elles ont vu
Imparfait	**Plus-que-parfait**
je voyais tu voyais il, elle voyait nous voyions vous voyiez ils, elles voyaient	j'avais vu tu avais vu il, elle avait vu nous avions vu vous aviez vu ils, elles avaient vu
Passé simple	**Passé antérieur**
je vis tu vis il, elle vit nous vîmes vous vîtes ils, elles virent	j'eus vu tu eus vu il, elle eut vu nous eûmes vu vous eûtes vu ils, elles eurent vu
Futur simple	**Futur antérieur**
je verrai tu verras il, elle verra nous verrons vous verrez ils, elles verront	j'aurai vu tu auras vu il, elle aura vu nous aurons vu vous aurez vu ils, elles auront vu

CONDITIONNEL	
Présent	**Passé**
je verrais tu verrais il, elle verrait nous verrions vous verriez ils, elles verraient	j'aurais vu tu aurais vu il, elle aurait vu nous aurions vu vous auriez vu ils, elles auraient vu

SUBJONCTIF	
Présent	**Passé**
que je voie que tu voies qu'il, elle voie que nous voyions que vous voyiez qu'ils, elles voient	que j'aie vu que tu aies vu qu'il, elle ait vu que nous ayons vu que vous ayez vu qu'ils, elles aient vu

IMPÉRATIF	
Présent	**Passé**
vois voyons voyez	aie vu ayons vu ayez vu

INFINITIF	
Présent	**Passé**
voir	avoir vu

PARTICIPE	
Présent	**Passé**
voyant	vu ayant vu

Peindre (3e groupe)

INDICATIF		CONDITIONNEL	
Présent	**Passé composé**	**Présent**	**Passé**
je peins tu peins il, elle peint nous peignons vous peignez ils, elles peignent	j'ai peint tu as peint il, elle a peint nous avons peint vous avez peint ils, elles ont peint	je peindrais tu peindrais il, elle peindrait nous peindrions vous peindriez ils, elles peindraient	j'aurais peint tu aurais peint il, elle aurait peint nous aurions peint vous auriez peint ils, elles auraient peint
Imparfait	**Plus-que-parfait**	**SUBJONCTIF**	
		Présent	**Passé**
je peignais tu peignais il, elle peignait nous peignions vous peigniez ils, elles peignaient	j'avais peint tu avais peint il, elle avait peint nous avions peint vous aviez peint ils, elles avaient peint	que je peigne que tu peignes qu'il, elle peigne que nous peignions que vous peigniez qu'ils, elles peignent	que j'aie peint que tu aies peint qu'il, elle ait peint que nous ayons peint que vous ayez peint qu'ils, elles aient peint
Passé simple	**Passé antérieur**	**IMPÉRATIF**	
		Présent	**Passé**
je peignis tu peignis il, elle peignit nous peignîmes vous peignîtes ils, elles peignirent	j'eus peint tu eus peint il, elle eut peint nous eûmes peint vous eûtes peint ils, elles eurent peint	peins peignons peignez	aie peint ayons peint ayez peint
Futur simple	**Futur antérieur**	**INFINITIF**	
		Présent	**Passé**
je peindrai tu peindras il, elle peindra nous peindrons vous peindrez ils, elles peindront	j'aurai peint tu auras peint il, elle aura peint nous aurons peint vous aurez peint ils, elles auront peint	peindre	avoir peint
		PARTICIPE	
		Présent	**Passé**
		peignant	peint ayant peint

Prendre (3e groupe)

INDICATIF		CONDITIONNEL	
Présent	**Passé composé**	**Présent**	**Passé**
je prends tu prends il, elle prend nous prenons vous prenez ils, elles prennent	j'ai pris tu as pris il, elle a pris nous avons pris vous avez pris ils, elles ont pris	je prendrais tu prendrais il, elle prendrait nous prendrions vous prendriez ils, elles prendraient	j'aurais pris tu aurais pris il, elle aurait pris nous aurions pris vous auriez pris ils, elles auraient pris
Imparfait	**Plus-que-parfait**	**SUBJONCTIF**	
		Présent	**Passé**
je prenais tu prenais il, elle prenait nous prenions vous preniez ils, elles prenaient	j'avais pris tu avais pris il, elle avait pris nous avions pris vous aviez pris ils, elles avaient pris	que je prenne que tu prennes qu'il, elle prenne que nous prenions que vous preniez qu'ils, elles prennent	que j'aie pris que tu aies pris qu'il, elle ait pris que nous ayons pris que vous ayez pris qu'ils, elles aient pris
Passé simple	**Passé antérieur**	**IMPÉRATIF**	
		Présent	**Passé**
je pris tu pris il, elle prit nous prîmes vous prîtes ils, elles prirent	j'eus pris tu eus pris il, elle eut pris nous eûmes pris vous eûtes pris ils, elles eurent pris	prends prenons prenez	aie pris ayons pris ayez pris
Futur simple	**Futur antérieur**	**INFINITIF**	
		Présent	**Passé**
je prendrai tu prendras il, elle prendra nous prendrons vous prendrez ils, elles prendront	j'aurai pris tu auras pris il, elle aura pris nous aurons pris vous aurez pris ils, elles auront pris	prendre	avoir pris
		PARTICIPE	
		Présent	**Passé**
		prenant	pris ayant pris

Échelle de maîtrise

- Les échelles de maîtrise sont là pour vous donner **les critères** en fonction desquels on considérera que votre niveau en compréhension et en rédaction est insuffisant, moyen, bon ou très bon.
- Soyez attentif à ces critères : ils vous disent ce qui est globalement maîtrisé et ce qui pose encore problème. Travailler ces points en priorité vous permettra de **progresser vers le niveau supérieur**.
- Ces échelles sont donc des outils pour évaluer votre travail, mais aussi pour **organiser vos efforts de façon personnalisée**.

Compréhension

NIVEAU INSUFFISANT	❑ Des informations sont prélevées sans distinguer les informations principales et secondaires. ❑ Les différents personnages ne sont pas bien identifiés. ❑ Des événements de l'action sont perçus, mais les liens entre eux ne sont pas clairs. ❑ Les stratégies mises en place ne permettent pas de compenser le vocabulaire inconnu.
NIVEAU MOYEN	❑ Les personnages sont globalement bien identifiés, même s'il peut rester des confusions ponctuelles. ❑ La succession des événements est comprise. ❑ Les changements de temps ou de lieu sont repérés. ❑ Des stratégies sont mises en place pour deviner le sens des mots inconnus.
BON NIVEAU	❑ Tous les éléments explicites du texte sont bien compris. ❑ Les éléments implicites (non dits) sont saisis : rapports entre les événements, motivation des personnages, sentiments… ❑ Le sens des mots inconnus est compris grâce au contexte. ❑ Les procédés littéraires simples sont identifiés (comparaison, accumulation…) et mis en relation avec des effets.
TRÈS BON NIVEAU	❑ Le texte est compris avec finesse, y compris dans sa tonalité (ironie…). ❑ Les procédés qui contribuent aux effets sont analysés (tâche complexe). ❑ La spécificité d'un texte est saisie. ❑ Types de personnages, situations, motifs, sont mis en relation pour tirer des conclusions d'ordre littéraire.

Rédaction

NIVEAU INSUFFISANT	❑ La graphie n'est pas toujours lisible. ❑ La ponctuation forte n'est pas systématiquement utilisée. ❑ La phrase simple est encore souvent mal construite (absence de verbe, propos incomplet…). ❑ Les accords de base ne sont pas appliqués. ❑ Les idées manquent de cohérence ou ne répondent pas au sujet
NIVEAU MOYEN	❑ Les idées sont organisées en phrases simples mais claires. ❑ La ponctuation forte est utilisée correctement. ❑ Le récit ne mélange pas présent et passé. ❑ Les accords réguliers (sujet/verbe, chaîne du pluriel…) sont maîtrisés. ❑ Les idées sont ordonnées mais sans paragraphes ni lien explicite entre les phrases. ❑ Les idées sont cohérentes mais d'un intérêt parfois limité.
BON NIVEAU	❑ Plusieurs idées peuvent être exprimées dans la même phrase, bien séparées par la ponctuation. ❑ Les mots de liaison courants sont utilisés pour relier les phrases (*mais, soudain, alors*…). ❑ Les pronoms sont employés sans ambiguïté. ❑ Le récit est enrichi de dialogues ponctués comme il convient. ❑ Les principales règles d'orthographe (accords, conjugaisons…) sont respectées. ❑ Les idées sont intéressantes et développées.
TRÈS BON NIVEAU	❑ Les phrases sont plus longues, enrichies de circonstances, de détails descriptifs et autres précisions. ❑ Les personnages sont désignés à travers des mots de reprise variés, bien employés. ❑ Les temps du récit sont globalement maîtrisés. ❑ Le texte s'organise en paragraphes. ❑ Les mots banals sont remplacés par des synonymes plus précis, plus soutenus ou plus forts. ❑ L'orthographe est globalement maîtrisée.

Les principaux préfixes

Préfixe	Sens	Exemples
a, an	négation, privation	*anormal*
ad, a, ac, af, al, ap	rapprochement, direction, but à atteindre	*admettre, accueillir, amener*
ab, abs	éloignement	*abdiquer, absent*
anté, anti	avant	*antérieur, anticiper, antique*
anti	contre, opposé	*antivol*
auto	soi-même	*autocollant, autodidacte*
bi, bis	deux	*bicyclette, bimensuel, bipède*
circon, circum	autour	*circuit, circonférence*
co, com, con, col	ensemble	*confrère, coopération, collatéral*
contre	opposition, proximité, substitution	*contre-poison, contrefaire*
dé(s), dis	séparation, cessation, différence	*défaire, disjoindre, disparaître*
di(s)	deux fois	*distique, diptyque*
dys	mal	*dysfonctionnement, dyslexie*
en, em, en, in, im, il, ir	dans, à l'intérieur, mise en état	*endimancher, emporter, importer, irruption*
entre, inter	réciproque, entre, à demi	*entraide, interligne, entrouvrir*
é, ef	enlèvement	*écrémer, effeuiller*
ex	en dehors, ancien	*extérieur, exporter, ex-président*
extra	intensif, en dehors	*extra-plat, extraordinaire*
hémi	à demi	*hémisphère*
hétéro	différent	*hétérogène*
homo	semblable	*homogène, homonyme*
hyper	idée d'intensité, caractère excessif	*hypertension, hyperactivité*
hypo	insuffisance	*hypotension, hypoglycémie*
in, im, il, ir	négatif	*inégal, illégal, irréparable*
mal, mau, mé(s)	négatif, mauvais, inexact	*malaise, malgré, maudire, mésestimer*
méta	au-delà	*métamorphose*
mini	petit	*minijupe, minimum*
mono	qui comporte un élément	*monocle, monologue, monoparental*
néo	nouveau, récent	*néonatal, néologisme*
non	négation	*non-lieu*
outre	au-delà	*outremer, outrepasser*
paléo	ancien, archaïque	*paléolithique, paléontologue*
par, per	achèvement, au milieu de	*parachever, perfection, parsemer*
para	protection, voisin de	*parachute, parapharmacie, paraphrase*
péri	autour de	*périmètre, périphrase*
poly	nombreux	*polyvalent*
post	après	*postérieur, postopératoire*
pré	avant, devant	*préparation, prémolaire*
pro, pour	en avant, avant, achèvement, en faveur de	*prolonger, poursuivre, pourtour, pourboire*
r(e), ré	répétition, renouvellement, achèvement	*repartir, retour, réagir, repu*
rétro	en arrière	*rétroviseur*
semi	à demi	*semi-voyelle*
sou(s), sub	au-dessous	*souligner, subalterne, suggérer*
super, sur	intensif, au-dessus de	*superficie, surcharge, surdoué*
sus	plus haut	*suspendre, susmentionné*
syn, sy, syl, sym	réunion (dans l'espace ou dans le temps)	*syndicat, synonyme, syntaxe*
télé	à distance	*téléphone, télésiège*
trans, tra, tré, très	au-delà, à travers, changement	*traduire, transpercer, trépasser*
uni	qui comporte un seul élément	*uniforme*
vi(ce)	à la place de	*vicomte, vice-président*

Les principaux suffixes

Suffixe	Sens	Exemples
Suffixes servant à former des noms		
ade, age, aison, ation/ition, ance/ence, is, ment, ure	action ou résultat de l'action	*baignade, voyage, liaison, rotation, alliance, gâchis, rangement, blessure*
ade, ain(e), (r)aie	collectif	*colonnade, quatrain, cerisaie*
aire, ateur, er, eron, eur, ien, ier	qui fait l'action, métier	*bibliothécaire, médiateur, acteur, boucher, bûcheron, fermière, magicien*
ais, ois, ain, ien	nationalité, origine	*Japonais, Champenois, Romain, Indien*
(nom +) ard	qui se rapporte à	*brassard, canard*
er, ier	végétaux	*pommier, oranger*
eur, oir, (t)ier	instrument, machine, objet fonctionnel	*classeur, rasoir, nageoire, dentier*
erie, oir	état, lieu de fabrication, d'exercice, de vente	*drôlerie, épicerie, comptoir, parloir*
ée	contenu, mesure	*bouchée, assiettée, matinée*
ie, esse, eur, ise, té	qualité	*perfidie, hardiesse, douceur, franchise, loyauté*
isme	opinion, attitude, doctrine, profession	*paternalisme, socialisme, journalisme*
eau/elle, et, iche, ille, in, on/eron/e, ton/illon, ot	diminutif	*lionceau, ruelle, fourchette, barbiche, faucille, chaton, aileron, portillon, tambourin, Pierrot*
aille, ard, asse, âtre	péjoratif, collectivité	*marmaille, chauffard, paillasse, marâtre*
Suffixes servant à former des adjectifs		
able, ible, uble	possibilité, qualité	*agréable, buvable, lisible, soluble*
ain, (i)aire, (i)al, (i)/(u)el ,é, (i)er, eur, ide, ique	origine, qui est propre/relatif à, similitude	*légendaire, convivial, providentiel, droitier, splendide, chimique, enfantin*
é, (i)/(u)eux, u	possession, abondance, qualité	*ailé, pierreux, bossu, feuillu*
if, ile	aptitude, qualité active	*expressif, inventif, fragile, habile*
issime	superlatif	*célébrissime, richissime*
et/elet, ichon/ichonne, ot	diminutif	*propret, rondelet, maigrichon, pâlot*
ard, aud, âtre	péjoratif, proche de	*criard, vantard, lourdaud, douceâtre*
Suffixes servant à former des verbes		
fier, ir	rendre, devenir, faire	*blanchir, grossir, vérifier, clarifier*
iser	agir en, rendre semblable, causer	*tyranniser, cristalliser, scandaliser*
oyer	action	*guerroyer,rudoyer, tutoyer*
ailler, eler, eter, iller, icher, onner, oter, otter	diminutif, péjoratif	*discutailler, craqueler, voleter, fendiller, pleurnicher, grisonner, picoter, frisotter*
asser	péjoratif	*bavasser, rêvasser, traînasser*

Crédits photographiques

15 Christie's/Bridgeman Images ; **16h** Keystone/Gamma-Rapho ; **16b, 17, 18** Sempé/IMAV éditions, 2013. ; **20** DR ; **21** Coll. Jonas/Kharbine-Tapabor ; **23** BIS/Archives Nathan ; **24** BIS/Photo Coll. Archives Nathan ; **25** Bridgeman Images ; **29** Barbara Hoogeweegen All rights reserved 2022/Bridgeman Images ; **30g, 30d ; 31 ; 32h ; 32b** ChristopheL © Two Arts Ltd ; **36** (reprise p. 6) PVDE/Bridgeman Images ; **39** © Isabelle De Beir ; **40h** Jean Louis Mazières/CC BY-NC-SA 2.0 ; **40b** BIS / Ph. H. Josse © Archives Larbor ; **41** akg-images ; **43** Pascal Victor/ArtComPress via opale.photo ; **46** Victor Tonelli ; **47** Victor Tonelli ; **50** (reprise p. 6) Philip Ducap ; **53** Pascal Victor/ArtComPress via opale.photo ; **55** Scala, Florence/Art Resource/Princeton University Art Museum. ; **58** BIS /Ph. Coll. Archives Nathan © © Adagp, Paris, 2022 ; **61** Lebrecht Authors/Bridgeman Images ; **62** NPL-DeA Picture Library/Bridgeman Images ; **63h** (reprise p. 7) NPL-DeA Picture Library/Bridgeman Images ; **63b** Bridgeman Images. ; **65** Artothek/La Collection ; **71** Luisa Ricciarini / Bridgeman Images ; **72** François Place ; **73, 75, 77, 78** *Atlas des Géographes d'Orbae*, tome 3, *De la Rivière Rouge au pays des Zizotls*, François Place © Casterman ; **79** Photo © Fine Art Images / Bridgeman Images ; **82h, 82b** *Atlas des Géographes d'Orbae*, tome 3, *De la Rivière Rouge au pays des Zizotls*, François Place © Casterman ; **85** Didier Graffet ; **86h** BIS/Ph. Herbert Coll Archives Larbor ; **86b** Sotheby's/akg-images ; 87h akg-images/Album/Prisma ; 87b Collection Kharbine-Tapabor ; 89 Collection ChristopheL © Walt Disney Productions ; **92** (reprise p. 7) MEPL/Bridgeman Images ; **95** akg-images ; **98** Coll. Kharbine-Tapabor ; **101** Collection ChristopheL © Walt Disney Productions ; **102** © Adagp, Paris, 2022 ; **103** Bridgeman Images ; **106** Shutterstock/THP Creative ; **109** John Howe ; **110h** Granger/Bridgeman Images ; **110b** Shutterstock/Tithi Luadthong ; **111** (reprise p. 8) Collection ChristopheL/RnB © Metro-Goldwyn-Mayer/New Line Cinema/WingNut Films ; **112** Ted Nasmith ; **115** ©Warner Bros. Pictures/Courtesy Everett Collection/Bridgeman Images ; **119** Prod DB © Metro-Goldwyn-Mayer-New Line Cinema – 3Foot7-WingNut Films/DR ; **120** John Howe ; **122** Collection Christophel © WingNut Films ; **125** © Warner Bros.-New Line Cinema - MGM - WingNut Films/DR ; **126** John Howe 2013/HarperCollins' Tolkien Calendar ; **128** Collection ChristopheL © WingNut Films ; **129** Shutterstock/Susanitah ; **132** John Howe ; **135** akg-images/Mantovani ; **136** De Agostini/Bridgeman Images ; **137** BIS/Photo Coll. Archives Nathan ; **138** BIS/Ph.© Archives Nathan ; **139** Photo © Musée du Louvre, Dist. RMN-Grand Palais/Thierry Ollivier ; **141** Photo © The British Museum, Londres, Dist. RMN-Grand Palais/The Trustees of the British Museum ; **142** BIS/Rocco Pedicini © Archives Bordas ; **144** Bridgeman Images ; **146** British Library Board. All Rights Reserved/Bridgeman Images ; **147** akg-images/Erich Lessing ; **148** BIS/Ph. Coll. Archives Larbor ; **150** BIS/Photo Coll. Archives Larbor ; **153** Ruth Schacht/BPK, Berlin Dist. RMN ; **155h** Granger/Bridgeman Images ; **155b** Collection Christophel/RnB © New Line Cinema/WingNut Films ; **157** (reprise p. 8) Artothek/La Collection ; **159** British Library Board. All Rights Reserved/Bridgeman Images ; **160** Russell-Cotes Art Gallery/Bridgeman Images ; **163** Christie's Artothek/La Collection ; **164h** National Museums Liverpool/Bridgeman Images ; **164b** BIS/Ph. Coll. Archives Bordas ; **165h** (reprise p. 9) Braldt Bralds ; **165b** akg-images ; **166** Christopher Wood gallery, Londres/Bridgeman Images ; **168** Shutterstock/Fer Gregory ; **169** Lebrecht Authors/Bridgeman Images ; **172** Russell-Cotes Art Gallery/Bridgeman Images ; **174** akg-images ; **177** ©Superstock/Leemage ; **180** Granger Coll NY/Aurimages ; **182** Didier Graffet Editions Le Pré au Clerc, 2009 ; **183** Photo Josse/La Collection ; **185** D.R. ; **186** Look and Learn/Bridgeman Images ; **188** Prod DB © Granada/DR ; **190h** Bridgeman Images ; **190b** Granger/Bridgeman Images ; **191** Prod DB © BBC Wales-Hartswood Films-Masterpiece Theatre / DR ; **193** Granger/Bridgeman Images ; **197** Lebrecht Authors/Bridgeman Images ; **198** Prod DB © BBC Wales-Hartswood Films -Masterpiece Theatre/DR ; **200** Everett/Aurimages ; **204** Louis Monier/Bridgeman Images ; **206** Aurimages/Mary Evans/AF Archive/Constantin Film ; **207h** Neue Constantin/Zdf /Everett/Aurimages ; **207b** Collection ChristopheL © Neue Constantin Film/Cristaldifilm ; **209** (reprise p. 9) Prod DB © Warner Bros-Village Roadshow Pictures/DR ; **211** Prod DB © Hammer Film Production /DR ; **212** BBC Wales-Hartswood Films -Masterpiece Theatre/DR ; **215** BIS/Photo Coll. Archives Nathan ; **216** Luisa Ricciarini/Bridgeman Images ; **217** British Library Board. All Rights Reserved/Bridgeman Images ; 218 BnF, Paris ; **220** (reprise p. 10) BIS/Photo Coll. Archives Larbor ; **223** Photo © Musée du Louvre, Dist. RMN-Grand Palais/Martine Beck-Coppola ; **224** Photo Scala, Florence ; **225** DR ; **226** BnF, Paris ; **229** Bridgeman Images ; **230** Bradford Museums & Galleries/Bridgeman Images ; **233** BnF, Paris ; **234g** Photo © BnF, Dist. RMN-Grand Palais/image BnF ; **234d** Universitätsbibliothek, Heidelberg ; **235** Bridgeman Images ; **238** BnF, Paris ; **241** Bridgeman Images ; **242h** BnF ; **242b** Bridgeman Images ; **243** Prod DB © Les Editions Cinégraphiques/DR © Adagp/Comité Cocteau, Paris 2022 ; **244** BIS/Ph. Coll. Archives Larbor ; **245** Bridgeman Images ; **246** Coll. Archives Larbor/photo Etienne Carjat ; **247** akg-images ; **248** BIS/Photo Coll. Archives Larbor ; **249** Christie's Images/Bridgeman Images ; **250** BIS/Archives Nathan ; **251** Sotheby's/akg-images ; **252** Bridgeman Images ; **253** Archives Larbor/Hubert Josse ; **254** Ulf Andersen/Gamma Rapho ; **255** © Teun Hocks ; **256** D.R. ; **257** Artothek/La Collection ; **258** Bridgeman Images/Electa ; (reprise p. 10) © Adagp, Paris 2022 - Cliché Adagp Images ; **260** Coll. Archives Larbor/photo Etienne Carjat ; **261** Photo © Centre Pompidou, MNAM-CCI, Dist. RMN-Grand Palais/Bertrand Prévost © Fondation Foujita/Adagp, Paris, 2022 ; **262h** DR ; **262b** akg-images © Adagp, Paris 2022 ; **266** akg-images ; **267** Luisa Ricciarini/Bridgeman Images ; **268** FineArtImages/Bridgeman Images ; **269** BIS/Archives Larbor ; **271** Catrin Welz-Stein/La Collection ; **272h** Photo © IMEC, Fonds MCC, Dist. RMN-Grand Palais/ Gisèle Freund © RMN gestion droit d'auteur/Fonds MCC/IMEC ; **272b** Christie's Artothek/La Collection © Adagp, Paris 2022 ; **273** ; © Rubika/Supinfocom 2011 ; **274** (reprise p. 11) Anastasia Anisimova ; **276** Bridgeman Images © Adagp, Paris, 2022 ; **278** akg-images/Album © Adagp, Paris, 2022 ; **281** Granger/Bridgeman Images © 2022 Heirs of Josephine N. Hopper/ADAGP, Paris ; **283** Interfoto/La Collection ; **284** Photo Christie's/Bridgeman Images ; **285** Leamington Spa Art Gallery & Museum/Bridgeman Images ; **288** Christie's Artothek/La Collection ; **291** akg-images ; **292** Pierre-Olivier Combelles/CC4.0 ; **293h** Luisa Ricciarini/Bridgeman Images ; **293b** Centre Jean Giono, Manosque ; **294** (reprise p. 11) Bridgeman Images ; **297** Photo © Lefevre Fine Art Ltd., London/Bridgeman Images ; **300** akg images/Album/Oronoz ; **303** Bridgeman Images ; **304** Frédéric Back/Radio-Canada/DR ; **306** Photo Christie's/Bridgeman Images ; **308** Shutterstock ; **368** Robert Doisneau/Rapho/Gamma-Rapho.

N° de projet : 10301589 - Dépôt légal : Avril 2022
Achevé d'imprimer en mai 2024 en Italie par Grafica Veneta - Trebaseleghe

Les classes grammaticales

MOTS VARIABLES

verbes

- Ils expriment **une action** (sauf le verbe *être* et les verbes d'état).
- Ils se **conjuguent**.

je ris, tu ris, il rit

Ils s'ajoutent au nom.

déterminants

Ils sont placés **devant un nom**, dont ils précisent souvent la **quantité** : *un, une, des, le, la, les, trois, cinq, cent, certains, mon, ma, ses, ces…*

adjectifs

Ils **décrivent quelqu'un ou quelque chose**.
Ils peuvent se mettre au féminin et au masculin : *un pantalon blanc, une chemise blanche.*

Ils désignent quelque chose ou quelqu'un.

pronoms

- Ils désignent **quelque chose ou quelqu'un sans le nommer** (on ne peut le savoir que par le contexte).
- Ils sont souvent **suivis d'un verbe**.

je, tu, il(s), elle(s), on, nous, vous, me, te, se, le, la, les, celui-ci, qui…

noms

- Ils **nomment** la chose ou la personne dont on parle.
- Ils peuvent être précédés par un **déterminant** :
(un) ami, (une) fleur, (des) enfants, (le) chocolat, (la) maison… + nom.

MOTS INVARIABLES

conjonctions de coordination

mais, ou, et, donc, or, ni car

conjonctions de subordination

Elles débutent une partie de phrase appelée **proposition subordonnée** : ***que, quand, comme, si****, lorsque, parce que, si bien que, afin que…*

adverbes

Ils expriment en un seul mot :
- **la manière** : *lentement, violemment, gentiment…*
- **le lieu** : *ici, loin, dehors…*
- **le moment** : *hier, maintenant, autrefois…*
- **le degré** : *un peu, beaucoup, très, si…*
- **la négation** (2 mots) : *ne pas, ne plus, ne jamais…*

prépositions

- Elles introduisent des compléments de lieu, de temps, etc.
à, dans, par, pour, en, vers, avec, de, sans, sous…
- Pour vous aider : dans préposition, il y a « positon ». *Devant, derrière, à côté de, sur, sous, dans* sont des prépositions.

interjections

Ce sont des exclamations : *eh ! oh ! allô ? aïe ! ouf ! boum !*